청년 마르크스 저작선

- *MEGA*를 위하여 -

김정로 편역

2019
백산서당

청년 마르크스 저작선 / 차 례

편자 서문 • 5
서론 • 15

최근 프로이센의 검열훈령에 관한 논평 • 95
제6차 라인주의회 의사록: 제1장 언론자유와 신분제의회 의사록의 공표에
  관한 토론 • 125
<라인신문> 1842년 5월 17일 화요일 제137호의 부록과 관련한, 그리고
  스스로와 관련한 중앙집중문제 • 194
<쾰른신문> 제179호의 사설 • 197
역사 법학파의 철학적 선언 • 222
제6차 라인주의회의 의사록 – 세 번째 논설: 도벌법에 관한 논쟁 • 233
공산주의와 아우크스부르크 <알게마이네 신문> • 283
공산주의에 관한 논박을 위하여 • 289
이혼법 초안 • 292
프로이센 국가를 위한 <라이프치히 알게마이네 신문>의 발행금지 • 297
고故 모젤 통신원의 변호. • 301
<쾰른신문>과 <라이프치히 알게마이네 신문>의 발행금지 • 338

"온건한" 신문의 공격에 대한 답변 • 340

어느 "이웃" 신문의 고발에 대한 답변 • 344

<쾰른신문>의 고발과 <라인-모젤 신문>의 논박 • 349

<라인-모젤 신문> • 358

헤겔 법철학비판 서문 • 361

유대인 문제에 대하여 • 378

사유재산과 공산주의 • 415

돈 • 431

돈 • 438

포이어바하에 관한 테제 • 446

공산당선언 • 449

<마르크스-엥겔스 전집MEGA> 서문 • 471

편자 서문

메가롭게! 메가*MEGA*를 위하여!

올해는 칼 마르크스(1818-1883) 탄생 200주년이 되는 해이다. 지난 세기까지만 해도 칼 마르크스와 그와 관련한 논의는 엄청 많았고, 동시에 그에 대항한 논의도 함께 붐을 이루었다. 지지하든 반대하든 마르크스의 이론과 그 이름은 언제나 논의의 중심에 있었다. 지지하는 쪽의 이론은 그 나름대로 큰 물줄기를 형성하여 세계적인 영향력을 갖고 100년 이상을 흘러왔고 발전해왔다. 또 그 반대쪽에서도 나름 큰 물줄기를 형성하여, 동시적으로 주거니 받거니 하며 생산적인 논쟁을 이끌어왔다. 노동의 가치와 사회적 부의 본질, 노동과 계급의 사회적 재구성, 자본주의와 사회주의의 규정 및 관계 문제, 인권, 반전-평화, 반핵-생태, 진보, 지속가능성과 부의 분배, 일자리 문제 등의 이슈를 둘러싸고 참으로 많은 발전을 이루어왔다. 변화하는 역사와 사회 속에서 수많은 이론가들이 출현하여 좋은 싫든 마르크스라는 이름을 가운데 두고 치열한 논쟁을 전개하여 왔고, 그 가운데서 많은 것을 연구하고 새로운 이론을 만들어낼 수 있었다. 20세기는 논쟁과 이론에서는 참으로 행복한 시대였다.

21세기는 기대와는 전혀 다른 방향으로 흘러가는 듯하다. 현실 사회주의가 무너지고 자본주의의 영원한 승리가 선언되었지만, 실상은 자본주의의 승리도 아니다. 그냥 혼란일 뿐이다. 적어도 이론적인 측면에서는 생명력을 잃고 방향을 잃어버린 것이다. 사회변동도 비판과 반성력을 잃고 혼돈 속에 있다. 무엇보다 젊은이들의 상상력과 미래 비전이 사라져버렸다. 사회주의라는 이상을 잃어버리면서 21세기는 역사의 방향을 아예 상실한 것이다. 또 사회주의와 마르크스라는 거대한 물줄기가 끊기면서 동시에 그에 반대하는 물줄기도 같이 사라진 것이다. 누구의 승리라기보다는 모두의 패배이고, 모두가 무식해지고 혼란에 빠져버린 것이다. 아예 논쟁이 없고, 이론이 없다. 그냥 시간만 흐르고 아무 것도 없으면서 바쁘기만 하고 피곤하기만 한 것이다. 사람과 말과 기술만 과잉일 뿐이다. 아마 21세기는 역사라고 부르기에도 민망할 정도가 되지 않을까 우려된다.

자본주의가 과연 20세기 때보다 건강해졌다고 볼 수 있는지? 사회주의의 이상을 그냥 버려도 좋을지? 아마 그 어느 때보다도 자본주의는 혼란 속에 있고, 무정부성 속에서 헤매고 있다. 역사는 그냥 발전하지 않는다. 사람들의 의식도 그냥 발전할 수 없다. 뭔가 논쟁이 있어야 하고, 뭔가 현실을 비추는 거울이 필요한 법이다. 이렇게 현실의 문제가 많은 시대에 살면서도 별로 문제를 못 느끼거나 아무도 문제제기를 하지 않는 경우는 분명히 불행한 역사이다. "영웅이 필요한 시대는 불행한 시대지만, 영웅이 없는 시대는 더욱 불행한 시대이다."

마르크스와 사회주의의 이상을 떠나 "자유 평등 연대"는 일찍이 이른바 부르주아혁명의 구호였다. 그야말로 자본주의를 한껏 발전시키기 위해서라도 무엇보다 자유 평등 연대가 필요한 법이다. 그러나 21세기이고, 지금 태어나는 아이들이 살게 될 22세기도 지척인데, 자유 평등 연대는 도대체 어떻게 실종되어 버린 것일까? 모든 사람들이 휴대폰 속으로 빨려 들어가 그냥 갇혀버린 형국이다. 자유 평등 연대는 인간의 사회적 존재를 전제하는 말이다. 사회적 존재라는 인간이 이렇게 작아진 역사는 일찍이 없었다! 스마트폰의 발명과 이용을 역사는 분명 최악의 인간역사로 평가할 것이다. AI(인공지능), 5G에 기반한 스마트폰, 인공자율 자동차 등등 이른바 "4차산업혁명"이 과연 무엇인가? 이 책의 주장에 의하면 아마 인간소외의 절정일 따름이다. "인간의 생산 및 노동과정으로부터의 소외, 인간의 생산물로부터의 소외, 인간의 인간으로부터의 소외!" 인간의 유적 존재를 개인화, 파편화하여 3-5인치 스마트폰 화면 속에 가두려는 것이다. 인간을 서로 바라보지 말고, 나를 넘어 사회를, 세계와 자연을 바라보지 말고, 오직 스마트폰 화면만을 바라보고 살라는 것이다. 자본주의의 완성? 인간소외의 완성!

조금만 생각해봐도 문제는 분명하다. 오늘날 세계적 자본주의의 문제는 누구라도 쉽게 볼 수 있다. 최소한 자유 평등 연대라도 착착 진행되어야 할 21세기에 역사는 거꾸로 가는 듯하고, 사람들의 의식도 더욱 퇴보하고 있는 듯하다. 무엇이든 좋다. 마르크스든 뭐든 이론을 다시 꺼내 현실 속에서 논쟁을 불러일으켜야 할 것이다.

마침 칼 마르크스의 200주기가 되는 해다. 뭔가 기념하여 책 하나를 만들고 싶었지만 간단치는 않았다. 모든 것을 떠나 마르크스를 최소한 "고전Klassik"으로서만 봐도 좋을 것이다. 자본주의가 존재하는 한, 마르크스의 이름과 그 이론은 어떻게든 관련될 수밖에 없기 때문이다.

한편 참으로 다행스럽고 기쁜 일은 지금 "마르크스-엥겔스-전집MEGA"이 만들어지고 있다는 사실이다. 과거부터 일찍 시작된 작업이지만 워낙 방대한 작업이라 계속 꾸준히 진행되어 왔었지만 우여곡절이 많았고, 이제 그 현존의 모습을 만방에 보여주고 있다. 마르크스-엥겔스-전집은 100여 년 전부터 계속 진행되어왔다. MEGA는 1913년 독일 사민당의 발의에서 시작되었고, 2025년까지를 일차적인 작업시한으로 삼아 진행되고 있는 "역사적 비판적 판본" 작업이다. 원래 러시아의 문헌학자 D. 라자노프Rjazanov의 발의로 모스크바에 설립된 마르크스-엥겔스-연구소Marx Engels Institut에서 시작되어 많은 우여곡절을 겪은 다음, 현재는 국제 마르크스-엥겔스-연구재단Internationale Marx Engels Stiftung(IMES)의 주관 하에 독일의 베를린 브란덴부르크 과학아카데미Berlin Brandenburgische Akademie der Wissenschaften(BBAW)가 실무적인 중심이 되어 진행되고 있다. MEGA의 편집 출판은 원래 계획된 114권(122책) 가운데 현재 70권 정도가 발간된 상태로서 계획된 일정인 2025년까지도 작업이 완료될 가능성이 별로 높지 않다.

MEGA의 구성은
- 제1부: <자본>과 관련된 경제학 저작을 제외한 모든 원고(총 32권)
- 제2부: <자본>과 관련된 모든 경제학 저작의 원고(총15권, 18책)
- 제3부: 마르크스 엥겔스가 서로 그리고 제3자와 주고받은 서한집(총 35권)
- 제4부: 마르크스 엥겔스가 집필과정에서 인용한 주석의 원본(방주) (총 32권) 등으로 이루어져 있다.

과거 MEGA는 "저작집MEW(Marx-Engels-Werke)"으로 먼저 간행되어 상당 부분 성과를 냈고 세계적으로 평판을 받고 있다. 그 과정에서 더 미래를 보면서 저작집을 넘어 그야말로 "전집"을 만들고자 계속 준비를 했고 그 결과 1975년부터 출간하기 시작하였다. "전집MEGA(Marx-Engels-Gesammtausgabe)"은 MEW 이후의 최고의 전집이고, 유일한 전집이다. MEGA 편찬 작업은 1975에 제1부 1권 등이 나온 이래 동독과 소련이 무너질 때까지 대략 45권 정도가 출판되었고, 이후 지금까지 계속 작업을 하고 있는데 대략 70권 정도가 출판되었다. 100권이 넘는 전체 기획된 권수가 2050(?)년 정도에 모두 완간된다면 100년이 넘은 시간과 노력이 투여된 작업이 될 것이다. 아니 200년이 걸린 작업이라고 봐야 할 것이다.

어쨌든 메가의 출간과 더불어 마르크스 연구는 나름 더 활기를 띨 것이고 연구의 수준도 상당히 발전할 것이다. 무엇보다 메가라는 전집의 틀이 정해지기 때문이다. 반가운 것은, 그리고 중요한 것은 우리 한국의 몇몇 연구자들도 직접 메가를 연구하고 번역하는 일에 뛰어들었다는 것이다. 보통 한 권에 1,000페이지가 넘는 그야말로 메가 같은 책을 읽어내고 번역한다는 게 보통일이 아닐 것이다. 게다가 최근 들어 출간되는 메가는 더욱 두터워지고 있다. 일례로 최근 나온 그 유명한 *Deutsche Ideologie*(MEGA 제1부 제5권) 2,000페이지에 육박한다. 시간이 쌓일수록 연구와 고증이 같이 쌓이기 때문이다. 하지만 우리 한국에서 몇 권이라도 시작하고 몇 권이라도 출판할 수 있다면, 그것은 분명 우리의 미래를 위해 중요한 이정표가 될 것이다.

따라서 우리의 연구도 메가로 가야 할 것이다. 아직 연구가 일천하고 분위기나 연구 환경이 그리 좋은 것은 아니지만, 할 수 있다면 메가를 중심으로 연구하고 논의를 하면 좋을 것이다. 어차피 역사의 영웅은 없다. 개인들이 자유롭게 저만의 그릇대로 벽돌 하나씩을 쌓으면 된다. 벽돌 하나씩 쌓다보면 메가스런 모습이 만들어질 것이다. 만리장성도 이룰 수 있을 것이고, 브레히트가 다시 새로운 시를 써야 할 것이다.

마르크스의 청년기, 즉 20대의 저작을 주로 다루고 있는 이 책은 *MEGA* 제1부 제1권과 제2권의 저작들 중에서 골라내 편역한 것이다. 시간 범위가 "공산당선언"에까지 걸치기 때문에 다른 저작들도 몇 개 첨가하였다. 한국에도 이제까지 훌륭한 번역이 나와 있는 것도 있기에 참고하였다. 먼저 이 책의 서론은 *MEGA* 제1부 제1권과 제2권의 서문을 번역하여 재정리한 것이다. 이 책의 대부분의 내용이 이 범위에 포함되기 때문이다. 그리고 이 책의 내용이 마르크스가 20대 청년이었던 1840년대의 글을 수록했기 때문이다. 글의 내용에서도 밝혀지듯이 마르크스는 이미 20대에 철학은 물론 공산주의와 경제학까지 열정적으로 섭렵하여 이미 상당한 수준에 이르렀고, 후에 출간되는 『자본』의 수준에 와 있었음을 알 수 있다. 따라서 청년 마르크스와 후기 마르크스의 구분은 전혀 의미 없는 것이라 생각된다. 책의 제목을 "청년..." 운운한 것은 시기를 말함일 뿐이고, 또 마르크스의 문제의식과 연구방향을 제시함으로써 영원한 청춘의 의미를 부각하기 위함이다. 『공산당선언』을 넣은 것은 이 저술이 1848년 출간된 마르크스의 20대 마지막 저술이기 때문이다. 그리고 『선언』까지 넣고 보아야 마르크스의 20대 발전이 하나로 조망될 수 있기 때문이다.

"부르주아 정치경제학을 비판적으로 자기화함으로써, 초기에 마르크스는 처음으로 노동자 계급의 세계관을 구성하는 세 요소, 즉 변증법적 유물론, 정치경제학, 과학적 공산주의의 통일의 기초를 쌓았다. 그는 독일 고전 철학과 유토피아적 사회주의 및 공산주의와 이로부터 전개된 자신의 고유한 관점에 대한 그때까지의 인식을 부르주아 정치경제학에 관한 최초의 연구에 의식적으로 적용했다. 이것들은 그가 부르주아 경제학을 연구하고, 획득한 지식을 더 일반화했을 때, 이론적 토대와 방법으로 이용되었다. 그럼에도 불구하고 경제학에 전념한 최초의 성과물은 이미 유토피아적 사회주의와 공산주의에 대해, 특히 독일 고전 철학에 대해 새로운 평가를 하도록 이끌었다. 마르크스는 부르주아 정치경제학에 관한 연구와 비판을 통해서, 노동자 계급의 경제적 실존조건들에 대한 최초의 분석을 통해서, 시민사회의 사회경제적 구조에 대한 초기의 이론적인 투과를 통해서, 헤겔 변증법의 긍정적인 요소들을 질적으로 다르게 평가할 수 있었고, 헤겔의 관념론에 대한 비판을 새롭게 착수할 수 있었고, 이러한 관점에서 새로운 인식을 통해서 풍부하게 된 방법을 후속 연구에 적용할 수 있었다."

이렇게 보아야 바로 이후에 이어지는 마르크스의 글을 정확히 이해할 수 있게 된다. 또 예를 들어 바로 직후인 1951-52년에 나온 『브뤼메르 18일』(*MEGA* 제1부 제11권)에는 다음과 같은 문장이 나온다.

"...모든 공통의 이익은 곧 사회에서 분리되어 더 높은 일반적 이익으로서 사회와 대립하게 되었고, 사회 성원들의 독립적 활동으로부터 떨어져 나와 정부활동의 대상이 되었는데, 즉 한 마을의 다리와 학교, 공유재산에서부터 프랑스 전체의 철도, 국가재산, 국립대학에 이르기까지의 모든 이해관계가 그렇게 되었다. 마침내 의회공화정은 혁명과의 투쟁에서 억압적인 방법으로 정부권력의 수단들과 집중화를 강화할 수밖에 없다. 모든 변혁은 이 기구를 분쇄하는 대신에 그것을 완성하였다. 번갈아 가며 지배권을 놓고 다투던 정당들은 이 거대한 국가조직의 소유를 승리자의 기본적인 전리품으로 간주하였다.

그러나 절대왕정 시기와 제1차혁명, 그리고 나폴레옹이 지배하던 동안 관료제는 부르주아지의 계급지배를 준비하는 수단일 뿐이었다. 왕정복고, 루이 필립, 의회공화정 하에서 관료제는 자신의 권력을 쟁취하려고 애썼지만 지배계급의 도구에 지나지 않았다.

제2의 보나파르트 치하에서야 비로소 국가는 사회에 대하여 자립하고 사회를 종속시켜야 하는 것처럼 보인다. 행정권의 자립성은, 그 두목이 더 이상 천재가 아니고, 그 군대가 더 이상 명예가 아니고, 그 관료가 더 이상 정당화를 위한 도덕적 권위를 필요로 하지 않게 되는 곳에서, 더 분명히 출현하게 된다. 시민사회에 대항해서 국가기구가 완전히 자신의 위치를 공고히 했기 때문에, 12월 10일회의 두목이 국가기구의 수장이 되기에 충분하였다... 그러나 그렇다고 해도 국가권력이 허공에 매달려 있는 것은 아니다. 보나파르트는 한 계급을, 그것도 프랑스 사회에서 수적으로 가장 많은 계급인 분할지 농민을 대변하고 있다.

부르봉가가 대토지소유자들의 왕조였고 오를레앙가가 화폐소유자들의 왕조였듯이, 보나파르트 왕조는 농민, 즉 프랑스 인민대중의 왕조다. 부르주아 의회에 굴복하고 있던 보나파르트가 아니라, 부르주아 의회를 해산시킨 보나파르트야말로 농민이 선택한 인물이었다. 3년 동안 도시는 12월 10일 선거의 의미를 왜곡하여, 농민을 속이고 제정의 부활을 유보시킬 수 있었다. 1848년 12월 10일 선거는 1851년 12월 2일의 쿠데타에 의해 비로소 성취되었다.

분할지 농민은 거대한 대중을 형성하고, 그 성원들은 상호간에 많은 관계를 맺지 않으면서도 유사한 조건 속에서 살아간다. ...따라서 분할지 농민들의 정치적 영향력은 행정권이 의회를, 국가가 사회를 자신에게 종속시키는 그 최종적 표현 속에서 발견한다."

국가와 시민사회의 분리, 국가의 상대적 자립성에 대한 분석, 나아가 그 배경으로서 한 사회의 계급구조에 대한 탁월한 분석이 나타나고 있다.

이러한 분석이 30대 초반이 되어서 갑자기 나타났겠는가? 이 책에 포함된 20대 청년 마르크스의 글은 청년의 글도 아니고 성숙한 마르크스와 대비되는 글도 아니다. 모두 마르크스의 글이다. 그 연속성을 문제의식과 연구의 발전에서 정확히 추적하는 것이 올바를 것이다. 이것을 편하게 해준 것이 바로 MEGA의 편찬 작업이다. 우리는 이제 전집 메가를 통해서 마르크스의 글을 이전보다 훨씬 편하고 입체적으로 볼 수 있게 된 것이다.

마지막에 있는 자료는 MEGA의 전체 서론을 번역 소개하는 것이다. 이 글은 MEGA의 첫 번째 권인 제1부 제1권에 실려 있다. MEGA의 구성이나 편집방향 등을 알 수 있는 내용으로 MEGA를 위해서는 말 그대로 "서론"이고 상징인 셈이다. 메가와 관련하여 편집 내용이나 방향에 관해 상세한 정보를 제공하기 때문에 많은 도움이 되리라 판단한다.

메가 제1권과 제2권 자체도 당연히 엄청난 분량이고 방대한 주석과 해설 그리고 색인을 포함하고 있다(전체 3,000쪽이다!). 여기서 그것을 담아내기는 불가능하기 때문에 모두 생략했다. 앞에서도 말했듯이 우리도 메가의 번역이 들어갔고 시간이 걸리겠지만 조만간 메가의 본 모습으로 출간될 것이다. 그때를 기대하면서 당분간 이것으로 만족할 수밖에 없다.

우리가 여기까지 오는 데 많은 사람들의 노력이 있었고 여기에 대해 감사를 표해야 할 것이다. 80년대 국가보안법과 싸우면서 마르크스의 책을 번역하고 출판했던 모든 분들께 감사드린다. 그리고 이후 마르크스와 관련 연구 및 번역에 뛰어들어 인생의 많은 시간을 매진해온 분들께도 감사드린다. 그런 분들의 노력과 발자취로 오늘 마르크스 200주년을 함께 맞이할 수 있었다고 본다.

강신준 선생님의 『자본』은 언제나 곁에 두고 볼 수 있는 사전과 같은 책이 되었다. 앞으로 메가에 기반하여 한 번 더 개정판을 출간한다면 더

없이 소중한 문화유산이 될 것이다. 김호균 선생님의 『정치경제학 비판 요강』 등 많은 작업도 귀중한 마르크스 번역의 유산으로 남아 있다. 박종철 출판사의 『마르크스 엥겔스 저작선집』도 언제나 큰 도움이 된다. 그 어려운 시절 이만한 규모의 번역판이 나왔다는 게 신기할 정도다. 참여한 분들은 물론 출판사에도 감사를 표해야 할 것이다. 또한 전태국 선생님을 중심으로 90년대 나왔다가 오래 전에 절판되어 사라진 『마르크스의 초기 저작: 비판과 언론』에도 감사드린다. 특히 이 책의 작업에 많은 도움이 되었다. 그 밖에도 어려운 시절, 많은 분들이 마르크스 연구와 번역에 뛰어들어 나름 꾸준한 성과를 이루었고 여기까지 오게 해주었다. 모든 분들께 감사드린다. 앞서 간 사람들의 발자국이 모여 뒤에 오는 사람들에게 길을 만들어 주는 법이다. 이제 메가로 다시 모여 22세기를 향한 힘찬 새로운 도약을 해야 할 것이다. 특히 메가의 연구와 번역에 뛰어든 모든 선생님들께 감사드린다.

마지막으로 오랜 인연을 맺고 있는 백산서당의 김철미 선생님께 감사드린다. 백산서당이 40년이 넘었다. 단순한 '운동권출판사'가 아니라 이제는 수백 권이 넘는 학술서를 출판한 중견 출판사로 성장하였다. 백산서당의 역사는 대한민국의 또 하나의 역사가 된 셈이다. 세대교체를 성공적으로 이루어 100년을 달려가는 출판사로 이어질 것을 기원한다.

그리고 요즘 많은 얘기를 나누는 전종덕 선배님과 아들 동재에게도 감사의 마음을 전하고, 또한 마르크스가 있는 저 세상으로 먼저 가신 아내 양승옥님께 기억을 전한다.

'우보천리'라 했던가! 나이가 들수록 더 와 닿는 옛 어른들의 말씀인 듯하다.

2018년 12월
양평 청계산 자락에서

서 론

마르크스는 트리어Trier의 김나지움을 마치고 본과 베를린에서 먼저 법학을, 나중에는 철학을 공부하였다. 이러한 공부의 시절 마르크스는 자신의 고유한 정치적 철학적 입장과 씨름하기 시작했다. 그 결과는 헤겔 철학에 대한 인식과 브루노 바우어Bruno Bauer를 둘러싼 청년헤겔주의 집단과의 연계, 그리고 창조적인 과학 작업에 대한 최초의 추구로 나타났다. 그 이외에 마르크스는 시인으로서 노력했다. 자신의 공부기간을 마치면서 마르크스는 에피쿠르스Epikurs의 철학에 몰두했고, 자신의 시대의 철학적 대립에 참여하려는 다양한 과학적 출판의 계획을 세웠고, 박사학위논문의 작업을 했다. 이러한 작업으로 청년헤겔주의자 마르크스는 이미 자신의 세계관적인 발전의 독자적인 길을 내보였다. 그 결과를 헤겔의 종교철학에 관한 공동 출판으로 계획했던 몇 달 동안의 브루노 바우어와 긴밀한 공동작업 후에, 마르크스는 1842년 초 자신의 출판 활동을 시작했다. <라인신문>과의 협력, 무엇보다 일간신문의 편집에 참가한 것은, 마르크스의 혁명적-민주적 견해의 형성과 발전에 큰 의미가 있었다. 이것은 마르크스의 계속적인 이론적 창조와 세계관의 발전에 큰 영향을 미쳤고, 유물론과 공산주의로의 이행을 준비하게 만들었다.

고등학교 졸업논문은 마르크스가 과학적 정치적 생애로 들어가기 전에 자신의 정신적 입장을 천명한 가장 초기의 저술이다. 마르크스에 의해 성취된 발전정도는 무엇보다 그가 자신의 견해를 표명한 곳에서 알

수 있다: 독일어, 종교, 라틴어 세 분야의 세 논문에서는 물론이고, 특히 독일어 논문에서는 마르크스가 부모의 집과 트리어의 김나지움에서 알게 된 진보적인 이념이 어떻게 그에게 영향을 미쳤는지 분명히 드러난다. 여기서는 무엇보다 초기 대표자로서 임마누엘 칸트와 함께 후기 독일 계몽주의의 사상은 물론 라인지방에서 특별한 역할을 했던 프랑스 계몽주의의 이념이 중요하다. 마르크스에게 계몽주의 사상의 결정적 매개자는 김나지움의 교장이자 트리어의 정신적 활동의 초기 대표자였던 요한 후고 비텐바하Johann Hugo Wyttenbach였다. 특히 마르크스의 독일어 논문의 중요한 입장이 비텐바하의 저술 속에서 증명될 수 있다는 사실이 그것을 보여준다. 마르크스에 의해 진술된 사고의 대부분은 또한 그의 동료들의 논문에서도 나타난다.

마르크스에게 독특한 점은 특정한 견해가 바로 그에게 생산적인 결실을 맺고 또한 나중에도 다시 흥미를 불러일으킨다는 것이다. 마르크스의 고유한 성과는 주제의 선택과, 서술의 무게는 물론 종류와 방식에 있다. 세 논문 모두에는 특별한 접근이 특징적이다: 마르크스는 자신이 연구하고자 하는 경계를 스스로 설정하는데, 이때 그의 논문은 넓은 시야를 통해서 탁월하게 서술된다. 마르크스는 서술하고자 하는 시점을 설정한다. 또한 마르크스에게 특징적인 것은 획득한 판단에 대한 노력이다. 마르크스는 사물과 현상을 그 복잡성과 대립에서 파악하고, 부정적 측면을 포함하여 파악한다. 세 논문 모두 다른 학생들의 논문에 비해 풍부한 어학 실력을 보여준다.

마르크스의 정신적 태도는 고유한 문제에 대한 그의 입장으로 읽혀질 수 있는데, 독일어 논문과 종교 논문에서 약간의 차이가 있지만 그러나 본질적으로 모순되지 않는 방식으로 서술되었다.

그가 고심한 중심점은 인간 발전의 목표로서 개인과 사회의 완성에 관한 생각이다. 독일어 논문에서 마르크스는 이 주제에 관해 자세히 접근한다. 인간의 독립성과 고유한 힘에 대한 의식은 서술의 주요 생각이다.

자신의 운명을 개척하기 위한 인간의 책임이 – 확실히 계몽주의의 의미에서 – 강하게 개진되었고, 많은 페이지에서 "신성Gottheit"이 배후로 물러났음을 해명하였다. 동시에 마르크스는 "우리가 어떤 상태에 있는지 규정하기 전에 사회의 관계가 ... 오히려 먼저 시작되는" 개별 인간 외부에 존재하는 조건을 지적한다.

약간의 차이는 있지만, 종교의 논문도 많은 점에서 비슷한 사고과정을 포함한다. 여기서 마르크스는 우선 인간의 불완전성과 그것의 해결욕구로부터 출발한다. 그러나 마르크스는 그리스도와 믿음의 통일을 위한 기초를 인간 자체에서, 인간의 역사에서 찾으며, 선에 대한 열광 및 인식을 추구하는 인간의 본성에서 찾는다. 또한 이러한 통일의 작용을 인간적 용기와 관련하여 추적한다. 그렇게 하여 마르크스는 주제를 통해 정해진 테두리 내에서 인간적 발전을 지향한다.

마르크스는 또한 자신의 논문에서 다른 사람에 대한 관계를 다룬다. 종교 논문에서는 단지 시작만 한 이러한 생각이 독일어 논문에서는 넓은 범위를 차지한다. 인간의 행복을 위한 활동은 마르크스에게는 직업선택에서 결정적인 동기이다. 개인의 완성과 보편자의 행복을 위한 활동 사이의 연관은 그에 의해서만 충분히 설명되었다.

계몽주의의 이념에 기대어 마르크스는 자신의 졸업논문에서 인간의 완성가능성을 증명하고 – 비록 아직 추상적인 형태지만 – 개인과 사회 사이의 상호관계를 파악하기 시작했다. 이것으로 그는 자신의 더 높은 정신적 발전을 위한 중요한 출발점을 가지게 되었다.

본과 베를린에서 경험한 마르크스의 최초의 학생시절로부터 방대한 문학적 시도가 남아 있다. 칼 마르크스의 문학적 추구는 무엇보다 그가 얼마나 자신의 시대의 정신적 문화적 생활과 그 전통에 확고하게 뿌리를 내리고 있는지를 증명한다. 그는 문학을 잘 알았고, 문학으로부터 주제의 견지에서 그리고 조형적인 견지에서 창작 작업을 했다. 이미 그의 시작품집의 제목이 문학적 전형을 증명한다. 1836년 늦가을에 그가 두 작품집을 『사랑의 책』이라고 명명했을 때, 같은 해 호프만 폰 팔러스레벤Hoffmann von Fallersleben의 같은 제목의 작품집이 출간되었다. 또한 요한 폴프강 폰 괴테Johann Wolfgang von Goethe의 『서동시집West-östlichen Divans』의 제목도 그렇게 불렸다. 하인리히 하이네Heinrich Heine의 같은 이름의 작품집에 대한 『사랑의 책』의 관련도 분명하다. 전체적으로 마르크스의 문학적 추구는, MAGA 제1부 제1권에서 처음으로 출판되는 시모음집이 증명하듯이, 이 시대의 어떤 이념이 그의 정신적 태도를 각인시키는 데 도움을 주었는지, 그리고 이러한 영향을 포괄적이고 자세하게 요약하는 데 분명하게 해 줄 것이다.

그래서 마르크스의 서정시에는 독일 문학의 다양한 발전국면의 요소들이 반영되어 있다. 루트비히 울란트Ludwig Uhland와 니콜라우스 레나우Nikolaus Lenau에게서 그 종결을 찾을 수 있듯이 낭만적 시적 작업의 방향 이외에, 마르크스의 시에는 고전의 세계관적이고 형식미학적 발전이 강하게 확립되어 있다. 이제까지 알려지지 않았던 괴테와 실러에 관한 마르크스의 소네트Sonetten(14행시)에서 젊은 마르크스 자신은 고전적 독일 문학이 그를 위해 가지는 모범적 성격을 증명한다. 거기에 또한 19세기 초반 트리어라는 공간에서 낭만파가 큰 영향을 발휘하지 못했다는 사실도 기여했다. 마르크스는 무엇보다 본 대학에서 아우구스트 빌헬름 슐레겔August Wilhelm Schlegel의 강의와 확실히 "운문 소모임"을 통해서 낭만파와 접촉하게 되었다. 그의 성실한 고전 교육, 계몽주의에 경도된 교육은, 그가 신비적이고 반동적인 낭만주의에 빠지지 않고 자신의 문학적 추구를 가치 없는 것으로 곧 바로 인식하고 다시 철학 및 법률 공부에 매진하게 된 전제였다.

진리에 대한 마르크스의 추구와 아름다움에 대한 그의 숭배를 표현하는 시들은 분명히 실러와 괴테의 고전적 세계관의 서정시의 전통 속에서 있는 것이다. 그가 위대한 행동을 향한 자신의 충동을 표현한 시들은 독일어 졸업논문에서 발전된 이념과 닿아 있다. 문학적 추구는 젊은 마르크스의 발전에서, 그의 더 높은 창조를 위해 의미가 없지 않은, 통과단계로서 관찰될 수 있다. 이것은 그의 실제적 능력을 발견하고 위대한 예술적 성취에 대한 진정한 이해를 발전시키는 데 도움을 주었다.

일치하는 것이든 혹은 또 다른 문학적 종류를 추구하려는 노력은 마르크스의 수준 높은 언어 능력에 부합하였다. 일찍이 마르크스는 사고내용을 언어적으로 성취하려는 것의 어려움을 알아차렸다. 그런 면에서 문학적 추구는 중요한 학교였다. 그의 나중의 과학적, 출판적 작업에서 보게 되는 현란한 문체와 숙련된 언어를 위해서, 시적 표현을 둘러싼 각고의 노력은 확실히 큰 영향을 미쳤을 것이다.

「데모크리토스와 에피쿠로스의 자연철학의 차이」라는 논문으로 마르크스는 철학박사를 받고 졸업했다. 학위논문은 1840년 중순과 1841년 3월 사이에 집필되었는데, 이때는 마르크스가 정치적 입장을 추구하고 헤겔 철학을 위해 세계의 과학적 해명을 추구하고 청년헤겔주의자들을 알게 되었을 때인 마르크스 청춘의 한중간이었다. 학위논문의 대상에 대한 연구는 브루노 바우어를 둘러싼 청년헤겔주의자들의 정치적-이론적 필요에 기초하였다. 즉 아리스토텔레스 이후의 체계, 에피쿠로스 철학과 스토아학파 그리고 회의 철학을 그들의 자기의식의 철학을 기초하기 위해 무신론적이고 부르주아-민주적인 견해로 이용하려는 것이었다.

에피쿠로스 철학, 스토아학파 그리고 회의주의에 대한 마르크스의 연구는 헤겔에 의해 영향을 받고 청년헤겔주의자 동료들과 함께 나누었던 철학사를 위한 커다란 이해관심을 반영한다. 헤겔은 철학사를, 객관적 이념을 내용으로 가진, 합법칙적으로 연관되어 있는 인식과정으로 다루었다. 헤겔은 개별적 철학체계를 그 시대의 철학으로서만 파악되고 서술될 수 있을 뿐인 역사적 발전단계로서 설명했다. 헤겔철학의 귀중한 부분에 속하는 철학적 사고의 역사에 대한 이러한 변증법적 해석은 19세기의 30년대에 격렬한 이데올로기적 대립을 가져온다. 마르크스가 헤겔의 "훌륭하고 위대한 그리고 대담한 계획과 함께 비로소 철학사가 전반적으로 기술될 수 있게 되었다"고 강조했을 때, 이것은 헤겔 변증법과 그것의 진보적인 내용에 대한 마르크스의 위대한 이해를 증명한다.

이렇게 에피쿠로스 철학, 스토아학파 그리고 회의주의를 그리스 철학 역사의 객관적으로 필요한 발전단계로서 특징짓고, 아리스토텔레스 체계에 대한 반동으로서 자기의식의 일반적 입장을 대표했을 때, 마르크스는 헤겔에 동의했다. 그러나 마르크스는 그의 스승이 이러한 체계의 현실적 의미를 인식하지 못했다고 비판했다. 헤겔은 자기의식을 절대적 이념 아래 종속시켰기 때문에, 고대적 "자기의식의 철학"이 그에게는 결정적 역할을 하지 못했다. 그에 비해 마르크스에게 이 "체계는 … 그리스 철학의 진정한 역사를 위한 열쇠"였다. 헤겔은 사고와 존재의 동일성에서 출발하고, 이념의 발전을 자신의 체계 속에서 완성하기 때문에, 청년헤겔주의자들은 이러한 동일성을 해소하고 무한히 변증법적인 발전을 받아들인다. 이때 그들은 자기의식을 현존하는 것의 변화의 추동력으로서 전면에 내세운다. 역사에 대한 청년헤겔주의자들의 이러한 일반적 원칙을 응용하여, 또한 에피쿠로스 철학. 스토아학파 그리고 회의주의 철학이 더 의미 있는 역할을 수행했고, 동시에 아리스토텔레스 이후의 철학과 헤겔 이후의 철학 사이의 역사적 비교가 끈질기게 이루어졌다. 마르크스는 다음과 같이 썼다: "비로소 지금 우리가 에피쿠로스, 스토아학파 그리고 회의주의자의 체계를 이해하게 된 시대가 되었다. 그것은 자기의식의 철학이다."

학위논문에서 마르크스는 에피쿠로스, 스토아학파 그리고 회의 철학의 그리스 고대철학과의 관계의 측면을, 더욱이 데모크리토스의 자연철학에 대한 에피쿠로스의 자연철학의 관계를 연구했다. 이 연구는 에피쿠로스 이론의 오류 때문에 그의 원자론은 물론 자연철학의 문제와 특수한 이해로부터 인간 개인의 자유의 문제에 관한 동시대적 대립을 과소 평가했다.

그 시대의 마르크스의 청년헤겔주의적 입장으로부터, 왜 그가 에피쿠로스와 데모크리토스의 유물론에 관심을 기울이지 않았던가를 이해할 수 있다. 마르크스는 또한 데모크리토스의 역사적 의미에 대해 정당하게 평가하지 않았기 때문에, 에피쿠로스 원자론의 천재성을 파악하는 데 한정되었다. 그러나 무신론자이고 변증법론자인 마르크스는 남겨진 가치를 인식하고 다음과 같은 결론에 이르게 되었다: "에피쿠로스는 위대한 그리스의 계몽가이다."

마르크스에게 중심적인 의미를 갖는 것은 이것이다. 즉 에피쿠로스는 "원자의 일직선으로 기울어짐"을 통해 데모크리토스의 제한된 결정론을 지양하고 이것을 통해 인간 개인 의지의 자유, 개별성, 독립성을 자연적 방식으로 설명하려고 했다는 것이다. 원자의 기울어짐은 에피쿠로스 자연철학의 일반법칙의 단지 특수한 표현일 뿐이라고 마르크스는 증명했다. 이것으로 마르크스는 에피쿠로스의 자연철학과 자신의 사회이론 사이의 연관을 발견했고, 에피쿠로스의 원자론이 자신의 윤리적 견해의 기초를 위해 중요한 역할을 수행한다는 사실을 보여주었다. 데모크리토스와 에피쿠로스의 자연철학의 대립으로부터 마르크스는 다음과 같은 결론을 이끌어냈다: "자기의식의 절대성과 자유가 … 에피쿠로스 철학의 원칙일 것이며" 그리고 에피쿠로스에게 "자기의식의 자연철학으로서 그것의 모든 모순을 가진 원자론이 관철되었고 완성되었다."

이러한 철학적 해석은 우선 헤겔 관념론의 영향을 볼 수 있지만, 그러나 에피쿠로스의 원자론에 대한 평가와 그의 이론의 전체 체계에서의 그것의 의미에서 헤겔의 견해에 대한 상당한 차이를 지적했다. 헤겔은 에피쿠로스의 자연철학을 매우 낮게 평가했고 철학적 사고의 발전에 아무런 의미가 없다고 치부했다. 그러나 에피쿠로스 철학의 원칙에 대한 마르크스의 정의는 또 다른 청년헤겔주의자들의 견해와도 차이를 나타낸다. "추상적-개별적 자기의식이 절대적 원리로서 놓여진다: 그래서 개별자가 사물 자체의 본성 속에 지배되지 않을 때 모든 진정한, 현실적인 과학은 그렇게 더욱 지양된다. 인간 의식에 대해 상상의 오성에 속하는 초월적인 것으로 간주하는 모든 것은 또한 붕괴될 뿐이다. 그에 비해 추상적 일반성의 형태 하에서만 알 수 있는 자기의식은 절대적 원리로 고양된다. 그래서 미신적이고 부자유스런 신비가 문을 연다."

여기서 마르크스는 그가 헤겔과 그 학생의 역사적 비교에서 이끌어낸 주석에서 더욱 기초를 다진 해석을 암시한다. 이러한 설명에서는 철학과 실재의 관계가 과학적 세계관을 둘러싼 마르크스의 고투의 중심 문제였음이 명백해진다. 마르크스는 이러한 관계를 변증법적 과정으로서 파악한다. 사고와 존재의 헤겔적 동일성의 지양과 발전에서의 적극적 변화적 요소로서 자기의식의 강조를 마르크스는 일면적인 당연함으로 밀고 나가지 않으며 또한 자기의식을 절대적 원리로서 고양하지 않는다. 마르크스는 세계의 초자연적 설명을 위한 자기의식의 절대화가 공간을 창조하는 것을 증명한다. 마르크스에게는 세계가 이성과 일치하고 철학이 세계와 조화 속에 있고 사고와 존재의 통일이 만들어지는 계기들이 발전 속에 있다. 이러한 상태 위에서 이론적 정신 즉 철학이 현실 세계와 대립하게 되는 계기들은 세계가 비이성적으로 되는 것에 대해 방향을 바꾸게 되고, 철학은 현실 세계를 다시 이성적으로 만들기 위해 현실 세계에 적극적으로 영향을 미칠 수밖에 없게 된다. 마르크스는 이러한 파악과 함께 객관적-이념적 헤겔 변증법을 철학과 현실 세계의 무한히 모순적인 발전의 의미에서 적용하려고 시도했다. 이것은 마르크스로 하여금 다음과 같은 결론에 이르게 하였다: "세계의 철학적-형성은 동시에 철학의 세계적-형성이다." 이것으로 마르크스는 이미 그 당시 청년헤겔주의자들의 역사파악에 있었던 주관적-이념적 계기들로부터 단절하고, 그의 철학적 사고에서 고유한 길을 서술하기 시작했다. 철학과 실재 사이의 변증법적 상호작용에 대한 고유한 해석은 마르크스의 세계관의 더 높은 발전을 위한 중요한 출발점이 되었다.

역사적으로 낡고 비이성적으로 되어버린 현실 세계에 대한 투쟁을 마르크스는 무엇보다 우선 철학적 영역에 한정했다. 왜냐하면 그는 브루노 바우어와 다른 청년헤겔주의자들과 마찬가지로 이론Theorie이 가장 강력한 실천Praxis이라고 확신했기 때문이었다. "철학의 실천만이 오직 이론적이다. 개별 존재를 본질에, 특수한 실재를 이념에 비추어보는 것이 비판Kritik이다." 마르크스는 비이성으로 되어버린 세계를 다시 이성적으로 만들기 위해 그것에 영향을 미치는 과제를 철학적 비판에 권고했기 때문에, 또한 여기서도 추상적, 순수 이론적인 사고 속에 있던 다른 청년헤겔주의자들과 근본적으로 차이가 났다.

마르크스의 계속적인 철학적 발전과 관련하여 그가 이미 이 시대에 많은 청년헤겔주의자들과 다른 헤겔 체계에 대한 비판을 시도했다는 것은 흥미롭다. "그들 체계의 이러저러한 규정은 조화로부터, 마찬가지로 한 마디로 말하면 도덕적으로 설명된다"고 마르크스는 헤겔의 학생들에 대해 비판했다. 여기서 그리고 다른 곳에서 우리는 마르크스가 헤겔에게 보인 높은 존경심을 발견한다. 마르크스는 이것을 불성실한 것으로 특징지었고, 헤겔을 부정한 의도로 비난했으며, 헤겔이 과학을 언제나 형성되는 것werdende으로 간주했다고 강조했다. 헤겔 철학의 한계는 아마 "그의 원리에 대한 불충분함 혹은 불충분한 이해 자체 안에" 가지고 있다고 마르크스는 진술했다.

모든 청년헤겔주의자들과 마찬가지로 마르크스도 확실히 전투적 무신론자였다. 그는 종교에 대해 반대했고, 종교에 의한 철학 및 개인의 억압에 대해 반대했으며, 종교적 후견으로부터 인간 해방을 요구했다. "한마디로 나는 모든 신을 증오한다"는 프로메테우스의 고백을 마르크스는 자신의 철학의 공언으로 삼았고, "인간의 자기의식을 최상의 신성"으로서 설명했다. 에피쿠로스 철학의 무신론적 길을 위한 당파성이 그의 학위논문의 기초였다. 에피쿠로스는 자연과 역사에서의 사건에 대한 신의 영향을 부정했고, 인간의 무지와 두려움 안에서 종교적 전제를 보았고, 신 앞의 경외로부터 인간을 해방하려고 했다고 마르크스는 강조하였다.

마르크스는 에피쿠로스의 무신론을 무엇보다 플루타크Plutarch와의 논쟁에서 옹호했다. 왜냐하면 그에게 플루타크의 입장이 철학 일반에 대한 신학의 관계에 전형적이었기 때문이다. 플루타크와의 대립은 이미 "에피쿠로스 철학을 위한 공책"은 물론 단지 부분적으로만 전해지는 독립적 서술에서도 보이며(MEGA② 제4부 제1권, 59-61쪽과 151-152쪽 참고), 학위논문의 부록으로 출판되었다. 유감스럽게도 이 부록 중에서 주석의 일부만이 남아 있다. 그러나 이 주석은 흥미로운데, 여기서 마르크스가 신의 현존재Dasein를 위한 이른바 증명과 함께 대립키시고 있기 때문이다. 이 이른바 증명을 마르크스는 다음과 같이 대립시킨다: "'자연이 잘못 배열되었기 때문에 신이고', '비이성적인 세계이기 때문에 신이고', '사고가 없기 때문에 신이다.'" 이것으로 마르크스는 실재 자체에 종교의 존재를 위한 원인이 놓여있다는 사실을 논문에서 지적한 것이었다. 이것으로 그는 인간 개인의 억압에서 종교의 원인과 역할에 관한 몇 가지 남아 있던 인식에 대해 지적했는데, 이것은 그의 계속적인 철학적 발전의 중요한 입장이 되었다.

학위논문은 마르크스가 자신의 이후의 과학적 저술에서 유지하고 완성했던 과학적 분석의 능력과 대립, 증명과 결론을 이미 입증하고 있다. 또한 출판을 위해 준비한 이 첫 번째 논문에서 이미, 반동적 이데올로기와의 투쟁이 마르크스의 과학적 작업의 내재적 구성요소가 될 것임을 지시하고 있다. 학위논문의 대상이 단지 그런 의도를 가진 논박의 가능성을 제한적으로 제공하기 때문에, 마르크스는 직접 구체적인 비교에 주의를 환기시키기 위해 서문과 주석을 이용하였다. 따라서 학위논문의 바로 이 부분은 자신의 시대의 정치적-이론적 투쟁에 대한 마르크스의 참여를 분명히 반영한다.

마르크스가 본 대학의 강의활동을 준비하기 위해 베를린대학을 떠났을 때, 그는 아직 철학적 관념론의 토양에 서 있었고, 그 당시 그의 편협한 길잡이였던 브루노 바우어와 대부분의 철학적 기본문제에서 일치하였다. 그러나 헤겔의 객관적-관념적 변증법의 합리적인 내용과 헤겔의 역사적 접근에 대한 깊은 이해는 마르크스로 하여금 철학과 실재 사이의 상호작용, 사고와 존재 사이의 관계, 역사적 발전과정에서의 자기의식의 역할 등에 관한 고유한 결론에 이르게 하였다. 그리고 이것은 사회적 실재의 객관적 현실적 관찰을 위한 출발점이 되었고, 주관적-관념론적 경향에서 자신을 지키게 하였다.

마르크스의 언론 활동은 그의 정치적 철학적 발전의 새로운 단계를 반영한다. 마르크스는 처음으로 정치적 철학적 투쟁에 참여하였다. 그는 철학과 정치의 연대를 추구하였다.

정치적 생애로의 마르크스의 이러한 돌입, 그의 혁명적-민주적 입장의 수립과 발전은 시대에 맞는 것이었다. 독일에서 부르주아지가 계급으로서 구성되기 시작하였고, 자유주의적 부르주아지가 기존 정치체계에 대한 공개적인 적대자로 이행하였기 때문이다. 마르크스에게 언론 활동은 의미가 큰 것인데, 그는 라인지방, 즉 프로이센의 사회경제적으로 진보적인 부분에서 활동하였다. 여기서 부분적으로 수행된 봉건적 소유관계 및 법적 관계의 폐지를 통해, 입헌군주제를 위한 그리고 진보적 조건 하에서 부르주아지가 성취한 제도의 유지를 둘러싼 부르주아 반대파의 투쟁이 진행되었고, 따라서 또한 그에 상응하는 성숙한 정치적 경험을 가져왔다. 마르크스의 발전에서 결정적 의미를 갖는 것은 반대운동 내에서 민주적 흐름이 형성된 것이었다. 이 흐름은 인민의 기본이해를 옹호했고, 혁명적 행동을 승인했고, 부르주아-민주적 관계를 위해 투쟁했다. 마르크스 자신은 무엇보다 <라인신문 *Rheinische Zeitung*>의 동지이자 편집자로서 이러한 민주적 흐름에 영향을 받았고 동시에 미쳤다.

마르크스는 <라인신문>에 대한 협력을 1842년 5월 시작했고, 같은 해 10월 15일에 신문의 편집자가 되었다. 그가 이미 전에 신문의 정치적 모습에 영향을 미쳤다면, 편집자로서 그는 기관지의 정치적 프로필 Profil 을 바꾸었다. 자신의 글을 통해 마르크스는 결정적으로 신문의 방향을 각인시켰고, 신문의 정치적 영향력을 높였고, 신문의 경향성을 바꾸거나 신문을 아예 없애려는 정부의 시도에 대해 원칙적이고 전술적으로 탁월한 투쟁을 이끌었다. 마르크스의 지도 아래 <라인신문>은 언제나 목표를 위해 노력하고 의식적으로 혁명적-민주적인 견해를 대표했다. 그래서 신문은 독일에서 가장 의미 있는 반대파 신문이 되었고, 반봉건적 반대파 중에서 민주적 흐름의 지속과 계속적 발전을 위한 가장 중요한 증인이 되었다. 독일 신문의 역사는 물론 전체 유럽의 신문 역사에서 <라인신문>은 높은 자리를 차지한다. 왜냐하면 이 신문은 1848/49년 혁명의 불과 몇 년 전에 이 혁명적 사건이 닥칠 것을 예고했기 때문이다.

마르크스의 고유한 정치적 이론적 발전에서 편집 활동의 시작은 특별한 의미를 갖는다. 그가 편집자로서 이룬 정치적 경험과 통찰은 반대파 운동의 본질적인 정치적 경제적 요구를 직접 언급하게 만들었고, 또한 이러한 요구들에 관한 모순적인 공개토론과 일상적으로 대립하게 만들었다. 정부와 검열당국 그리고 다른 신문들의 <라인신문>의 편집자에 대한 만성적인 공격에도 불구하고 마르크스의 이론적인 인식진보와 정치적 결론은 일관되게 유지되었다.

마르크스는 자신의 언론 활동에서 그의 시대의 가장 논란이 되는 정치적 문제에 초점을 맞추었다. 언론자유에 대한 요구, 프로이센의 검열법에 대한 비판, 진보적 신문의 금지에 대한 투쟁, 봉건신분의 대표제에 대한 비판과 인민대표제의 요구, 프로이센의 입법과 그것의 이데올로기적 기초에 대한 투쟁, 지방자치제도의 개혁을 위한 운동과 도시와 농촌의 부르주아 권력균등을 없애기 위한 시도에 대한 비판 등이 여기에 속한다. 전체적으로 역사적으로 낡은 프로이센의 정치관계에 대한 투쟁, 프로이센 국가와 그것의 사회적 기초에 대한 비판, 전체 인민을 위한 민주적 권리의 옹호 혹은 확보와 관련된 것들이었다.

마르크스는 자신의 언론 활동 동안에 처음에는 사회적 경제적 문제를 언급했다. 그는 무산대중의 상태와 이해는 물론 모젤Mosel 농민의 가난과 파멸을 다루었다. 그는 토지 및 땅에 대한 소유와 정치적 이해대변 사이의 관계를 연구했다. 처음으로 그는 프랑스의 공상적 사회주의와 공산주의 이념을 받아들이게 되었다.

정치적 투쟁에서 마르크스는 자신의 철학적 견해를 검증했고, 그것을 구체적인 정치적 관계에서 발전시켰고 기초 지었다. 마르크스는 또한 언론 활동의 초기에 아직 철학적 관념론의 토대에 서 있었다. 그는 헤겔에게서 객관적-관념론적 역사변증법을 지향했고, 인간의 사회적 생활과 행동을 합법칙적인 역사적 과정으로서 파악했다. 이때 합법칙적인 역사적 과정은 개별 개인들의 의식으로부터 독립적으로 작용하는데, 그러나 개별 개인들에서 정신적 우월함과 관계 그리고 추동력은 결정적 역할을 수행하고, 정신적 활동과 정신적 투쟁에 대해 우선적으로 작용한다. 신문의 논설에서 마르크스의 철학적-이론적 분석의 중심에는, 마르크스가 1841년 말 시작했던 헤겔 법철학에 대한 남아 있지 않은 비판의 대상이었던 그의 국가철학적 및 법철학적 견해가 서 있다. 마르크스는 계급을 넘어서서 모든 인간의 이해를 체화하고 전체 인민의 자유를 보증하는 이성국가를 실현할 수 있는 가능성을 믿었다. 정치적 관계, 연관, 대립의 분석이 그의 이론적 견해의 시금석이 되었다. 점점 더 현실적인 요소들이 전면에 등장했다. 이미 몇 달도 되지 않아 그는 직접적인 정치적 경험을 통해 정치적 현실과 자신의 철학적 세계관 사이의 모순을 인식하게 된다.

그의 첫 번째 신문논설 "최근 프로이센 검열훈령에 관한 논평"에서 마르크스는 프로이센의 검열법의 기본 특징을 제시하고 언론자유의 필요성을 기초하였다. 그는 검열법을 가진 프로이센 경찰국가는 국가시민(공민)의 법 앞의 평등을 보장할 수 없고 오히려 정치적 이유로 반대적 견해를 억압하기 위한 법률을 제정하려는 반동 세력의 이해를 수호한다고 증명했고, 따라서 검열법은 "원칙적으로 인민에 반대되는 것"임을 증명했다. "검열의 고유한 근본적인 경향은 인민의 말살일 것이다; 왜냐하면 기구는 나쁘고, 제도는 인간보다 훨씬 강력하기 때문이다"라고 마르크스가 결론지었다면, 여기에는 프로이센 국가 일반에 해당되는 논리적 귀결이 있는 것이다.

"신문 자유와 의원 행동의 발표에 관한 토론"이라는 논설에서 마르크스는 다시 검열과 언론자유의 주제로 돌아갔다. 마르크스는 제한 없는 언론자유를 요구했다. 이것은 그에게 인간 자유의 구현인 동시에 현실적 실재의 변화를 위한 전제였다. 언론자유의 법적 인정은 언론법을 통해 이루어져야 한다고 마르크스는 주장했다. 이것은 현실적인 법률이 될 것이다. 왜냐하면 그에게 "자유는 비인격이고, 이론적인, 개인의 고의로부터 독립된 현존재를 획득할 것이기 때문이고", 인간 행동의 내적 생활법칙에 대한 의식적인 영상이 될 것이며, 그것을 통해 자유가 국가로부터 인정될 것이기 때문이다.

"최근 프로이센 검열훈령에 관한 논평"이라는 사설에서 마르크스는 처음으로 정치적 측면에서 종교를 비판했고, 자신의 무신론적 입장에 새로운 길을 개척했다. 그는 프로이센의 검열을 통한 법률적으로 인정된 종교비판의 억압을 비난했고, 국가가 신앙 위에서가 아니라 이성 위에 기초해야 할 것이라고 요구했다. "<쾰른신문> 제179호의 사설"이라는 논설에서 마르크스는 프로이센 국가의 이데올로기적 토대로서 종교와 새롭게 각을 세우고, 종교와 계속 발전하고 있는 과학 사이의 모순이 발견되는 역사적 현상으로서 종교를 특징짓고, 종교가 얼마나 이러한 진보에 방해가 되는지 그리고 나중에는 이러한 진보적 발전에 어떻게 적응해야 할 것인지 서술하였다. 마르크스는 종교가 모든 국가의 자연적 토대라는 반동적인 봉건적 국가교의를 거부하고, 그에 대해 몽테스키외에서 헤겔에 이르는 부르주아 국가이론의 발전을 대립시켰다. 또한 마르크스는 1842년 여름에 "법적, 윤리적, 정치적 자유가 실현되고, 개별 국가시민이 국가법률 안에서 자신의 고유한 이성, 즉 인간적 이성의 자연법칙만을 따르는 거대한 유기체로서 국가를" 규정했다.

<쾰른신문>의 사설과의 대립은 이론적 문제에 대한 마르크스의 특별한 관심을 반영한다. 이와 관련하여 마르크스는 또한 포이어바하Feuerbach를 연구했고, 그는 "종교의 일반적 본질에 관하여 ... 원칙이 아니라 이해 방식에 해당되는 붕괴에 빠져 있다"고 루게Ruge에게 전했다(루게에게 보낸 마르크스의 편지, 1842년 3월 20일. *MEGA*② 제3부 제1권, 25쪽). <쾰른신문>과의 논쟁은 또한 마르크스가 포이어바하와 "기독교의 교의는 ... 이성의 교의가 전혀 아니"라는 사실에서 일치했음을 확증한다. 하지만 마르크스가 포이어바하의 저술을 주의 깊게 추적하고, 연구하고, 분석했으며, 이 저술의 중요한 인식을 자기 것으로 만들었지만, 그러나 1842년 초 포이어바하를 비판적으로 판단하면서 그의 헤겔비판을 따르지도 받아들이지도 않았다. "포이어바하를 통하지 않고는 진리와 자유로 가는 다른 길은 없을 것이다." 포이어바하에 대한 마르크스의 이러한 입장은 1842년 초 몇 달 동안의 철학적 정치적 발전에도 상응한다. <라인신문> 활동 막바지에 마르크스는 포이어바하의 "철학의 개혁을 위한 테제Thesen"를 연구했고, 다음과 같이 결론지었다: "포이어바하의 경우는, 그가 너무 자연만을 지적하고 동시에 정치에 대해서는 너무 적게 지적한다는 한 가지 점에서만 내게 옳지 않은 것 같다. 그러나 이것은 현재의 철학이 하나의 진리가 될 수 있는 유일한 연대이다."(루게에게 보낸 마르크스의 편지, 1843년 3월 13일. *MEGA*② 제3부 제1권 45쪽)

<쾰른신문>과의 논쟁은, 나아가 마르크스로 하여금 철학의 역사적 과제에 관한 그의 생각을 진술하게 하고, 시대의 필연적 요구로서 일간신문에 등장하게 만들었다. 이와 함께 마르크스는 이미 학위논문에서 표명된 자신의 생각을 정치적 시점 아래서 더욱 발전시켰다. 마르크스는 철학이란 합법칙적으로 필요하게 된 사회적 변화를 정신적으로 선취하는 "그 시대의 정신적 핵심본질"이고, 따라서 현실적 실재와 대립적이라는 데서 출발한다. 철학과 현실적 실재 사이의 모순의 발전이 일정한 단계

에 도달하면, 철학은 필연적으로 실재와 상호작용 속으로 들어가 현재의 철학으로 되고 현실적 실재를 변화시킬 수밖에 없게 된다. 이러한 과정은 우선 반동적이고 보수적인 언론 측의 철학에 대한 공격을 통해 나타나게 되고, 마침내 철학은 "시대의 통신"이 될 것을 요구하게 된다. 마르크스가 사회의 근본적 변혁의 시대로 파악한 그런 시대는 이미 성숙하였다고 그는 생각하였다.

많은 논설에서 마르크스는 봉건신분층 대표의 본질을 연구했고, 여기서 사회의 사회적 층화에 관한 중요한 문제에 부딪혔다. 라인 지방의회에서의 언론의 자유에 관한 토론의 분석에서 마르크스는 신분에 속한 것이 직접 정치적 이해대표, 정치적 태도와 신념에 영향을 미친다는 인식에 도달했다. 군주 및 기사신분의 정치적 그리고 사회적 특권에서 마르크스는 왜 이러한 신분이 언론자유의 적대자로 등장하는지 이유를 찾았다. 이들 의원들은 "특권층의 자율성과 자유를" 수호하고, "인간 본성의 원리적인 부자유와 비자율성"에 대한 소환 아래 언론자유를 부정했다. 사회적 위치와 정치적 이해대표 사이의 관계를 해명한 것은 마르크스의 혁명적-민주적 발전을 위해 특별한 의미를 갖게 된다.

대부분 부르주아지의 대표자인 도시의 의원들의 태도에 대한 마르크스의 관찰은 특별한 이해에 기여했다. 그들 중 몇몇은 언론의 자유를 부정했고, 몇몇은 제한적으로만 받아들이고자 했다. 이러한 차이와 우유부단함을 마르크스는 지적했다. 그는 이러한 태도를 이들 의원의 사회적 위치와 경제적 요구와 관련지었다. 마르크스가 "자유주의적 반대파"로서 불렀고 그 태도를 "자유주의적 입장"으로 특징지었던 영방의회(Landtag신분제의회)에서의 도시의 대표자의 태도에 대한 원인을, 마르크스는 이들 의원이 "언론의 자유를 필요한 욕구로 결코 알지 못하는" 데서 찾았다. 이와 관련하여 의회에서의 라인지방의 도시 대표의 반대파는 "시민Boergeois(부르주아지)의 반대파이지 공민Citiyen의 반대파가 아니라는" 그의 언급은 프랑스혁명을 위한 그의 이해로부터 증명된다. 마르크스는 자신의 민주적 입장으로부터 "시민의 반대파"와 군주 및 기사신분의 대표 사이에 어떤 공통점을 보았다.

"도벌법에 관한 토론"이라는 사설에서 마르크스는 1842년 10월 봉건신분층 대표자에 대한 비판을 이어갔다. 그는 여기서 지방의회가 프로이센의 법률제정을 위해 어떻게 행동했는지를 연구했다. 여기서 마르크스는, 결정이 일반적 인간권리, 모든 국가시민의 평등에 의해서 결정되지 않고 오히려 신분층이 그들의 특권 및 사적 및 특수 이익을 타당하게 만든다는 사실을 증명했다. 그로부터 마르크스는, "특수 이익을 가진 신분제의회에 의해 법률제정을 위해 한 번 성실하게 소집되면 기대할 만한 것이 있을 것"이라고 결론지었다. 마르크스의 혁명적-민주적 입장은, 그가 봉건신분층의 제도를 개혁이 아니라 폐지할 것이라는 데서 드러난다.

이러한 결론을 마르크스는 "프로이센의 신분층 위원회에 관한 아우크스부르크의 <알게마이네 신문Allgemeine Zeitung> 제335호와 제336호의 사설"이라는 논설에서 다시 한 번 분명히 진술한다. 신분층 위원회에 대한 마르크스의 대립은, 1842년 여름에 처음 소집되고 10월과 11월에 열린 위원회에 관한 한 달 동안의 공개적인 토론 직후에 제기되었다. 이것으로 프로이센 정부는 전체 국가적 대표들에 대한 요구를 만족시키려고 했다. 자유주의적이고 민주적인 반대파가 새롭게 전의를 불태우게 되었다. 왜냐하면 요구된 헌법 대신에 봉건신분층의 대표가 성취되었기 때문이다. 정부와 반대파 사이의 격화된 대립에 대한 대답에 또한 주로 마르크스 비판의 새로운 요소들이 놓여 있다.

이제까지보다 더 원칙적으로 마르크스는, 신분층 대표가 주로 봉건적 토지소유의 우선권을 확보하였고 프로이센 국가의 정치체계의 내재적 부분이었음을 증명하려고 하였다. 사회의 봉건신분층적 배열과 이러한 배열로부터 인민 대다수를 배제하는 것은 역사적으로 물려받은 것이고, "과거 시대의 해체과정"으로부터 유래되어 현재 강력하게 내몰리고 있다는 것이다.

마르크스는 인민 대표만이 역사적 요구에 상응할 수 있다는 대안으로 이제까지보다 더 집중적으로 몰두했다. 그는 부르주아 권리가 신분층 대표 안에서 확대되고 이러한 제도에 들어 갈 지식인이 창출될 것이라는 자유주의적 반대파의 타협제안에 대해 공개적으로 거부했다. 마르크스는 인민의 현실적 이해를 대표하는 인민대표를 요구했다. 사적 이익, 토지소유나 다른 형태의 어떤 소유가 아니라 자유로운 인간이 인민대표 안에 대표되어야 한다. 국가의 계급성격과 사회의 사회적 배열 그리고 역사적 발전의 사회적 추동력에 관한 잘못된 인식은 마르크스로 하여금 여전히, 인민대표가 정신적 세력을 구현하고 인민지식인의 의식적 대표일 수밖에 없다는 환상을 믿게 만들었다.

이 점과 관련하여 자유주의에 관한 마르크스의 이해는 흥미롭다. "하노버의 자유주의적 반대파"의 편집자 주에서 마르크스는 봉건적 반동에 의해서 폐지된 하노버의 자유주의적 헌법을 역사적인 진보로서 설명했고, 그러나 동시에 이 헌법이 인민대표로부터 너무나 멀리 떨어져 있음을 분명히 했다. 마르크스가 자신의 민주적 목표의식을 여기서 밝혔듯이, "진정한 자유주의는 완전히 새로운, 깊은, 충분히 교육되고 자유로운 인민의식에 상응하는 국가형태를 지향한다"

마르크스는 한편으로 봉건적 반동의 공격에 대해 자유주의적 진보를 옹호하고, 다른 한편으로 자유주의적 반대파의 우유부단함에 대해 주의를 기울이면서 인민이해의 완전한 실현을 요구했다. 더욱이 그는 "자유민Freien"의 급진적 비판에 반대하였다. 브루노 바우어와 에드가Edgar 바우어를 둘러싼 청년헤겔주의자들의 집단인 "자유민"은 모든 것을 부정하고 절대적인 비판으로 기존의 정치적 관계를 근본적으로 변혁하려고 하였다. 이들의 정치적 목표는 점점 더 구체적인 정치적 사회적 관계와 조건 그리고 전제와 분리되어 제시되는 급진적인 양상을 띠게 되었고, 정치투쟁의 실제적 가능성을 완전히 무시하고 정치적 고립을 자초하였다. 이들 집단에 대한 마르크스의 입장은 무엇보다 아르놀트 루게에게 보낸 편지에서 확인된다.

1842년 11월 말 마르크스는 "자유민"에 관한 의견을 <라인신문>에 전하려는 게오르크 헤어베크Georg Herwegh의 부탁을 받았다. 마르크스는 헤어베크의 입장을 다음과 같이 보충했다: "방종이 시끄럽고 결정적으로 부인되어야 하는 시대의 스캔들은, 그들이 가지고 있는 목적의 투쟁을 위해 진지하고 남자답고 가치 있는 성격을 요구한다." "헤어베크와 루게의 자유민에 대한 관계"라는 이 글의 출판과 함께 <라인신문>은 "자유민"들과 멀어지게 되었다.

라인지방에서 의미 있는 정치투쟁에는 도시와 농촌의 부르주아적 법적 평등의 옹호가 핵심인 지방자치단체의 개혁을 관철하기 위한 운동도 포함되었다. 이 책을 준비하면서 새로 발견된 마르크스의 기고문은, 그가 또한 한편의 자유주의적 라인 부르주아지와 인민 그리고 다른 한편의 봉건귀족과 프러시아 정부 사이의 대립이라는 이 중요한 대상에 대해서도 언급했다는 사실을 증명한다. 마르크스는 "지방자치단체의 개혁과 <쾰른신문>", "<쾰른신문>과 <라인신문>의 통신원" 이라는 기고문에서, 프로이센의 그 밖의 다른 지방에 대한 대립 속에서 라인지방에도 해당되는 법률인, 도시와 농촌의 법적 평등을 옹호했다. 프랑스혁명의 원칙 "만인을 위한, 시민과 농민을 위한 평등"에 대한 소환 아래 마르크스는 법적 평등을 민주적으로 이해하였다.

마르크스는 이와 함께 이러한 권리를 파기하려는 봉건 반동의 시도에 대해 보편타당한 권리를 옹호했다. 그는 기존의 입법을 아직 창조할 수 있는 법적 상태로 보지 않고 오히려 권리와 현실적 실재의 일치로 확인하고, 기존의 권리를 실제적이고 객관적인 권리로 특징지으면서, 법률과 권리에 관한 그의 이해 속에서 더욱 현실적인 요소로 나아갔다. "... 그래서 법률은 단지 실재의 이념적, 자기의식적 모사일 수 있고, 실천적 생명력의 이론적으로 독립된 표현일 수 있다."

도시와 농촌의 법적 평등을 옹호하면서 마르크스는 사회의 정치적 변혁Gestaltung의 필연성을 새롭게 긍정했다. 간접적으로 그는 개별 인간의 욕구와 목적을 최종 원리로 높이는 주관주의적 설명은 물론, 공상적 공산주의자들의 평등이해로부터 거리를 두었다.

마르크스는 많은 논설에서 프리드리히 빌헬름 4세 치하에서의 프로이센 입법의 수정이 가지는 특징과 그것의 이데올로기적 토대를 다루었다. 그 이데올로기적 토대 중 가장 의미 있는 것은 역사 법학파historische Rechtsschule였다. 기고문 "역사 법학파의 철학적 선언"에서 마르크스는 이 학파의 창립자인 구스타프 후고Gustav Hugo의 견해가 가지는 반동적 성격을 폭로했다. "따라서 칸트의 법철학이 프랑스혁명의 독일 이론으로서 관찰된다면, 후고의 자연법Naturrecht은 프랑스 구체제의 독일 이론으로서 관찰된다." 마르크스는 이것으로 역사 법학파의 대변자들이 프로이센 입법의 수정으로 역사적으로 잔존하는 상태를 복구하려 한다고 확실하게 지적했다.

논설 "이혼법 초안"과 "이혼법 초안. 비판의 비판"에서 마르크스는 프로이센 입법의 변화가 갖는 본질을 직접 분석했다. 그는 개신교회의 교의를 직접 입법의 토대로 만들려는 시도에 대해 반대했다. 그는 법률을 통해 "초윤리적이고 초자연적인 권위에 대한 무의식적인 두려움"을 요구하려는 시도라고 판단했다. 마르크스가 1842년 말 "법률은 인민의지의 의식적 표현이어야 하고, 또한 그와 함께 그리고 그것을 통해 창조되어야 한다"고 요구했을 때, 이것은 이미 다방면의 정치적 경험을 반영한 것이었다.

논설 "도벌법에 관한 토론"에서 마르크스는 처음으로 경제적 문제에 부딪혔다. 마르크스는 이 사설에서 한 시대에 대해 작업했다. 영국에서 파업이 일어났고, 그 결과가 독일을 위해 신문에 언급되었기 때문이고, 그리고 프랑스의 공상적 사회주의자들 및 공산주의자들에 관한 종합적인 신문지상의 토론으로서 새롭게 부상했기 때문이었다. 이 토론은 영향이 적지 않았는데, 마르크스는 처음으로 소유문제와 무산대중의 상태에 대해 연구하였다.

도벌법에 관한 토론을 분석하면서 마르크스가 이끌어낸 결론은, 토지와 땅의 소유자로서 의원들의 물질적 사적이해가 입법과 관련하여 직접 그들의 정치적 결정을 규정한다는 사실, 이러한 결정이 소유자의 권리와 특권을 증가시키는 동시에 무산대중besitzlose Masse의 권리를 약화시킨다는 사실이었다. 그는 토지와 땅의 사적 소유자는 국가와 국가의 법적 요구를 그들의 물질적 욕구 아래 종속시킨다는 사실을 인식했다. 그래서 마르크스는 토지와 땅에 대한 사적 소유의 역할과 대립하기 시작했고, 처음으로 법률과 소유의 관계를 연구했다.

이러한 분석은 처음으로 마르크스로 하여금 대부분 착취되고 억압된 인민의 부분, 가진 것이 없고 소유로부터 배제된 대중을 연구하게 만들었다. 마르크스는 이들을 일단 "가난하고 정치적, 사회적으로 가진 것이 없는 대중"으로서 특징지었다. 마르크스는 다음과 같이 표현했다: "가난한 계급 자체의 현존재는 이제까지 부르주아 사회의 단순한 관습이고, 의식적인 국가질서의 범위 안에서 아직 적당한 자리를 찾지 못하고 있는 것이다." 인민의 이 부분을 위한 당파성은 그로 하여금, 그러한 국가질서 또한 "무산대중"의 자유와 평등을 보장하도록 노력해야 할 것이라는 결론에 이르게 하였다. 무산대중의 상태, 욕구, 요구와 비로소 시작된 연구는 마르크스의 혁명적-민주적 입장의 한층 더 높은 발전을 의미했다. 바로 이러한 인식에 공산주의와 유물론으로의 마르크스의 다음의 이행을 위한 출발점이 놓여 있다.

그는 아직 일반 인간적 국가이념의 실현의 해결을 추구했지만, 그러나 새로운 인식은 또한 이러한 이성국가의 과제에 대한 새로운 규정으로 이끌어갔다. 이성국가는 사적 소유의 요구가 모든 국가시민의 자유와 평등과 충돌하는 곳에서 그것을 억압하고 제한하는 도구였다.

대략 동일한 시기부터, 마르크스가 이러한 인식을 획득했기 때문에, 또한 공산주의에 대한 그의 최초의 입장이 기록된다. 사설 "목재절도에 관한 토론"과 "공산주의와 아우크스부르크 <알게마이네 신문>"은, <라인신문>의 편집자로서 그의 활동의 시작과 함께 일어났던 마르크스의 발전에서의 중요한 계기를 구성한다. 영국이나 프랑스에서 일어났듯이, 사회적 갈등이 독일에서도 일어날 것인가? 공산주의적 이념은 독일에서도 의미를 가질 것인가? 이것은 40년대 초 프로이센의 산업적으로 발전된 부분인 라인 지방에서 특별한 구체성을 가지고 있었고, 마르크스 역시 직면했던 문제들이었다.

마르크스는 1842년 늦여름에 프랑스의 공상적 사회주의와 공산주의에 대한 몰두로 명백히 전환하였다. 외적인 상황이 그로 하여금 공식적인 입장표명을 서두르게 강제하였다. 나중에 그는 그에 관해 이렇게 썼다: "한편으로 선의로 여러 가지 전문지식을 '더욱' 보상받게 되었는데, 프랑스의 사회주의와 공산주의에 대한 철학적으로 허약한 수준의 반향을 라인신문에서 듣게 되었던 때였다. 나는 동의하면서도 그러나 동시에 아우크스부르크 알게마이네 신문과의 논쟁 속에서 거의 다음과 같이, 즉 이제까지의 나의 공부는 프랑스의 노선 자체의 내용에 관한 판단을 어떻게든 허용하지 않는다는 이러한 아둔함에 대해 설명했다."(마르크스: 정치경제학 비판을 위하여. 제1권. 베를린 1859. 서문 IV쪽)

마르크스는 논설 "공산주의와 아우크스부르크 <알게마이네 신문>", "공산주의에 관한 논쟁을 위하여"에서 프랑스의 공상적 사회주의와 공산주의에 대해 소극적으로 대응했다. 여기서 결정적인 것은 이 이론의 공상적인 길, 공상적 공산주의와 사회주의의 실제적 추구와 마르크스의 그 당시의 정치적 철학적 견해였다. <라인신문>이 공산주의적 이념을 대표하고 그것의 실제적인 실현을 요구해야 한다는 제안에 대해 마르크스는 여러 번 거부하였다. 그러나 마르크스는 공산주의를 단순한 상상으로 처리하려는 것에 대해 결정적으로 반대했다. 이러한 이념의 역사적 의미와 관련하여 그는 설명하기를, "전문Considérant 그리고 무엇보다 프루동Proudhon의 날카로운 저작과 같은 저술은 한순간의 현상적 우연에 의해서가 아니라 오래 지속되고 깊이 파고 든 연구에 의해서만 비판될 수 있다."

마르크스는 공산주의에 대한 자신의 입장에서 무산대중의 실존을 재차 언급하였고, 이러한 무산대중의 물질적 이해를 자신의 관찰 속에 끌어들이기 시작했다. "오늘날 아무 것도 갖지 않고 중간계급 부분의 부를 갖기를 요구하는 신분, 이것은 … 맨체스터와 파리 그리고 리용의 거리 어디서든 주변에서 볼 수 있는 사실이다." 마르크스는 이러한 요구를 시대의 사실로서, 그 해결이 역사적으로 필요하게 된 진지하고 중요한 문제로서 간주했다.

"모젤의 통신원(고인故人)의 변호"라는 논설은 마르크스로 하여금 경제적 사회적 문제에 관여하도록 새롭게 유인하였다. 후에 엥겔스가 자주 강조했듯이, 마르크스는 "도벌법과 모젤농민의 상태에 대한 그의 연구를 통해 단순한 정치로부터 경제적 관계를 제시했고, 그렇게 사회주의로 이행했다"(리하르트 피셔Richard Fischer에게 보낸 엥겔스의 편지, 1895년 4월 15일).

결과적으로 모젤 계곡의 중소 포도재배농민들을 완전히 빈곤하게 만들고 대규모로 파멸하게 만든 여러 해 동안의 경제적 과정에 대한 연구에서 마르크스는 여기서 객관적 과정이 중요하다는 통찰을 얻었다. "국가적인 상태의 연구에서 우리 모두는 관계의 사항적 본성sachliche Natur을 너무 쉽게 간과하고, 모든 것을 행동하는 개인들의 의지로부터 너무 쉽게 설명하려고 한다. 그러나 사적 개인의 행동은 물론 개별 기관의 행동을 결정하는 관계가 있으며, 그래서 이것은 호흡과 같은 방식으로 그들로부터 독립되어 존재하는 관계이다."

모젤 통신은 단지 부분적으로만 남아 있기 때문에, 마르크스가 얼마나 일관되게 연구를 수행했는지 명확하게 확정할 수 없다. 완전하게 남아 있는 두 절에서 마르크스는, 정부기관이 포도재배농민의 빈곤과정에 대한 이유를 자연재해와 농민들의 실패 그리고 우연에서 찾는 동시에 그 책임을 회피하려는 것을 비판했다. 정부에 의해 제안된 조치를 마르크스는 반박했는데, 그것이 포도재배농민의 이해에 반하기 때문이었다. 모젤의 농민은 이러한 빈곤과정을 막을 어떤 수단도 갖지 못했고 또한 외적 상황이 변해야 한다는 것은 마르크스에게 분명했다. 또한 국가관료의 허언虛言에 대한 이유를 마르크스는 개별 인간이 잘못된 행동이 아니라 기존의 프로이센 국가법률과 행정원리의 본질에서 찾았다. 프로이센 국가의 특징과 모젤 계곡에서 이루어진 경제적 과정 사이의 관계, 처음으로 마르크스의 시야에 들어온 객관적 관계는 유물론으로의 마르크스의 이행을 위한 중요한 출발점이었다.

1843년 초 프로이센 정부에 대한 마르크스의 투쟁의 새로운 단계가 시작된다. 프로이센 국가에 대한 점증하는 반대가 1842년 말 프로이센 정부를 반대하는 신문에 대한 엄격한 조치를 취하도록 움직이게 만들었다. 첫 번째 단호한 억압조치는 <라이프치히 알게마이네 신문*Leipziger Allgemeinen Zeitung*>의 금지였다. 이 사건에 대해 마르크스는 즉각 입장을 정리하고 포괄적인 신문논쟁에서 자신의 입장을 옹호했다. 그는 금지의 전술적 고려에 대해 무조건적으로 그리고 가차 없이 반대했다. 그는 또한 정부의 고유한 이유와 의도를 폭로하고 이것은 전체 진보적인 신문에 대한 공격임을 증명한 첫 번째 언론인이었다. 그러나 그는 또한 반대적인 신문에 대한 정부의 투쟁이 진보 세력의 점증하는 의미를 증명한다는 사실을 의식했다. "왜냐 하면 현존재에 대한 투쟁은 자신의 인정, 자신의 실재와 자신의 힘의 첫 번째 형태이기 때문이다."

이와 관련하여 마르크스는 반복해서 진보적 신문의 의미로 되돌아갔고, 신문의 사회적 역할에 관한 그의 생각을 포괄적으로 기초하였으며, "인민 신문*Volkspresse*"의 개념을 주조했다. 마르크스의 혁명적-민주적 입장은, 현실의 신문이 인민 이해의 대변자이고 인민의 발전된 정치적 사고를 반영해야 한다는 요구로 선언되었다. "인민 신문"은 마르크스에게 발전된 "인민 정신*Volksgeist*"의 역사적 모습이었다. 헤겔로부터 계승한 개념이고 청년헤겔주의적 철학에서 의미를 획득한 인민 정신은 마르크스에게는 인민의 의식적으로 이루어진 이해의 표현이었다. 아직 관념적인 포장 아래 있지만 그러나 주관적-관념적 역사이해로부터 분명히 거리를 두고서 마르크스는, 충분한 변화와 정치적 결과를 인민의 이해를 실현할 수 있는 객관적 과정으로서 파악하려고 새롭게 시도했다. 프로이센 국가기구와 "인민 신문" 사이의 갈등은 따라서 마르크스에게는 프로이센 국가와 인민의 객관적 이해 사이의 모순이다.

일련의 자료는 프로이센 정부의 억압조치에 대한 마르크스의 투쟁을 증명한다. 그것을 통해 <라인신문>의 목적과 실존을 법적으로 수호하기 위해 마르크스가 얼마나 유사 자유주의적인 허용을 단어 그대로 진술했는지 특히 언급할 만하다. 그의 논평인 "일간신문과 관련한 내각명령", "내각훈령의 고소에 대한 방주" 그리고 기타 논설은 그에 관한 그럴 듯한 증언을 거부한다. 이러한 전술로 마르크스는 급진적인 "자유민"의 경우에 드러났던 원칙 없는 제안을 보충한다. 다양한 경험을 통해 마르크스는 정치세력을 현실적으로 평가해야 하고 기존의 법률적 상황 속에서 혁명적 투쟁의 모든 가능성을 활용해야 함을 배웠다. 이것이 계속 마르크스의 정치투쟁의 본질로 되었다.

이 시대로부터 배운 마르크스의 경험에는 또한 프로이센 국가의 결정을 투쟁 없이 그리고 거부하지 않고 받아들일 수는 없다는 사실도 있었다. 이것을 그는 무엇보다 1843년 1월 20일 프로이센 정부에 의해 집행된 <라인신문>의 금지에 대한 그의 편집을 통해 증명했다. 마르크스는 프로이센 정부의 이해와 <라인신문>의 목적 사이에는 건널 수 없는 대립이 있고, 이것이 <라인신문>의 금지에 대한 진정한 이유임을 알아차렸다. 따라서 그는 신문의 계속적 발간을 위한 기회를 매우 현실적으로 평가했다. 이것은 그러나 그로 하여금 정부조치에 대한 정력적인 투쟁을 이끄는 데 방해되지 않았다. 그는 <라인신문>의 태도를 옹호하면서, 프로이센 국가의 다양한 반대파와 지배계급 내의 차이들을 이용했다.

<라인신문>을 옹호할 때 마르크스가 한 역할에 관한 해명은 "<라인신

문>의 억압에 당면한 진정서"가 전해준다. 이 글은 거의 확실하게 마르크스에 의해 쓰인 것으로 MEGA 제1권에서 처음으로 증명한다. 이 진정서의 세 번째 절이 추측하건대 마르크스에 의해 마무리된 "방주"의 글이리면, 앞의 두 절은 프로이센 정부에 대한 마르크스의 투쟁에 관한 새로운 시점을 제시한다. 마르크스는 금지동기를 기존의 프로이센 신문법에서 직접 찾아내지만, 그러나 모든 모순을 추적하여 정부의 조치가 횡포로서의 기존 입법의 토대 위에서 평가되어야 한다고 증명했다.

마르크스의 언론활동의 특징은 지배 이데올로기에 대한 대립이었다. 특별히 흥미로운 것은 부분적으로 마르크스가 스스로 시작한 것도 있지만 그러나 대부분 그의 논설에 대한 공격을 통해 야기된 신문논쟁이었다. 마르크스에게 특징적인 것은 인민의 이해를 위한 당파성과 반동적 봉건적 관계에 대한 대립과 프로이센 국가의 정치를 정당화하는 견해에 대한 대립이 병존했다는 사실이었다. 여기에 이미 봉건적, 부르주아적 그리고 소시민적 이론에 대한 투쟁에서만 형성될 수 있는 프롤레타리아 세계관의 형성과 발전의 본질적 특징이 맹아적으로 나타났다.

동시에 우리는 이미 이 첫 번째 언론활동의 저술에서 마르크스의 개인적 장점인 당파적이고 날카롭고 적확한 논쟁을 이끌어가는 그의 특별한 능력을 인식하게 된다. 그의 논쟁의 기술은 혁명적 민주주의자 마르크스의 저술이 이미 커다란 설득력을 발휘하는 데 적지 않게 기여했다.

기고문 "새로운 검열훈령"은 프로이센 검열입법의 비판을 보충하고, "최근의 프로이센 검열훈령에 관한 논평"에 대한 흥미로운 비교를 제공한다. "배심재판"에 관한 주석은 프랑스 부르주아 입법을 통해 라인지방에 도입된 이러한 제도의 불충분한 특징을 포함하는데, 이러한 재판의 장점은 물론 단점을 지적하고 있다. 마찬가지로 한 주석에서 프루동이 "일관되고 총명한 사회주의적 저술가"로 평가되고 있다.

1843년 3월 17일의 "성명"과 함께 마르크스는 <라인신문>의 편집으로부터 떠났다. 엄격한 검열 때문에, 그러나 또한 가능한 양보를 둘러 싼 그와 신문경영자 사이의 의견차이 때문에, 마르크스는 신문의 마지막 호의 발간 이전에 이미 떠났다.

이것으로 마르크스의 정치적 철학적 발전에서 의미가 컸던 단계가 끝났다. 그는 몇 년 후에 스스로 이렇게 정리했다: "1842-43년 <라인신문>의 편집자로서 나는 무엇보다 이른바 물질적 이해에 관해 이해할 수 있는 기회를 가졌다. 목재절도와 토지소유의 분할에 관한 라인 의회의 행동, 당시 라인 지방의 지사였던 샤퍼Herr von Schaper가 모젤 농민의 상태에 관해 라인신문과 벌인 공무적 논쟁, 그리고 자유무역과 보호관세에 관한 토론은 경제적 문제에 대해 처음으로 내가 관계하도록 해주었다." (마르크스: 정치경제학 비판을 위하여. 제1권, 베를린 1859, 서문 IV쪽)

이 시기에 마르크스는 동일한 권리를 가진 국가시민이 될 그들의 정치적 요구를 옹호하기 위해 "무산대중"을 위한 당파를 갖게 되었고, 부르주아지의 부에 동참하려는 그들의 물질적 요구를 인정했다. 마르크스는 사회의 사회적 층화와 소유 및 정치적 이해관계 사이의 연관에 대한 본질적 인식에 마주하게 되었다. 그는 프랑스 사회주의 및 공산주의와 대결하기 시작했다. 그의 혁명적-민주적 입장은 더욱 단호해졌고 일관되었다.

부르주아 및 민주주의 반대운동의 가장 중요한 정치적 요구와의 대립은 정치투쟁의 새로운 통찰과 최초의 경험을 가져다주었다. 프로이센 국가의 정책, 그것의 훈령과 입법 그리고 행정원리에 대한 직접적 대결은 프로이센 정치제도의 특징에 관한 마르크스의 정치적 경험과 인식을 보완해주었다.

마르크스가 요구하고 실행했던 철학과 정치의 연결, 구체적인 정치적 관계의 분석 내에서의 철학의 진술과 발전은 인식과정을 가속화해주었고, 마르크스의 철학적 견해에서의 혁명적이고 현실적인 길을 강화해주었다. 마르크스는 청년헤겔주의 내에서의 비판적 대결을 더욱 이끌었고, 스스로 그 차별과정을 앞으로 밀고 나갔다. 그의 발전에서 의미가 큰 것은, 포이어바하에 대한 연구, "자유민"의 주관적-관념적 이해로부터 거리두기, 루게와의 토론이었다. 마르크스의 세계관은 본질적으로 아직 헤겔의 객관적-관념적 역사변증법을 지향했지만, 그러나 실재를 더욱 깊이 이해하는 현실적인 방법이 점점 더 강화되었다.

마르크스의 정치적 철학적 발전의 새로운 입장과 관련하여 <라인신문>의 논설에서 이미 마르크스가 관념론에서 유물론으로, 혁명적 민주주의에서 공산주의로 이행하는 것을 발견한다고 레닌도 평가하였다(W. I. 레닌: 칼 마르크스. 전집 제21권, 베를린 1974, 69쪽). 몇 달 후 마르크스는 유물론과 공산주의로의 이행을 완성하고 프롤레타리아의 역사적 역할에 관한 인식을 정식화한다.

1843년 3월에 마르크스가 <라인신문>에서의 저널리즘 활동과 <라인신문> 폐간에 반대하는 투쟁에서 획득했던 정치적 경험은 이론적 연구와 정치적 영향력의 내용과 형식을 자기 관점에서 새롭게 생각하도록 추동했다. 이 과정은 독일에서 반봉건주의에 대한 저항운동이 계속해서 조직되고 동시에 분화하는 시기에 일어났다. 부르주아지는 항상 정치권력의 참여에 대한 요구를 강력하게 주장했지만, 동시에 반봉건주의에 대한 저항운동 내부의 민주주의적 흐름과는 또한 거리를 두었다. 그들의 프로그램은 단계적으로 실현되어야만 한다는 입헌군주제의 형태를 띠는 입헌 국가를 지향했다. 보수 세력은 특히 민주주의 세력에 반대하는 보복수단을 통해서 저항운동에 대해 강력하게 반응했다. 봉건 계급 내부에서 봉건 신분제 체제의 개혁을 통한 불가피한 변화를 미리 방지해야만 한다는 통찰이 커졌다. 그러면서 동시에 이 계급의 일부는 1812/1813년의 해방전쟁 이후에 관철된 개혁을 무효로 만들고 싶어 했다.

1840년부터 시작되었고 1848/1849년 혁명의 직접적인 준비과정으로서 나타났던 1844년 6월의 슐레지엔 직조공 봉기는 새로운 단계로 이끌었다. 역사상 최초였으며, 부르주아 혁명 전야에 이미 있었던 부르주아 민주주의적 변혁을 위한 투쟁이 부르주아지에 반대하는 프롤레타리아의 계급투쟁과 곧바로 얽혀 있었다. 독일의 프롤레타리아와 부르주아지의 최초의 공개적 싸움인 직조공 봉기는 왜 노동자 계급의 과학적 세계관의 구상이 가능했었고 필연적이었는가를 특히 설득력 있게 설명했다.

MEGA 제1부 제2권은 마르크스가 <라인신문> 편집부를 퇴직한 이후에 작성한 첫 번째 연구물이자 미완성으로 남아 있는 "헤겔 법철학 비판을 위하여"라는 초고로 시작한다. 이 비판은 마르크스가 철학적-유물론적 입장으로 이행했다는 점을 증명한다. 마르크스는 시민사회와 국가의 관계를 정치적으로 이론적으로 연구했고, 이 양자의 상호관계 문제를 역사적 유물론적 답변에서 해결하려고 노력했으며, 이와 동시에 공산주의적 입장으로의 이행을 준비했다. 이러한 전개는 『독불 연보』를 위해 쓴 논문들을 완성함으로써 종결됐다. 마르크스는 이 과정과 결과를 다음과 같이 특징지었다: "나에게 닥친 의심을 해소하기 위해 착수한 첫 번째 작업은 헤겔 법철학에 대한 비판적 교정이었고, 이 작업은 1844년 파리에서 출판된 독불 연보의 서문으로 발행되었다. 나의 연구는 법적 관계 및 국가형태들을 자기 자신으로부터 개념적으로 파악하는 것도 아니고, 소위 말하는 인간 정신의 보편적 발전으로부터 개념적으로 파악하는 것이 아니라, 오히려 헤겔이 18세기의 영국인과 프랑스인의 선례에 따라서 '시민사회'라는 이름으로 전체적으로 총괄한 물질적인 삶의 관계에 뿌리를 두고 있다는 것과 시민사회의 해부는 정치경제학에서 이루어져야 한다는 결론에 이르렀다."(Karl Marx: "정치경제학 비판을 위하여", *MEGA*② II /2. 100쪽)

헤겔은 그의 법철학에서 봉건주의가 자본주의를 통해서 역사적이고 필연적으로 교체됐다는 점을 증명했다. 동시에 그는 독일의 부르주아지와 봉건귀족 사이의 타협을 선취했다. 이것은 국가에 대한 학설과 국가가 입헌군주제로 역사적으로 발전한다는 학설이 됐다. 마르크스가 비판한 대상은 헤겔 법철학 요강의 "국내법"이라는 제목을 달고 있는 이 특별한 부분이다. 마르크스의 관심사는 혁명적-민주주의적 관점을, 그가 <라인신문>에서 요구한 인민의 이해를 대변하고 현실화하는 것을, 즉 인민을 대변하는 권리를 철학적-이론적으로 정당화하는 것이었다. 이 초고는 마르크스가 수년간 헤겔 법철학을 분석하는 과정에서 중요한 단계를 표시한다. 이 분석은 베를린의 학생 시절까지 소급된다. 1842년 이른 봄부터 9월 말까지 마르크스는 헤겔의 국법에 대한 비판에 공을 들였다. 마르크스는 이 작업의 내용과 대상을 다음과 같이 특징지었다. "내가 마찬가지로 독불 연보에서 특정했던 다른 논문은 헤겔 자연법에 대한 비판이었다. 이 자연법이 국내법과 관련이 있는 한 말이다. 핵심은 철저하게 자기 모순적이고 폐지해야 할 어중간한 것으로서 입헌군주제에 대해 반대하는 것이다."(아르놀트 루게에게 보낸 마르크스의 편지, 1842년 3월 5일, *MEGA*② Ⅲ/1, 22쪽).

마르크스는 이미 1842년에 봉건주의와 절대주의 국가가 역사적으로 시대에 뒤떨어졌다는 헤겔의 이해를 확언했지만, 입헌군주제에 대한 헤겔의 학설을 거부했다. 마르크스도 인간적 상태에서 이성으로부터 국가가 발전하고, 국가를 통해서 정치적, 법적, 인륜적 자유가 실현된다고 말했다. 마르크스는 국가에서 "유기체를, 이 속에서 … 국가법을 적용받은 개별적인 공민은 자신의 고유한 이성, 즉 인간적 이성이라는 자연법에만 복종한다"라는 점을 보았다. (칼 마르크스: 사설, <쾰른 신문> 제179호, *MEGA*② Ⅰ/1. 189쪽) 그럼에도 불구하고 그는 이미 1842년에 헤겔이 전개한 객관적-관념적 역사 변증법을 통해서 헤겔의 국가이론의 한계를 부수었다. 마르크스는 입헌군주제를 역사적으로 제약되고 덧없는 국가형태로 간주했지, 정치적 국가의 역사적 발전의 완성으로 간주하지 않았다. 헤겔과 접목해서 마르크스는 이미 1842년에 봉건적 국가이해들, 특히 역사 법학파와 싸웠다.

<라인신문> 편집부를 퇴직한 이후에 마르크스는 헤겔 법철학에 대한 비판을 다시 착수했다. 새로 착수한 이 일의 성과물은 이 앞에 놓여 있는

초고이고, 이 초고의 집필은 늦어도 1843년 여름에 중단됐다.

1843년 초고의 새로운 특성은 무엇보다도 마르크스가 <라인신문> 편집장으로 활동하던 시기에 획득했던 정치적 경험과 이로부터 일반화된 새로운 이론적 인식을 통해서 조건 지어진다. 마르크스는 프로이센의 국가 관료주의와 프로이센의 신분 대표제를 비판적으로 분석했다. 마르크스는 반봉건주의적인 저항운동의 다양한 정치적 당파들과 역사적으로 필연적으로 생성된 변화의 목표와 방법에 대한 이 당파들의 견해와 대결했다. 이때 <라인신문>에서 토론됐으며, 프로이센 헌정에 대한 비판에 이용됐던 프로이센의 신분제 체제와 프랑스의 대의제 체제 사이의 역사적 비교가 중요한 역할을 했다.

그밖에도 마르크스는 프로이센 국가헌법에 있는 토지 소유의 역할에 대해 전념했다. 마르크스는 지방의회의 정치적 구조에 관한 분석을 통해서 대토지소유자들의 사적 이익이 곧바로 입법의 내용과 주 의회의 결의를 결정한다는 결론을 끌어냈다. 이것은 마르크스가 1842년 말에 작성한 신분 대표제에 대한 근본적인 비판에서 결정적이었다.

동시에 마르크스는 "무소유 계급"의 편에 섰고, 프로이센의 국가 유기체에서 그들의 권리는 전혀 없다는 것을 인식하게 됐다. 그는 "무소유 계급"의 물질적인 이해를 수용했고, 그들의 요구를 의식적으로 인민의 자기 대변에 대한 요청으로 포함했고, 유토피아적 사회주의와 공산주의에 관한 연구를 시작했다.

이러한 새로운 인식 때문에 마르크스는 국가가 인민의 이익, 인민의 의식, 인민의 의지를 직접 구현해야만 한다는 정치적 요구를 확장했고 구체화했다. 이것은 국민주권과 사이비 학문의 근거를 거부하는 헤겔을 더욱 더 명확하게 겨냥한 비판으로 이끌었다. 이러한 거부를 통해서 헤겔은 무소유 대중에게서 공민의 권리와 능력을 부여하지 않으려고 시도했다.

1843년 초고의 새로운 특성의 중요한 징표는 마르크스가 루트비히 포이어바하의 유물론적 헤겔비판을 완전히 받아들였다는 점이다. 마르크스는 이미 1839년 이후부터 헤겔 관념론에 대한 포이어바하의 분석을 매우 유심히 추적했다. 1843년 2월에 간행된 『철학의 개혁을 위한 예비명제』에서 포이어바하는 이러한 비판을 더 날카롭게 표현했다. 그는 브루노 바우어의 자기의식 철학과 명백하게 선을 그었던 자신의 유물론적인 관점을 더 엄밀하게 완성했다. 마르크스는 자신의 정치적 활동에 대한 본질적인 인식과 경험들을 더 일반화하기 시작했던 <라인신문> 편집부를 퇴직하기 직전에 포이어바하의 이 저술을 연구했다. 마르크스의 첫 번째 결론은 다음과 같았다: "포이어바하의 격언은 그가 자연에 대해서는 매우 많이 언급하고, 정치에 대해서는 매우 적게 언급한다는 점만이 내 마음에 들지 않는다. 그러나 이것은 지금의 철학이 하나의 진리가 될 수 있는 유일한 동맹이다." 『…예비명제』가 마르크스를 헤겔 법철학에 대한 자신의 비판의 새로운 철학적-이론적 출발점을 마련하도록 해주었던 본질적인 근거들은 <라인신문>에서 시도하던 시기의 통찰과 경험에 놓여 있다. 1843년 초 마르크스는 포이어바하의 저술에서 자신의 고유한 이론적 인식과 새로운 정치적 경험의 유사점을 발견했다.

"헤겔 법철학 비판을 위하여"라는 초고는 1842년 말과 1843년 초에 점점 더 논리정연하게 된 마르크스의 혁명적 민주주의가 철학적-유물론적인 관점으로의 이행을 준비했고, 제약했다는 점을 증명한다. 헤겔에 대한 유물론적인 비판이 분석 전체를 형성한다. 이미 초고의 시작 부분에서 마르크스는 자신이 새롭게 형성한 철학적-유물론적인 세계관을 분명하게 했다. 『법철학 요강』의 262절 문단에 대한 분석에서 마르크스는 헤겔에게 국가가 가족과 시민사회를 어떻게 매개하는가에 대해서 비판했다. 마르크스가 폭로한 것처럼 매개에 "법철학과 헤겔 철학 일반의 모든 신비가 놓여 있다." 헤겔에게 있어서 가족 및 시민사회와 국가의 관계는 현실적인 이념의 "내적인 상상적 활동"으로 이해된다. 가족과 시민사회는 이 이념의 객관적인 계기일 뿐이고, 이 이념의 유한성일 뿐이고,

"이 양자를 국가로 통합하는 것은 이 양자의 고유한 삶의 행로가 아니다; 오히려 이 양자를 자신으로부터 분리했던 이념의 삶의 행로이다."

이에 반해 마르크스는 가족과 시민사회 및 국가와 가족, 시민사회의 매개를 현실로부터 규정하려고 의도했다. 이러한 현실은 자신의 고유한 이성을 가지고 있고, 보편적이고 객관적인 이념을 통해서 이루어지는 현실 외부의 어떤 설명도 필요 없다. "가족과 시민사회는 국가의 현실적인 부분이고, 의지의 현실적이고 정신적인 실존들이다; 이 양자는 국가의 현존방식이다; 가족과 시민사회는 자기 자신을 국가로 만든다. 이 양자는 추동하는 것이다." "가족과 시민사회는 국가의 전제들이다; 이 양자는 본래 활동적인 전제들이다." "정치적 국가는 가족이라는 자연적인 토대와 시민사회라는 인위적인 토대 없이 존재할 수 없다; 이 양자는 국가에 있어서 필수불가결한 조건이다; 그러나 이 조건은 조건 지어진 것으로, 규정하는 것은 규정된 것으로, 생산하는 자는 자기 생산물의 생산물로 정립된다; 현실적인 이념은 이 양자의 지양을 통해서 자신의 무한성을 누리고, 무한성을 산출하기 위해서 자신을 가족과 시민사회의 '유한성'으로 떨어뜨린다." 이와 함께 마르크스는 정치적-사회적 영역에서 포이어바하가 기초를 놓은 헤겔에 대한 유물론적인 비판을 확인했다. 포이어바하의 업적과 다르게 헤겔의 국법에 대한 분석 및 정치적 상태에 관한 연구에서 나온 철학적 유물론의 형성은 의미심장한 진보였다.

마르크스는 비판하면서도 헤겔의 역사 변증법의 중요한 요소들을 지켰고, 이 요소들을 철학적 유물론의 토대에서 계속해서 발전시켰다. 그가 언급했던 것처럼 철학 혹은 "진정한 비판"의 임무는 모순의 탄생 행위, 모순의 내적인 기원, 모순의 필연성을 연구하고 설명하고 개념적으로 파악하는 것이다. "이 개념적으로 파악하는 것은 … 고유한 대상을 고유한 논리로 파악하는 데 있다." 본질, 보편자, 모순들은 그것들의 생성과 발전 속에서 경험적인 현실 속에서, 경험적인 현실로부터 설명될 수 있다. 반면에 헤겔은 시간상으로는 현실에 앞서고, 논리적으로는 현실 외부에 놓여 있는 추상적 개념의 규정들을 보편자라고 보여주었다. 마르크스의 견해에 따르면 철학의 임무는 이성, 이념, 논리, 법칙을 경험적인 현실 자체에서 발견하고 표현하는 것이었다.

헤겔은 법철학에서 봉건적 절대주의에 대립하는 "현대 국가들"의 역사적 진보를 이론적으로 정당화했다. 이것을 마르크스는 헤겔 법철학의 진보적 내용으로 받아들였다. 그럼에도 불구하고 헤겔은 이러한 국가들의 구체적-역사적인 본질을 이성적인 것으로, 국가 일반의 본질로서 선언했다. 군주제, 귀족제, 민주주의는 헤겔에게 국가의 이념, 즉 절대적으로 이성적인 것을 일면적으로 실현한 역사적인 형태들이었다. 이에 반해 헤겔은 입헌군주제를 역사적 과정의 종결로, 즉 정치적 국가와 국가 본질의 동일성 회복으로 못 박았다. "국가의 입헌군주제로의 형성"에서 "실체적인 이념은 무한한 형식을 획득했다"라고 주장한다. 이러한 이해 속에서 마르크스는 헤겔 국법의 한계를 깨달았다. 헤겔은 입헌군주제의 이론적인 정당화를 통해서 부르주아지의 정치적 이해들을 표현했는데, 무엇보다도 부르주아 세력의 노력을 표현했다. 영국과 프랑스 혁명에서 얻은 교훈으로서 이 노력은 이미 인민의 이해와 의식적으로 거리를 두는 가운데서 표현된 그들의 이해였다.

1843년의 분석에서 마르크스는 시민사회와 국가의 관계, 즉 헤겔이 시민사회와 국가의 분리를 이론적으로 정당화된 것에 대한 비판과 헤겔이 선취한 이 양자의 매개에 대한 비판에 집중했다. 이 문제점에 관한 마르크스의 연구는 유물론적 역사이해의 완성을 위한 결정적인 출발점이 됐다.

헤겔은 "시민사회"에 대한 자신의 이론을 발전시켰고, 이때 무엇보다도 아담 스미스 이론을 결합했다. 그는 국가 혹은 법적-정치적 영역을 사회 혹은 경제적-사회적 영역에서의 인간의 사회적인 공동의 삶과 구별했다. 그는 시민사회를 한편으로 개인들의 개별적인 목적과 욕구로, 다른 한편으로 개인들 서로의 사회적 의존성, 즉 노동, 노동 분업, 소유 관계, 이로부터 생기는 자의성, 우연성, 억압, 이로부터 유래하는 대립과 갈등,

이것들의 결말로서 부유함과 가난함, 방종과 빈곤이라는 개인들의 실존으로 특징을 지었다. 그는 또한 이것을 외적 국가, 필요-오성 국가라고 불렀고, 여기에는 경찰행정과 사법제도도 해당한다. 부르주아 경제학자들과 헤겔은 "시민사회"라는 개념을 자본주의적 사적 소유를 기초로 하는 개인들의 사회적 공동의 삶의 특징 및 고대와 중세의 사회적-경제적 관계들로 사용했다. 1843년에 마르크스는 헤겔의 "시민사회"라는 개념을 받아들였고, 고대의 시민사회와 현대의 시민사회를 구별했다.

헤겔에게 국가는 인간의 사회적-정치적인 공동의 삶을 위한 조직이다. 이 국가는 절대적으로 이성적인 것과 보편적인 것을 구현한다는 국가 이념의 실현이라고 한다. 이 안에서 자유는 최고의 권리에 이르게 된다면서, 동시에 최고의 권리가 개별적 개인에 대립한다고 한다. 헤겔에게 경제적-사회적 영역과 법적-정치적 영역의 분리는 절대적으로 이성적인 것의 실현을 통해서 지양된다고 한다. 시민사회 내부의 경쟁 관계 및 대립들은 불가피한 삶의 방식으로 존립하지만, 정치적 영역에서 국가를 통해서 조화가 이루어지고 화해가 이루어진다. 이러한 화해 속에서 마르크스는 헤겔 법철학의 본질적인 모순을 깨달았다. 헤겔은 "시민사회와 정치적 국가의 분리(현대적 상태)를 전제했고, 이 분리를 이념의 필연적인 계기로 전개했다. … 그는 그 자체로 존재하는 국가의 보편자를 시민사회의 특수한 이해들과 욕구와 대립시켰다. … 다른 한편으로 그는 … 시민적 삶과 정치적 삶의 분리를 원하지 않는다. … 그는 국가 내부에서 국가의 통일이 표현되기를 원한다." 이로부터 마르크스는 다음과 같이 추론했다. "헤겔에게 더 심오한 것은 그가 시민사회와 정치적 사회의 분리를 하나의 모순으로 수용한다는 점이다. 그러나 잘못된 점은 그가 이러한 해체의 가상에 만족한다는 점이다."

이에 반해 마르크스는 "현대 국가"의 역사적 기원을, 즉 봉건제로부터 유래한 국가의 발전을 연구했고, 시민사회와 정치적 국가의 분리를 역사적으로 조건 짓는 특징을 증명했고, 이러한 분리를 지양하려는 필연성의 근거를 "진정한 민주주의"에서 찾았다.

그는 중세시대를 시민사회와 정치적 국가가 분리되지 않았던 사회적 상태로 특징지었다. 신분들이 직접 정치적으로 영향을 미쳤다. 어떤 신분에 대한 사회적 소속감이 직접 정치적 특권을 부여한다고 보았고, 다른 한편으로 이 특권이 이 신분 혹은 저 신분에 꼭 들어맞는 소속감을 규정한다고 보았다. 이런 관점에서 보면 마르크스에게 농노들과 예속 농민들의 완전한 정치적 속박과 무권리는 신분 제도 내의 그들의 사회적 위치에 대한 직접적인 정치적 결론이었다.

마르크스는 봉건주의의 역사적으로 필연적인 해체를 하나의 역사적 과정으로 규정했는데, 이 과정에서 시민사회와 정치적 국가, 사회적 영역과 정치적 영역이 분리된다고, 정치적 신분들이 사회적 신분들로 전환된다고 보았다. 이것이 의미하는 바는 개인들이 "시민사회의 성원, 즉 시민"(부르주아지)과 "공적 시민"(시토엥)으로 분리된다는 것이다. 마르크스가 강조한 것처럼 공적 시민이 될 수 있기 위해서, 즉 "정치적 의미와 영향력을 지니기 위해서" 인간은 자신의 "사회적 조직, 즉 시민사회의 조직에서" 벗어나야만 한다고 한다.

마르크스는 아직 초창기이기는 하지만 처음으로 계급에 의해 조건 지어지는 차이를 사회 안의 사회적 조직 내에서 인식했다. 그는 헤겔 법철학에 대한 비판을 통해서는 정치적 국가가 자본주의적 사적 소유에 근거하고 있는 시민사회의 사회적 조직에 의존하고 있다는 것을 아직 이해할 수 없었다. 그럼에도 불구하고 사회적 조직과 정치적 영역 사이의 관계에 대한 분석은 본질에 대한 인식을 만들어냈다. 마르크스는 이러한 인식을 부분적으로만 암시했지만, 이 인식은 과학적 세계관을 계속해서 완성해 가는 데서 매우 풍성한 실마리였다.

마르크스는 정치적 세계라는 천상에서의 평등과 사회라는 세속적 현존재의 불평등을 "현대 국가"의 특징으로서 기록했다. 마르크스는 정치적 신분에서 사회적 신분으로의 전환 과정에서도 시민사회 내의 신분들의 구별과 구별의 표식이 변한다고 강조했다. "그러나 사회 자체 내부에서 구별은 동적인 영역에서, 즉 고정적이지 않은 영역에서 완성되며, 이 영역의 원칙은 자의성이다. 돈과 교양이 주요 기준이다." 이러한 연관 관계에서 마르크스는 신분과 사회적 지위를 구별했다. 이미 <라인신문>에서 마르크스는 법률과 특권을 통해서 고정되었고, 신분제 제도에서 정치적으로 영향을 미쳤던 신분과 사회적 활동의 구별표식으로서 신분을 분리했다. 이때서야 마르크스는 현대 시민사회 내부에서의 봉건적인 정치적 신분과 사회적 활동과 지위를 대립시키기 시작했다. 이를 통해서 그는 사회가 계급에 적합하게 편성된다는 가장 중요한 특징을 파악했다.

"무소유와 직접 노동, 즉 구체적 노동의 신분은 시민사회의 신분을 형성하는 것"이 아니라, 이 사회의 "토대"를 형성한다는 마르크스의 확언은 마찬가지로 미래를 보여주는 중요한 인식이다. <라인신문> 시기의 작업과 연구에 기초하여 마르크스는 "무소유 계급"은 자신의 사회적 지위 때문에 모든 다른 계급들 및 계층들과 질적으로 구별된다는 통찰에 조금씩 앞으로 나아갔다.

마르크스는 개인적 실존, 즉 사적인 실존이 현대 시민사회의 최종 목적이라고 규명했다. 이에 반해 노동, 활동, 사회적 관계와 결합, 사회성 혹은 인간의 유적본질과 같은 인간의 본질적 징표들은 개인적 실존을 위한 수단과 필연성일 뿐이라고 했다. 인간의 본질적인 속성은 현대 국가들에서 공적 시민의 정치적 권리를 통해서 현실화되고, 인간의 개인적 실존 및 사회적 실존과 분리된다. 마르크스에게 이 분리가 부르주아 국가들에서 인민의 이익 대변과 인간의 유적본질은 실현될 수 없다는 것에 대한 본질적인 원인이었다.

헤겔이 정당화한 입법권에 대한 마르크스의 분석은 특별히 주목할 가치가 있다. 이것과 관련해서 마르크스는 입법권의 집행에서 사적 소유와 그것의 영향력에 대해서 집중적으로 전념했다. 헤겔에게 입법권을 규정하는 요인은 의회라는 요소였다. 의회는 시민사회와 정치적 국가의 분리를 지양한다고 한다. 마르크스가 규명한 것처럼, 헤겔은 의회라는 요소를 매개로써, 즉 보편적 계기의 환상적 실존으로써 필요했다. 왜냐하면 헤겔은 보편적인 계기를 인간의 보편적 본질 외부에 놓여 있는 추상적 이념으로 정립했기 때문이었다. 이에 반해 마르크스는 인민의 이익, 유적 의지, 인민의 자기 의식적인 의지를 보편적인 계기로 규정했다. 헤겔에게 의회는 군주의 의지, 특수이익의 자의, 집단적 인민의 직접적인 행위를 방해한다고 한다. 마르크스는 헤겔이 이를 통해서 봉건제의 한 요소를 "현대 국가"에 위임했다고 강조했다.

마르크스에 따르면 이것은 입법권에서의 토지 소유의 역할에 대한 헤겔의 이해에서 더욱더 분명해진다. 헤겔은 현대 시민사회의 사회적 편성으로부터 신분들의 구별을 도출했다. 그는 신분을 대토지소유자, 생업신분(자본가들과 수공업자들), 그리고 "사회적 상태의 보편적 이익을 자기 업무로 삼는" 신분으로 배열하였다. 헤겔의 사회적 배열에서 프롤레타리아는 어떤 자리도 차지하지 않는다. 개별적 신분들의 대변자들이 그 신분의 특수한 이익이 아니라, 보편적 업무를 구현하기 위해서 헤겔에게 필요로 했던 것은 자신이 구성한 정치적 국가에서의 안정이었다. 헤겔에게 이러한 안정을 위한 가장 중요한 보증은 자립적 대토지소유였다. 헤겔에게 대토지소유의 양도 불가능성과 불가분성, 확정된 상속은 군주와 통치권 및 신분들의 특수이해와 인민의 이해에 대립하는 자립적인 보증들이었다. 마르크스는 그 당시에 봉건적 대토지소유를 고유하고, 무제한적이며, 화석화되고 추상적인 사적 소유라고 불렀고, 동산 혹은 재산은 고유한 의미의 사적 소유가 아니라고 했다. 이러한 사적 소유는 "인간의 인간에 대한 의존성"을 포함하고, 이러한 의존성에 대한 평가에 의존하지 않기 위해서 마르크스는 또한 사회적 소유라는 개념을 사용했다. 그럼에도 불구하고 그는 사적 소유를 원칙적으로 법률적인 관계로 정의했다. "사회가 사실적인 점유를 부여한 법률적 규정들을 통해서야 비로소 이 근거는 법적 점유의 특성, 즉 사적 소유물의 특성을 보이게 된다."

헤겔의 정치적 국가구성에서 대지주는 곧바로 입법자로 설명되고, 대토지소유자로서 그들의 사회적 현존재는 – 마르크스에 따르면 – 동시에 그들의 정치적 현존재이다. 이와 반대로 다른 신분들의 대변자들은 선거 및 선거와 연계된 조건들을 통해서야 입법자가 된다. 따라서 헤겔에 따르면 보편적 계기의 실현을 위한 보증은 입법권에서 지배적인 역할을 차지할 수밖에 없는 양도 불가능한 대토지소유뿐일 것이다.

따라서 헤겔이 정당화한 것처럼 정치적 국가는 양도 불가능한 대토지소유의 형태 속에 있는 사적 소유의 권력을 실현하는 것이다. 정치적 자립은 양도 불가능한 사적 소유에 대한 하나의 속성이 된다. 이로부터 마르크스는 의미심장한 결론을 끌어냈다. 양도 불가능한 사적 소유, 양도 불가능한 대토지소유는 자립, 즉 보편적 계기의 안정을 위한 보증이어야만 한다는 부르주아 국가의 모든 정치적 체제에서 대토지소유가 실제로는 정치적 체제, 정치적 국가를 규정한다.

혁명적-민주주의적 목표에 대한 마르크스의 철학적-이론적 근거의 중요한 구성요소는 개인과 사회의 관계에 관한 연구였다. 마르크스는 브루노 바우어의 자기의식 이론의 근저에 놓여 있던 추상적 개인 "자체" 혹은 "그 자체"를 철저하게 비난했다. 바우어는 인간의 개인적 실존과 유적 현존재를 구별했다. 이 지점에서도 그는 포이어바하의 본질적인 인식에 기대고 있었다. 마르크스는 사회를 유적 현존재, 인간의 보편적 본질, 인간의 본질적 힘들의 실현으로서 특징지었다. 마르크스에게 사회는 단순히 개인들의 총합이 아니었다. 사회 속에서 개인들의 이성, 본질, 보편자는 현실에 이른다. 그러므로 마르크스에게 가족, 시민사회, 국가는 인간의 사회적 실존 방식이었고, "인간 본질의 객관화"이었고, "현실적 보편성"이었다. 국가는 "인간의 최고의 사회적 현실성"이고, "사회적 현존재의 최고의 그 자체로서 존재하는 현실성"이었다. 그는 국가의 업무를 "인간의 사회적인 특성의 현존재 방식과 영향을 미치는 방식"이라고 불렀다.

여기에서 마르크스의 거대한 인식의 진보가 나타난다. 1842년 여름에 정의했던 것처럼 국가는 더 이상 이성적 자유 혹은 인간적 이성의 실현이 아니라, 인간의 사회적 실존, 사회적 특성, 사회적 현실이다. 이때부터 마르크스는 국가의 규정을 경험적 현실로부터 도출하려고 시도했다. 그러나 그는 개인과 사회, 시민사회와 국가의 관계에 대한 사회경제적 특징을, 또한 원칙적으로 구체적-역사적인 특징을 아직은 규정할 수 없었다. 사회경제적인 연관 관계에 대한 충분하지 않은 지식은 국가에 대한 마르크스의 정의보다는 구체적인 국가형태에 대한 비판에서 조금 덜 나타난다. 대체로 마르크스는 현실과 대립하는 비역사적인 추상과 이상적 표상을 발전시켰다. 그럼에도 불구하고 여기에는 그의 계속된 연구에 대한 본질적인 실마리가 놓여 있다. 마르크스는 봉건제뿐만 아니라, 부르주아적 국가들이 인간의 보편적 본질과 인민의 이익을 실현할 수 없을 것이라는 점을 증명하려고 시도했다. 마르크스의 그 당시의 이해에 따르면 시민사회와 정치적 국가의 분리, 사회적 영역과 정치적 영역의 분리, 시민사회의 구성원과 공적 시민의 분리를 지양한 "진정한 민주주의"만이 이것을 실현할 수 있었다.

마르크스에게 "진정한 민주주의"는 현실적 인간에서, 현실적 인민에서 자신의 근거를 지니고 있으며, 이 인간들의 고유한 작품인 정치적 체제였다. "민주주의는 인간으로부터 출발하고 국가를 객체화된 인간으로 만든다." "민주주의에서 체제, 법률, 국가 자체는 인민의 자기규정일 뿐이다." 마르크스에게 군주제와 공화제는 정치적 체제의 특수한 종류일 뿐이고, 반면 민주주의는 정치적 체제 자체를 구현한 것이라고 한다. 마르크스의 견해에 따르면 민주주의에서 모든 공적 시민은 국가와 관계를 맺으며, 국가의 직접적 부분이고, 국가에 의식적으로 참여한다. 어떤 대변도 더는 필요하지 않는다고 한다. 왜냐하면 "유적 활동으로서 모든 특정한 사회적 활동"은 유를, 고유한 본질을, 다른 인간과의 관계를 대변하기 때문이다. 모든 인간은 "자신의 존재와 행위를 통한 … 대변자이다."

마르크스는 개별적인 국가 행위가 모두에 의해서 실행될 수 없다는 점도 인정했다. 왜냐하면 모든 개별적 국가 행위가 사회일 수는 없기 때문이다. 그럼에도 불구하고 그에게 이러한 측면은 부차적인 의미였다.

마르크스는 진정한 민주주의가 어떻게 실천적으로 실현해야만 하는가를 암시하는 몇몇 구체적인 정치적 요구들을 끄집어냈다. "진정한 민주주의"에서 입법권의 주요임무는 현실적이고 객관적인 법률을 발견하고 고안하는 것이라고 보았다. 이러한 법률은 원래 정치적이라고 했고, 국가 전체에 효력이 있으며, 사회적 의미에서 산출돼야만 한다고 보았다. 이 법률은 규범, 규칙, 인간의 사회적 실존, 인간의 사회적 특성, 인간의 사회적 관계의 연관 관계라고 보았다.

마르크스는 선거권과 피선거권의 완전한 현실화가 정치적 국가의 해체와 시민사회의 해체에 대한 요구라고 보았다; 이 현실화는 "진정한 민주주의"를 실현하기 위한 일보이다. 마르크스는 이익을 대변하는 관점에서도 광범위한 선거개혁에 대한 요구를 연구 대상으로 다루려고 했지만, 이 계획은 실행되지 못했다.

진정한 국가는, 즉 인간의 최고의 사회적 현실은 현실화돼야만 한다는 목표로서 "진정한 민주주의"의 이론적 근거는 1843년 여름에 마르크스가 어떤 인식상태였는가를 반영한다. 공산주의적 관점과 역사적-유물론적인 관점으로의 이행을 위한 출발점은 혁명적-민주주의적 목표, 국민주권, 사회적 존재로서 인간 자유의 실현, 인간의 본질적 힘의 실현을 과학적으로 근거를 마련하고, 이러한 합법칙적인 역사적 과정의 객관적 추동력을 인민에서, 인민의 자기 의식적 의지에서 찾으려고 하는 시도에 놓여 있다.

MEGA 제1부 제2권은 또한 『독불 연보』의 마르크스의 논문과 이 연보의 준비과정 및 출판을 증언하는 마르크스 혹은 마르크스라는 서명을 달고 있는 모든 기록물을 포함하고 있다. 이 잡지의 집필 역사는 이 책에 대한 학문적 부속자료Apparat에 명시되어 있고 기록되어 있다. 이 집필 역사는 잡지의 준비와 이력에서의 마르크스의 몫, 연보의 생성상태와 연보 좌초의 원인 및 마르크스와 파리의 결사체인 의인동맹과의 결합에 대한 새로운 진술이 포함되어 있다. 잡지의 목표에 관한 중요한 출처는 1843년 3월 17일부터 9월 말까지의 시기에 마르크스의 몇몇 편지들이 종합된 "1843년의 편지교환"이다.

"서신교환"은 "독불 연보"를 출판하게 만들었던 마르크스와 루게의 동기를 분명하게 보여주고 있으며, 잡지의 프로그램을 포함하고 있다. 무엇보다도 이것은 마르크스의 진술을 통해서 각인됐다. 1843년 3월 중순부터 9월 말까지의 시기에 마르크스의 편지 원본들이 전승되지 않기 때문에, "편지교환"에 게재된 자료들은 동시에 "헤겔 법철학 비판을 위하여"의 초고가 집필된 시기에 그의 세계관의 발전과 정치적 영향력을 설명한다.

"1843년 3월 쾰른"이라고 날짜가 기재된 간행물인 두 번째 서신에는 1841년부터 1843년 초까지의 프로이센의 정치적 상태가 이론적으로 일반화되어 있다. 이것은 연보의 프로그램에 중요한 요소였고, 동시에 헤겔 법철학 비판에 대한 새로운 개정을 위한 의미 있는 전제였다.

한편으로 마르크스는 프로이센을 땅과 사람을 제멋대로 처리했던 봉건적 소유자들, 장교들, 시골 융커를 통해서 각인된 사회적 및 정치적 질서로 특징지었다. 다른 한편으로 봉건 상태를 지지하고 정당화했던 다양한 계층의 대변자들이 이 체계에 속했다. 마르크스는 이 대변자들을 속물들이라고 불렀다. 마르크스는 속물들을 봉건 체계의 본질적인 특징으로 평가했고, 다른 진보적 저자들도 또한 이 체계를 이렇게 평가했다. 그럼에도 불구하고 마르크스는 군주제가 전제 혹은 폭정이든지, 군주제가 늙은 프리드리히 빌헬름 3세의 방식에서 등장하는지 혹은 새로운 프로이센 왕의 "자유주의적 주권"으로 등장하는지를 막론하고, 군주제가 하나의 원리라는 점을 이들보다 더 명확하게 강조했다. 군주제의 공통된 본질은 인간 경멸이고, 비인간적인 세계, "경멸적이고, 천하고, 비인간적인 인간"이다. 이로부터 마르크스는 이러한 체계 내에서 근본적인 변화들은 불가능할 것이라는 결론을 끌어냈다. 유일한 길은 봉건 상태의 청산, 군주제와 속물들의 세계를 제거하는 것이라고 했다. 인류 발전에서 역사적 체계로서 봉건제에 관한 규정과 이 체계 내부에서 있을 수 있는 국가형태 혹은 통치목적의 변화에 대한 평가를 통해서 마르크스는 봉건적인 프로이센 국가를 그 국가의 고유한 기초로부터 지양하려고 하는 자유주의적 세력들이 왜 필연적으로 좌절할 수밖에 없는가를 논증했다. 이러한 평가는 프로이센의 최근에 분화된 정치적 사건들을 올바르게 평가하고 이로부터 정치적 결론과 정치적 목표를 도출하려고 하는 마르크스의 선견지명과 역사적-변증법적 능력을 입증한다.

마르크스는 "인간세계의 민주주의로의 이행"을 요구했다. "인간의 자기감정"으로서 자유만이 "사회에서 다시 인간의 최고의 목적을 위한 인간의 공동체, 즉 민주주의적 국가를 만들" 수 있다고 했다. "생업과 상업, 인간의 점유와 착취의 체계에서" 마르크스는 봉건 체계를 튼튼하게 이을 수 없었던 시대에 뒤떨어진 상태의 내부에서 단절을 이끌었던 중요한 요인을 한눈에 알아봤다.

마르크스는 민주주의적 국가는 "사고하는 인류"와 "고통당하는 인류" 사이의 합의를 통해서 실현해야만 한다고 설명했다. 마르크스는 고통당하는 인류의 행위를 자신의 정치적 목적의 표상에 도입하기 시작했다. "일어난 일들이 사고하는 인류에게 숙고할 시간의 여유를 길게 줄수록, 고통당하는 인류에게 함께 모일 시간의 여유를 줄수록, 그 결과물은 세계에 그만큼 더 완벽한 모습으로 탄생하여 현재를 그 품에 안을 것이다."

"1843년 9월 크로이츠나하"라고 날짜가 기재된 세 번째 편지에는 정치적 발전의 목표와 철학의 과제가 더 강하게 중심에 있다. "독불 연보"가 나아갈 방향에 대한 목표지향적인 이러한 사상들의 의미가 분명히 드러나 있다. 마르크스는 "미래의 구성과 모든 시대를 종결시킬 것"이라는 이념을 확실하게 반대했다. 이를 통해서 그는 간접적으로 헤겔의 신비주의적 구성을 전면적으로 거부했고, 직접 유토피아적인 체계 구성주의자들을, 특히 데자미Théodore Dézamy, 까베Étienne Cabet, 바이틀링Wilhelm Weitling과 같은 유토피아적 공산주의자들의 체계를 비판했다. 마르크스는 철학의 학문적 과제와 정치적 과제를 "모든 현존하는 것들에 대한 가차 없는 비판"으로 표현했는데, 이때 가차 없다는 것은 "비판은 현존 권력들과의 충돌 앞에서도 두려워하지 않는 것과 똑같이 그 비판의 결과 앞에서도 두려워하지 않는다"는 것을 의미한다.

이미 1842년에 예고만 했던 생각을 마르크스는 계속해서 이어나갔다. 미래의 발전을 도출하고 그 발전의 근거를 마련해야만 하는 객관적 근거들이 과거와 현재에 놓여 있다는 게 그 생각이다. 이 방법은 그 당시에 마르크스가 항상, 그리고 영원히 존재한다는 역사의 이성으로 파악했던 합법칙적인 역사과정에 대한 확신에 기초를 두고 있다. 비판자는 "존재하는 현실의 고유한 형식으로부터 진정한 현실을 그 현실의 당위와 그 현실의 궁극목적으로 발전"시켜야만 한다. "진정한 현실"에 대한 규정은 본질적인 특성상 여전히 비역사적인 추상으로 남아 있었다. 그러나 마르크스는 새로운 과제들을 현존하는 사회적 및 정치적 현실로부터 도출하려고 시도했으며, 역사적인 과정에 상응하는 객관성을 이 과제들에 귀속시키려고 시도했다. 마르크스가 1843년 여름에 유토피아적 사회주의와 공산주의에 몰두한 것은 연보의 정치적 프로그램을 결정하기 위한 유익한 출발점을 이루도록 했다.

마르크스는 사회주의적 및 공산주의적 학설을 일반화하고, 그 학설을 역사적 사유의 역사로 배열하려고 애썼다. 그는 인간 실존을 두 측면으로 구별했다. 그 중에 한 측면은 사회주의적 원칙이 몰두했던 인간적 삶의 실재성, 즉 사회적 투쟁들과 욕구들이었다. 두 번째 측면은 인간의 이론적 실존이었고, 이것을 통해서 종교, 학문 등등에 대한 비판이 다루어진다. 이로써 마르크스는 1843년에 사회주의적 원칙 혹은 사회주의를 진정한 인간적 삶을 실천적으로 실현하려고 하는 인간의 실제적인 실존에 대한 분석이라고 정의했다. 그에게 사회주의 원칙은 보편적인 것, 압도적인 것이었다. 마르크스는 특수하지만, 필연적 현상으로서 다양한 공산주의 학설과 사회주의 학설을 이 보편적인 것 아래에, 즉 사회주의 원칙 아래에 두었다. 그는 사회적 발전의 목표에 대한 이들의 특별한 진술들을 보편적 원칙의 일부로서 파악했다. 따라서 유토피아적 공산주의 및 유토피아적 사회주의는 각각 사회주의 원칙의 일면적인 실현뿐이었다.

마르크스의 진술은 유토피아적 사회주의와 공산주의의 합리적 인식을 취하려고 하는 그의 노력을 넌지시 보여준다. 무엇보다도 "독불 연보"의 기고자들로 확보하려고 했던 이들이 사회주의자들과 공산주의자들이었기 때문에, 그는 이해하려고 애썼다. 이러한 비판적 분석을 통해서, 특히 사적 소유의 지양에 대한 그의 언급을 통해서 보면 마르크스는 공산주의적 관점으로의 이행을 준비했다.

"독불 연보"에 실린 「유대인 문제에 대하여」, 「헤겔 법철학 비판을 위하여 - 서문」의 두 논문은 마르크스의 정치적 및 세계관의 발전의 새로운 특성을 두드러지게 보여준다. 레닌은 연보에서 "관념론에서 유물론으로, 혁명적 민주주의에서 공산주의로의 마르크스의 이행이 … 최종적으로 완수됐다."(W. l. Lenin: "칼 마르크스", 전집 제21권, 베를린 1977. 69쪽)고 썼다. 이 최종적인 이행에서, 동시에 이 이행으로써 과학적 공산주의로의 완성이 시작했던 것에 결정적인 것은 무엇보다도 다음과 같은 마르크스 세계관의 발전의 두 개의 결론들이다: 사적 소유가 지배한 시민사회가 국가를 규정하고, 따라서 혁명적으로 변혁해야만 한다는 인식과 프롤레타리아의 역사적 역할의 발견이다.

논문 「유대인 문제에 대하여」에서 마르크스는 독일의 유대인 해방의 필연성에 썼던 브루노 바우어의 두 논문을 분석했다. 바우어는 종교로부터 국가의 해방에 대한 부르주아-민주주의적 요구를 이론적으로 변호하고 기초를 마련했으며, 이렇게 역사적으로 제약되고 한정된 관심사를 인간 전체의 해방 목표로 끌어올렸다. 마르크스는 인간 해방에 관한 문제는 청년 헤겔학파의 철학과 부르주아 민주주의의 정치적 강령의 이론적 토대에서는 답변할 수 없다고 증명했다. 이를 통해서 그는 청년 헤겔학파와 최종적으로 갈라섰으며, 그 학파의 원칙에 대해 비판하기 시작했다.

이러한 논쟁에서 마르크스는 처음으로 자신의 미래상을 인간 해방이라고 불렀다. 동시에 그는 다시 자세하게 자본주의를 통한 봉건주의 해체의 내용과 본질에 대해서 몰두했는데, 이 해체를 이제 그는 정치적 혁명으로 특징 지웠다. 마르크스는 「헤겔 법철학 비판에 대하여」라는 논문에서 결말을 요약했고, 그 결말을 계속해서 발전시켰다.

정치적 혁명은 시민사회를 봉건주의의 정치적 억압들로부터 자유롭게 하고 정치적 해방을 실현하는 것이었다. 신분, 직업 단체, 특권의 폐지는 정치적 해방의 역사적 진보를 대변한다고 마르크스는 진술했다. 시민사회는 "그 사회의 단순한 구성요소들로, 한편으로는 개인들로, 다른 한편으로는 이러한 개인들의 시민적 상황인 삶의 내용을 형성하는 물질적이고 정신적인 요소들"로 전환된다. 정치적 혁명은 인간 해방 이전의 최후의 단계이고, 이러한 해방을 위한 필연적 전제들을 창출한다.

마르크스는 정치적 국가와 시민사회의 관계를 다시 분석했고, 이때 새로운 인식에 이르렀다. 이를 위한 중요한 전제는 그가 1843년의 초고와 다르게 부르주아 국가를 그 국가의 다양한 형태들에서 역사적으로 치밀하게 파악했다는 점이다. 그는 정치적 국가를 그 국가의 완성된 형태에서, 즉 북아메리카 공화국의 형태에서 나타난 완성된 정치적 해방으로서 연구했고, 그 다음에 프랑스에서의 입헌군주제를 정치적 해방의 반쪽으로서 특징지었다. 수년 후에 그는 북아메리카 공화국을 "나라 …, 시민사회가 봉건제를 기초로 해서 발전하지 않은 나라, … 시민사회가 수백 년의 운동에서 살아남은 결론으로 나타나지 않은 나라, … 국가가 … 원래부터 시민사회에, 그 사회의 생산에 종속되어 있으며, 결코 자기 목적을 요구할 수 없는 곳"이라고 불렀다. (칼 마르크스: 바스띠아와 까레이Bastiat und Carey, *MEGA*② II/1.1. 4쪽) 과거의 어떤 유물도 걸머지지 않은 이 국가들에 관한 마르크스의 문헌학적 연구는 시민사회와 국가의 관계에 대한 해명을 강행하도록 했다.

마르크스는 북아메리카 국가의 시민 공화국의 본질적인 특징을 제약이 없는 선거권과 피선거권이 사적 소유의 점유에 결박되지 않았다는 점에 있다고 봤다. 이것은 출생, 신분, 교양, 직업의 인가 없이도 유지됐다. 마르크스는 동시에 사적 소유가 정치적으로 지양됐다고 강조했다. 그가 "헤겔 법철학 비판을 위하여"의 초고에서는 여전히 제약 없는 선거권을 통한 체제가 시민사회와 국가의 분리를 해체하기 위한 진일보로 고찰했다면, 그는 이 논문에서 비로소 시민 국가의 완전한 형성을 인식했다. 시민 공화국은 사적 소유도, 사적 소유를 토대로 이루어지는 사회적 대립과 충돌도 지양하지 않았다. 사적 소유는 시민 공화국의 조건이었다. "시민사회"에서 인간은 이기적 개인이고, 자신의 고유한 본질에 소외되어 있고, 정치적 국가에서 인간은 유적본질로 간주하고 활동하지만, 그의 현실적이고 개인적 삶은 강탈당했다.

계속되는 중요한 진보는 프랑스혁명과 북아메리카 공화국에서 선언되었던 인권droits de l'homme과 시민권droits du citoyen의 선언에 대한 분석이었다. 이미 1843년 초고에서 마르크스의 이론적 연구 대상이었던 부르주아지와 시토엥으로 인간을 분리하는 것을 그는 파리에서 구체적-역사적 관점에서 다루었다. 마르크스는 인권을 그 본질상 이웃과 공동체로부터 고립된 이기주의적 개인의 권리라는 점을 증명했다. 자유와 평등의 권리는 사적 소유의 권리이고, 사적 소유를 보호하는 권리이고, 사적 소유의 모든 장점을 완전하게 사용할 수 있는 권리이다. 이 권리는 사적 이익과 이기주의적 욕구를 보장하고, 사적 소유와 사적 소유자의 권리를 보존한다. 시민권, 즉 인간이 정치적 공동체, 국가에 참여하는 것은 인권을 보장하기 위한 수단이다. 정치적 공동체는 사적 소유의 하인이 되었다.

마르크스가 파리에서 처음으로 설명한 것처럼 정치적 혁명의 역사적 한계는 시민사회 자체를, 그 사회의 구성요소들을 혁명할 수 없다는 점에 있다; 왜냐하면 사적 소유, 사적 이익, 사적 권리가 시민적 사회질서의 기초들, 전제들, 자연적 토대이기 때문이다. "모든 사물에 대해 보편적이며, 그 자체로 구성된 가치"인 돈에서 나타나는 실천적 욕구와 사리사욕이 시민사회의 원리이고, 이 원리는 정치적 혁명을 자신의 조건과 전제로 삼는다. 이와 동시에 이기주의적 개인은 본래 참되고 현실적인 인간으로 선언되고, 인간의 고유한 본질, 즉 인간의 유적 현존재는 공적 시민권으로 편입된다. 그럼에도 불구하고 여기서 인간은 "알레고리적이고, 도덕적인 인격"으로만 남아 있다.

이러한 진술들은 논문 「헤겔 법철학 비판을 위하여」와 다르게 새로운 특성을 보여준다. 마르크스 인식의 진보는 한눈에 다음과 같은 통찰을 통해서 각인된다: 시민사회에서 인간의 삶은 사적 소유에 지배를 받고, 인간들 서로를 고립시키고, 이기주의적인 사적 이익을 촉진하며, 인간의 보편적인 본질적 힘들의 실현을 방해한다. 이 사적 소유는 시민 국가의 전제이고, 이러한 국가를 지배한다. 공적 시민의 정치적 권리는 사적 소유자의 권리에 종속된다. 마르크스는 "진정한 민주주의"의 실현을 통해서 시민사회와 국가의 분리를 지양하는 것을 더는 원하지 않았고, 오히려 시민사회의 혁명화를 요구했다. 이것은 현대의 시민사회가 정치적 국가를 규정한다고 하는 이론적 통찰로부터 나온 정치적 결론이었다. 이에 대해 1885년에 엥겔스는 다음과 같이 썼다: "마르크스는 이러한 견해에 이른 것만이 아니라, 이 견해를 이미 <독불 연보>(1844년)에서 대체로 국가가 시민사회를 제약하고 규제하는 것이 아니라, 시민사회가 국가를 제약하고 규제한다고 일반화했다."(프리드리히 엥겔스: "공산주의자동맹의 역사", <사회민주주의자Der Sozialdomokrat> 취리히, 제46호, 1885년 11월 12일)

마르크스는 정치적 혁명과 정치적 해방에 대한 분석으로부터 인간 해방의 가능성과 필연성을 도출했다. 이것을 그는 1843년에 다음과 같이 특

징 지웠다: "현실적이고 개별적인 인간이 추상적인 공적 시민을 자기 자신에서 되찾고, 개별적 인간으로서 자신의 경험적 삶에서, 자신의 개별적인 노동에서, 자신의 개별적인 관계 속에서 유적 존재가 되어서야 비로소, 인간이 자신의 '고유한 힘'forces propres을 사회적 힘으로 인식하고 조직했을 때 비로소, 따라서 사회적 힘이 더는 정치적 힘의 형태 속에서 자신과 분리되지 않을 때 비로소, 이때 비로소 인간의 해방이 완수된다."

마르크스는 사회 발전의 추동력에 관한 문제를 새롭게 제기했고, 이에 대해 대답했다는 점이 논리적으로 합당한 그 다음 단계일 것이다. 마르크스는 시민사회의 계급 구조를 연구했고 처음으로 "시민사회의 계급"이라는 개념을 사용했다. 그는 봉건주의에는 어떤 계급이, 자본주의에는 어떤 계급이 지배했고, 시민 혁명의 과정에서 혁명의 정치적 지배 세력에 의해서 어떤 계급이 해체되었고, 또 어떤 계급이 이 해체를 선취했는가를 인식했다. 그는 이러한 방식으로 시민사회 자체, 사회적 현실, 사회경제적 구조를 곧바로 분석하기 시작했다. 이러한 연구들의 발단은 논문 「헤겔 법철학 비판을 위하여 - 서문」에 반영되어 있다.

이 논문에서 마르크스는 그때 본질적으로 종결된 것으로 간주한 종교에 대한 비판을 독일 철학의 모든 시대의 결과라고 요약했다. 이와 함께 그는 청년 헤겔학파 운동의 진보적인 성과들을 개략적으로 그려냈다. 동시에 이것은 또한 자기 발전의 요점이었다. 포이어바하의 이름을 불러내지 않고도 마르크스는 특히 포이어바하의 종교비판의 진가를 인정했고, 이 비판을 강화했다. 마르크스는 종교를 종교의 사회적 토대로 환원시켰다. 국가, 사회가 "종교를 생산한다." "종교적인 비참은 한편으로 현실적인 비참의 표현이고, 한편으로 현실적인 비참에 대한 항의이다." 이로부터 도출한 것을 마르크스는 "신성한 형태의 비신성한 형태들 속에 있는 자기소외를 폭로하는 것"이 철학의 과제라고 표현했다. 그는 사회적 현실에 대한 비판, 권리와 정치에 대한 비판을 연구일정에 올렸다.

마르크스는 출판하려고 계획한 간행물인 『헤겔 법철학 비판을 위하여

』의 "서문"에서 먼저 프랑스와 영국의 역사적 발전을 독일과 비교했다. 이 비교는 이미 1842년과 1843년에 마르크스의 작업에서 중요한 역할을 했다. 이제 프랑스와 영국, 북아메리카 국가들에 관한 연구 및 유토피아적인 사회주의와 공산주의의 연구는 새로운 진술을 가능하게 했다. 생시몽과 푸리에는 프랑스 혁명 이후에 인권과 시민권, 자유, 평등, 우애의 이상들이 어떻게 실현됐고, 점진적으로 증가하는 무소유자들의 빈곤이 어떻게 이런 이상들과 통합될 수 있느냐는 문제에 전념했다. 두 사람은 프랑스의 시민적 변혁의 결과에 대해서 비판적인 태도를 보였다. 생시몽과 푸리에에게서, 그러나 이들의 후계자들에게서 더 많이 마르크스는 다양한 사회적 시기의 합법칙적인 교체에 관한 이해를 연구할 수 있었다. 여기에서 그는 봉건제와 시민사회의 계급 구조에 대한 더 정확한 인식을 발견할 수 있었다. 생시몽 제자들은 부르주아지에 의한 귀족의 해체가 부르주아지와 노동하는 계급의 공통된 이해를 기초로 해서 일어났다고 증명했다. 그들은 1830년 7월 혁명에서 부르주아지가 제한 없는 권력을 넘겨받았다고 확언했다. 그들은 왕정복고의 본질을 귀족의 권력을 복원하는 것이 아니라, 부르주아지의 권력을 확장하는 것이라고 규정했다.

마르크스는 이러한 역사적인 지식과 이론적인 일반화를 통해서 독일의 반중세적인 정치적 상태에 대한 자신의 비판을 풍성하게 했고, 정확하게 규정했다. 우리는 지금 처음으로 그의 작업에서 독일이 프랑스와 영국과 달리 역사 전체의 주기에 뒤떨어졌다는 평가를 발견할 수 있다. 프랑스와 영국에서는 "부에 대한 공동체의 지배"가, 독일에서는 "국민에 대한 사적 소유의 지배"가 의사일정에 올라와 있었다. 영국과 프랑스와 비교하면 독일의 상태는 이미 지나간 역사였다. 독일 철학만이, 특히 독일의 국가철학과 법철학만이 저 앞선 나라들의 정치적-사회적 현실과 같은 단계에 있다고 했다. 프랑스와 영국의 부르주아 국가의 실제적인 붕괴는 독일에서 법철학과 국가철학, 그리고 철학 일반의 비판적인 붕괴를 반영한다고 했다. 이와 함께 마르크스는 세계사의 객관적인 진행 과정의 본질적인 연관 관계를 인식했다.

  그는 독일이 프랑스와 영국의 발전을 자기 것과 같이 실감 나게 체험해야만 하는 것이 아니라, 역사 전체의 한 단계를 통째로 뛰어넘어야만 한다는 가정을 세웠다. 이러한 추론은 프롤레타리아 혁명의 객관적 및 주관적 조건들에 대한 아직은 부족한 지식에서 기인했다. 그럼에도 불구하고 이와 연계해서 마르크스는 이러한 전복과정의 사회적 추동력에 대한 문제에 대답했다. 시민사회의 한 부분 혹은 한 계급인 부르주아지가 자유로워지고, 지배 권력을 넘겨받음으로써, 프랑스에서 귀족 권력이 제거됐다. 부르주아지는 시민 혁명에서 보편적 이해의 대변자로서 등장했고, 인민에 의해서 그 대변자 자체로서 인정받았다. 바로 이 때문에 부르주아지는 모든 인간의 보편적 권리라는 이름으로 정치적 관계를 그 자신의 이해 속에서 변형시킬 수 있었다. 마르크스가 추론한 것처럼, 프랑스에서 다양한 계급들의 해방자 역할은 차례로 옮겨갔다. 이들은 그때그때 모든 인민의 사회적 욕구들의 대변자가 된 특수한 계급들이었다. 그는 권력을 차례대로 넘겨받은 부르주아지의 다양한 분파들 혹은 부분들을 여전히 계급들이라고 부르긴 했지만, 동시에 그는 본질적인 사회적 관계들을 인식했다.

  이에 반해 독일의 부르주아지는 승리를 축하할 수 있기도 전에 패배를 체험했다. 이 부르주아지는 보편적인 의미를 획득하기도 전에 그들의 편협한 본질을 발전시켰다. 이 부르주아지는 보편적인 해방을 위한 능력도 욕구도 보여주지 못했다. 독일의 부르주아지에 대한 이러한 평가는 마르크스가 <라인신문>에서 활동하는 기간에 형성했던 경험들로부터 영향을 받았다. 이러한 평가는 계속해서 프랑스혁명에서의 부르주아지의 역할에 관한 연구를 통해서 이루어진 이론적 인식으로 발전했다.

  이로부터 마르크스는 독일에서 하나의 계급만이, 즉 프롤레타리아 계급만이 보편적 이해를 대변할 수 있다고 추론했다. 처음으로 그는 노동계급의 역사적 역할에 대한 테제를 정형화했다. 이 인식은 공산주의로의 이행을 최종적으로 표시한다. 이 인식은 파리에서 마르크스의 학문적 및 정치적 활동의 중요한 결과들을 통해서, 그리고 거기에서 작동하는 요인들을 통해서 즉각 준비된 것이었다.

봉건 사회와 시민사회의 계급 구조에 관한 연구가 이에 해당한다. 무엇보다도 마르크스는 봉건주의에서 자본주의로의 이행 과정에서 이러한 계급 구조의 변화와 정치적 권력 관계의 변화에 몰두했다. 프랑스혁명에서 부르주아지의 지도적인 역할에 관한 연구는 하나의 계급이 인간 해방의 이행을 이끌어야만 하는지와 어떤 계급이 그러한 계급인지에 대한 물음을 반드시 던질 수밖에 없었다.

마르크스는 시민 혁명의 과정에서 부르주아지가 인민의 이익 속에서 기만적으로 나타난 것만이 아니라, 자신의 이익과 더불어 귀족에 대항하는 인민의 이익을 제한적으로나마 관철했다는 것을 인지했다. 따라서 그는 논문 「유대인 문제에 대하여」에서 정치적 혁명을 국민주권 혹은 민주주의 국가의 실현이라고 불렀다. 정치적 혁명은 "국가의 업무를 국민의 업무"로 끌어 올렸다. 마르크스가 확언한 것처럼 시민 공화국에서는 사회적 구별과 상관없이 "국민의 모든 성원은 국민주권에 대한 동등한 참여자"로 호명된다. 이러한 "민주주의 국가"에서, 이러한 "정치적 민주주의"에서 모든 인간은 주권을 지닌 존재로 인정받는다. 마르크스는 민주주의, 민주주의 국가, 국민주권과 같은 개념들을 형식적으로 모든 시민의 정치적 평등을 보장한다고 하고, 사회적 불평등과 억압을 그 기초로 하는 인민 이익의 실현을 보장한다고 하는 정치적 해방의 완전한 실현으로 사용했다. 이와 함께 마르크스는 국민주권, 인민 대변, 인민 의지의 현실화에 대한 정치적 욕구의 진보와 한계를 동시에 인식했다. 그는 혁명적-민주주의적 관점의 한계를 완전히 의식하게 됐다. 시민사회를 혁명하는 것은 인민에 의해서만 수행될 수 있는 것이 아니라, 오히려 사적 소유의 부정적 결과를 자신의 실존조건으로 첨예하게 표현하는 한 계급에 의해서만 완수될 수 있다. 이 계급은 객관적으로 자기 삶의 조건을 혁명하도록 강제 당했다.

　유토피아적 사회주의와 공산주의, 특히 노동자 공산주의에 관한 집중적인 연구를 통해서, 자신의 확신을 보충한 채, 마르크스는 "무소유 계급"이라는 불분명한 개념을 명확하게 했다. 그는 프롤레타리아라는 개념만을 받아들인 것이 아니라, 이 저작들에서 간략하게 그려졌던 이 계급의 특징을 비판적으로 수용했다. 이 저작에는 1842년 겨울에 출판됐던 『조화와 자유의 보증들』이라는 바이틀링의 책도 포함된다. 마르크스는 이 책을 늦어도 1843년 9월에 읽었다. 이 시점에 마르크스는 무엇보다도 바이틀링의 체계 구성주의를 비판했다. 이에 반해 파리에서 시민사회에 대한 바이틀링의 비판은 마르크스에게 유익한 영향을 미칠 수 있었다; 왜냐하면 바이틀링은 그의 주요저작에서 미래는 노동자 계급에게만 속한다고 표명했기 때문이었다. 그는 시민사회에서 프롤레타리아의 상태를 연구했다. 유토피아적 사회주의와 달리 그는 노동자 계급만이 자신의 행동을 통해서 착취를 근절할 수 있고, 공산주의를 수립할 수 있다고 인식했다. 바로 이 인식이 바이틀링의 가장 중요한 업적이었다.

　파리에서 마르크스는 처음으로 노동자 계급의 정치적 조직과 접촉했다. 그의 전체적인 발전을 토대로 비추어 볼 때 파리로의 이주 이전과 그 이래로 곧바로 그는 의인동맹의 이론적 활동과 정치적 활동에 관심을 가질 수밖에 없었고, 그래서 매우 일찍 파리의 결사체와 연결을 찾았고, 결합해야만 했다.

　프롤레타리아의 역사적 역할을 정당화하려는 마르크스의 첫 번째 시도는 이미 중요한 실마리를 만들어냈다. 그는 독일에서 프롤레타리아가 "갑자기 들이닥친 산업의 운동을 통해서 비로소" 발전했다는 것을 인식했다. "왜냐하면 자연 발생적으로 생성된 빈곤이 아니라, 인위적으로 생산된 빈곤이 … 프롤레타리아를 형성했기 때문이다." 마르크스가 강조한 것처럼 프롤레타리아는 본래 시민사회에서는 어떤 계급도 아니다. 왜냐하면 프롤레타리아는 사적 소유를 제멋대로 처분할 수 없기 때문이다.

시민사회는 사적 소유에 대한 점유로부터 프롤레타리아를 배제하려고 하는 것을 자신의 본질적인 원리로 끌어 올렸다. 이에 대한 결론은 "프롤레타리아는 사적 소유의 부정을 요구한다."라는 것이다. 프롤레타리아의 특수한 위상은 단적으로 보편적 이익을 대변하는 자격을 부여하는 것이 아니라, 자신의 해방을 통해서 사회의 모든 영역을 자유롭게 해야만 하는 근본조건을 만드는 것이다. 특정한 계급과 계층의 역사적으로 제약된 부분적인 해방 대신에 프롤레타리아는 인간의 해방을 실현하는 것이라고 했다. 프롤레타리아는 자신의 해방을 통해서 인간의 본질적 힘들의 전면적 실현을 완수한다고 했다.

프롤레타리아의 역사적 역할의 발견은 철학과 현실의 관계에 대한 새로운 통찰을 요구했다. 마르크스는 1843년의 초고에서 철학적-유물론적 관점에서 시작했던 자신의 연구를 새로운 전제들 아래에서 계속 진행할 수 있었다. 철학은 현실에 대한 관념적 보충이고, 현실 자체가 사상을 밀어붙일 때만 영향력을 미칠 수 있다. "혁명은 … 물질적인 토대가 필요하다." 이것은 인민의 욕구이다. "한 국민에게 이론은 그 이론이 국민의 욕구를 실현하는 그만큼만 현실화될 뿐이다." 마르크스는 단적으로 사고하는 인류와 고통당하는 인류의 합의를 더는 요구하지 않고, 오히려 철학과 프롤레타리아의 동맹을 요구했다. "철학이 프롤레타리아 속에서 자신의 물질적인 무기를 발견하는 것과 마찬가지로, 프롤레타리아는 철학 속에서 자신의 정신적인 무기를 발견한다." 이론과 현실의 상호관계에 대한 역사적-유물론적이고, 계급과 관련된 이러한 설명은 마르크스가 다음과 같은 결정적인 추론을 할 수 있게 했다: "비판의 무기는 물론 무기의 비판으로 대체될 수 없다. 물질적인 힘은 물질적인 힘을 통해서 전복해야만 한다. 그러나 이론이 대중을 사로잡자마자, 이론 또한 물질적인 힘이 될 것이다." 레닌은 그의 논문에서 무엇보다도 기회주의와의 투쟁 속에서 마르크스 혁명이론의 중요한 기준으로 인용한 이 진술을 여러 번 참조했다.

마르크스는 <독불 연보>에서 "자본"의 완성을 통해서야 비로소 과학적으로 필요한 성숙도를 성취했다는 노동자 계급의 역사적 역할에 관한 학설의 몇몇 요소를 정형화했다. 그러나 프롤레타리아의 역사적 역할의 발견은 공산주의 학설의 과학적 근거의 가장 중요한 출발점이었다. 마르크스는 노동자 계급에서 공산주의적 혁명의 사회적 추동력을 인지했고, 이 계급의 경제적 삶의 조건들에서 사회적 전복과정의 원인을 찾았다. 그는 노동자 계급의 편에 섬으로써 부르주아적인 계급관점을 통해서 정립된 사회적 인식의 한계를 부러뜨릴 수 있었다. 이것은 유물론적 역사 이해의 완성을 위한 중요한 전제 중의 하나이다.

프롤레타리아의 역사적 역할의 발견은 마르크스의 이론 작업의 질적으로 새로운 목표를 조건 지웠다. 마르크스로 하여금 부르주아적인 정치경제학에 관한 연구를 하도록 자극했던 사실적 요인들 혹은 상황에도 불구하고, 이 목표는 노동자 계급의 경제적 삶의 조건들에 관한 연구로 이끌 수밖에 없었다. 법철학 비판과 국민의회 역사에 관한 연구를 미루어 두고 국민경제학 비판을 완성하도록 방향을 돌린 마지막 동기는 마르크스에게는 슐레지엔 직조공 봉기였을 것이다. 독일 프롤레타리아의 이 봉기는 노동자 계급의 역사적 역할에 대한 과학적 근거를 제시하는 것이 필연적으로 됐다는 점을 더욱 분명하게 보여줬다.

『경제학-철학 초고』는 경제학 연구를 더 일반화시키고 이를 통해서 프롤레타리아의 세계사적 역할을 정당화하려는 시도의 첫 번째 결과물이다. 이 책은 1844년 6월에서 8월 말경에 쓰였을 것이다. 마르크스는 처음으로 노동자 계급의 경제적 실존조건들, 자본과 노동의 관계와 사적 소유의 운동법칙을 연구했다. 이로부터 그는 사적 소유를 지양할 필연성을 도출했다. 『경제학-철학 초고』는 헤겔에 대한 비판과 청년 헤겔학파 철학에 대한 비판적인 논평 및 포이어바하의 이해에 대한 평가를 포함한다. 이 초고는 유토피아적 사회주의와 공산주의에 대한 직간접적 평가이다. 이 책은 미래 사회에 대한 설명을 포함한다. 그럼에도 불구하고 한눈에 보기에도 이 초고는 국민경제학에 대한 비판이다. 이 비판은 마르크스의 유물론적 역사이해의 중요한 인식들로 이끌었고, 그의 경제 학설의 출발점을 이루는 기초를 풍성하게 이끌었다.

마르크스는 "국민경제학"이라는 개념을 부르주아적인 정치경제학이라고 이해했다. 마르크스는 이 정치경제학의 본질적 특징과 기원을 설명하려고 했다. 두 번째 분책과 세 번째 분책 사이에 매뉴팩쳐 자본에서 산업자본으로의 자본주의적 생산방식의 발전을 객관적 기초로 삼는 스미스와 리카도의 견해 차이를 어떻게 마르크스가 평가하기 시작했는가가 또한 분명하게 나타난다. 마르크스는 리카도에 대한 평가를 매컬룩과 프레보의 연구에서 습득했다. 리카도와 밀에 대한 발췌문(*MEGA*② Ⅳ/2, 392~470쪽)은 분명히 『경제학-철학 초고』의 집필 이후에서야 이루어졌고, 새로운 연구단계의 시작을 반영한다.

마르크스는 이미 1844년에 부르주아 정치경제학이 자본주의 생산방식의 연구에서 학문적 기여를 획득했다고 인정했다. 그럼에도 불구하고 마르크스는 그들의 학문적으로 가치 있는 요소들을 그 자체로 인식하거나 수용할 수 없었다. 그는 속류 경제학자들과 고전적인 부르주아 경제학자들을 아직은 구별하지 않았다.

1844년에 경제적 상태에 관한 연구에 착수했던 것으로부터 얻은 마르크스의 프롤레타리아의 계급적 입장은 그에게 하나의 길을 열어주었다. 이 길은 자신들의 계급 의존적인 인식의 한계 때문에 부르주아 경제학자들에게는 막혀 있었다. 따라서 마르크스 분석의 중심에는 부르주아 정치경제학의 계급 의존적인 본질에 대한 비판이 있었다. 마르크스가 추론한 것처럼 국민경제학은 사적 소유 운동의, 무엇보다도 산업 자본의 혹은 현대 산업의 산물이고, 이 상태들에 대한 "과학적인 반영"이다. 국민경제학은 산업 자본과 현대 산업의 발전을 가속했다. 국민경제학은 사적 소유의 물질적 과정을 보편적 법칙으로 파악했다. 국민경제학은 물질적

부의 생산, 분배, 소비를 규정하는 법칙을 발견했다. 그러나 부르주아 정치경제학은 사적 소유의 본질로부터 나온 이러한 법칙의 유래도, 사적 소유의 기원도 보여주지 못했다고 마르크스는 설명했다. 국민경제학은 사적 소유의 법칙을 영원불변의 자연법칙으로 전제했다. 국민경제학은 사적 소유를 물질적 생산의 자연적이고 영원한 실존조건으로 고찰했는데, 이것 없이는 부도 진보도 있을 수 없다고 했다.

마르크스는 이러한 입장과 노동자 계급의 상태를 대조했다: "노동자는 부를 많이 생산할수록, 그의 생산의 힘과 범위가 커질수록 더욱 더 가난해진다. 노동자는 상품을 많이 창조할수록 더욱더 값싼 상품이 된다. 인간세계의 가치절하가 사물 세계의 가치증대와 정비례하며 늘어난다. 노동은 상품만을 생산하는 것이 아니다; 노동은 자기 자신과 노동자를 하나의 상품으로, 그것도 노동이 일반적으로 상품을 생산하는 관계 속에서 생산한다." 마르크스는 사적 소유는 역사적으로 필연적으로 생성되기는 하지만 마찬가지로 역사적으로 필연적으로 지양돼야만 한다고 추론했다.

스미스는 노동을 일반적인 형식에서 가치의 원천으로 간주했다. 그는 교환가치를 상품에 포함된 노동의 양으로 규정했다. 생산물의 가치는 이윤과 지대의 원천이기도 한 생산적 활동을 통해서 창출된다. 스미스의 이러한 인식을 처음으로 소화하면서 마르크스는 부르주아 정치경제학의 본질적 특징을 찾아냈다. 마르크스는 이 특징을 우선 "노동자의 이론적 및 실천적 요구"에 대한 대립으로 파악했다. 이론적으로 보면 모든 생산물은 노동자에게 속한다고 하지만, 실천적으로 보면 노동자는 노동자로서 생존할 수 있고 번식할 수 있는 가장 적은 몫만을 받는다고 했다. 스미스에 따르면, 노동은 자본축적을 창출하고, 자본은 축적된 노동이다. 그러나 노동자는 최저 임금을 위해서 자신을 팔아야만 하고 자본에 점점 더 의존하게 된다. 노동은 자연의 산물을 점점 더 커지게 할 수 있는 유일한 것이다. 대토지소유자와 자본가들은 소비하는 계급일 뿐이다. 그러나 대토지소유자와 자본가들이 노동자를 실제로 지배한다. 노동 분업은 노동의 생산적 힘과 부를 증가시켰지만, 노동자를 하나의 기계로 변화시켰고 노동자의 능력을 불구로 만들었다.

다양한 관점에서 마르크스는 노동을 자신의 원리로 끌어올렸던 국민경제학의 역사적 기여를 인정했다. 마르크스가 확언한 것처럼 국민경제학은 노동을 자신의 모든 학문의 영혼으로 만들었지만, 이 노동에 대해서는 어떤 것도 부여하지 않았고, 사적 소유에 모든 것을 부여했다는 해결하지 못한 문제를 남겨놓았다. 이를 통해서 마르크스는 이미 정치적 영역에서 부르주아 혁명에서의 부르주아적 인권과 부르주아지의 역할을 분석할 때 들춰냈었던 부르주아 경제학 이론의 모순을 폭로했다. 부르주아 국민경제학은 봉건주의와 봉건적인 경제이론에 대한 비판을 통해서 인간적이고 이성적인 상태의 요구를 제기했고, 이를 통해서 보편적 이익을 구체화했다. 그러나 이 요구가 국민경제학의 전제, 즉 사적 소유를 정당화할 때 자본가들의 계급 의존적인 이해로 환원됨으로써 이 요구는 기만이 됐다. 무엇보다도 두 번째 분책과 세 번째 분책에서 마르크스는 어떻게 리카도 학파가 이러한 계급 의존적인 이익을 솔직하게 진술했는가를 설명했다. 리카도 학파는 가능한 한 최고의 이익을 얻고 최저 임금을 주려는 자본가들의 노력을 자본과 노동의 일반적이고, 합법칙인 관계인 자본의 본질로 완전히 논리정연하게 설명했다. 마르크스는 부르주아 경제학은 인간의 노동 일반의 법칙이 아니라, 소외된 노동의 법칙을 진술했다고 증명했다.

마르크스는 부르주아 정치경제학의 계급적 성격에 대한 분석으로부터 다음과 같은 자신의 학문적 과제를 도출했다. "그러므로 우리는 이제 사적 소유, 소유욕, 노동, 자본, 토지 소유의 분리 간의 본질적인 연관, 교환과 경쟁, 인간의 가치와 가치절하, 독점과 경쟁 등, 이러한 소외 전체와 화폐체계 간의 본질적인 연관을 개념적으로 파악해야 한다."

마르크스는 『경제학-철학 초고』에서 "시민사회의 해부학"을 벗겨내려고 시도했다. 그는 시민사회의 세 가지 계급인 노동자 계급, 자본가계급, 대토지소유자의 경제적 실존조건을 출발점으로 선택했다. 마르크스는 이 계급들의 실존조건과 이들의 가장 일반적인 관계를 <독불 연보>에서 이미 개략적으로 그려냈다. 마르크스는 이 초고에서 임금, 노동자의 상품으로의 전환, 노동자 계급의 빈곤화, 자본, 자본의 이윤, 자본가들의 경쟁, 자본의 소수로의 집중, 노동자에 대한 자본의 지배, 대토지소유자와 임차인의 지대와 역할에 관해 연구했다. 그는 무엇보다도 스미스와 세이, 그리고 또 뷔렛, 페퀴어Constantin Pecquer, 슐츠Wilhelm Schulz의 이해를 더 일반화했다. 이때 마르크스는 자신의 고유한 경제이론에 대한 최초의 풍성한 단초를 얻었다.

마르크스는 임금, 자본, 지대를 세 계급이 근거를 두고 있으며, 세 계급의 서로 간의 본질적인 관계를 특징짓는 시민사회의 계급 구조를 규정하는 동일한 범주로 파악하기 시작했다.

마르크스는 이미 1842년과 1843년에 토지 소유의 정치적 역할에 몰두했다. 그는 첫 번째 분책에서 일단 지대와 토지 소유의 역사적 위상에 대한 스미스 이해의 중요한 관점을 요약했다. 무엇보다도 마르크스는 대토지소유자의 이익이 사회의 이익과 같다는 스미스의 주장을 반박했다. 마르크스는 첫 번째 분책에서 지대와 토지 소유에 관한 스미스와 리카도의 다른 이해를 기록했고, 리카도의 결론을 인정했다.

그밖에도 마르크스는 토지 소유의 역사적 발전에 관한 풍부한 생각을 발전시켰다. 그는 토지 소유의 분할과 대토지소유와 소토지 소유의 경쟁, 대토지소유로의 집중과 소토지 소유의 황폐화, 토지 소유의 자본가 수중으로의 이행과 자본가로서 임차인의 역할을 다뤘다.

1843년까지 정치적 영역에서 연구했던 봉건제의 해체를 이제 마르크스는 근본적으로 사회경제적 운동으로서, 봉건적 토지 소유에 대한 산업자본의 역사적으로 필연적인 승리로, 봉건적 토지 소유의 자본으로의 발전으로 고찰했다. 대토지소유자들과 농노들 및 예속 농민의 관계는 사적 소유자와 일용노동자의 관계로 전환됐다. 토지 소유와 자본, 지대와 이윤, 부동산과 동산 사이의 차이는 이제 마르크스에게 역사적인 차이이지, 관계들의 본질에 기초를 두고 있는 차이가 아니다. 토지 소유는 자본과 노동의 대립의 생성 계기를 반영한다. 마르크스는 "자본가와 지대 생활자의 구별은 경작자와 제조업 노동자의 구별과 마찬가지로 없어지고 사회 전체가 유산자와 무산 노동자라는 두 계급으로 나누어질 수밖에 없다"라고 더 일반화했다.

마르크스는 노동, 자본, 자본과 노동의 대립으로서 사적 소유의 관계를 자기 설명의 중심으로 옮겨왔다. 그는 사적 소유를 단순히 점유, 상태, 물건으로 분석하지 않았고, 더는 법률적인 관계로 분석한 것이 아니라, 사회경제적 관계로 분석했다. 그는 자본과 노동의 대립이고, 이 대립의 운동과 발전인 부르주아지와 프롤레타리아 사이의 모순을 이 모순의 변증법적인 통일 속에서 연구하기 시작했다. 이러한 가운데 그는 사적 소유의 지양을, 즉 이 사회경제적 관계의 해체를 이끄는 객관적인 원인을 찾았고, 이로부터 프롤레타리아의 역사적 역할을 도출했다. 이러한 객관적인 경제적 및 사회적 연관 관계들에 대한 분석이 『경제학-철학 초고』의 주요대상이다. 이 분석은 엥겔스의 『국민경제학 비판 개요』에 나타난 진술과 더불어 노동자 계급의 세계관 완성에서 질적으로 새로운 내용을 대변한다. 이 분석이 마르크스 경제 학설의 핵심이다.

이처럼 계급과 관련된 접근 방식과 이 시기까지 획득한 철학적 세계관의 귀결은 마르크스가 1844년에 사적 소유의 분석을 자본이 아니라, 사적 소유의 주체적 본질로 불렀던 노동으로 시작했다는 점이다. 마르크스가 규정한 것처럼 노동의 본질적 측면은 노동자와 생산의 직접적인 관계이다. 국민경제학은 바로 이 관계를 무시했다. 그래서 마르크스는 소외된 노동의 범주를 발전시켰는데, 이 범주를 통해서 그는 노동과 사적 소유의 본질적인 연관 관계를, 즉 사적 소유의 조건 아래에서 노동자의 상태에 대한 본질적인 특징과 근본적으로는 자본주의 착취의 본질적 특성을 파헤쳤다.

첫째, 마르크스는 노동자와 노동자의 노동생산물에 대한 관계를 고찰했다. 사적 소유의 조건 아래에서 생산물은 노동자에게 낯선 본질로, 자립적 힘으로, 적대적 대립으로 맞선다. 노동자가 노동생산물을 낯선 대상으로 간주하는 것과 마찬가지로 노동자는 자신의 노동생산물과 낯설게 관계한다. 생산물에서 노동의 대상화 혹은 실현은 노동자의 소외라는 결론으로 발전한다. 노동자는 자신의 노동생산물에 의존하게 되고, 그 생산물에 의해서 억압받는다.

둘째, 마르크스는 노동자와 노동자의 생산적 활동 혹은 생산 행위의 관계를 연구했다. 고유한 인간적 기능으로서 생산적 활동은 노동자에게 외적이며, 자신에게 속하지 않고, 노동자 자신에게 반대되는 활동이 되며, 사적 소유의 조건 아래에서 강제 노동이 되지만, 먹기, 마시기, 생식하기 등등과 같은 인간의 활동이 고유하고 유일하며 자유로운 활동이 된다.

셋째, 마르크스는 1843년에 유적 삶, 유적 존재라는 범주로 파악하기는 했지만, 근본적으로 다르게 규정했던 개인과 사회의 관계를 다시 포착했다. 마르크스에게 유적 존재는 단순히 인간의 사회적 및 정치적 현존재 방식이 더는 아니고, 사고, 의식, 사회적 상태와 같이 모든 인간에게 공통된 본질적 특성이 더는 아니다. 최초의 경제적 연구를 기반으로 그는 유적 존재를 노동, 삶의 활동, 인간의 생산적인 삶, 인간과 자연 사이의 상호작용으로 표현했다. 자연은 인간의 물리적 실존을 위한 직접적인 삶의 수단이고, 인간은 그 자체로 자연의 일부이다. 자연은 인간의 물질, 대상, 그리고 도구이다. "하나의 대상 세계의 실천적인 산출, 비유기적인 자연의 가공은 의식적인 유적본질로서 인간을 증명하는 것이다. … 따라서 바로 대상 세계의 가공에서 인간은 비로소 자신을 실제로 유적 존재로서 확인한다. 이 생산은 그의 제작 활동적인 유적 삶이다." 인간은 자신의 유적 삶을 혼자서도 아니고, 특히 자연을 의식적으로 인식하는 것을 통해서가 아니라, 특히 자연의 변형을 통해서, 인간에 의해서 창조된 세계 혹은 인간적 현실을 통해서 실현한다.

사적 소유의 조건 아래에서 노동자는 생산물의 소외와 생산 행위의 소외를 통해서 자신의 유적 활동, 자신의 유적 삶으로부터 소외된다. 시민사회에서 유적 삶과 개체적 실존의 분리는 이 두 가지 소외를 결론으로 낳았다. 왜냐하면 이 두 계기의 통일 속에서만 인간적 현존재의 진정한 실현이 놓여 있기 때문이다. 마르크스가 강조한 것처럼 강제 노동으로서 유적 활동은 물리적 실존을 위한 수단이 되고, 개체적 삶, 물리적 실존은 유적 삶의 목적이 된다. 개체적 실존은 유적 삶과의 분리를 통해서 다시 동물적인 삶의 외화가 된다.

넷째, 마르크스는 생산물, 자신의 생산적 활동과 유적 삶으로부터 노동자가 소외된 결과로서 인간의 다른 인간 일반에 대한 소외, 즉 인간노동의 소외와 노동의 인간 생산물의 소외로 발전시켰다.

마르크스는 사적 소유의 조건 아래에서의 노동자 처지에 대한 이러한 네 가지 본질적인 특징을 소외된 노동, 외화된 노동이라는 개념 혹은 범주로 요약했다. 그는 소외된 노동을 시민사회를 규정하는 관계이며, 시민사회의 본질적인 관계라고 특징지었다. 소외된 노동은 사적 소유의 주체적 본질뿐만 아니라, 사적 소유의 객관적 본질, 즉 자본 관계를 규정한다고 마르크스는 1844년에 설명했다. 소외된 노동이 사적 소유와 노동자의 생산 관계를, 노동의 생산물과 노동 자체에 대한 사적 소유자의 지배를, 자본가들과 노동자들의 관계를 산출한다고 했다. 이로부터 그는 사적 소유는 "외화된 노동의 산물, 결과, 필연적인 결론"이라고 추론했다. 마르크스에 따르면 소외된 노동의 개념은 "사유재산의 운동으로부터 나온 결과로서 획득된 것이다. 그렇지만 이 개념의 분석에서, 사유재산이 외화된 노동의 근거, 원인으로 보일 때 그것이 오히려 외화된 노동의 귀결이라는 점이 나타난다. … 이 관계가 나중에는 상호작용으로 바뀌지만 말이다."

얼마 지나지 않아서, 물론 매우 광범위하게 연구를 한 이후에, 마르크스는 자본주의적 생산양식의 합법칙이고 사회적 및 경제적인 연관 관계들이 소외된 노동의 범주를 통해서 파악될 수 없다는 것을 인식할 수 있었다. 그가 자본주의적 생산의 복잡한 과정을 사용가치와 가치의 산출로서, 사용가치를 산출하는 구체적 노동과 가치를 산출하는 추상적 노동으로서, 노동과정과 가치과정으로서 과학적으로 정확하게 분석하고 잉여가치를 발견하기 이전에, 그 앞에는 아직도 집중적 연구의 넓은 길이 놓여 있었다. 그럼에도 불구하고 1844년의 분석은 본질적 통찰을 제공해주었다.

마르크스는 소외된 노동의 범주를 가지고 헤겔의 역사에 대한 역사 변증법의 인식론과 포이어바하의 유물론적 인간주의적 철학을 소화했다. 철학과 경제학의 이러한 결합은 마르크스가 질적으로 새로운 토대에서 자신의 최초의 경제적 연구를 이론적으로 더 일반화하는 것을 가능하게 했다. 이를 통해서 마르크스는 중요한 결론에 도달했다. 이 결론은 앞으로 있을 그의 경제이론을 위한 풍부한 실마리이다. 그러나 무엇보다도 마르크스는 소외된 노동의 범주를 가지고 변증법적-유물론적 역사이해의 중요한 요소들을 부각시켰다. 이것은 변증법적-유물론적 토대에서 시민사회의 경제적 구조를 전체적으로 파악하고, 사적 소유 조건 아래에서 필연적이고 합법칙적으로 나타나는 물질적 생산 속에서 인간의 관계들을 폭로하려는 최초의 시도였다. 노동자 계급의 관점에서 마르크스는 소외된 노동을 통해서 물질적 생산 속에서 나타난 본질적이고 사회적인 관계들을 특징화했고, 이 관계들을 인간의 삶의 상황과 인간 상호 간의 관계 일반을 규정하는 시민사회에 근본적으로 놓여 있는 사회적 관계들이라고 불렀다. 마르크스는 소외된 노동의 범주를 통해서 프루동이 했던 것처럼 자본과 노동의 형이상학적 분리를 피했고, 사적 소유와 시민사회의 관계를 규정할 때는 기계적 결정론을 피했다. 그는 유물론적 세계관을 기초로 뿌리 깊숙이 박힌 인간에 대한 이해를 능동적이고 창조적인 힘으로서 지켜냈다.

마르크스가 소외된 노동으로부터 뽑아낸 몇몇 정치적 결론들은 의미심장하다. 그는 임금 인상 혹은 임금 평등이 노동자의 사회적 상태를 변화시킬 수 없다는 것을 증명했다. 왜냐하면 이것들을 통해서는 결정하는 관계, 소외된 노동이 지양될 수 없기 때문이다. 그는 소외된 노동의 범주를 통해서 프롤레타리아의 역사적 역할의 정당화를 본질적으로 강화했다. "더욱이 소외된 노동과 사유재산의 관계에서 귀결되는 것은 사유재산 등에서, 노예상태에서 사회의 해방이 노동자해방이라는 정치적 형태로 표현된다는 것이다. 그렇지만 노동자의 해방만이 문제되는 것이 아니라 노동자의 해방 속에 보편적인 인간 해방이 들어있기 때문이다. 그 이유는 인간의 예속상태 전체가 노동자와 생산의 관계 속에 포함되어 있으며 모든 예속상태는 이 관계의 변형이자 귀결일 뿐이기 때문이다."

사적 소유를 소외된 노동으로 환원하는 것, 자본과 노동의 관계를 소외된 노동으로부터 규정하는 것, 또한 무엇보다도 유적 존재의 규정은 지금까지 성취된 발전수준의 한계를 보여준다. 이 범주들은 마르크스가 개인과 사회의 관계, 인간의 사교적 본질과 사회적 본질을 현실적이고 경험적이며, 구체적이고 역사적으로 아직은 파악할 수 없었다는 점을, 물질적 삶의 생산을 그 생산의 다양한 역사적인 사회적 요소들과 관계들 안에서 아직은 정확하게 규정할 수 없었다는 점을 반영한다. 마르크스는 인간발전의 가장 보편적인 운동법칙을 발견함으로써 비로소 사적 소유의 관계, 자본과 노동의 모순, 개인과 사회의 관계를 소외된 노동과 유적 본질의 범주 없이도 설명할 수 있었다.

마르크스는 『경제학-철학 초고』에서 노동을 사적 소유의 주체적 본질로, 자본을 사적 소유의 객관적 본질로 정의함으로써, 1844년에 사적 소유의 관계를 통해서 이루어진 자본과 노동의 통일을 이론적으로 정당화했다. 마르크스는 바로 이러한 연관 관계를 연구할 때 문제점들에 부딪혔을 것이다. 그는 그때까지의 지식을 통해서는 이 문제들에 대해 만족할 수 있는 대답을 할 수 없었을 것이다. 마르크스가 국민경제학에서 선취했던 자본과 노동의 통일에 대한 개요와 이 진술에 대한 부족한 분석이 이러한 점을 시사한다.

첫 번째 분책의 끝에서 마르크스는 "사적 소유의 기원에 관한 문제"를 제기했는데, 그는 이 문제를 그는 "외화된 노동과 인류의 발전 과정의 관계에 관한 문제로 바꾸었"거나 어떻게 "소외가 인간발전의 본질에 기초가 되는가"라는 문제로 바꾸었다. 이러한 문제설정은 마르크스의 역사 변증법에 기초한다. 사적 소유가 역사적으로 제약된 성격을 지닌다는 증거는 자본과 노동 사이의 모순의 역사적 발전에 관한 물음과 논리적으로 연결되어 있었다. 마르크스는 무소유와 소유의 대립을 설명했는데, 이 대립은 인간사의 역사적 과정에서 자본과 노동의 대립으로 발전했고, 최종적으로 마르크스에게 사적 소유의 완성된 객관적 형태인 산업 자본과 완성된 소외된 노동인 공장노동의 대립으로 발전했다. 산업 자본과 공장노동에서 최고의 정점을 찍은 자본과 노동의 대립이 통일되고 동시에 양극으로 나타나는 가운데, 마르크스는 역사적으로 발전하는 무소유와 소유의 이러한 대립을 지양하기 위한 역사적 필연성의 객관적 근거를 찾으려고 했다.

마르크스는 노동 분업에 관한 연구를 통해서 자신의 경제적 연구의 새로운 실마리를 발견했다. 그는 이에 대한 진술들을 『경제학-철학 초고』 원고의 거의 끝부분에서 표현했다. 스미스, 세이, 스카르벡, 밀의 지식으로부터 마르크스는 이미 형성된 사적 소유만이, 즉 산업 자본만이 거대한 노동 분업을 산출할 수 있다는 점을 발전시켰다. 노동 분업은 생산의 엄청난 증가를 이끌기는 하지만, 노동자의 개인적 능력의 빈곤화, 축소, 불구를 이끌었다. 그럼에도 불구하고 노동 분업은 재능과 능력의 다양화를 존중하고, 이것들을 양성할 수 있도록 했다. 노동 분업은 사회로부터 도출된 인간의 본질적 힘들을 구체화한다. 본질적 힘들은 개인적 능력, 지성, 개개인의 노동숙련과 구별되고, 이것들은 인간의 생산적인 본질적 힘들의 다른 계기들이다. 그런 까닭에 마르크스는 사적 소유의 조건 아래에서 노동 분업을 "소외의 내부에서 노동의 사회성에 대한 국민경제학적 표현"으로, "유적 활동으로서 인간 활동의 소외되고 외화된 형태"로 특징지었다. 이러한 연구로부터 마르크스는 인간적인 삶의 실현을 위해서 사적 소유가 필요하지만, 노동 분업이 완성된 곳에서는 사적 소유의 지양이 필요하다고 추론했다.

비록 마르크스에 의해 개략적으로만 그려졌지만, 노동 분업과 관련된 최초의 진술들은 유물론적 역사이해를 완성하기 위한 최초의 출발점이다. 마르크스는 처음으로 사회적 생산력을 더 구체적으로 연구하기 시작했다. 마르크스는 개별적 인간에게 내재한 인간의 생산적인 본질적 힘들과 사회로부터 도출된 인간의 생산적인 본질적 힘들의 구별과 - 이 구별을 마르크스는 스카르벡에게서 수용했다 - 노동의 사회성으로서 유적 활동의 규정을 통해서만 자신의 연구에 근본적이고 경험적이고, 구체적-역사적인 요소를 도입했다. 마찬가지로 마르크스가 노동 분업에서 사적 소유의 역사적 생존의 생성과 근거에 대한 필연성을 찾은 것도 하나의 실마리이다.

마르크스는 밀의 저작인 『정치경제학 원리』에 대한 발췌문의 요약에서 노동 분업에 관한 자기 사상을 계속해서 발전시켰다. 마르크스의 광범위한 자기 이해의 설명이 포함된 밀의 발췌문과 리카도의 『정치경제학과 과세의 원리에 대하여』의 발췌문으로 된 분책은 『경제학-철학 초고』의 직접적인 속편으로 간주할 수 있을 것이다. 이 분책에서 마르크스는 처음으로 몇몇 경제적 범주들에 관한 주해를 달았다. 그는 이 범주들의 내용을 그때까지는 인용 혹은 설명에 관한 서술의 형식으로만 기록했다. 가치, 가격, 교환, 화폐, 신용의 범주들이 여기에 해당한다. 이것은 소외된 노동의 범주를 구체적으로 해석하고, 이 범주의 내용에 대해 엄밀하게 규정하고 더 발전시키도록 이끌었다.

마르크스는 『경제학-철학 초고』에서 처음으로 포괄적으로 공산주의를 통한 자본주의의 해체 과정을 이론적으로 선취하고, 새로운 질서의 본질적 특성을 제시하려고 시도했다. 아마도 이 시도는 직조공 봉기가 불러냈고, 잡지 <전진>에서도 반영됐던 토론들과 연관됐을 것이다.

마르크스는 공산주의에 이론적 정당성을 부여하려는 목표를 정했다. 유토피아적 공산주의의 미래 구상에 대해 시종일관한 반대자로서 그는 역사적 발전의 합법적인 과정을 파악하려고 시도했다. 이러한 과정을 이론적으로 선취하려는 것은 시민사회의 경제적 구조에 대한 마르크스의 불충분한 지식으로부터 생긴 결함과 맞물려 있었다. 나중에 마르크스와 엥겔스는 이론적 선취는 과거와 현재의 정확한 분석에 근거를 두어야 하며, 인간 사회와 생산방식의 운동법칙에 관한 통찰의 관점에 의존한다고 여러 번 강조했다.

마르크스는 자신의 이론적 정당화를 사회주의와 공산주의의 이념사적 발전을 특징짓는 것에서 시작했다. 이 평가는 그가 인간 사유의 역사를 어떻게 접근하고 있는지를 다시 입증한다. 그럼에도 불구하고 그는 이를 통해서 스스로 표현한 공산주의적 정당함의 방향성이라는 목표로부터 유래한 정치적 계획 또한 확실하게 추구했다. 그는 사회주의와 공산주의의 다양한 역사적 단계를 언급했다. 이 단계를 그는 공산주의에 관한 이론 형성의 역사적 단계로, 자기소외의 이론적 지양의 단계로 이해했다.

프루동, 푸리에, 그리고 생시몽은 사적 소유의 사회적 관계를 전면적으로 지양하려고 하지 않았다. 그들은 한 측면만을 끄집어냈고, 이 측면을 변화시키려고 했는데, 프루동은 자본을, 푸리에와 생시몽은 노동을 변화시키려고 했다. 그러므로 마르크스의 견해에 따르면 이념에 가장 근접하게 전개된 높은 단계는 조야하고 사상이 없는 공산주의였다. 이 공산주의의 긍정적 요소는 사적 소유의 지양을 요구했다는 점이지만, 사적 소유를 단순히 부정했을 뿐이다. 이것은 모두가 사적 소유를 공동으로 점유하는 것을, 모두가 가질 수 없는 모든 것을 청산하는 것을 의미한다. 이 공산주의는 개인적인 개성, 다능하고 다양하며 서로 구별되는 능력과 재능, 인간적 본질의 전면적인 자기화를 부정한다. 마르크스가 언급한 것처럼 노동자의 사회적 상태는 모든 인간으로까지 확장됐다. 활동과 임금의 획일화를 통해서 노동의 부정적인 측면들은 모두에게 이월됐다. 공산주의적 이념의 이론적 발전의 다음 단계는 정치적 소외의 지양을, 국가의 지양을 정당화하는 것이다. 이 공산주의는 수익의 지양에서 한 단계를 극복했다; 그러나 이 공산주의는 사적 소유의 긍정적 본질과 인간의 본성인 욕구를 포착하지 못했다. 이 공산주의는 인간의 정치적 본질을 변화시키려고 했지, 인간의 사회적 본질을 변화시키려고 하지 않았다.

1844년에 발전된 이해를 통해서 마르크스는 공산주의를 다음과 같이 정의했다: "인간의 자기소외인 사적 소유의 적극적인 지양으로서, 따라서 인간에 의한, 인간을 위한 인간적인 본질의 현실적인 자기화로서의 공산주의. 그러므로 사회적인, 즉 인간적인 인간으로 인간이 자기 자신으로의 완전하면서도 의식적으로 그리고 지금까지 발전의 부 전체 안에서 생성되어 귀환하는 것으로서의 공산주의." 마르크스에게 공산주의는 "부정의 부정으로서 긍정이며, 바로 이 때문에 인간 해방과 회복의 현실적인 계기, 바로 다음의 역사발전을 위한 필연적인 계기이다. 공산주의는 바로 다음 미래의 필연적인 형태이자 강력한 원리이지만, 공산주의 자체가 인간발전의 목표 — 인간적인 사회의 형태 — 는 아니다."

1844년에 마르크스가 표현한 것처럼, 공산주의는 사적 소유의 긍정적 지양의 과정이고, 그 자체로는 일회적인 행위가 아니라, "현실에서는 매우 거칠고 지지부진한 과정을 겪는 현실적인 공산주의적 행동"이다. 이 과정에서 인간적 본질의 자기화가 실행된다. 이 자기화는 첫째, 사적 소유로부터 시작하고, 둘째, 사적 소유의 부정 혹은 지양을 통해서 이 운동이 완수될 때까지 매개되며, "자신에 대해 아직 확신하지 못하고, 바로 이 때문에 자신의 대립에 사로잡혀 있는 … 자신의 현존을 통해 자기 자신을 증명하지 못하는 … 긍정"이다.

마르크스에게 사적 소유의 긍정적 지양은 변증법적-유물론적 발전법칙인 부정의 부정이었다. 이것은 사적 소유의 부정적 본질의 배제 및 긍정적 요소의 보존을 의미하는데, 이 요소의 보존은 질적으로 더 고차원적인 단계에 있는 것이다. 사적 소유의 운동에서, 사적 소유 때문에 생산된 물질적인 부와 정신적 부 및 빈곤에서, 앞으로 생성될 사회는 모든 재료를 발견한다. 마르크스는 "산업의 역사와 산업이라는 생성된 대상적 현존은 인간의 본질적인 힘들의 펼쳐진 책"이라고 강조했다. 근본적으로 그에게 중요한 것은 사적 소유 때문에 산출된 생산력들이 새로운 사회로 넘겨지고, 그곳에서 질적으로 새롭게 계속해서 발전하게 될 것이라는 점이었다. 이것을 그는 "긍정적 지양"이라는 개념을 통해서 표현하고 싶었을 것이다.

그러므로 마르크스에게 공산주의는 사회적 관계로서 사적 소유의 지양이 완성되는 인간발전에서 하나의 역사적 단계였다. 이 발전은 그것의 긍정적 요소들이 보존되고 지양된다고 하는 사적 소유에서 시작한다. 마르크스가 이미 1844년에 추론한 것과 같이, 바로 이 때문에 이 지양의 지속적인 과정은 사적 소유의 요소들에 들러붙어 있고, 이 요소들과 매개되어 있다. 이 매개는 필연적 전제이기는 하지만, 이 전제가 없어도, 사적 소유의 지양과정이 완성되는 것을 통해서 비로소 인간적 사회는 자신의 진정한 형태를 유지한다. 왜냐하면 이 사회는 자기 자신으로부터, 자신의 고유한 토대 위에서, 스스로 발전을 시작하기 때문이다. 이러한 과정의 종결과 함께 공산주의는 자신의 역사적 과제를 완수하고, 자신의 고유한 토대 위에서, 즉 "진실로 인간적이고 사회적인 소유"에서 인간적 사회를 발전시키기 시작한다. 이러한 사회의 새로운 형태가 인간발전의 고유한 목표이다. 이 형태는 현실적인 삶과 관련해서는 더는 사적 소유의 과정을 통해서 매개되는 것이 아니고, 이론적인 현존재와 관련해서는 더는 종교적 의식의 지양과정을 통해서 매개되지 않는다. 마르크스는 이 형태를 사회주의 혹은 긍정적 휴머니즘이라고 불렀다.

마르크스는 "지양"을 "외화를 자기 안에 복귀시키는 대상적 운동"이라고 정의했다. 사적 소유의 긍정적 지양은 소외된 노동의 지양과 인간의 본질적 힘들의 전면적인 실현, 인간적 현실의 전면적인 자기화, 인간의 유적 삶과 개체적 실존의 전면적인 실현을 의미한다고 했다. 이것은 프롤레타리아의 이해를 중심으로 자본과 노동의 관계가 혁명적으로 지양된다는 것을 전제한다. 그러나 마르크스는 아직 생산수단의 소유라는 범주를 사용하지 않았고, 소유 관계와 생산 관계를 아직은 구별하지 않았으며, 생산력과 생산관계의 변증법을 인간 사회의 가장 보편적인 발전법칙으로 파악하지 않았다. 그러므로 그는 어떻게 사적 소유가 긍정적으로 지양되어야만 하는가 하는 방법을 구체적으로 상술할 수 없었다.

그럼에도 불구하고 마르크스는 새로운 사회질서의 본질적인 특성에 대해 오늘날까지도 가치 있는 인식을 발전시켰다. 그는 인간과 자신의 노동대상과의 관계를, 자신의 생산적 활동과의 관계를, 인간의 유적본질을, 인간들 사이의 관계를, 소외된 노동의 조건으로부터 자유로움으로, 자본과 노동의 대립으로부터 자유로움으로 그려냈다. 마르크스는 인간적 현실에 놓여 있는 모든 부가 완전히 소진되고, 인간의 전면적인 계발이라는 의미에서 이 부가 계속해서 발전해야만 한다고 몇 번이고 강조했다. 이처럼 그는 공동체적 활동과 사회적 활동을 구별했다. 공동체적 활동과 공동체적 향유는 "사회성의 저 직접적인 표현이 활동 내용의 본질에 기초하고 향유의 성질에 적합하게 존재하는" 곳에서 생겨난다고 했다. 게다가 자신의 활동이 개인성과 사회에 유용할 때, 이 활동이 어떤 사회적 존재의 의식과 함께 수행될 때, 모든 활동과 모든 향유는 사회적일 수 있다. "무엇보다도 피해야 하는 것은 '사회'를 또다시 추상으로서 개인과 대립시켜 고정하는 것이다. 개인은 사회적 존재이다. 그러므로 개인의 삶의 표현 — 이것이 비록 공동체적인 삶의 표현, 즉 다른 사람들과 함께 동시에 수행된 삶의 표현이라는 직접적인 형태로 나타나지 않는다 하더라도 — 은 사회적 삶의 표현이자 확증이다."

마찬가지로 공산주의와 사회주의에서의 인간적 욕구의 발전에 대한 마르크스의 생각은 내용이 풍부하다. 이 생각들은 생산의 새로운 방식과 생산의 새로운 대상에 기초를 두고 있다. "인간적인 본질의 힘의 새로운 실증과 인간적인 본질의 새로운 풍부화", 결코 향유, 점유, 탐욕이라는 욕구로 환원되지 않는 것, 이처럼 마르크스는 "인간적 욕구의 풍부함"을 요약했다.

공산주의를 이론적으로 정당화하는 것과 관련해서 마르크스는 헤겔과 포이어바하와 비판적으로 대결했다. 그는 부르주아 정치경제학에 관한 연구를 통해서 이들에 대해 새롭게 가치 평가를 했다. 그럼에도 불구하고 마르크스는 여기에 있는 초고에서 시작했던 분석을 결말짓지 못했다.

포이어바하 철학에 대한 마르크스의 견해는 『경제학-철학 초고』에서 최초로, 더 광범위하게, 직접 표명되어 있다. 포이어바하가 진정한 발견을 했고, 실제로 이론적 혁명을 완수했다고 했다. 마르크스는 헤겔 관념론에 대한 포이어바하의 유물론적인 비판을 강조했고, 이 비판의 중요한 결과를 요약했다. 동시에 그는 포이어바하가 헤겔의 신비적인 변증법에서 합리적 요소를 인식하지 못했다고 밝혔다.

마르크스는 헤겔이 추상적 보편자, 추상적 사유에서 출발하고, 이 보편자를 지양했고, 현실적인 것, 감각적인 것, 실제적인 것, 유한한 것을 정립하고, 결국에는 이 현실적인 것을 절대지에까지 이르는 정신의 발전에서 다시 파기했다는 포이어바하의 비판을 수용했다. 포이어바하와 마르크스는 우선적인 것으로서 현실, 감각적으로-확실한 것 혹은 감각적으로-현실적인 것을 헤겔에게 절대적으로 긍정적인 것, 규정하는 것인 추상적 보편자의 이러한 생산의 역사에 대치시켰다. 그럼에도 불구하고 포이어바하는 추상적 사유의 이러한 발전을, 즉 헤겔의 부정의 부정을 사상으로 표현된 종교로만, 철학 내의 모순으로만 파악했다. 이에 반해 마르크스는 이 속에서 헤겔 변증법의 합리적인 내용을 인식했다. 부정의 부정은 산출과 외화의 행위이고, 외화의 지양 혹은 폐기이다. 이를 통해서 헤겔이 인류 생성의 역사에 대한 추상적, 논리적, 사변적 표현을 발견했다고 했다. 마르크스의 이러한 설명은 한 눈에 보기에도 경제적 연구의 이론적 일반화에 기인한다는 것을 알 수 있다.

마르크스는 자신의 세계관을 발전시킨 초창기에 헤겔의 역사 변증법에 대해 편견이 없었고 받아들일 준비가 돼 있었다. 헤겔의 역사적인 의미에 대한 깊은 이해가 1841/1842년에 그를 열광적이고 무비판적인 포이어바하주의자로 만들지 않았다. 1843년에 그는 포이어바하가 하지 못했던 유물론적인 헤겔비판에 헤겔 변증법의 요소를 수용할 수 있었다. 경제학 연구를 통해서 포이어바하의 헤겔 변증법과의 관계에 대한 마르크스의 비판은 훨씬 더 엄밀해졌다. 이에 대한 기초는 포이어바하가 단 한 번도 근본적으로 전념하지 않았던 시민사회의 사회경제적 구조를 파고드는 것이었다.

마르크스는 『경제학-철학 초고』에서 포이어바하 철학의 근본적인 결함을 아직은 인식할 수 없었다. 마르크스는 포이어바하가 인간과 인간의 사회적 관계를 이론의 근본원리로 삼았기 때문에, 그의 인간주의를 "진정한 유물론"이라고 불렀다. 그는 심지어 포이어바하에게 다음과 같이 썼다. "당신은 - 나는 이게 의도적인지 아닌지 잘 모르겠지만 - 이 저작에서 사회주의에 철학적 토대를 부여했다. 그리고 공산주의자들은 이 연구들을 또한 이렇게 이해했다. 인간의 실제적인 구별에 근거를 두고 있는 인간과 인간의 통일, 추상이라는 천상에서 현실적인 지상으로 내려온 인간 유의 개념, 이 개념은 사회라는 개념과 무엇이 다른가?"(포이어바하에게 보낸 마르크스의 편지, 1844년 8월 11일, *MEGA*② Ⅲ/2. 63쪽)

마르크스는 "포이어바하에 관한 테제"에서 비로소 포이어바하 유물론의 본질을 올바르게 평가할 수 있었다. 유물론적인 역사이해의 완성을 통해서 유물론적인 헤겔비판과 철학적 유물론의 기초 놓기가 포이어바하의 위대한 공로였다는 것이 명확해졌다. 동시에 마르크스는 포이어바하가 현실적이고 역사적인 인간 대신에 그 인간을 정립했고, 포이어바하가 사회를 그 인간과 인간의 관계로서 고찰했고, 인간의 구체적-역사적이고, 사회경제적인 관계로서 연구한 것은 아니라고 증명했다. 마르크스와 엥겔스는 포이어바하의 유물론의 본질을 다음과 같이 표현했다. "포이어바하가 유물론자인 한에서 그에게 역사는 나타나지 않고, 그가 역사를 고찰하는 한에서 그는 유물론자가 아니다."

마르크스는 『경제학-철학 초고』에서 헤겔 변증법의 긍정적 측면을 『정신현상학』을 통해서, 즉 현실성이 단계적으로 절대지로 귀환하는 과정을 통해서 설명했다. 헤겔은 인간의 자기 산출을 과정으로 파악했고, 노동의 본질을 인간의 본질적 힘의 대상화로, 인간을 자신의 노동 결과로 파악했다. 헤겔에게 인간의 유적 힘들은 인간의 전체적인 작용을 통해서만 인류사 전체의 결과로서 실현된다.

같은 맥락에서 마르크스는 헤겔의 관념론을 『헤겔 법철학 비판을 위하여』의 초고보다 훨씬 더 철저하고 설득력 있게 비판했다. 마르크스는 헤겔이 추상적-정신적인 노동만을 알고 인정한다고 확언했다. 헤겔에게 인간은 현실적인 본질적 힘을 지닌 현실적 인간이 아니라, 인간의 자기의식이다. 자기의식에서 현실은 상스러운 것이고 낯선 것이다. 따라서 헤겔에게 대상적 현실성의 정립은 인간의 소외와 밀접하게 연결된다. 그러므로 헤겔의 해석에 따르면 인간의 본질적 힘을 다시 자기화하는 것, 즉 소외를 지양하는 것은 대상성을 지양하는 것이고, 자기의식으로의 복귀다.

마르크스는 인간의 소외와 소외의 지양에 관한 헤겔의 관념적인 해석과 반대로 자신의 변증법적-유물론적 입장을 분명하게 밝혔다. 마르크스는 인간 소외의 지양은 추상적인 자기의식에서 현실을 지양하는 것을 통해서 완수되지 않는다고 증명했다. 오히려 이 지양은 현실 자체의 물질적이고 정신적인 과정이다. 마르크스는 이 과정을 사적 소유의 지양 혹은 "실천적 인간주의의 생성"으로, 종교의 지양 혹은 "이론적 인간주의의 생성"으로 규정했다. 그는 명백하게 이 과정, 즉 인간 소외의 지양은 "도피도 추상도 아니고, 인간에 의해 만들어진 대상적 세계의 상실도 아니고, … 오히려 비로소 현실적인 생성, 즉 실제로 인간을 위해서 인간의 본질 혹은 현실적인 본질로서의 인간의 본질을 이루는 현실화이다"라고 강조했다.

이 초고에서 마르크스는 헤겔이 자신의 전체체계를 설명했던 『철학적 학문의 백과사전』에 대한 분석을 시작했다. 마르크스는 헤겔의 객관적 관념론의 본질을, 이 관념론의 신비적이고 긍정적인 요소와 이 관념론의 내적 모순들을 개략적으로 그려냈다. 이 연구는 완성되지 않은 채 남아 있다.

마르크스는 『경제학-철학 초고』에서 헤겔 변증법의 긍정적인 요소로 무엇보다도 부정의 부정의 법칙을, 지양의 범주와 지양의 역사적인 전개의 과정을, 인류의 생성 역사에서 노동과 욕구의 역할 및 역사의 내용과 결과로서 인간의 전체적 작용을 포착했다. 마르크스는 헤겔에게 관념론적인 외피 아래에 있는 현존하는 중요한 법칙을 초기에 드러냈는데, 이에 따르면 인류의 역사는 우연들의 축적이 아니라, 합법칙적인 역사적인 발전 과정이다. 역사적이고 질적으로 구별되는 발전 과정에서 인간은 노동을 통해서 자기 자신을, 자신의 본질적인 힘들을 실현한다. 모든 세대는 그 이전에 산출됐던 역사적 결과들에 토대를 두고 있고, 이 결과들을 변화시킨다. 왜냐하면 긍정적인 것은 인류 발전의 더 높은 단계에서는 지양되기 때문이다.

헤겔과 포이어바하에 대한 분석의 특징은 마르크스가 인간의 실존, 즉 인간과 인간의 관계뿐만 아니라, 특히 인간적 활동, 즉 노동을 그의 비판과 분석에 포함했다는 점이다. 이를 통해서 그는 기계주의적-유물론적 이해로 미끄러지는 것을 피했다. 그는 『경제학-철학 초고』에서 자신의 관점을 관념론과 유물론의 긍정적인 요소를 통합한다는 자연주의 혹은 인간주의라고 특징지었다.

마르크스는 인간을 자연적 힘, 소질, 충동을 지닌 자연적 존재로 인정했다. 그러나 자연적 존재 자체로서 인간은 시달리고, 수동적이며, 제약적 존재인데, 이것은 동물과 식물에도 해당한다. 인간 활동의 대상들은 인간에 의존하지 않은 채 존재한다. 인간은 자신의 본질적 힘들을 실증하고 확증하기 위해서 자연이 필요하다. 자연 없이, 즉 이미 인간을 통해서 변형된 자연 없이 인간은 자신의 유적 활동을 실현할 수 없고, 인간 일반으로서 존재할 수 없다. 수동적인 자연적 존재로서만 인간을 고찰한다는 것은 인간을 인간으로, 유적 존재로 인정하지 않는다는 것을 의미한다고 했다. 따라서 마르크스가 추론한 것처럼 유적 활동은 인간의 현실적 존재와 현존재에 속한다고 볼 수 있다. "인간이 육체를 지니고 있고 자연적인 힘을 지니고 있으며 살아 있고 현실적이며 감각적인 대상적 존재라는 것은 인간이 현실적이고 감각적인 대상들을 자신의 본질의 대상으로, 자기 삶의 표현 대상으로 삼는다는 것 또는 인간이 현실적이고 감각적인 대상에서만 자신의 삶을 표현할 수 있다는 것을 뜻한다." 1844년에 마르크스가 자신의 관점이 "철저하게 수행된 자연주의 또는 인간주의"이고, 유물론과 구별된다고 했을 때, 그는 기계적 유물론과 거리를 두었던 것이고, 나중에 자신의 고유한 관점을 엄밀하게 규정했다.

부르주아 정치경제학을 비판적으로 자기화함으로써, 초기에 마르크스는 처음으로 노동자 계급의 세계관을 구성하는 세 요소, 즉 변증법적 유물론, 정치경제학, 과학적 공산주의의 통일의 기초를 쌓았다. 그는 독일 고전 철학과 유토피아적 사회주의 및 공산주의와 이로부터 전개된 자신의 고유한 관점에 대한 그때까지의 인식을 부르주아 정치경제학에 관한 최초의 연구에 의식적으로 적용했다. 이것들은 그가 부르주아 경제학을 연구하고, 획득한 지식을 더 일반화했을 때, 이론적 토대와 방법으로 이용되었다. 그럼에도 불구하고 경제학에 전념한 최초의 성과물은 이미 유토피아적 사회주의와 공산주의에 대해, 특히 독일 고전 철학에 대해 새로운 평가를 하도록 이끌었다. 마르크스는 부르주아 정치경제학에 관한 연구와 비판을 통해서, 노동자 계급의 경제적 실존조건들에 대한 최초의 분석을 통해서, 시민사회의 사회경제적 구조에 대한 초기의 이론적인 투과를 통해서, 헤겔 변증법의 긍정적인 요소들을 질적으로 다르게 평가할 수 있었고, 헤겔의 관념론에 대한 비판을 새롭게 착수할 수 있었고, 이러한 관점에서 새로운 인식을 통해서 풍부하게 된 방법을 후속 연구에 적용할 수 있었다.

MEGA 제1부 제2권의 마지막 부분은 파리의 잡지 <전진Vorwärts!>에 실린 마르크스의 논설문을 포함하고 있다. 여기에서 마르크스는 일상투쟁과 정치적 논쟁에서 노동자 계급의 경제적 실존조건들, 자본과 노동의 모순과 이로부터 유래한 프롤레타리아의 역사적 역할에 대한 새로운 이론적 인식들을 변화시키기 시작했다. 이 논설문들은 결정적으로 <전진!>의 방향성을 공산주의적 신문으로 규정했다. 혁명적-민주주의적 조직으로, 조금 나중에는 공산주의적 조직으로 발전했던 이 잡지의 내용과 편집 구성에 대한 마르크스의 영향력은 학문적 부속자료Apparat에 명시되어 있고, 설명되어 있다.

「'프로이센의 왕과 사회개혁'이라는 기사에 대한 비판적 평주들」이라는 논설문에서 마르크스는 1844년 6월의 슐레지엔 직조공 봉기의 원인을 분석했다. 그는 독일과 프랑스의 노동자 운동의 토론 결과를 일반화했고, 이 봉기의 역사적 위상을 규정했다. 마르크스는 직조공 봉기를 대하는 루게의 태도에 대한 비판을 통해서 프롤레타리아-공산주의 운동과 소시민-민주주의 운동의 분리를 논증했다. 그는 이러한 연구의 결과로서 프롤레타리아의 역사적 역할과 공산주의 혁명에 대한 자신의 이론적 진술들을 정밀하게 했다.

마르크스는 영국과 프랑스의 부르주아 빈민법과 국가 제도들을 통한 그 입법의 적용을 통해서 부르주아지와 그들의 정치적 정당들이, 또한 급진적이고 혁명적인 정치가가 사회적 빈곤을 "현대 산업의 필연적 결론"으로 인식할 수 없었고 인정할 수 없었다는 점을 증명했다. 그들은 자연법칙에서, 빈곤한 주민들의 부족한 교육에서, 행정의 결함에서, 특정한 국가형태들 혹은 자본주의 산업에서 도출된 현상들에서 그 원인을 찾았다. 이에 반해 마르크스는 현대의 부르주아 국가는 사회적 빈곤을 제거할 능력이 없다고 폭로했다. 왜냐하면 그 국가는 자신의 뿌리들, 즉 자본주의 산업 발전을 변화시킬 수 없고 저지할 수 없기 때문이었다. 사적 소유의, 즉 부르주아적 삶의 비사회적 본성, 즉 "시민사회의 노예체제는 현대 국가가 기대고 있는 자연적 토대"이다. 따라서 모든 행정은 부르주아지의 이익에 반대하는 조치를 시도할 때 무기력하게 있을 수밖에 없다.

 이것과 관련해서 마르크스는 국가에 대한 몇몇 견해들을 명확하게 규정했다. "국가와 사회 제도는 정치적 관점에서 보면 두 가지 다른 것들이 아니다. 국가는 사회 제도이다." 계속해서 마르크스는 행정과 국가 사이의 인과관계를 지적했다. 그는 행정을 "국가의 조직적인 활동"으로 정의했고, 처음으로 행정 혹은 국가장치는 시민사회의 정치적 조직으로서 국가에 의존한다는 점을 암시했다.

 폭력 수단을 통해서 자본주의 착취에 반항한 독일 프롤레타리아의 최초의 시도인 직조공 봉기에 대한 분석으로부터 마르크스는 공산주의적 혁명에 대한 중요한 사상을 발전시켰고, 프롤레타리아의 역사적 역할에 대한 자신의 이해를 구체화했다. 마르크스는 독일 프롤레타리아의 이러한 혁명적 행동에 대한 이론적인 평가 및 이 봉기에 대한 독일 부르주아지와 프로이센 정부의 조치를 자본과 노동의 대립에 관해 바로 그때 획득한 인식들과 연결했다. 이 연결로부터 새로운 특성을 표현한 인식들이 유래했다.

 마르크스가 요약한 것처럼 프롤레타리아는 정치적 공동체, 즉 국가체제만이 아니라, 무엇보다도 인간의 진정한 공동체로부터 고립되거나 배제되어 있다. "노동자를 자신의 고유한 노동과 분리한 이 공동체가 삶 자체이고, 물질적 및 정신적 삶이고, 인간적인 인륜성이고, 인간적인 활동이고, 인간적인 향유이고, 인간적인 본질이다." 마르크스에게 진정한 공동체로부터의 고립은 정치적 공동체로부터의 고립보다 더 전면적이고, 더 참을 수 없고, 더 끔찍하고, 더 모순에 찬 것이다. 그는 점점 더 의식적으로 정치적 권리 상실보다는 사회적 부정의가 더 중요한 의미가 있다는 중심 문제로 옮겨갔다. 그는 다시 정치적 혹은 시민적 혁명의 특징을 포착했고, 이러한 혁명에서 정치적으로 영향력이 없는 계급, 즉 부르주아지가 국가와 지배 권력으로부터 자신들이 고립되는 것을 폐지했고, 사회를 대가로 해서 사회를 지배하는 계급으로 자신을 조직했고, 정치적 국가 혹은 정치적 공동체와 인간의 개인적 실존 사이의 대립을 현실화했다고 정확하게 표현했다. 이에 반해 사회 혁명은 인간 실존의 비인간적인 조건에 대한, 개인의 공동체로부터 고립에 대한 개인의 저항이라고 했고, 사회 혁명은 이러한 고립의 폐지와 진정한 공동체에서 인간적 본질의 실현이라고 했다.

마르크스가 직조공 봉기에서 추론한 가장 중요한 점은 프롤레타리아는 정치적 행동을 통해서만 현존하는 권력을 제거할 수 있고 낡은 관계들을 해체할 수 있다는 공개적인 인정이다. 혁명은 현존하는 권력을 전복하고 낡은 관계들을 폐지하기 때문에 혁명 일반은 정치적 행동이라고 마르크스는 강조했다. 사회주의도 이러한 혁명 없이는 생성될 수 없을 것이라고 했다. 사회주의는 "사회주의가 파괴 혹은 해체가 필요한 한에서, 이러한 정치적 행동이 필요하다." 그러나 사회주의가 자신의 토대 위에서 "자신의 조직적 활동을" 발전하기 "시작한 곳에서 … 자신의 자기 목적이 … 나타나는 곳에서, 이곳에서 사회주의는 정치적 외피를 내던진다." 원칙적으로 마르크스는 여기서 처음으로 사적 소유는 혁명을 통해서, 정치적 행동을 통해서 합법칙적으로 지양되어야 한다는 점을 발전시켰다. 이 정치적 행동은 현존하는 권력을 전복하기 위해서 필연적일 뿐만 아니라, 마르크스가 아직은 정확하게 규정하지 못했던 역사의 광활한 과정에서 사적 소유의 사회적 관계를 "해체"하기 위해서도 필연적이다.

마르크스는 직조공 봉기에 대한 논설문을 통해서 소부르주아 민주주의 관점과 공개적이고 원칙적으로 거리를 두었다. 그는 다시 한 번 프롤레타리아의 역사적 역할 및 이론적인 선견지명과 이 봉기에서의 독일 프롤레타리아의 의식적 행위를 강조했다. 마르크스가 보기에 바이틀링의 이론적 업적은 부르주아 및 소부르주아 상태에 있는 독일 작가의 작품들을 훨씬 넘어섰다. 마르크스는 바이틀링의 고유한 태도를 다음과 같은 말로 표명했다: "슐레지엔 노동자-봉기의 최초 발발에 직면해서 사고하고 진리를 사랑하는 자들의 유일한 과제는 이 사건에 대해 학교 선생 놀이를 하는 데 있는 것이 아니라, 오히려 이 사건의 고유한 성격을 연구하는 데 있다. 어느 정도의 과학적 통찰과 인간에 대한 사랑도 필요하다."

「… 비판적 평주들」이라는 마르크스의 논설문은 <전진!>에서 이루어진 직조공 봉기의 역사적 위상에 대한 논쟁의 정점이었다. 이 토론에서 과학적 공산주의에 관해 마르크스가 발전시킨 중요한 통찰은 잡지의 다른 기고자들에 의해 다루어졌고 이용되었다.

마르크스가 국민경제학에 대한 비판을 최초로 시도하는 데 전념하는 동안에, 마르크스가 청년 헤겔학파와의 논쟁을 준비하고, <전진!>의 편집에 적극적으로 영향을 미치는 동안에, 프리드리히 엥겔스는 파리에 있는 마르크스를 방문했다. 1844년 8월까지의 엥겔스의 세계관과 정치적 발전은 독자적 과정과 독자적 결과를 보여준다. 그러나 이 발전은 마르크스의 발전과 같이 역사적 상황에 똑같이 객관적으로 사로잡혀 있었다는 점을 표현하는 것이고, 똑같은 객관적 욕구를 보여준다. 특히 이로부터 이 두 사람의 발전에 본질적인 공통점이 생겼다. 마르크스가 했던 것처럼 엥겔스 또한 유물론과 공산주의로의 이행을 완수했고, 노동자 계급의 역사적 역할에 대한 과학적인 정당화를 시작했다. 엥겔스는 1885년에 "내가 1844년 여름에 파리에 있는 마르크스를 방문했을 때, 모든 이론적인 영역에서 우리는 완전한 일치를 이루었고, 그때부터 우리의 공동 작업이 시작되었다"라고 썼다(프리드리히 엥겔스: "공산주의자동맹의 역사", 같은 곳).

두 사람의 이러한 공동 작업의 최초의 결과물은 『신성 가족』(1844,

*MEGA*② I/4)이었고, 이어서 『독일 이데올로기』(1844-45, *MEGA*② I/5), 『공산당선언』(1847-48, *MEGA*② I/8) 등과 같은 불후의 명작으로 나타난다. 모두 마르크스와 엥겔스가 20대에 쓴 글이었다.

최근 프로이센의 검열훈령에 관한 논평

<라인신문> 제125호, 1842년 5월 5일

우리는 프로이센의 새로운 검열훈령이 나타나기도 전에 이미 "비록 그리스인이 선물(트로이의 목마 - 역자)을 가져온다고 하더라도 나는 그리스인을 두려워 한다"고 외치던 그런 불평분자에 속하지 않는다. 오히려 이미 공포된 법률에 대한 검토가, 비록 정부의 의도대로 귀결되지 않는다 하더라도, 새로운 훈령에서는 인가되어 있으므로, 우리는 곧 바로 그러한 검토 자체부터 시작할 것이다. 검열은 공식적인 비판이다; 검열의 규범은 비판적 규범이고, 따라서 최소한 자신과 한 싸움터에서 맞서고 있는 비판을 회피할 수 없다.

확실히 누구든 훈령의 서두에서 개진된 다음과 같은 일반적 경향을 긍정할 수밖에 없게 될 것이다: "비로 지금 비합법적이고 폐하의 의도에서 이루어지지 않은 제한들로부터 언론을 해방시키기 위해 국왕폐하는 황송하게도 이달 10일에 왕실 내각에서 공포한 지엄한 명령을 통해 저술활동에 대한 모든 부당한 강제를 명백히 부인하였고, 공정하고 건전한 공지Publicität가 갖는 가치와 그것에 대한 욕구를 인정하여 황송하게도 1819년 10월 18일의 검열칙령 제2조를 적절히 고려할 것을 검열관들에게 새로이 교시할 수 있는 권한을 우리에게 내리었다."

확실히! 검열이 일단 하나의 필연성이라면, 공정한 검열, 자유주의적 검열은 또한 필연적일 것이다.

즉각 어떤 의아스러움을 불러일으킬지도 모르는 것은 인용된 법률의 날자이다. 그것은 1819년 10월 18일자로 되어 있다. 어떻게? 그것은 가령 시대상황에 따라 그 일부를 폐지할 수밖에 없는 그런 법률인가? 그런 것 같지는 않다; 왜냐하면 검열관들은 그 법률을 고려하도록 오직 "새롭게" 교시를 받았기 때문이다. 따라서 1842년까지는 그 법률이 존재했지만 준수되지는 않았다. 왜냐하면 "바로 지금" 언론을 비합법적이고 폐하의 의도에서 이루어지지 않는 제한들로부터 해방시키기 위해 그 법률이 상기되고 있기 때문이다.

언론은 지금까지 그 법률에도 불구하고 비합법적인 제한들 아래 놓여 있었다 - 이것이 이 서두의 직접적 귀결이다.

그러면 이것은 법률에 대한 것인가 아니면 검열관들에 대한 것인가? 우리는 후자를 조금도 주장할 필요가 없다. 후자를 주장할 경우 공민 Staatsbürger의 최고의 이익, 공민의 정신을 감독하는 관청에 의해, 로마의 검열관 이상으로 개별 시민의 행동 뿐 아니라 공적인 정신의 행동까지도 규제하는 관청에 의해, 22년 동안에 걸쳐서 위법적인 행위들이 발생했다는 얘기가 된다. 잘 정비되고 그 행정을 자부하는 프로이센 국가에서 최고 공무원에 의한 그런 비양심적 처신이, 그렇게 불성실함이 가능하겠는가? 아니면 국가가 계속 눈이 먼 나머지 가장 무능한 개인을 가장 어려운 직책에 임명했단 말인가? 아니면 결국 프로이센 국가의 신민들이 비합법적 조치에 대해 이의를 제기할 수 있는 가능성을 전혀 가지고 있지 않단 말인가? 프로이센의 모든 저술가는 자신의 존재에 관계되는 법률에 대해 알지 못할 정도로 교양이 없고 우둔하단 말인가? 아니면 그 법률의 적용을 요구하기에는 너무도 겁쟁이란 말인가?

우리가 그 책임을 검열관들에게 돌린다면, 검열관들은 자신의 명예 뿐 아니라 프로이센 국가 및 프로이센 저술가들의 명예까지도 위험에 빠뜨리는 것이다.

나아가 법률이 존재함에도 불구하고 20년 이상이나 검열관들이 무법적으로 처신했다면, 그것은 그러한 무책임한 개인들에게 그런 일반적인 지령을 내리는 것과는 다른 보증이 언론에게 필요하다는 주장에 설득력 있는 증거를 제공하는 것이 될 것이다; 검열의 본질 속에는 어떤 법률로도 시정할 수 없는 근본적 결함이 자리 잡고 있다는 증거를 제공할 것이다.

그렇지만 검열관들은 유능했지만 법률이 쓸모없었다면, 왜 그런 법률이 가져온 재앙을 시정하도록 검열관들에게 교시하는 소리가 새롭게 드높은가?

아니면 가령 본질을 개선하지 않은 채 개선의 가상을 속이기 위해 제도의 객관적인 결함을 개인들에게 책임지워야 하는가? 그것은 도구와 사물, 제도를 고수하기 위해 사람을 희생시키는 양보를 강요하는 사이비 자유주의Seheinliberalismus의 방식이다. 그런 방식은 천박한 공중의 관심을 다른 데로 돌리는 것이다.

사항적인sachliche 격분이 인간적인 격분이 된다. 우리는 사람들의 교체를 사항의 교체로 믿는다. 사람들의 시선이 검열로부터 내부 검열관들로 향해지고, 명령받은 대로 전진하는 저 소심한 저술가들은 무자비하게 취급받는 검열관들에 대해 시시한 대담함을 보여주는데, 이것은 정부에 대한 똑같은 정도의 충성을 보여주는 것에 불과하다.

또 다른 어려움이 우리의 전진을 방해한다.

몇몇 신문통신원은 검열훈령을 새로운 검열칙령 자체로 간주하고 있다. 그들의 생각은 잘못되었지만, 그들의 잘못은 용서될 수 있다. 1819년 10월 18일의 검열칙령은 임시적으로만 1824년까지 존속할 수 있었고 - 그리고 그것이 결코 적용된 적이 없었다는 사실을 현재의 훈령으로부터 알지 못한다면, 그 칙령은 오늘날까지 여전히 임시적인 법률로 남아 있을 것이다.

1819년의 칙령 역시 몇 가지 점들을 제외한다면 잠정적인 조치였다:

즉 이 칙령은 기대하는 사람들에게 5년이라는 정해진 기간을 할당하였던 반면 새로운 훈령에서는 유효기간이 임의적이라는 점, 그리고 당시의 기대의 대상은 언론자유의 법률이지만, 오늘날의 기대의 대상은 검열의 법률이라는 점이다.

다른 신문통신원들은 검열훈령을 옛날의 검열칙령을 갱신한 것으로 고찰한다. 그들의 오류는 훈령 자체를 통해 반박될 것이다.

우리는 검열훈령을 추측된 검열법의 선취된 정신으로 고찰한다. 그 점에서 우리는 주州 법률과 명령이 언론에 대해 대등한 효력을 갖는 것으로 설정한 1819년의 검열칙령의 정신에 적극 찬동한다(인용된 칙령 제16조 제2항 참고).

훈령으로 돌아가자.

"이 법률, 즉 제2조에 따르면 검열은 진리에 대한 진지하고 겸손한 연구를 방해하지 말아야 하고, 또 저술가들에게 불법적인 강제를 부과해서도 안 되며, 서적 판매의 자유로운 거래도 방해해서는 안 된다."

검열에 의해 방해되지 말아야 하는 진리의 연구는 진지하고 겸손한 것으로서 비교적 자세하게 특징지워져 있다. 이 두 규정은 연구의 내용이 아니라, 오히려 연구의 내용 밖에 있는 어떤 것을 가리킨다. 이 두 규정은 원래부터 연구를 진리로부터 끌어내어 알지 못하는 제3의 것으로 주의를 돌리도록 명령하고 있다. 법률에 의해 정당한 민감성을 부여받고 있는 이 제3의 것을 향해 그 눈길을 돌리는 연구가 진리를 그 시야에서 놓치게 되지 않을까? 오른쪽이나 왼쪽에 한눈팔지 않고 진리를 향해 똑바로 매진하는 것이 진리탐구자의 첫 번째 의무가 아닐까? 만일 내가 어떤 사물에 대해 규정된 형식으로 말하는 것을 잊지 않는 것에 더 신경 써야 한다면, 나는 사항에 대해 말하는 것을 잊고 있는 게 아닌가?

진리는 빛과 마찬가지로 겸손하지 않다. 그렇다면 진리는 누구에게 겸손해야 하는가? 진리 자체에 대해? 진리는 그 자체에 대한 시금석인 동시에 비진리에 대한 시금석이다 verum index sui et falsi. 따라서 비진리에 대해서인가?

　겸손이 연구의 성격을 형성한다면, 겸손은 오히려 비진리보다도 진리를 두려워한다는 표식이다. 겸손은 내가 앞을 향해 내딛는 모든 발걸음의 기를 꺾는 진정제이다. 겸손은 연구에 내려진 결과를 발견하기 위한 불안이고, 진리에 대한 예방약이다.

　더욱이: 진리는 보편적이고, 나에게 속하는 것이 아니라 모두에게 속하며, 진리가 나를 소유하지 내가 진리를 소유하는 게 아니다. 나의 소유물은 형식이고, 형식은 나의 정신적 개별성이다. 문체는 곧 그 사람이다. 어떻게! 그런데 그 법률은 내가 쓰는 것을 허용하지만, 오직 나의 문체가 아닌 다른 문체로 쓰도록 허용하고 있다! 나는 내 정신의 얼굴을 보여도 좋지만, 그 얼굴을 명령받은 주름살로 미리 찌푸려야하다니! 명예심을 가진 사람이라면 그 누가 이러한 부당한 요구에 얼굴을 붉히지 않겠으며, 차라리 토가Toga 밑에 자신의 머리를 숨기지 않겠는가? 적어도 토가는 주피터의 머리를 예감하게 만든다. 명령받은 주름살은 불쾌한 일에도 웃는 얼굴을 하는 것 이외에 다른 것을 의미하지 않는다.

　당신들은 자연의 매혹적인 다양성과 다함이 없는 풍요로움을 찬미한다. 당신들은 장미가 제비꽃과 똑같은 향기를 내지 않으면 안 된다고 요구하지는 않는다. 그런데도 가장 풍요로운 것, 즉 정신이 하나의 방식으로만 존재하지 않으면 안 된다는 것인가? 나는 익살스런 사람인데도 법률은 진지하게 쓰도록 명령한다. 나는 과단성 있는 사람인데도 법률은 나의 문체가 겸손할 것을 명령한다. 회색에 회색을 더하는 것만이 자유의 유일하고 적당한 색깔이다. 태양빛을 머금은 이슬방울은 각기 천변만화하는 색깔로 반짝거리지만, 정신의 태양은 아무리 많은 개인 속에서 그리고 어떤 대상 속에서 굴절하더라도, 오직 하나의 색깔 즉 공식적인 색깔만을 낼 수밖에 없게 되어 있다니! 정신의 본질적 형식은 청명함, 빛이다. 그런데도 당신들은 그림자를 정신의 유일하게 상응하는 현상으로 만든다; 정신은 오직 검은 옷을 입어야 한다고 하지만, 꽃들 중에서 검은 꽃은 없다. 정신의 본질은 진리 그 자체이다. 그런데 당신들은 무엇을 정신의 본질로 만들고 있는가? 겸손이다. 괴테는 룸펜만이 겸손하다고 말하지만, 당신들은 정신을 그런 룸펜으로 만들기 원하는가? 혹은 그 겸손함이 실러가 말하는 천재의 겸손함이라면, 맨 먼저 당신들의 모든 공민 그리고 무엇보다 당신들의 검열관이 천재가 되어야 할 것이다. 그러나 그때에도 천재의 겸손함은 교양의 언어를 사용하고 악센트와 방언을 전혀 말하지 않는다는 데 있는 것이 아니라, 오히려 사항의 악센트 즉 사항의 본질의 방언을 말하는 데 있다. 천재의 겸손함은 겸손한지 아닌지에 있는 것이 아니라, 사항을 변별해 내는 데 있다. 정신의 일반적 겸손함은 이성이다. 즉 모든 자연에 대해 그 본질적인 성격에 따라 처신하는 바의 보편적인 자유이다.

또한 진지함이 트리스트램 샌디Tristram Shandy의 정의, 즉 짐지함이란 영혼의 결함을 은폐하기 위한 육체의 기만적인 처신이라는 정의에 부합되지 않고 사항적인 진지함을 의미한다면, 그 명령 전체가 무효화될 것이다. 왜냐하면 우스꽝스런 것을 우스꽝스럽게 취급할 때, 나는 그것을 진지하게 취급하는 것이며, 불손함에 대해 겸손한 것은 정신의 가장 진지한 불손함이기 때문이다.

진지함과 겸손함! 얼마나 줏대 없고 상대적인 개념인가! 도대체 진지함이 어디서 끝나고, 농담이 어디서 시작되는가? 겸손함이 어디서 끝나고, 불손함이 어디서 시작되는가? 우리는 검열관의 기질에 의지하고 있다. 검열관에게 기질을 명령하는 것은 저술가들에게 문체를 명령하는 것과 꼭 마찬가지로 부당한 것이다. 당신들이 당신들의 미학적 비판에서 일관되기를 원한다면, 진리를 너무나 진지하게 그리고 너무나 겸손하게 연구하는 것 또한 금지하라. 왜냐하면 너무나 커다란 진지함은 가장 우스운 것이고, 너무나 커다란 겸손함은 가장 통렬한 아이러니이기 때문이다.

결국 진리 자체에 대한 완전히 전도된 추상적인 견해가 출발점이 되고 있다. 저술활동의 모든 대상이 "진리"라고 하는 일반적인 표상 아래 포섭되어 있다. 지금 주관성을 도외시한다고 하더라도, 즉 동일한 대상이 다양한 개인들 속에서 다양하게 굴절되고 대상의 다양한 측면들이 똑같은 정도로 다양한 정신적 성격들로 전환된다는 사실을 도외시 하더라도, 대상의 성격이 연구에 대해 전혀 아무런 영향도 그리고 최소한의 경미한 영향도 미치지 않아야만 하는가? 결과뿐만 아니라 거기에 이르는 과정도 진리에 속한다. 진리에 대한 연구는 그 자체로 참되지 않으면 안 되고, 참된 연구는 서로 흩어져 있는 진리의 분절들이 결과 속에서 총괄되는 그런 전개된 진리이다; 연구의 방식이 대상에 따라서 바꾸지 않을 수 있단 말인가? 대상이 우스꽝스러울 때는 연구의 방식이 진지한 외관을 띠어야 하고, 대상이 까다로울 때는 연구의 방식이 겸손해야 할 것이다. 따라서 당신들은 주체의 권리를 침해함과 동시에 객체의 권리를 침해한다. 당신들은 진리를 추상적으로 파악하고, 정신을 진리를 무미건조하게 기록하는 예심판사로 만든다.

아니면 이러한 형이상학적 고뇌가 불필요한 것인가? 진리란 정부가 명령하는 것이고, 연구란 불필요하고 주제넘기는 하지만 예의상 전적으로 거절할 수 없는 제3의 것으로 덧붙여지는 것이라고 이해해도 좋을 만큼 진리가 단순한 것인가? 거의 그런 것처럼 보인다. 왜냐하면 애초부터 연구는 진리와 대립하는 것으로서 파악되고, 따라서 어디까지나 사제와 대면한 평신도에게나 어울릴, 진지함과 겸손함이라는 수상쩍은 공적 동반자를 대동하고 나타나기 때문이다. 정부의 오성이 유일한 국가이성이다. 어떤 시대상황 아래서는 다른 오성 그리고 그것의 잔소리에 대해 양보가 이루어질 수도 있지만, 그때에도 그 오성은 양보를 받았다는 의식 그리고 원래는 권리가 없다는 의식을 가지고, 즉 겸손하고 기가 죽어 있고 진지하고 지루한 모습으로 나타난다. 지루한 종류를 제외하고는 모든 종류가 다 좋다고 볼테르는 말하지만, "라인주 의회의 토론"에 대한 지적이 이미 충분히 증명하고 있듯이, 여기에서는 지루한 종류가 배타적인 종류가 된다. 차라리 왜 옛날 총독의 훌륭한 공문서체를 말하지 않는가? 당신들이 아무리 자유롭게 쓴다고 하더라도 각 단어는 당신들의 진지하고 겸손한 소견을 통과시키는 자유주의적 검열 앞에 무릎을 꿇고 드리는 절이다. 그렇다, 헌신의 의식은 상실되지 않았다!

법률의 강조점은 진리가 아니라 겸손함과 진지함에 놓여 있다. 따라서 진지함과 겸손함, 그리고 무엇보다 그 무한정한 범위 아래 매우 한정적이고 매우 의심스런 진리까지도 감추고 있는 것처럼 보이는 진리, 이 모든 것이 의심을 불러일으킨다.

게다가 훈령에는 다음과 같이 되어 있다: "따라서 검열은 결코 편협하고 이 법률을 뛰어 넘는 의미로 집행되어서는 안 된다."

이 법률은 우선 1819년의 칙령 제2조를 의미하지만, 후에 훈령은 검열 칙령 전체의 "정신"을 가리킨다. 두 규정은 쉽게 하나가 된다. 제2조는 검열칙령의 집중된 정신인데, 그 정신의 전개된 분절과 세목이 다른 조항에서 발견된다. 우리는 그런 정신에 대한 다음의 진술보다도 더 잘 그런 정신을 성격 지을 수 있는 것은 없다고 믿는다.

제7조. "과학아카데미와 대학에 지금까지 부과된 검열 면제는 이 법에 따라 5년 동안 정지될 것이다."

제10항. "현재의 잠정적인 결정은 오늘부터 5년 동안 계속 유효할 것이다. 이 기간이 만료되기 이전에 독일연방 약관 제18조에서 언론자유에 관해 발의되었던 동일한 형태의 지령을 어떤 방식으로 실행할 수 있을지, 그리고 그 다음에 독일에서의 언론자유의 합법적 경계에 관한 최종 결정을 어떤 방식으로 내려야 할지에 대해 연방의회에서 근본적으로 연구되어야 한다."

언론자유가 이미 존재하는 경우에는 그것을 정지시키고, 언론자유가 존재해야만 하는 경우에는 검열을 통해 그것을 필요 없게 만드는 법률이 반드시 언론에 유리한 법률이라고 말할 수는 없다. 그리고 앞의 제10항에서 솔직히 자백하고 있듯이, 연방약관 제18조에서 발의되었고 아마 장차 실행되어야 할 언론자유 대신에 임시로 검열법이 제정될 것이다. 이러한 착오는 적어도 다음의 두 가지 사실을 드러내고 있다. 즉 시대의 성격이 언론의 제한을 요구한다는 사실과 칙령의 원천은 언론에 대한 불신에 있다는 사실이다. 이러한 불협화음은 그것이 임시적인 것으로, 즉 5년 동안만 유효한 것으로 - 유감스럽게도 그것은 22년 동안 지속되었다 - 특징지어졌기 때문에, 변호되기조차 한다.

훈령 속에 있는 다음과 같은 행을 읽어보면, 훈령이 다음과 같은 모순, 즉 한편으로는 검열이 칙령을 뛰어넘는 의미로 집행되어서는 안 된다는 것을 알기 바라면서 동시에 검열에게 칙령을 뛰어넘을 것을 명령한다고 하는 모순에 빠져 있음을 분명히 알 수 있다: "검열관은 국내문제에 관한 것도 그것이 공명정대한 논의의 경우 기꺼이 허용할 수 있다." 검열관은 할 수 있을 뿐이지, 해야 하는 것은 아니다. 다시 말해 전혀 필수적인 것은 아니다. 그러나 이 용의주도한 자유주의는 검열칙령의 정신 뿐 아니라 검열칙령의 특정한 요구까지도 아주 명백히 뛰어넘는다. 옛날의 검열칙령, 더 정확히 말하면 훈령에서 인용된 제2조는 프로이센의 문제에 대한 공명정대한 논의뿐 아니라 중국의 문제에 대한 공명정대한 논의까지도 전혀 허용하지 않는다. "어떤 나라에 머물면서 체제의 전복을 꾀하며 활동하는 당파를 호의적인 필치로 서술하려는 모든 시도는 여기에"(주석에 의하면, "여기에"란 프로이센 국가와 독일연방의 안전을 침해하는 것을 말한다) "속한다." 이러한 방식으로 과연 중국이나 터키의 국내문제에 대한 공명정대한 논의가 허용되는가? 만일 이렇게 멀리 떨어진 관계들이 독일연방의 민감한 안전을 위태롭게 한다면, 국내문제에 관해 비난하는 모든 말들이 어떻게 독일연방의 안전을 위태롭게 하지 않겠는가?

훈령은 이런 방식으로 검열칙령 제2조의 정신을 뛰어넘어 자유주의 방향으로 나아간다. 그러나 이 뛰어넘음이란, 그 내용에 대해서는 차후에 밝히겠지만, 그것이 제2조의 귀결로 되는 한 형식적으로 이미 의심스런 것이다. 훈령에서는 현명하게도 제2조의 전반부만 인용되었는데, 검열관이 동시에 의거하는 것은 그 조항 자체이다. 그래서 훈령은 똑같은 정도로 검열칙령을 뛰어넘어 비자유주의적인 방향으로 나아가고, 옛날의 언론제한에 새로운 언론제한을 부가한다.

방금 인용된 검열칙령의 제2조에는 다음과 같이 되어 있다: "그것의 (검열의) 목적은 개별적인 교파와 국가에서 용인된 종파의 신념 및 교의를 불문하고 종교의 일반적 원칙에 위배되는 것을 방지하는 것이다."

1819년에는 종교라는 말을 일반적으로 소위 이성종교로 이해하는 합리주의가 여전히 지배적이었다. 이러한 합리주의적 입장은 또한 검열칙령의 입장이지만, 이 입장은 물론 종교를 보호할 목적으로 한다고 하면서 다른 한편으로는 비종교적인 입장을 편들기도 할 만큼 일관적이지 않다. 즉 종교의 일반적 원칙을 종교의 실증적 내용 및 규정성과 분리하는 것은 이미 종교의 일반적 원칙에 모순된다. 왜냐하면 모든 종교는 바로 자신의 특수한 본질에 의해 다른 특수하고 공상적인 종교들과 구분된다고 믿으며, 바로 자신의 특수한 규정성에 의해서 진정한 종교가 된다고 믿기 때문이다. 새로운 검열훈령은 제2조를 불러들여, 개별 교파와 종파가 불가침권으로부터 제외된다고 제한하는 부언附言을 말한다. 하지만 새로운 훈령은 거기에 머무르지 않고 다음과 같은 주석을 덧붙이고 있다: "기독교 일반에 거역하여 또는 어떤 특정한 교의에 거역하여 경박하고 적의에 찬 방식으로 가해지는 것은 모두 용인되어서는 안 된다." 구검열칙령은 기독교에 대해 한마디도 언급하지 않고, 반대로 종교를 모든 개별적인 교파와 종파로부터 구분한다. 새로운 검열훈령은 종교라는 말을 기독교라는 말로 바꿀 뿐 아니라 특정한 교의라는 말을 덧붙인다. 이것이 기독교적으로 되어버린 우리 학문의 귀중한 소산이다! 새로운 훈령이 언론에게 새로운 사슬을 채운다는 사실을 어느 누가 여전히 부인하겠는가? 종교는 일반적으로도 특수적으로도 공격당해서는 안 된다. 아니면 당신들은 가령 경박하고 적의에 찬 이라는 말이 새로운 사슬을 장미사슬로 만들 것이라고 믿는가? 경박하고 적의 찬 이라는 말이 얼마나 교묘하게 쓰인 것인가! 경박한 이란 형용사는 시민의 명망Ehrbarkeit에 호소하고, 세간에 널리 알려진 말이다. 그러나 적의에 찬 이란 형용사는 검열관의 귀에 속삭여지고, 경박성에 대한 법률적 해석이다. 주관적이고 얼굴을 시뻘겋게 하는 한 단어는 공중을 겨냥한 것이고, 객관적이고 저술가의 얼굴을 새파랗게 질리게 하는 한 단어는 검열관을 겨냥한 것이라고 하는 이러한 교활한 약삭빠름의 예를 우리는 이 훈령 속에서 더 많이 발견하게 될 것이다. 이러한 방식으로 봉인장lettres de cachet이 작성될 수 있다.

그리고 이 검열훈령은 얼마나 기묘한 모순에 빠져 있는가! 사항의 본질을 파악하기에 충분할 만큼 사려가 깊고 진지하지 않은 채 현상의 개별적 측면에 의거하는 어중간한 공격만이 경박하고, 특수한 것 그 자체만으로 경도되는 것이 바로 경박한 것이다. 따라서 기독교 일반에 대한 공격이 금지되어 있다면, 기독교에 대한 경박한 공격만이 허용될 것이다. 반대로 종교의 일반적 원칙에 대한, 종교의 본질에 대한, 그리고 특수한 것에, 그것이 본질의 현상인 한, 대한 공격은 적의에 찬 공격이다. 종교는 적의에 찬 혹은 경박한 방식으로만 공격될 수 있고, 제3의 것은 존재하지 않는다. 훈령은 이러한 비일관성에 빠져 있지만, 그 비일관성은 물론 가상에 불과하다. 왜냐하면 그 비일관성은 종교에 대한 또 다른 어떤 공격이 일반적으로 허용될 수 있다고 하는 가상에 기초하기 때문이다; 그러나 이러한 가상을 가상으로 인식하기 위해서는 오직 편견에 사로잡히지 않은 조망만이 필요하다. 종교는 적의에 찬 방식으로도 경박한 방식으로도 공격받지 않아야 하고, 일반적으로도 특수적으로도 공격받지 않아야 하며, 따라서 전혀 공격받지 않아야 한다.

그러나 훈령이 1819년의 검열칙령과의 공공연한 모순 속에서 철학적 언론을 새로운 사슬에 붙들어 매고 있다면, 훈령은 최소한 그 합리주의적 칙령이 종교적 언론에 붙들어 맸던 낡은 사슬로부터 종교적 언론을 해방시킬 수 있을 만큼 일관적일 수 있다. 검열칙령은 또한 다음과 같은 것을 목적으로 하고 있다: "종교적 신조를 정치 속에 광신적으로 도입하는 것과 그것을 통해 발생하는 개념의 혼란에 맞서는 것." 새로운 훈령은 매우 영리하게도 이 규정을 자신의 주석 속에 언급하지 않지만, 그럼에도 불구하고 제2조의 인용에서는 이 규정을 받아들이고 있다. 종교적 신조를 정치 속에 공식적으로 도입한다는 것은 무엇을 의미하는가? 그것은 종교적 신조가 그 독특한 본성에 따라 국가를 규정하도록 한다는 것을 의미하고, 종교의 특수한 본질을 국가의 척도로 삼는다는 것을 의미한다. 구 검열칙령은 정당하게도 이러한 개념의 혼란에 맞설 수 있었는데, 칙령은 특수한 종교 및 그 특정한 내용에 대한 결정을 비판의 재량에 맡기고 있기 때문이다. 그렇지만 구 칙령은 천박하고 피상적이고 당신들 자신에 의해서도 멸시당하는 합리주의를 근거로 하고 있다. 그러나 당신들은 국가를 그 개별적 사항에서도 신앙과 기독교 위에 세워 지탱하고, 기독교 국가를 원한다. 그런데 당신들이 여전히 검열관에게 이러한 혼란을 예방하도록 권장할 수 있겠는가?

정치적 원리와 기독교적, 종교적 원리의 혼동은 실로 공인된 고백이 되었다. 이러한 혼동을 한마디로 설명해보자. 공인된 종교로서 기독교에 대해서만 말하면, 당신들의 국가 안에는 가톨릭교도와 개신교도가 있다. 양자는 국가에 대해 동일한 의무를 가지고 있는 것과 마찬가지로, 국가에 대해 동일한 권리를 요구한다. 양자는 자신들의 종교적 차이는 도외시하고, 국가가 정치적 이성과 법적 이성의 실현이기를 동일한 방식으로 요구한다. 그러나 당신들은 기독교 국가를 원한다. 당신들의 국가가 오직 루터파의 기독교 국가라고 한다면, 그 국가는 가톨릭교도에게는 다음과 같은 교회, 즉 그가 속해 있지 않고 또 그가 이단으로 배척해야 하고 그 가장 깊숙한 본질이 그에게는 모순되는 그러한 교회가 될 것이다. 반대의 경우에도 사정은 마찬가지다. 아니면 당신들의 기독교의 일반적 정신을 당신들 국가의 특수한 정신으로 만든다면, 당신들은 기독교의 일반적 정신이 무엇인가 하는 것을 당신들의 개신교적 소양에 근거하여 결정하게 될 것이다. 개별적 정부관리가 종교와 속세 간 경계와 국가와 교회간 경계를 구분할 수 없음을 최근의 사태가 당신들에게 가르쳐주었음에도 불구하고, 당신들은 기독교 국가란 무엇인가 하는 것을 규정하고 있다. 이러한 개념의 혼동을 취급하는 것은 검열관이 아니라 외교관이고, 외교관이라 하더라도 이 개념의 혼동에 관해 결정할 수는 없었으며, 그것에 관해 담판할 수 있었을 뿐이다. 만일 당신들이 특정한 교의를 비본질적인 것으로 배척한다면, 결국 당신들은 이단의 입장을 편드는 것이다. 만일 당신들이 국가를 일반적으로 기독교적이라고 부른다면, 당신들은 국가가 비기독교적이라고 외교적 표현방식으로 고백하는 것이다. 따라서 종교 일반을 정치에 끌어들이는 것을 금지하거나 - 그러나 당신들은 국가를 자유로운 이성이 아니라 신앙 위에 세워 유지하기를 원하고, 또한 종교를 실증적인 것에 대한 일반적인 재가로 간주하기 때문에, 당신들은 이것을 원치 않는다 - 아니면 종교를 정치에 광신적으로 도입하는 것을 허용하라. 종교로 하여금 종교의 방식으로 정치화하게 하라. 그러나 당신들은 또한 이것도 원치 않는다: 즉 세속적 권력은 종교에 복종하지 않지만, 종교는 세속적 권력을 지지해야 한다. 당신들이 일단 종교를 정치 속에 끌어들인다 하더라도, 종교가 정치 안에서 어떻게 행동해야 하는가를 세속적으로 규정하려고 하는 것은 확실하고 실로 비종교적인 월권행위일 것이다. 종교심 때문에 종교와 연합하고자 하는 사람이라면, 모든 문제에서 결정권을 종교에게 부여할 수밖에 없다. 아니면 당신들이 이해하는 종교는 혹시 당신들 자신의 전제와 현명한 통치에 대한 숭배를 의미하는 것인가?

새로운 검열훈령의 정통신앙은 다른 방식으로도 구 검열칙령의 합리주의와 갈등을 일으킨다. 구 검열칙령은 "도덕과 미풍양속을 모독하는 것"을 억제하는 것 또한 검열의 목적에 포함하고 있다. 훈령은 이 구절을 제2조로부터의 인용문으로 가져온다. 그러나 훈령의 주석은 종교에 관해서는 부록을 싣고 있지만, 도덕에 관해서는 생략하고 있다. 즉 도덕과 미풍양속에 대한 모독이 "기율과 도의와 외관상의 단정함"에 대한 손상으로 바뀐다. 사람들은 도덕으로서의 도덕, 즉 자신의 고유한 법칙에 복종하는 세계의 원리로서의 도덕이 소멸하고, 본질 대신에 경찰적인 명망과 관습적인 예의라는 외적인 현상이 들어서는 것을 보게 된다. 당연히 명예를 얻을 만한 사람에게 명예가 돌아가는 것, 여기에서 우리는 참된 귀결을 깨닫게 된다. 특수하게도 기독교적 입법자는 도덕을 그 자체 내에서 신성하게 된 독립적인 영역으로 인정할 수 없다. 왜냐하면 그는 도덕의 일반적인 내적 본질이 종교에 속하는 것으로 주장하기 때문이다. 독립적인 도덕은 종교의 일반적 원칙을 모욕하고, 종교의 특수한 개념은 도덕에 상반된다. 도덕은 그 자신의 일반적이고 이성적인 종교만을 인식하고, 종교는 그 자신의 특수한 실증적 도덕만을 인식한다. 따라서 검열은 이러한 훈령에 따라 예를 들어 칸트, 피히테, 스피노자와 같은 도덕의 지적 영웅들을 비종교적인 것으로, 즉 기율과 도의와 외관상의 단정함을 손상하는 것으로 배척해야 할 것이다. 위의 도덕론자들은 모두 도덕과 종교 간의 원리적인 모순에서 출발하는데, 왜냐하면 도덕은 인간정신의 자율성을, 종교는 인간정신의 타율성을 기초로 하고 있기 때문이다. 검열의 이러한 바람직하지 못한 갱신 - 한편으로는 검열의 도덕적 양심의 이완, 다른 한편으로는 검열의 종교적 양심의 극단적 첨예화 -에서 벗어나서 더욱 즐거운 것, 양보에 눈을 돌려야 할 것이다.

"국가행정을 전 부문에 걸쳐 혹은 개별부분에 대해서 평가하는 문서, 이미 공포된 법률이나 장차 공포될 법률의 내적 가치에 대해 검토하고 결함과 오류를 발견해내고 그 개선을 암시하거나 제안하는 문서는, 그 표현양식이 예의바르고 그 경향이 선의적이라면, 그것이 정부의 의도와 다른 의도로 쓰였다는 이유 때문에 배척될 수 없다는 결론이 나온다." 연구의 겸손함과 진지함, 이러한 요구를 신 훈령은 구 칙령과 공유하고 있다. 그러나 예의바른 표현양식은 내용의 진리성과 마찬가지로 신 훈령에게는 만족스럽지 못하다. 신 훈령에서는 경향이 주요판단의 기준이 되고 있다. 뿐만 아니라 칙령 자체에서는 경향이라는 단어를 한군데서도 발견할 수 없는 반면에, 신 훈령에서는 경향이 신 훈령을 관통하는 사상이다. 또한 경향의 실체는 무엇인가에 대해 신 훈령은 말하지 않고 있다. 그러나 경향이 신 훈령에게 얼마나 중요한 것인지 하는 것은 다음의 발췌문이 증명할 것이다: "여기에서는 정부의 조치에 반대를 표명하는 경고의 경향이 증오심이나 악의를 가지지 않고 선의를 가질 것을 불가결한 전제조건으로 한다. 그리고 경향이 악의를 가진 것인지 아닌지를 판별할 줄 알기 위해 검열관은 선의와 통찰력을 당연히 필요로 한다. 검열관은 이것을 고려하면서 특히 인쇄물의 형식과 어조에도 자신의 주의를 기울여야 하며, 인쇄물의 경향이 열정적이고 격렬하고 불손하여 유해한 것으로 나타나는 한, 그것의 인쇄를 허용하지 말아야 한다." 따라서 저술가는 가장 공포스런 테러리즘과 의혹혐의의 재판에 내맡겨지게 된다. 경향단속법Tendenzgesetz, 즉 어떤 객관적 규범도 없는 법률은, 로베스피에르 치하에서는 국가의 긴급상황으로 인하여, 로마황제 치하에서는 국가의 타락으로 인하여, 고안된 적이 있는 테러리즘의 법률이다. 행위 그 자체가 아니라 행위자의 신념을 자신의 주요 판단기준으로 삼는 법률은 무법상태에 대한 적극적인 재가일 뿐이다. 러시아의 짜르처럼 모든 사람에게 카자흐인Kosacken 관리의 수염을 자르도록 명령하는 것이, 수염을 기르고자 하는 내 생각을 가위질의 판단기준으로 삼는 것보다 낫다.

   내가 나를 표현할äußere(외화시킬) 때만, 즉 내가 현실의 영역에 들어설 때만, 나는 입법자의 영역에 들어선다. 나의 행동으로서가 아니고서는 나는 법률에 대해 전혀 존재하지 않으며, 나는 법률의 어떤 대상도 아니다. 나의 행동은 법률이 나를 구속할 수 있는 유일한 것이다; 왜냐하면 나의 행동은 그것 때문에 내가 존재의 권리Recht, 즉 실재의 권리를 요구하는 유일한 것이고, 따라서 그것에 의해 내가 실제적인 권리에도 구속하게 되는 유일한 것이기 때문이다. 그러나 경향단속법은 내가 행한 것만을 처벌하는 게 아니라, 행동 이외에 내가 생각하는 것도 처벌한다. 그러므로 그 법률은 공민의 명예에 대한 모욕이고, 내 존재를 고통스럽게 만드는 법률이다.

나는 내가 원하는 대로 몸을 회전시키고 돌릴 수 있지만, 사실은 그렇지 않다. 나의 존재는 혐의 대상이고, 나의 가장 내적인 본질, 즉 나의 개별성은 나쁜 개별성으로 간주되고, 나는 이러한 생각 때문에 처벌받는다. 그 법률은 내가 행하는 불법 때문에 나를 처벌하는 게 아니라, 내가 행하지 않는 불법 때문에 나를 처벌한다. 나는 실제로 나의 행위가 위법적이지 않다는 이유로 처벌받는다. 왜냐하면 나의 행위가 위법적이지 않음으로써만 나는 온화하고 선의를 가진 재판관으로 하여금, 백일 하에 드러나지 않게 감춰질 정도로 영리한 나의 나쁜 신념을 평가하도록 강제할 수 있기 때문이다.

신념단속법Gesinnungsgesetz은 결코 공민을 위한 국가의 법률이 아니라, 다른 당파에 대항하는 한 당파의 법률이다. 경향단속법은 법률 앞에서의 공민의 평등을 폐기한다. 경향단속법은 합일의 법률이 아니라 분리의 법률이고, 분리의 법률이란 모두 반동적이다. 그것은 결코 법률이 아니고 하나의 특권이다. 어떤 사람은 다른 사람이 행해서는 안 되는 것을 행해도 좋다는 것이다. 그런데 그렇게 하는 이유는, 어린아이가 계약을 체결할 능력을 결여하고 있는 것처럼 후자의 사람이 어떤 객관적 자격을 결여하고 있기 때문이 아니라, 그의 선량한 생각과 그의 신념이 혐의를 받고 있기 때문이다. 인륜적 국가는 그 성원들이 비록 한 국가기관에 대해 또는 정부에 대해 반대한다고 하더라도, 그들 속에 국가의 신념이 존재한다고 상정한다. 그러나 한 기관이 자신을 국가이성과 국가인륜의 독점적이고 배타적인 소유자라고 생각하는 사회, 인민과 원리적으로 대립되는 입장에 서고 따라서 자신의 반국가적인 신념을 일반적 신념, 정상적 신념으로 간주하는 정부가 존재하는 사회에서는, 분파의 불량한 양심이 경향단속법, 즉 보복의 법률을 고안해낸다. 그러나 그 법률이 겨냥하는 신념은 오직 정부성원 자신들 속에서만 자리 잡고 있는 신념이다. 신념단속법은 무신념에 기초하고 있으며, 국가에 대한 비인륜적이고 물질주의적 견해에 기초하고 있다. 신념단속법은 나쁜 양심의 무분별한 울부짖음이다. 그리고 이러한 종류의 법률은 어떻게 시행될 수 있는가? 법률 자체보다 더 괘씸한 수단, 스파이를 통해서, 또는 모든 문필상의 성향을 혐의가 있는 것으로 간주하는 이전의 약정을 통해서다. 물론 후자의 경우 개인이 어떤 성향에 속하는지 계속 탐색된다. 경향단속법에서 법률적 형식이 내용에 모순되는 것과 마찬가지로, 그리고 현재 존재하는 정부가 그 자체인 것, 즉 반국가적인 신념을 비난하는 것과 마찬가지로, 정부는 개별 영역에서도 그 법률에 대하여 말하자면 전도된 세계를 형성하고 있다. 왜냐하면 정부는 이중의 척도로 측정하기 때문이다. 한 측면에서는 합법적인 것이, 다른 측면에서는 불법적인 것이 된다. 이미 정부의 법률은 정부가 법률로 만든 것과 정반대의 것이 된다.

신 검열훈령 역시 이러한 변증법 속에 빠져 있다. 신 검열훈령은 언론에 대해서는 반국가적인 것으로서 처벌하는 모든 것을 자신이 실행하고, 또한 검열관들의 의무로 만드는 모순을 저지르고 있다.

그리하여 훈령은 저술가들이 개별 계급 혹은 전체 계급의 신념을 의심하는 것을 금지하면서, 동시에 검열관에게 모든 공민을 의심스런 사람과 의심스럽지 않은 사람으로, 선의를 가진 사람과 악의를 가진 사람으로 분리하도록 명령한다. 언론에게는 박탈된 비판이 정부 측 비판자(검열관)의 일상적 의무가 되는 것이다; 그러나 결코 이러한 전도에서 끝나지 않는다. 언론의 내부에서는 반정부적인 것이 그 내용에서 보면 특수한 것으로 나타났지만, 그 형식의 측면에서 보면 그것은 일반적인 것이었다. 즉 그것은 일반적 판단에 맡겨진 것이었다.

그러나 이제 사태는 반전된다. 특수한 것이 이제는 그 내용과 관련하여 정당한 것으로 나타나고, 반국가적인 것은 국가의 의견으로, 국가법으로, 그 형식과 관련해서는 특수한 것으로, 즉 일반적인 빛에 다다를 수 없고, 공공의 자유로운 회합으로부터 정부 측 비판자의 문서실로 도주하는 특수한 것으로 나타난다. 그리하여 훈령은 종교를 보호하려고 하지만,

모든 종교의 일반적 원칙, 즉 주관적 신념의 불가침성을 침해한다. 훈령은 신 대신에 검열관을 마음의 재판관으로 만든다. 그리하여 훈령은 개인에 대한 모욕적 표현과 명예훼손적 판단을 금지하지만, 매일 당신들을 검열관의 명예훼손적이고 모욕적인 판단에 내맡긴다. 그리하여 훈령은 악의를 품거나 나쁘게 교육받은 개인들에게서 기인하는 험담을 억압하려고 한다. 그러면서 훈령은 판단을 객관적인 내용의 영역에서 주관적인 의견과 자의의 영역으로 끌어내림으로써, 검열관으로 하여금 그러한 험담에 그리고 나쁘게 교육받고 악의를 품은 개인들에 의한 스파이 활동에 의거하고 전념하도록 만든다. 국가의 의도는 혐의를 받아서는 안 되는데도, 훈령은 국가에 대한 혐의에서 출발한다. 선한 가상 아래 어떤 나쁜 신념도 은폐되어서는 안 되는데도, 훈령 자체는 하나의 허위적인 가상을 토대로 한다. 국민감정은 고양되어야 하는데도, 훈령은 국민을 깎아내리는 견해에 기초한다. 사람들은 합법적인 행동과 법률에 대한 존경을 요구하지만, 동시에 우리는 우리를 무법적으로 만들고, 법을 자의적으로 대체하는 제도를 존경해야 한다. 우리는 검열이라는 결함투성이의 제도에도 불구하고 검열관을 신용할 만큼 인격성의 원리를 잘 인정해야 하지만, 당신들은 인격을 행위에 따라서 재판하는 것이 아니라 그 행위의 의도에 대한 의견에 따라 재판하게 할 정도로 인격성의 원리를 침해한다. 당신들은 우리에게 겸손을 요구하지만 당신들 자신은 엄청난 불손함에서 출발하고 있고, 개별 공무원을 마음의 탐정으로, 전지자, 철학자, 신학자, 정치학자로, 델포이신전의 아폴로로 임명한다. 당신들은 한편으로는 불손함을 인정하는 것을 우리의 의무로 만들면서, 다른 한편으로는 우리에게 불손함을 금지하고 있다. 원래 불손함의 요체는 유類 전체의 완성을 특수한 개인에게 돌리는 데 있다. 검열관은 하나의 특수한 개인이지만, 언론은 유類를 보충하는 한 요소이다. 당신들은 우리에게 신뢰를 명하지만, 당신들은 불신하는 사람에게 법률상의 권력을 부여한다. 당신들이 당신들의 국가제도를 너무나 신뢰한 나머지, 그 제도들은 나약하고 죽음을 피할 수 없는 인간을, 즉 관리를 성자로 만들고 불가능한 것도 그에게는 가능한 것으로 만들 것이다. 그러나 한 사인私人의 고립된 의견을 두려워할 정도로 당신들은 당신들의 국가유기체를 너무나 불신하고 있다; 왜냐하면 당신들이 언론을 하나의 사인으로 취급하고 있기 때문이다. 당신들은 관리들에 대해서 그들이 완전히 비개인적으로, 즉 원한이나 열정, 고루함 및 인간적 약점을 지니지 않고 행동하게 될 것이라고 가정한다. 그러나 당신들은 비개인적인 것, 즉 이념들에 대해 그것이 완전히 개인적 책략이나 주관적 비열함으로 의심한다. 훈령은 관리라는 신분에 대한 무제한적인 신뢰를 요구하지만, 그것은 동시에 비관리라는 신분에 대한 무제한적인 불신으로부터 출발한다. 왜 우리는 똑같은 것을 되돌려주어서는 안 되는가? 왜 우리에게 관리라는 바로 그 신분이 의심스런 것이 되어서는 안 되는가? 성격도 마찬가지이다. 원래 공정한 사람은 비밀스런 비판자의 성격보다도 공개적인 비판자의 성격에 더 많은 존경을 표해야 한다.

일반적으로 나쁜 것은 그 나쁨을 지니고 있는 사람이 어떤 개인이든 상관없이 계속 나쁜 것이다. 그 사람이 사적인 비판가이든 정부에 의해 임명된 비판가이든 마찬가지이다. 단 후자의 경우에는 나쁨이 권위화되고 인민의 선을 실현하기 위해 정부에 필요한 것으로 간주될 뿐이다.

경향의 검열과 검열의 경향은 자유주의적 신 훈령의 산물이다. 우리가 일정한 불신을 가지고 훈령의 더 상세한 규정으로 방향을 돌린다고 하더라도 어느 누구도 우리를 곡해하지 않을 것이다.

"개인에 대한 모욕적 표현과 명예훼손적 판단은 인쇄하기에 적당하지 않다." 인쇄하기에 적당하지 않다! 이러한 미온적인 표현 대신에, 모욕적이고 명예훼손적 판단에 객관적 규정이 있었으면 하고 바랄 수도 있을 것이다.

"개별적 계급 또는 (의미심장한 또는) 전체 계급의 신념을 의심하는 것, 당의 이름과 그와 동일한 개인성Persönlichkeit을 사용하는 데 그런 것이 적용된다." 따라서 범주들로 표제화하는 것, 전체 계급을 공격하는 것, 당의 이름을 사용하는 것 또한 인쇄하기에 적당하지 않은 것이 된다. 그런데 모든 것이 인간 자신에게 현존하기 위해서 - 인간은 아담이 행한 것처럼 그 모든 것에 이름을 붙여야 한다 - 당의 이름은 정치적 언론에게 필수적인 범주다.

> "왜냐하면 '사사프라스Sassafras 박사의 의견처럼,
> 모든 병을 성공적으로 치유할 수 있기 위해서는,
> 무엇보다도 먼저 그것에 이름을 붙여야 한다."

이러한 모든 것이 개인성에 속한다. 그렇다면 이제 우리는 어떻게 시작해야 하는가? 우리는 개인의 인격을 공격해서는 안 되고, 계급, 일반적인 것, 도덕적 인격 또한 공격해서는 안 된다. 국가는 - 당연한 것이지만 - 어떠한 비방도 용인하지 않으며 어떠한 개인성도 용인하지 않는다; 그러나 "또는"이란 쉬운 말 한마디에 의해서 일반적인 것 역시 개인성 아래로 포섭된다. "또는"이란 말에 의해 일반적인 것이 중앙으로 들어오고, 우리는 결국 "그리고"란 사소한 한마디에 의해 개인성만이 문제로 취급되었다는 사실을 알게 된다. 그러나 관리들에 대한 모든 통제는 그리고 개인들의 한 계급으로 존재하는 그러한 제도들에 대한 모든 통제는 언론에게는 금지되어 있다는 사실이 전체를 관통하는 결론으로 명백해진다.

"1819년 10월 18일의 검열칙령의 정신에 나타난 이러한 지시에 따라서 검열이 실시된다면, 단정하고 공정한 공지는 충분한 활동공간을 획득하게 될 것이다. 그리고 그것을 통해 조국의 이해에 대한 더 큰 관심이 일깨워지고 그래서 국민감정이 고양되리라고 기대할 수 있다." 이러한 지시에 따르면 단정한, 검열의 의도에서 볼 때 단정한 공지는 충분하고도 남는 활동공간Spielraum - 활동공간이란 말은 잘 선택된 것이다. 왜냐하면 공간은 활동하고 있는, 펄쩍 뛸 정도로 만족하고 있는 언론에 대해

기대하는 것이기 때문이다 - 을 획득하게 될 것이라는 점을 우리는 인정한다; 공정한 공지에 대해 활동공간이 주어질지, 그리고 공정함이 공지와 어디에서 어울릴 수 있는지에 대해서는 독자들의 혜안에 맡기기로 하자. 훈령의 기대에 관해 말하자면, 물론 국민감정은 외부에서 이입된 혈통이 터키 국민의 감정을 고양시키는 것과 같은 방식으로 고양될 수도 있을 것이다; 그러나 겸손하고도 진지한 언론이 조국의 이해에 대한 관심을 곧바로 각성시킬지는 언론 자체에 맡기도록 하자; 빈약한 언론이 키니네Chinin에 의해 양육될 수는 없다. 그러나 우리는 아마 인용된 문장을 너무 진지하게 이해하였던 것 같다. 그 문장을 장미 사슬 속의 단순한 갈고리로 간주한다면, 아마 우리는 그 의미를 더욱 잘 이해하게 될 것이다. 아마 이 자유주의적 갈고리는 매우 불확실한 가치를 가진 진주와 관련되는 것 같다. 주의해야 할 것이다. 모든 것은 그 문맥에 달려 있다. 인용된 의무적인 구절에서 기대로 표현된, 국민감정의 고양과 조국의 이해에 대한 관심의 각성은 비밀리에 하나의 명령으로 바뀌고, 우리의 불쌍하고 폐병에 걸린 일간신문에게 새로운 언론강제를 부과한다.

"이런 방식으로, 정치적 저작 및 일간신문이 그 사명을 더 잘 인식하고, 더 풍부한 자료를 얻어서 더 품위 있는 논조를 자기 것으로 하고, 내용이 없고 외국신문으로부터 인용한 시사뉴스와 악의를 가지고 나쁘게 교육받은 통신원이 보고한 시사뉴스를 전달함으로써, 그리고 험담과 개인의 사사로운 문제를 다룸으로써, 독자의 호기심에 영합하는 것 - 검열은 이러한 성향에 개입하는 것을 분명한 소명으로 한다 - 을 장차 물리치게 되기를 희망할 수 있을 것이다."

상술한 방식으로 정치적 저작과 일간신문이 자신의 사명을 더욱 바람직하게 인식하기를 기대되었다. 그러나 더욱 바람직한 인식은 명령으로 되는 게 아니다; 또한 그런 인식은 기껏해야 아직 기대될 수 있는 과실일 뿐이고, 희망은 희망일 뿐이다. 그러나 훈령은 희망과 천진난만한 소원으로 만족하기에는 너무나 실제적이다. 언론에게 그 장래의 개선에 대한 희망이 새로운 위안으로 주어지는 반면, 동시에 언론은 친절한 훈령에 의해 현재의 권리를 박탈당한다. 그리고 언론은 여전히 가지고 있는 것, 즉 그 개선의 희망마저도 상실한다. 언론의 이러한 사정은, 배탈이 나서 공직이 부과한 의무를 이행할 수 없게 되지 않도록 사신의 시의(侍醫)로 하여금 모든 요리를 자신의 눈앞에서 먹어치우게 했던 가련한 산초 판자 Sancho Pansa의 경우와 마찬가지이다.

동시에 우리는 프로이센 저술가들에게 이러한 방식의 단정한 문체를 채택하도록 권유할 수 있는 기회를 결코 지나쳐서는 안 된다. 앞의 문장은 이렇게 쓰여 있다: "이러한 방식으로 우리는 다음과 같은 사실을 희망할 수 있을 것이다." 따라서 다음과 같은 사실에 의해 아래의 일련의 규정들이 지배된다: 즉 정치적 저작 및 일간신문이 그 사명을 더 잘 이해하는 것, 더 품위 있는 논조를 운운, 그리고 내용이 없고 외국신문으로부터 인용한 신문통신 등을 배제하게 되는 것. 이 모든 규정은 또한 희망한다는 말의 지배 아래 있다; 그러나 삽입부호(-)에 의해서 앞서 말한 부분과 접속되어 있는 결론, 즉 "검열은 이러한 성향에 개입하는 것을 분명한 소명으로 한다"는 결론은 일간신문의 기대되는 개선을 기다려야 하는 지리한 과제로부터 검열관을 해방시키고, 더 나아가 맘에 들지 않는 것을 노골적으로 말살시킬 수 있는 권한을 검열관에게 부여한다. 내적인 치료 대신 절단이 도입된다.

"그러나 이러한 목적에 더 가까이 접근하기 위해서는, 새로운 잡지와 새로운 편집자에 대해 인가할 때 큰 주의를 기울여, 일간신문이 전혀 결점이 없는 사람들, 즉 그들의 학문적 자질과 지위 및 품성이 그들의 노력의 진지함과 사고방식의 충성스러움을 보증하는 그런 사람들에게만 맡길 수 있도록 처리하는 게 필요하다." 개별적인 논평에 들어가기 전에, 우선 일반적인 논평부터 해보자. 새로운 편집자에 대한 인가, 따라서 일반적으로는 장래의 편집자에 대한 인가는 완전히 검열의 "큰 주의"에, 당연히 국가관청에 위임된다. 반면에 구 검열칙령은 적어도 일정한 보증하에 편집자의 선택을 경영자의 의사에 맡기고 있다: "제9조. 상급검열국은 신문의 경영자에게 해당 편집자가 필요한 신임에 적절한 종류의 사람이 아니라고 선언할 수 있는 권한이 있다. 이 경우 경영자는 다른 편집자를 채용하거나, 그렇지 않으면, 즉 해당 편집자를 그대로 채용하고자 한다면, 그 편집자를 위해 앞서의 상급검열국의 제안에 따라 우리에게 언급된 바 있는 국무부서에 의해 규정된 보증을 제공해야 한다."

신 검열훈령에서는 전혀 다른 깊이가 얘기되고 있는데, 우리는 그것을 정신의 낭만주의라고 말할 수 있다. 구 검열칙령은 외적이고 산문적인, 따라서 법률적으로 규정할 수 있는 보증을 요구하는데, 그러한 보증에 의하면 호감을 사지 못하는 편집자도 허용된다. 반면에 훈령은 잡지의 경영자에게서 모든 자기의지를 박탈하고, 정부의 예방적 현명함과 관청의 큰 주의 및 정신적인 심원함으로 하여금 내적 주관적이고 외적으로는 규정할 수 없는 특질을 참고하도록 지시한다. 그러나 낭만주의의 무규정성과 민감한 내면성 그리고 과도한 주관성이 순수히 외적인 것 - 외적인 우연성이 그 산문적인 규정성과 제한성에서 뿐만 아니라, 놀랄 만한 광채와 공상적인 깊이 및 화려함에서도 나타난다는 의미에서만 순수히 외적인 것으로 급변한다면, 훈령도 이러한 낭만주의적 운명을 피하기 어려울 것이다.

저널리즘 전체를 그 범주 속에 포함하는 이른바 일간신문의 편집자들은 전혀 결점이 없는 사람들이어야 한다. 이러한 완벽한 무결점의 보증으로서 먼저 "학문적 자질"이 제시된다. 검열관이 모든 종류의 학문적 자질에 대해 판단할 수 있을 정도의 학문적 자질을 가질 수 있는지에 대해서는 조그마한 의심도 제기되지 않는다. 프로이센 정부가 알고 있는 일군의 만능천재들 - 각 도시에는 적어도 한 명의 검열관이 있다 - 이 살고 있다면, 그런 백과사전적인 두뇌가 왜 저술가로 등단하지 않는가? 수적으로 압도적이고 학문과 천재성에서도 우월한 이 관리들이 일제히 궐기하여 단 하나의 분야에서만이라도, 그렇지만 그 하나의 분야에서조차 공식적으로 시험을 거친 자질도 갖지 않은 채 활동하고 있는 빈약한 저술가들을, 그들의 무게로 압도하는 것이, 검열을 통하는 것보다 언론의 혼란에 더 잘 종지부를 찍을 수 있을 것이다. 로마의 거위들처럼 꽥꽥 소리 내어 울어서 성채를 구할 수 있는 이 노련한 사람들이 왜 침묵을 지키고 있는가? 세상에는 지나치게 사양하는 사람들도 있는 것이다. 학문적인 공중은 그들을 알지 못하지만, 정부는 그들을 알고 있다.

한 국가의 전체 계급이 만능천재와 박식한 사람으로만 채워질 수 있었던 적은 결코 없었기 때문에, 만일 이 사람들이 이미 어떤 국가도 발견할 수 없었던 그런 사람들이라면, 하물며 이런 사람들을 선임하는 정부사람들은 또 얼마나 천재적인가! 학문의 공화국에서는 알려져 있지 않은 관리들에게 그들의 백과전서적인 자질에 대한 증명서를 교부해주기 위해서는, 그 임명권자는 얼마나 비밀스런 학문을 가지고 있어야 하겠는가! 이 지성의 관료제에서는 높이 올라가면 갈수록, 더욱 놀랄만한 두뇌를 만나게 된다. 완성된 언론의 그러한 기둥을 갖고 있는 국가가 그런 사람들을 결점투성이의 언론에 대한 파수꾼으로 만드는 것이, 그리고 완성된 것을 완성되지 못한 것의 수단으로 전락시키는 것이 그 국가에게 과연 보람 있는 일이겠고, 또 그 국가가 합목적적으로 행하는 것이라고 할 수 있겠는가?

당신들이 이러한 검열관을 고용하면 할수록, 당신들은 언론계로부터 그 만큼 더 개선의 기회를 박탈하는 것이다. 당신들은 건강한 사람들을 건강하지 못한 사람들의 의사로 만들기 위해, 당신들의 군대에서 건강한 사람들을 빼내는 것이다.

폼페이우스Pompejus처럼 발로 땅을 구르기만 하면, 모든 정부건물로부터 무장한 팔라스-아테네Pallas-Athene(지혜와 용기의 여신 - 역자)가 뛰어나올 것이다. 공식 언론 앞에서 천박한 일간신문은 산산조각이 나서 무로 변할 것이다. 빛의 존재는 암흑을 부정하기에 충분하다. 당신들의 등불을 빛나게 하라. 그리고 그 등불을 등잔걸이 아래 두지 말라. 당신들 자신조차도 그 완전한 유효성을 문제시하는 결점투성이의 검열 대신에, 당신들이 명령하기만 하면 되는, 그리고 중국의 국가가 수백 년 전부터 그 모범을 제공한 완성된 언론을 우리에게 달라.

그렇지만 학문적 자질을 일간신문의 집필자의 유일하고 필수적인 조건으로 만드는 것은, 정신에 대한 규정이지 특권에 대한 비호도 관습적인 요구도 아니라고 하는 것은 아닌가? 또 그것이 사태의 조건이지 인간의 조건이 아니라고 하는 것은 아닌가?

유감스럽게도 검열훈령은 우리의 찬사를 자제하게 만든다. 학문적 자질이 보증과 나란히 지위와 품성의 보증이 존재한다. 지위와 품성!

품성은 지위 바로 뒤에 나옴으로써 거의 지위의 단순한 유출인 것처럼 보인다. 지위가 무엇보다 먼저 우리의 주의를 끈다. 지위는 학문적 자질과 품성 사이에 끼어 있어, 거의 그것의 선한 양심을 의심하고 싶어질 정도이다.

학문적인 자질에 대한 일반적인 요구는 얼마나 자유주의적인가! 지위에 대한 특수한 요구는 얼마나 비자유주의적인가! 학문적 자질과 지위를 함께 병렬하는 것이 얼마나 사이비 자유주의적인가! 학문적 자질과 품성은 매우 비규정적인 것이다. 반면 지위는 매우 규정적이다. 그런데 왜 우리는 비규정적인 것이 필연적인 논리적 법칙에 따라 규정적인 것에 의존하고 규정적인 것에서 그 근거와 내용을 획득하게 된다고 결론지을 수 없단 말인가? 따라서 만일 검열관이, 학문적 자질과 품성이 세상에 출현하는 외적인 형식이 지위라고 하는 식으로 - 그 자신의 신분이 그에게 이런 견해를 국가의 견해로 보증하기 때문에 더욱 더 - 훈령을 해석한다면, 그것은 검열관의 큰 오판이란 말인가? 이러한 해석이 없다고 하더라도 왜 학문적 자질과 품성이 저술가에 대한 충분한 보증이 아닌지, 왜 지위는 필수적인 제3의 것인지에 대해서는 적어도 전혀 이해할 수 없다. 더욱이 검열관이 갈등에 빠진다면, 즉 그런 보증이 드물게 혹은 전혀 골고루 갖추어지지 않았다면 - 여하튼 누군가가 선택되지 않으면 안 되고,

누군가가 신문과 잡지를 편집하지 않으면 안 될 것이기 때문에 - 검열관의 선택은 어디로 내려져야 하는가? 지위는 없이 학문적 자질과 품성만 있는 경우에는 그것의 비규정성 때문에 검열관에게 문제시될 수 있는데, 그것은 그런 특질이 지위와 분리되어 존재한다는 사실이 일반적으로 당연히 검열관에게 틀림없이 의아스러움을 불러일으킬 것이기 때문이다. 이에 반해 지위가 존재하는 경우에는 검열관은 품성과 학문을 의심해도 좋은가? 이 경우에 검열관은 국가의 판단보다는 자신의 판단에 더 많은 신뢰를 두고, 반대의 경우에는 국가보다도 저술가를 더 신뢰한다. 검열관이 그렇게 서투르고 그렇게 악의적알 수 있는가? 그것은 확실히 기대되어서는 안 되는 것이고, 확실히 기대되지도 않는다. 의심되는 경우에는, 지위가 결정적인 판단기준이기 때문에, 지위는 일반적으로 절대적인 결정요인이다.

   그러므로 앞에서는 훈령이 그 정통신앙에 의해 검열칙령과 갈등을 일으켰듯이, 이제는 그 낭만주의, 즉 항상 동시적으로 경향시Tendenzpoesie인 낭만주의에 의해 검열칙령과 갈등을 일으킨다. 산문적이고 본래적인 보증이었던 금전보증이 관념적인 보증으로 되고, 이 관념적인 보증이 마술적으로 날조된 의미를 보유한 완전히 현실적이고 개인적인 지위로 변화된다. 마찬가지로 보증의 의도도 변화한다. 이제는 더 이상 경영자가 편집자를 선택하고 그 편집자를 위해 경영자가 관청에 보증을 서는 것이 아니라, 오히려 관청이 경영자에게 편집자를 선택해주고, 그 편집자를 위해 관청이 관청 자체에 보증을 서는 것이다. 구 칙령은 경영자의 금전보증이 보증을 서는 편집자의 작업을 기대하였다. 훈령은 편집자의 작업에 의거하는 것이 아니라, 편집자의 인격에 의거한다. 훈령은 경영자의 금전을 훈령에게 조달해야 하는 특정한 인격적 개체성을 요구한다. 신 훈령은 구 칙령과 마찬가지로 외면적이다; 그러나 칙령은 산문적으로 규정된 것을 그 본성에 따라 말하고 한계를 지우는 대신에, 훈령은 가장 외적인 우연성에 상상적인 정신을 부여하여 단순히 개인적인 것을 일반성의 파토스를 가지고 말한다.

그러나 이 낭만주의적 훈령은 가장 외면적인 규정성을 지닌 편집자에 관해서는 가장 정서가 풍부한 비규정성을 갖는 논조를 말하지만, 가장 막연한 비규정성을 지닌 검열관에 관해서는 법칙적인 규정성을 갖는 논조를 말한다. "검열관직이 전제하는 영예로운 신뢰에 완전히 상응하고, 시험을 필한 신념과 능력을 가진 사람들에게만 검열관직이 위임되도록 하기 위해서는, 검열관을 임명할 때 동일한 주의를 기울여 처리해야 한다; 검열관직을 맡을 사람들은 사려 깊고 통찰력 있게 사태의 형식을 사태의 본질과 구별하여 이해할 줄 알고, 동시에 어떤 글의 의미와 경향이 그 자체로 고려할 가치가 없을 때는 확실한 분별력으로 고려하지 말 줄도 아는 사람이어야 한다." 저술가의 경우에서 지위와 품성이 여기서는 시험을 필한 신념으로 대체된다. 왜냐하면 지위는 그 자체로 주어져 있기 때문이다. 더 중요한 것은 저술가의 경우 학문적 자질이, 검열관의 경우에는 능력이 더욱 상세한 규정 없이 요구되고 있다는 점이다. 정책은 별도로 친다면, 합리주의적인 생각을 품고 있는 구 칙령은 제3조에서 "학문적으로 소양을 갖춘" 검열관 뿐 아니라 심지어 "계몽된" 검열관까지도 요구한다. 이 두 개의 술어가 훈령에서는 삭제되어 있고, 특정하고 완성된 그리고 현실화된 능력을 의미하는 저술가의 자질이 검열관의 경우에는 자질의 재능, 즉 능력 일반으로 대체되어 있다. 그러므로 능력의 재능이 현실적인 자질을 검열해야 하는 것으로 된다. 그러나 아무리 사태의 본성에 따른다고 하더라도 명백히 그 관계는 전도되어야 한다. 여기서 하나 더 지적하자면, 검열관의 능력은 사항적인 내용에 관해서는 더 상세하게 규정될 수 없고, 따라서 그 능력의 성격은 말할 필요도 없이 의심스럽게 된다.

나아가 "검열관직이 요구하는 영예로운 신뢰에 완전히 상응하는" 사람들에게 검열관직이 위임되어야 한다. 자신들에게 주어진 영예로운 신뢰에 완전히 상응하게 될 것으로 신뢰받는 - 물론 극히 완전한 신뢰 -

사람들을 한 관직에 선임하기 위한 이러한 중언부언하는 가상적 규정에 대해서는 더 이상 논의할 필요가 없다.

마지막으로 검열관은 다음과 같은 사람들이어야 한다: "사려 깊고 통찰력 있게 사태의 형식을 사태의 본질과 구별하여 이해할 줄 알고, 동시에 어떤 글의 의미와 경향이 그 자체로 고려할 가치가 없을 때는 확실한 분별력으로 고려하지 말아야 하는 사람들."

이에 반해 훈령은 그 앞에서 다음과 같이 명령한다:

"검열관은 이것을 고려하면서"(즉 경향에 대한 연구) "특정 인쇄물의 형식과 어조에도 자신의 주의를 기울여야 하고, 인쇄물의 경향이 열정적이고 격렬하고 불손해서 유해한 것으로 나타나는 한, 그것의 인쇄를 허용하지 말아야 한다." 따라서 검열관은 한 번은 형식으로부터 경향을 판단해야 하고, 다른 한 번은 경향으로부터 형식을 판단해야 한다. 이미 이전부터 내용은 검열의 판단기준으로 소멸되었지만, 이제는 형식도 소멸되었다. 경향이 선량하기만 하면 형식의 위반이란 별 대수로운 일도 아니다. 비록 해당 저작물이 매우 진지하고 겸손하게 쓰인 것이 결코 아니더라도, 그것이 격렬하고 열정적이며 불손한 것처럼 보인다 하더라도, 그 조야한 겉모습에 누가 놀라겠는가? 우리는 형식적인 것을 본질로부터 구별할 줄 알아야 한다. 앞에 나온 규정이 가상은 지양되어야 하고, 훈령은 자신과의 완전한 모순을 종식시켜야 할 것이다; 왜냐하면 경향을 인식하는 근거가 되어야 한다고 되어 있는 모든 것이 오히려 무엇보다도 먼저 경향을 근거로 한 질적 규정을 받기 때문이고, 오히려 경향을 근거로 하여 인식해야 하기 때문이다. 애국자의 격렬함은 신성한 열심이고, 애국자의 열정은 사랑하는 자의 민감함이고, 애국자의 불손함은 중용을 지키기에는 너무나 과격하고 헌신적인 관심이다.

모든 객관적 규범이 폐기되었고, 인격적 관계가 최후의 관계이며, 검열관의 분별력이 보증으로 불려야만 한다. 그렇다면 검열관은 무엇을 위반할 수 있는가? 분별력이다. 그러나 분별력이 없는 것은 범죄가 아니다.

저술가 측에서 위협받는 것은 무엇인가? 실존이다. 일찍이 전체 계급의 존재를 개별 관리의 분별력에 좌우하게끔 하였던 국가가 어디에 있는가?

다시 한 번 말하지만, 모든 객관적 규범이 폐기되었다; 저술가 측에서는 경향이야말로 요구되고 명령받는 최후의 내용이고, 객체로서의 무형식의 의견이다. 주체로서의 경향, 의견에 대한 의견으로서 경향이 검열관의 분별력이고 유일한 규정이다.

그러나 검열관의 자의 – 단순한 의견에 권리를 부여하는 것은 자의에 권리를 부여하는 것이다 – 가 사항적인 규정의의 가상으로 치장되었던 결론이라면, 그것에 반해 신 훈령은 완전히 의식적으로 지방장관의 자의를 표명하고 있다. 지방장관에게 거리낌 없이 신뢰가 주어지는데, 지방장관에게 주어진 이 신뢰는 언론의 최후의 보증이다. 그래서 검열 일반의 본질은 경찰국가의 거만한 자만심 속에서는 그 관리에 기초하고 있다. 가장 단순한 것조차도 공중의 오성과 선한 의지에게는 위임되지 않지만, 불가능한 것조차도 관리들에게는 가능한 것으로 되어야만 한다는 것이다.

이러한 근본적 결함은 우리 제도 전체를 관통해서 존재한다. 그래서 예를 들어 형사소송에서는 판사와 검사와 변호사가 하나의 인격으로 합일되어 있다. 이러한 합일은 심리학의 모든 법칙에 모순된다. 그러나 관리는 심리학적 법칙을 초월하고, 공중은 심리학적 법칙에 종속된다. 비록 결함투성이의 국가원리라고 할지라도 그것을 용서할 수 있지만, 그것이 성실하고 충분하게 수미일관하지 않다면 그것을 용서할 수 없다. 관리들이 공중들 위에 서 있듯이, 관리들의 책임도 그 만큼 훨씬 더 공중들의 책임보다 무거워야 한다. 수미일관성만이 원리를 정당화할 수 있는, 즉 원리를 그 영역 내에서 정당한 것으로 만들 수 있는 바로 그런 경우에, 그 원리는 폐기되고, 바로 그런 경우에는 그것과 반대되는 원리가 적용된다.

검열관 역시 하나의 인격 속에서 검사이기도 하고 변호사이기도 하며 판사이기도 하다; 검열관에게 정신의 관리가 위임되어 있다; 또한 검열관은 책임으로부터 면제되어 있다.

만일 검열이 정식재판에 회부된다고 한다면, 검열은 단지 임시적이라 하더라도 성실한 성격을 보유할 수 있다. 물론 객관적인 검열법이 전혀 존재하지 않는 한, 그런 일은 불가능하다. 그러나 검열을 다시 다른 검열 앞에 출두시키고, 가령 검열장관이나 상급검열평의회 앞에 출두시키는 것은 최악의 수단이다.

검열에 대한 언론의 관계에 적용되는 것은 모두 다시금 상급검열에 대한 검열의 관계와 상급검열에 대한 저술가의 관계에도, 비록 여기서는 중간항이 개입된다고 할지라도, 적용된다. 그것은 동일한 관계가 한 단계 높아진 것에 불과하다. 사실을 그대로 둔 채 사람을 교체하여 그 사실에 다른 본질을 부여하고자 하는 것은 놀랄 만한 잘못이다. 강제국가가 성실해지고 있다면, 국가 자체가 폐기될 것이다. 모든 점에서 동일한 강제와 동일한 저항이 요구될 것이다. 상급검열도 재차 검열되지 않으면 안 될 것이다. 이렇게 치명적인 악순환에서 벗어나기 위해, 사람들은 불성실하기로 마음먹게 되고, 이제 무법상태가 3층에서 또는 99층에서 시작된다. 이러한 의식이 관료국가의 머리 속에는 명확하게 떠오르지 않기 때문에, 관료국가는 적어도 무법상태의 영역이 눈앞에서 보이지 않을 만큼 높이려고 하고, 그리고는 그 영역이 사라졌다고 믿는다.

검열에 대한 진정한 근본치료는 검열을 폐지하는 것이다; 왜냐하면 그 제도는 나쁜 제도이기 때문이고, 무릇 제도란 인간보다 더 강력하기 때문이다. 그렇지만 우리의 견해는 옳을 수도 있고 그를 수도 있다. 어쨌든 프로이센의 저술가들은 신 훈령을 통해 현실적인 자유든 아니면 관념적인 자유, 즉 의식이든 둘 중 하나를 얻게 된다.

사람들이 하고 싶은 것을 느끼고 느낀 것을 말할 수 있는, 행복한 시대는 드물다.

제6차 라인주 의회 의사록

제1장
언론자유와 신분제의회 의사록의 공표에 관한 토론

<라인신문> 제125, 128, 130, 132, 135, 139호,
1842년 5월 5, 8, 10, 12, 15, 19일

***<프로이센 국가신문preußische Staatszeitung>은 베를린의 어느 화창한 봄날 아침 자기고백을 발표하여 모든 독일의 식자층을 놀라게 하였다. 물론 이 신문은 즉각 기분전환이 되는 참회의 형식이 아니라, 고상하고 외교적인 참회의 형식을 택하였다. 이 신문은 그 자매지들에게 깨달음의 거울을 비추어 주려고 하는 것처럼 보였다. 즉 이 신문은 신비스런 방식으로 프로이센의 다른 신문들에 대해서만 언급했지만, 실제로는 특히 프로이센적인 신문, 곧 자기 자신에 대해 언급했던 것이다.

이러한 사실은 여러 가지로 설명될 수 있다. 케사르는 자신을 3인칭으로 말했다. <프로이센 국가신문>이라고 해서 자신을 3인칭으로 말해선 안 될 이유가 있겠는가? 자신에 대해 말하는 어린이들은 자신을 "나"가 아니라 "게오르크 등"으로 부르는 버릇이 있다. <프로이센 국가신문>이라고 해서 자신을 위해 "나" 대신 "포시쉐Vossische" "슈페네르쉐Spenersche" 혹은 그 어떤 다른 신성한 이름을 사용해서는 안 될 이유가

있겠는가?

새로운 검열훈령이 공포되었다. 우리의 신문들은 자유의 외양과 관습적인 자유의 모습을 채택해야 한다고 믿었다. <프로이센 국가신문>도 역시 잠에서 깨어나 모종의 자유주의적인 - 적어도 자립적인 - 착상을 갖지 않을 수 없었다.

그러나 자유의 첫 번째 필요조건은 자기인식Selbsterkenntniß이다. 그런데 자기인식은 자기고백Selbstbekenntniß 없이는 불가능하다.

따라서 <프로이센 국가신문>이 자기고백을 썼다는 사실을 명심해야 할 것이다; 또한 여기서 우리는 반半 관적인halboffciellen 유아언론Preßkind이 자기의식을 향해 처음으로 눈을 뜨는 모습을 보고 있음을 결코 잊어서는 안 된다. 그러면 이제 모든 수수께끼는 저절로 풀린다. 사람들은 <프로이센 국가신문>이 "많은 위대한 단어를 태연히 표명하고" 있음을 확인하게 될 것이다. 그리고 사람들은 위대함의 태연함에 탄복해야 할지를 결정하지 못하고 망설이기만 할 것이다.

검열훈령이 공포되자마자, 그리고 <국가신문>이 이러한 충격으로부터 회복되자마자, 이 신문은 돌연 다음과 같은 질문을 던진다: "당신들 프로이센의 신문들에게 좀 더 많은 검열자유가 무슨 소용이 있었는가?"

분명히 이 신문은 다음과 같이 말할 것이다: 수 년 동안의 엄격한 검열규칙이 나에게 무슨 소용이 있었던가? 주도면밀하고 전면적인 감독과 후견에도 불구하고 나는 어찌 되었는가? 그리고 바로 오늘 나는 어찌 될 것인가? 나는 아직 걸음마를 배우지 못했다. 그런데 호기심 강한 대중은 허리도 펴지 못하는 나에게 안트르사Entrechat(발레에서 공중에 뛰어 올라 발뒤꿈치를 여러 번 맞부딪히는 무용동작 - 역자)를 기대한다! 당신들은 나의 자매지들에 대해서도 역시 마찬가지일 것이다! 프로이센의 인민들에게 우리의 나약함을 고백하자, 하지만 우리가 고백할 때는 외교적으로 하자. 우리가 관심이 없다고 인민들에게 곧이곧대로 말하지 말자. 인민들에게 말할 때는, 프로이센의 신문들이 프로이센의 인민들에게 관심이 없다는 말을, 프로이센의 국가는 신문들에게 관심이 없다고 말하도록 하자.

<국가신문>의 대담한 질문, 그리고 그보다 훨씬 더 대담한 답변은 그의 각성의 서곡에 지나지 않고, 그가 앞으로 관철해 갈 주제의 꿈같은 암시에 지나지 않는다. 그가 눈을 뜨고 의식을 되찾는다. 그가 자신의 정신을 표명한다. 이제 이 에피메니데스Epimenides의 말에 귀를 기울여보자!

감성과 사유 사이에서 아직도 오락가락 동요하고 있는 오성의 첫 번째 이론적 활동이 셈Zählen이라는 것은 잘 알려진 사실이다. 셈은 어린이의 최초의 자유로운 이론적 오성활동이다. 자 셈을 해보자 라고 <프로이센 국가신문>은 자신의 자매지들에게 외친다. 통계학이야말로 최초의 정치적 과학이다! 한 인간의 머리카락이 얼마나 나는지를 안다면, 나는 그의 두뇌를 아는 셈이 된다.

네가 원하는 바를 남에게 베풀라는 말이 있다. 참으로 무엇이 우리 자신 그리고 바로 나를, 즉 <프로이센 국가신문>을 통계보다도 더 잘 평가할 수 있겠는가! 통계학은 나의 발행횟수가 프랑스나 영국의 그 어떤 신문에도 뒤지지 않는다는 사실을 입증해 줄 뿐만 아니라, 나를 읽는 독자 수가 문명화된 세계의 그 어떤 신문보다도 적다는 사실을 입증해 줄 것이다. 반쯤은 불쾌해 하면서도 마지못해 나에게 관심을 가질 수밖에 없는 관리들을 제외한다면, 어용기관지가 없어서는 안 될 공공장소를 제외한다면, 누가 나를 읽는가. 다시 묻건대, 누가? 내가 들인 비용을 계산해 보라; 그러면 당신들은 위대한 말들을 태연히 내뱉는 것이 결코 좋은 직무가 아니라는 사실을 인정하게 될 것이다. 통계가 얼마나 정확한지, 그리고 셈하는 것이 복잡한 정신적 조작을 어떻게 불필요한 것으로 만드는지를 보라! 그러므로 셈을 하라! 숫자표는 대중의 감정을 자극하지 않고도 대중을 가르친다.

그리고 <국가신문>은 그가 통계를 중시한다는 점에서 중국인, 나아가 세계적인 통계학자 피타고라스를 편들고 있는 것만은 아니다! 이 신문은 일찍이 동물계 등의 차이를 수의 계열로 설명하고자 했던 최근의 위대한 자연철학자로부터 영향을 받았음을 보여준다.

그래서 <프로이센 국가신문>은 비록 전적으로 실증적인 것처럼 보이지만, 근대적인 철학적 기초를 결여하고 있는 것은 아니다.

<국가신문>은 전면적이다. 이 신문은 수나 시간적 크기에 만족하지 않는다. 이 신문은 양적인 원리를 인정하는 데 머물지 않고, 더 나아가 공간적 크기도 정당한 권리가 있음을 표명한다. 공간은 그 크기가 어린이에게 외경심을 불러일으키는 최초의 것이다. 공간적 크기는 어린이가 세계에서 경험하는 최초의 크기다. 그래서 어린이는 몸집이 큰 사람을 위대한 사람이라고 생각하는데, 어린애 같은 <국가신문>은 두꺼운 책이 얇은 책에 비해 비교할 수 없이 좋다고, 하물며 낱장의 신문들, 즉 매일 인쇄용 전지 한 장만 배달하는 신문들에 비해서는 말할 것도 없다고 우리에게 얘기한다!

당신들 독일인들은 단지 빙 돌려서 밖에 말할 줄 모른다! 국가제도에 대한 방대한 책을 써라, 저자 선생과 평론가 선생 이외에는 아무도 읽지 않을 지극히 심오하고 박학다식한 책을 써라. 그러나 명심하라, 당신들의 책이 결코 아님을. 세 권으로 된 심오한 저작은 신문 전지 몇 배에 해당하는지를 명심하라! 그러므로 당신들에게 통계표를 제시하려고 하는 신문들에게 오늘의 정신, 시대의 정신을 구하지 말라. 오히려 그런 정신은 이미 그것의 공간적 크기가 그것의 심오함을 보증해주는 책들에서 구하라.

당신들 착한 어린이들은 여기서 다루어지고 있는 것이 "박학한" 사항들임을 명심하라. 그리고 두꺼운 책들의 학교로 가라. 그러면 당신들은 가벼운 판형 때문에, 우리의 세속적인 경쾌함 때문에 우리 신문들을 반드시 좋아하게 될 것이다. 두꺼운 책을 읽고 난 후에, 신문은 참으로 기분을 활기차게 해줄 것이다.

물론! 당연히! 중세 때 우리가 감탄했던 저 진정한 크기의 감각을 우리의 시대는 더 이상 갖고 있지 않다. 우리의 아주 작은 경건주의적 전도

용 소책자를 보라. 조그만 8절지판 크기의 철학체계를 보라. 이제 눈길을 돌려 2절지판으로 된 20권짜리 둔스 스코투스Duns Scotus의 책들을 보라. 당신들은 그 책들을 읽을 필요가 없다; 이 책들의 놀랄 만한 모습을 보는 것만으로도 이미 당신들의 심장은 감동을 받고, 마치 고딕식 건물을 보았을 때처럼 당신들의 감각은 충격을 받는다. 이 자연발생적인 거대한 저작들이 정신에 대해 물질적으로 작용한다; 정신은 부피에 압도당하고, 이 중압감이야말로 경외심의 시작이다. 당신들이 책을 가지고 있는 게 아니라 책이 당신들을 가지고 있는 것이다. 당신들은 책에 딸린 부속물이다. 그래서 <프로이센 국가신문>은 인민도 그 자신의 정치적 문헌의 부속물이 되어야 한다고 생각한다.

이와 같이 <국가신문>은 비록 완전히 근대적으로 말하고 있지만, 중세라는 견실한 시대에 속하는 역사적 기초도 없는 것이다.

그러나 어린이의 이론적 사고가 양적이라고 한다면, 그의 실천적 사고는 물론 그의 판단도 우선 무엇보다 실천적, 감성적이다. 감성적 성질이야말로 어린이를 세계와 연결시키는 최초의 끈이다. 실제적 감각, 특히 코와 입은 어린이가 세계를 판단할 때 사용하는 최초의 기관들이다. 그래서 어린애 같은 <프로이센 국가신문>은 여러 신문의 가치를, 그리고 자신의 가치를 코를 가지고 판단한다. 그리스의 사상가가 메마른 영혼을 가장 훌륭한 영혼이라고 생각한다면, <국가신문>은 "향기가 좋은" 신문이 "좋은" 신문이라고 생각한다. 이 신문은 <아우크스부르크 알게마이네 Allgemeinen Augsburger> 신문과 토론 잡지 <주르날 드 데바Journal des Débats>(토론 잡지)의 "문학적 향기"를 극구 칭찬한다. 정말 칭찬할 만하고, 보기 드문 순진성! 위대한, 더할 나위 없이 위대한 폼페이우스!

<국가신문>은 몇 가지 감사할 만한 진술을 통해 우리로 하여금 그 신문의 영혼의 상태를 깊이 있게 들여다 볼 수 있도록 해 준 다음, 마지막으로 이 신문의 국가관을 하나의 위대한 성찰로 요약한다. 성찰의 요점은 다음과 같은 위대한 발견에 있다: "프로이센에서는 국가행정 및 모든

국가기구가 정치적 정신으로부터 분리되어 있고, 따라서 그것들은 인민에 대해서도 신문에 대해서도 정치적인 이해관심을 가질 수 없다."

그러므로 <프로이센 국가신문>의 견해에 따르면, 프로이센의 국가행정이 정치적 정신을 가지고 있지 않거나 아니면 정치적 정신이 국가행정을 가지고 있지 않은 셈이 된다. 이 얼마나 세련되지 못한 <국가신문>인가, 가장 나쁜 적대자라 하더라도 더 이상 악의적으로 말할 수 없을 바를 주장하다니, 현실적인 국가는 정치적 정신을 결여하고 있고 또 정치적 정신은 현실적인 국가 속에 살고 있지 않다고 주장하다니 말이다!

그러나 우리는 <프로이센 국가신문>이 어린애 같은 감성적 관점을 가지고 있음을 기억해야 한다. 이 신문은 철도에 대해 말하는 경우에는 철과 궤도만을, 통상조약에 관해 말하는 경우에는 설탕과 커피만을, 가죽 공장에 대해 말하는 경우에는 가죽만을 생각해야 한다고, 우리에게 말한다. 물론 어린이는 어디까지나 감각적 지각을 넘어서지 못하고, 개별적인 것만을 본다. 이러한 특수자Besondere를 보편자Allgemeine와 연결시키는 신경섬유, 다시 말해 어디서나 마찬가지로 국가에서도 물질적 부분을 정신적 전체의 영혼 있는 부분으로 만드는 이 신경섬유는 어린이에게는 존재하지 않는다. 어린이는 태양이 지구의 주위를 돈다는 믿는다. 보편자가 특수자의 주위를 돈다고 믿는 것이다. 그래서 어린이는 정신의 존재를 믿지 않고, 오히려 유령의 존재를 믿는다.

그리하여 <프로이센 국가신문>은 정치적 정신을 프랑스의 유령이라고 생각한다; 그리고 이 신문은 유령의 머리에 가죽, 설탕, 총검, 숫자를 집어던지는 것을 그 유령을 내쫓는 것이라고 생각한다.

그렇지만 우리 독자들은 우리가 처음에 "라인 주의회의 의사록"을 토론하려고 했던 것임을 기억할 것이다. 그런데 그 대신에 우리 앞에는 "죄 없는 천사", 늙어빠진 언론아이Preßkind, <프로이센 국가신문>이 끌려 나와 있다. 그리고 우리는 이 신문이 자신과 자매지들을 계속해서 건강에 좋은 겨울잠에 빠지게 하려고 불러대는 시건방진 자장가를 되풀이하여 듣고 있다.

그러나 실러는 이렇게 말하지 않았던가:

"그런데 오성적인 사람들의 오성이 결코 보지 못하는 것,
바로 그것을 어린이의 기분은 순진함 속에서 행한다."

<프로이센 국가신문>은 "완전한 순진함" 속에서, 영국과 마찬가지로 우리 프로이센도 신분제의회Landstände를 가지고 있고, 일간신문은 그 의회의 의사록을 논의할 수 있다면 논의해도 좋다는 점을 우리에게 상기시켰다; 왜냐하면 <국가신문>은 위대한 고전적 자기의식 속에서 프로이센의 신문들에게 결여되어 있는 것을, 해도 좋다고 하는 허가가 아니라 할 수 있다는 능력으로 잘못 믿고 있기 때문이다. 우리는 그러한 능력을 특히 이 신문에게 특권으로 승인해주고자 한다. 그러나 그것은 우리가 동시에 이 신문의 능력에 대해서 더 이상의 설명을 하는 대신, 그 신문이 완전한 순진함 속에서 품었던 그 생각을 감히 실제로 실현함으로써 인정해주고자 하는 것이다.

신분제의회 의사록의 공포는 그것이 "공적인 사실"로 다루어질 때, 다시 말해 언론의 대상이 될 때 비로소 하나의 진리가 된다. 우리와 가장 직접 관계가 있는 것은 최근의 라인주의회이다.

우리는 라인주의회의 "언론자유에 관한 토론"으로부터 시작하려고 한다. 논의에 들어가기 전에 먼저 지적해 둘 것은, 이 문제에서도 우리 자신의 적극적인 견해가 때때로 공연자公演者Mitspieler로 등장하게 되지만, 앞으로의 기사들에서 우리가 역사적 방관자에 머물지 않고 토론의 진행에 동참하여 그것을 서술할 것이라는 점이다.

의사록의 성격 자체가 이러한 서술의 차이를 규정한다. 다시 말해 여타의 모든 논쟁에서는 신분제의회의 다양한 의견들이 동등한 수준에 있음을 우리는 발견한다. 그에 반해 언론문제에서는 자유로운 언론의 반대

자들이 많은 점에서 유리한 고지를 차지하고 있다. 분위기 속에 팽배해 있는 비꼬는 말들이나 상투적인 말들은 차치하고서라도 이들 반대자는 병적인 정열, 열광적인 편견을 가지고 있고, 바로 그러한 편견으로 인해 이들은 언론에 대해 환상적이지 않은, 하나의 현실적인 입장을 견지하고 있음을 우리는 알 수 있다. 반면 이 주의회에서 자유언론의 옹호자들은 전체적으로 그들이 보호하고자 하는 언론에 대해 아무런 현실적인 관계도 가지고 있지 않다. 그들은 언론자유를 욕구로 느낀 적이 한 번도 없다. 그들에게 언론자유는 머리의 문제일 뿐, 심장과는 하등의 관계도 없다. 이들 옹호자에게 언론자유는 한낱 "취미"에 의해서만 접촉하는 "이국적인" 초목인 것이다. 그래서 반대자들의 특별히 "그럴 듯한" 근거들에 대하여, 너무나 일반적이고 모호한 논거가 대항하는 양상이 전개되고 있다. 결국 아무리 고루한 생각일지라도, 그것이 자신의 존재를 박탈당하지 않는 한, 스스로 의미 있는 것으로 간주되는 것이다.

일찍이 괴테는, 화가는 적어도 어떤 살아 있는 개인 속에서 일정한 유형의 여성미를 사랑한 적이 있는 바로 그러한 여성미만을 성공적으로 그릴 수 있다고 말했다. 언론자유 역시 – 비록 여성미는 아니지만 – 하나의 미美이다. 따라서 그것을 사랑했어야만 그것을 옹호할 수 있는 것이다. 내가 진정으로 사랑하는 것의 존재를 나는 필연적인 존재로, 내가 필요로 하는 존재로, 그리고 그것 없이는 나의 본질이 충실한, 충만한, 완전한 현존재를 가질 수 없는 그러한 존재로 느낀다. 언론자유의 옹호자들은 언론자유가 현존하지 않는데도 완전하게 현존하는 것처럼 보인다.

자유주의적 반대파는, 반대파 일반이 한 사회의 수준을 보여주는 것과 마찬가지로, 우리에게 정치적 집회의 수준을 가늠케 한다. 유령의 존재를 의심하는 것이 철학적 용기인 시대, 마녀재판에 반기를 드는 것이 역설인 시대, 그런 시대는 유령과 마녀재판의 정통 시대이다. 고대 아테네와 마찬가지로 아첨꾼, 기식자, 맹종파들은 인민의 이성에 대한 예외로,

인민의 광대로 취급하는 나라는 독립과 자주의 나라이다. 전성기를 구가하는 모든 민족들이 그러하듯이, 진리를 생각하고 표현할 권리를 궁중의 광대들에게 반환하는 민족은 예속과 자기상실의 민족일 수밖에 없다. 반대파가 의지의 자유는 인간의 본질에 속한다고 주장하는 신분의회는 적어도 의지의 자유를 가진 신분의회는 아니다. 예외는 우리에게 규칙을 보여준다. 자유주의적 반대파는 우리에게 자유주의의 입장이 무엇이고, 자유가 얼마나 인간화되고 있는지를 보여준다.

그러므로 앞에서 우리는 신분제의회에서 언론자유를 옹호하는 사람들이 결코 그 대상의 수준에서 운동하고 있는 것이 아님을 지적했는데, 이 점은 전체로서의 주의회 일반에 대해서도 훨씬 더 타당하다.

그럼에도 불구하고 우리가 신분제의회의 의사록에 대한 서술을 이 문제에서 시작하는 것은, 단지 우리가 언론자유에 대한 특수한 관심을 가지고 있기 때문만이 아니라, 주의회에 대한 일반적인 관심을 가지고 있기 때문이기도 하다. 다시 말해 언론자유에 대한 논쟁에서보다 독특한 신분적 정신이 더 명료하고 더 확연하고 더 완전하게 각인되어 있는 경우를 그 어디에서도 찾아볼 수 없는 것이다. 이 점은 특히 언론자유에 대한 반대파에게 타당하다. 즉 대체로 어떤 일반적 자유에 대한 반대 속에서 특정 영역의 정신, 특정 신분의 개별적 이해, 그 성격의 일면성이 가장 첨예하고 적나라하게 나타나고 그 마각이 드러나는 것과 마찬가지이다.

이 논쟁을 통해서 우리는 자유언론에 대한 영주신분의 논박, 기사신분의 논박, 도시신분의 논박, 그래서 결국 개인이 아니라 신분이 논박하고 있음을 보게 된다. 그러므로 언론논쟁보다 주의회의 내적 성격을 더 충실히 반영할 수 있는 거울이 있을 수 있겠는가?

우리는 자유언론에 대한 반대자들로부터, 더욱이 공정을 기하기 위해 영주신분 출신의 한 연사로부터 시작하기로 하자.

이 연사의 연설의 첫 번째 부분, 즉 "언론자유와 검열은 모두 다 해악이다 운운"하는 부분을 우리는 구체적으로 다루지 않을 것이다. 왜냐하면 이러한 주제는 다른 한 연사에 의해 더 근본적으로 주장되기 때문이다; 다만 우리는 이 연사들 특유의 논거만은 그냥 지나가서는 안 될 것이다.

"검열은 언론의 비행보다는 경미한 해악이다." "이러한 확신이 우리 독일에서 점차 확고해지고 있다(독일의 어느 부분을 말하는지 의문스럽다). 그 결과 이에 대해 연방의 관련 법률이 공포되었고, 프로이센도 이 법률의 공동 선포자로서 이 법률에 따른다."

주의회는 언론을 구속하고 있는 고삐로부터 언론을 해방하는 문제에 대해 토론하고 있다. 이 속박 자체, 다시 말해 언론을 결박하고 있는 사슬 자체가, 언론은 자유로운 운동을 하도록 규정되어 있는 것이 아님을 증명한다고 이 연사는 외친다. 사슬에 묶인 언론의 존재가 자신의 본질을 증언한다. 언론자유에 반하는 법률이 언론자유를 반박한다.

이것은 모든 개혁에 반대하는 외교적인 논거의 하나로, 그러한 논거는 어느 당파의 고전적인 이론이 가장 단호하게 표명한 바 있다. 자유에 대한 제한은, 어떤 것이든 일찍이 권력자들이 자유는 제한되어야 한다는 신념을 가지고 있었고, 또 그러한 신념이 지금도 그 이후의 신념을 위한 기준으로 봉사하고 있음을 보여주는 하나의 사실적인, 하나의 논박할 수 없는 증거이다.

일찍이 사람들은 태양이 지구의 주위를 돌 것을 명령한 적이 있다. 과연 그것으로 갈릴레이가 반박되었는가?

마찬가지로 우리 독일에서도 노예신분은 어떤 인간육체의 속성이라느니, 진실은 외과수술을 - 고문을 말하는데 - 통해서 가장 분명히 확인된다느니, 이단자에게는 지상의 불꽃으로 미리 지옥의 불꽃을 증명해 보여주어야만 한다느니 하는 따위의 제국적 신념이 법률로 형성되었고, 개별 영주들 사이에 그러한 신념이 팽배했던 적이 있었다.

법률로 규정된 노예신분은, 인간의 육체가 결코 거래나 소유의 대상일 수 없다는 합리주의의 망상을 반박하는 사실적인 증명이 아니었던가? 자연발생적 고문은, 사람들이 피를 뽑아 진리를 짜내지는 않는다든지, 고문대에서 사람의 등을 찢어 진실을 털어놓게 하지는 않는다든지, 경련은 결코 고백이 아니라든지 하는 따위의 공허한 이론을 반박하지 않았던가?

마찬가지로 이 연사는 검열이 존재한다는 사실이 언론자유를 반박하는 것이라고 말한다. 이 말은 나름대로 사실적 정당성을 가진다. 다만 이 말이 진리인 것은, 지형도가 면적을 측량할 수는 있지만 어떤 통행차단이 있는 곳에 이르면 그것은 더 이상 사실도 진실도 아니라는 그런 정도의 사실성을 갖는 진리이다.

우리는 더욱 잘 알게 된다: "연설에서도 저술에서도, 우리 라인주에서도, 독일 전체에서도 진실하고 고귀한 정신적 발전이 질곡 속에 갇혀 있는 것으로 생각되지 않는다." 우리 언론이 발산하고 있는 고귀한 진리의 광택이 검열의 산물이라는 것이다.

우리는 먼저 이 연사가 이것보다 앞서 제시한 논거를 연사 자신을 향해 돌려주려고 한다; 우리는 그에게 합리적인 근거 대신에 하나의 법령을 제시하려고 한다. 최근 공포된 프로이센의 검열훈령은 지금까지 언론이 지나친 제약을 받아왔는데, 이제는 진정한 국민적 내용을 획득해야 할 것이라는 공식적인 공지사항을 전제하고 있다. 이제 연사는 우리 독일에서 신념들이 변화할 수 있음을 알게 된다.

그런데도 검열을 우리의 더욱 훌륭한 언론의 근원으로서 간주하다니, 이 얼마나 비논리적인 역설이란 말인가!

프랑스혁명 당시의 최고 웅변가, 언제나 그의 천둥 같은 목소리가 우리 시대에도 여전히 울려퍼지고 있는 사람, "멋지게 포효했소, 사자여!" 하고 인민들과 함께 그에게 외치기 위해 사람들이 직접 그의 포효소리를 들어야 했던 저 사자, 미라보Mirabeau는 감옥에서 교양을 쌓았다. 그렇다고 해서 감옥이 웅변술의 대학인가?

독일의 정신이 그 모든 정신적 관세제도에도 불구하고 대大상인이 되었다면, 관세장벽과 국경감시선이 독일의 정신을 대상인으로 만들었다고 말하는 것은 참으로 군주다운 선입견이다. 독일의 정신적 발전은 검열에 의해서가 아니라, 검열에도 불구하고 진행된 것이다. 언론이 검열 속에서 위축되고 빈약해진다면, 사람들은 그것을 자유로운 언론에 반대하는 논거로 내세운다. 그러나 그것은 단지 부자유한 언론에 반대하는 것을 증명할 뿐인데도 말이다. 언론이 검열에도 불구하고 자신의 지조 있는 본질을 보존하고 있다면, 사람들은 그것을 검열을 옹호하는 논거로 내세운다. 그러나 그것은 단지 질곡을 옹호하는 말이 아니라, 정신을 옹호하는 말일 뿐인데도 말이다.

게다가 그것은 "진정하고 고귀한 발전"과 함께 나름의 사정을 가지고 있다.

1819년에서 1830년까지의 엄격한 검열규칙의 시기에(후에 이 검열은 비록 "우리 독일"에서는 아니지만, 독일 대부분에서 시대상황과 그 동안 형성되어 온 특이한 신념에 의해서 검열 당했다), 우리의 문학은 "석간신문시대Abendblattszeit"를 경험하였는데, 우리는 <아벤트짜이퉁Abendzeitung석간신문>의 편집자요 타고난 촌놈인 "빙클러Winkler"(Winkler는 편집자의 이름이면서 동시에 말 그대로 촌놈을 뜻한다 - 역자)가 자신을 "헬Hell"(밝다는 뜻 - 역자)이라고 익살스럽게 불렀을 때와 똑같은 권리를 가지고 이러한 석간신문시대를 "진정하고 고귀한" 그리고 정신적이고 발전이 풍부한 시대라고 부를 수 있을 것이다. 물론 우리는 빙클러가 한밤중에 늪을 밝히는 불빛이라고 칭찬해서는 결코 안 된다. "헬"이라는 간판을 가진 "크레빙클러Krähwinkler"(소도시의 편협하고 고루한 사람이라는 뜻 - 역자)가 당시 문학의 전형이다. 그리고 아무런 음식도 먹지 않고 40일을 견딜 수 있었던 성자도 소수에 불과하지만, 결코 성자가 아닌 독일인 전체가 아무런 정신적인 소비와 생산을 하지 않은 채 20여년을 살 수 있었던 이유를 저 단식의 시대 Fastenzeit를 통해 이해하게 될 것이다. 언론은 "비천한 것"이 되어버렸고,

이제 남은 것은 지능의 결핍이 성격의 결핍을 능가했는지 아니면 그 반대였는지, 혹은 무형식이 무내용을 능가했는지 아니면 그 반대였는지를 판정하는 일뿐이다. 만일 비판이 저 시대가 결코 존재한 적이 없음을 증명할 수 있다면, 그 비판은 독일을 위해 최고의 업적을 달성하는 셈이 될 것이다. 당시 여전히 살아 있는 정신이 약동하고 있던 유일한 문학의 영역, 곧 철학의 영역은 더 이상 독일어를 말하기를 그만두었다. 독일어가 더 이상 사상의 언어이기를 그만두었기 때문이다. 이해할 수 있는 verständlich 단어가 더 이상 이지적verständig이어서는 안 되기 때문에, 정신은 이해할 수 없고 신비스런 단어로 말하였다.

이제 나아가 라인주 문학의 사례를 말한다면 – 물론 이 사례는 라인주의 어느 신분의회 의원과 상당히 가까이에 있다 – 사람들은 디오게네스Diogenes의 등불을 들고 라인주정부 관할 5개 지역을 다 헤매고 다닐 수는 있겠지만, 그 어느 곳에서도 "바로 이 사람"을 만나지는 못할 것이다. 우리는 이것을 라인주의 결함이라고 생각하는 것이 아니라, 오히려 라인주의 실천적, 정치적 감각의 증거라고 생각한다. 라인주는 "자유로운 언론"을 보여줄 수는 있지만, "부자유스런 언론"을 보여주기에는 민첩함과 환상을 결여하고 있다.

그러므로 우리가 "엄격한 검열의 문학시대"로서 특징지을 수 있는, 이제 막 지나간 문학의 시대는, 검열이 치명적이고 무책임한 방식으로 독일 정신의 발전을 방해했다는 사실을, 그래서 검열이 이 연사가 생각하듯이 아름다운 문예교사의 소명을 받고 있는 것이 결코 아니라는 사실을 보여주는 명백하고 역사적인 증거인 것이다. 아니면 "고귀하고 진정한 언론"이란 말은 자신의 사슬을 품위 있게 끌어지고 있는 언론을 의미하는가?

이 연사가 "작은 손가락을 주면 손 전체를 달라고 한다는 잘 알려진 격언"을 상기한다면, 우리는 그와 정반대로 물을 것이다: 즉 정부는 인민의 정신에 대해 한 손 전체만이 아니라 두 손 전부를 주는 것이 정부의 품위에 가장 잘 어울리는 것이 아니겠는가?

우리가 이미 보았듯이 우리의 연사는 검열과 정신적 발전의 관계와 관련된 문제를 태만하게 받아들였고, 외교적인 냉정한 방식으로 해치웠다. 그러나 언론자유의 역사적 형성에 대한 공격에서 그는 자신이 속한 신분의 부정적 측면을 훨씬 더 단호하게 대변한다.

다른 민족의 경우에 언론자유에 관해서는 이렇게 말한다: "영국은 절대로 기준이 될 수 없다. 왜냐하면 영국에서는 이미 수 백 년 전부터 다른 어떤 나라에서도 이론의 적용을 통해 만들어낼 수 없는 관계들이, 영국 특유의 상황에서만 그 근거를 찾을 수 있는 관계들로 역사적 경로를 통해 형성되어 왔기 때문이다. 네덜란드에서 언론의 자유는 압박해오는 국채를 막을 수 없었고, 더욱이 이 나라의 절반을 이탈하게 만든 혁명을 야기하는 데 일조하였다." 프랑스에 대해서는 건너뛰고 나중에 되돌아오기로 하겠다. "마지막으로 스위스에서는 과연 언론자유의 혜택을 입은 낙원을 발견할 수 있을까? 이 나라의 신문들에서 논의되고 있는 저급한 당파투쟁은 구역질을 하지 않고는 도저히 눈뜨고 볼 수 없을 정도이다! 이 투쟁에 가담하고 있는 당파들의 이름은 자신들의 미천한 인간적 품위를 올바로 느낀 탓인지 동물의 신체 부분에 따라 뿔당 사람들Hornmänner과 발톱당 사람들Klauenmänner으로 나뉘고, 게다가 천박한 욕설로 인해 이웃들로부터 경멸을 사고 있다!"

영국의 언론은 언론자유 일반을 옹호할 논거가 되지 못한다. 왜냐하면 영국의 언론은 역사적인 기초 위에 서 있기 때문이다. 영국에서 언론이 공적을 쌓은 것은 오직 그것이 역사적이기 때문이지, 언론 일반으로서가 아니다. 왜냐하면 언론은 역사적인 기초 없이 발전해왔어야 하기 때문이다. 이 경우에 공적은 역사이지 언론이 아니다. 마치 언론은 역사에 속한 것이 아니란 듯이, 마치 영국의 언론은 헨리Heinrich 8세, 가톨릭교도인 메리Maria 여왕, 엘리자베스Elisabeth, 제이콥Jakob 등의 치하에서 가열찬, 흔하게는 야만적인 투쟁을 전개하여 영국의 인민에게 그들의 역사적인 기초를 가져다 준 것이 아니란 듯이 말이다!

그리고 만일 영국의 언론이 속박을 가장 적게 받는 상황에서도 역사적 기초에 대해 파괴적으로 작용하지 않았다면, 이것은 반대로 언론자유를 옹호하는 논거가 되지 않겠는가? 그러나 이 연사는 일관성을 결여하고 있다.

영국의 언론은 영국적이기 때문에 언론 일반을 옹호하는 증명이 될 수 없다. 네덜란드의 언론은 오직 네덜란드적일 뿐임에도 불구하고 언론 일반에 반대하는 논거가 된다. 어떤 경우에는 언론의 장점이 모두 역사적 기초의 탓으로 돌려지고, 다른 경우에는 역사적 기초의 결함이 모두 언론의 탓으로 돌려지고 있다. 어떤 경우에는 언론이 역사적 완전성에 관여해서는 안 되고, 다른 경우에는 역사가 언론의 결함에 관여해서는 안 된다. 영국의 언론이 영국의 역사 및 그 특유의 상황과 불가분의 관계에 있듯이, 그것은 네덜란드와 스위스에서도 완전히 마찬가지이다.

언론은 역사적 기초를 반영해야 하는가 폐기해야 하는가, 아니면 발전시켜야 하는가? 그 어떤 경우에도 이 연사는 언론에 비난을 퍼붓는다.

그는 네덜란드의 언론을 그것이 역사적이라는 이유로 비난한다. 언론이 역사를 저지했어야 했고, 언론은 압박해오는 국채로부터 네덜란드를 보호했어야만 했! 얼마나 비역사적인 요구인가! 네덜란드의 언론은 루이Ludwig 14세의 시대를 저지할 수 없었다; 네덜란드의 언론은 영국의 함대가 크롬웰 치하에서 유럽 제1함대로 부상하는 것을 저지할 수 없었다; 네덜란드의 언론은 네덜란드를 서로 싸우는 대륙의 열강들의 전쟁무대가 되는 고통스런 역할로부터 벗어나게 해줄 대양을 마법으로 만들어낼 수도 없었다; 또한 네덜란드의 언론은 독일의 모든 검열이 총동원되어서도 할 수 없었던 것과 마찬가지로 나폴레옹의 왕명을 파기할 수 없었다.

그러나 일찍이 자유로운 언론이 국채의 규모를 증대시킨 일이 있는가? 섭정공 오를레앙의 치하에서 전 프랑스가 로우Law의 재정적 광란에 휩쓸려 있을 때, 소수의 풍자시인을 제외하고 누가 이 공상적인 화폐투기의 질풍노도 시대에 맞섰는가. 이들 풍자시인들이 얻은 것은 은행권이 아니라 바스티유감옥으로 가는 차표일 뿐이었다.

언론이 국채를 막아야 한다는 요구는 그 논리를 더욱 진척시키면, 결국 언론이 개별 개인들의 부채도 갚아주어야 한다는 식이 될 것이다. 이와 같은 요구는 자신의 신체의 병은 고쳐주지만 자신의 저작의 오자는 고쳐주지 않는다는 이유로 진료의사에게 언제나 불만을 품는 문필가를 연상케 한다. 이 의사와 마찬가지로 언론자유는 한 인간 혹은 한 인민을 완전한 것으로 만들 것을 약속하지 않는다. 게다가 언론자유 자체도 결코 완전하지 않다. 한꺼번에 모든 선이지 않고 특정한 선이라는 이유로, 다른 어떤 선이 아니라 바로 이러한 선이라는 이유로, 선을 모욕하는 것은 진부한 수법이다. 확실히 언론자유가 모든 것이라면, 그것은 한 인민의 다른 모든 기능은 물론 나아가 인민 자체마저 불필요한 것으로 만들 것이다.

이 연사는 벨기에의 혁명을 네덜란드의 언론 탓이라고 비난한다.

조금이라도 역사적인 교양을 가진 사람이라면 누구도 벨기에와 네덜란드의 분리가 그들의 통합보다 훨씬 더 역사적이었을 부인하지 못할 것이다.

네덜란드의 언론이 벨기에의 혁명을 야기시켰다고 한다. 어떤 언론이 그랬는가? 개혁적 언론인가 아니면 반동적 언론인가? 이러한 질문은 프랑스에서도 똑같이 던질 수 있다. 그리고 이 연사가 교권주의적인 동시에 민주주의적이었던 벨기에의 언론을 비난한다면, 그는 마찬가지로 교권주의적인 동시에 절대주의적이었던 프랑스의 언론도 비난할 것이다. 두 언론은 모두 자신의 정부를 전복하는 데 일조하였다. 프랑스에서는 언론자유가 아니라 검열이 혁명을 일으켰다.

그러나 이 점을 도외시하더라도 벨기에의 혁명은 우선 정신적인 혁명으로, 언론의 혁명으로 나타났다. 언론이 벨기에의 혁명을 일으켰다고 하는 주장은 그 이상 어떤 의미도 갖지 않는다. 그런데 그것이 과연 비난받아야 하는가? 혁명이 곧바로 물질적인 것으로 나타나야 하는가? 말이 아니라 쳐야 하는가? 정부는 하나의 정신적 혁명을 물질화할 수 있다; 그러므로 하나의 물질적 혁명은 우선 정부를 정신화해야 한다.

벨기에의 혁명은 벨기에의 정신의 산물이다. 그러므로 오늘날 정신이 표현되는 가장 자유로운 방식으로서의 언론 또한 벨기에의 혁명에 관여하였다. 만일 벨기에의 언론이 혁명과 동떨어져 있었다고 한다면, 그 언론은 벨기에의 언론이 아니었을 것이다. 그러나 또한 마찬가지로 벨기에의 혁명이 동시에 언론의 혁명이 아니었다면, 그 혁명은 벨기에의 혁명이 아니었을 것이다. 한 인민의 혁명은 총체적total이다; 즉 모든 영역이 각자의 방식으로 혁명을 일으킨다; 그렇다면 왜 언론도 언론으로서 혁명을 일으키면 안 되는가?

그러므로 이 연사는 벨기에의 언론에서, 언론을 비난하는 것이 아니라 벨기에를 비난하는 것이다. 여기서 우리는 언론자유에 관한 그의 역사적 견해의 출발점을 본다. 자유언론의 민족 특유의 성격 - 그리고 잘 알다시피 예술가들도 거대한 역사적 회화를 아무런 색깔도 없는 물감으로 그리지는 않는다 - 다시 말해 자유언론을 그 독특한 민족정신을 가진 독특한 언론으로 만드는 자유로운 언론의 역사적 개성을 제후신분 출신의 이 연사는 못마땅하게 여긴다. 오히려 그는 다양한 국민들의 언론을 향해, 자신의 견해에 맞는 언론, 상류층의 언론이기를 요구하고, 정신적인 천체가 국민들을 중심으로 회전하는 게 아니라 개별 개인들을 중심으로 회전할 것을 요구한다. 이러한 요구는 스위스 언론에 대한 평가에서 노골적인 모습을 나타난다.

먼저 우리는 한 질문을 던지려고 한다. 왜 이 연사는 스위스의 언론이 알브레히트 폰 할러Albrecht v. Haller에서 보듯이 볼테르적 계몽사상에 반대했음을 생각해내지 못했는가? 또한 스위스가 결코 낙원은 아니더라도 어쨌든 장래의 제후의 낙원은 보여주었다는 사실, 마찬가지로 자신의 저서『국가학의 부활Restauration der Staatswissenschaften』에서 폰 할러씨가 "고귀하고 진실한" 언론에 대해, 그리고 <베를린 정치 주간신문*Berliner politischen Wochenblatt*>에 대해 기초를 보여주었다는 사실을 왜 그는 생각해내지 못하는가? 그 열매로 그들은 알게 될 것이다. 이 즙이 많은 정통성의 열매를 스위스만큼 가지고 있는 나라가 세계 어디에 있을 수 있는가?

이 연사는 스위스의 언론이 "뿔당 사람들과 발톱당 사람들"이라는 "동물적인 당 이름"을 사용하고 있다고 해서, 간단히 말해 스위스의 언론이 스위스식으로 말하고, 나아가 수소와 암소와 함께 어떤 가부장적인 화목 속에서 살고 있는 스위스 사람들에게 말한다고 해서 스위스 언론을 나쁘다고 생각한다. 이것에 대해서는 더 이상 말할 게 없다. 그러나 동시에 자유로운 언론이야말로 바로 한 나라의 특수주의의 한계를 초월하며, 이 점은 스위스의 언론이 증명하는 그대로이다.

동물적인 당 이름과 관련하여 우리는 특히 다음을 지적하기로 한다: 즉 종교 자체가 동물적인 것을 정신적인 것의 상징으로 존중하고 있다는 점이다. 어느 경우든 우리의 연사는 종교적인 열광 속에서 암소 사발라Sabala와 원숭이 하누만Hanuman을 숭상하는 인도의 언론을 배척할 것이다. 그는 스위스의 언론이 스위스의 특성을 가지고 있다고 해서 그 언론을 비난했듯이, 인도의 언론이 인도의 종교를 숭상한다고 해서 그 언론을 비난할 것이다; 그러나 여기 그가 좀처럼 검열에 굴복시키고 싶어 하지 않을 한 언론이 있다: 우리가 말하는 것은 신성한 언론, 바로 성경이다; 그런데 그 성경은 전 인류를 양과 염소라는 커다란 두 당으로 나누고 있지 않은가? 하나님 스스로 유다 족속과 이스라엘 족속에 대한 자신의 관계를 특징지으면서 "내가 유다 족속에게는 나방 같으며, 이스라엘 족속에게는 구더기 같도다"라고 말하지 않았던가? 아니면 우리에게 좀 더 가까운 관계가 있는 현세적인 사례로 모든 인간학을 동물학으로 바꾸어 놓은 제후의 문학, 즉 문장학적heraldisch 문학도 있지 않은가? 그것은 뿔당이나 발톱당과는 또 다른 진기한 것들을 보여준다.

그렇다면 이 연사는 언론자유에서 무엇을 비난했는가? 한 인민의 결함은 동시에 그 언론의 결함이라는 사실, 언론은 역사적인 인민정신의 가장 솔직한 언어이자 공개적인 모습이라는 사실을 그는 비난하였다. 독일의 인민정신은 이러한 위대한 자연적 특권으로부터 배제되어 있음을 과연 그는 증명했는가? 그가 증명한 것은 모든 인민이 자신의 정신을 자신의 언론에서 표현한다는 사실이다. 이 연사 자신의 확신에 따른다면 동물적인 것에 묶여 있는 스위스 사람들에게서 찾아볼 수 있는 것은, 독일인들의 철학적으로 교양을 갖춘 정신에 귀속되어야 마땅하지 않은가?

마지막으로 이 연사는 자유로운 언론의 국민적 결함이 검열관들의 국민적 결함과 동등한 것이 아니라고 생각하고 있는가? 검열관들은 역사적 총체성에서 벗어나 있고 한 시대의 정신과 아무런 관계도 없는 것인가? 유감스럽게도 그런 경우가 있을 수 있다. 그러나 검열에서 나타나는 국민과 시대에 역행하는 죄악에 대해서는 용서하면서, 오히려 언론에 나타나는 국민과 시대의 죄악에 대해서는 용서하지 않는 사람이 있다면, 그는 건전한 사람이라고 할 수 있겠는가?

우리는 도입부에서 다양한 연사들의 입을 빌어 그들의 특수한 신분이 언론자유를 논박하고 있음을 지적하였다. 제후신분 출신의 연사는 우선 외교적인 근거를 제시했다. 그는 제후적 신념에서 언론자유의 부당성을 논증하였다. 이런 신념은 검열법률 속에 충분히 명료하게 표명되었을 것이다. 그는 독일 정신의 고귀하고 진정한 발전은 위로부터의 방해를 통해 이루어졌다고 말했다. 마지막으로 그는 인민들에 대해 논박했고, 고상한 혐오감을 가지고 언론자유를 그들을 향한 인민들의 저급하고 분별없는 언어라고 배척하였다.

우리는 이제 기사신분 출신의 연사를 다룰 것이다. 그는 인민을 논박하는 것이 아니라 인간을 논박한다. 그는 언론자유에서 인간의 자유를, 언론법에서 법을 논박한다. 언론자유에 관한 원래 문제로 들어가기 전에 그는 주의회의 토론을 생략 없이 매일 공표하는 것에 대해 문제를 제기한다. 우리는 그의 말을 하나씩 뒤따라가 보자.

"우리 의사록의 공표에 대한 첫 번째 제안은 이미 충족되었다." "주어진 허가를 현명하게 이용하는 것은 주의회의 수중에 들어 있다."

바로 이것이 문제의 초점이다. 주민들은 논의의 공표가 더 이상 주의회의 자의적인 지혜에 맡겨져 있는 것이 아니라, 하나의 법률적인 필연사가 될 때, 비로소 자신들의 수중에 들어 있다고 믿는다. 논의의 공표가 신분제의회의 자의에 귀속된다는 식으로 새로운 양보를 해석해야 한다면, 우리는 그 새로운 양보를 하나의 퇴보로 불러야 할 것이다.

주의회의 특권은 결코 주민의 권리가 아니다. 오히려 주민의 권리는 그것이 주의회의 특권이 되는 바로 거기서 폐기된다. 중세시대의 신분의회는 국가의 모든 권리를 자기 안에 흡수하여, 그것을 특권으로써 국가에 반하여 사용하였다.

공민은 권리를 특권으로 알려고 하지 않는다. 낡은 특권에 새로운 특권을 추가하는 것을 하나의 권리라고 생각할 수 있겠는가?

이러한 방식으로 주의회의 권리는 더 이상 주민의 권리가 아니라 주민에 반하는 권리가 된다. 그리고 주의회 자체도, 주민에게 가장 큰 권리로 간주되어야 할 신비스런 의미를 가진, 주민에게 가장 크게 대립하는 비권리가 될 것이다.

이제 이 기사신분 출신의 연사가 주의회에 대한 이 같은 중세기적 견해에 얼마나 깊이 빠져 있는지, 그리고 국가의 권리에 대항하여 신분제의회 의원의 특권을 그가 얼마나 노골적으로 옹호하는지는 그의 연설을 따라가면 증명될 것이다.

"(논쟁의 공표에 대한) 이러한 허가의 확대는 단지 내부의 확신으로부터만 나올 수 있을 뿐, 외부의 영향으로부터 나올 수는 없을 것이다."

참으로 놀라운 말재주이다! 자신들의 주의회에 대한 주민의 영향은 외부적인 것으로 특징짓고, 그러한 외부적인 것에 대해 신분제의회의 확신은 마음 상냥한 내부적인 것으로서 대립하고 있으며, 크게 화를 잘 내는 그 내부적인 본성이 주민을 향해 "나를 건드리지 말라!"고 외친다. "공개적인 확신"이라는 거칠고 외면적이고 부당한 북풍北風에 맞서는 "내부의 확신"이라는 이러한 애조를 띤 미사여구는, 이 제 안이 곧바로 신분제의회의 내부적인 확신을 외적인 것으로 만들고자 할 때, 더욱 더 고려할 만한 것이 된다. 우리는 여기서도 역시 일관성 없는 논리를 발견한다. 이 연사는 자신에게 유리한 경우에는, 예를 들어 교회적인 논쟁에서는 주민의 탓으로 돌린다.

연사는 계속 말한다: "우리가 그것(공표)을 목적에 합당하다고 생각하는 경우에, 우리는 그것을 시작할 것이고, 우리에게 그 확대가 목적에 어긋나거나 참으로 해로운 것으로 보이는 경우에는 그것을 제한할 것이다."

우리는 우리가 원하는 것을 행할 것이다. 그러하기를 나는 원한다, 그러하기를 나는 명령한다, 그것이 의지의 기본 상태이다. 이것은 완전히 지배자의 말이다. 확실히 이러한 말을 근대적 신분귀족의 입을 통해 듣는 것은 눈물겨운 맛을 느끼게 해준다.

"우리"는 누구인가? 신분제의회이다. 의사록의 공표는 주민을 위한 것이지 신분제의회를 위한 것이 아니다. 그러나 이 연사는 우리의 잘못된 생각을 바로잡아 준다. 의사록의 공표도 또한 신분제의회의 특권이고, 신분제의회는 자신이 적당하다고 생각하는 경우에는 자신의 지혜에 시끄러운 반향을 내는 인쇄기의 손잡이를 제공할 권리를 가진다.

이 연사는 신분제의회의 주민만을 알 뿐, 주민의 신분제의회는 알지 못한다. 신분제의회는 자신의 활동의 특권이 미치는 대상으로서 주민을 가지고 있지만, 그러나 주민은 그것을 통해 스스로가 활동적이게 될 신분제의회를 가지고 있지 못하다. 물론 주민은 규정된 조건 하에서 스스로 이러한 신들을 만들어 낼 권리를 가지고 있다. 그러나 이러한 신들을 창조한 후에는 물신숭배자와 마찬가지로, 그것이 자신들의 손으로 만든

신들이라는 사실을 잊어야 한다.

여기서 무엇보다 간과해서는 안 될 것은, 왜 주의회를 갖지 않은 군주제가 주의회를 가진 군주제보다 더 가치 있지 않을까 하는 것의 이유이다. 왜냐하면 만일 주의회가 주민의 의지의 대변기관이 아니라고 한다면, 우리는 토지소유자의 사적인 지성보다는 정부의 공적인 지성에 더 많은 신뢰를 보내기 때문이다.

우리는 여기서 주민이 그들의 대표자들을 통해서 싸우기보다는 오히려 대표자들과 싸워야 하는, 아마 주의회의 본질에 기초하는, 기묘한 광경을 목격한다. 이 연사에 따르면, 주의회는 주민의 일반적 권리를 자신의 유일한 특권으로 생각하지 않는다; 왜냐하면 만일 그렇게 생각하는 경우에는 의회의사록을 매일같이 완전하게 공표하는 것이 주의회의 새로운 권리가 될 것이기 때문이다. 오히려 주민이 신분제의회의 특권을 자신의 유일한 권리로서 간주해야 한다; 신분제의회의 특권을 그렇게 간주한다면, 어떤 공무원계급이나 귀족 혹은 성직자의 특권을 그렇게 생각해서 안 될 이유는 무엇인가!

더욱이 이 연사는 주민의 권리가 증대하는 것에 비해 신분제의회의 특권이 감소한다는 사실을 노골적으로 발설한다.

"마찬가지로 이곳 의회에서 논의의 자유가 확보되고 지나치게 꼼꼼하게 말을 고를 필요가 없어지는 것은 나에게는 바람직하게 보인다. 마찬가지로 이러한 말의 자유와 이러한 연설의 공평성을 확보하기 위해서, 지금 그러한 말을 하도록 규정된 바로 그 사람들에 의해서만 당분간 우리의 말이 판단될 필요가 있다고 생각한다"

이 연사는 결론짓기를, 논의의 자유가 우리의 의회에서 바람직하다는 바로 그 이유 때문에 - 그렇지만 그런 자유는 그것이 우리의 입장에서 다루어진다면 우리에게는 바람직한 것이 아닐 것이다 - 논의의 자유가 주민에게는 가장 바람직하지 않게 된다. 우리가 공정하게 말하는 것이 바람직하기 때문에, 주민을 비밀의 편견 속에 가두어 두는 것도 더욱 바람직할 것이다. 우리의 말은 주민을 위해 규정되어 있지 않다.

주의회가 자신의 토론을 완전하게 공표하게 되면 신분제의회의 특권이 주민의 권리가 되리라는 사실, 주의회가 직접 공적인 정신의 대상이 되면 공적인 정신의 대상화가 되기를 결심해야 한다는 사실, 일반적 의식의 빛에 노출되면 일반적 본질에 반하는 자신의 특수한 본질을 지양하게 된다는 사실 등을 이 연사가 감지해낸 민첩함에 대해서 우리는 인정해야 할 것이다.

그러나 기사인 이 연사가 인격적 특권, 즉 인민과 정부에 대립하는 개별적인 자유를 일반적 권리로 오인하고, 그래서 자신의 신분의 배타적인 정신을 논란 없이 적절하게 표명했다면, 이제 그가 어쨌든 주민의 일반적 요구를 개인적 욕망으로 바꾸었다면, 그는 주민의 정신을 가장 전도된 방식으로 해석하는 것이다.

이 연사는 주민들이 우리의 말에 (즉 신분제의회의 인격들의 말에) 개인적이고 탐욕스런 호기심을 가지고 있는 듯이 가정하는 것처럼 보인다.

우리는 그에게 단언한다: 주민은 결코 개별적 개인으로서 신분제의회의 "말"에 호기심을 갖고 있지 않다. 또 신분제의회는 "그런 말"을 "자신들의 말"이라고 정당하게 부를 수 있을 뿐이다. 오히려 신분제의회의 말은 공개적으로 들을 수 있는 주민의 소리로 전환되어야 할 것이다.

중요한 것은 주민이 자신들 대표에 관한 의식을 가져야 하는가 말아야 하는가이다! 정부의 신비에 대표의 신비가 추가되어야 하는가! 정부도 또한 인민을 대표한다. 주민을 위해 관계하지 않고 오히려 스스로를 위해 관계하는 데 그 자신의 특별한 성격이 있다면, 신분을 통한 새로운 대표는 전혀 의미가 없는 것이다; 여기서는 주민이 대표되는 것이 아니라, 오히려 신분 스스로가 대표되는 것이다. 그 위임자들의 의식으로부터 분리되어 있는 대표성은 결코 대표성이 아니다. 내가 모르는 것은 나를 화나게 하지 않는다. 주로 개별 주민들의 자기활동을 표현하는 국가의 기능이 그들의 형식적인 협력조차, 그들의 공지共知Mitwissen조차 결여하고 있는 것은 무의미한 모순이다. 나의 자기활동이 내가 모르는 다른 사람의 행동이어야 하는 것은 의미 없는 모순임에 틀림없다.

그러나 신분제의회의 자의에 맡겨져 있는 주의회 의사록의 공표는 전혀 없는 것보다 더 나쁘나; 왜냐하면 주의회가 원래의 자신이 아니라 나에게 보여주고 싶은 것만을 보여주고자 한다면, 나는 주의회를 그런 것으로, 그가 드러내 보이는 그대로, 가상으로 받아들이기 때문이다. 또한 그 가상이 법률적 존재를 가진다면 그것은 나쁜 일이기 때문이다.

또한 매일 인쇄를 통해 가감 없이 공표하는 것조차 생략이 없고 공개적인 것이라고 정당하게 말할 수 있는가? 말에 대해 저술을, 사람에 대해 도식을, 구체적인 행동에 대해 지면상의 행위를 대체시키는 것은 생략이 아닌가? 혹은 공개성은 구체적인 사항이 구체적인 공중에게 보고되고, 다시 말해 상상의 독자 공중에게가 아니라 살아 있는 현재의 공중에게 보고되는 것에 있지 않은가?

주민의 가장 공개적인 행위가 비밀인 것보다 더 모순된 것은 없으며, 주민의 사적 소송에 대해서는 법정의 문이 열려 있지만 주민 자신의 소송에서는 주민이 문 앞에 머물러 있어야만 하는 것보다 모순된 것은 없다.

따라서 주의회 의사록의 생략 없는 공표는 주의회의 완전한 공개 말고는 그것의 진정한 일관된 의미를 가질 수 없다.

그러나 반대로 우리의 연사는 주의회를 일종의 사교장으로 계속 간주한다.

"오랜 동안의 친교에 기초하여 우리들 사이에는 대부분 좋은 개인적 화합이 형성되어 있는데, 그 안에서 우리는 다양한 견해에도 불구하고 여러 사항에 관해 화합의 관계를 이루고 있고, 이러한 관계는 새로운 의원들에게도 이어진다."

"바로 그것을 통해 우리는 우리 말의 가치를 가장 잘 평가할 위치에 있고, 이러한 평가는 외부의 영향이 덜 작용할수록 그 만큼 더 불편부당하게 이루어질 것이다. 그리고 그러한 외부의 영향은, 그것이 칭찬이든 비난이든 공개를 통해 우리의 인격에 영향을 미치려는 독단적 판단형태가 아니라 호의적인 충고의 형태로 우리를 지지하는 경우에만 유용할 것이다."

이 연사는 감정적으로 말하고 있다.

우리는 서로 아주 친밀하고, 우리는 아주 허물없이 얘기하고, 우리는 우리 각자의 말의 가치를 아주 정확히 평가한다. 우리의 아주 가부장적이고 아주 안락하고 아주 편안한 위치가, 우리의 말에 아마도 적은 가치를 부여하는 주민의 판단에 의해 흔들려야 하는가?

어림도 없다. 주의회는 대낮의 빛을 견디지 못한다. 사생활의 어둠 속에서 우리는 더욱 비밀스런 기분이 된다. 주민 전체가 자신의 권리를 개별적 개인들에게 위임하기 위해 신뢰를 가지고 있다면, 이들 개별적 개인들은 주민의 신뢰를 받아들이기 위해 매우 겸손해져야 하는 것은 자명하다. 그러나 그들은 주민이 한 것과 동일한 것으로 보답할 것을 요구하고, 또 처음에 그들에게 일관성 있는 판단을 부여했던 주민의 판단에 그들의 업적과 그들의 인격을 충분한 신뢰로써 맡기라고 요구하는 것은 현실적으로 터무니없는 것이다. 어쨌든 주민의 이해가 신분의회의 인격들에 의해 위협을 받는 것보다는, 신분의회의 인격들이 주민에 의해 위협을 받지 않는 것이 더 중요하다.

우리는 또한 공정하고 예의바르기를 원한다. 우리는, 우리는 일종의 정부인데, 칭찬이든 비난이든 어떤 독단적인 판단도 결코 허용하지 않는다. 우리는 공개가 우리의 신성하게 된 개인에게 영향을 미치는 것을 결코 허용하지 않는다. 그러나 우리는 호의적인 충고는 허용할 것이다. 다만 그것이 주민을 위해서 호의적이라는 추상적인 의미에서가 아니라, 신분제의회의 인사들에 대해 열정적인 애정을 가지고 있고 그들의 우월성에 대해 특별한 견해를 가지고 있는 그런 완전하고 조화로운 의미에서 허용할 것이다.

더욱이 만일 공개가 우리의 훌륭한 화합에 해롭다고 한다면, 우리의 훌륭한 화합이 공개에 해로울 수밖에 없다고 생각할 수 있을 것이다. 그러나 이러한 궤변은 주의회가 신분제의회의 회의이지 주민의 회의가 아니라는 사실을 망각하고 있다. 그리고 누가 모든 논거를 반박하는 데 맞설 수 있겠는가? 만일 주민이 그들의 일반적 지성을 대표하기 위해 헌법에 따른 신분들을 지명한다면, 주민은 바로 그것으로 스스로 자신들의 모든 판단과 오성을 완전히 포기하고, 이제 그러한 판단과 지성은 오직 의원들 속에서만 체화되는 것이다. 위대한 발명가가 자신의 비밀을 권력자에게 알리자마자 죽임을 당했다든가 혹은, 이것은 결코 전설이 아닌데, 산 채로 요새에 갇히게 되었다고 전설이 전해주듯이, 주민의 정치적 이성은 신분제의회라는 대 발명품을 만들 때마다 자살을 한다. 물론 불사조처럼 다음 선거를 위해 새롭게 부활하기는 하지만 말이다.

의사록의 공표를 통해 외부로부터, 즉 주민으로부터 신분제의회의 인격들에게 닥칠지도 모르는 위험에 대해 이처럼 인정미 넘치고 주제넘게 묘사한 후에, 이 연사는 우리가 지금까지 추적해온 다음과 같은 주요한 사상으로 이 연설을 끝맺는다:

"의회적 자유는", 이 얼마나 듣기 좋은 소리인가, "그 첫 번째 발전시기에 있다. 의회적 자유는 후원과 보호 아래 내적인 힘과 자율성을 획득해야 한다. 그러한 후원과 보호는 의회적 자유가 외부의 폭풍 앞에서도 아무런 타격을 받지 않을 수 있게 될 때까지 반드시 필요하다." 내적인 것으로서 주의회와 외적인 것으로서 주민 사이의 해묵은 숙명적인 대립이 다시 나타나고 있다.

우리는 물론 이미 오래 전부터 의회의 자유가 이제 겨우 시작의 시작에 서 있다고 생각했고, 여기 예로 들고 있는 연설조차 정치적인 사항들에서 과학적 초보가 아직 여전히 완성되지 않았음을 우리에게 새롭게 확신시켰다. 그러나 그렇다고 해서 - 그리고 여기서의 연설은 우리의 의견을 다시 한 번 확증해준다 - 주의회가 주민에 대해 자립화될 수 있도록 더 많은 유예기간을 주의회에게 주어야 한다는 말은 아니다. 아마 이 연사는 의회의 자유를 낡은 프랑스 의회의 자유로 이해하는 듯하다. 이 연사 자신의 고백에 따르면, 신분제의회에는 오랫동안의 친분관계가 존재하고, 그들의 정신은 이미 전염병 같은 유산으로 새로운 사람들에게 이어지고 있다는 것이다. 그런데도 아직 공개할 시점이 아니라는 말인가? 그렇다면 제12차 주의회도 단지 표현만 단호할 뿐 제16차 주의회와 동일한 답변을 줄 수 있을 뿐이다. 즉 자신이 너무 자율적이어서 비밀스런 절차의 고상한 특권을 결코 빼앗길 수 없다고 답변할 뿐이다.

물론 낡은 프랑스적 의미에서의 의회적 자유의 발전, 여론에 대한 자율성, 배타적 신분 정신의 침체는 고립을 통해서 가장 근본적으로 발전하는데, 사람들은 바로 이러한 발전에 관해 시의적절하게 충분히 경계할 수 없다. 진정한 정치적 집회는, 마치 살아 있는 생명들이 자유로운 공기의 보호 아래서만 번창하는 것처럼, 공개적인 정신의 커다란 보호 아래서만 번창한다. 낯선 풍토에 옮겨 심어진 식물, 즉 "외국산" 식물만이 온실의 후원과 보호를 필요로 한다. 이 연사는 주의회를 자유롭고 따뜻한 라인주라는 풍토에 심은 "외국산" 식물로 간주하는가?

기사신분 출신인 우리의 연사가 거의 코믹한 진지함과 거의 우울한 품위와 거의 종교적인 열정을 가지고 신분제의회의 중세적인 자유와 자율성에 대해서는 물론 높은 지혜에 대한 가정을 발전시켰을 때, 사정을 잘 알지 못하는 사람들은 그가 언론자유의 문제에서 주의회의 높은 지혜로부터 인류의 철저한 무지로, 특권적 신분의 위에서 추천된 자율성과 자유로부터 인간 본성의 원리적인 부자유와 비자율성으로 전락하는 것을 보면서 놀랄 것이다. 우리는 기독교적으로 기사적인, 근대적으로 봉건적인, 간단하게 낭만적인 원칙의 오늘날 풍부한 형태들의 하나를 접해도 놀라지 않는다.

이들 신사들, 그들은 자유를 자연의 산물로서 보편적 이성의 햇빛이 아니라 초자연적인 선물로서 특별히 유리한 별들의 덕택으로 돌리고 싶어하기 때문에, 또 그들은 자유를 단지 어떤 개인들과 신분들의 개별적인 속성으로 간주하기 때문에, 당연하게도 그들은 보편적인 이성과 보편적인 자유를 나쁜 심성과 "논리적으로 정리된 체계"의 망상 아래 종속시킬 수밖에 없나. 특권층의 특수한 자유를 구하기 위해 그들은 인간 본성의 보편적 자유를 추방한다. 그러나 19세기의 나쁜 무리들과 그 세기에 의해 감염된 근대 기사들의 인식은, 내적 본질적이고 일반적인 규정을 인간의 본질 및 이성 일반과, 즉 모든 개인들과 공통적으로 연결시키지 않은 채 외적 우연적이고 특수한 호기심에 의해 어떤 인간적 개인들과 연결시켜야 하듯이 개념이 없었기 때문에, 그 자체 비개념적인 것을 개념적으로 파악할 수 없었기 때문에, 필연적으로 그들은 자신의 도피처를 기이한 것과 신비한 것에서 찾는다. 더욱이 이들 신사들의 실제적인 위치가 근대국가에서는 그들이 자신의 위치에 대해서 가지고 있는 개념과 결코 일치하지 않기 때문에, 즉 그들은 현실적인 세계의 피안에 살고 있기 때문에, 따라서 상상력이 그들의 머리요 심장이기 때문에, 그들은 실천에 만족하지 않고 필연적으로 이론에, 그렇지만 피안의 이론에, 종교에 호소한다. 그러나 이러한 종교는 그들의 수중에서는 정치적 경향으로 충만한 논쟁적인 통렬함을 띠고, 다소간 의식적으로 매우 세속적인, 그러나 동시에 매우 환상적인 소망을 위한 성의聖衣Heiligenmantel가 될 뿐이다.

그래서 우리는 우리의 연사에게서 다음과 같은 사실을 발견하게 된다: 그는 실천적인 요구에 대해 신비적 종교적인 망상의 이론을 대치시키고 있고, 또 그는 현실적인 이론에 대해 가장 피상적인 실천을 통해 얻은 소심 교활하고 실용적이고 간교한 경험상의 지혜를, 나아가 인간적인 오성에 대해 초인간적인 신성한 것을, 그리고 이념의 현실적인 신성함에 대해서는 천박한 관점의 자의와 불신을 대치시키고 있음을 알게 된다. 제후신분 출신 연사의 더 고상하고 더 무관심하고 그래서 냉정한 언어가 이제는 장중한 부자연스러움과 환상적이고 터무니없는 거드름으로 되고 있다. 이러한 부자연스러움과 거드름은 이전에는 특권의 순수한 열정 앞에 밀려 있었다.

"오늘날 언론이 하나의 정치적 힘이라는 사실이 부정되지 않을수록, 좋은 언론과 나쁜 언론 사이의 투쟁으로부터 빛이 나오고 그것들의 더욱 광범하고 원활한 전파가 기대될 수 있다는, 매우 널리 유포된 견해는 마찬가지로 그에게는 아주 잘못된 것처럼 보인다. 인간은 개인으로건 대중으로건 언제나 같은 것이다. 인간은 본성상 불완전하고 미숙하며, 그래서 그의 죽음과 함께 비로소 끝나는 그의 발전이 지속되는 한 교육을 필요로 한다. 그러나 교육의 기술은 허용되지 않는 행위에 대한 처벌에 있는 것이 아니라, 좋은 행위에 대한 요구와 나쁜 영향으로부터 멀리하는 데 있다. 그러나 인간의 불완전함은 악을 유혹하는 사이렌의 노래가 대중에게 강력하게 영향을 미치고, 비록 절대적인 것은 아니지만 극복하기 어려운 장애로서 진리의 간단하고 냉정한 목소리와 대립한다는 사실과 불가분의 관계에 있다. 나쁜 언론은 인간의 열정에만 호소하는 반면, 나쁜 언론은 열정을 자극함으로써 나쁜 원칙을 가능한 한 널리 유포하고 나쁜 심성을 가능한 한 촉진한다는 자신의 목적을 달성하는 것이 문제가 되는 경우에만 수단과 방법을 가리지 않는 반면, 나쁜 언론은 모든 공세 중에서도 가장 위험스런 공세, 다시 말해 객관적으로 법의 한계도 없고 주관적으로 윤리의 법칙도, 심지어는 외면적인 명예심조차 없는 그런 공세의 모든 장점을 이용하는 반면, 좋은 언론은 언제나 수세에만 머문다; 좋은 언론의 활동은 적대적인 영역으로 의미 있는 진출을 자랑하지 않고, 대부분의 경우 단지 방어적이고 조심스럽고 안정적일 뿐이다. 외적인 장애가 이것을 곤란하게 하지 않으면 그것으로 충분히 다행일 것이다."

우리는 이 구절이 독자에게 어떤 격한 인상을 줄지도 모르기 때문에 그것을 약화시키기 위해 전문을 인용하였다.

이 연사는 원칙의 수준에 서 있다. 언론자유를 반박하기 위해 사람들은 인류의 영원한 미성숙함을 주장해야 한다. 만일 부자유가 인간의 본질이라면, 자유가 인간의 본질에 모순된다고 것은 완전히 동어반복적 주장이다. 나쁜 회의론자라면 이 연사에게 그의 말을 믿지 않게 할 수 있을 것이다.

인류의 미성숙이 언론자유에 반대하는 신비한 근거라면, 어쨌든 검열은 인류의 성숙성에 반대하는 가장 분별 있는 수단이다.

발전하는 것은 불완전하다. 발전은 죽음과 함께 비로소 끝난다. 따라서 진정한 결론은 이러한 불완전한 상태로부터 인간을 해결하기 위해서 인간을 때려죽이는 것이다. 언론자유를 때려죽이기 위해 이 연사는 최소한 이렇게 결론짓고 있다. 그에게 진정한 교육은 인간을 그의 전 생애에 동안 요람에 묻어 두는 데 있다. 왜냐하면 인간은 그가 걸음마를 배우자마자 또 그는 넘어지기를 배우고, 나아가 넘어짐을 통해서만 걸음마를 배우기 때문이다. 그러나 만일 우리 모두가 갓난애로 머문다면, 누가 우리를 요람에 묻어 주겠는가? 만일 우리 모두가 요람에 싸여 있다면, 누가 우리의 요람을 흔들어 주겠는가? 만일 우리 모두가 죄수라면 누가 간수가 되어야 하는가?

인간은 개인으로든 대중으로든 본성상 불완전하다. 원칙이 논란거리가 될 수는 없다. 그러므로 인정하자! 거기서 도출되는 결론은 무엇인가? 우리 연사의 논거는 불완전하고, 정부도 불완전하고, 주의회도 불완전하고, 언론자유도 불완전하고, 인간 존재의 모든 영역이 불완전하다. 따라서 만일 이러한 불완전함을 이유로 이러한 영역들이 존재해서는 안 된다고 한다면, 그 어떤 것도 존재할 권리가 없고, 그래서 인간 일반도 존재할 권리를 갖지 못한다.

인간의 원리적인 불완전함은 이미 규정된 것이다. 좋다. 그렇게 우리는 처음부터 모든 인간의 제도가 불완전함을 알고 있다; 그것은 더 이상 언급할 필요가 없다. 그것은 인간의 제도를 옹호하는 언급도 반대하는 언급도 아니다. 그것은 그 제도의 특수한 성격도 아니고, 제도를 구별하는 표식도 아니다.

이 모든 불완전함 가운데 유독 자유로운 언론이 완전해야 하는 이유는 무엇인가? 왜 불완전한 신분제의회가 완전한 언론을 요구하는가?

불완전함은 교육을 필요로 한다. 교육 역시 인간적이고 그래서 불완전한 것이 아닌가? 교육 또한 교육을 필요로 하지 않는가?

이제 모든 인간적인 것이 그 존재상 불완전하다면, 우리는 바로 그것 때문에 모든 것을 뒤섞어 좋은 것이든 나쁜 것이든, 진실이든 거짓이든 모든 것을 똑같이 존중해야 하는가? 여기서 나올 수 있는 진정한 결론은, 내가 그림을 감상할 때 어떤 색채가 아니라 물감의 얼룩만을 보여주는 그리고 어떤 무늬가 아니라 어지럽게 교차하는 선분을 보여주는 관점을 포기하듯이, 세계와 인간 간의 관계를 가장 외면적인 가상 속에서만 보여주는 관점을 포기하는 데, 즉 그런 관점이 사물의 가치를 판단할 수 없는 것으로 인식하는 데 있을 뿐이다. 왜냐하면 그렇게 전체 우주에 대하여 단지 그 모든 것은 존재상 불완전하다는 진부한 망상만을 가지고 있는 관점이 나에게 판단하고 식별할 수 있는 능력을 줄 수 있겠는가? 이러한 관점 자체가 그가 주변에서 보는 불완전함 중 가장 불완전한 것이다. 그러므로 우리는 내적 이념의 본질의 척도를 사항의 존재에 두어야 하고, 일면적이고 진부한 경험의 판단을 통하는 것이, 결과적으로 모든 경험을 중지하고 모든 판단을 버리고 그래서 모든 암소가 검다고 하는 것보다는 그 만큼 오류를 적게 만드는 것이다.

이념의 관점에서 볼 때, 언론자유는 그 자체로 이념과 자유의 형태이고 긍정적인 선이므로 검열과는 전혀 다른 정당성을 가진다는 사실은 자명하다. 이에 반해 검열은 부자유의 한 형태이고, 본질의 세계관에 대한 가상의 세계관의 논박이고, 단지 부정적인 본성일 뿐이다.

아니다! 아니다! 아니다! 우리의 연사는 그 사이에 끼어들어 외친다. 나는 현상을 비난하지 않고 본질을 비난하다. 자유는 언론자유에게는 흥

물스런 것이다. 자유는 악의 가능성을 준다. 그래서 자유는 나쁘다. 나쁜 자유!

            "그는 그 여자를 어두운 숲에서 찔러 죽였고,
            그 시신을 라인강 깊은 물에 던져버렸다!"

그러나: "이번에는 내가 당신에게 말해야 한다,
            주인이여, 조용히 내 말을 들어보시오!"

예를 들어 검열의 나라에는 언론자유가 존재하지 않는가? 언론 일반은 인간적 자유의 현실화이다. 따라서 언론이 존재하는 곳에는 언론자유도 존재한다.

검열의 나라에는 국가가 언론자유를 가지고 있지 않지만, 그러나 국가의 한 부분인 정부는 언론자유를 가지고 있다. 공식적인 정부문서들이 완전한 언론자유를 가지고 있다는 사실을 도외시하더라도, 검열관은 비록 직접적으로가 아니라 간접적이긴 하지만, 매일같이 무제한의 언론자유를 행사하고 있지 않은가?

저술가들은 흡사 검열관의 비서와 같은 존재들이다. 비서가 주인의 의견을 표현하지 않는 곳에서 주인은 그 졸작을 말살한다. 따라서 검열이 언론을 저술한다.

언론을 위해 검열관이 긋는 횡선은 사유를 위해 중국인들이 긋는 직선 - 팔괘 - 과 같은 것이다. 검열관의 팔괘는 문헌의 범주이고, 주지하듯이 범주는 그 이상의 내용을 가진 전형적인 영혼이다.

자유는, 그것의 적대자조차도 그 현실과 투쟁하면서 자유를 실현할 만큼 인간의 본질이다; 다시 말해 자유는, 인간 본성의 장식물로서 배척했던 것을 인간이 가장 비싼 장식물로서 자기 것으로 만들려고 할 만큼 인간의 본질이다.

어떤 인간도 자유와 싸우지 않는다; 그는 기껏해야 다른 인간의 자유와 싸운다. 그러므로 자유는 어떤 종류의 것이든 언제나 존재해왔으며, 다만 어떤 경우에는 특수한 특권으로, 다른 경우에는 보편적 권리로 존재해왔던 것뿐이다.

이제 비로소 문제가 일관된 의미를 갖게 되었다. 언론자유가 존재해야 하는지는 문제가 아니다. 왜냐하면 언론자유는 언제나 존재하기 때문이다. 오히려 문제는 언론자유가 소수 인간의 특권인가 아니면 인간정신의 특권인가 하는 것이다. 문제는 "정신의 자유"가 "정신에 반하는 자유"보다 더 많은 권리를 가지고 있는가 하는 것이다.

그러나 "보편적 자유"의 현실화로서 "자유로운 언론"과 "언론자유"를 배척할 수 있다면, 검열과 검열되는 언론은 특수한 자유의 현실화로서 더욱 배척해야 할 것이다. 왜냐하면 유가 나쁘다면 어떻게 종이 좋을 수 있겠는가? 만일 이 연사가 일관된 논리를 가지고 있다면, 그는 자유로운 언론이 아니라 언론을 배척했을 것이다. 그에 따르면 언론은 그것이 자유의 산물이 아닌 경우에, 다시 말해 인간의 산물이 아닌 경우에 비로소 좋은 것이 될 것이라고 한다. 그렇게 되면 동물 혹은 신들만이 언론 일반을 가질 자격이 있게 되는 셈이다.

아니면 우리는 예를 들어 – 이 연사는 감히 그렇게 표명하지는 못하지만 – 정부에게 그리고 이 연사 자신에게 신적인 영감을 가진 것으로 가정해야 하지 않겠는가?

만일 어느 개인이 신적인 영감을 자랑한다면, 우리 사회에서는 단지 정신과 의사인 이 연사만이 그를 직무상 반박할 것이다.

그러나 영국의 역사는 위로부터의 신적인 영감에 대한 주장이 어떻게 아래로부터의 신적인 영감에 대한 반대주장을 낳는지를 충분히 입증하였고, 칼Karl 1세는 아래로부터의 신적인 영감 때문에 단두대에 올랐다.

기사신분 출신의 우리 연사는, 우리가 나중에 듣게 되겠지만, 계속해서 검열과, 언론자유, 검열되는 언론과 자유로운 언론을 두 가지 재앙으로 묘사하지만, 그러나 그는 언론 일반을 재앙으로까지 공언하지는 않는다.

오히려 그 반대다! 그는 언론 전체를 "좋은" 언론과 "나쁜" 언론으로 나눈다.

나쁜 언론에 관해서 우리는 그 악과 가능한 한 악의 전파가 언론의 목적이라는 믿을 수 없는 얘기를 듣게 된다. 이 연사가 우리에게 직업적인 악에 대한 그의 말을 믿어야 한다고 요구할 때, 우리의 쉽게 잘 믿는 기질을 그가 과신하고 있는 사실은 그냥 지나치자. 우리는 다만 그에게 모든 인간적인 것이 불완전하다는 공리만을 상기시켜주고자 할 뿐이다. 그렇다면 나쁜 언론 또한 불완전하게 나쁘고 그래서 좋은 것이고, 좋은 언론은 불완전하게 좋고 그래서 나쁜 것이 아닐까?

그러나 이 연사는 우리에게 반대의 측면을 보여준다. 그는 나쁜 언론이 좋은 언론보다 더 좋다고 주장한다. 왜냐하면 나쁜 언론은 항상 공세적이고, 좋은 언론은 수세적이기 때문이다. 그런데 그는 우리에게 인간의 발전은 죽음과 함께 비로소 끝난다고 말한 바 있다. 물론 그는 그 말로써 삶이 죽음과 함께 끝난다고 하는 말보다 더 많은 것을 말하지 않았고, 또 그 이외의 것을 말하지도 않았다. 그러나 만일 인간의 삶이 발전이고 또 좋은 언론이 항상 수세적이라면, 다시 말해 "단지 방어적이고 조심스럽고 안정적인" 태도를 취한다면, 좋은 언론은 바로 그 때문에 발전에 대해, 그래서 삶에 대해 반대하는 것이 아닌가? 그러므로 이 좋은 수세적인 언론이 나쁘던가 아니면 발전이 나쁘던가 둘 중 하나일 것이다. 그러면 이제 이 연사의 주장, 즉 "나쁜 언론의" 목적이 "나쁜 원칙을 가능한 한 널리 전파하고 나쁜 심성을 가능한 한 촉진하는 것"이라는 주장은 다음의 합리적인 해석 속에서 그 신비스런 불가사의함을 상실하게 된다; 즉 원칙을 가능한 한 널리 전파하고 심성을 가능한 한 촉진하는 것은 나쁜 언론의 가장 나쁜 점이다.

이 연사가 우리에게 좋은 언론은 무력하고 나쁜 언론은 전능하다고 확언한다면, 좋은 언론과 나쁜 언론의 관계는 훨씬 이상해진다; 왜냐하면 전자는 인민에게 전혀 영향력을 미치지 못하는 반면, 후자는 불가항력적인 영향력을 미치기 때문이다. 이 연사가 보기에는 좋은 언론과 나쁜 언론은 동일하다. 그러면 이제 그는 선은 무력하거나 혹은 무력한 것이 선이라고 주장할 것인가?

그는 나쁜 언론의 사이렌의 노래에 대해 좋은 언론의 냉정한 목소리를 대비하고 있다. 그러나 냉정한 목소리로 가장 훌륭하고 가장 감명 깊게 노래할 수 있다. 이 연사는 단지 열정의 감각적인 뜨거움만 알았지, 진리의 뜨거운 열정, 필승을 기약한 이성의 환희, 윤리적인 힘의 불가항력적인 파토스는 알지 못했던 것처럼 보인다.

이 연사는 나쁜 언론의 심성 아래 "교회와 국가에서 어떤 권위도 인정하지 않는 오만함"과 귀족정치의 폐지를 설교하는 "질투심" 등을 포괄하는데, 이에 대해서는 뒤에서 살펴보기로 한다. 여기서는 일단 다음 질문을 던지는 것으로 만족하기로 한다; 그는 어디서 이러한 고립된 것이 선이라고 알았는가? 삶의 일반적인 힘이 나쁜 것이라고 한다면, 그런데 우리는 나쁜 것이 전능한 것이고 대중에게 영향력을 미친다는 말을 들은 바 있는데, 도대체 무엇이 그리고 누가 좋다고 정당하게 부를 것인가? 이것은 다음과 같이 교만한 주장이다: 나의 개성은 선하고, 나의 개성에 적합한 몇몇 실존들도 선하다; 그렇지만 나쁜 언론은 이것을 인정하려고 하지 않는다. 나쁜 언론 같으니라구!

이 연사가 처음에는 언론자유에 대한 공격을 자유에 대한 공격으로 전환했다면, 여기서는 그 공격을 선에 대한 공격으로 전환하고 있다. 악에 대한 그의 두려움이 선에 대한 두려움으로 나타나고 있다. 그래서 그는 악에 대한 인정과 선에 대한 부인에 검열의 기초를 둔다. 그렇지 않다면 가령 내가 전에 다음과 같은 이유들 때문에 그의 적이 싸움에서 반드시 승리할 것이라고 그에게 말했던 사람을 경멸하지 않겠는가? 즉 그 자신은 지극히 냉정한 사나이고 지극히 선한 이웃이지만 또 지극히 악한 용

사이기 때문에, 그는 신성한 무기를 가지고 있지만 그것을 휘두를 줄 모르기 때문에, 과연 나와 그, 우리 둘만은 그것의 완전성에 관해 확신하고 있지만 세상은 이러한 확신을 결코 나누어 갖지 않을 것이기 때문에, 과연 그의 의견은 선하지만 그의 에너지가 보잘 것 없기 때문에.

좋은 언론과 나쁜 언론으로 이 연사가 구분한 것이 자신의 고유한 모순에 빠지면서 이러한 구분에 대한 모든 반론을 불필요하게 만들었지만, 그럼에도 우리는 이 연사가 문제를 완전히 잘못 설정했다는 사실, 그리고 그가 근거를 지워야 하는 것을 근거로 삼았다는 사실을 간과해서는 안 될 것이다.

두 종류의 언론에 관해서 말하려면, 우리는 이러한 구분을 언론의 외부에 존재하는 어떤 고려사항에서가 아니라 언론 자체의 본질로부터 했어야만 했다. 검열되는 언론과 자유로운 언론, 둘 중 하나는 좋은 언론이거나 나쁜 언론이어야 한다. 물론 지금 논의하는 것은 검열되는 언론과 자유로운 언론, 둘 중 어느 것이 좋고 어느 것이 나쁜지, 말하자면 언론이 자유로운 존재와 부자유한 존재 중 어느 쪽을 갖는 것이 언론의 본질에 상응하는 것인지에 대해서이다. 자유로운 언론을 반박하기 위해 나쁜 언론을 만드는 것은, 자유로운 언론은 나쁘고 검열되는 언론은 좋다고 주장하는 것이다. 이 점은 바로 위에서 증명될 수 있었다.

검열되는 언론은 천박한 심성, 개인적 술책, 비열함 등을 자유로운 언론과 공유한다. 따라서 그것은 양자가 이러저러한 종의 개별적 산물을 낳는, 그들 간의 유적 차이를 이루지 못한다. 늪에서도 꽃은 핀다. 여기서 중요한 것은 검열되는 언론과 자유로운 언론을 구분하는 본질, 즉 내적 성격이다.

나쁜 자유로운 언론은 언론의 본질의 성격에 상응하는 것이 아니다. 위선, 무성격, 내시의 언어, 비굴한 아첨 등을 일삼는 검열되는 언론은 단지 언론의 본질의 내적 조건만을 실현할 뿐이다.

검열되는 언론은, 비록 그것이 좋은 산물을 낳는다 하더라도, 여전히 나쁘다. 왜냐하면 그 좋은 산물은 그것이 검열되는 언론의 내부에서 자유로운 언론을 표현하는 한에서만, 그리고 검열되는 언론의 산물이 자유로운 언론의 성격에 속하지 않는 한에서만 좋기 때문이다. 자유로운 언론은, 비록 그것이 나쁜 산물을 낳는다 하더라도, 여전히 좋다. 왜냐하면 그 나쁜 산물은 자유로운 언론의 본성에 대한 배신이기 때문이다. 거세된 환관은, 비록 그가 좋은 목소리를 가지고 있다 하더라도, 여전히 나쁜 사람이다. 자연은 비록 그것이 기형아를 낳는다 하더라도 여전히 좋은 것이다.

자유로운 언론의 본질은 자유의 성격 충만한, 이성적인, 윤리적인 본질이다. 검열되는 언론의 성격은 부자유의 무성격적인 비본질이다. 검열되는 언론은 문명화된 괴물, 향수 바른 기형아이다.

그렇다면 언론자유가 언론의 본질에 부합하고 검열은 언론의 본질에 모순된다는 사실이 아직도 증명할 필요가 있는가? 정신적 삶의 외적인 제한은 이러한 삶의 내적인 성격에 속하는 것이 아니라는 사실은 자명하지 않은가?

검열을 현실적으로 정당화하기 위해서 이 연사는 검열이 언론자유의 본질에 속한다는 점을 증명했어야 했다; 그 대신 이 연사는 오히려 자유가 인간의 본질에 속하는 것이 아니라는 사실을 증명한다. 그는 하나의 좋은 종을 보존하기 위해 유 전체를 내버린다. 왜냐하면 자유는 어쨌든 모든 정신적인 현존재의, 그래서 언론의 유적 본질Gattungswesen이기 때문이다. 나쁜 것의 가능성을 버리기 위해 이 연사는 선의 가능성을 버리고 악을 실현한다. 왜냐하면 자유의 실현만이 인간적으로 좋은 것일 수 있기 때문이다.

그러므로 검열이 언론자유 자체의 본질로부터 발생한다는 점이 증명되지 않는 한, 우리는 검열되는 언론을 나쁜 언론으로 생각할 것이다.

그러나 정신적인 존재는 물론 어떤 동물도 사슬에 묶인 채 세상에 태어나지 않았음에도 불구하고, 검열이 언론의 본성과 함께 태어났다고 가정한다면, 그로부터 도출되는 결론은 무엇인가? 그것은 공식적인 측면에서 존재하듯이, 언론자유 역시 검열을 필요로 한다는 사실, 그리고 검열 역시 검열을 필요로 한다는 사실이다. 그렇다면 인민의 언론 이외에 누가 정부의 언론을 검열해야 하는가?

또 다른 연사는 검열의 죄악이 그것을 삼중화함으로써 지양될 것이라고 말한다; 즉 검열은 지방검열 아래, 지방검열은 다시 베를린의 검열 아래 둠으로써, 그리고 언론자유는 일면적으로 만들고 검열은 다면적으로 만듦으로써 검열의 죄악이 지양될 것이라고 말한다. 살아남기 위해 그토록 둘러대다니! 베를린의 검열은 누가 검열해야 하는가? 결국 우리는 우리의 연사에게로 되돌아간다.

처음부터 마찬가지로 이 연사는 우리에게 좋은 언론과 나쁜 언론 사이의 투쟁으로부터 아무런 광명도 나오지 않을 것이라고 가르쳤다; 그러나 우리는 이제 이렇게 물을 수 있다: 그는 이 무익한 투쟁을 영원한 것으로 만들려고 하고 있지 않은가? 그에 따르면, 검열과 언론 사이의 투쟁이 바로 좋은 언론과 나쁜 언론 사이의 투쟁이 아니겠는가?

검열은 투쟁을 지양하는 것이 아니라 그것을 일면적으로 만들고, 검열은 공개적인 투쟁에서 내밀한 투쟁을 만들어내고, 원칙들 간의 투쟁에서 힘없는 원칙과 원칙 없는 힘 사이의 투쟁을 만들어낸다. 언론자유의 본질 자체에 근거한 진정한 검열은 비판이다; 비판은 스스로 행하는 재판이다. 검열은 정부의 독점으로서 비판이다; 그러나 비판이 공개적이 아니라 비밀리에, 이론적으로가 아니라 실천적으로, 여러 당파들에 대해서가 아니라 어느 한 당파에 대해서만, 오성이라는 예리한 칼로써가 아니라 자의라는 무딘 가위로써 행해진다면, 또한 비판이 비판을 행하려고만 할 뿐 그 비판을 견뎌내려고 하지 않는다면, 비판이 굴복함으로써 자신을 부정한다면, 마지막으로 개인을 보편적 지혜로, 권력의 명령을 이성의 명령으로, 잉크의 얼룩을 태양의 흑점으로, 검열관의 곡선을 수학적인 작도로, 구타를 적확한 논거로 오인하리만큼 비판이 무비판적이라면,

그 비판은 합리적 성격을 상실하는 것이 아닌가?

지금까지의 서술과정에서 우리는 이 연사의 환상적이고 열렬하고 부드러운 신비가 어떻게 치졸하고 간교한 오성적 실용주의의 냉정함으로, 그리고 어떻게 이념을 상실한 경험적 타산의 고루함으로 바뀌었는지 보여주었다. 검열법과 언론법의 관계, 예방조치와 규제조치의 관계에 관한 논거에서 그는 스스로 자신의 신비를 계속 의식적으로 적용하면서 우리에게 이러한 수고를 덜어준다.

"예방조치냐 아니면 규제조치냐, 검열법이냐 아니면 언론법이냐, 여기서 문제가 되는 것은 다만 이것이다; 그러나 여기서 전자에 대해서든 후자에 대해서든 제거되어야 하는 위험에 관해 좀 더 자세히 살펴보는 것은 목적에 어긋나지 않을 것이다. 검열이 해악을 예방하려는 데 반해, 언론법은 형벌을 통해 재발을 방지하려고 한다. 인간의 제도가 모두 그러하듯이, 이들 양자도 여전히 불완전한 것이다; 여기서 문제는 어느 쪽의 불완전함이 가장 적은가 하는 점이다. 이 경우 순수히 정신적인 사항이 다루어지기 때문에, 하나의 과제 더욱이 양자에게 자장 중요한 과제는 결코 해결될 수 없다. 그것은 정당함과 부당함이 확연히 구분된 것으로 나타나고 모든 자의가 배제된 것으로 나타날 만큼 입법자의 의도를 명확히 그리고 정확히 표현해주는 형식을 발견한다는 과제이다. 그러나 자의란 것이 개인적 견해에 따른 행동일 뿐이지 않은가? 게다가 문제가 되고 있는 것이 순수히 정신적인 사항이라면, 개인적 견해의 영향을 어떻게 제거할 수 있겠는가? 하나의 규준, 즉 매우 명확히 규정되어 있어 모든 개별적인 경우에 입법자의 의도에 따라 적용될 수밖에 없는 필연성을 자신 속에 내재하고 있는 그런 규준을 발견하는 것, 이것이야말로 지금까지 발견되지 않았고 앞으로도 쉽게 발견되지 않을 현자의 돌이다; 그러므로 자의는 개인적 견해에 따른 행동이라는 의미로 이해된다면, 언론법과는 물론 검열과도 불가결한 관계에 있다. 그러므로 우리는 이들 양자를 필연적인 불완전함의 측면에서 그리고 불완전함의 결과의 측면에서 고찰해야 할 것이다. 검열이 많은 선을 억압할 것이라고 한다면, 언론법은 많은 악을 방지할 수 없을 것이다. 그러나 진리는 영원히 억압될 수 없다. 진리를 가로막고 있는 장애물이 많을수록, 진리는 더욱 대담하게 자신의 목표를 추구하고, 더욱 순수하게 그 목표를 달성한다. 그러나 나쁜 말은 그리스의 불과 같아서 일단 발사기를 떠나게 되면 제지할 수 없고, 그 영향력에서 헤아릴 수 없을 정도가 된다. 왜냐하면 나쁜 말에는 신성한 것이라곤 전혀 없을 뿐만 아니라 다시 주워 담을 수도 없기 때문이고, 또 그것은 인간의 마음속에서도 입 속에서도 영양을 흡수하여 번식해갈 것이기 때문이다."

이 연사는 양자를 성공적으로 비교하지 못하고 있다. 그가 악의 전능을 묘사하는 순간 시적인 흥분이 그를 압도하고 있다. 우리는 이미 악의 사이렌의 노래 앞에서 선의 목소리가 냉정하기 때문에 무기력하게 잦아든다고 하는 말을 들은 적이 있다. 이제 악은 완전히 그리스의 불이 되고 있는 데 반해, 이 연사는 진리에 대해서는 전혀 그에 걸맞는 비유를 내놓지 못하고 있다. 우리가 이 연사를 대신해 그의 "냉정한" 말을 알맞게 비유한다면, 진리는 기껏해야 부딪히면 부딪힐수록 그 만큼 더 밝은 불꽃을 튀기는 부싯돌 쯤에 비유될 것이다. 이것은 흑인노예로부터 인간성을 뽑아내려는 노예상인에게는 아름다운 논거가 될 것이고, 진리에 반하는 규제법을 제정하려는 입법자에게는 훌륭한 격언이 될 것이다. 이것으로 그들은 그 만큼 더 냉정히 그들의 목적을 추구할 것이다. 이 연사는 진리가 자연발생적인 것이 되고 명명백백한 것으로 입증될 때 비로소 진리에 대해 경의를 표하는 것처럼 보인다. 너희가 진리 앞에 방벽을 쌓을수록 너희는 그 만큼 더 강력한 진리를 얻는구나! 그래서 언제나 방벽을 쌓는구나!

사이렌으로 하여금 노래하게 하자!

이 연사의 신비스런 "불완전함의 이론"은 마침내 세속적인 결실을 맺었다; 즉 이 이론은 우리의 머리에 자신의 월장석Mondsteine을 던졌다; 월

장석을 관찰해보자!

모든 것은 불완전하다. 검열은 불완전하고, 언론법은 불완전하다. 이것으로 그것들의 본질이 인식되었고, 그것들의 이념의 정당함에 관해서는 더 이상 말할 것이 없으며, 그밖에 우리에게 남은 것은 어느 쪽에 위험이 가장 많은지 그 개연성을 천박한 경험론의 견지에서 따져보는 일뿐이다. 여러 조치들이 검열에 의해 해악 자체를 예방할지 언론법에 의해 그 해악의 재발을 예방할지, 이것은 순수히 시간상의 차이일 뿐이다.

우리는 어떻게 이 연사가 "인간의 불완전함"이란 공허한 문구를 통해 검열과 언론법의 본질적이고 내적이고 성격적인 차이를 우회하고, 어떻게 논점을 원칙의 문제에서 시장의 문제로, 다시 말해 검열법과 언론법 중 어느 쪽이 더 많은 결함을 가지고 있는가 하는 문제로 바꾸었는지를 알고 있다.

그러나 언론법과 검열법이 대조될 때, 우선 중요한 것은 그것들의 귀결이 아니라 근거이고, 개별적인 작용이 아니라 일반적인 정당성이다. 이미 몽테스키외는 법칙성보다는 전제가 적용에서 더 편리하다고 가르쳤고, 마키아벨리도 군주에게는 선보다는 악이 더 훌륭한 결과를 가져온다고 주장했다. 그러므로 우리가 선한 목적 - 그런데 우리에게는 이 목적의 선함조차도 의심스럽다 - 은 악한 수단을 신성한 것으로 만든다는 해묵은 예수회 격언의 진실성 여부를 증명하고자 하는 것이 아니라면, 우리는 무엇보다도 특히 검열이 그 본질상 선한 수단인지 여부를 검토해야 한다.

이 연사가 검열법을 예방조치라고 불렀다면 옳은 것이다. 예방조치는 자유에 대한 경찰의 경고조치이지만, 그러나 그가 언론법을 규제조치라고 불렀다면 옳지 않은 것이다. 규제조치는 스스로를 예외의 척도로 삼는 자유 자체의 규칙이다. 검열조치는 결코 법이 아니다. 언론법은 결코 조치가 아니다.

언론법에서는 자유가 처벌한다. 검열법에서는 자유가 처벌당한다. 검열법은 자유에 대한 혐의법이다. 언론법은 자유가 스스로 제공하는 신임투표이다. 언론법은 자유의 남용을 처벌한다. 검열법은 자유를 남용함으로써 처벌한다. 검열법은 자유를 범죄자로 처벌한다. 그렇지 않으면 경찰의 감시 하에 놓여 있는 것이 모든 영역에서 명예형으로 간주되지 않겠는가? 검열법은 법률의 형식일 뿐이다. 언론법은 현실적인 법률이다.

언론법은 자유의 적극적인 현존재이기 때문에 현실적인 법률이다. 언론법은 자유를 언론의 정상적인 상태로 간주하고, 언론을 자유의 현존재로 간주한다. 따라서 언론법은 자신의 규칙과 투쟁하고 그래서 자신을 지양하는 언론법 위반과 예외로서 갈등에 처하게 된다. 언론자유는 자신에 대한 암살기도, 다시 말해 언론법 위반에 맞서 자신을 언론법으로서 관철한다. 언론법은 자유를 범죄자의 본성으로 설명한다. 따라서 범죄자가 자유에 반해 행동한 것은 스스로에 반해 행동한 것이고, 이러한 자기위반은 그에게는 그의 자유의 인정인 형벌로서 나타난다.

그러므로 언론법은 언론자유에 대한 규제조치, 즉 형벌을 통한 범죄의 재발 방지를 위한 단순한 수단이 결코 아니기 때문에, 오히려 언론입법의 결여야말로 정당한 자유의 영역으로부터 언론자유를 배제하는 것으로서 간주되어야 한다. 왜냐하면 정당한 것으로 인정된 자유는 국가에서는 법률로 존재하기 때문이다. 법률은 자유에 대한 규제조치가 결코 아니며, 이것은 중력의 법칙이 운동에 대한 규제조치가 아닌 것과 마찬가지이다. 왜냐하면 인력의 법칙으로서 중력의 법칙은 천체의 영원한 운동을 추진시키지만 낙하법칙으로서 그것은 내가 그 법칙을 위반하여 허공에서 춤을 추려는 경우에 나를 떨어뜨려 죽게 하기 때문이다. 오히려 법은 적극적이고 명확하고 보편적인 규범이며, 이들 규범 속에서 자유는 비인격적이고 이론적이고 개별자의 자의로부터 독립된 현존재를 획득하였다. 법전은 인민의 자유경전이다.

그러므로 언론법은 언론자유의 법률적 승인이다. 그것은 자유의 적극적인 현존재이기 때문에 법이다. 따라서 언론법은, 비록 그것이 북아메리카에서처럼 적용되지 않는다 하더라도, 현존해야 한다. 반면 검열은 비록 그것이 수천 번이나 법으로 현존한다 하더라도, 노예제도와 마찬가지로 법이 될 수는 없다.

현실적인 예방법은 있을 수 없다. 법은 명령으로서만 예방한다. 법이 위반될 때 비로소 법은 활동적인 법이 된다. 왜냐하면 법은 그 속에서 자유라는 무의식적 자연법이 의식적인 국가법으로 될 때만이 진정한 법이기 때문이다. 법이 현실적인 법, 즉 자유의 현존재일 때, 그 법은 인간의 현실적인 자유현존재이다. 그러므로 법은 인간의 행위를 예방할 수 없다. 왜냐하면 법은 인간 행위의 내적 삶의 법칙 자체, 즉 인간 삶의 의식적인 반영상이기 때문이다. 그러므로 법은 자유의 삶으로서 인간의 삶 앞에서는 뒤로 물러난다. 인간의 현실적인 행위에서 볼 때 그가 자유의 자연법에 복종하기를 그만두었다고 보이는 경우에 비로소, 법은 국가법으로서 인간을 자유롭게 존재하도록 강제한다. 이것은 내 삶이 물리적 법칙의 삶이기를 그만두었을 때, 다시 말해 내 삶이 병들게 되면 그때 비로소, 그러한 물리적 법칙이 내게 낯선 것으로 대립하게 되는 것과 마찬가지이다. 그러므로 예방법이란 무의미한 모순이다.

따라서 예방법은 그 안에 아무런 한도Maaß도, 아무런 이성적 규칙도 가지고 있지 않다. 왜냐하면 이성적 규칙은 단지 사물의 본성으로부터만, 여기서는 자유의 본성으로부터만 나올 수 있기 때문이다. 예방법은 한도가 없다. 왜냐하면 자유의 예방을 관철하려면 그것은 그 대상만큼 매우 커야 하기 때문이다; 다시 말해 무제한적이어야 하기 때문이다. 그러므로 예방법은 무제한적인 제한이라는 모순이고, 예방법이 해소되는 경우 그 한계는 필연성에 의해서가 아니라 자의라는 우연에 의해서 설정된다. 이것은 검열이 매일 우리 눈앞에서 실증하는 것과 마찬가지이다.

인간의 육체는 그 본성상 죽을 수밖에 없다. 따라서 병이 들 수밖에 없다. 인간은 왜 병이 들었을 때 비로소 의사에게 복종하고, 건강할 때는 복종하지 않는가? 그것은 병뿐만 아니라 의사도 이미 해악이기 때문이다. 의사의 돌봄을 통해서 삶은 해악으로 인식되고, 인간의 육체는 보건국을 위한 치료의 객체로 인식될 것이다. 죽음은 삶보다, 다시 말해 죽음에 대한 단순한 예방조치에 지나지 않는 삶보다 더 가치 있는 게 아닐까? 자유로운 운동은 삶에 또한 속하지 않을까? 모든 병은 자신의 자유 속에 속박당한 삶이 아니고 무엇인가? 병은 영원한 의사일 것이고, 사람들은 그 병으로 죽을 전망이 아니라 살 전망을 갖게 될 것이다. 삶은 죽을 수 있지만, 죽음은 살아서는 안 된다. 정신이 육체보다 더 많은 권리를 가지고 있지 않을까? 물론 사람들은 이것을, 육체적인 운동이 자유로운 운동을 하는 정신에게 더욱 해롭고 그래서 정신에게서 육체적인 운동을 박탈해야 한다는 식으로 해석했다. 검열은 병을 정상적인 상태로서 간주하는 데서, 혹은 정상적인 상태인 자유를 병으로 간주하는 데서 출발한다. 검열은 언론이 병들었다고, 그리고 언론이 자신의 건강한 체질의 가장 좋은 증거를 제출하더라도 언론은 치료받아야 한다고 언론에게 끊임없이 단언한다. 그러나 검열은 병에 따라 다른 내복약을 처방하는 전문적인 의사가 아니다. 검열은 만병에 대해 하나의 기계적인 만능약밖에 모르는, 다시 말해 가위밖에 모르는 촌구석의 외과의사이다. 더욱이 검열은 나의 건강을 돌보는 것을 목적으로 하는 외과의사가 아니다. 검열은 자기 마음에 들지 않는 것은 무엇이든 나의 신체에서 불필요한 것으로 생각하고, 자기 기분을 불쾌하게 자극하는 것을 도려내버리는 외과의학적 미학자이다. 검열은 종기를 눈에 보이지 않게 몸속으로 도로 밀어 놓고, 그것이 더 중요한 내부기관에 닿아 있는지 여부는 아랑곳 하지 않는 돌팔이 의사이다.

당신들은 새를 잡아 가두는 것을 부당한 것으로 생각한다. 새장은 육식조, 총탄, 폭풍우 등에 대한 예방조치 아닌가? 당신들은 나이팅게일의 눈을 멀게 하는 것이 야만적이라고 생각하는데, 그렇다면 날카로운 검열 펜으로 언론의 눈을 후벼 파는 것은 야만적이 아닌가? 당신들은 한 자유인의 의지를 거슬러 그의 머리를 깎는 것은 전체주의적인 짓이라고 간주하지만, 검열은 정신적인 개인들의 살점을 도려낸다. 그리고 검열은 심장 없는 육체, 반응 없는 육체, 겸손한 육체만을 건강한 육체로서 통과시킨다!

우리는 이제까지 어떻게 언론법이 법이고 검열법이 불법인지를 밝혔다. 그러나 검열은 자신이 결코 자기목적이 아니고, 자신에 대해 그리고 자신을 위해 결코 선한 것이 아니라고, 따라서 자신은 "목적이 수단을 신성하게 한다"는 원칙에 근거한다고 고백한다. 그러나 신성하지 않은 수단을 필요로 하는 목적은 전혀 신성한 목적이 아니며, 언론 역시 "목적이 수단을 신성하게 한다"는 원칙을 채택하여 내세울 수 있지 않은가?

그러므로 검열법은 결코 법이 아니라 경찰조치이며, 더욱이 나쁜 경찰조치인 것이다. 왜냐하면 그것은 자신이 원하는 것을 달성하지 못하고, 자신이 달성하는 것은 원하지 않기 때문이다.

검열법이 자유를 불쾌한 것으로 예방하려고 한다면, 정반대의 결과가 나타난다. 검열의 나라에서는 모든 금지된, 즉 검열 없이 인쇄된 모든 저작물은 하나의 사건이다. 그러나 저작물은 순교자로 간주되고, 후광과 추종자가 없는 순교자는 없다. 저작물은 예외로 간주되고, 자유가 인간에게 언제나 가치 있는 것이라면 그 만큼 더 일반적인 부자유로부터의 예외로 간주된다. 모든 신비가 유혹한다. 여론 자체가 신비인 곳에서, 여론은 처음부터 신비한 한계를 형식적으로 뚫고 나온 모든 저작물에 의해서 유혹된다. 검열은 좋은 것이든 나쁜 것이든 모든 저작물을 비범한 저작물로 만든다. 반면 언론자유는 모든 저작물에게서 물질적으로 이목을 끄는 요인을 제거한다.

그러나 검열이 성의를 가지고 있다면, 검열은 자의를 방지하려고 할 것이고, 그 자의를 법으로 만든다. 검열은 그 자신보다 더 큰 위험을 절대 예방할 수 없다. 모든 존재에게 생명의 위험은 자신을 상실하는 데 있다. 그래서 부자유는 인간에게는 고유한 죽음의 위험이다. 일단 윤리적인 결과를 도외시 하더라도, 당신들은 자유로운 언론의 불편함을 참지 않고서는 자유로운 언론의 장점을 향유할 수 없음을 명심하라. 당신들은 가시 없는 장미를 딸 수는 없다! 그리고 당신들이 자유로운 언론에서 잃고 있는 것이 무엇인가?

자유로운 언론은 어디에나 열려 있는 민족정신의 눈이고, 인민의 자기 자신에 대한 체화된 믿음이고, 개인들을 국가와 세계에 연결시키는 말하는 끈이고, 물질적 투쟁을 정신적 투쟁으로 전환시키고 그 투쟁의 거친 소재적 모습을 이념화하는 통합된 문화이다. 자유로운 언론은 인민의 자기 자신에 대한 가차 없는 참회이고, 잘 알다시피 고백의 힘은 죄를 구원하는 데 있다. 자유로운 언론은 인민이 자기 자신을 바라보는 거울이고, 자기관조는 지혜의 첫 번째 조건이다. 자유로운 언론은 물질적인 가치보다 더 싸게 집집마다 전파할 수 있는 국가정신이다. 자유로운 언론은 끊임없이 현실적인 세계로부터 흘러나와 점점 더 풍부한 정신이 되어 새롭게 혼을 불어넣으면서 다시 현실의 세계로 흘러들어가는 이념의 세계이다.

지금까지의 서술과정에서 우리는, 자의와 자유가 서로 다르듯이, 형식적인 법과 현실적인 법이 서로 다르듯이, 검열과 언론법이 서로 다른 것임을 밝혔다. 그러나 본질에 관해 타당한 것은 현상에 관해서도 타당하다. 검열과 언론법, 양자의 정당성에 관해 타당한 것은 그것들의 적용에 관해서도 타당하다. 그래서 언론법과 검열법이 서로 다르듯이, 언론에 대한 재판관의 입장과 검열관의 입장은 서로 다르다.

물론 우리의 연사는 눈길을 하늘로 향한 채 대지를 먼지더미로서 경멸스럽게 내려다보면서, 온갖 꽃들에 대해 먼지로 뒤덮여 있다는 말밖에는 할 줄 모른다. 그래서 그는 여기서도 그 적용에서는 똑같이 자의적인 단두 가지 조치만을 볼뿐이다. 왜냐하면 자의가 개인적인 이해에 따른 행위이고, 개인적 이해는 정신적 사항으로부터 분리될 수 없는 것이기 때문이다. 만일 정신적인 사항에 대한 이해가 개인적이라면, 하나의 정신적인 견해가 다른 정신적인 견해에 비해서, 검열관의 의견이 저술가의 의견에 비해서 어떤 정당성을 갖는가? 그러나 우리는 이 연사를 이해한다. 그는 검열의 정당성을 입증하기 위해 사려 깊게 우회하여 검열과 언론법 모두를 그 적용에서는 정당하지 않은 것으로 묘사한다. 왜냐하면 그는 모든 세속적인 것이 불완전함을 알고 있으므로, 그에게는 단지 하나의 문제, 즉 자의가 인민의 편에 서야 하는지 아니면 정부의 편에 서야 하는지의 문제만이 남게 되기 때문이다.

윤리적이고 법률적인 대립을 다루는 경우, 그의 신비는 법과 자의를 하나의 단계에 올려놓고 형식적 차이만을 보는 방종으로 바뀐다. 왜냐하면 그는 언론법에 대해 논박하는 것이 아니라 법에 대해서 논박하기 때문이다. 아니면 모든 개별적인 경우에 입법자의 의도에 따라 적용될 수밖에 없고, 모든 자의가 절대적으로 배제된 필연성을 자기 안에 내재하고 있는 그 어떤 법이라도 존재하는가? 그러한 무의미한 과제를 현자의 돌이라고 부르는 데는 믿지 못할 정도의 대담함이 필요하다. 왜냐하면 오직 가장 극단적인 무지만이 그런 과제를 설정할 수 있기 때문이다. 법은 보편적이다. 법에 따라 규정되어야 하는 사건은 개별적이다. 개별적인 것을 보편적인 것 아래 포괄하는 것은 하나의 판단에 속한다. 판단은 문제적problematische이다. 재판관도 또한 법에 속한다. 만일 법이 스스로 적용되는 것이라면, 재판정은 불필요하게 될 것이다.

그러나 모든 인간적인 것은 불완전하다! 그래서 마시고 취하자! 왜 당신들은 재판관도 인간인데 재판관을 요구하는가? 왜 당신들은, 법도 인간에 의해서만 집행될 수 있고 모든 인간적인 집행은 불완전함에도 불구하고, 법을 요구하는가? 자, 상관의 선의에 맡기자! 터키의 재판과 마찬가지로 라인주의 재판도 불완전하다! 그래서 마시고 취하자!

재판관과 검열관 사이의 차이가 얼마나 큰가!

검열관은 자신의 상관 이외에 다른 법을 가지고 있지 않다. 재판관은 법 이외에 다른 상관을 가지고 있지 않다. 그러나 재판관은 법을 개별적인 경우에 적용하기 위해, 어떻게 그가 양심적인 검토에 따라 법을 이해할 것인가를, 해석할 책임을 가진다; 검열관은 법을, 어떻게 법이 그에게 개별적인 경우를 위해 공식적으로 해석될 것인가를, 이해할 책임을 가진다. 독립적인 재판관은 나에게도 정부에게도 속하지 않는다. 예속적인 검열관은 그 자신 정부의 일원이다. 재판관의 경우에는 기껏해야 개별적인 이성의 불확실성이 나타나지만, 검열관의 경우에는 개별적 성격의 불확실성이 나타난다. 재판관 앞에는 특정한 언론법 위반이 서게 되지만, 검열관 앞에는 언론의 정신이 서게 된다. 재판관은 나의 행위를 특정한 법에 따라 판단한다; 검열관은 범죄자를 처벌할 뿐만 아니라, 또한 범죄자를 만들기도 한다. 내가 법정에 서게 된다면 사람들은 나를 현행법의 위반죄로 고발하고, 법이 위반되었다면 법이 있어야 한다. 언론법이 없으면 어떤 법도 언론에 의해 위반될 리 없다. 검열은 나를 현행법의 위반으로 고발하지 않는다. 검열은, 나의 의견이 검열관과 그의 상관의 의견이 아니기 때문에, 나의 의견을 판단한다. 세계와 그 세계의 판단에, 국가와 그 법에 내맡기는 나의 공개적 행위는, 법으로서 구성될 수 없고 대낮의 빛을 두려워하고 어떤 일반적 원칙에도 결부되지 않은, 은폐되고 단지 부정적일 뿐인 권력에 의해서 재판받게 된다.

검열법은 불가능한 것이다; 왜냐하면 검열법은 법 위반이 아니라 의견을 처벌하려고 하기 때문이고, 공식화된 검열관일 뿐이기 때문이고, 어떤 국가도 검열관이라는 기관을 통해 사실상 행사할 수 있는 것을 법률적으로 보편적인 규정 속에서 평가할 용기를 가지고 있지 않기 때문이다. 그러므로 검열의 집행 또한 법관이 아니라 경찰에게 위임된다.

비록 검열이 사실상 재판과 같은 것이라 하더라도, 이것은 일차적으로는 하나의 사실로 남을 뿐 필연성을 갖는 것은 아니다. 그러나 내가 무엇을 위해 살아가느냐 뿐 아니라 내가 어떻게 살아가느냐도 자유에 속한다면, 내가 자유로운 것을 행한다는 사실 뿐 아니라 내가 자유로운 것을 자유롭게 행한다는 사실도 또한 자유에 속한다. 그렇지 않다면 해리海狸

Biber는 가죽을 가진 건축가이고 건축가는 가죽이 없는 해리라는 사실을 제외하고는 건축가와 해리 사이에 어떤 차이가 있겠는가?

우리의 연사는 쓸데없이 언론자유가 현실적으로 존재하는 나라들에서 그 언론자유의 영향에 대해 다시 한 번 되돌아간다. 우리는 이 주제를 이미 자세히 언급했기 때문에, 여기서는 단지 프랑스의 언론만을 언급하려고 한다. 프랑스 언론의 결함이 프랑스 국민의 결함이라는 사실은 도외시 하더라도, 우리는 이 연사가 해악을 찾고 있는 곳에서 그 해악을 발견하지 못한다. 프랑스 언론은 너무 자유롭지 않다; 그것은 충분히 자유롭지 못하다. 프랑스 언론은 어떤 정신적인 검열에도 굴복하지는 않지만, 그러나 물질적인 검열, 즉 과도한 보증금에 굴복하고 있다. 프랑스 언론은 그 자신의 진정한 영역으로부터 거대한 상업투기의 영역으로 끌려들어갔다는 바로 그 이유 때문에, 물질적으로 작용한다. 게다가 대규모의 상업투기는 대도시를 필요로 한다. 그래서 프랑스의 언론은 몇몇 지점에 집중되어 있으며, 물질적인 힘이 몇몇 지점에 집중된 채 악마적으로 작용한다면 어떻게 정신적인 힘이 작용하겠는가?

그러나 당신들이 끝내 언론자유를 그것의 이념에 따라서가 아니라 그것의 역사적 존재에 따라 판단하려고 한다면, 왜 당신들은 언론자유가 역사적으로 그 곳에서 언론자유를 찾지 않는가? 자연연구자는 자연현상을 실험을 통해 가장 순수한 조건 속에서 찾으려고 한다. 당신들에게는 어떤 실험도 필요 없다. 당신들은 언론자유라는 자연현상을 북아메리카에서 가장 순수하고 가장 자연적인 형태로 발견한다. 그러나 북아메리카가 언론자유의 거대한 역사적 기초를 가지고 있다면, 독일은 그것보다 훨씬 더 거대한 역사적 기초를 가지고 있다. 한 민족의 문학 및 그와 결합된 정신적 교육은 아마 언론의 직접적인 역사적 기초일 뿐만 아니라 언론의 역사 자체이기도 하다. 그렇다면 세계의 어느 민족이 독일 민족만큼 언론자유의 이러한 가장 직접적인 역사적 기초를 자랑할 수 있겠는가?

그러나 우리의 연사는, 만일 독일의 언론이 자유로워진다면 독일에서 도덕성의 위기가 닥칠 것이라고 생각한다. 왜냐하면 언론이 "인간의 더 고결한 규정에 대한 믿음과 진정한 문명의 기초를 침식하려는 내적인 도덕적 해체"에 영향을 미치기 때문이다.

검열되는 언론이 도덕적 해체로 작용한다. 검열되는 언론은 강화된 악덕인 허구와 위선과 뗄래야 뗄 수 없고, 검열되는 언론의 이러한 근본적 악덕으로부터 미덕의 싹조차 없는 다른 모든 결함들, 다시 말해 심미적으로 보더라도 구역질나는 수동성의 악덕이 흘러나온다. 정부는 자신의 목소리만을 들으며, 자신의 목소리만을 듣고 있다는 사실을 알고 있으면서도 정부는 인민의 목소리를 듣고 있다는 착각 속에 깊이 빠져 있다. 또한 마찬가지로 인민에 대해서도 이러한 착각에 깊이 빠져들 것을 요구한다. 그리하여 인민은 인민대로 부분적으로는 정치적 미신Aberglauben에, 부분적으로는 정치적 불신Unglauben에 빠져버리고, 그렇지 않으면 완전히 국가생활로부터 버림받고 사적 천민Privatpöbel이 된다.

언론은 매일같이 정부의지의 피조물들에게, 신이 자신의 창조의 여섯 번째 날에 비로소 한 말씀인 "자 보아라, 모든 것이 좋았다"는 말로 칭찬한다. 그러나 어느 날은 필연적으로 다른 날과 모순된다. 그래서 언론은 끊임없이 거짓말을 하고, 심지어는 거짓말을 하고 있다는 의식조차 부정해야 하고, 자신으로부터 수치심을 없애야 한다.

자유로운 저술을 무법적인 것으로 간주해야 하기 때문에, 인민은 무법적인 것을 자유로운 것으로, 자유를 무법적인 것으로, 그리고 법적인 것을 부자유한 것으로 생각하는 데 익숙해진다. 검열은 이렇게 국가정신을 죽인다.

그러나 우리의 연사는 언론자유에서 "사적 개인들Privaten"을 우려한다. 그는 검열이 사적 개인들의 권리에 대한, 나아가 생각에 대한 암살기도라는 사실을 고려하지 않는다. 그는 위험에 처한 개인들에 대한 파토스에 빠져 있다. 그렇다면 우리는 위험에 처한 일반자Allgemeine에 대한 파토스에 빠져야 하지 않겠는가?

"나쁜 심성"에 대한 이 연사의 정의와 우리의 정의를 대비시키면, 우리의 견해와 그의 견해를 분명히 구분할 수 있다.

나쁜 심성은 "교회와 국가에서 어떤 권위도 인정하지 않는 오만함"이다. 그렇다면 우리는 이성과 법의 권위를 인정하지 않는 것을 나쁜 심성이라고 생각해야 하지 않는가? "천민이 귀족정치로 부르는 모든 것의 폐지를 설교하는 것은 질투심이다." 그렇다면 우리는, 천민조차도 의심할 리 없는 귀족정치, 인간본성의 영원한 귀족정치인 자유를 폐지하려는 것이야말로 질투심이라고 말한다. "사적 생활의 추문이 베일에 가려지지 않게 하기 위해 개인들이 거짓이건 진실이건 어쨌든 사사로운 일에 흥겨워하고 공개를 강요하는 것은 심술궂은 악취미이다." 공적인 생활의 오점을 베일 속에 가려두기 위해, 인민의 거대한 생활에서 비방할 만한 것이나 사사로운 것을 끄집어내는 것, 역사의 이성을 인정하지 않고 역사의 추문만을 대중에게 설교하는 것, 사물의 본질을 판단할 능력은 전혀 없으면서 현상의 개별적 측면, 즉 사사로운 일에 매달리는 것, 그리고 신비를 강요하는 것, 바로 이런 것들이야말로 심술궂은 악취미이다. "음란한 그림을 통해 몰래 기뻐하는 것은 마음과 상상의 불순함이다." 악의 전능과 선의 무능에 관한 음란한 그림을 보고 남몰래 은근히 기뻐하는 것이야말로 마음과 상상의 불순함이다. 그 오만함이 죄악인 것이 상상이고, 자신의 세속적인 거만함을 신비스런 그림 속에 숨기는 것이 불순함 마음이다. "신을 부정함으로써 양심의 소리를 들리지 않게 억누르려고 하는 것은 자신의 구원에 대한 자포자기이다." 자신의 양심에서 개인적인 약점을 제거하기 위해 개인적인 약점을 인간의 약점으로 만드는 것은 자신의 구원에 대한 자포자기이다. 인간이 생득적인 자연법칙에 따르지 못하게 방해하고, 미성숙성이 필연적이라고 설교하는 것은 인간의 구원에 대한 자포자기이다. 신의 현실성, 신의 전능을 믿지 않으면서 신을 빙자하는 것은 기만이다. 자신의 사적 구원을 전체의 구원보다 더 위에 두는 것은 이기심이다.

이런 사람들은 인간 일반에 대해서는 의심하면서 개별 인간을 신도 명부에 올려놓는다. 이들은 인간의 본성에 관한 무서운 그림을 그리고, 동시에 우리에게는 개별 특권자들의 신성한 그림 앞에 무릎 꿇을 것을 요구한다. 우리는 개별 인간이 약하다는 것을 알지만, 그러나 동시에 전체가 강하다는 것을 안다.

마침내 이 연사는, 우리가 그 당시와 마찬가지로 오늘날에도 관계하고 있는 그 과일을, 따먹은 기쁨에 대해 인식의 나뭇가지로부터 울려 퍼진 말을 상기시키고 있다. "너희는 결코 죽지 않을 것이다. 너희가 그것을 먹는 날에는 너희 눈이 밝아져 하나님과 같이 되어 선악을 알게 되리라." 비록 이제 우리는 이 연사가 실제로 인식의 나무를 따먹었는지, 우리(라인주 신분제의회)가 그 당시 악마와 함께 토론했는지에, 이것에 관해 적어도 "창세기"는 아무것도 얘기하지 않는데, 관해서는 의문스럽지만 그럼에도 불구하고 이 연사의 견해에 따르도록 하자. 다만 우리는 이 연사에게, 악마는 그 당시에 우리에게 거짓말을 하지 않았다는 사실만을 상기시키고자 한다. 왜냐하면 신 자신이 "아담은 선악을 아는 일에 우리 중 하나와 같이 되었다"라고 말하기 때문이다.

우리는 공정하게 이 연사 자신의 말을 이 연설에 대한 결말로 삼고자 한다: "쓰는 것과 말하는 것은 기계적인 기능이다."

우리의 독자들이 이 "기계적인 기능"에 아무리 싫증이 나더라도 우리는 완전을 기하기 위해 제후신분과 기사신분에 이어 도시신분에게도 언론자유에 대해 심정을 토로하게 해야 한다. 우리 앞에는 공민Citoyen의 반대가 아니라 부르주아지의 반대가 있다.

도시신분 출신의 연사는 다음과 같이 부르주아다운 언급을 함으로써 시에시스Sieyès와 한편이 된 것으로 믿는다: "언론자유는 나쁜 인간들이 끼어들지 않는 한 아름다운 사항이다." "그것을 막아 줄 확실한 수단이 아직까지 발견되지 않았다." 등등.

언론자유를 하나의 사안Sache이라고 부르는 이 관점은 바로 그 소박성 때문에 칭찬할 만하다. 사람들은 이 연사의 모든 것을 통틀어 비난할 수 있지만, 다만 냉정함의 결여 혹은 환상의 과잉만은 비난할 수 없다.

그래서 언론자유는 아름다운 사항이라고 한다. 그렇다면 또한 현존재의 감미로운 습관을 아름답게 해주는 그 어떤 것, 즉 유쾌한 것, 용감한 것이란 말인가? 그러나 거기에는 나쁜 인간들이 존재하는데, 그들은 언어는 거짓말하는 데, 머리는 음모를 꾸미는 데, 손은 도둑질하는 데, 발은 도망치는 데 악용한다. 이것들을 악용하는 나쁜 인간들만 없다면, 말하는 것과 생각하는 것, 손과 발은 아름다운 사항, 즉 좋은 말과 유쾌한 생각, 쓸모 있는 손, 가장 훌륭한 발이 될 것이다! 그러나 이것을 막아줄 수단은 아직 발견되지 않았다.

"만일 우리가 저 나라(즉 프랑스)에서 볼 수 있는 영원히 변화무쌍한 현실이나 불안스런 미래의 불확실성이 헌법 및 언론자유와 어떻게 관련되어 있는지를 안다면, 헌법과 언론자유에 대한 공감은 반드시 약화될 것이다."

지구가 영원히 운동한다는 우주론적인 발견이 처음으로 이루어졌을 때, 아마 많은 태평한 독일인들은 수면용 눈가리개를 손에 쥐고 영원히 변화무쌍한 조국의 현실에 대해 한탄했을 것이다. 그리고 불안스런 미래의 불확실성은 그로 하여금 눈을 뜰 때마다 거꾸로 서 있는 집을 싫어하게 만들었다.

천문학자의 만원경이 끊임없는 천체의 운동을 만들지 않는 것과 마찬가지로, 언론자유는 "변화무쌍한 현실"을 만들지 않는다. 나쁜 천문학! 지구가 아직 명망 있는 부르주아 신사처럼 세계의 한가운데 앉아 태평하게 자기로 만든 파이프로 담배를 피웠던 시대, 태양과 달과 별들이 그토록 많은 경건한 야등夜燈과 "아름다운 사항"으로서 지구를 맴돌고 춤을 춘 덕분에 지구 스스로가 자신의 등불을 결코 밝힐 필요가 없던 시대는 얼마나 아름다운 시대였던가.

"자신이 쌓아올린 것을 결코 허물지 않는 사람은 항상 서 있네 스스로 항상 서 있지 않은 이승의 세계 위에",

라고 하리리Hariri는 말한다. 그는 프랑스 태생이 아니라 아랍인이다.

이제 이 연사의 신분은 다음과 같은 생각 속에서 자신의 진의를 완전히 분명하게 밝히고 있다: "진실하고 정직한 애국자라면 헌법과 언론자유가 인민의 복지를 위한 것이 아니라, 개인들의 공명심 충족과 당파들의 지배를 위한 것이라는 생각을 마음속에서 억누를 수 없을 것이다."

큰 것을 작은 원인으로부터 설명하는 어떤 심리학이 인간이 얻기 위해 투쟁하는 것은 모두 그의 이해가 걸린 사항이라는 올바른 예상에서 출발하여, 이 세상에는 "작은" 이해들만이, 틀에 박힌 이기심의 이해들만이 존재할 뿐이라는 올바르지 못한 의견으로 나아간다는 사실은 우리가 잘 알고 있다. 더욱이 이 인류의 심리학과 인간학Menschenkunde이 도시에서 발견된다는 사실도 또한 우리는 잘 알고 있다. 게다가 이러한 도시에서는 세상물정을 꿰뚫어보고, 구름떼 같은 이념과 사실들의 이면에 지극히 작고 질투심 많고 교활한 마네킹이 온몸을 가는 실로 감싼 채 앉아 있는 것을 보는 것이 영악한 머리의 표식으로 간주된다. 그러나 마찬가지로 사람들이 유리 속을 너무 깊이 들여다보면 자신의 머리에 충돌한다는 사실도 우리는 잘 안다. 결국 그래서 이러한 영악한 사람들의 인간학과 상식적 지식은 무엇보다도 우선 자신의 머리에 대한 신비화된 충돌이다.

또한 이 연사의 신분은 어중간함과 우유부단으로 특징지어진다. "그의 독립감정은 언론자유를 위해 말했지만(즉 제안자의 의미에서), 그러나 그는 이성과 경험에 귀를 기울여야 할 것이다."

이 연사는 마침내, 그의 이성이 언론자유를 위해 얘기하지만 그러나 그 대신 그의 종속감정이 얘기된다고 말했다면, 그의 말은 도시적 반발의 완전한 풍속화일 것이다.

"혀가 있되 말하지 않는 자,
칼이 있되 싸우지 않는 자,
그가 소인(불쌍한 놈)이 아니라면 대체 무엇인가?"

우리는 언론자유의 옹호자로 넘어가 주요한 제안과 함께 시작해보자. 이 제안의 서두에서 적절하고 훌륭하게 언급된 일반적인 측면은 건너뛰고, 우리는 곧바로 이 제안의 독특하고 특징적인 관점을 지적하려고 한다.

제안의 제출자는 언론자유의 영업이 언제나 그렇듯이 일반적인 영업의 자유로부터 제외되지 않기를 원한다. 그런데 바로 여기에서 전형적으로 일관성을 결여한 내적 모순이 나타난다. "팔과 다리의 노동은 자유롭다. 그런데 머리의 노동은 후견을 받고 있다. 의문의 여지없이 더 훌륭한 머리들에 의해서? 결코 그렇지 않다. 검열관의 경우에는 그것이 문제되지 않는다. 신이 누군가에게 관직을 내릴 때 신은 그에게 분별력도 준다!"

먼저 우리는 언론자유가 영업의 자유 아래 포괄되는 것을 보고 놀라지 않을 수 없다. 그러나 우리는 이 연사의 견해를 곧바로 비난할 수는 없다. 렘브란트Rembrandt는 네덜란드의 농부의 아내를 성모상으로 그렸다. 우리의 연사라고 해서 자유를 그에게 친숙한 모습으로 그려서 안 될 이유가 있는가?

마찬가지로 우리는 이 연사의 논리에서 상대적인 진리를 부인할 수 없다. 언론 자체가 단지 영업으로 간주될 뿐이라면, 머리의 영업인 언론에게는 당연히 팔과 다리의 영업에 비해 더 많은 자유가 주어져야 할 것이다. 팔과 다리의 해방은 머리의 해방에 의해서 비로소 인간적으로 의미 있는 것이 된다. 왜냐하면 팔과 다리는 머리에 의해서, 팔과 다리는 머리에 봉사하는 것이다, 비로소 인간적인 팔과 다리가 되기 때문이다.

따라서 이 연사의 고찰방식이 일견 아무리 기이하게 보일지라도, 우리는 이러한 고찰방식이 저 독일 자유주의자들의 내용 없고 모호하고 오락가락하는 논거에 비해 무조건 우월한 것으로 인정해야 할 것이다. 저 독일의 자유주의자들은 자유를 현실이라는 확고한 대지 위에 올려놓는 대신, 별이 총총한 망상의 하늘로 옮겨 놓고는 자유를 존중한다고 생각한다. 우리 독일인들에게 자유가 하나의 망상이고 하나의 감상에 머물게 된 것은, 부분적으로는 자신들의 이상과 천박한 현실의 접촉을 무엇이든 신성모독으로 두려워하는 이들 망상의 수다쟁이들, 이들 감상적 열광자들의 책임이다.

독일인들은 일반적으로 감상과 열광에 빠지는 성향이 있고, 푸른 창공의 음악을 애호한다. 그래서 만일 이념이라는 커다란 문제가 가장 가까운 주변에서 빌려 온, 견실하고 현실적인 관점에서 그들에게 입증되면 그것은 기쁜 일이다. 독일인들은 원래 가장 헌신적이고 가장 겸손하고 가장 경외심에 차 있다. 그들은 이념을 순수하게 존경한 나머지 그 이념을 실현하지 않는다. 그들은 이념에 대해 예배의 의식을 바치지만, 이 이념을 장려하지는 않는다. 따라서 이 연사의 논지는 독일인으로 하여금 자신의 이념과 친숙하게 하는 데, 그리고 그가 여기서 관계하고 있는, 신의 언어를 인간의 언어로 번역하는 것은 접근할 수 없는 게 아니라 그의 가장 절박한 이해라는 사실을 독일인에게 보여주는 데 적합한 것이다.

그리스인들이 이집트의 신, 리비아의 신, 더욱이 스키타이의 신 안에서 자신들의 아폴로 신, 아테네 신, 제우스 신을 재인식할 수 있다고 믿었고, 또 외국의 의식儀式들이 가지는 독특한 점은 부차적인 것으로 간과했다는 사실은 잘 알려져 있다. 그러므로 독일인들이 자신들에게 알려져 있지 않은 언론자유의 여신을 잘 알려진 여신들 중의 하나로 간주했고, 또 그 여신에 따라 언론자유를 영업의 자유 혹은 소유의 자유로 이름 붙였다 하더라도, 그것은 결코 부당한 일은 아니다.

그러나 우리는 이 연사의 관점을 인정할 줄 알고 또 그것을 존중할 줄 안다는 바로 이유 때문에 그 만큼 이 관점에 대해 날카로운 비판을 가하는 것이다.

"머리의 영업은 더 높은 수준, 즉 중세 대학의 일곱 개의 자유로운 학예와 동등한 수준을 요구할 수 있을 것이기 때문에, 언론자유와 나란히 동직조합제도Zunftwesen의 존속을 확실히 생각해볼 수 있을 것이다. 그러나 영업의 자유와 언론의 부자유가 존속한다는 것은 신성한 정신에 반하는 죄악일 것이다."

물론이다! 만일 자유의 상위의 형태가 부당한 것이라면 자유의 하위의 형태는 저절로 부당한 것이 된다. 국가의 권리가 인정되지 않을 때 개별 시민의 권리가 인정되기를 바라는 것은 어리석은 짓이다. 만일 자유 일반이 정당화된다면, 자유가 자유의 한 형태 속에서 더 크고 더 발전된 현존재를 획득할수록, 그 자유의 한 형태가 그 만큼 더 정당화될 것은 자명하다. 자연의 삶을 암중모색하는 해파리가 정당화된다면, 노도같이 휘몰아치고 울부짖는 사자가 어찌 정당화되지 않겠는가?

그러나 더 높은 형태의 권리가 더 낮은 형태의 권리에 의해서 입증되는 추론이 이제 아무리 정당하더라도, 하위의 영역을 상위의 영역의 척도로 삼고 그래서 자신의 한계 내에서는 합리적인 법칙들을 우스운 것으로, 더욱이 자기 영역의 법칙이 아니라 상위 영역의 법칙이 되라고 요구하는 하위 영역이 상위 영역의 법칙에게 전가함으로써 우스운 것으로 만든다면, 그러한 적용은 전도된 것이다. 그것은 마치 내가 한 거인에게 피그미족의 집에서 살 것을 강요하려는 것과 꼭 마찬가지이다.

영업의 자유, 소유의 자유, 양심의 자유, 언론의 자유, 재판의 자유는 모두 하나의 동일한 유의 종, 다시 말해 가족이름이 없는 자유의 종들이다. 그러나 동일성만 보고 차이를 잊고, 더욱이 어느 하나의 특정한 종을 다른 종들의 척도이자 규범 그리고 영역으로 삼는 것은 얼마나 큰 잘못인가? 다른 종의 자유들이 자신으로부터 떨어져 나와 스스로를 어느 한 종의 가신이라고 선언할 때만 그것들을 용인하는 것은, 그 어느 한 종의 자유의 편협함이다.

영업의 자유는 바로 영업의 자유일 뿐 다른 자유가 아니다. 왜냐하면 그 속에서는 영업의 본성이 자신의 내석인 삶의 규칙에 따라 아무런 방해도 받지 않고 형성되기 때문이다; 재판의 자유는 다른 영역, 예를 들어 종교의 법칙에 복종하지 않고 법 자신의 생리적인 법칙에 복종할 때 재판의 자유가 된다. 자유의 특정한 영역은 각각 어느 한 특정한 자유의 영역이다. 이것은 마치 삶의 특정한 방식이 각각 특정한 자연의 생활방식인 것과 마찬가지이다. 사자에게 해파리의 삶의 법칙에 순응하라는 요구가 어찌 전도된 것이 아니겠는가? 팔과 다리가 그것의 방식에 따라 활동한다고 해서 눈과 귀, 즉 인간으로부터 그 개별성을 박탈하여 인간을 우주의 반영이고 메아리로 만드는 이들 기관이 훨씬 더 많은 활동의 권리를 가져야만 하고, 따라서 더 수준 높은 팔과 다리의 활동이어야만 한다고 내가 결론짓는다면, 나는 유기체의 연관성과 통일성을 얼마나 잘못 파악하는 것일까?

천체에서 개별 위성이 모두 자신을 중심으로 운동하면서 동시에 태양을 중심으로 운동하고 있을 뿐이라는 사실과 마찬가지로, 자유의 체계에서도 모든 자유의 세계는 자신을 중심으로 회전하면서 동시에 단지 자유의 중심태양을 중심으로 회전하고 있을 뿐이다. 언론자유를 영업자유의 한 종류로 간주하는 것은, 언론자유의 옹호에 앞서 때려죽임으로써 언론자유를 옹호하는 것이다; 왜냐하면 만일 내가 어느 한 성격의 인물에게 다른 성격의 인물의 방식으로 자유로울 것을 요구한다면, 나는 그 한 성격의 인물의 자유를 폐기하는 것이 아닐까? 당신의 자유는 나의 자유가 아니라고 언론은 영업에게 외친다. 당신이 당신의 영역의 법칙에 따르기를 원하듯이, 나는 나의 영역의 법칙에 따르기를 원한다. 당신의 방식대로 자유로운 것은 나에게는 부자유와 동일하다. 이것은 마찬가지로 목수가 자신의 영업의 자유를 요구함에도 불구하고 사람들이 그 응답으로 그에게 철학자의 자유를 주었다면, 그 목수가 도저히 만족할 수 없었을 것이다.

우리는 이 연사의 사고를 있는 그대로 진술하려고 한다. 자유란 무엇인가? 대답: 영업의 자유. 이것은 예를 들어 어느 학생이 자유란 무엇인가라는 질문에 자유로운 밤이라고 대답하는 것과 마찬가지일 것이다.

언론자유와 마찬가지로, 사람들은 모든 종류의 자유를 영업의 자유 아래 포괄할 수 있을 것이다. 재판관은 법의 영업을, 성직자는 종교의 영업을, 가정의 가장은 자녀교육의 영업을 추구한다; 그러나 이것으로 나는 법적인 자유, 종교적인 자유, 윤리적인 자유의 본질을 진술한 것일까?

사람들은 문제를 뒤집어서 영업의 자유를 언론자유의 일종으로 부를 수도 있을 것이다. 영업은 단지 팔과 다리로만 노동할 뿐이지, 머리로 노동하는 것은 아닌가? 단어의 언어가 사고의 유일한 언어인가? 기계공은 증기기관으로 나의 귀에 대고 아주 잘 알아들을 수 있도록, 침대제작공은 나의 등에 대고 분명하게, 그리고 요리사는 나의 혀에 대고 알기 쉽게 말하지 않는가? 이들 모든 종류의 언론자유는 허용되고, 인쇄잉크에 의해서 나의 정신에 대고 말하는 단 한 종류의 언론자유만이 허용되지 않는다면 모순이 아닌가?

어느 한 영역의 자유를 옹호하고 나아가 그 자체를 개념적으로 이해하기 위해서는, 그 자유를 외적인 관련들 속에서가 아니라 그 자체의 본질적 성격 속에서 파악해야 한다. 스스로 영업으로 전락해버린 언론이 어찌 자신의 본질에 충실할 것이며, 어찌 자기 본성의 고귀함에 따라 행동할 것이고, 어찌 자유로울 것인가? 물론 저술가는 생존하고 쓸 수 있기 위해서 벌지 않으면 안 되지만, 그러나 그는 결코 벌기 위해서 생존하고 써서는 안 된다.

베랑제Béranger는 이렇게 노래한다:

"나는 오직 노래하기 위해서 살 뿐이다,

당신이 내게서 나의 자리를 빼앗는다면, 오 각하,
나는 살기 위해서 노래해야 할 것이다."

시인의 이러한 염려 속에는, 시가 시인에게 수단이 되는 순간 그 시인은 자신의 영역으로부터 벗어나게 된다는 모순적인 고백이 담겨 있다.

저술가는 결코 자신의 저작을 수단으로 간주하지 않는다. 그의 작품은 자기 목적이다. 저술가는 자신의 욕구와 희망을 간직한 채 인간들 사이에 둘러싸여 있으면서도 "인간보다는 신에게 복종하라"는 말을 종교의 원칙으로 삼는 것과는 다른 방식으로 작품의 존재를 위해 자신의 존재를 희생한다. 반면 파리식 예복을 만들어 달라는 나의 주문을 받은 한 재단사가 나에게 로마식 토가Toga를 가져와 이 토가가 아름다움의 영원한 법칙에 더 잘 어울리기 때문이라고 한다면! 언론의 첫 번째 자유는 결코 영업이 아니라는 데 있다. 언론을 물질적 수단으로 전락시키는 저술가에게는 그러한 내적인 부자유에 대한 벌로써 외적인 부자유, 즉 검열이 가해져야 마땅하다. 아니 오히려 이미 그의 존재가 그에 대한 벌이다.

물론 언론은 영업으로도 존재하지만, 그러나 그때의 영업은 저술가의 일이 아니라 인쇄업자와 서적상의 일이다. 또한 여기서 다루고 있는 문제는 인쇄업자와 서적상의 영업의 자유가 아니라 언론자유에 관한 것이다.

실제로 우리의 연사는 언론자유의 정당함이 영업의 자유에 의해서 입증된 것으로 간주하는 데 만족하지 않고, 언론자유가 자신의 법칙에 따를 것이 아니라 영업자유의 법칙에 따를 것을 요구한다. 그는 심지어 언론자유에 대해 더 높은 의견을 개진하는 위원회의 보고자에 대해서도 논박하고, 더욱이 단지 웃음거리로밖에 작용할 수 없을 요구에 잘못 빠져든다. 왜냐하면 어린아이가 점잔을 빼면 거꾸로 웃기듯이, 하위 영역의 법칙이 상위 영역의 법칙에 적용되는 순간 곧바로 웃음이 터지기 때문이다.

"그는 자격 있는 저자와 자격 없는 저자에 관해 말한다. 그는 이것을 다음과 같이 이해한다: 즉 그는 영업의 자유에서도 주어진 권리의 행사를 언제나 일정한 조건과 결부시키고, 그 조건은 전문 분야에 따라 쉽게 충족될 수도 있고 혹은 좀처럼 충족되지 않을 수도 있다." "미장이, 목수, 건축사는 다른 대부분의 영업에는 부과되지 않는 조건을 사려 깊게 충족시켜야 한다." "그의 제안은 보편적인 권리가 아니라, 특수한 권리에 관련되어 있다."

먼저 누가 그 자격을 부여하는가? 칸트는 피히테에게 철학자의 자격을 부여하지 않았고, 프톨레마이우스는 코페르니쿠스에게 천문학자의 자격을 부여하지 않았으며, 베르나르 폰 끌레르보Bernhart von Clairvaux는 루터에게 신학자의 자격을 부여하지 않았다. 모든 식자들은 자신에 대한 비판자를 "자격 없는 저자"로 간주한다. 아니면 누가 자격 있는 식자인지 하는 것은 무식자에 의해서 결정되어야 하는가? 왜냐하면 자격 있는 사람들은 자신의 문제에서 재판관이 될 수 없기 때문이다. 아니면 그 자격은 어느 한 신분과 관련되어야 하는가? 제화공 야콥 뵘Jakob Böhm은 위대한 철학자였다. 명망 있는 많은 철학자들은 단지 위대한 제화공일 뿐이다.

게다가 자격 있는 저자와 자격 없는 저자에 관해 언급한다면, 사람들은 일관성을 유지하기 위해 개인들을 구분하는 데 만족해서는 안 되고, 언론의 영업을 다시 다양한 영업으로 나누어야 한다. 사람들은 저술활동의 다양한 영역에서 다양한 영업허가증을 교부해야 한다. 그렇지 않다면 자격 있는 저술가는 모든 것에 관해 다 써도 좋단 말인가? 처음부터 제화공은 법관보다 가죽에 대해서 쓸 자격을 많이 가지고 있다. 마찬가지로 날품팔이꾼은 신학자에 비해 축제일에 일을 해야 할지 말아야 할지에 관해서 쓸 자격이 있다. 그러므로 우리가 자격을 특수한 사항적인 조건과 결부 짓는다면, 모든 공민은 누구나 다 자격 있는 저술가임과 동시에 자격 없는 저술가가 될 것이다. 다시 말해 자신의 직업과 관련된 일에서는 자격이 있지만, 그 밖의 다른 면에서는 자격 없는 저술가가 될 것이다.

따라서 언론의 세계가 인민의 일반적인 연대가 아니라 진정한 분리의 수단이 될 것이라는 사실, 신분들의 차이가 정신적으로 고착될 것이고 문학사는 특수한 정신적인 동물 종들의 자연사로 전락될 것이라는 사실에 관해서는 일단 도외시하자; 또한 해결할 수도 회피할 수도 없는 경계분쟁과 충돌도 일단 도외시하자; 나아가 무정신성과 편협함이 언론의 법칙으로 될 것이라는 사실도 일단 도외시하자. 왜냐하면 나는 특수한 것을 오직 전체로부터의 분리가 아니라 전체와의 관련 속에서만 정신적인 것과 자유로운 것으로 간주하기 때문이다. – 이 모든 것을 도외시하더라도 읽는 것 또한 쓰는 것과 똑같이 중요하므로, 자격 있는 독자와 자격 없는 독자 역시 존재해야 할 것이다. 이러한 귀결은 이집트에서 도출된 것으로, 거기서는 자격 있는 저자인 승려가 동시에 유일하게 자격 있는 독자이기도 했던 것이다. 게다가 자격 있는 저자만이 자신의 저작을 사고 읽을 자격을 허락 받았다는 사실은 지극히 합목적인 것이다.

얼마나 비일관된 것인가! 일단 특권이 지배하게 되면, 정부는 자신만이 자신의 모든 행동과 명령에 대한 유일한 자격 있는 저자라고 주장할 완전한 권리를 갖게 된다. 왜냐하면 만일 당신들이 스스로를 가장 일반적 것, 즉 국가에 관해 당신들 특수한 신분 이외에 공민으로서 서술할 자격이 있다고 간주한다면, 당신들이 배제하려는 다른 세속인들도 어떤 특수한 것에 관해, 즉 당신들의 자격과 당신들의 저술에 관해 판단할 자격이 인간으로서 있어야 하지 않겠는가?

자격 있는 저자는 검열 없이 국가에 관해 서술할 수 있지만, 자격 없는 저자는 검열을 받아야만 자격 있는 저자에 관해 서술할 수 있다면, 웃기는 모순이 발생할 것이다.

언론자유는 당신들이 공식적인 저술가 집단을 당신들의 대열에서 충원함으로써 확보되는 것은 아니다. 자격 있는 저자들은 공식적인 저자들일 것이고, 검열과 언론자유 사이의 투쟁은 자격 있는 저술가와 자격 없는 저술가 사이의 투쟁으로 전화될 것이다.

따라서 제4신분의 한 성원은 정당하게 다음과 같이 제안한다: "만일 어떤 언론강제가 여전히 존속해야 한다면, 이것은 모든 당파에게 공평해야 한다. 다시 말해 이와 관련하여 어떤 공민계급도 다른 공민보다 더 많은 권리가 허용되어서는 안 된다." 검열은 우리 모두를 복종시킨다. 이것은 전제정치에서 모두가 비록 가치에서가 아니라 무가치에서 평등한 것과 마찬가지이다; 이런 종류의 언론자유는 정신의 영역에 과두제를 도입하려고 한다. 검열은 한 저술가를 자신의 왕국의 경계 안에서는 어울리지 않는 것이라고, 기껏해야 유쾌하지 못한 것이라고 선언한다. 언론자유는 세계사를 선취하고, 이제까지 어떤 저술가가 "자격이 있고" "자격이 없는"지를 혼자서 판단했던 인민의 목소리를 선취하는 월권행위를 계속 한다. 솔론Solon이 한 인간을 그의 생명이 끝난 후에, 즉 그가 죽은 후에 비로소 감히 판단했다면, 이러한 견해는 한 저술가를 그가 태어나기도 전에 감히 판단하는 것이다.

언론은 개인들이 자신의 정신적 현존재를 전달하는 가장 일반적인 방식이다. 언론은 개인의 얼굴이 아니라 단지 지성의 얼굴만을 안다. 당신들은 정신적 전달능력을 관청을 통해 특수한 외적인 특징에 묶어 두려고 하는가? 내가 다른 사람에게 아무런 존재도 될 수 없다면, 나는 나 자신에게도 아무런 존재도 되지 못하고 또 될 수도 없다. 내가 다른 사람에게 정신으로서 존재할 수 없다면, 나는 나 자신에 대해서도 정신으로서 존재하지 못한다. 그런데도 당신들은 몇몇 개인에게 정신으로 존재할 특권을 부여하려고 하는가? 누구나 읽고 쓰기를 배우듯이, 누구나 읽고 쓰기를 허용 받아야 한다.

그리고 저술가들을 "자격 있는" 저술가와 "자격 없는" 저술가로 나누는 것은 누구를 위한 것인가? 분명한 것은 그것이 진정으로 자격 있는 저술가를 위한 것은 아니라는 것이다. 왜냐하면 이들은 어떤 식으로든 인정받기 때문이다. 결국 이것은 외적인 특권을 통해 자신을 보호하고 허세를 부리려는 "자격 없는" 저술가를 위한 것이 아닌가?

어쨌든 이러한 미봉책은 언론법을 결코 불필요한 것으로 만들지 못하는데, 왜냐하면 농민 신분의 한 연사가 이렇게 지적했기 때문이다: "특권층 역시 자신의 자격을 위반하여 처벌받을 수 있지 않겠는가? 그러므로 어떤 경우는 언론법은 필요하고, 여기서 우리는 일반적 언론법의 경우에서와 똑같은 곤란에 처하게 될 것이다."

독일인이 자신의 역사를 되돌아보면, 그는 레싱Lessing 이전의 비참했던 문학과 마찬가지로 독일의 지체된 정치적 발전의 한 주요원인을 "자격 있는 저술가들"에서 발견한다. 전문 식자들, 동종집단의 식자들, 특권적 지식인들, 박사나 기타 칭호를 가진 식자들, 그리고 17세기 및 18세기에 부자연스런 편발을 하고 고상한 소인배 기질을 가지고 사소하고 자질구레한 논리로 가득 찬 논문을 써낸 무성격의 대학 저술가들, 이 모든 사람들이 인민과 정신 사이를, 삶과 과학 사이를, 자유와 인간 사이를 가로막았다. 우리의 문학을 만든 것은 자격 없는 저술가들이다. 고트쉐트Gottsched와 레싱, "자격 있는" 저자와 "자격 없는" 저자 사이에서 골라보라!

우리는 일반적으로 단지 복수로만 통용될 "자유"를 좋아하지 않는다. 영국은 "자유들"의 제한된 지평이 "자유"에 얼마나 위험한지를 보여준 역사적인 실물크기의 증거이다.

볼테르Voltaire는 말한다: 자유들이니 특권들이니 하는 말들은 예속을 전제로 한다. 자유들은 일반적 노예상태로부터의 예외이다.

나아가 우리의 연사는 익명의 저술가와 가명의 저술가를 언론자유로부터 제외시켜 검열 아래 종속시키기를 원한다. 그러나 우리는 언론에서 이름은 사항에 속하지 않는다는 사실, 그리고 언론법이 지배하는 곳에서 발행자는, 그리고 발행자를 통해 익명과 가명의 저술가도 또한 재판에 종속된다는 사실을 지적해둔다. 게다가 아담Adam은 그가 낙원의 모든 동물에게 이름을 지어줄 때, 독일의 신문통신원들에게는 이름을 지어주는 것을 잊었다. 그래서 신문통신원들은 영원히 이름이 없는 채로 남게 될 것이다.

이 제안의 제출자가 사람들, 즉 언론의 주체들을 제한하려고 한다면, 다른 신분제의회는 언론의 사항적 소재, 즉 언론의 영향과 현존재를 제한하려고 한다. 그래서 언론자유가 얼마만큼의 자유를 가져야 하는지 정신없는 흥정이 생긴다.

신분제의회의 한 의원은 언론이 논할 수 있는 문제를 라인주의 물질적, 정신적, 교회적 관계들에만 제한하려고 한다; 또 다른 의원은 그 이름이 신문의 제한된 내용을 시사하는 "지방신문"을 원한다; 세 번째 의원은 각 주마다 단 하나의 신문에서만 자유롭게 발언될 것을 허용하기 원한다!!!

이 모든 시도는 다음과 같은 체조교사를 연상시킨다: 체조교사는 도약을 가르치기 위한 가장 좋은 방법으로서 학생을 큰 웅덩이가로 데려가 몇 개의 밧줄을 이용하여 학생이 웅덩이를 얼마나 멀리 뛰어넘으면 되는지를 보여주기를 제안하였다. 물론 그 학생은 처음에는 도약하는 연습을 하면 되었고, 또 첫째 날에는 웅덩이 전체를 건너뛰지 않아도 되었다. 그러나 시간이 지나면서 밧줄은 뒤쪽으로 치워졌다. 유감스럽게도 그 학생은 첫 번째 수업에서 웅덩이에 빠지고 말았고, 그는 지금까지도 웅덩이에 빠진 채 있다. 그 교사는 독일인이었고, 그 학생은 "자유"라 불렸다.

그러므로 보통의 유형에 따라 보건대, 제6차 라인주의회에서 언론자유의 옹호자는 그 반대자로부터 실질적 내용이 아니라 방향에서 차이가 나는 것이다. 특수한 신분의 제한성이 이쪽에서는 언론과 투쟁하고 저쪽에서는 언론을 옹호한다. 한쪽은 특권을 정부에게만 주길 원하고, 다른 쪽은 더 많은 개인들에게 나누어주길 원한다; 한쪽은 전면적인 검열을 원하고, 다른 쪽은 반쯤의 검열을 원한다; 한쪽은 3/8의 언론자유를 원하고, 다른 쪽은 전혀 언론자유를 원하지 않는다. 신이여 나를 나의 친구들로부터 지켜주소서!

그러나 보고자의 연설과 농민신분 출신의 몇몇 성원의 연설은 신분제의회의 일반적 정신과 완전히 다르다.

그 중 한 보고자는 이렇게 언급한다:

"개별적 인간에서와 마찬가지로 인민들의 삶에서도 오랜 동안의 후견의 질곡이 견딜 수 없게 된 상황, 즉 독립성이 추구되는 상황, 그리고 누구나 자신의 행동 자체에 책임을 지려고 하는 상황이 등장했소." "그렇다면 검열은 끝난 것이다; 검열이 아직도 존속하는 곳에서 검열은 공개적으로 언급된 것을 글로 옮기는 것을 금지하는 증오스런 탄압으로 간주되기 때문이다." 너 자신이 말하는 대로 쓰고, 너 자신이 쓰는 대로 말하라고 일찍이 초등학교 선생님은 우리에게 가르쳤다. 나중에 이것은 이렇게 바뀌었다: 너에게 이미 쓰여 있는 것을 말하고, 너에게 사후에 말해진 것을 쓰라고.

"시대의 중단 없는 진보가 새롭고 중요한 이해관계를 발전시키고 혹은 기존의 입법이 그것에 대한 충분한 규정을 담고 있지 못한 새로운 욕구를 만들어낸다면, 이러한 새로운 사회상태를 새로운 법률이 규제해야 한다. 그런 경우가 여기서 충분히 완성되고 있다." 이것은 훗날 이성의 유골에게 역사적인 성유물숭배Reliquiendienst를 표하기 위해 역사의 이성을 때려죽이는 환상적인 견해에 대립하는 진정한 역사적인 견해이다.

"(언론법전을 만드는) 과제는 물론 그렇게 쉽게 해결될 수 없을 것이다; 이루어지는 최초의 시도는 아마 매우 불완전할 것이다! 그러나 모든 국가들은 이 과제를 처음으로 다룰 입법자에게 빚을 지게 되는 것이고, 현재와 같은 국왕 아래에서 프로이센 정부는 목표를 향해 이끌어 갈 수 있는 이 도정에서 다른 나라들보다 먼저 앞서 나간다는 영예를 차지하게 될 것이다."

이렇게 남자답고 존경할 만한 단호한 견해가 주의회에서 얼마나 고립된 견해였던가는 우리의 전체 서술이 증명한다. 이것은 또한 의장이 보고자에게 충분히 언급한 것이다. 마지막으로 이것은 농민신분의 한 의원이 불만에 차 있기는 하지만 적절한 연설로 진술한 것이다:

"우리는 고양이가 뜨거운 죽 주위를 맴돌고 있듯이 당면한 문제 주위를 맴돌고 있다." "인간의 정신은 그것에 내재하는 법칙에 따라 자유롭게 발전해야 하고, 달성한 성과를 전달할 수 있어야 한다. 그렇지 않으면 생명의 맑은 강물도 악취로 가득한 늪으로 변하게 될 것이다. 만일 언론자유를 누리기에 적합한 민족이 있다면, 그것은 확실히 부드럽고 온화한 독일 민족일 것이다. 아마 여전히 독일 민족에게 필요한 것은 검열이라는 죄수용 가죽조끼가 아니라 오히려 그들을 일깨워 둔중함에서 벗어나게 할 자극일 것이다. 자신의 사상이나 감정을 자신의 동포에게 어떤 방해도 없이 전파할 수 없다는 것은 너무나 가혹한 처사이며, 종종 죄수를 미치게 만드는 북아메리카의 독방구금제도와 많은 유사점을 갖는다. 비난을 허용하지 않는 사람에게는 칭찬 또한 어떤 가치도 갖질 못한다; 그의 표정 없는 얼굴은 그림자가 없는 중국의 그림과 비슷하다. 우리가 이런 무기력한 민족의 축에 끼지 않기를 바란다!"

이제 우리가 언론을 둘러싼 토론을 전체적으로 되돌아본다면, 우리는 라인주를 대표하는 사람들의 집회가 주는 황량하고 불쾌한 인상을 지울 수 없다. 이들 대표자들은 특권의 고의적인 냉담함과 어정쩡한 자유주의의 본래적인 무기력 사이를 동요하고 있을 뿐이다. 무엇보다 우리는 보편적이고 포괄적인 시각을 거의 전적으로 갖고 있지 않은 것은 물론 자유로운 언론의 문제를 토론하다가 그만두는 나태한 피상성 역시 불만스럽게 지적해야 할 것이다. 그래서 우리는 다시 한 번 묻는다: 근본적이고 진지한 욕구관심으로 언론자유를 옹호할 수 있기에는 언론이 신분의회에 너무 멀리 떨어져 있었고, 그들과 현실적인 접촉이 거의 없었던 것이 아닌가?

언론자유는 가장 우아하고 호의를 구하는 마음으로 신분의회에 청원서를 제출하였다.

즉 주의회가 개회하자마자 하나의 토론이 벌어졌는데, 그때 의장은 이렇게 언급했다: 주의회 의사록의 인쇄는 기타 모든 문서들의 인쇄와 마찬가지로 검열을 받아야 하지만, 그러나 여기서는 자신이 검열관을 대신한다고 언급했다.

이 한 가지 측면만 보더라도, 언론자유의 문제는 주의회의 자유와 함께 무너진 것이 아닌가? 언론자유의 결여와 함께 다른 모든 자유가 어떻게 환상적인 것으로 되었는지 보여주는 증거가 주의회 자신의 인물을 통해 자신에게 제시될 때, 이러한 충돌은 그 만큼 더 흥미롭게 된다. 신체의 한 기관이 다른 기관들을 조건 짓듯이, 자유의 각각의 형태도 다른 자유를 조건 짓는다. 하나의 특정한 자유가 의심받게 되면 자유 자체가 의심받게 된다. 한 형태의 자유가 배척당하게 되면 자유 자체가 배척당하게 되고, 그래서 자유는 일반적으로 단지 또 하나의 가상적인 삶밖에 누릴 수가 없게 된다. 왜냐하면 그 후에는 부자유가 어떤 대상에서 지배적인 힘으로 발휘될지는 순전히 우연적인 것이기 때문이다. 부자유가 규칙이 되고 자유는 우연이나 자의라는 하나의 예외가 된다. 그러므로 자유의 어느 한 특수한 현존재가 다루어질 때, 그것이 하나의 특수한 문제에 불과하다고 말하는 것보다 더 전도된 말은 없다. 그것은 한 특수한 영역 안에서의 일반적인 문제이다. 자유는 그것이 인쇄용 잉크로 표현되든, 토지로 표현되든, 양심으로 표현되든, 정치적 집회로 표현되든, 언제나 자유인 것이다; 그러나 자유의 충실한 친구, 그가 만일 자유의 존재와 비존재를 놓고 표결에 붙여야 한다면, 그의 명예심은 이미 침해된 것이 아닐까? 이 친구는 자유가 표현되는 독특한 재료 앞에서 당황스러워 한다. 그는 종에서 유를 오인하고, 언론에 관하여 자유를 망각하며, 낯선 본질을 판단하기 위해 믿으면서 자신의 본질에 유죄판결을 내린다. 그래서 제6차 라인주의회는 언론자유에게 판결을 내림으로써 스스로에게 유죄판결을 내린 것이다.

영리한 체하는 실무관료들은 일찍이 페리클레스Pericles가 시끄럽게 그리고 정당하게 자신에 대해 자랑했던 것을 조용히 그리고 부당하게 자신에 관해 생각한다. "나는 국가의 욕구의 지식에서나 그것을 발전시킬 기술에서나 누구와도 견줄 수 있는 능력의 사람이다." 이러한 정치적 지성의 세습소작인들Erbpächter은 어깨를 으쓱하며 신탁을 내리는 고상함을 가지고 언론자유의 옹호자들이 알맹이 없는 쭉쩡이벼를 탈곡하고 있다고 말할 것이다. 왜냐하면 부드러운 검열이 가혹한 언론자유보다 더 좋기 때문이라는 것이다. 우리는 이들에게 스파르타인 스페르티아스Sperthias와 불리스Bulis가 페르시아 총독 히다르네스Hydarnes에게 한 말로 대답해주려고 한다:

"히다르네스, 우리를 위한 당신의 충고는 두 가지 측면에서 같은 무게가 아니었다. 왜냐하면 하나는 당신이 이미 시도한 것이지만, 다른 하나는 당신이 시도하지 않은 것이기 때문이다; 즉 당신은 노예가 무엇으로 불리는지 알고 있다; 그러나 당신은 자유를, 그것이 달콤한 것인지 아닌지를 아직도 시도해보지 않았다. 만일 당신이 시도해보았다면, 우리에게 창뿐만 아니라 도끼까지도 들고 자유를 위해 싸우라고 충고했을 것이다."

\<라인신문\> 1842년 5월 17일 화요일 제137호의 부록과 관련한 그리고 스스로와 관련한 중앙집중문제

"중앙집중문제와 관련한 독일과 프랑스"

 "국가권력이 하나의 지점으로부터 출발하는 것인지, 혹은 각각의 주들과 군들 및 현들이 스스로 통치할 것인지, 그리고 국가가 외부를 향해 대표할 수 있는 곳에서 비로소 전체의 권력뿐만 아니라 국가의 개별 부분 또한 지배해야 하는 중앙집중 문제 - 이러한 문제에 관해서 견해들은 여전히 크게 갈린다."

 시대문제는 그 내용을 통해 정당화된, 그래서 합리적인 모든 문제와 함께 갈려 있고, 대답이 아니라 질문이 주요 어려움을 형성하는 운명이다. 따라서 진정한 비판은 대답이 아니라 질문을 분석한다. 질문이 그 가장 순수하고 날카로운 관계 속에 제시되면 대수학적 방정식의 해결이 주어지듯이, 질문이 현실적 문제가 되면 모든 문제가 대답된다. 옛 문제를 새로운 문제를 통해 대답하고 처리하는 것 외에 세계사 자체는 다른 방법이 없다. 따라서 각 시대의 해결해야 하는 중심 단어는 쉽게 발견될 수 있다. 이것은 시대의 문제로, 대답에서는 개별 개인들의 의도와 통찰이 커다란 역할을 하고 그리고 행사된 고려가 개인에 속하는 것과 시대에 속하는 것으로 나누어지지만, 그에 대해 질문은 공개적인, 즉 개인들의 개별성을 고려하지 않는 포괄적인 시대의 목소리이다. 이것이 시대의 구호이고, 시대 고유의 영혼상태에 관한 가장 실천적인 호소이다. 따라서 각 시대의 반동은 바로 그 시대의 정신적 상태에 관한 좋은 측정수단이다; 이것은 날씨에 관해 개가 짖어대는 것보다 더 훌륭한 측정수단이다. 이것은 대중에게도 반동이 질문을 만드는 것처럼 보인다. 따라서 우리는 이러저러한 반동주의자가 근대적인 방향에 대해 투쟁하지 않는다면, 그들이 한 사항에 대해 질문하지 않는다면, 문제는 존재하지 않는다고 믿어도 좋다. 그러므로 대중은 스스로 반동을 진보의 진정한 사람들로 간주한다.

"국가권력이 한 지점으로부터 출발하는 것인지", 즉 한 지점이 통치해야 하는지, 아니면 각 주 등이 스스로 통치하고 중앙정부가 비로소 외부를 향해 전체의 권력으로서 "외부에 대해" 대표해야 하는지, 집중문제는 파악하기가 불가능하다. 편집자는 우리에게 확신시킨다: "이러한 문제는 더 높은 견지로부터 스스로 아무 것도 아닌 것보다는 무너진 것 속에서 관찰된다." "왜냐하면 인간이 자신의 본성에 따라 존재하는 것이 현실적이라면, 개인들의 자유는 일반적인 자유로부터 절대 분리되지 않는다." "따라서 우리가 인민을 정의 앞에 전제한다면, 연설 속에 있는 문제는 절대로 제출될 수 없다." "집중권력은 모든 부분 영역에 살아 있다. 등등." "그러나 일반적으로 모든 외부의 법률, 모든 적극적인 기관 등과 같이, 모든 중앙의 국가권력은 과도할 것이다. 그러한 사회는 국가가 아니라 인류의 이상일 것이다." "우리가 높은 철학적 관점에서 우리의 사회적 생활을 내려다본다면, 우리는 놀랍게도 아주 어려운 국가문제를 쉽게 풀 수 있을 것이다. 이론적으로 문제의 그러한 해결은 또한 아주 올바른데, 유일하게 올바른 것이다. 그러나 여기서 중요한 것은 이론적인 것이 아니라 실천적인 것으로, 다시 말해 집중문제에 대한 단지 경험적이고 상대적인 대답이다."

논설의 편집자는 자신의 문제에서 자기비판과 함께 시작한다. 더 높은 견지에서 관찰하면 자기비판은 없고, 그러나 동시에 우리는 이러한 높은 견지로부터 모든 법률, 적극적인 기관, 중앙 국가권력 그리고 마침내 국가 자체도 사라지는 것을 경험한다. 정당하게도 편집자는 이러한 견지가 알려고 하는 "놀라운 단순함"을 언급하지만, 그러나 정당하지 않게도 그는 문제의 그러한 해결을 "이론석으로 아주 올바르고, 유일하게 올바른 것"이라고 말하고, 또 정당하지 않게도 그는 이러한 견지를 "철학적인 것"으로 부른다. 그에 반해 우리가 철학을 상상력과 혼동한다면, 철학은 신중하게 저항해야 할 것이다. "정의의" 인민이라는 허구는, "기도하는 하이에나"의 허구가 자연에 낯설 듯이, 철학에 매우 낯선 것이다. 편집자는 "자신의 추상"을 철학으로 대체한다.

<쾰른신문> 제179호의 사설

<라인신문> 제191, 193, 195호,
1842년 7월 10, 12, 14일

*** 우리는 지금까지 <쾰른신문Kölnischen Zeitung>을 비록 "라인주 지식인의 신문Blatt der rheinischen Intelligenz"은 아니더라도 라인주의 "광고신문Intelligenzblatt" 정도는 된다고 생각하여 존경을 표해 왔다. 특히 우리는 이 신문의 "정치적 사설"이 독자로 하여금 정치를 싫어하도록 만드는 교묘하고 정선된 수단이라고 간주하였다. 그것은 독자로 하여금 활기 넘치고 산업정신이 물결치고 그리고 때로는 문학연하는 흥미로운 광고세계로 건너가게 하기 위한 것이었고, 또 여기서도 역시 '거친 길을 지나 별을 향해'라고 하는 것이, 다시 말해 '정치를 통해 굴로'라고 하는 것이 일어나게 하기 위한 것이었다. <쾰른신문>은 지금까지 정치와 광고 사이에서 멋진 조화를 유지할 줄 알았지만, 그러나 이 조화는 최근 "정치산업의 광고"라고 불릴 수 있는 그런 광고류 때문에 깨져버렸다. 처음에는 이 새로운 부류의 광고를 어느 자리에 앉혀야 하는지 확실하지 않았기 때문에, 광고가 사설로 변하고 사설이 광고로 변하는 경우도 일어났다. 더욱이 그 광고는 정치계의 용어로 말하면 "고발Denunciation"이라고 불리는 것으로, 돈을 지불받으면 "광고Anzeige"가 되는 것이다.

북극지방에서는 변변치 못한 식사를 하기 전에 특별히 좋은 알콜음료를 손님에게 대접하는 관습이 있다. 우리도 북극에서 온 손님을 대접하면서 식사 전에 알콜음료를 내놓는 이 관습을 따르도록 하자. 특히 식사 자체에서는, 다시 말해 <쾰른신문> 제179호의 대단히 "괴로운leidenden" 논설에서는 어떤 알콜분Spiritus도 발견할 수 없는 만큼 이 관습을 따르도록 하자. 따라서 우리는 먼저 루치아노Luciano의 <신들의 대화>에서의 한 장면을 식탁에 내놓고자 한다. 우리는 이것을 "모두가 알 수 있는" 쉬운 번역으로 소개한다. 왜냐하면 우리의 독자들 중에는 그리스인이 아닌 사람이 적어도 한 사람 정도는 있을 것이기 때문이다.

루치아노의 <신들의 대화>
제24장 헤르메스Hermes의 비탄
헤르메스. 마야Maja

헤르메스. 사랑하는 어머니여, 이 천국 전체에서 나보다 더 괴로워하는 신이 있습니까?
마야. 나의 아들아, 그렇지만 그런 말을 하지 말아라!
헤르메스. 왜 말해서는 안 됩니까? 수많은 일을 돌보아야 하는 나는 왜 언제나 혼자 일해야 하고, 그렇게도 많은 하인의 일을 위해 나 자신을 이리저리 끌려다니게 해야만 합니까? 나는 새벽에 일어나 식당을 청소하고 회의실의 방석을 정돈해야 합니다. 그리고 이런 일이 끝나면, 이번에는 주피터의 시중을 들고 하루 종일 그의 심부름으로 이리저리 파발꾼 노릇을 해야 합니다. 막 돌아와서 여전히 먼지를 덮어쓴 채 나는 신들의 식사를 식탁에 올려놓아야 합니다. 더욱이 가장 안 좋은 것은 나 혼자만 밤에도 쉬지 못한다는 점입니다; 왜냐하면 한밤중에도 나는 죽은 자들의 영혼을 플루토Pluto에게 인도해야 하고, 죽은 자에 대한 재판에서 시중꾼의 역할을 해야 하기 때문입니다. 낮에는 체조연습에 참가하고 인민의 집회에서 전령관 노릇을 하고 인민연설가가 연설문을 암송하는 데 도움을 주어야 합니다만, 이러한 낮의 일만으로는 충분치 않다는 겁니다. 아니 이렇게 많은 일들로 내 몸이 잘게 쪼개져 있는데, 또한 죽은 자의 일도 모두 돌봐야만 하는 겁니다.

올림포스 산에서 추방된 이후에도 헤르메스는 옛날의 관습대로 여전히 "하인의 일"과 죽은 자의 일 모두를 돌보고 있다.

제179호의 괴로운 논설을 쓴 사람이 헤르메스 자신인지, 아니면 그의 아들인 염소의 신 판Pan인지, 이 문제에 대하여 독자는 먼저 그리스의 헤르메스가 웅변과 논리의 신이었다는 점을 상기한 후에 결정을 내릴 수 있을 것이다.

"철학적 견해와 종교적 견해를 신문을 통해 유포하거나 신문지상에서 싸우는 것은 어느 것이나 우리에게는 허용될 수 없는 것처럼 보인다."

이 노인이 그렇게 지껄였을 때, 나는 그가 신탁의 지루하고 장황한 이야기를 하고 있음을 알아챘지만, 그러나 자기 집에서 자신의 의견을 거리낌 없이 말할 만큼 솔직하고 통찰력 있는 사람의 말을 믿지 못할 이유가 없다고 생각하여, 초조한 마음을 가라앉히고 계속하여 글을 읽었다. 그런데 이 무슨 놀랄 일인가. 이 사설이 어떤 철학적 견해를 갖고 있다고 하여 비난받을 수 없음은 분명하지만, 적어도 이 사설은 철학적 견해와는 싸우고 종교적 견해는 유포시키려는 경향을 갖고 있다.

자신의 고유한 존재의 권리에 이의를 제기하고, 자신의 무능력-선언을 스스로 미리 발표하는 이 사설은 도대체 우리에게 무엇이어야 하는가? 말이 많은 편집자는 우리에게 이렇게 대답할 것이다. 그는 그의 거만한 사설을 어떻게 읽어야 할지에 대하여 스스로 설명한다. 그는 단편적인 것들을 제공하는 일에만 국한하고 있기 때문에, 그것들을 "배열하고 결합하는" 일은 "독자의 명민한 통찰력"에 맡기고자 한다. - 이것은 그가 그 경영을 인수한 이런 종류의 광고에 대해서는 가장 적절한 방법이다. 우리도 "배열하고 결합해" 보자. 그러면 장미꽃 화환이 장미색 진주의 화환이 되지 못하더라도, 그것은 우리의 책임은 아니다.

편집자는 이렇게 설명한다: "이러한 수단(즉 철학적 견해와 종교적 견해를 신문지상에 유포하고 또 그것과 싸우는 것)을 이용하는 당파는, 우리의 의견에 의하면, 바로 그 때문에 그 당파가 성실하지 않다는 사실, 그리고 국민을 교육하고 계몽하는 일보다는 어떤 다른 외적인 목적을 달성하는 것을 더 소중히 여기고 있다는 사실을 보여준다."

이러한 그의 의견에 따르면, 이 사설은 외적인 목적의 달성 이외에 다른 것일 수 없다. 이 "외적인 목적"은 숨길 수 없다.

국가는 "자격 없는 잔소리꾼의 장사를 그만두게 할" 권리를 갖고 있을 뿐 아니라 책임도 갖고 있다는 것이다. 편집자는 그의 견해의 반대자들에게 말한다; 왜냐하면 그가 자격 있는 잔소리꾼임을 그는 이미 오래 전부터 잘 알고 있기 때문이다.

따라서 여기서는 종교상의 문제에 대해 검열을 새롭게 강화할 것, 즉 이제 막 숨쉬기 시작한 언론에 대해 새로운 경찰조치를 취할 것을 논하고 있다.

"우리의 의견에 따르면, 국가는 지나친 엄격함 때문이 아니라 오히려 지나친 관대함 때문에 비난받는다."

그러나 사설은 여기서 생각해낸다. 국가를 비난하는 것은 위험하다고; 그래서 사설은 관청을 향해, 언론자유에 대한 사설의 고발은 검열관에 대한 고발로 변한다고 연설한다; 사설은 "너무 검열하지 않는다"고 검열관을 고발하고 있다. "지금까지는 다음의 점에서도 비난받을 만한 관대함이 사실 국가에 의해서는 아니겠지만 개별 관청에 의해 증명되었다. 즉 공공의 신문에서, 그리고 학자라는 독자층만을 대상으로 하지 않는 여타의 인쇄물에서, 새로운 철학적 학파가 불손하게도 기독교에 대해 가장 야비한 공격을 가하는 것을 내버려두었다는 것이다."

편집자는 다시금 멈춰 서서 다시 생각한다; 그는 불과 일주일 전만 해도 검열자유에서 언론자유가 너무 적음을 보았다; 그런데 지금 그는 검열관의 강제에서 검열의 강제가 너무 적음을 보고 있다.

이것은 다시 좋게 되어야 한다.

"검열이 여전히 존속하는 한, 검열의 가장 절실한 의무는, 바로 최근에 되풀이하여 우리의 눈을 거슬리게 했듯이, 어린애 같은 경거망동의 나쁜 성장을 절단하는 것이다."

얼마나 약한 시력인가! 얼마나 약한 시력인가! 더구나 "아무리 약한 시력이라 하더라도, 광범한 대중의 이해력만을" 노려서 사용되는 "표현법에 의해 감정이 상하게 될 것이다."

만일 검열이 완화되는 것만으로도 나쁜 성장이 시작된다면, 언론자유는 이제 어떻게 될 것인가? 만일 우리의 시력이 검열되는 언론의 "경거망동"을 견디지 못할 만큼 약하다면, 어떻게 자유로운 언론의 "용기"를 견뎌낼 만큼 충분히 강해질 수 있을까?

"검열이 존속하는 한, 그것은 검열의 가장 긴급한 책임이다." 그러면 검열이 더 이상 존속하지 않을 때는 어떻게 될 것인가? 따라서 위의 구절은, 가능한 한 오랫동안 존속하는 것이 검열의 가장 긴급한 책임이라고 해석해야 한다.

그래서 편집자는 다시 생각한다: "공개적인 고소인으로 등장하는 것은 우리의 직무가 아니다. 따라서 우리는 그 이상 더 상세한 지적은 단념하기로 한다." 이것은 이 사람으로서는 숭고한 선행이다! 그는 이 이상 더 상세한 "지적"을 단념한다. 그렇지만 지극히 상세하고 명료한 표시로써 지적할 때 비로소 그는 그의 견해가 본래 무엇을 의도하는지를 논증하고 표명할 수 있었을 것이다; 그런데 그는 애매하고, 잘 들리지 않는 수상한 말만 한다; 공개적인 고소인이 되는 것은 그의 직무가 아니다. 은밀한 고소인이 되는 것이 그의 직무이다.

마지막으로 이 불행한 사람은 자유주의적 사설을 쓰는 것이 자신의 직무이고, 자신은 "언론자유의 충성스런 친구"를 염두에 두어야 한다고 생각한다; 그래서 그는 마지막 입장을 취한다: "직선적 방법으로는 자신의 목표를 달성하지 못할까 두려워하는 적대자들에게 승리를 가져다 주기 위해서, 비록 우연한 부주의로 초래된 결과는 아니지만, 여론 앞에서 언론의 더 자유로운 운동의 신용을 떨어뜨리는 것 이외에 다른 목적을 가질 수 없는 이러한 방식에 대해 우리는 부지런히 항의해야 한다."

언론자유의 이 대담하고 총명한 옹호자는 이렇게 가르친다: 만일 검열이 "나는 잠을 잔다. 나를 깨우지 말라!"는 묘비명을 가진 영국의 표범이 아니라면, 검열은 여론 앞에서 언론의 더 자유로운 운동을 곤경에 처하게 하기 위해 이러한 "사악한" 방식을 취한 것이다.

검열에게 "우연한 부주의"에 대해 주의를 환기시키고, 여론에서의 자신의 명성을 "검열관의 주머니칼"로부터 기대하는 그러한 언론의 운동을 여전히 곤경에 처하게 할 필요가 있는가?

파렴치한 방종도 때로는 "자유"라고 일컬어진다는 의미에서 이 운동도 "자유"라고 일컬어질 수 있을 것이다. 그렇지만 스스로 언론의 더 자유로운 운동의 옹호자라고 자칭하면서, 다른 한편에서는 두 사람의 헌병이 그의 양팔을 붙들어주지 않으면 언론은 즉시 하수구에 곤두박질치고 말 것이라고 강의하는 것은 무지와 위선의 파렴치가 아닌가.

그리고 만일 철학적 출판물이 여론 앞에서 자신의 신용을 떨어뜨릴 짓을 한다면, 무엇 때문에 검열이 필요하고, 무엇 때문에 이러한 사설이 필요한 것인가? 물론 편집자는 결코 "학문적 연구의 자유"를 제한하려고 하지 않는다. "오늘날 학문적 연구에 대해서는 당연히 가장 광범하고 무제한적인 활동공간이 허용되어 있다."

그러나 이 사람이 학문적 연구를 어떻게 이해하고 있는지는 다음의 말에서 분명히 드러난다: "자유가 요구하는 것과 학문적 연구의 경계를 넘어서는 것이 날카롭게 구별되어야 한다."

학문적 연구 자체가 학문적 연구의 경계를 결정하지 않는다면, 누가 학문적 연구의 경계를 결정한단 말인가! 사설에 의하면 학문에게는 그 경계가 규정되어야 한다는 것이다. 즉 사설은 학문적 연구로부터 배우는 것이 아니라 오히려 그것을 가르치는 "공식적 이성"을 인정한다. 일종의 박학한 섭리이기도 한 이 공식적 이성은 학자의 수염이 세속의 수염으로부터 변화되지 않도록 모든 털의 크기를 재는 것이다. 사설은 검열의 과학적 영감을 믿고 있다.

사설이 "과학적 연구"에 대해 부여하는 이러한 "우매한" 설명을 계속 추적하기 전에, 우리는 잠깐 헤르메스씨의 "종교철학", 즉 그 "자신의 과학"에 대해 음미해보자!

"종교는 국가의 기초이고, 또 어떤 외적인 목적의 달성을 지향하는 데 그치지 않는 모든 사회적 결합의 가장 필수적인 조건이다."

증명: "유치한 물신주의인 그것의 가장 조야한 형태에서조차 종교는 역시 어느 정도까지는 인간을 감각적 욕망으로부터 초연하게 한다. 인간이 오직 감각적 욕망에 의해 지배될 때, 감각적 욕망은 인간을 동물로 떨어뜨리고, 어떤 더 높은 목적을 실현할 수 있는 능력을 상실하게 만든다."

사설은 물신주의를 종교의 "가장 조야한 형태"라고 부른다. 따라서 "동물종교"가 물신주의보다 더 높은 종교적 형태라는 사실을 사설은 승인하고 있는데, 이것은 이 사설의 동의가 없더라도 누구나 "학문적 연구"에 참여하고 있는 사람들에게는 확실한 사실이다. 그런데 동물종교는 인간을 동물보다 낮은 지위로 떨어뜨리는 것이 아닌가, 동물을 인간의 신으로 삼는 것이 아닌가?

더욱이 지금 "물신주의"라니! 참으로 싸구려 잡지에서 얻은 박학다식함이다! 물신주의는 인간의 욕망으로부터 초연케 하기는커녕 오히려 "감각적 욕망의 종교"이다. 물신숭배자는 욕망의 환상에 사로잡혀, 마치 "생명 없는 사물"이 인간의 욕망을 채워주기 위해 자신의 자연적 성격을 버릴 것이라고 생각한다. 따라서 환상이 물신숭배자의 조야한 욕구를 가장 충실히 만족시켜주는 하인이기를 그만둘 때, 그 조야한 욕구는 물신을 파괴해버릴 것이다.

"더 높은 역사적 의의를 획득한 국민에게 그의 국민생활의 번영은 그의 종교적 감성의 최고 발달과 일치하고, 그 국민의 위대함과 힘의 쇠퇴는 그의 종교적 교양의 쇠퇴와 일치한다."

편집자의 주장을 정반대로 뒤집으면, 우리는 진리를 얻게 된다; 그는 역사를 머리로 서도록 전도시켰다. 그리스와 로마는 확실히 고대세계의 민족들 중에서 최고의 "역사적 교양"을 가진 나라들이다. 그리스가 내부적으로 최고의 번영을 누린 것은 페리클레스의 시대였고, 대외적으로 가장 번영을 누린 것은 알렉산더의 시대였다. 페리클레스의 시대에는 소피스트와, 우리가 육화된inkorporirte 철학이라고 부를 수 있는 소크라테스, 예술, 수사학 등이 종교를 몰아냈다. 알렉산더의 시대는 "개인적" 정신의 영원성과 기존 종교의 신을 배척한 아리스토텔레스의 시대였다. 그리고 이제 로마를 보자! 키케로를 읽어보라! 에피쿠로스학파, 스토아학파 혹은 회의주의학파의 철학은 로마가 최전성기에 달했을 때의 교양 있는 로마인의 종교였다. 고대국가들이 몰락한 것과 함께 고대국가의 종교도 소멸했는데, 이에 관해서는 더 이상의 설명이 필요하지 않을 것이다. 왜냐하면 고대인의 "진정한 종교"는 "자기 민족성", 자기 "국가"의 숭배였기 때문이다. 고대 종교의 몰락이 고대국가의 무너뜨린 것이 아니라, 고대국가의 몰락이 고대 종교를 무너뜨린 것이다. 그럼에도 불구하고 사설에서 보는 것과 같은 그러한 무지가 스스로 "학문적 연구의 입법자"라고 선포하고, 철학에 대해 "명령서"를 쓴다.

"고대세계 전체가 붕괴될 수밖에 없었던 것은 국민들이 그들의 학문적 성숙을 진척시킴에 따라, 그들의 종교적 견해가 여러 가지 오류에 기초하고 있음을 필연적으로 드러냈기 때문이다."

그래서 사설에 의하면, 고대세계 전체가 몰락한 것은 학문적 연구가 고대 종교의 오류를 폭로했기 때문이다. 그러면 연구가 종교의 오류에 대해 침묵했다면, 다시 말해 이 사설의 편집자가 로마의 관청에 대해 루크레티우스Lucretius와 루치안Lucian의 저술을 잘라내도록 권고했다면, 고대세계는 몰락하지 않았을 것인가?

어쨌든 우리는 허락된다면, 하나의 통지로써 헤르메스씨의 박학다식을 증대시키려는 것이다.

고대 세계의 몰락이 임박했을 때, 알렉산드리아 학파가 등장하여, 그리스신화가 "영원한 진리"이고, "학문적 연구의 성과"와 완전히 일치한다고 강제적으로 증명하려고 노력했다. 이 학파는 새롭게 그 모습을 나타내고 있는 시대정신을 보지 않으려고 눈을 감았고, 그것으로 그 시대정신을 소멸시키게 될 것이라고 믿고 있었는데, 율리아누스Julian 황제도 이 학파의 한 사람이었다. 그러나 헤르메스 씨의 결론으로 만족하자! 즉 고대의 종교에서는 "신적인 것에 대한 미약한 예감이 오류의 진한 암흑에 덮여" 있었고, 따라서 학문적 연구에 대항할 수 없었다고 하자. 사고의 기계를 갖고 있는 사람이라면 누구나 기독교에서는 사정이 그 반대였다고 판단할 수 있을 것이다. 물론 헤르메스 씨는 이렇게 말한다: "지금까지 학문적 연구의 최고 성과는 오직 기독교의 진리를 증명하기 위해서만 봉사하였다." 과거의 모든 철학은, 신앙심이 깊은 말브랑슈Malebranche의 철학, 영감을 받은 야곱 뵈메Jakob Böme의 철학조차, 기독교를 배반했다고 신학자들이 책망했다는 사실, 또 라이프니츠가 브라운슈바익 지방의 농민들로부터 "사자마귀Löwenix"(아무 것도 믿지 않는 사람)라고 비난받았고, 영국의 클라크Clarke와 그리고 그 외 뉴톤의 추종자들로부터는 무신론자라고 비난받았다는 사실은 여기서 도외시하자; 또한 개신교 신학자 중에서 가장 유능하고 일관성 있는 사람들이 주장하듯이, "세속적" 이성과 "종교적" 이성은 서로 모순되기 때문에, 기독교는 이성과 일치할 수 없다는 사실도, 이것은 테르툴리아누스Tertullian의 "불합리하기 때문에 진리"라는 말에서 고전적으로 표현되는데, 여기서는 도외시하자; 이러한 사실들을 모두 도외시하더라도, 학문적 연구가 그 자신의 길을 나아가면, 반드시 종교에 동화될 수밖에 없다는 점을 논증하지 않고 어떻게 학문적 연구와 종교의 일치를 논증할 수 있는가? 그 외에의 다른 방법을 취하도록 강제하는 것은 적어도 논증이 되지 못한다.

물론 당신들이 처음부터 견해와 일치하는 것만을 학문적 연구로서 인정한다면, 당신들이 예언하는 일은 쉬운 것이다; 그러나 인도의 브리만이 베다Veda를 읽을 권리를 자신에게만 부여함으로써 베다의 신성함을 논증하는 방식과 비교할 때, 당신들의 주장은 어떤 우월함을 가지는가?

헤르메스 씨는 그렇다고 말한다: "문제는 학문적 연구이다." 그러나 기독교와 모순되는 연구는 어느 것이나 "중도에 멈추어" 있거나 아니면 "잘못된 길을 가고" 있다고 헤르메스 씨는 말한다. 이것보다 더 편안한 논증방식이 있을 수 있는가?

학문적 연구가 "그 성과로서 발견한 사실의 내용을 해명하자"마자, 학문적 연구는 기독교의 진리에 결코 저항하지 않을 것이다. 그러나 동시에 국가는 이 "해명"이 불가능한 것처럼 보이도록 신경 써야 한다. 왜냐하면 연구는 결코 광범한 대중의 이해력에 호소해서는 안 되기 때문이다. 다시 말해 그 자체가 쉽고 명료한 것이 되어서는 안 되기 때문이다. 비록 연구가 군주국가 내의 모든 신문에서 비과학적 연구자들로부터 공격을 받는다 하더라도, 연구는 겸허해야 하고 또 침묵을 지켜야 한다.

기독교가 "모든 새로운 쇠퇴"의 가능성을 배제하고 있지만, 그러나 경찰은 철학하는 신문기고자들이 기독교를 쇠퇴하게 하지 못하도록 감시해야 한다. 오류는 외적 강제에 의한 억압을 필요로 하지 않고, 진리에 대한 투쟁을 통해 스스로 오류인 것으로 인식될 것이다. 그러나 국가는 "오류"의 옹호자들로부터 내적 자유를 박탈하지는 않지만, 국가는 이 내적 자유를 박탈할 수 있다, 이 자유의 가능성을, 즉 생존의 가능성을 박탈함으로써, 진리의 이러한 투쟁을 쉽게 해주어야만 한다.

기독교는 자신의 승리를 확신하고 있지만, 그러나 헤르메스 씨에 의하면 경찰의 도움을 물리칠 만큼 승리를 확신하는 것은 아니다.

당신들의 신앙과 모순되는 것은 모두 처음부터 오류이고 또 오류로 간주되어야 한다면, 당신들의 독단은 이슬람교도의 독단과 무슨 차이가 있고, 다른 모든 종교의 독단과 다른 점이 무엇인가? 철학은, "지역에 따라 풍습도 바뀐다"는 속담에 따라, 각 나라에서 그 나라의 교리의 근본진리에 모순되지 않기 위해 각기 다른 원리를 취해야만 하는 것인가? 철학은 어떤 나라에서는 $3 \times 1 = 1$이라고 믿어야 하고, 또 어떤 나라에서는 여자는 영혼을 갖지 않는다고 믿어야 하며, 또 제삼의 나라에서는 천국에서는 맥주를 마신다고 믿어야 하는가? 식물이나 별자리에 보편적인 본성이 있듯이, 보편적인 인간의 본성이라는 것이 없는 것일까? 철학은 무엇이 진리인지를 묻는 것이지, 무엇이 효력을 갖는지를 묻지 않는다. 또한 철학은 무엇이 모든 인간에게 진리인지를 묻는 것이지, 무엇이 개개인에게 진리인가를 묻지 않는다; 철학의 형이상학적 진리는 정치적 진리의 국경을 알지 못한다; 철학의 정치적 진리는 특수한 세계관 및 민족적 견해의 환상적 지평을 인간정신의 진실한 지평과 혼동하기에는 그 "국경"이 어디서 시작하는지를 너무나 잘 알고 있다. 헤르메스 씨는 기독교의 모든 옹호자 중에서 가장 허약한 옹호자이다.

기독교의 오랜 존재가 기독교를 옹호하기 위해 그가 제시하는 유일한 증거이다. 철학도 또한 탈레스 이래 오늘날까지 존재해온 것이 아닌가? 더욱이 헤르메스 씨에 따르면, 바로 지금이 이전보다 자신의 중요성에 대해 더 큰 요구와 더 큰 의견을 갖고 존재하는 것이 아닌가?

마지막으로 헤르메스 씨는 국가는 "기독교적" 국가라는 사실, 국가는 윤리적 인간의 자유로운 결합체가 아니라 신자들의 결합체를 목적으로 하고, 자유의 실현이 아니라 교리의 실현을 목적으로 한다는 사실을 어떻게 논증하는가? "우리 유럽 국가들은 모두 기독교를 기초로 하고 있다."

프랑스 국가도 그런가? 헌장 제3조에는 "모든 기독교도"나 "오직 기독교도만이"라고 쓰여 있지 않고, "모든 프랑스인은 평등하게 문, 무의 관직에 임용될 수 있다"고 쓰여 있다.

또한 프로이센의 주법 Landrecht 제2부 제13편 등에도 이렇게 쓰여 있다:

"국가원수의 가장 중요한 의무는 나라 안팎의 평화와 안전을 유지하고, 각 개인에게는 그의 재산을 폭력과 혼란으로부터 보호하는 일이다." 또 제1조에 의하면, 국가의 원수는 "국가의 "모든 "의무와 권리"를 자신 안에 결합하고 있다. 따라서 국가의 가장 주요한 의무가 이단의 오류를 억압하고 내세의 행복을 보장하는 것이라고 쓰여 있지 않다.

그러나 실제로 몇몇 유럽 국가들이 기독교에 의지한다면, 이들 국가는 국가개념에 일치하는 것인가? 또 어떤 상태가 "단순히 존재한다"는 것만으로 이미 그 상태가 존재의 권리를 갖는 것인가?

우리의 헤르메스 씨의 견해에 따르면, 물론 그렇다. 왜냐하면 그는 청년헤겔파의 지지자들에 대해 다음을 상기시키기 때문이다: "국가의 대부분에서 시행되고 있는 법률에 의하면, 교회의 축복이 없는 결혼은 축첩으로 간주되고, 그 때문에 경찰의 처벌을 받는다."

따라서 "교회의 축복이 없는 결혼"이 라인 강가의 지방에서는 나폴레옹법전에 따라 "결혼"으로 간주되고, 슈프레(베를린) 강가의 지방에서는 프로이센 주법에 따라 "축첩"으로 간주될 때, 철학자들은 "경찰"의 처벌이 한 지방에서 합법인 것이 다른 지방에서는 불법이라는 사실, 나폴레옹법전이 아니라 프로이센 주법이 결혼에 관해 과학적이고 윤리적인 개념을, 이성적인 개념을 갖고 있다는 사실을 논증해야 한다. 그러나 이 "경찰 처벌의 철학"이 다른 곳에서는 설득력을 가질지 모르지만, 프로이센에서는 설득력이 없다. 더욱이 프로이센의 주법이 "교회적" 결혼의 경향을 얼마나 적게 가지고 있는지 제2부 제1편 제12조가 보여주고 있다: "그러나 주법에 의해 허용된 결혼은, 교회의 수장의 사면이 청원되지 않았거나 거부된 경우라도, 결코 그것의 시민적인 효력은 잃지 않는다."

여기서도 결혼은 부분적으로는 "교회의 수장"으로부터 해방되어 있고, 결혼의 "시민적" 효력은 "교회적"인 효력과 구별되고 있다.

우리의 위대한 기독교적 국가철학자가 국가에 관해 어떤 "높은" 견해를 갖고 있지 않다는 사실이 자명하게 드러난다.

"우리의 국가는 법적 공동체일 뿐만 아니라 동시에 진정한 교육시설이기도 하다. 그 양육은 청소년의 교육을 사명으로 하는 시설과 비교하여 더 넓은 범위로 확대한다. 등등. 공공교육 전체는 기독교를 기초로 하고 있다."

우리의 학생들의 교육은 교리문답서를 기초로 하는 것과 동일할 정도로 고대 고전작가와 과학 일반을 기초로 한다.

헤르메스 씨에 따르면, 국가는 내용에 의해서가 아니라 그 규모에서 탁아소와 구별된다. 국가는 자신의 "양육"을 더 넓은 범위로 확대한다.

그러나 국가의 진정한 "공공"교육은 오히려 국가의 이성적이고 공공적인 존재에 의해 이루어진다. 국가 자체가 그 구성원을 교육시키는 것은, 국가가 구성원을 국가의 구성원으로 되게 함으로써이고, 또 각 개인의 목적을 일반적 목적으로 변화시키고 저급한 충동을 윤리적 성향으로 변화시키고 자연적 독립성을 정신적 자유로 변화시킴으로써이고, 또 각 개인이 전체의 생활 속에서 자신의 생활을 향유하고 전체가 각 개인의 신념 속에서 자신을 향유함으로써이다.

그러나 사설은 이와 반대로 국가를 상호 교육하는 자유인들의 결합체로서 이해하지 않는 것이 아니라, 위로부터 교육받도록 규정되어 있는, "좁은" 교실로부터 나와 "더 넓은" 교실로 들어가도록 규정되어 있는 성인들의 집합으로 이해한다.

여기서 이러한 교육이론과 후견이론은 언론자유의 옹호자에 의해서 제시된다. 이 옹호자는 언론자유라는 미인에 대한 사랑 때문에 "검열의 태만"을 지적하고, 적당한 곳에서 "광범한 대중의 이해력"을 묘사할 줄 안다. - (광범한 대중의 이해력이 최근 <쾰른신문>에게는 매우 위험한 것으로 여겨지는데, 대중이 "비철학적인 신문"의 장점을 이해하는 것을 잊었기 때문인가?) - 그래서 이 옹호자는 무대용 견해와 무대 이면용 견해를 달리하라고 지식인들에게 권한다!

이 사설이 자신의 "혼합된" 국가관을 기록으로 우리에게 명시하듯이,

그것은 지금 "기독교에 대한" 자신의 저급한 견해를 기록으로 우리에게 명시해준다.

"전체적으로 평안과 행복을 느끼고 있는 주민들에 대해, 이 세상의 어떤 신문사설도 당신들이 불행한 상태에 처해 있다고 설득할 수는 없을 것이다."

당연히! 평안과 행복이라는 물질적 감정이, 행복을 가져오고 또 모두를 정복하는 신앙의 확신보다 신문사설에 대해 더 확실하게 저항하게 만든다! 헤르메스 씨는 "우리의 신은 견고한 성이"라고 노래하지 않는다. "작은 집단의 사람들"의 세련된 세속적 교육보다도, 오히려 "커다란 대중"의 진정으로 신앙심 깊은 심성이 의혹의 얼룩에 때 묻기 쉽다!

헤르메스 씨는 "질서가 잘 잡힌 국가"에서보다 오히려 "질서가 잘 잡힌 교회", 즉 "신의 정신"이 모든 진리로 인도하고 있는 교회에서 더욱 "반란을 위한 선동"이 일어날 우려가 크다고 두려워한다. 참으로 훌륭한 신앙인이고, 더욱이 이제 비로소 그 근거가 제시된다! 즉 정치적 사설은 대중에게 잘 이해되지만, 철학적 사설은 대중에게 잘 이해되지 않는다는 것이다!

마지막으로 사설은 "최근 청년헤겔학파가 취한 어정쩡한 조치는 어정쩡한 조치가 갖는 통상적인 결과를 가져왔다"는 사실을 암시하고, 헤겔파의 최근의 시도가 그들에게 "매우 불리한 결과를 가져오지 않고" 그냥 지나갔으면 하는 정직한 소망을 암시하는데, 그렇다면 우리는 『리어왕』에서의 콘월Cornwall의 다음과 같은 말을 이해할 수 있게 된다:

> 그는 정직하고 솔직한 사람이므로
> 아첨을 못하고; 그는 진실을 말해야 한다.
> 사람들이 그것을 그대로 받아주면 좋고
> 받아주지 않더라도, 그는 솔직하다. - 이런 종류의
> 악한을 내가 아는데, 그는 자신의 하인 일을 부지런히 하면서

어리석을 만큼 절만 하는 이십 명의 아첨꾼보다
더 간악하고 흉측한 목적을
솔직함이란 가면 뒤에 숨기고 있다.

만일 옛 자유주의자였던 "과거의 청년"을 제격에 맞는 울 안으로 되돌아가라고 명령하고 있는, 진지하기보다는 오히려 희극적이라고 말할 이 광경을 보고 <라인신문>의 독자들이 만족할 것이라고 생각한다면, 우리는 독자들을 모독하는 것이 될 것이다; 우리는 여기서 "사항 그 자체"에 대해 몇 마디 말하고자 한다. 우리가 이 괴로운 사설에 대한 논박에 몰두하고 있는 한, 이 사설의 자기 파괴의 일을 중단시키는 것은 정당하지 않을 것이다.

우선 질문이 제시된다: "철학은 신문사설에서도 종교적인 관심사를 논의해야 하는가?"

우리는 오직 이 질문을 비판함으로써 이 질문에 대답할 수 있다.

철학, 특히 독일 철학은 고독의 성향, 체계적 완결의 성향, 정열이 없는 자기정관靜觀의 성향을 갖고 있고, 따라서 재치 있고, 시사문제를 소리 높여 논하고, 오직 보도만을 즐기는 신문의 성격과는 처음부터 거리가 먼 것으로 대립하고 있다. 체계적 발전의 측면에서 파악된 철학은 비통속적이다. 이 철학이 자신 속에서 수행한 비밀스런 활동은 세속적인 눈에는 상궤를 벗어난, 비실제적인 활동인 것처럼 보인다; 철학은 마술의 교수로 간주되고, 그의 주문이 엄숙하게 들리는 것은 사람들이 그 주문을 이해하지 못하기 때문이다.

철학은 그 성격상 금욕적인 승복을 신문의 가벼운 일상복으로 갈아입는 첫걸음을 아직 한 번도 내딛지 않았다. 그러나 철학자들은 버섯처럼 땅에서 자라나지 않으며, 그들은 그 시대, 그 국민의 과실이고, 국민의 가장 미묘하고 가장 귀중한 그리고 눈에 보이지 않는 액즙이 철학의 사상 안에서 회전하고 있다. 노동자의 손을 빌려 철도를 건설하는 것과 동일한 정신이 철학자의 머리 속에서 철학체계를 건설한다. 머리가 위 속에 있지 않다고 해서 그것이 인간 밖에 있다고 말할 수 없듯이, 철학은 세계 밖에 있는 게 아니다. 그러나 물론 철학은 다리로 땅 위에 서기 전에 머리로 세계 속에 서 있다. 이에 반해 다른 많은 인간의 영역들은, "머리"도 역시 이 세계에 속한다든지 혹은 이 세계가 머리의 세계라든지 하는 사실을 예감하기 이미 오래 전부터, 다리로 이 지상에 뿌리박고 있으며 손으로 세계의 열매를 따고 있다.

모든 진정한 철학은 그 시대의 정신적 정수이기 때문에, 철학이 내적으로 그 내용을 통해서 뿐만 아니라 또 외적으로 그 현상을 통해서 그 시대의 현실세계와 접촉하고 상호작용하게 되는 시기가 반드시 오지 않을 수 없다. 그러면 철학은 다른 특정한 체계들에 대한 하나의 특정한 체계이기를 그만두고, 철학은 세계에 대한 철학 일반으로 되고, 현재의 세계의 철학이 된다. 철학이 이러한 의미를 획득한다는 사실, 그것이 문화의 살아 있는 혼으로 된다는 사실, 철학이 세속적으로 되고 세계가 철학적으로 된다는 사실 등을 확인하는 절차는 어느 시대에서나 동일하였다; 사람들은 아무런 역사서를 참고할 수 있다. 그리고 철학이 살롱이나 목사관에 소개되고, 신문의 편집실이나 법정의 대기실에 안내되고, 동시대인의 증오와 사랑 속에 들어가게 된다는 사실을 분명히 표현하는 매우 단순한 의식이 판에 박은 듯이 정확하게 되풀이되고 있음을 사람들은 알게 될 것이다. 철학은 그의 적들의 절규에 의해 이 세계에 소개되었고, 그의 적들은 관념의 큰 불로부터 구조되기 위해 야생적으로 외침으로써 그 불이 이미 내적으로 그들에게 옮겨 붙었음을 누설하고 있다. 철학의 적들의 이러한 절규가 철학에 대해 갖는 의미는, 어린아이의 첫울음소리가 불안해하면서 귀를 기울이고 있는 엄마의 귀에 대해서 갖는 의미와 같다. 그것은 체계의 불가사의한 정식의 껍질을 깨고 나와 세속적 시민 안에서 자신의 모습을 나타낸 철학 관념이 부르짖는 생명의 절규이다.

시끄러운 북소리로 제우스 아기의 탄생을 세상에 알리는 코리반텐 Korybanten과 카비렌Kabyren은 무엇보다 철학자들이 종교문제에 관여하는 것을 반대한다. 왜냐하면 부분적으로는 그들의 종교재판관적 본능이 독자들의 이러한 감정적 측면을 가장 확실히 붙잡을 줄 알기 때문이고, 또 부분적으로는 철학의 반대자들을 포함하여 독자들은 오직 그들의 관념적 촉각에 의해서만 철학의 관념 영역에 관계할 수 있는 것인데, 이 독자들이 물질적 욕구의 체계와 거의 동일한 정도로 그 가치를 믿고 있는 유일한 관념 영역은 종교적 관념의 세계이기 때문이며, 마지막으로 또한 종교가 논쟁하는 것은 철학의 어떤 특정한 체계가 아니라 특정한 체계를 가진 철학 일반이기 때문이다.

현재의 진정한 철학은 이러한 운명을 통해서 과거의 진정한 철학들로부터 차이가 없다. 이러한 운명은 오히려 역사가 철학의 진리에 책임을 져야 할 증거이다.

그러나 지난 6년 동안 독일의 신문은 철학이 종교문제에 관여하는 것에 대해 반대의 북소리를 내었고, 헐뜯고 왜곡하고 개악하였다. 아우크스부르크의 <알게마이네> 신문은 용맹한 아리아를 불렀고, 거의 대부분의 서곡이 주제로 연주한 것은 그 신문과 같은 요조숙녀가 논의할 만한 가치를 철학에는 없다는 사실, 다시 말해 철학은 젊은이들의 허풍이고 권태증에 걸린 사람들의 유행품이라는 사실이었다. 그러나 그 신문은 철학으로부터 벗어날 수 없었고, 그래서 언제나 다시 반대의 북소리를 높였다. 왜냐하면 아우크스부르크 신문은 철학에 반대하는 고양이 울음소리를 내는 데서 하나의 악기, 단조로운 팀파니에 불과하기 때문이다. <베를린 정치주간신문Berliner politischen Wochenblatt>과 <함부르크 통신원 Hamburger Correspondenten>에서 시골벽지의 신문에 이르기까지, <쾰른신문>에 이르기까지 독일의 모든 신문은 헤겔과 셸링, 포이어바하와 바우어, 『독일연보Deutschen Jahrbüchern』 등에 대해 반대의 소리를 높였다. – 마침내 독자는 레비아탄Leviathan 자체를 보고 싶어하는 호기심을 갖게 되었다. 더욱이 반관#官적인 사설이 관청의 사무실로부터 철학에 대해 그 정당한 도식을 지시하고자 위협할수록 그 열망은 더욱 커졌다. 철학이 신문에 등장한 것은 바로 이때였다. 몇몇 진부한 신문구절에서는 천재의 다년간에 걸친 연구, 헌신적 고독의 신고辛苦의 결실, 눈에 보이지는 않지만 서서히 기진맥진케 하는 저 명상의 투쟁의 성과를 비누방울처럼 불어서 없앤다고 뽐내고 있는 자기도취적 천박함이 나타났는데, 철학은 이 천박함에 대해 오랫동안 침묵을 지켜왔다. 게다가 신문이 철학에 적당하지 않은 무대라고 하여 철학은 신문에 대해 항의까지 했던 것이다. 그러나 마침내 철학은 자신의 침묵을 깨지 않을 수 없었고, 신문의 통신원이 되었다. - 그런데 전대미문의 전환이 일어났다 - 이때 갑자기 수다스런 신문발행인들은 철학이 신문의 독자들에게 아무런 양식도 되지 못한다는 생각을 갖게 되었다. 그래서 그들은 독자를 계몽시키기 위해서가 아니라 외적 목적을 달성하기 위해 철학 및 종교의 문제를 신문의 영역 안으로 끌어들이는 것은 성실한 행동이 아니라는 사실을 정부에게 부지런히 주의를 촉구했던 것이다.

철학이 종교에 대해 또한 철학 자신에 대해 아무리 사악한 것을 말한다고 하더라도, 당신들 신문의 외침이 이미 오래 전에 철학에 대해 그 책임을 돌릴 때 보였던 그것보다 더 사악하고 뻔뻔한 행동이 있겠는가? 철학은 당신들 비철학적인 카푸친Kapuzin 교단의 승려들이 수천 번의 논쟁적 토론에서 철학에 대해 설교한 것을 반복하기만 하면 충분하고, 그것으로 가장 사악한 것을 말한 것이 된다.

그러나 철학은, 당신들이 그것에 관해 말했듯이, 종교적 대상과 철학적 대상에 관해 다르게 말한다. 당신들은 연구하지 않고 말하지만, 철학은 연구와 함께 말하고, 당신들은 감정에 호소하지만 철학은 오성에 호소한다. 당신들은 저주하지만 철학은 가르치고, 당신들은 천국과 현세를 약속하지만 철학은 진리 이외에 다른 것을 약속하지 않는다. 당신들은 당신들의 신앙을 믿으라고 요구하지만, 철학은 철학의 결과를 믿으라고 요구하지 않고 의심스런 것을 검토할 것을 요구한다; 당신들은 경악하지만 철학은 진정시킨다. 그래서 실로 철학은 그것이 이끌어낸 결론이 천국의 세계의 것이든 지상의 세계의 것이든 불문하고, 향락욕과 이기심에 아양 떨지 않는 것임을 알 만큼 충분히 세상사에 밝다. 그러나 진리와 인식을 그 자체로 인해 사랑하는 독자의 판단력과 윤리성은 무지하고 굴종적이고 일관성 없고 돈에 고용된 저술가의 판단력과 윤리성과 훌륭하게 우열을 다툴 수 있을 것이다.

물론 이러저러한 사람들이 빈약한 오성과 비천한 심성에서 철학을 곡해하려고 하지만, 그러나 개신교도인 당신은 가톨릭교도가 기독교를 곡해하고 있다고 믿지 않는가? 또한 당신은 기독교에 대해 8세기와 9세기의 수치스런 시대 혹은 성 바르톨로메우스Bartholomäus 밤에 일어난 살육 사건 혹은 종교재판을 비난하지 않는가? 개신교 신학의 철학자들에 대한 혐오의 대부분이 특수한 교파에 대한 철학의 관용으로부터 연유하였다는 사실은 명백하다. 포이어바하와 슈트라우스가 비난받는 것은, 그들이 기독교의 교의를 이성의 교의가 아니라고 언명했기 때문이 아니라, 오히려 가톨릭의 교의를 기독교의 교의로 간주했기 때문이었다.

그러나 각 개인이 현대의 철학을 소화하지 못하고 철학적 소화불량증에 걸려 죽는다 하더라도 그것이 철학에 불리한 증거가 될 수 없다는 사실은, 기관이 여기저기서 터져 몇 사람의 행인이 공중으로 날라 갔다고 해서 그것이 역학에 불리한 증거가 되지 않는 것과 마찬가지이다.

철학적 관심사와 종교적 관심사를 신문에서 논의해야 하는가의 문제는, 이 문제 자체의 무사상Ideenlosigkeit으로 해소된다.

그런 문제가 이미 신문의 문제로 독자의 관심을 끈다면, 그것은 시대의 문제가 된 것이고, 그렇다면 그것을 논의해야 하는가는 문제가 되지 않는다. 그리고 문제가 되는 것은 그것을 어디서, 또 어떤 방식으로 논의해야 하는가이다. 즉 가정과 호텔에서, 학교와 교회 안에서 논의하는 것은 좋지만, 언론에서는 논의하지 말아야 하는가? 철학의 반대자가 논의하는 것은 좋지만, 철학자가 논의해서는 안 되는가? 사적 견해의 모호한 말로 논의하는 것은 좋지만, 공적 오성의 정화된 말로 논의해서는 안 되는가? 그렇다면 여기서 문제가 되는 것은 실재 속에서 살고 있는 것이 언론의 영역에 속하는 것인가의 문제다. 이 경우에 언론의 특수한 내용은 더 이상 문제되지 않고, 언론이 현실적 언론, 즉 자유로운 언론으로 되어야 하는지의 일반적 문제가 다루어진다.

두 번째 문제는 첫 번째 문제와 완전히 분리된다: "이른바 기독교 국가에서 정치는 신문에서 철학적으로 다루어져야 하는가?"

종교가 정치적 질이 아니라 정치의 대상으로 된다면, 신문은 정치적 대상을 논의해도 좋을 뿐만 아니라, 또 논의해야 한다는 사실은 말할 필요도 없다고 본다. 처음부터 현세의 왕국, 즉 국가를 걱정할 권리는 저 세상의 지혜인 종교보다도 이 세상의 지혜인 철학이 더 많이 갖고 있는 것처럼 보인다. 여기서 문제가 되는 것은 국가에 대해 철학적으로 다루어야 하는지의 문제가 아니다. 문제는 국가에 대해 철학적으로 올바로 해야 하는지 나쁘게 해야 하는지, 철학적으로 해야 하는지 비철학적으로 해야 하는지, 선입견을 갖고 해야 하는지 갖지 않고 해야 하는지, 의식적으로 해야 하는지 무의식적으로 해야 하는지, 일관성을 갖고 해야 하는지 일관성 없이 해야 하는지, 완전히 합리적으로 해야 하는지 절반쯤 합리적으로 해야 하는지 하는 것이다. 만일 당신이 종교를 국가법의 이론으로 삼는다면, 당신은 종교 자체를 일종의 철학으로 만든 것이다.

무엇보다 기독교가 국가와 교회를 분리시킨 것이 아닌가?

성聖 아우구스티누스Augustinus의 『신국론de civitate dei』을 읽어보고, 교부들과 기독교의 정신을 연구해보라. 그리고 다시 되돌아와 "기독교 국가"가 국가인지 교회인지 말해보라! 혹은 당신들의 실천적 생활의 매순간이 당신들 이론의 거짓을 책망하는 것은 아닌가? 당신들은 사람들로부터 속았을 때 재판에 호소하는 것이 옳지 않다고 생각하는가? 그러나 사도使徒는 그것이 옳지 않다고 쓰고 있다. 당신은 어떤 사람이 당신의 왼쪽 뺨을 때렸다면 오른쪽 뺨도 내밀 것인가? 아니면 폭행으로 인해 소송을 제기할 것인가? 그러나 복음서는 그것을 금하고 있다. 이 세상에서 이성적인 법을 요구할 것인가, 당신은 세금이 조금이라도 인상되는 데 대해 투덜대지 않을 것인가, 당신은 인격의 자유가 조금이라도 침해 받으면 분노하지 않을 것인가? 그러나 현세의 고통은 내세의 영광에 비교할 만한 가치를 갖고 있지 않고, 그래서 인내의 수동성과 희망 속의 축복이 제일의 미덕이라고 당신은 듣고 있다.

당신들의 대부분의 소송과 민법은 재산을 다루고 있지 않는가? 그러나 당신의 보화가 이 세상의 것이 아니라고 당신은 듣고 있다. 혹은 당신이 카이저Kaiser의 것은 카이저에게 주고 신의 것은 신에게 주라고 하는 말에 의거한다면, 당신은 황금의 맘몬Mammon신만을 이 세상의 카이저라고 생각하는 것이 아니라, 자유로운 이성 역시 적어도 같은 정도로 그렇다고 생각하는 것이다. 그래서 우리는 "자유로운 이성의 활동"을 철학하는 것이라고 부른다.

처음에 신성동맹 안에서 유사 종교적인 국가연맹이 결성되고 종교가 유럽의 국가들의 문장紋章이 되었을 때, 교황은 이 신성동맹에 가입하는 것에 대해 깊은 감성과 지극히 올바른 일관성으로써 거부하였다. 왜냐하면 국민들의 일반적인 기독교적 유대는 교회이지 외교 즉 세속적인 국가연맹이 아니라고 생각되었기 때문이다.

진정한 종교적 국가는 신정神政국가이다; 이러한 국가의 군주는 유대국가처럼 그 종교의 신인 여호와 자신이든지, 아니면 티베트처럼 신의 대리인인 달라이 라마이든지, 아니면 마지막으로 괴레스Görres가 최근의 저술에서 기독교 국가들에 대해 정당하게 요구했던 바와 같이 "무오류의 교회"인 하나의 교회에 이들 국가가 모두 복속하든지, 그 어느 경우든 되어야 한다. 왜냐하면 개신교에서처럼 교회의 최고의 수장이 존재하지 않을 경우, 종교의 지배는 지배의 종교, 즉 정부의지의 숭배에 불과하기 때문이다.

한 국가 안에 동등한 권리를 가진 복수의 교파가 포함되어 있다면, 그 국가는 특수한 종교적 교파를 침해하지 않고는 종교국가가 될 수 없다. 즉 다른 교파의 신봉자들을 모두 이단으로 단죄하고, 한 조각의 빵을 얻는 것도 신앙에 의해 좌우되도록 하고, 그 교의를 각 개인과 공민적 존재 사이를 묶는 유대로 삼는 그런 교회가 될 수는 없다. "가난하고 창백한 에린Erin"의 가톨릭교 주민에게 물어보라. 또한 프랑스 혁명 전의 위그노파에게 물어보라. 그들의 종교가 국교가 아니기 때문에, 그들은 종교에 호소하지 않고 "인권"에 호소한 것이다. 그래서 철학은 이 인권을 해석하고, 국가에 대해서는 인간 본성의 국가가 될 것을 요구했다.

그러나 어정쩡하고 고루한, 게다가 불신앙적인 동시에 신학적인 합리주의는 교파의 차이에 관계없이 일반적 기독교 정신이 국가정신으로 되어야 한다고 말한다! 그러나 종교의 일반적 정신을 실제 종교로부터 분리하는 것은 최대의 불신앙이고, 세속적 오성의 횡포이다. 종교를 이와 같이 그 교의와 제도로부터 분리시키는 것은, 특정한 법률이나 법의 실제 제도에 관계없이, 국가 안에서 법의 일반적 정신이 지배해야 한다고 주장하는 것과 마찬가지이다.

만일 당신들이 자신은 종교의 일반 정신을 종교의 현존하는 규정들로부터 구별할 권리를 갖고 있을 정도로 종교보다 위에 높이 서 있다고 자만한다면, 철학자가 이 구별을 어중간하게가 아니라 완전하게 실행하고, 종교의 일반 정신을 기독교 정신이라고 부르지 않고 인간 정신이라고 부른다면, 당신은 어떤 점에서 그들 철학자를 비난할 수 있는가?

기독교도는 여러 가지 다양한 체계를 가진 국가들 안에서 거주하고 있는데, 어떤 사람들은 공화국에서, 어떤 사람들은 절대군주국에서, 또 어떤 사람들은 입헌군주국에서 거주하고 있다. 기독교는 이들 체계의 선악을 결정하지 않는다. 왜냐하면 기독교는 체계의 차이를 알지 못하기 때문이다. 기독교는 종교가 가르쳐야 하는 대로 가르친다; 즉 어떤 공권력 Obrigkeit도 신으로부터 나온 것이기 때문에, 공권력에 복종하라고 가르친다. 따라서 당신들은 국가체계의 법을 결정하는 데 기독교에서 출발할 것이 아니라 국가 그 자체의 본질에서 출발해야 하고, 기독교 사회의 본성에서 출발할 것이 아니라 인간적 사회의 본성으로부터 출발해야 한다.

비잔틴 국가는 본래 종교국가였다. 왜냐하면 이 나라에서는 교리가 국가문제였기 때문이다. 그러나 비잔틴 국가는 최악의 국가였다. 구 체제의 국가들은 가장 기독교적인 국가였지만, 그럼에도 불구하고 이들 국가는 "궁정의지Hofwillen"의 국가였다.

"건강한" 인간오성으로는 반박할 수 없는 딜레마가 있다.

우선 기독교 국가가 이성적 자유의 실현이라는 국가의 개념과 일치하는 경우이다; 이 경우에 기독교 국가이기 위해서는 이성적 국가여야 한다는 사실만이 필요하다. 즉 이 경우에는 인간적 관계의 이성으로부터 국가를 발전시키는 것으로 충분하고, 이것은 철학이 수행하고 있는 작업이다. 아니면 이성적 자유의 국가가 기독교로부터는 발전하지 않는 경우이다; 이 경우에는 이러한 발전이 기독교의 경향 속에는 있지 않다는 사실을 당신이 스스로 인정할 것이다; 왜냐하면 기독교는 사악한 국가를 원하지 않기 때문이다; 그렇지만 이성적 자유의 실현이 아닌 국가는 사악한 국가이다.

당신은 이 딜레마에 대해 당신이 원하는 대로 대답할 수 있을 것이지만, 그러나 국가는 종교로 구성되는 것이 아니라 자유의 이성으로 구성된다는 사실을 당신은 인정할 수밖에 없을 것이다. 오직 전혀 배우지 못한 무지한 사람만이 이 이론이, 즉 국가개념의 자립화가 최근 철학자들의 일시적인 생각이라고 주장할 것이다.

철학이 정치에서 행한 것은 물리학, 수학, 의학 등 모든 과학이 자신의 영역에서 행한 것과 전혀 차이가 없다. 베룰람Verulam 남작 프란시스 베이컨Bacon은 신학적 물리학을 신에게 몸을 바친 불임의 처녀라고 언명하였다. 그는 물리학을 신학으로부터 해방시켰고, 그리하여 물리학은 과실이 많게 되었다. 당신이 의사에게 신앙인인지 아닌지를 묻지 않듯이,

정치가에 대해서도 그것을 묻지 않는다. 진정한 태양계에 대한 코페르니쿠스의 위대한 발견이 이루어진 시기를 전후하여 국가의 인력법칙도 동시에 발견되었다. 국가의 중심은 국가 자체 안에서 발견되었다. 그래서 유럽의 여러 정부가 실천의 첫 시작에서 보였던 피상성을 갖고서 이 결과를 국가의 균형체계에 적용시키고자 했던 것처럼, 초기의 마키아벨리Macchiavelli, 캄파넬라Campanella, 후기의 홉스Hobbes, 스피노자Spinoza, 후고 그로티우스Hugo Grotius로부터 루소Rousseau, 피히테Fichte, 헤겔Hegel에 이르기까지 국가를 인간의 눈으로 고찰하기 시작하였고, 국가의 자연법칙을 신학에서가 아니라 이성과 경험에서 발전시키기 시작하였다. 그것은 여호수아Josua가, 태양이여 기베온Gibeon 위에 정지하고 달이여 아야론Ajalon 계곡에 머물러라 하고 명한 것에 코페르니쿠스가 동요하지 않았던 것과 마찬가지이다. 최근의 철학은 이미 헤라클레이토스와 아리스토텔레스가 시작했던 작업을 계속 추진하고 있는 것에 불과하다. 따라서 당신은 최근의 철학의 이성에 대해서 논박하는 것이 아니라, 영원히 새로운 이성철학에 대해서 논박하고 있는 것이다. 물론 어제 혹은 그제 <라인신문>이나 <쾨닉스베르크 신문*Königsberger-Zeitung*>에서 아마 처음으로 태고적 국가이념을 발견했을 무지한 사람들은 역사의 이념을 각 개인들의 하룻밤의 착상으로 간주할 것이다. 왜냐하면 역사적 이념은 이들 무지한 사람들에게는 새로운 것이고 또 하룻밤 사이에 출현한 것이기 때문이다; 이들 무지한 사람들은, 교회의 미덕이 아니라 정치적 미덕이 국가의 최고의 질이라는 사실을 경솔하게 표명했다는 이유로 몽테스키외를 공개적으로 고발하는 것을 자신의 책임으로 생각한 저 소르본느의 박사의 낡은 역할을 자신들이 스스로 넘겨받았다는 사실을 잊고 있다; 또 그들은 볼프Wolf의 예정설이 병사의 탈영을 야기 시켰고 그래서 군대규율의 이완을 초래하였고 마침내 국가의 해체를 가져왔다는 이유에서 볼프를 고발한 요아힘 랑게Joachim Lange의 역할을 자신들이 넘겨받았다는 사실을 잊고 있다; 마지막으로 그들은 프로이센의 주법이 바로 "이 볼프의" 철학학파에서 발생한 것이라는 사실, 또 프랑스의 나폴레옹 법전이 구약성서에서 나온 것이 아니라 볼테르Voltaire, 루소, 콩도르세Condorcet, 미라보Mirabeau, 몽테스키외 등의 이념학파Ideenschule에서 그리고 프랑스혁명에서 발생한 것이라는 사실을 잊고 있다. 무지는 하나의 마귀이고, 우리는 그것이 이후에도 여전히 수많은 비극을 연출할 것임을 염려한다; 정당하게도 그리스 최고의 시인들은 미케네Mycene와 테베Theben의 왕가에 대한 공포스런 연극 속에서 무지를 비극적 운명으로 묘사하였다.

그러나 과거의 철학적 국가법학자는 국가를 구성하는 요소를 명예심이나 사교본능과 같은 충동에서 찾거나, 또는 이성에서 찾는 경우에도 사회의 이성이 아니라 개인의 이성에서 찾았는데, 최근의 철학의 더욱 관념적이고 근본적인 견해는 전체의 이념에서 찾고 있다. 그것은 국가를 커다란 유기체로 고찰하는데, 이 유기체에서는 법적, 윤리적 및 정치적 자유가 실현되어 있어야 하고, 또 각각의 공민은 국가법들 중에서 오직 그 자신의 고유한 이성, 인간적 이성의 자연법칙에만 따른다. 현자에게는 이 말로 족하다.

결론적으로 우리는 <쾰른신문>에 다시 한 번 철학적 고별사를 말하려고 한다. 그 신문이 "과거의" 자유주의자의 의견을 채용한 것은 이성적이었다. 비독크Vidocq의 "죄수인가 간수인가"하는 딜레마밖에 모르는 바로 앞의 자유주의자들에 대해 말을 걸 정도로 우리가 언제나 교묘하게 행동한다면, 우리는 아주 편안한 방식으로 자유주의적인 동시에 반동적일 수 있다. 바로 앞의 자유주의자가 현재의 자유주의자와 싸운 것은 훨씬 더 이성적인 것이었다. 당파가 없으면 어떤 발전도 없으며, 분리가 없으면 어떤 진보도 없다. <쾰른신문> 제179호의 사설과 함께 새로운 시대, 특징Charakter의 시대가 시작되기를 우리는 희망한다.

역사 법학파의 철학적 선언

*** 통속적인 견해는 역사학파를 18세기의 경박한 정신에 대한 반작용으로서 간주하였다.[1] 이러한 견해의 보급은 이 견해의 진실과 반대되는 관계에 있다. 오히려 18세기는 그 본질적 특징이 경박함인 하나의 생산물을 낳았을 뿐인데, 이러한 유일하게 경박한 생산물이 역사학파다.

역사학파는 자료연구를 자신의 표시로 삼고 있고, 그래서 이 학파는 자신의 자료애호를 극단적으로 고양시킴으로써, 강물에서가 아니라 샘에서 배를 저을 것을 뱃사공에게 요구하는 셈이다; 따라서 우리가 이 학파의 샘을 후고Hugo의 자연법으로 소급하는 것을 이 학파는 정당하다고 발견할 것이다. 이 학파의 철학은 이 학파의 발전보다도 앞서 가고 있고, 따라서 우리는 이 학파의 발전 속에서 철학을 찾으려는 헛수고를 하고 있다.

18세기에 유행했던 허구는 자연상태를 인간 본성의 진정한 상태로 간주하였다. 사람들은 육안으로 인간의 이념을 보려고 하였고, 그 소박함이 깃털을 단 피부에까지 미치고 있는 자연인Naturmensch, 파파게노스Papageno's를 창조하였다. 18세기 말의 몇 십 년 동안에 사람들은 자연민족들Naturvölkern에서 원시적 지혜를 감지하였고, 그리고 우리는 각지에서

---

1) 이 기고문은 검열에 걸려 '결혼에 관한 장' 등이 빠진 채, <라인신문> 제221호 (1842년 8월 9일)에 불완전하게 게재되었다. MEGA에서 처음으로 완전한 원고 상태로 출판한 것이다.

새잡는 사람이 이로케제Irokesen나 인디언 등의 노래하는 법을 흉내내어 노래하는 것을 들었는데, 그것은 이 노래법에 의해 새 자체를 올가미 안으로 유인할 수 있다는 생각에서였다. 이 모든 괴팍스런 행동은 그 근저에 자연 그대로의 상태를 진실한 상태에 대한 소박한 네덜란드풍의 회화라고 보는 올바른 사상이 놓여 있었다.

역사학파의 자연인, 아직 낭만주의의 문화의 세례를 조금도 받지 않은 자연인은 후고이다. 그의 『자연법의 교과서』는 역사학파의 구약성서다. 헤르더Herder는 자연인은 시인이고 자연민족의 성서는 시적인 책이라는 견해를 갖고 있는데, 비록 후고가 가장 평범하고 가장 무미건조한 산문으로 말하고 있지만, 그의 견해는 지금 말한 우리의 견해를 조금도 방해하지 않는다. 왜냐하면 각각의 세기는 자신의 독특한 자연을 갖고 있듯이, 자신의 독특한 자연인을 낳기 때문이다. 따라서 비록 후고가 시를 쓰지 않지만, 그러나 그는 시를 쓰는 척하고, 그래서 허구는 산문의 시고, 이 산문의 시야말로 18세기의 산문적 자연에 상응한다.

그러나 우리가 후고 씨를 역사학파의 시조요 창시자로 특징지을 때, 가장 명성 있는 역사 법학자들이 후고의 기념일에 가졌던 축제프로그램이 증명하듯이, 우리는 이 학파 자신이 말하는 의미에서 행동하는 것이다. 우리가 후고 씨를 18세기의 자식으로 이해할 때, 우리는 더욱이 후고씨의 정신에 입각해서 다루는 것이다. 이것은 그가 자신을 칸트의 한 제자라고 부르고, 그의 자연법을 칸트 철학의 한 작은 가지로 부르면서 스스로 증명하고 있다. 우리는 그의 선언을 이 점에서 받아들인다.

후고는 우리가 진리를 알 수 없기 때문에 필연적인 귀결로써 비진리를, 만일 이것이 존재한다면, 완전히 타당한 것으로 통용되도록 해야 한다고 그의 선생 칸트를 곡해한다. 후고는 사물의 필연적 본질에 대해서는 회의론자인데, 그것은 사물의 우연적 현상에 대해서는 호프만Hoffmann과 같은 사람이 되기 위해서이다. 그래서 그는 실증적인 것이 이성적이라는 사실을 증명하려고 하지 않고, 오히려 실증적인 것이 비이성적이라는 사실을 증명하려고 한다. 그는 다음의 사실을 분명하게 입증하는 근거들을 세계 각지로부터 부지런히 끌어온다: 즉 어떤 이성적인 필연성도 실증적인 제도들, 예를 들어 소유, 헌법, 결혼 등에 혼을 불어 넣지 못한다는 사실, 게다가 이들 제도는 이성과 모순된다는 사실, 그리고 이들 제도에 대해서는 기껏해야 찬성 및 반대를 지껄이는 것이 허용될 뿐이라는 사실이다. 우리는 이러한 방법을 결코 후고의 우연적인 개성 탓으로 비난해서는 안 된다; 이것은 오히려 그의 원리의 방법이고, 역사학파의 솔직하고 소박한 그리고 무분별한 방법이다. 실증적인 것은 그것이 실증적이기 때문에 타당해야 한다면, 나는 실증적인 것이 타당하지 않음은 그것이 이성적이기 때문이라는 점을 증명해야 한다. 이 점을 증명하는데 비이성적인 것이 실증적이고, 실증적인 것은 이성적이지 않다는 사실, 그리고 실증적인 것은 이성을 통해서가 아니라 오히려 이성에도 불구하고 존재한다는 사실을 입증하는 것보다 더 명료하게 증명할 수 있는 방법이 있겠는가? 만일 이성이 실증적인 것의 척도라면, 실증적인 것은 이성의 척도가 아닐 것이다. "이것은 이미 미친 짓이지만, 그러나 방법을 가지고 있다!" 그래서 후고는 법적, 윤리적, 정치적 인간에게 신성한 모든 것을 박탈한다. 그러나 그가 이러한 신성한 것들을 때려 부수는 것은 단지 이것들에 대해 역사적인 성유물숭배를 증명할 수 있기 위해서이다. 그가 이것들을 이성의 눈앞에서 모독한 것은, 후에 역사의 눈앞에서 이것들의 명예를 회복하기 위해서이고, 그러나 동시에 역사의 눈의 명예를 회복하기 위해서이다.

원리가 그렇듯이, 후고의 논증도 실증적, 즉 무비판적이다. 그는 전혀 차이를 모른다. 모든 존재는 그에게는 권위로 간주되고, 모든 권위는 그에게 근거로 간주된다. 그러므로 하나의 구절에 모세와 볼테르, 리차드슨과 호머, 몽테뉴와 암몬, 루소의 『사회계약론』과 아우구스티누스의 『신국론』이 인용된다. 마찬가지로 여러 민족들이 동등하게 평준화하여 취급된다. 샴인들Siamite은 그들의 왕이 수다스런 사람의 입은 꿰매어 막게 하고,

서투른 연설가의 입은 귀밑까지 찢는 것을 영원한 자연질서라고 믿는데, 후고에 따르면 샴인들은, 그의 왕이 전제로 1페니히의 세금이라도 부과한다면 그것을 정치적 모순으로 간주하는 영국인과 마찬가지로 실증적인 것이다. 나체로 이리저리 다니고 기껏해야 진흙으로 몸을 가릴 뿐인 염치없는 콘치인Conci도, 그리고 옷을 입을 뿐만 아니라 우아하게 옷을 입는 프랑스인도 마찬가지로 실증적이다. 딸을 가족의 보물로 교육하는 독일인이, 딸의 생계의 근심에서 해방하기 위해 딸을 죽이는 라스부트인 Rasbute보다 더 실증적인 것은 아니다. 한마디로 말해 피부발진은 피부와 마찬가지로 실증적이다.

어느 곳에서는 이것이 실증적이고, 다른 곳에서는 저것이 실증적이다; 이것도 저것도 마찬가지로 비이성적이다; 너는 너의 영내에서 실증적인 것에 복종하라.

그러므로 후고는 완전한 회의주의자이다. 기존의 것의 이성에 대한 18세기의 회의는 그에게는 이성의 존재에 대한 회의로 나타난다. 그는 계몽사상을 받아들이지만, 실증적인 것 속에서 더 이상 이성적인 것을 보지 못하는데, 그러나 이것은 단지 이성적인 것 속에서 더 이상 실증적인 것을 보려고 하지 않기 위해서일 뿐이다. 그는 사람들이 실증적인 것에 붙어 있는 이성의 외관을 불어 없애는 것은, 이성의 외관을 갖지 않은 실증적인 것을 인정하기 위해서라고 생각한다; 그는 사람들이 사슬에 붙어 있는 허위의 꽃을 꺾어버리는 것을, 꽃 없는 진정한 사슬을 매달기 위해서라고 생각한다.

후고가 18세기의 다른 계몽사상가들에 대해 갖는 관계는, 가령 군주의 방탕한 궁정에서 프랑스 국가가 해체된 것이 국민의회에서 프랑스 국가가 해체된 것에 대해 갖는 관계와 같다. 두 측면 모두 해체이다! 전자의 국가의 해체는 부주의한 경박성으로 나타난다. 이러한 경박성은 기존 상태의 공허한 이념상실을 파악하고 또 조소하지만, 그러나 이것은 단지 모든 이성적 윤리적 속박으로부터 벗어나 부패한 잔재들을 놀림감으로 삼기 위해서일 뿐이고, 더욱이 그 잔재들의 활동에 의해 희롱되고 해체되기 위해서일 뿐이다. 그것은 스스로 즐기는 그 당시의 세계의 부패이다. 이에 반해 국민의회에서 국가의 해체는 옛 형식으로부터 새로운 정신의 해방으로 나타나는데, 옛 형식은 너 이상 가치도 없고 또 새로운 정신을 파악할 능력도 없다. 파괴된 것을 파괴하고 배격된 것을 배격하는 것은 바로 새로운 생명의 자기감정이다. 따라서 만일 칸트의 철학을 프랑스혁명의 독일적 이론으로 보는 것이 정당하다면, 후고의 자연법은 프랑스 구체제의 독일적 이론이라고 간주할 수 있다. 우리는 그에게서 저 방탕아Roués의 완전한 경박성을, 야비한 회의를 다시 발견하는데, 이 야비한 회의는 이념에 대해서는 뻔뻔하고, 평이한 것에 대해서는 가장 헌신적이다. 그리고 이 야비한 회의는 실증적인 것의 정신을 쓰러뜨릴 때 비로소 자신의 현명함을 느끼는데, 이것은 잔재로서 순수하게 실증적인 것을 소유하고, 이 동물적 상태에서 쾌적하게 있기 위해서다. 후고는 근거들의 무게를 잴 때조차도, 오류 없는 확실한 본능을 가지고서 여러 제도 속에 있는 이성적이고 윤리적인 것을 이성으로 보기에는 의심스럽다고 생각할 것이다. 단지 동물적인 것만이 그의 이성에게는 의심스럽지 않은 것처럼 보인다. 그러나 우리는 우리의 계몽사상가들이 구체제의 입장에서 말하는 것을 듣는다! 우리는 후고의 견해를 후고로부터 들어야 한다. 그의 모든 조합은 "그 스스로가 그것을 말한다"에 속한다.

서론 "인간의 유일한 법률적 구별특징은 그의 동물적 본성이다."

자유에 관한 장

"이성적 존재가 이성적 존재이기를, 즉 이성적으로 행동할 수 있고 또

해야 하는 존재이기를 임의로 그만둘 수 없다는 사실, 이것이야말로 자유(즉 이성적 존재)의 제한이다."

"부자유는 자유롭지 못한 사람들과 기타 사람들의 동물적이고 이성적인 본성에 아무것도 변화시키지 못한다. 양심의 의무는 모두에게 남아 있다. 노예제도는 물리적으로 가능할 뿐 아니라 또 이성에 따라서도 가능하다. 우리에게 정반대의 것을 가르쳐주는 모든 연구에서는 어떤 오해가 들어갈 수밖에 없다. 물론 노예제도가 결정적으로 합법적이라는 것은 아니다. 즉 그것은 동물적 본성에서 나오는 것도 아니고, 이성적 본성에서 나오는 것도 아니며, 시민적 본성에서 나오는 것도 아니다. 그러나 그것이 반대자들에 의해 승인되는 어떤 무엇과 마찬가지로 임시적인 법일 수 있다는 사실이 사법 및 공법과의 비교를 통해 밝혀진다." 증명: "동물적 본성에 관하여, 부자에 예속되어 있는 사람은 빈민보다 명백하게 더 많이 결핍의 위험으로부터 안전하게 보호된다. 부자는 자신에게 예속되어 있는 사람을 상실하게 되면, 이와 함께 무엇인가 손실을 느끼고 자신의 결핍을 깨닫는다. 그러나 빈민은, 그에게서 무엇인가 이용해야 할 것이 존재하는 한, 동료 시민들에게 이용 당한다 등등." "노예를 학대하고 불구로 만들 권리는 노예제도에 본질적인 것이 아니다. 그리고 비록 이 권리가 행사되고 있다 하더라도, 이 권리는 빈민이 감수하는 것보다 훨씬 더 나쁜 것은 아니다. 그리고 신체에 관해서는, 이 권리는 전쟁만큼 나쁜 것은 아니다. 노예제도는 그 자체로 어디서든 전쟁으로부터 면제되어 있음에 틀림없기 때문이다. 게다가 아름다움은 거지소녀에게서보다는 오히려 치르카스cirkas의 여자노예에게서 발견된다."(이 늙은이의 말을 들어보라!)

"이성적 본성에서 볼 때 노예는 빈곤보다 장점을 갖고 있는데, 노예소유자는 잘 터득한 경제적 측면에서 재능이 있는 노예를 교육시키는 데 다소간의 비용을 지불하겠지만, 거지아이에 대해서는 그렇게 하지 않는다. 헌법에는 바로 노예가 아주 많은 종류의 중압으로부터 면제되어 있다. 전쟁포로는 호위병이 얼마동안 그에 대해 책임을 지고 있다는 사실 외에는 더 이상 호위병에 의해 괴롭힘을 당하지 않는다. 그렇다고 해서 과연 노예가 전쟁포로보다 더 불행한가? 정부가 감시자를 파견해 감독하는 토목공사에 배치된 죄수보다 노예가 더 불행한가?"

"노예제도 자체가 번식에 유리한지 혹은 불리한지에 대해서는 아직 논쟁 중이다."

결혼에 관한 장

"결혼은 이미 종종 실정법의 철학적 고찰에서, 그것이 어떤 전적으로 자유로운 검토에서 나타나는 것보다 훨씬 더 본질적이고 이성에 합치되는 것으로 간주된다." 실제로 결혼에서의 성적 충동의 만족은 후고 씨에게는 적합하다. 더욱이 그는 이 사실로부터 유익한 도덕을 이끌어낸다: "이것으로부터, 많은 다른 관계에서도 그렇듯이, 사람들은 한 사람의 인간의 신체를 어떤 목적을 위한 수단으로서 취급하는 것이, 사람들과 마찬가지로 칸트 자신도 이 말을 잘못 이해하지만, 반드시 비윤리적인 것은 아니라는 사실을 인식했어야 한다." 그러나 배타성에 의한 성적 충동의 신성화, 법률에 의한 충동의 제어, 정신적 결합의 순간에 본성의 명령에 의해 이상화되는 인륜적 아름다움 - 결혼의 정신적 본질 - 이것이 바로 후고 씨에게는 결혼의 의심스런 것이다. 그러나 우리가 계속하여 그의 경박스런 뻔뻔함을 추적하기 전에, 먼저 우리는 잠깐 동안 이 역사적인 독일인과 대립되는 프랑스 철학자의 말을 들어보자.

"여자는 오직 한 남자를 위해 이 신비적인 억제를, 여자가 마음속으로 신의 법칙으로서 지니고 있는 저 억제를 포기함으로써, 여자는 이 남자에게 서약한다. 여자는 남자를 위해 한 번도 버린 적이 없는 이 수줍음을 헌신의 순간에 단념한다. 평소에는 여자의 피난처이고 또 장식품이기도

했던 저 베일을 여자는 오직 한 남자를 위해서만 벗는다. 바로 이것으로부터 남편에 대한 내적 신뢰가 나온다. 이 신뢰는 오직 여자와 남편 사이에만 존재할 수 있는 배타적 관계, 더구나 그로 인해 여자가 당장 손상을 입었다고 느끼지 않는 관계의 결과이다. 또 이것으로부터 한 사람의 희생자에 대해 남편의 감사하는 마음이 생기고, 또 쾌락을 같이 나누면서도, 남편이 하는 대로 내버려둘 뿐인 것처럼 보이는 이 존재에 대해 욕망과 두려움의 혼합된 마음이 생긴다. 우리의 사회질서 안에 예절로 존재하는 모든 것이 바로 이것으로부터 생기는 것이다." 이렇게 자유주의적이고 철학적인 프랑스인 벤자민 콩스탕Benjamin Constant은 말한다! 그리고 이번에 우리는 노예적이고 역사적인 독일인의 말을 들어보자!

"훨씬 더 의심스러운 것은 이미 두 번째 관계, 즉 결혼 외에는 이 충동의 만족이 허용되지 않는다는 사실이다. 동물적 본성은 이러한 제한에 위배된다. 이성적 본성은 더욱 그렇다... 이렇게 충고하기 때문이다! ... 왜냐하면 만일 인간이 가장 강렬한 자연적 충동의 하나를 오직 어떤 특정한 사람과 함께 만족시킬 수 있을 때 만족시켜야할 의무를 갖고 있다면, 그것이 어떤 결과를 가져올 것인가를 예언하기 위해서 인간은 거의 전지전능해야 하고, 따라서 그것은 신을 시험하는 것을 의미하기 때문이다!" "그 본성에 따라 아름다움의 자유로운 감정은 묶여야 하고, 그 감정에 의존하는 것은 그것으로부터 완전히 분리되어야 한다." 당신은 우리의 청년독일파가 어떤 학파에 들어가 있는지를 보라!

"이 제도는, ... 궁극적으로 경찰이 거의 해결할 수 없는 과제를 떠맡고 있다는 점에서, 시민적 본성과 충돌한다!" 서투른 철학이고, 경찰에 대해 그러한 언행밖에 하지 못하다니!

"결혼법의 더 상세한 규정의 결과로써 나타날 모든 것이 우리에게 가르쳐주는 것은, 이때 사람들이 원하는 근본원칙을 받아들이더라도, 결혼이 매우 불완전한 제도라는 사실이다."

"이렇게 성적 충동을 결혼에 제한하는 것은 그러나 또한 중요한 장점을 가지는데, 왜냐하면 - 그렇게 함으로써 통상적인 전염병을 피할 수 있기 때문이다. 결혼은 정부에게 수많은 성가신 일을 면제해준다. 그리고 결과적으로 등장하는 것은 다음과 같은 어디서든 매우 중요한 고찰이다; 즉 여기서는 사법적인 것이 이제 이미 일찍이 유일하게 관습적인 것으로 되었다는 것이다." "피히테는 결혼하지 않은 사람은 단지 절반의 사람이라고 말한다. 그러나 나(즉 후고)에게는 정말 유감스럽지만, 이렇게 아름다운 진술을, 이 진술에 의하면 나는 실로 예수, 페네론Fénélon, 칸트, 흄보다 위에 서 있는데, 나는 엄청난 과장이라고 선언할 수밖에 없다."

"일부일처제와 일부다처제에 관해서는, 명백하게 인간의 동물적 본성이 문제가 된다!!"

교육에 관한 장

우리는 바로 다음의 사실을 경험한다: "그것과(즉 가정에서의 교육) 관련된 법률적 관계에 대하여 교육학은, 마치 사랑의 기술이 결혼에 대해 이의를 제기하는 것보다 못지않게 이의를 제기한다."

"사람들이 그러한 관계 속에서만 교육하도록 허용된다는 어려움은 더욱이 여기서는 성적 충동의 만족만큼 의심스러운 것은 아니다. 왜냐하면 교육을 계약에 의해 제3자에게 위임하는 것이 허용되기 때문이고, 따라서 커다란 충동을 느끼는 사람은 그 만큼 쉽게 충동을 만족시킬 수 있기 때문이다. 단지 그 경우에 바로 자신이 원하는 특정한 사람에게서 충동을 만족시키는 것은 아니다. 그렇지만 누구나 자식을 그에게 결코 맡기지 않았으면 하고 기피되는 사람이 그런 법률관계로 인해 자식을 교육하고, 다른 사람을 교육에서 제외시켜도 좋다면, 이것은 이미 이성에 위배된다. 마지막으로 또한 여기서도 강제가 등장하는데, 부분적으로는 실증법이 교육하는 사람에게 이 관계를 포기하도록 허락하지 않고 있다는 사실에서 그러하며, 부분적으로는 교육받는 사람이 바로 이 사람으로부터 교육받도록 강제되어 있기 때문이다. 이 관계의 현실은 대부분 출생의 단순한 우연에 기초하고, 이 출생은 결혼을 통한 아버지와 관계될 수밖에 없다. 이러한 성립방식은 명백히 너무나 이성적이지 못하다. 왜냐하면 여기서 통상 좋은 교육에 이미 방해가 될 뿐인 편애가 나타나기 때문이다. 그러나 우리는 그런 성립방식이 완전히 필연적인 것은 아니라는 사실을 그 부모가 이미 사망한 자식들도 교육받는다는 것에서 알 수 있다."

사법에 관한 장

제107절에서 우리는 "사법의 필연성은 일반적으로 하나의 추정된 것이다"라는 사실을 배운다.

국법에 관한 장

"권력을 손에 쥐고 있는 당국에 복종하는 것은 신성한 양심의 의무이다." "정부권력의 분할과 관련해서는, 실로 어떤 개별적 헌법도 절대로 합법적이지 않다; 그러나 정부권력이 원하는 대로 분할되어 있다 하더라도, 각 헌법은 임시로 합법적이다."

후고는 인간이 또한 자유의 마지막 사슬을, 즉 이성적 존재라는 사슬을 벗어던질 수 있다는 사실을 증명하지 않았던가?

역사학파의 철학적 선언으로부터 뽑은 이 몇 가지 발췌문은, 비역사적인 몽상이나 모호한 심정적인 꿈 혹은 고의적인 허구에 대신하여, 이 학파에 대한 역사적 판단을 내리는 데 충분하다고 우리는 믿는다; 또한 이 발췌문은 후고의 후계자들이 과연 우리 시대의 입법자라는 소명을 가지고 있는지 결정하는 데 충분하다고 우리는 믿는다.

물론 역사학파의 이러한 조야한 계보나무는 시간이 흐르고, 문화가 진전됨에 따라, 신비의 향료에 의해 안개 속에 덮여지고, 낭만주의에 의해 공상적으로 조각되고, 사변에 의해 접종된다. 그리고 사람들은 이 나무에서 수많은 박식한 과실을 흔들어 땄고, 그것들을 건조시켰고, 그리고 자만하여 독일적 박학의 거대한 저장고에 저장하였다; 그렇지만 향기로운 근대적인 모든 구절의 배후에서 구체제의 우리 계몽사상가들이 가지고 있던 더러운 낡은 착상을 재인식하고, 과장된 말투의 배후에서 그의 경박한 진부함을 재인식하는 데에는 진정으로 단지 약간의 비판만이 필요할 뿐이다.

후고가 "동물적인 것이 인간의 법률적 구별표시이다"라고 말한다면, 그 법은 동물적인 법이다. 그래서 교양 있는 근대인은 조야하고 숨김없는 "동물적인" 법을 위해 예를 들어 "유기적인" 법을 말한다. 그렇다면 유기체라는 말에서 곧 바로 동물적 유기체가 누구의 머리에 떠오르겠는가? 후고가 결혼과 그 이외의 윤리적-법적 제도에는 어떤 이성도 없다고 말했다면, 근대적 신사들은 이들 제도가 인간적 이성의 어떤 구성물도 아니지만 그럼에도 더 높은 "실증적" 이성의 모사라고 말하며, 그 밖의 모든 논설을 통해서도 그렇게 말한다. 모두가 오직 하나만의 결론, 즉 자의적 강제의 법이라는 결론을 하나같이 조야하게 말하고 있다.

할러Haller의, 슈탈Stahl의, 레오Leo의, 그리고 그 동료들의 법률적, 역사적 이론은 단지 후고의 『자연법』의 덧쓰기로서만 간주되어야 한다. 그것은 비판적 분석술을 약간만 시행하면, 낡은 원본을 다시 읽을 수 있도록 눈에 뜨이게 할 수 있다. 우리는 이것을 적당한 기회에 밝히려고 한다.

분별 있는 것verständig은 아니지만 그러나 매우 이해하기 쉬운verständlich 낡은 선언을 우리가 아직 갖고 있는 것보다, 모든 미용술은 그 만큼 더 헛된 것이다.

제6차 라인주의회 의사록

세 번째 논설
도벌법에 관한 논쟁

<라인신문> 제298, 300, 303, 305, 307호,
1842년 10월 25, 27, 30일, 11월 1, 3일

* 우리의 독자들에게 두 번째 논설을 전달할 수 없는 것에 대해 유감스럽게 생각한다. – <라인신문> 편집자

*** 우리는 이제까지 주의회의 두 가지 커다란 주요 활동과 국가 활동을 서술하였다; 즉 언론자유와 관련한 그들의 혼란과 이 혼란과 관련한 그들의 부자유였다. 이제 평평한 땅 위의 문제를 다루어보자. 우리가 생활 크기에서의 고유한 현세적인 문제, 토지소유의 분할에 관한 문제로 넘어가기 전에, 우리는 우리의 독자들에게 주의회의 정신과, 우리는 더 많이 말하고 싶지만, 물리적 천성이 다양하게 반영된 몇 개의 풍속화를 제공하려고 한다.

그러나 도벌법(산림도벌법)은 수렵지 위반법, 산림 위반법, 경작지 위반법과 마찬가지로 주의회와 관련해서만이 아니라 법률 그 자체와 관련해서도 논의되어야 마땅하다. 그러나 우리에게는 법률초안이 없다. 우리의 자료는 항목번호로만 표시되어 있는 주의회Landtag와 그 법률위원회의 반

암시적인 몇몇 부록문서에 한정되어 있다. 신분제의회Landständ의 의사록 자체가 너무나 빈약하고 너무나 연결성이 없고 허위적으로 전달되었기 때문에, 전달이 신비에 가깝게 보인다. 지금 주어진 단편으로부터 우리가 판단해도 좋다면, 주의회는 이러한 수동적 침묵으로써 우리 주민들에게 경건한 법령을 전달하려고 했던 것이다.

당면한 논쟁에서 하나의 특징적인 사실이 즉각 눈에 들어온다. 주의회는 국가입법자의 곁에 서서 보완적 입법자로서 행동한다. 주의회의 입법적 특질을 하나의 사례로 발전시키는 것이 비상한 관심들 중 하나가 될 것이다. 우리가 빈약한 대상을 가공할 때 끊임없이 실행해야 했던 두 가지 덕목, 즉 인내와 끈기를 독자들에게 요구한다면, 독자들은 이러한 관점에서 용서할 것이다. 도벌법에 관한 주의회의 논쟁에서 우리는 입법을 위한 자신의 소명에 관한 주의회의 논쟁을 직접 서술할 것이다.

논쟁이 시작되자마자 도시 출신의 한 대의원은 법률의 제목에 대해 반대하는데, 제목이 "절도Diebstahl"라는 범주를 단순히 목재절도Holzfrevel로 확대되었기 때문이었다.

기사신분의 한 대의원은 이렇게 반박한다: "목재를 훔치는 것이 절도로 간주되지 않는 바로 그 이유 때문에 이러한 일이 그렇게 자주 발생한다."

이 유추에 따르면 그 입법자는 이렇게 결론지어야 했을 것이다: 따귀를 때리는 것이 때려죽이는 것으로 간주되지 않기 때문에, 따귀를 때리는 일이 그렇게 자주 발생한다. 따라서 따귀를 때리는 것은 때려죽이는 것이라고 판결한다.

또 다른 기사신분의 대의원은 이렇게 생각한다: "'절도'라는 단어에 대한 토론을 알게 될 사람들이 목재의 절도가 주의회에 의해서도 절도로 간주되지 않을 것처럼 쉽게 믿도록 부추겨질 수 있기 때문에, '절도'라는 단어를 표현하지 않는 것이 사려 깊은 것이다."

주의회는 자신이 목재절도를 하나의 절도로 간주할 것인지 결정해야 한다; 그러나 주의회가 목재절도를 하나의 절도로 천명하지 않는다면, 사람들은 주의회가 목재절도를 하나의 절도로 실제로 간주하지 않았다고 믿을 수 있다. 따라서 이러한 방심할 수 있는 논쟁문제를 진정시키는 것이 최선의 일이다. 완곡어법이 문제이고, 우리는 완곡어법을 피해야 한다. 산림소유자는 입법자가 그 단어에 다가가지 못하도록 할 것이다. 왜냐하면 벽에도 귀가 있기 때문이다.

동일한 대의원은 더욱 나아간다. 그는 "절도"라는 표현에 관한 이러한 전체 조사를 "편집-교정에 대한 총회의 염려스런 몰두"로서 간주한다.

이러한 명백한 시위 후에 주의회는 제목을 투표에 붙였다.

공민을 도둑으로 전환시키는 것을 순수한 편집태만으로 오인하고 그에 대한 모든 반대를 문법적 정화주의로 기각하는 바로 그 추천된 관점으로부터, 또한 나뭇가지를 훔치거나 혹은 마른 나무를 주워 모으는 것도 절도라는 이름 아래 포함되고, 서 있는 푸른 나무의 절도와 마찬가지로 처벌된다는 사실이 자명해진다.

위에서 언급된 도시 출신의 대의원은 더욱이 이렇게 언급한다: "처벌은 장기간의 구금까지 높아질 수 있기 때문에, 그러한 준엄한 처벌은 그렇지 않았으면 여전히 선량한 길을 걸었을 사람들을 바로 범죄의 길로 이끈다. 이것은 그들이 감옥에서 상습절도범과 함께 사귀게 된다는 사실을 통해서도 발생한다; 따라서 그는 마른 나뭇가지를 모으거나 훔치는 것에 대해서는 단순한 경찰처벌로 처리해야 한다고 생각한다"; 그러나 또 다른 도시 출신의 대의원은 "우리 지방의 산림에서는 자주 어린 나무들이 처음에는 단순히 베어질 뿐이라 하더라도 나무들이 그로 인해 죽으면 나중에는 마른 나뭇가지로 취급된다"는 심원한 인증을 통해 그를 반박한다.

우리는 더 우아하고 더 간단한 방식으로 인간의 권리를 어린 나무의 권리 앞에 무릎 꿇게 할 수는 없다. 한편으로 앞의 조항을 수용하면, 범죄적 성향을 갖지 않은 인간 대중이 도덕의 푸른 나무로부터 베어져 범죄와 불명예와 비참의 지옥에 마른 나뭇가지로 내던져질 필연성이 존재한다. 다른 한편으로 앞의 문장을 기각하면, 몇몇 어린 나무를 훼손할 가능성이 있고, 이것은 전혀 인증을 필요로 하지 않는다! 목재로 된 우상이 승리하고 인간제물이 멸망한다!

중죄 형사재판법은 단지 베어진 목재의 절취Entwenden와 절도적diebische 벌목만을 도벌Holzdiebstahl의 범주에 포함한다. 그렇다, 우리의 주의회는 다음을 믿지 않을 것이다: "그러나 누군가가 낮에 먹는 과일을 따서 가져감으로써 막대한 손해를 끼치지 않는다면, 그는 개인의 사정에 따라 그리고 민사적인 경우에 따라(그러므로 형사적이 아니라) 처벌되어야 한다." 16세기의 중죄 형사재판법은 19세기의 라인주의회에 대한 지나친 인간성의 비난으로부터 자신을 보호해 줄 것을 우리에게 요구한다. 우리는 이 요구를 따라가자.

마른 나뭇가지 모으기와 가장 종합적인 도벌! 하나의 규정이 두 가지에 모두 공통된다. 타인의 목재를 자기 것으로 만드는 것이 그러하다. 따라서 두 경우 모두 절도이다. 그에 관해서는 방금 법률을 제정했던 현명한 논리가 요약해준다.

그러므로 우리는 우선 차이에 주의를 기울여 보자. 사실이 본질상 다르다고 인정해야 한다면, 사실이 법률상 동일한 것이라고 주장해서는 안 될 것이다.

푸른 목재를 자기 것으로 하기 위해서는 목재를 그것의 유기적 연관으로부터 강제로 분리해야 한다. 이것이 나무에 대한 하나의 공개적인 암살시도이듯이, 그것은 동일인에 의한 나무소유자에 대한 공개적인 암살시도이다.

나아가 벌채된 목재가 제3자에게 절취된다면, 벌채된 목재는 소유자의 생산물이다. 벌채된 목재는 이미 가공된 목재이다. 즉 소유물과의 자연적 연관을 인위적인 연관이 대신한다. 따라서 벌채된 목재를 훔치는 절취하는 사람은 소유물을 절취하는 것이다.

이에 반해 나뭇가지를 주워 모으는 것의 경우, 아무 것도 소유물로부터 분리되지 않는다. 소유물로부터 분리된 것은 소유물로부터 분리된다. 목재절도는 소유에 대한 자신의 독자적인 판단을 내린다. 나뭇가지를 주워 모으는 사람은 소유 자체의 본성에 해당하는 것만을 판단할 뿐이다. 왜냐하면 당신들은 여전히 나무를 소유하지만, 나무는 더 이상 잔가지를 소유하지 않기 때문이다.

그러므로 나뭇가지를 주워 모으는 것과 도벌은 본질적으로 다른 사항이다. 대상이 다르고, 대상과 관련한 행위도 크게 다르고, 따라서 성향 또한 다를 수밖에 없는데, 행위의 내용과 행위의 형식도 다르다면 우리는 도대체 어떤 객관적 척도를 그 성향에 적용해야 하는가? 그럼에도 불구하고 당신들은 이러한 본질적인 차이를 무시하고 그 양자를 모두 절도라고 부르고 절도로서 처벌한다. 더욱이 당신들은 나뭇가지 주워 모으는 것을 도벌보다 더 강하게 처벌한다. 당신들은 나뭇가지 주워 모으는 것을 하나의 절도로 공언하면서, 이미 이것에 대해 처벌했기 때문이다. 이 처벌은 당신들이 도벌 자체에 대해서는 공개적으로 내리지 않았던 처벌이다. 당신들은 도벌을 목재살해로 부르고 살해 행위로서 처벌했어야 할 것이다. 법률은 진리를 말할 일반적인 의무로부터 면제되어 있지 않다. 법률은 그러한 의무를 이중으로 갖고 있는데, 왜냐하면 법률은 사물의 올바른 본성에 관한 일반적이고 진정한 대변자이기 때문이다. 따라서 사물의 올바른 본성이 법률을 따르는 것이 아니라, 법률이 사물의 올바른 본성을 따라야 한다. 그러나 법률이 목재절취가 전혀 아닌 행위를 도벌로 규정한다면, 법률은 거짓말을 하는 것이고, 가난한 사람들이 법률적인 거짓말에 희생되는 것이다. 몽테스키외는 이렇게 말한다: "두 종류의 타락이 있는데, 하나는 사람들이 법률을 전혀 준수하지 않아서 발생하고, 다른 하나는 사람들이 법률에 의해 타락할 때 발생한다. 후자는 치료약 자체에서 생긴 것이기 때문에 치료할 수 없는 해악이다."

당신들은 범죄가 전혀 없는 여기에 범죄가 있다고 믿도록 강요하기는 어렵지만, 범죄 자체를 정당한 행위로 변화시킬 수는 있다. 당신들은 경계를 지웠지만, 그 경계가 단지 당신들 이해관심 속에서만 지워졌다고 믿는다면 당신들은 잘못이다. 인민은 처벌은 보지만 범죄는 보지 않는다. 인민은 범죄가 전혀 없는 곳에서 처벌을 보기 때문에, 인민은 처벌이 있는 곳에서는 이미 어떤 범죄도 보지 않을 것이다. 당신들은 절도의 범주를 적용될 필요가 없는 곳에 적용하기 때문에, 절도가 반드시 적용되어야 하는 곳에서는 말로 얼버무렸다.

게다가 상이한 행위에서 공통된 규정만을 고집하고 그 차이를 무시하는 이러한 잔인한 견해는, 스스로 지양되어야 하지 않겠는가? 소유에 대한 모든 침해가 차이 없이, 상세한 규정 없이 절도라고 한다면, 모든 사적 소유가 절도가 아닐까? 나는 내 사적 소유를 통해서 모든 제삼자를 이러한 소유로부터 배제하는 게 아닐까? 따라서 나는 그의 소유권을 침해하는 게 아닐까? 당신들이 동일한 범죄의 본질적으로 상이한 종류가 갖는 차이를 부정한다면, 당신들은 또한 법의 차이로서의 범죄를 부정하는 것이고, 따라서 법 자체를 지양하는 것이다. 왜냐하면 모든 범죄는 법 자체와 하나의 측면을 공통적으로 갖기 때문이다. 그러므로 구별 없는 엄격함이 법의 한 결과로서의 처벌을 지양하기 때문에 처벌의 모든 결과를 지양한다는 것은, 이성적인 사실일 뿐 아니라 그 만큼 역사적인 사실이다.

그런데 우리는 무엇에 관해 논쟁하는가? 주의회는 사실 나뭇가지 주워 모으기와 목재절도 그리고 도벌 간의 차이를 부정한다. 도벌자의 이해관계가 다루어지자마자 주의회는 행위에서 결정적인 것으로서 행위의 차이를 부정한다. 그러나 산림소유자의 이해관계가 다루어지자마자 그 차이를 인정한다.

그래서 위원회는 추가적으로 이렇게 제안한다: "푸른 나무를 절단기를 써서 잘라낸다면, 그리고 도끼 대신에 톱을 사용한다면, 형의 가중적 정상情狀으로 나타낼 것." 주의회는 이러한 구별을 승인한다. 자신의 이해에서는 도끼와 톱을 구별할 정도로 성실한 바로 그 통찰력이 남의 이해에서는 주워 모은 나뭇가지와 푸른 목재를 구별하지 못할 정도로 불성실하다. 완화된 정상이 불가능하게 되면 가중적 정상 또한 불가능함에도 불구하고, 그 차이는 가중적 정상으로서는 의미가 있지만 완화된 정상으로서는 모든 의미를 갖지 못한다.

같은 논리는 논쟁이 진행되면서 여러 번 되풀이된다.

제65조의 경우 도시 출신의 대의원은 다음과 같이 희망한다: "보고자의 의해 비실제적인 것으로 반박된 것", "도난당한 목재의 가치 또한 처벌을 규정하기 위한 척도로서 적용될 수 있다는 사실." 도시 출신의 같은 대의원은 제66조에 대해서 이렇게 지적한다: "처벌을 높이거나 경감하는 가치표시가 전반적으로 전체 법률에서 빠져 있다."

소유권침해의 경우에서 처벌의 규정을 위한 가치의 중요성은 자명하다.

범죄의 개념이 처벌을 요구한다면, 범죄의 현실은 처벌의 척도를 요구한다. 현실의 범죄는 한정되어 있다. 처벌이 현실적이기 위해서는 이미 한정되어야 하고, 공정하기 위해서는 법 원칙에 따라 한정되어야 한다. 과제는 처벌을 범죄의 현실적 귀결로 만드는 데 있다. 처벌은 범죄자에게 자기 행위의 필연적 효과로서, 따라서 자기 자신의 행위로 나타나야 한다. 그러므로 범죄자의 처벌에 대한 한정은 그의 행위에 대한 한정이어야 한다. 침해된 특정한 내용이 특정한 범죄의 한정이다. 따라서 이 내용의 척도가 범죄의 척도이다. 소유의 이러한 척도는 소유의 가치이다. 개인성이 언제나 모두 각각의 한정(경계) 안에 존재한다면, 소유는 언제나 규정할 수 있을 뿐 아니라 규정되어 있고, 측정할 수 있을 뿐 아니라 측정되어 있는 그런 경계 안에서만 존재한다. 가치는 소유의 부르주아적 현존재이고, 소유를 비로소 사회적으로 이해할 수 있고 전달할 수 있게 해주는 논리적 단어이다. 객관적이고 대상 자체의 본성을 통해 주어진 이 규정이 마찬가지로 객관적이고 본질적인 규정을 처벌에 대해서도 구성해야 한다는 사실은 자명하다. 셈이 문제가 되는 여기에서 규정의 끝 없는 연속에 빠져 헤매지 않기 위해서 입법은, 비록 피상적일지라도, 적어도 규정되어야 한다. 차이를 남김없이 다 논의하는 것이 문제가 아니라, 차이를 만드는 것이 중요하다. 그러나 주의회는 자신의 고상한 주의를 그런 사소한 일에 헌신하는 데 전혀 관심이 없다.

그러나 지금 당신들은 가령 주의회가 처벌의 규정에서 가치를 완전히 배제하였다고 결론지어도 좋다고 믿는가? 경솔하고 비실제적인 결론이다! 산림소유자는 - 우리는 나중에 이것을 자세히 다룰 것이다 - 도둑으로부터 단순히 일반적인 가치만를 배상하도록 하는 게 아니다; 그는 가치에 개별적 성격까지 부여하고, 특수한 손해배상의 요구를 이러한 사적인 개별성 위에 기초 지우려 한다. 이제 우리는 보고자가 실제적praktisch이라는 말을 어떻게 이해하는지를 알게 된다. 실제적인 산림소유자는 그래서 이렇게 빈정댄다: 이 법률규정은 나에게 유용한 한 좋다. 왜냐하면 나의 유익이 선이기 때문이다. 이 법률규정은 순수하게 이론적인 법률적 변덕으로부터 피고에게도 적용되어야 하는 한, 쓸모없고 유해하고 비실제적이다. 피고는 나에게 유해하기 때문에, 피고가 더 큰 손해를 보지 않게 하는 것은 모두 나에게 유해한 것임은 자명하다. 이것이 실제적인 지혜이다.

그러나 우리들 비실제적인 사람들은 가난하고 정치사회적으로 가진 것이 없는 대중을 위해 시끄럽지 않은 월권을 시끄러운 법금法金 Rechtsgold으로 전환하기 위해서, 이른바 역사가의 교양 있고 영리한 고용인집단이 현자의 진정한 돌로서 발명했던 것을 요구한다. 우리는 관습법 Gewohnheitsrecht을 가난한 사람들에게 반환할 것을 요구하며, 더욱이 한 지역이 아니라 모든 나라에서 적용되는 가난한 사람들의 관습법을 반환할 것을 요구한다. 우리는 더 나아가 그 본성상 관습법은 이러한 최하층의, 기층의 무산자 대중의 권리일 뿐이라고 주장한다.

우리는 이른바 특권자의 관습을 권리에 대항하는 관습으로 이해한다.

그것의 탄생 시기는, 인류의 역사가 자연사의 한 부분을 구성하고 이집트의 전설이 증거하듯이 모든 신들이 동물의 형상 속에 숨어 있는 그러한 시기이다. 인류는 특정한 동물-종들로 나누어지는 것처럼 보이는데, 그 종들의 연관은 같음이 아니라 다름이고, 더욱이 그 다름도 법률이 고정시킨 다름이다. 부자유의 세계상태는 부자유의 권리를 요구하는데, 왜냐하면 인간적 권리는 자유의 현존재인 반면 이러한 동물적 권리는 부자유의 현존재이기 때문이다. 봉건제는 가장 넓은 의미에서 정신적 동물의 왕국이고, 인간의 다름이란 같음의 색채 혼합에 불과하지만, 스스로 구별하는 인간들의 세계와 대립하는 구별된 인간들의 세계이다. 소박한 봉건제의 나라에서, 카스트제도의 나라에서, 즉 말의 진정한 의미에서 인류가 서랍들로 나누어지고, 위대한 성인의 즉 성스러운 인간의 고상하고, 자유롭게 서로 넘나드는 구성원이 잘게 켜지고, 쐐기로 잘개 쪼개지고 억지로 갈기갈기 찢어지는 그런 곳에서, 또한 동물의 숭배 즉 원시적 형태의 동물종교를 발견한다. 왜냐하면 인간에게는 자신의 진정한 본질인 것이 항상 자신의 최상의 본질로 간주되기 때문이다. 동물의 실제적 삶에서 나타나는 유일한 같음은 한 동물이 자신의 특정한 종에 속하는 다른 동물과 함께 갖는 같음, 즉 특정한 종의 자기 자신과의 같음이지 유의 같음이 아니다. 동물의 유 자체는 자신의 특수하고 상이한 속성을 서로 상대에 대해 관철시키는 상이한 동물 종의 적개심에 찬 태도에서만 나타날 뿐이다. 자연은 상이한 동물 종 간의 합일의 선택 장소, 진정한 융합의 굴뚝, 연관의 기관을 육식동물의 배속에 마련해 놓았다. 마찬가지로 봉건제에서는 하나의 종이 다른 종을 먹으면서, 흙더미 속에서 성장한 해파리처럼 위에 있는 종 자신은 먼지를 먹는 데 반해 이들 종에게서 대지의 과일을 따먹을 수 있는 많은 팔을 가진 그런 종으로까지 하강한다. 그러므로 자연의 동물왕국에서는 수벌이 일벌에 의해 죽임을 당하는 반면, 정신적인 동물왕국에서는 일벌이 수벌에 의해, 바로 노동을 통해 죽임을 당한다. 법률적 권리의 특권을 가진 사람들이 자신의 관습법에 호소한다면, 그들은 권리의 인간적인 내용 대신에, 이제는 단순한 동물의 탈로 구현되어 있는 동물적인 형태를 요구하는 것이다.

고상한 관습법은 그 내용을 통해 일반적인 법률의 형식에 대항한다. 그것은 무법성Gesetzlosigkeit의 구성물이기 때문에, 법률로 형성될 수 없다. 이러한 관습법이 그 내용을 통해 법률의 형식에, 즉 일반성과 필연성에 대항하면서, 관습법은 바로 다음의 사실을 증명한다: 즉 불법적인 행동 방식이 자신의 습관이기에 불법적으로 행동하는 것을 전혀 그치지 않기 때문에, 그 관습법은 관습불법이고, 법률에 대립하여 적용되는 것이 아니라 법률에 반대되는 대립물로서 폐지되고 경우에 따라서는 처벌까지도 받아야 한다는 사실이다. 이것은 마치 강도의 강도아들을 그의 가족적 특징 때문에 용서하지 않는 것과 마찬가지이다. 비록 습관일지라도 만일 누군가가 권리에 대항하는 의도로 행동한다면, 사람들은 그의 습관을 나쁜 습관으로서 처벌할 것이다. 이성적인 관습법은 일반적 법률의 시대에는 법률적 권리의 관습일 뿐이다. 왜냐하면 권리는 그 권리가 법률로서 구성되었기 때문에 관습이기를 그치는 것이 아니라, 단지 관습이기를 그치는 것이다. 합법적인 사람에게 권리는 자신의 고유한 습관이 되고, 불법적인 사람에게 권리는 비록 권리가 자신의 습관이 아님에도 불구하고 관철된다. 권리는 더 이상 관습이 이성적인지의 우연에 의존하지 않고, 오히려 권리가 법률적으로 되었고 관습이 국가관습으로 되었기 때문에, 관습이 이성적이게 된다.

그러므로 법률적 권리와 나란히 있는 특수한 영역으로서 관습법은, 권리가 법률의 옆과 외부에 있는 곳에서만, 관습이 법률적 권리의 선취인 곳에서만 이성적이다. 따라서 특권신분의 관습법에 관해서는 전혀 말할 게 없다. 그것은 법률 속에서 그것의 이성적인 권리의 인정 뿐 아니라 종종 비이성적인 월권의 인정까지도 발견하였다. 법률이 그것의 권리의 가능한 모든 결과를 선취하였기 때문에, 그것은 법률에 대해 선취할 아무런 권리도 가지고 있지 않다. 따라서 그것은 또한 작은 쾌락을 위한 영역으로서 요구될 뿐이고, 그럼으로써 법률 속에서는 법률의 이성적인 경계에 따라 다루어지는 동일한 내용이 발견되고, 관습 속에서는 이성적인 경계에 대항하는 변덕과 월권을 위한 여지가 발견된다.

그러나 이러한 고상한 관습법이 이성적 권리의 개념에 반하는 관습이라면, 가난한 사람들의 관습법은 실정법의 관습에 반하는 권리이다. 후자의 내용은 법률적 형식에 대항하지 않고 오히려 자신의 고유한 무형식성Formlosigkeit에 대항한다. 법률의 형식이 그 내용에 대립하는 것이 아니라, 그 내용이 아직 법률의 형식에 도달하지 못한 것이다. 우리가 다양한 게르만의 권리를 그 가장 비옥한 원천으로서 간주할 수 있는 빈자들의 관습법을 계몽된 입법이 얼마나 일면적으로 다루었고 다룰 수밖에 없었는지 꿰뚫어 보기 위해서는 약간의 성찰만으로도 충분하다.

자유주의적 입법은 사법의 견지에서, 그들이 발견한 권리를 공식화하고 일반적인 것으로 끌어올리는 데 한정했다. 그들이 아무런 권리도 발견하지 못할 때 그들은 아무런 입법도 하지 않았다. 그들은 특수한 관습을 폐지했지만, 동시에 신분의 불법Unrecht이 자의적인 월권의 형식으로 나타난다면 무신분Standeslosen의 권리는 우연한 양보의 형식으로 나타난다는 사실을 잊었다. 그들의 취급방식은 권리의 밖에 관습을 가진 사람들에 대해서는 옳았지만, 권리 없이 관습을 가진 사람들에 대해서는 옳지 않았다. 그들이 자의적인 월권 속에서 어떤 이성적 권리 내용을 발견하는 한, 그 월권을 법률적 요구로 바꾸어야 했듯이, 그들은 또한 우연적 양보를 필연적 양보로 바꾸어야 했다. 우리는 한 사례, 수도원에서 이것을 분명히 설명할 수 있다. 사람들은 수도원을 폐지하였고 수도원의 소유를 몰수했는데, 이것은 정당하게 수행된 것이었다. 그러나 사람들은 빈자들이 수도원에서 받았던 우연적인 원조를 결코 다른 적극적인 소유 원천으로 바꾸지 않았다. 사람들은 수도원의 소유를 사적 소유로 만들었고, 예컨대 수도원에 배상하지 않았고 수도원에 의해 먹고살던 빈자들에게도 배상하지 않았다. 사람들은 오히려 빈자들에게 새로운 경계를 설정하였고, 그들을 옛 권리로부터 단절시켰다. 이러한 일은 옛 권리가 새로운 권리로 변화하는 모든 곳에서 일어났다. 그들이 한 측면의 권리를 우연으로 만들었나는 섬에서 역시 남용이었던 이러한 남용의 적극적인 한 측면을 제거함으로써, 사람들은 우연을 필연으로 바꾼 것이 아니라 오히려 우연을 사상해버렸다.

이러한 입법의 일면성은 필연적인 것이었는데, 왜냐하면 빈자들의 모든 관습법은 어떤 소유는 확실하게 사적 소유로 결정되지 않고 혹은 공동체소유로 결정되지 않고 동요하는 성격, 예를 들어 중세의 모든 제도에서 우리가 발견하는 사법과 공법의 혼합이라는 성격을 갖고 있었다는 사실에 기초하고 있었기 때문이다. 입법이 그런 양면적인 모습을 파악하는 기관이 오성이었고, 오성은 일면적일 뿐만 아니라, 세계를 일면적으로 만드는 것이 오성의 본질적인 임무 즉 거대하고 경탄할 만한 작업이기도 했다. 왜냐하면 일면성만이 전체라는 무기질의 점액으로부터 특수한 것을 형성하고 분리해내기 때문이다. 사물의 성격은 오성의 산물이다. 모든 사물은 어떤 것이기 위해서 분리될 수밖에 없고 분리되어야 한다. 오성이 세계의 모든 내용을 고착된 규정성 속에 가두고, 유동하는 본질을 석화versteinern시킴으로써, 세계의 다양성을 낳는다. 왜냐하면 세계는 수많은 일면성 없이는 다면적일 수 없기 때문이다.

그래서 로마법에서 그 도식을 찾을 수 있는 추상적 사법의 기존 범주들을 적용함으로써, 오성은 소유의 양면적이고 동요하는 구성을 지양한다. 입법하는 오성이 자신의 국가적 특권 역시 지양했을 때, 오성은 빈자 계급에 대한 이러한 동요하는 소유의 의무를 지양하는 것이 정당하다고 더욱 믿었다; 어떤 입법도 소유의 국가법적인 특권을 폐지하지 않았고 오히려 그것의 모험적 성격만을 제거하여 부르주아적 성격을 부여하였다는 사실을 제외하고서라도, 입법하는 오성은 순수히 사법적으로 고찰할지라도 여기서는 이중의 사법, 소유자의 사법과 비소유자의 사법이 제시되어 있다는 사실을 잊고 있었다. 그러나 권리의 모든 중세적 모습, 그러므로 소유 역시 양면적이고 이중적이고 분열적인 본질의 모든 측면을 갖고 있었고, 오성이 권리와 규정 사이의 이러한 모순에 대해 자신의 통일 원칙을 관철시켰다면, 오성은 다음과 같은 소유의 대상들이 존재한다는 사실을 간과한 것이다; 즉 대상들의 본성상 예정된 사적 소유의 성격을 달성할 수 없고, 그것들의 기본적 본질과 우연적 현존재를 통해 점유권에 귀속되는, 따라서 바로 점유권에 의해 다른 모든 소유로부터 배제되고 자연에서 각 대상들이 차지하는 것과 동일한 위치를 부르주아 사회에서 차지하는 계급의 점유권에 귀속되는, 대상들이 존재한다는 사실을 간과하였다.

우리는 전체 빈자계급의 관습인 그런 관습이 확실히 본능적으로 소유를 비결정적인 측면에서 파악할 수 있다는 사실을 발견하게 된다. 우리는 이러한 계급이 자연적 욕구를 충족하려는 충동을 느낀다는 사실 뿐만 아니라 나아가 그 계급이 정당한 충동을 충족하려는 욕구도 느낀다는 사실도 발견하게 된다. 마른 나뭇가지를 예로 들어보자. 벗겨진 허물이 뱀과 아무런 유기적 연관상태에 있지 않은 것과 마찬가지로, 마른 나뭇가지는 살아 있는 나무와 아무런 유기적 연관상태에 있지 않다. 깊이 뿌리 내리고 있고, 즙이 많고, 자신의 형태와 개별적인 삶을 위해 공기, 빛, 물, 흙과 유기적으로 동화하는 나무와 줄기에 대립하고 마르고 유기적 삶으로부터 분리된 잔가지 및 큰 가지 속에서, 자연은 마찬가지로 빈곤과 부의 대립을 표현한다. 그것은 빈곤과 부의 물리적 표상이다. 인간의 빈곤이 이러한 친화성을 느끼고 이러한 친화성으로부터 자신의 소유권을 이끌어낸다. 그래서 인간의 빈곤이 물리적 유기적 부를 미리 숙고하는 소유자에게 반환할 것을 청구한다면, 그것은 물리적 빈곤을 욕구와 욕구의 우연에게 반환할 것을 청구하는 것이다. 인간의 빈곤은 기본적 세력들의 이러한 추동력 속에서 인간적인 힘보다 더 인도적인 친밀한 힘을 느낀다. 특권자의 우연적 자의를 대신하여 사적 소유로부터 떨어져 나온, 그렇다고 해서 더 이상 사적 소유이기를 그치는 것은 아니지만, 요소들의 우연이 등장한다. 거리에 내던져진 자선이 부가 되지 않듯이, 이 자연의 자선도 부가 되지 않는다. 그러나 빈자는 그들의 활동에서 또한 이미 그들의 권리를 발견한다. 나뭇가지를 주워 모으는 일에서 인간사회의 기본계급은 기본적인 자연력의 생산물에 대하여 질서를 부여한다(생산물을 배열한다). 이러한 사정은 야생의 성장 속에서 소유의 우연한 사건을 형성하지만 이미 그것의 무의미함 때문에 진정한 소유자의 활동을 위한 아무런 대상도 구성하지 못하는 생산물에 대한 관계에서도 비슷하다; 이러한 사정은 이삭줍기나 그런 종류의 관습법에서도 비슷한 관계를 구성한다.

따라서 빈자계급의 이러한 관습에는 본능적인 권리감각이 살아 있고, 그 뿌리는 실정법적이고 합법적이다; 그리고 빈자계급 자체의 현존재가 지금까지 부르주아 사회의 단순한 관습, 즉 의식적인 국가기구의 범위에서 아직 적절한 위치를 발견하지 못한 관습인 만큼, 관습법의 형식은 여기서 그 만큼 더 자연적이다.

여기서의 논쟁은, 우리가 이러한 관습법을 어떻게 다룰 것인가의 하나의 사례, 즉 전체 처리과정의 방식과 정신이 자세히 논의되는 하나의 사례를 제공한다.

도시 출신의 대의원은 월귤나무의 과일을 주워 모으는 것 또한 절도로서 다루는 규정에 반대한다. 특히 그는 부모를 위해 얼마간의 벌이를 하려고 월귤나무의 과일을 주워 모으는 가난한 사람들의 아이들을 변호한다. 즉 그러한 행위는 태고적부터 소유자들로부터 허용되었고, 그것을 통해 가난한 사람들을 위한 관습법이 형성되었다. 그러나 이러한 사실은 다른 대의원의 다음과 같은 지적을 통해 반박된다: "내가 사는 지방에서는 이러한 과일이 이미 무역거래의 상품이고, 통속에 넣어져 네덜란드로 보내진다."

사람들은 빈자들의 관습법을 부자들의 독점으로 만드는 한 장소를 이미 사실상 현실화시켰다. 공유재산을 독점할 수 있는 충분한 증거가 제시되었다; 따라서 공유재산을 독점해야 한다는 결론이 자명하게 나온다; 대상의 본성이 독점을 요구하는데, 왜냐하면 사적 소유의 이해가 독점을 고안해냈기 때문이다. 몇몇 돈을 훔치는 소무역상의 근대적 착상은, 그가 원래의 튜튼족의 토지 및 땅에 대한 이해를 내려놓자마자, 반박할 수 없게 된다.

현명한 입법자는 범죄를 처벌할 필요가 없도록 하기 위해 범죄를 미리 저지할 것이다. 그러나 그는 권리의 영역을 저지함으로써 범죄를 저지하는 것이 아니라, 모든 권리의 충동에 긍정적인 행위 영역을 주면서 권리의 충동으로부터 부정적 본질을 박탈함으로써 범죄를 저지할 것이다. 그는 한 계급의 참여자에게서 불가능성을 제거하는 데, 그리고 더 정당화된 영역에 속하는 데 한정하지 않을 것이고, 오히려 그들 자신의 계급을 실질적 권리의 가능성으로 고양시킬 것이다. 그러나 국가가 여기에 대해 충분히 인간적이지 않고 풍요롭지 않고 관용적이지 않다면, 비로소 정황을 위반Vergehen으로 만드는 것을 범죄Verbrechen로 바꾸지 않는 것이 최소한 그의 무조건적인 의무이다. 그는 단지 최고의 불법으로 인해 반사회적인 범죄로서 처벌할 필요가 있는 것을 최고의 관대함으로 사회적인 무질서로서 수정해야 한다. 그렇지 않으면 그는 사회적 충동의 비사회적인 형태와 싸우려고 생각하지만, 사회적 충동과 싸운다. 한마디로 우리가 인민적인 관습법을 억압한다면, 그것의 시행은 단순한 경찰 차원의 위반으로서만 다루어질 수 있을 뿐이지, 결코 범죄로서 처벌될 수 없다. 경찰 차원의 처벌은 정황을 외적인 무질서로 낙인찍은 행위에, 그 행위가 영원한 법질서에 대한 침해가 아니라고 할 때, 대한 타개책이다. 처벌은 위반보다 더 이상 혐오를 불어 넣어서는 안 되고, 범죄의 오명이 법률의 오명으로 변해서도 안 된다; 불행이 범죄로 되거나 범죄가 불행으로 된다면, 국가의 지반이 침식될 것이다. 주의회는 이러한 관점으로부터 멀리 떨어져 있어, 입법의 첫 번째 규정을 한 번도 준수하지 않았다.

예를 들어 한 통행자가 자신의 티눈을 찔렀기 때문에 그를 천하에 가장 파렴치하고 사악한 피조물로 간주하는 야만인과 같이, 천하고 무디고 무지하고 이기적인 이해의 영혼은 단 하나의 점, 즉 자신이 침해된 점만을 본다. 그는 자신의 티눈을 그가 보고 판단하는 눈으로 만든다; 그러나 어떤 사람이라도 나의 티눈을 찌를 수 있고, 그렇다고 해서 그가 성실하고 게다가 탁월한 인간이 아닌 것은 아니다. 당신들이 이제 티눈으로 인간을 판단해서는 안 되듯이, 당신들의 사적 이해의 눈으로 인간을 판단해서도 안 된다. 사적 이해는 한 인간이 그것에 적대적으로 대치하는 영역을 그 인간의 삶의 영역으로 만든다. 사적 이해는 법률을, 자연연구자가 아니라는 이유로 쥐에서 유해한 동물만을 보기 때문에 유해한 동물을 박멸하려는 쥐 잡는 사람으로 만든다; 그러나 국가는 도벌자에게서 목재의 침해자 이상을, 즉 목재의 적 이상을 보아야 한다. 국가의 모든 시민은 수많은 생활신경을 통해 국가와 결합되어 있고, 그 시민이 스스로 하나의 신경을 독단적으로 잘랐다고 해서 국가가 이 모든 신경을 자를 필요가 있는가? 따라서 국가는 한 도벌자에게서 한 인간을 보게 될 것이고, 다시 말해 국가의 심장의 피가 흐르는 살아 있는 한 구성원을, 조국을 수호하는 한 병사를, 그 목소리가 법정에서 적용되는 한 증인을, 공적 직무를 맡아야하는 한 공동체 구성원을, 그 존재가 신성시되는 한 가장을, 그리고 무엇보다 한 공민을 보게 될 것이다. 그리고 국가는 자신의 구성원 중 하나를 경솔하게 이런 모든 규정으로부터 배제하지 않을 것이다. 왜냐하면 국가는 한 시민을 범죄자로 만들 때마다 자신을 절단하는 것이기 때문이다. 그러나 무엇보다 특히 도덕적인 입법자라면, 이제까지 비난받지 않은 행위를 범죄적 행위의 영역에 포함하는 것을 가장 심각하고, 가장 고통스럽고, 가장 위험한 작업으로 간주할 것이다.

그러나 이해는 실제적이고, 나는 나의 적을 찔러 죽인다는 사실보다 더 실제적인 것은 세상에 없다! "어떤 놈을 미워하는 사람은 그를 죽이기를 좋아하지 않겠는가!"라고 샤일록은 가르친다. 진정한 입법자는 불법 이외에 어떤 것을 두려워해서는 안 된다. 그러나 입법하는 이해는 권리의 결과들 앞의 두려움만을, 즉 이해가 법률을 제정하여 대항하는 악한들 앞의 두려움만을 알고 있다. 가혹함은 비겁함이 명령하는 법률의 성격이다. 왜냐하면 비겁함은 가혹해짐으로써만 활력적으로 될 수 있기 때문이다. 그러나 사적 이해는 언제나 비겁하다. 왜냐하면 사적 이해의 심장과 영혼은 항상 빼앗기고 침해당할 수 있는 외적 대상이기 때문이다. 심장과 영혼을 잃는 위험 앞에서 누가 떨지 않겠는가? 비인간적인 것, 낯선 물질적 본질이 자신의 최고의 본질인데도 이기적인 입법자가 어떻게 인간적일 수 있겠는가? 그가 두려움을 가질 때 그는 무서운 존재가 된다고 기조Guizot의 『나쇼날National』이 말한다. 우리는 이기심의 모든 입법, 즉 비겁함의 모든 입법에 관해서 이 격언을 쓸 수 있다.

사모예드인Samojeden은 짐승을 죽일 때, 짐승으로부터 가죽을 벗겨내기에 앞서 짐승에게, 러시아인들만이 이 악을 행하고 러시아의 칼이 가죽을 찢어내고 따라서 오직 러시아인들에게 복수가 행해지기를, 이라고 진지하게 맹세한다. 사람들은 비록 사모예드인인 척 하지 않고서도 법률을 러시아의 칼로 바꿀 수 있다. 한 번 살펴보자!

위원회는 제4조를 다룰 때 다음을 제안했다: "2마일 이상 거리가 떨어졌을 경우 고발하는 보안관이 현행 지방가격에 따라 가치를 결정한다."

이에 대해 도시 출신의 대의원은 다음과 같이 이의를 제기하였다: "고발을 행하는 산림관이 훔친 목재의 가격사정을 확정하도록 허용하고자 하는 제안은 매우 의심스러운 것이다. 물론 이 고발하는 관리들에게 신뢰가 주어진다. 그러나 그것은 사실에 관해서이지 가치에 관해서는 아니다. 가치는 지방관청에 의해 제시되고 지역지도관에 의해 확정된 가격사정에 따라 결정되어야 한다. 산림소유자가 처벌을 내리게 하게끔 규정하고 있는 제14조를 채택하지 말 것을 제안한다. 등등" "제14조를 유지한다면 당면한 규정은 이중으로 위험하다. 왜냐하면 산림소유자에게 봉사하고 그로부터 급료를 받는 산림관이 아마 훔친 목재의 가치를 가능한 한 높게 설정할 것이 틀림없을 것이라는 게 관계의 본성상 당연하기 때문이다." 주의회는 위원회의 제안을 통과시켰다.

우리는 여기서 영주재판권Patrimonial-Gerichtsbarkeit의 제정을 발견한다. 영주-보호관은 동시에 부분적인 재판관이다. 가치규정은 판결의 한 부분을 구성한다. 따라서 판결은 고발조서에서 이미 부분적으로 예측된다. 고발하는 보호관은 판사단 자리에 앉으며, 재판과 결부되는 판결을 내리는 전문가이다. 그는 하나의 기능을 수행하는데, 이것으로부터 다른 재판관을 배제한다. 동시에 재판도 하는 영주-경찰과 고발관까지 존재한다면, 심문절차에 대해 반대하는 것은 어리석은 짓이다.

우리의 제도에 대한 이러한 근본적인 침해를 제외하더라도, 고발하는 보호관이 동시에 훔친 목재의 사정인일 수 있는 객관적 능력이 얼마나 떨어지는가는 우리가 그의 특질을 고찰한다면 자명해진다.

보호관으로서 그는 목재의 의인화된 수호신이다. 더욱이 인격적인 보호, 육체적인 보호는 자신의 피보호물에 대한 산림지기의 효과적이고 활력적인 연애관계를 요구한다. 다시 말해 그가 목재와 떨어질 수 없는 그런 상태에 놓여 있는 관계를 요구한다. 목재는 그에게 모든 것이어야 하고, 그에게 절대적인 가치를 가진 것이어야 한다. 이에 반해 사정인은 훔친 목재에 대해 회의적인 불신의 태도를 취하고, 훔친 목재를 날카로운 산문적인 눈으로 세속적인 척도로써 재고, 그 척도 상으로 얼마가 될지를 한 푼도 남김없이 당신에게 말한다. 보호자와 평가자는 광물학자와 광물상인 만큼 크게 다른 사항이다. 보호관은 훔친 목재의 가치를 평가할 수 없다. 왜냐하면 훔친 목재의 가치를 사정하는 모든 조서에서 그는 자신의 활동의 가치를 사정함으로써 자신의 고유한 가치를 사정하기 때문이다. 그런데도 당신은 그가 자신의 대상의 가치를 대상의 실체만큼 잘 보호하지 못할 것이라고 믿는가?

그 직책이 잔인함인 사람에게 우리가 위임한 활동은 보호의 대상과 관련해서 모순될 뿐만 아니라, 인격Personen에 관련해서도 마찬가지로 모순된다.

목재의 보호관으로서 산림지기는 사적 소유자의 이해를 보호해야 하지만, 사정인으로서 그는 마찬가지로 사적 소유자의 과도한 요구에 맞서 도벌자의 이해를 보호해야 한다. 그는 아마 바로 주먹으로는 산림의 이해를 위해 활동해야 하는 반면, 곧이어 머리로는 산림의 적의 이해를 위해 활동해야 한다. 산림소유자의 이해의 화신이지만 그는 산림소유자의 이해에 반하는 보증이 되어야 한다.

보호관은 나아가 고발자이다. 조서는 하나의 고발행위이다. 따라서 대상의 가치는 고발의 대상이 된다; 재판관의 기능이 한 순간 고발자의 기능과 더 이상 구별되지 않음으로써, 보호관은 자신의 재판관적 품위를 상실하고, 재판관의 기능은 최하로 타락한다.

마지막으로 고발자로도 보호관으로도 전문가에 어울리지 않는 이러한 고발하는 보호관은 산림소유자의 급료를 받는 고용인이다. 산림소유자가 사실상 자신의 보호관 속에서 제3자의 모습만을 갖고 있기 때문에, 마찬가지로 정당하게 우리는 산림소유자 자신에게 한 번의 선서로 사정을 양도할 수 있었다.

그러나 고발하는 보호관의 이러한 위치 역시 의심스러울 뿐이라고 생각하는 대신에, 주의회는 반대로 산림영지 내에서 여전히 국가의 최후의 외관을 구성하는 유일한 규정, 즉 고발하는 보호관의 종신고용을 의심스런 것으로 생각한다. 이 규정에 반대하여 가장 격렬한 이의가 제기되고, 그 폭풍은 보고자의 다음과 같은 설명을 통해서도 진정되지 않을 것으로 보인다: "이미 이전의 주의회가 종신고용을 없앨 것을 제안했었다. 그러나 국가정부는 이에 대해 반대했을 뿐이고, 종신고용을 신민에 대한 보호로서 간주하였다."

그래서 주의회는 이미 이전에 신민에 대한 보호를 없애는 문제에 관해 정부와 흥정을 벌였고, 주의회는 지금도 흥정 중에 있다. 종신고용을 반대하여 적용된, 반박의 여지가 없을 뿐만 아니라 관대하기도 한 논거를 검증해보자.

농촌 출신의 대의원은 "종신고용을 통한 신뢰의 조건 속에서 소 산림소유자가 매우 위태롭게 되었다는 것을 발견한다. 그리고 다른 대의원은 대 산림소유자와 마찬가지로 소 산림소유자에 대해서도 보호가 똑같이 효과적이어야 한다고 주장한다."

영주신분의 의원은 이렇게 주장한다: "사적 개인의 경우에 종신고용은 매우 부당하게 보이며, 프랑스에서도 보호관리인의 조서가 신뢰를 얻는 데 종신고용은 전혀 요구되지 않는다. 그러나 만연하는 위반을 통제하기 위해서는 반드시 무엇이 일어나야 할 것이다." 도시 출신의 대위원은 이렇게 주장한다: "정당하게 고용되고 선서한 산림관리인의 모든 고발에는 신뢰가 주어져야 한다. 종신고용은 많은 마을과 특히 소분할지의 소유자들에게는 말하자면 불가능하다. 종신으로 고용된 그런 산림관리인들만 신뢰를 가진다는 규정으로 인해 이들 산림소유자들은 어떤 산림보호도 받지 못할 것이다. 주의 대부분에서 마을과 사적 소유자들은 논밭지기들에게 그들의 산림에 대한 보호까지도 맡겼고 또 맡길 수밖에 없었을 것이다. 왜냐하면 이들의 산림소유지는 전담할 산림관리인을 고용할 만큼 충분히 크지 않기 때문이다. 산림보호에 대해서도 선서한 이들 논밭지기들이 만일 발각된 도벌Holzfrevel을 고발했을 때는 신뢰를 누리는 반면, 이들이 목재절도Holzentwendung를 확인했을 때는 충분한 신뢰를 갖지 못한다면, 그것은 이상한 일이 될 것이다."

따라서 도시와 농촌과 영주는 이렇게 말한다. 도벌자가 가진 권리와 산림소유자가 내세우는 요구 사이의 차이를 비교하는 대신에, 우리는 그 차이가 대수롭지 않다고 생각한다. 우리는 산림소유자의 보호와 도벌자의 보호를 시도하지 않고, 대 산림소유자의 보호와 소 산림소유자의 보호를 하나의 척도 위에 놓으려고 시도한다. 전자의 경우에는 불평등이 공리인 반면, 후자의 경우에는 아무리 사소한 것이라도 동등함이 법률이 되어야 한다. 왜 소 산림소유자는 대 산림소유자와 동일한 보호를 요구하는가? 왜냐하면 둘 다 산림소유자이기 때문이다. 산림소유자와 도벌자는 둘 다 공민이 아닌가? 소 산림소유자와 대 산림소유자가 국가의 보호에 대한 동등한 권리를 갖는다면, 소 공민과 대 공민 역시 국가의 보호에 대한 동등한 권리를 갖지 않겠는가?

영주신분의 의원이 프랑스를 예로 들 때 - 이해는 정치적 반감을 알지 못한다 - 그는 프랑스에서는 보호관리인이 사실을 고발하지 가치를 고발하지 않는다는 사실을 추가하는 것을 잊었다. 마찬가지로 존경할만한 도시 출신의 대의원은, 목재절도의 확인이 다루어지고 있을 뿐만 아니라 그와 동시에 목재가치의 사정도 다루어지고 있기 때문에 여기 독일에서는 논밭지기가 산림보호를 맡는 것이 허용되지 않는다는 사실을 잊고 있다.

우리가 방금 들은 전체 추론의 핵심은 무엇인가? 소 산림소유자는 종신 보호관리인을 고용할 수단을 갖고 있지 못하다는 사실이다. 이 추론으로부터 어떤 결론이 나오는가? 소 산림소유자는 종신고용에 대한 자격이 없다는 사실이다. 소 산림소유자는 무엇이라고 결론짓는가? 그는 시한부 계약으로 사정하는 보호관리인을 고용할 자격이 있다는 것이다. 그의 수단 없음Mittellosigkeit이 그에게는 하나의 특권의 요구권으로서 간주된다.

소 산림소유자는 또한 독립된 판사단Richterkollegium을 부양할 수단을 갖고 있지 않다. 그래서 국가와 피고는 독립된 판사단을 포기하고, 소 산림소유자의 하인이 재판석에 앉도록 한다. 그에게 하인이 없다면 그의 하녀가, 하녀가 없을 때는 자신이 재판석에 앉도록 한다. 피고는 사법권에 대해서와 마찬가지로 국가기관으로서의 행정권에 대해서도 동일한 권리를 갖는 게 아닌가? 왜 국가는 법정 역시 소 산림소유자의 수단에 따라 설치하지 않는가?

국가와 피고의 관계는 사적 개인의, 산림소유자의 빈약한 경제를 통해서 변화될 수 있는가? 국가는 이들 개인에게 국가로서 맞서기 때문에 피고에 대한 권리를 가진다. 그래서 국가에게는 국가로서 그리고 국가의 방식으로 범죄자에 대해 처신할 의무가 직접 따라 나온다. 국가는 고소당한 시민의 권리는 물론 생활과 소유에 대해서와 마찬가지로, 국가의 이성과 일반성과 위엄에 대해서도 적절한 방식으로 대응할 수단을 갖고 있을 뿐 아니라, 이 수단을 가지고 사용하는 것이 국가의 무조건적인 의무이기도 하다. 산림소유자의 산림이 국가의 것이 아니고 그의 영혼이 국가의 혼이 아닌 산림소유자로부터 누구도 이것을 요구하지 않는다. - 우리는 무슨 결론을 이끌어내는가? 사적 소유가 국가의 관점으로 고양될 수단을 가지고 있지 않기 때문에, 국가가 사적 소유의 반이성적이고 불법적인 수단으로 하락할 의무를 가진다는 사실이다.

사적 이해의 빈약한 영혼이 국가의 사고에 의해 계몽되고 깨우쳐질 수 없기에, 사적 이해의 월권은 국가를 위한 진지하고 기본적인 교훈이다. 만일 국가가 또한 자신의 방식 대신 사적 소유의 방식으로 활동할 수 있는 지점에까지 하락한다면, 국가가 자신의 수단의 형식에서 사적 소유의 경계에 적응해야 한다는 결론이 즉각 나온다. 사적 이해는 이러한 결과를, 사적 이해가 자신의 가장 제한되고 가장 빈약한 모습 속에서 국가행위의 경계와 규칙을 위해 만드는 데까지, 높이기에 충분할 정도로 교활하다. 국가의 완전한 실추는 제외하고라도, 이것으로부터 피고에 대한 가장 반이성적이고 가장 불법적인 수단이 운동하게 되는 반대의 결과가 나온다. 왜냐하면 제한된 사적 소유의 이해에 대한 최상의 고려가 필연적으로 피고의 이해에 대한 과도한 냉혹함으로 변화되기 때문이다. 그러나 여기서 사적 이해가 국가를 사적 이해의 수단으로 하락시키려고 하고 또 하락시킬 수밖에 없다는 것이 분명하다면, 사적 이해의 대변, 신분의 대부분이 국가를 사적 이해의 사고로 하락시키려고 하고 또 하락시킬 수밖에 없다는 결론이 어떻게 나오지 않겠는가? 모든 근대 국가는, 그것은 아직 자신의 개념에 별로 상응하지 않는데, 그러한 입법적 강제의 최초의 실천적 시도에서 다음을 외치지 않을 수 없게 될 것이다: 너의 길은 나의 길이 아니고 너의 생각은 나의 생각이 아니다!

고발하는 보호관리인의 임대차소작이 얼마나 전적으로 근거 없는 것인지를 다음의 논거보다 더 분명하게 증명할 수 있는 논거는 없을 것이다; 그 논거는 종신고용에 반대하는 것으로, 이미 큰 소리로 낭독되었기 때문에 슬그머니 나온 것이라고는 말할 수 없다. 도시 신분 출신의 의원은 가령 다음의 논평을 소리 높여 읽는다: "마을을 위해 종신으로 고용된 산지기는 국왕의 관리들처럼 엄격한 통제 아래 놓이지 않으며 놓일 수도 없다. 성실한 의무수행을 위해 가해지는 어떤 박차도 종신고용으로 인해 무디어질 것이다. 산지기가 또한 자신의 의무를 절반만 이행하고, 어떤 실제적인 위반에 대해서도 책임지지 않도록 조심한다면, 그는 항상 제56조에 따라 그를 해고하자는 제안이 쓸모없게 될 정도로 많은 변명을 발견하게 될 것이다. 그런 상황에서 관계자들은 그 제안을 감히 제출할 엄두도 내지 못할 것이다."

고발하는 보호관리인에게 가격 사정을 위임한 것에 대해 다룰 때, 우리가 어떻게 그에게 충분한 신뢰를 부여했는지 기억한다. 우리는 제4조가 보호관리인에 대한 일종의 신임투표였다는 사실을 기억한다.

고발하는 보호관리인은 통제를, 그것도 엄격한 통제를 필요로 한다는 사실을 우리는 처음으로 경험한다. 박차와 빵이 그의 양심의 유일한 흥분제이고, 그의 의무 근육이 종신고용을 통해 이완될 뿐만 아니라 완전히 마비됨에 따라, 그는 처음으로 인간으로서 뿐 아니라 말로서 나타난다. 이기심은 사람들을 재고 다는 두 가지의 자와 저울을 소유하고, 두 가지의 세계관 즉 하나는 검게 칠해져 있고 다른 하나는 알록달록하게 칠해져 있는 두 가지 안경을 소유하고 있다는 사실을 우리는 본다. 다른 사람들을 자신의 도구에 희생시키고 모호한 수단을 아름답게 치장하려는 것이 문제가 될 때, 이기심은 자신의 도구와 자신의 수단을 환상적인 광휘 속에 보여주는 알록달록한 안경을 쓰게 하고, 이기심은 자신과 다른 사람으로 하여금 다정다감하고 신뢰에 넘치는 영혼의 비실제적이고 유쾌한 몽상에 잠기게 한다. 이기심의 얼굴에 있는 모든 주름살은 미소 짓는 온화함이다. 이기심은 자신의 적대자 손을 꼭 잡아서 상처를 내지만, 이 상처는 신뢰하기에 난 상처이다. 그러나 갑자기 자신의 이익이 중요한 문제가 되고, 무대의 허상들이 사라지는 무대장치 뒤에서 도구와 수단의 유용성을 사려 깊게 검사하는 게 중요한 문제가 된다. 엄격하고 인간사에 밝은 이기심은 주의 깊게 그리고 의심을 품고서 세상살이에 약삭빠르고 검게 칠해진 안경, 실천의 안경을 쓴다. 숙련된 말馬장수와 마찬가지로 이기심은 사람들로 하여금 어떤 것도 놓치지 않는 긴 현장검사를 받게 하고, 이기심에게 사람들은 이기심 자체와 마찬가지로 왜소하고 측은하고 추잡하게 보인다.

우리는 이기심의 세계관을 다루려는 것이 아니라, 그 세계관이 일관성이 있도록 강제하려는 것이다. 우리는 그 세계관 자체가 스스로는 약삭빠름을 간직하고 다른 사람에게는 환상을 넘겨주는 것을 원치 않는다. 우리는 사적 이해의 궤변적인 정신을 잠시 그 자신의 일관성에 붙들어 매자.

고발하는 보호관리인이 당신이 묘사하는 그런 사람이라면, 다시 말해 종신고용으로 자신의 의무 수행에서 독립심, 확신, 품위를 얻기는커녕 오히려 의무 수행을 위한 모든 박차를 빼앗기는 그런 사람이라면, 그가 당신의 자의의 무조건적인 종복이 될 때, 우리는 이런 사람의 형평성으로부터 더욱이 피고를 위해 무엇을 기대할 것인가? 박차만이 이런 사람에게 의무 수행을 재촉하고, 당신들이 박차를 갖고 있는 사람이라면, 우리는 전혀 박차를 갖고 있지 않은 사람인 피고에게 무슨 일이 일어날 것인지를 미리 알려야만 하는가? 당신들조차 이런 사람들에 대해 충분히 엄격한 통제를 행사할 수 없다면, 더욱이 국가나 기소된 편에서는 어떻게 그를 통제할 것인가? 당신들이 종신고용에 대해 주장한 것: "보호관리인이 자신의 의무를 절반만 수행한다면, 그는 항상 제56조에 따라 그를 해고하자는 제안이 쓸모없게 될 정도로 많은 변명을 발견하게 될 것이다"는 주장은 오히려 취소할 수 있는 고용의 경우에서 타당하지 아닐까? 그가 당신들의 이해의 보호라는 의무의 절반을 수행하는 한, 당신들은 모두 적지 않게 그를 위한 변호인이 되는 게 아닐까?

산지기에 대한 소박하고 넘치는 신뢰가 나무라고 탓하는 불신으로 변하는 것은 우리에게 핵심을 보게 한다. 당신들은 국가와 도벌자가 하나의 교리처럼 반드시 믿어야 하는 거대한 신뢰를 산지기가 아니라 당신들 자신에게 주었다.

산지기라는 관직의 지위가, 선서가, 양심이 당신들에 대항하여 피고를 지키는 보장이 되어야 하는 것이 아니라, 당신들의 권리욕, 당신들의 인도성, 당신들의 초연한 이해관심, 당신들의 절제가 산지기에 대항하여 피고를 지키는 보장이 되어야 한다. 당신들의 통제는 피고에 대한 최후의 그리고 유일한 보장이다. 당신들의 인간적인 탁월함이라는 흐릿한 관념 속에서, 사적인 자기도취 속에서 당신들은 피고에게 당신들 개개인의 인격을 당신들의 법률에 대항하는 보호수단으로 제공한다. 나는 산림소유자의 이러한 소설 같은 관념을 공유하지 않는다고 감히 말한다. 나는 인격이 법률에 대항하는 보증이 되어야 한다고 결코 믿지 않으며, 오히려 나는 법률이 인격에 대항하는 보증이 되어야 한다고 믿는다. 그리고 아무리 환상의 나래를 펴더라도 입법이라는 숭고한 일에서 한 순간도 이기심의 숨 막히고 천한 정서로부터 일반적이고 객관적인 관점의 이론적 고상함으로 스스로를 고양할 수 없는 사람들, 미래의 불이익에 대한 생각으로 이미 벌벌 떨면서 자신들의 이해를 보호할 지위 관직을 붙잡으려는 사람들, 이러한 사람들이 현실적인 위험과 마주쳐서 철학자가 될 것이라고 상상할 수 있겠는가? 그러나 어느 누구도, 또 아무리 탁월한 입법자라 하더라도, 자신의 인격을 자신이 만든 법률보다 더 높게 위치시켜서는 안 된다. 제3자에게 중요한 결과를 가져오는 신임투표를 스스로 포고할 수 있는 자격은 누구도 없는 것이다.

그러나 또한 우리가 당신들에게 특별한 신뢰를 주어야 한다고 당신들이 요구해도 좋을지는 다음의 사실이 설명해줄 것이다.

"도시 출신의 대의원은 그가 제87조를 반대할 수밖에 없다고 진술한다. 왜냐하면 이 조항의 규정들은 방만하고 아무런 성과도 없는 조사를 야기할 것이기 때문이다. 그 조사는 개인적인 자유와 교류의 자유를 방해할 것이다. 그러나 처음부터 모든 사람들을 범죄자로 간주해서는 안 되고, 나쁜 행위가 행해졌다는 증거를 확보하지 못한 채 곧바로 나쁜 행위를 추정해서는 안 될 것이다." "도시 출신의 다른 대의원은 그 조항이 삭제되어야 한다고 말한다. 그 조항은 '모든 사람들은 목재가 어디서 생겼는지 그 출처를 증명해야 하기 때문에'라는 번거로운 내용을 가지고 있는데, 그것에 따르면 모든 사람들은 절도와 은닉의 혐의가 있는 것으로 추정되고, 시민의 생활을 심히 침해하여 상처를 입히게 될 것이다." 그 조항은 채택되었다.

만일 사람들이 스스로 손해를 보면서 불신을 준칙으로 공포하고 당신에게 이익을 주면서 신뢰를 준칙으로 공포해야 한다면, 그리고 그들의 신뢰와 불신을 당신들의 사적 이해의 눈으로 보고 당신들의 사적 이해의 심장으로 느껴야 한다면, 참으로 당신들은 인간의 비일관성에 너무 많은 것을 요구하는 것이다.

종신고용에 반대하는 또 하나의 논거가 제시되었는데, 그것은 경멸스러움과 가소로움 중 어느 것으로 더 잘 특징지을 수 있을까 의견이 분분할 정도다.

"또한 사적 개인의 자유의지가 그런 방식으로 그토록 심하게 제한되어서는 안 되고, 따라서 단지 기한부 고용만 승인되어야 한다."

인간이 어떤 방식으로든 제한되어서는 안 되는 자유의지를 소유하고 있다는 사실은 확실히 즐거운 소식일 뿐만 아니라 뜻밖의 소식이다. 우리가 지금까지 들은 신탁은 도도나Dodona의 원시신탁Urorakel과 비슷했다. 목재가 신탁을 내렸다. 자유의지는 신분적 성질을 갖고 있지 않았다. 관념과 관련하여 우리는 나폴레옹의 후계자만을 면전에 가지고 있기 때문에, 이제 우리는 이데올로기의 갑작스럽고 반란적인 등장을 어떻게 이해해야 할까?

산림소유자의 의지는 편리한 방식으로 그리고 자신의 성미에 잘 맞고 가장 비용이 들지 않는 방식으로 도벌자를 마음대로 다룰 수 있는 자유를 요구한다. 이 의지는 국가가 악한을 산림소유자의 자유재량에 맡기기를 원한다. 이 의지는 전권을 요구한다. 이 의지는 자유의지의 제한이 아니라 제한의 방식에 대해 싸운다. 즉 도벌자 뿐만 아니라 목재소유자에게도 해당할 정도로 그렇게 심하게 제한하는 이러한 제한의 방식에 대해 싸운다. 이러한 자유의지는 많은 자유를 원하는 것이 아닌가? 그것은 대단히 그리고 특별히 자유로운 의지가 아닌가? 19세기에 공공의 법률을 만드는 사적 개인들에게, 이 사적 개인들의 자유의지를 "그런 방식으로 그토록 심하게" 제한하는 것은 전대미문의 일이 아닌가? 그것은 들어보지 못한 것이다.

완고한 개혁가인 자유의지라 하더라도, 이것 역시 이해관심의 궤변을 이끄는 좋은 논거를 따라야 한다. 다만 이 자유의지는 생활방식을 가져야 하고, 조심스럽고 충성스런 자유의지, 즉 자신의 영역이 저 특권적 사적 개인의 자의의 영역과 합치하도록 처신할 줄 아는 자유의지이어야 한다. 자유의지는 단 한 번만 인용되었고, 이 한 번의 경우에서도 자유의지는 이성적 의지의 정신에 통나무를 던지는 땅딸막한 사적 개인의 모습으로 나타났다. 의지가 노예선의 노예처럼 가장 좀스럽고 가장 편협한 이해관심의 노 젓는 자리에 묶여 있는 곳에서, 이 정신은 또한 무엇이어야 하는가?

이 전체 추론의 정점은 다음의 언급으로 요약되는데, 이 언급은 문제가 되고 있는 관계를 전도시키고 있다:

"왕의 산림관과 수렵관은 언제나 종신으로 고용되어도 좋지만, 마을과 사적 개인의 경우에 이것은 크게 재고해봐야 할 것이다." 마치 여기서는 국가관리 대신 사적 고용인이 역할을 맡아 일하는 데 유일한 재고가 놓여있지 않은 것처럼! 마치 종신고용이 의심하는 사적 개인에 대해서는 해당되지 않는 것처럼! 불합리한 논리보다 더 무서운 것은 없으며, 다시 말해 이기심의 논리보다 더 무서운 것은 없다.

산림소유자의 고용인을 국가의 권위로 바꾸는 이 논리는 국가의 권위를 산림소유자의 고용인으로 바꾼다. 국가제도와 개별 행정관청의 규정, 모든 것이 산림소유자의 수단으로 전락하고 산림소유자의 이해가 전체 기구를 규정하는 영혼으로 나타나도록 만들기 위해, 모든 것이 상궤에서 벗어나야 한다. 모든 국가기관은 산림소유자의 이해가 듣고, 감시하고, 평가하고, 지키고, 움켜쥐고 달리는 데 사용하는 귀가 되고, 눈이 되고, 팔이 되고, 다리가 된다.

위원회는 제62조에서 조세관과 시장 및 두 명의 마을의장을 통해서 도벌자의 거주지에서 발행된 배상능력의 결여에 대한 증명서를 요구할 것을 결론으로 제안한다. 농촌지역의 대의원은 조세관의 활용이 현행 입법과 모순되는 것을 발견한다. 이러한 모순이 고려되지 않았다는 사실은 이해할 만하다.

제20조에서 위원회는 이렇게 제안한다:

"라인주에서는 자격 있는 산림소유자에게 다음과 같은 권능, 즉 죄수들을 지방관청에 위탁하여 산림소유자도 의무가 있는 마을도로 부역에 종사한 일수를 죄수들의 노역일에서 각각 공제하는 방식으로 노역을 시킬 수 있는 권능이 주어져야 한다."

이에 대해서는 다음과 같은 이의가 제기되었다: "시장은 개별 마을의 구성원들을 위한 집행관으로 활용될 수 없고, 죄수들의 노동이 유급의 날품팔이꾼이나 하인에 의해 수행되어야 할 직무에 대한 벌충으로 받아들여질 수 없다."

보고자는 이렇게 논평한다: "마지못해 하고 화가 나있는 산림죄수들을 노동하도록 재촉하는 것 또한 시장님의 책임이라고 한다면, 순종치 않고 악의를 가진 관할민을 의무수행으로 되돌리는 것도 이 관리의 직무

중 하나이며, 죄수들을 잘못된 길에서 올바른 길로 되돌리는 것 또한 아름다운 행위가 아니겠는가? 농촌에서 누가 시장님보다 그에 대한 수단을 더 많이 수중에 가지고 있겠는가!"

그리고 라이네케Reinecke는 불안해하고 슬픈 체했다,
많은 선량한 사람들에게 동정심을 불러일으키도록,
토끼 람페Lampe는 특히 매우 슬퍼졌다.

주의회는 제안을 수용하였다.

훌륭한 시장님은 산림소유자님이 마을에 대한 자신의 의무를 돈 들이지 않고 수행할 수 있도록 책임을 떠맡고 아름다운 행위를 완수해야 한다. 마찬가지로 정당하게 산림소유자는 시장에게 주방장이나 급사장의 노릇을 하도록 요구할 수 있다. 시장이 그의 관할민의 부엌과 지하실을 정돈해준다면, 그것은 아름다운 행위가 아닌가? 유죄선고를 받은 범죄자는 시장의 관할민이 아니라, 교도소 감독관의 관할민이다. 사람들이 마을의 수장인 시장을 개별 시민의 집행관으로 그리고 시장을 교도소장으로 삼는다면, 시장은 자신의 지위가 갖는 수단과 품위를 상실하는 것이 아닌가? 일반에 봉사하는 시민들의 명예로운 노동이 개별적인 개인에게 봉사하는 처벌노동으로 전락한다면, 다른 자유로운 시민들은 침해받는 것이 아닌가?

그러나 이런 궤변을 폭로하는 것은 불필요하다. 보고자님은 너무 좋은 분이라서, 우리에게 세상살이에 약삭빠른 사람들이 인도적인 문구를 어떻게 판단하는지 스스로 말해준다. 그는 산림소유자로 하여금 인간화되어가는 전답소유자에게 다음과 같이 열변을 토하게 한다:

"지주의 곡물이삭을 잘라 갈 때, 도둑은 이렇게 말할 것이다: '나는 빵이 없기 때문에, 나는 당신이 소유한 커다란 땅에서 몇 개의 이삭을 잘라

간다.' 마찬가지로 목재도둑도 이렇게 말한다: '나는 땔 나무가 없기 때문에, 나는 목재를 훔쳐간다.' 이삭을 잘라가는 데 대해 2년에서 5년까지의 징역형을 언도하는 형사법전의 제444조가 지주를 보호한다; 산림소유자는 그렇게 강력한 보호를 받지 못한다."

산림소유자의 시기심 많고 곁눈질하는 이 마지막 외침에는 신앙고백이 온전히 깃들어 있다. 전답소유자여, 당신은 나의 이해를 다룰 때 왜 그렇게 관대하게 처신하는가? 왜냐하면 당신의 이해는 이미 배려되어 있기 때문이다. 따라서 어떤 환상도 갖지 말라! 관대함은 비용이 전혀 들지 않거나 혹은 무엇인가를 가져다준다. 그래서 전답소유자, 당신은 산림소유자를 현혹하지 말기를! 그래서 산림소유자, 당신은 시장을 현혹하지 말기를!

이 간주곡은 "아름다운 행위"가 우리의 논쟁에서 얼마나 의미를 가질 수 없는지를 증명해줄 것이고, 이 모든 논쟁이, 즉 도덕적이고 인도적인 논리가 여기서는 상투적 문구로서만 자리를 차지하는 것이 아니라는 사실을 증명해줄 것이다. 그러나 이해는 상투적 문구에 대해서조차 인색하다. 이해는 필요할 때, 즉 충분한 결과를 가져올 때 비로소 문구를 고안해낸다. 그러면 이해는 달변이 되고 이해의 피는 더 빨리 돈다. 이제는 자신에게 이익을 가져오고 다른 이해에 대해서는 비용이 들게 하는 아름다운 행위, 아첨하는 말, 친절한 감언조차 중요하지 않다. 이 모든 것은 그야말로 도벌행위를 산림소유자의 더 싹싹한 동전으로 찍어내기 위해, 도벌행위를 수익 많은 도벌자로 만들기 위해, 도벌자가 산림소유자에게는 자본으로 되었기 때문에 자본을 더 편리하게 투자할 수 있기 위해서만 이용될 뿐이다. 여기서 중요한 것은 도벌자를 위해 시장을 악용하는 것이 아니라, 산림소유자를 위해 시장을 악용하는 것이다. 드문 막간에서 도벌자에게는 문제성 있는 선善이 언급될 뿐이고, 산림소유자에게는 자명한 선이 보장된다는 것은 얼마나 진기한 운명이고 얼마나 놀라운 사실인가!

이러한 인도적인 삽화의 사례를 하나 더 들어보자!

보고자: "프랑스의 법률은 금고형을 산림노동으로 바꿀 줄 모르는데, 그는 이렇게 바꾸는 것을 현명하고 자선적인 것으로 간주한다. 왜냐하면 감옥에 있는 것이 항상 개선을 가져오는 것은 아니며, 오히려 악화되는 경우가 매우 흔하기 때문이다."

이전에 사람들이 결백한 사람을 범죄자로 만들었을 때, 즉 어느 대의원이 나뭇가지를 주워 모으는 사람에게 금고형을 선고하여 상습범들과 함께 수용하자고 진술했을 때, 그 당시 금고형은 괜찮은 것이었다. 그런데 갑자기 개선시설이 개악시설로 탈바꿈했다. 왜냐하면 이 순간에는 금고형이 개악적이라는 사실이 산림소유자에게 유리하기 때문이다. 범죄자의 개선이라는 말을 우리는 범죄자가 산림소유자에게 가져다주는 고결한 소명을 지닌 이자의 개선으로 이해한다.

이해는 기억력이 없다. 왜냐하면 이해는 오직 자신만을 생각하기 때문이다. 자신에게 중요한 단 하나는 자신뿐이고, 이것을 잊지 않는다. 그러나 이해에게 모순은 문제가 되지 않는다, 왜냐하면 이해는 자신과 모순에 빠지지 않기 때문이다. 이해는 영원한 즉흥시인이다. 왜냐하면 이해는 체계System가 아니라 방편Auskunftmittel을 갖고 있기 때문이다.

인도적이고 공정한 논거들이 행하는 것은

> 우리가 벽의 꽃이라고 부르는,
> 무도회의 우리 바보 같은 인간들,

에 불과한 반면, 방편은 이해의 추론 메카니즘 안에서 가장 활동적인 대리인이다. 우리는 이 방편 중에서 논쟁에서 끊임없이 반복되고 주된 범주를 형성하는 두 가지, 즉 "좋은 동기들"과 "불리한 결과들"에 주의한다. 우리는 어느 때는 위원회의 보고자가, 또 어느 때는 주의회 의원이 모든 모호한 규정들을 노련하고 현명하고 훌륭한 동기의 방패를 가지고 모순의 화살로부터 방어하는 것을 본다. 우리는 올바른 관점이 가져오는 이러한 귀결도 불리하거나 위험한 결과를 지적함으로써 거부되는 것을 본다. 우리는 잠시 이 관대한 방편을, 이 빼어난 방편을, 즉 이 만사형통의 방편을 섭토해보자.

이해는 불리한 결과에 대한 전망을 통하여, 외부세계에서의 그 효과를 통하여 정당함das Recht을 검게 칠할 줄 안다; 이해는 좋은 동기를 통하여 부당함das Unrecht을 알고, 따라서 자신의 사고세계의 내면성으로 회귀함으로써 부당함을 희게 씻을 줄 안다. 정당함은 사악한 사람들의 외부 세계에서 나쁜 결과를 가지고, 부당함은 그것을 명령하는 용감한 사람들의 가슴 속에서 좋은 동기를 가진다; 그러나 양자는, 좋은 동기와 불리한 결과는 고유한 특성을 공유하는데, 즉 양자는 사실을 사실 자체와 관련해서 다루지 않으며, 양자는 정당함을 자립적인 대상으로 다루지 않고 오히려 정당함으로부터 세계로 나가라거나 혹은 자신의 머리로 들어가라고 지시하고, 그리하여 양자는 정당함의 등 뒤에서 술책을 쓰고 있다는 것이다.

불리한 결과란 무엇인가? 이것을 국가와 법률과 피고인에 대한 불리한 결과로 이해해서는 안 된다는 사실을 우리의 설명 전체가 증명한다. 나아가 이것을 시민의 안전에 대한 불리한 결과로 파악하지 않는다는 사실을 우리는 몇 마디 말로 명백하게 드러내려고 한다.

우리는 이미 주의회 의원 자신으로부터 "모든 사람은 자신의 목재가 어디서 났는지 그 출처를 증명해야 한다"는 규정이 얼마나 시민생활을 흠집내고 침해하는지, 그리고 모든 시민을 얼마나 번거로운 술책에 내맡기는지에 관해서 들었다. 한 대의원이 다음과 같이 설명함에도 불구하고, 다른 규정은 훔친 목재를 보관하고 있는 사람은 모두 다 도둑이라고 선언하고 있다: "이것은 많은 올바른 사람에게 위험스러운 일이 될 수 있다. 그들의 이웃에서 훔친 목재가 누군가의 마당에 던져지면, 결백한 사람이 처벌을 받게 될 것이다." 제66조는 전혀 독점되지 않은 빗자루를 구입하는 모든 시민에게 4주에서 2년까지의 징역형을 선고한다. 이에 대해 도시 출신의 대의원은 이렇게 주석을 가한다: "이 조항은 엘버펠트 Elberfeld와 렌네프Lennep 그리고 졸링엔Solingen 지역의 주민들을 한 사람도 빠짐없이 징역형에 처하겠다고 위협하는 것이다." 마지막으로 형사소송법 제9조에 의하면, 수렵경찰과 산림경찰 관리들은 국가 대리인의 감시 아래 있고 따라서 직접 이 대리인에 의해 기소될 수 있으며, 이 점은 군대에서 하는 일과 전혀 다른 것임에도 불구하고 수렵경찰과 산림경찰을 감시하고 관장하는 일이 군대의 관리이자 의무로 되어 있다. 이것으로 법원의 독립성뿐만 아니라 시민의 자유와 안전도 위협받고 있다.

그래서 시민의 안전에 대한 불리한 결과가 논의되기는커녕, 시민의 안전 자체가 불리한 결과를 가져오는 상황으로서 다루어진다.

그러면 불리한 결과란 무엇인가? 산림소유자의 이해에 불리한 것이 불리한 것이다. 그래서 정당함의 결과가 산림소유자의 이해의 결실이 아니라면, 그것은 불리한 결과이다. 그리고 여기서 이해는 예리한 통찰력을 갖고 있다. 이해는 이전에는 육안으로도 보지 못했다면, 이제는 현미경으로만 발견할 수 있는 것까지도 본다. 전체 세계는 이해에게는 눈엣가시, 위험의 세계이다. 왜냐하면 바로 전체 세계는 하나의 이해의 세계가 아니라, 수많은 이해의 세계이기 때문이다. 사적 이해는 자신을 세계의 최종 목적으로서 간주한다. 그래서 정당함이 이러한 최종 목적을 실현하지 못한다면, 그것은 목적에 반하는 정당함이다. 그러므로 사적 이해에 불리한 정당함은 불리한 결과를 가진 정당함이다.

좋은 동기가 불리한 결과보다 더 좋아야 하는가?

이해는 사고하지 않고 계산한다. 이해의 동기는 그 수치이다. 동기는 정당한 근거를 지양하는 운동근거이다. 사적 이해가 그런 지양을 위한 많은 운동근거를 가지게 될 것이라는 사실을 누가 의심하는가? 동기의 선함은 우연적 융통성에 있다. 동기는 그 융통성으로써 객관적 정황을 도외시하고, 좋은 사정은 생각할 필요가 없고 오히려 사정이 나쁠 때는 좋은 사고로 충분하다는 속임수로 자신과 다른 사람들을 안심시킨다.

우리의 얘기 실마리를 다시 받아들여, 우리는 우선 시장님이 추천한 아름다운 행위에 대한 한 짝을 가져오자.

"제34조는 다음과 같은 방식으로 수정되어 위원회에 제안되었다: 피의자로 인해 조서를 작성하는 보호관의 출석이 요구된다면, 피의자는 해당하는 비용을 사전에 산림법원에 공탁해야 한다."

국가와 법원은 피고의 이해에서는 아무것도 무료로 행해서는 안 된다. 국가와 법원은 사전에 비용을 지불받아야 하고, 그것을 통해 명백히 사전에 고발하는 보호관과 피고의 대질이 어렵게 된다.

아름다운 행위다! 단 하나의 아름다운 행위다! 아름다운 행위를 위한 왕국이다! 그러나 제안된 유일한 아름다운 행위를 시장님은 산림소유자님을 위해 수행해야 한다. 시장은 아름다운 행위의 대표자이고, 이 아름다운 행위의 인간화된 표현이다. 그리고 사람들은 시장에게 부과된 애처로운 희생을 떠넘긴 부담과 함께 일련의 아름다운 행위를 충분히 논구하고 영구히 결론지었다.

시장님이 국가에 봉사하고 범죄자를 도덕적으로 개선시키기 위해 자신의 의무보다 더 많은 일을 해야 한다면, 산림소유자님은 바로 그 선을 위해 자신의 이해보다 더 적게 요구해서는 안 되는가?

사람들은 이 질문에 대한 답변이 지금까지 다루어진 논쟁의 부분 속에 이미 들어 있다고 믿을 수도 있지만, 그것은 잘못된 생각이다. 처벌규정을 보자.

"기사 출신의 대의원은, 단순한 가치의 배상 이외에 종종 거두어들일 수 없을 정도의 벌금까지 산림소유자의 것이 된다 하더라도 여전히 산림소유자가 충분히 배상받지 못했다고 간주한다."

도시 출신의 대의원은 이렇게 논평한다: "이 조항(제15조)의 규정은 가장 위험한 결과를 초래할 수 있다. 산림소유자는 이러한 방식으로 삼중의 배상을 받는다. 즉 목재의 가치, 4배 6배 혹은 8배의 벌금, 거기에 특별한 손해배상금까지 받게 된다. 특별한 손해배상금은 흔히 전적으로 자의적으로 부과되고, 현실적 결과라기보다는 허구의 결과일 것이다. 어쨌든 문제가 되고 있는 특별한 배상이 마찬가지로 산림법원에 소환되어 산림법원의 판결에서 결정되어야 하는 것으로 그에게 규정되어야 할 것으로 보인다. 손해의 증거는 별도로 제시될 수 있고, 단순히 조서에만 기초할 수 없다는 사실은 당연한 이치이다." 이에 반대하여 보고자님과 또 다른 대의원은 여기서 인용된 잉여가치Mehrwerth가 그들이 예시한 다양한 경우에서 발생할 수 있는지를 설명하였다. 그 조항은 채택되었다.

  범죄는 하나의 제비뽑기가 되고, 여기서 산림소유자는 운이 좋으면 당첨까지 될 수 있다. 잉여가치가 생길 수 있지만, 그러나 이미 단순한 가치를 받은 산림소유자가 4배 6배 혹은 8배의 벌금을 통해 돈벌이를 할 수도 있다. 그러나 그가 단순한 가치 이외에도 특별한 손해배상을 더 받는다면, 4배 6배 혹은 8배의 벌금은 어쨌든 순전한 이득이다. 기사 출신 의원은 산림소유자의 것이 되는 벌금을 거두어들일 수 없는 경우가 흔하기 때문에 그것은 충분한 보증이 아니라고 믿는다. 그렇다면 벌금 이외에도 목재의 가치와 손해배상을 더 거두어들이는 것을 통해서 벌금은 결코 거두어들일 수 없게 된다. 어쨌든 우리는 사람들이 이러한 징수불능으로부터 어떻게 그것의 가시를 제거하는지를 보게 될 것이다.

  산림소유자는 여기서 보듯이 범죄가 이자로 바뀌는 것보다 더 낫게 자신의 목재를 보험에 가입할 수 있었을까? 노련한 사령관이라면 그는 자신에 대한 공격을 승리할 수 있는 확실한 기회로 바꾼다. 왜냐하면 목재의 잉여가치라는 경제학적 몽상조차도 절도행위를 통해 하나의 실체로 바뀌기 때문이다. 산림소유자에게는 자신의 목재 뿐 아니라 자신의 목재 장사까지도 보증이 되어야 한다. 한편 그는 자신의 영업지배인인 국가에게 기분 좋게 충성의 맹세를 하는데, 국가에 대하여 보수를 치르지 않기 때문이다. 범죄의 처벌을, 법의 암살에 대한 법의 승리로부터 이기심의 암살에 대한 이기심의 승리로, 바꾸는 것이 전형적인 착상이다.

그러나 이제 우리의 독자들에게 특히 제14조의 규정에 대해 주의를 환기시켜보자. 그 규정에는 우리가 야만법leges barbarorum을 야만인의 법률로 간주하는 습관에서 벗어나야 하는 것으로 되어 있다. 즉 사적 소유의 원상회복인 가치의 배상 및 손해배상과 잘 구별되는 법의 원상회복인 처벌 자체는, 공적 처벌에서 사적 화해금으로 되고, 벌금은 국고가 아니라 산림소유자의 사적 금고로 흘러들어간다.

도시 출신의 대의원이 "이것은 국가의 품위와 훌륭한 형사재판의 원칙에 위배된다"고 생각하지만, 그러나 기사 출신의 대의원은 산림소유자의 이해를 보호하기 위해 화합의 법감정과 형평감정, 그래서 특수한 법감정과 형평감정에 호소한다.

야만 민족은 특정 범죄의 피해자들이 특정한 화해금Composition(속죄금 Sühngeld)을 지불받게 한다. 범죄에서 개인의 침해만을 보는 이러한 견해와 대립하여 비로소 공적인 처벌의 개념이 생겼지만, 그러나 사적 처벌과 국가처벌을 개인에게 줄 것을 주장할 만큼 친절함을 가진 민족과 이론은 아직 없다.

하나의 완전한 착각이 분명히 신분의회를 오도하였다. 입법하는 산림소유자는 한 순간 인격들, 즉 입법자로서의 자신과 산림소유자로서의 자신을 혼동하였다. 그는 한 번은 산림소유자로서 목재를 지불받게 했고, 다른 한 번은 입법자로서 절도범의 범죄적 심정을 지불받게 했는데, 이 때 산림소유자가 두 번 지불받은 것은 완전히 우연적으로 일어났다. 따라서 우리는 더 이상 단순한 영주의 권리에 머물러 있는 것이 아니다. 우리는 공법의 시대를 통해 배가되고 강화된 영주법의 시대에 이르렀다. 영지소유자들은 야만적 세계관의 사적 처벌 뿐 아니라 근대적 세계관의 공적 처벌까지도 강탈하기 위해, 자신들의 요구에 배치되는 시간의 진보를 이용한다.

가치의 배상과 게다가 손해배상을 통해 목재절도범과 산림소유자 사이에는 더 이상 어떤 관계도 존재하지 않는다. 왜냐하면 목재침해가 상쇄되었기 때문이다. 절도범과 소유자 두 사람은 이전의 원래 상태로 되돌아간다. 산림소유자가 목재절도에 흥분하는 것은 목재가 침해될 경우에 한해서이지, 법이 침해되는 경우가 아니다. 범죄자의 감각적 측면만이 그에게 해당될 뿐이고, 행위의 범죄적 본질은 물질적 목재에 대한 공격이 아니라, 목재의 국가혈관에 대한 공격 즉 소유권 자체에 대한 공격이고, 불법적 심정Gesinnung의 실현이다. 산림소유자는 절도범에게 합법적 심정을 가지라고 요구할 사적 요구권을 갖고 있는가? 그리고 재범의 경우에 처벌을 몇 배로 강화하는 것은 범죄적 심정에 대한 처벌이 아니고 무엇이란 말인가? 아니면 산림소유자는 사적 요구권ansprüche을 갖고 있지 않음에도 불구하고 사적 청구권forderungen을 가질 수 있는가? 산림소유자는 목재 절도행위가 일어나기 전에 국가였는가? 아니다. 그러나 그는 목재 절도행위가 일어난 후에는 국가가 된다. 목재는, 절도되자마자 목재의 소유자가 그 이전에는 소유하지 않았던 국가성질을 그 소유자에게 부여하는 기이한 속성을 가지고 있다. 그러나 산림소유자는 그가 빼앗겼던 것만을 되돌려 받을 수 있다. 국가가 반환된다면, 산림소유자가 범죄자에 대해 사적 권리 이외에 국가의 권리를 얻을 때 국가는 그에게 반환되는 것인데, 국가도 또한 그에게 빼앗겨야 하고 사적 소유가 되어야 한다. 그러므로 목재절도범은 제2의 크리스토퍼Christophourus로서 훔친 통나무 속에 국가 자체를 등에 지고 날랐다.

 공적 처벌은 국가 이성으로 범죄를 조정하는 것이고, 따라서 국가의 권리이다. 그러나 공적 처벌은, 한 개인이 다른 개인에게 자신의 양심을 양도할 수 없듯이, 국가가 사적 개인에게 양도할 수 없는 국가의 권리이다. 범죄자에 대해 갖는 국가의 모든 권리는 동시에 범죄자가 갖는 국가 권리이다. 국가에 대한 범죄자의 관계는 중간자의 개입을 통해 사적 개인에 대한 관계로 바뀔 수 있는 것이 아니다. 사람들이 국가 자신에게 국가권리의 포기, 즉 자살을 인정해주려고 하더라도, 그러나 국가의무의 포기는 언제나 태만일 뿐만 아니라 범죄이기도 한 것이다.

따라서 산림소유자는 공적 처벌에 대하여 생각할 수 있는 어떤 권리도 자신에 대해 그리고 자신을 위해 가지고 있지 않듯이, 국가에 의해서 공적 처벌에 대한 사적 권리를 가질 수 없다. 그런데 만일 내가 합법적 요구권이 없이 제3자의 범죄행위를 독립적 소득원천으로 만든다면, 나는 그것을 통해 그의 공범이 되는 것이 아닌가? 아니면 그에게는 범죄의 처벌이 떨어지고 나에게는 범죄의 향유가 떨어지기 때문에, 나는 공범의 정도가 덜 한 것일까? 만일 어떤 사적 개인이 입법자로서의 자신의 자격을 악용하여 제3자의 범죄를 통해 국가권리를 가로챈다면, 그 죄는 가벼운 것이 아니다. 공적 국가기금의 횡령은 국가범죄인데, 그렇다면 벌금은 공적 국가기금이 아닌가?

목재절도범은 산림소유자에게서 목재를 훔쳤지만, 산림소유자는 목재절도범을 이용하여 국가 자체를 훔친다. 이것이 글자 그대로 얼마나 사실인가는 제19조가 잘 증명해준다. 즉 사람들은 벌금을 요구하는 데 그치지 않고, 피고의 육체와 생명까지도 요구한다. 제19조에 의하면 도벌자는 산림소유자를 위해 수행해야 할 산림노동을 통해 완전히 산림소유자의 수중에 놓이게 된다. 이것은 도시 출신의 대의원에 의하면, "매우 부적당한 결과를 가져올 수 있다. 그는 단지 이러한 수행방식의 위험성이 다른 종류의 사람들에게 적용될 경우에 미칠 결과에 대해 주의를 환기하고자 할 뿐이다."

기사 출신의 대의원은 영원히 기억할 만한 반박을 한다: "법률초안에 대한 토론에서 먼저 그 초안의 원칙이 논의되고 확정되는 것은 합목적적이고 필수적이다. 그러나 이것이 한 번 이루어지고 나면, 각 개별 조항에 대한 논의에서는 다시 원칙에 대한 논의로 되돌아 갈 수 없다." 그리고 나서 그 조항은 모순 없이 채택되었다.

당신들은 나쁜 원칙에서 출발한 만큼 매우 교활하고, 그래서 나쁜 결과에 대한 무오류의 권리를 얻는다. 당신들은 무원칙이 결과의 비정상으로 나타난다고 생각할 수 있겠지만, 그러나 당신들이 세상물정을 알고 있다면, 영리한 사람이 한 번 통과시킨 것은 마지막 결과에 이르기까지 관철시킨다는 사실을 당신들은 보게 될 것이다. 산림소유자가 산림절도범을 자신의 난로의 땔감으로 삼아서는 안 된다는 사실만이 우리를 놀라게 할 뿐이다. 문제는 법이 아니라 주의회가 출발점으로 삼기 원하는 원칙이기 때문에, 모래알 하나도 이러한 결과를 방해하지 않을 것이다.

조금만 되돌아보면 우리는 방금 제시된 독단과 모순되는 다음의 사실을, 즉 각 조항에서 원칙을 새롭게 토론하는 것이 얼마나 필수적인지, 그리고 겉보기에 서로 연관이 없고 상당한 거리를 유지하는 조항들에 대한 표결을 통해 어떻게 사람들이 한 규정을 다른 규정에 따라 절취하였고, 첫 번째 규정을 절취한 뒤 이제 뒤의 규정에서는 첫 번째 규정만을 채택할 수 있었던 조건의 외관마저 누락시키는지를 알 수 있다.

제4조에서 고발하는 보호관에게 사정을 맡기자는 것이 다루어졌을 때, 어느 도시 출신의 대의원은 이렇게 말했다: "벌금을 국고로 들어가게 하자는 제안이 환영받지 못한다면, 이 규정은 이중으로 위험하다." 그리고 산림관이 국가를 위해 사정할 때는 자신의 고용주를 위해 사정할 때와는 달리 과대평가할 동기를 갖고 있지 않다는 사실 또한 분명하다. 사람들은 능숙하게도 이 점을 문제 삼지 않은 채, 벌금을 산림소유자에게 귀속시켜야 한다는 취지의 제14조가 마치 부결될 수 있는 것처럼 보이게 했다. 제4조는 통과되었다. 제10조의 투표 후에, 사람들은 마침내 제14조를 다루게 되었는데, 이것을 통해 제4조가 그 의미에서 변화되고 위험스럽게 되었다. 이 연관성이 전혀 다루어지지 않은 채, 제14조가 채택되고, 벌금은 산림소유자의 개인금고로 들어간다. 이것을 위해 제시된 주된 근거, 아니 그야말로 유일한 근거는 단순가치의 배상으로는 충분히 보호되지 않는 산림소유자의 이해이다. 그러나 제15조에서 사람들은 벌금을 산림소유자에게 귀속시키기로 결정했다는 사실을 다 잊어버리고, 단순가치 이외에 또 특별한 보상을 그에게 받도록 한다. 왜냐하면 이미 흘러들

어오는 벌금을 통해서도 산림소유자가 잉여를 얻지 못하는 것처럼 잉여가치가 생각될 수 있기 때문이다. 더욱이 벌금이 언제나 거두어들일 수 있는 것은 아니라는 점까지 지적되었다. 그래서 사람들은 오직 돈과 관련해서만 국가를 내신하고사 하는 것처럼 행동하였다. 그러나 제19조에서 사람들은 가면을 벗어던지고 돈뿐만 아니라 범죄자 자신도 역시, 다시 말해 돈 주머니 뿐만 아니라 인간도 역시 자기 것이라고 주장한다.

여기서 허위진술의 방법이 뚜렷하게 그리고 노골적으로, 더욱이 의식적인 명확성을 갖고 드러난다. 왜냐하면 그 방법은 스스로 원칙으로서 선포하기를 더 이상 주저하지 않기 때문이다.

단순가치와 손해배상은 산림소유자에게 도벌자에 대한 사적 청구권만을 부여한다는 것은 주지의 사실이다. 그 청구의 실현을 위한 민사법정의 문은 그에게 활짝 열려 있다. 도벌자가 지불할 수 없다면, 산림소유자는 지불불능의 채무자, 그래서 잘 알려진 대로 채무자의 강제노동과 봉사임무, 한마디로 일시적인 농노상태에 대한 어떤 권리도 가질 수 없는 사적 개인의 상태에 놓이게 된다. 그렇다면 무엇이 산림소유자에게 이러한 요구권을 부여하는가? 벌금이다. 산림소유자는 벌금을 자기 것으로 주장함으로써, 이미 본 바와 같이 자신의 사적 권리 이외에 도벌자에 대한 국가의 권리를 자신의 것으로 주장하였고, 자신을 국가의 자리에 놓았다. 그러나 산림소유자는 벌금을 자신의 것으로 함으로써 그는 영리하게도 처벌 자체를 자신의 것으로 했다는 사실을 은폐하였다. 당시 그는 벌금을 단지 돈이라고 했지만, 이제는 벌금을 처벌이라고 한다. 이제 그는 의기양양하게도 벌금을 통해서 공법을 자신의 사적 소유로 바꾸었음을 고백한다. 이렇듯이 범죄적이고 동시에 분노하게 만드는 귀결을 겁내기는커녕 사람들은 오히려 그 귀결도 하나의 귀결이라는 바로 그 이유로 그것을 요구한다. 건전한 상식을 가진 사람이라면 한 공민을 다른 공민에게 일시적인 농노로서 내맡기고 위임하는 것이 우리의 법, 아니 모든 법에 위반된다고 주장할 것인데, 그들은 원칙도 논의도 없음에도 불구하고 원칙이 논의되었다고 별일 아니라는 듯이 어깨를 움츠리면서 설명한다. 이런 식으로 산림소유자는 벌금을 통해 도벌자의 인신까지도 빼앗는다. 제19조에서 비로소 제14조의 이중적 의미가 드러난다.

이렇게 볼 때 제4조는 제14조로 인하여, 제14조는 제15조로 인하여, 그리고 제15조는 제19조로 인하여 성립불가능하게 될 수밖에 없고, 제19조는 스스로 전체 처벌원칙이 성립불가능하게 될 수밖에 없을 것이다. 왜냐하면 바로 이 처벌원칙이 가지고 있는 배척받아야 할 성질이 제19조에서 모두 나타나기 때문이다.

분할 통치의 원리를 이것보다 더 능숙하게 구사할 수 없다. 앞의 조항에서는 뒤의 조항을 생각하지 않고, 뒤의 조항에서는 앞의 조항을 잊어버린다. 하나는 이미 논의되어 있고, 다른 하나는 아직 논의되어 있지 않다. 그래서 둘은 서로 대립되는 근거를 통해서 어떤 논의를 넘어 초월한다. 그러나 승인된 원칙은 "산림소유자의 이해를 보호하기 위한 법감정과 형평감정"이다. 이것은 생명의 소유자, 자유의 소유자, 인간성의 소유자, 국가의 소유자 그리고 가진 것이라고는 자신밖에 없는 소유자의 이해를 보호하기 위한 법감정과 형평감정과는 정면으로 대립된다.

하지만 우리는 일단 여기까지 왔다. - 산림소유자는 통나무 대신 이전의 인간을 갖게 된다.

샤일록   참으로 현명하신 판사님! - 판결이 내려지다 - 자 준비하시오.

포오셔   잠깐 기다리시오: 한 가지 지적할 게 입소.
이 증서에 의하면 한 방울의 피도 당신에게 줄 수 없소,
이 증서는 분명히 1파운드의 살이라고 못 박고 있소,
자 증서를 가져 오시오. 그리고 당신은 당신 몫의 1파운드의 살을 가져가시오;
하지만 잊지 마시오. 살을 베어낼 때,

　　　　　　　기독교인의 피를 단 한 방울이라도 흘린다면
　　　　　　　당신의 전 재산은 베니스의 법에 따라
　　　　　　　베니스 국가로 귀속될 것이오.
그레시아노　오 현명하신 판사님! – 들었지 유대인! 현명하신 판사님.
샤일록　　　그게 법이오?
포오셔　　　당신이 법조문을 보아야 할 것이오.

　그리고 당신들도 법조문을 보아야 한다!
　그대들은 무엇에 근거하여 도벌자를 농노로 삼겠다는 요구를 하는가? 벌금에 근거하여. 우리는 그대들이 벌금에 대해 아무런 권리도 가지고 있지 않다는 사실을 보여주었다. 이 점은 유보하자. 그대들의 기본 원칙은 무엇인가? 비록 그로 인해 법과 자유의 세계가 무너진다 하더라도, 산림소유자의 이해가 보장되어야 한다는 사실이다. 그대들의 목재손해는 어떤 식으로든 도벌자를 통해 배상되어야 한다는 것, 이것이 그대들에게 흔들릴 수 없는 확고한 사실이다. 그대들의 추론이 입각하고 있는 이 확고한 목재의 밑둥은 크게 썩어 있어, 건전한 이성의 바람이 단 한 번만 불더라도, 그 토대는 수천 개로 산산조각이 나고 말 것이다.
　국가는 다음과 같이 말할 수 있고 또 말해야 한다: 나는 모든 우연에 맞서 법을 보증한다. 법만이 내 안에서 불멸적이고, 따라서 나는 범죄를 없앰으로써 그 범죄의 필연성을 그대들에게 증명할 것이다. 그러나 국가는 다음과 같이 말할 수 없고 또 말해서도 안 된다: 사적 이해, 소유의 특정한 존재, 산림보호, 나무, 하나의 나무토막, 아무리 큰 나무라 하더라도 국가에 비하면 하나의 나무토막에 불과한데, 이런 것들이 모든 우연에 맞서 보장되어 있고, 불멸이다. 국가는 사물의 본성에 저항할 수 없으며, 유한한 것을 유한한 것의 조건에 맞서, 우연에 맞서 확고하게 만들 수 없다. 그래서 범죄가 발생하기 전에 그대들의 소유가 국가에 의해 모든 우연에 맞서 보장받을 수 없었던 것과 마찬가지로, 범죄는 그대들의 소유가 갖고 있는 불확실한 본성을 그 반대의 것으로 전도시킬 수 없다. 물론 국가는 그대들의 사적 이해가 이성적 법률과 이성적 예방조치에 의해서 보장되는 한, 그대들의 사적 이해를 보장할 것이다. 그러나 범죄자에 대한 그대들의 사적 청구에 대하여 국가가 허용할 수 있는 권리는 단지 사적 청구의 권리, 민사재판에 의한 보호 이외에는 어떤 다른 것도 없다. 이러한 방도에 따를 때, 만일 범죄자가 능력이 안 돼서 그대들이 어떤 보상도 받을 수 없다면, 결과적으로 이 보상을 위한 어떤 합법적인 방도도 사라졌음을 의미한다. 그렇다고 세계가 자신의 축으로부터 떨어져나가는 것도 아니고, 그렇다고 국가가 정의의 태양계를 벗어나는 것도 아니다. 그리고 그대들은 모든 세속적인 것의 무상함을 경험했다. 독실한 종교심을 가진 그대들에게는 이 경험이 결코 어떤 기발하고 색다른 일처럼 보이이지 않을 것이고, 폭풍우나 큰 화재 또는 열병보다 더 놀라운 일로도 보이지 않을 것이다. 그러나 국가가 범죄자를 그대들의 일시적인 농노로 만들려고 한다면, 국가는 법의 불멸성을 그대들의 유한한 사적 이해에 희생시키게 될 것이다. 따라서 국가는 처벌을 통해서 범죄자에게 법의 불멸성Unsterblichkeit을 증명해야 함에도 불구하고, 그에게 법의 필멸성Sterblichkeit을 증명할 것이다.

앤트워프Antwerpen가 필립Philipp왕 시대에 자기 땅을 바닷물에 잠기게 함으로써 스페인을 쉽게 저지할 수도 있었는데도, 도축업자 조합은 목장에 살찐 황소들을 갖고 있었기 때문에, 그것을 허용하지 않았다. 그대들은 통나무의 복수를 위해, 국가에게 자신의 정신적 영역을 포기할 것을 요구한다.

이제 제16조의 부수규정에 관해 몇 가지 언급할 것이다. 도시 출신의 대의원은 이렇게 말한다: "이제까지의 입법에 의하면, 8일간의 금고형은 5탈러의 벌금형과 같은 것으로 계산될 것이다. 이것을 바꾸는 것에 대해서는 아무런 충분한 근거도 없다."(즉 8일 대신에 14일로 규정할 것.) 같은 조항에 대하여 위원회는 다음과 같이 추가 조항을 제안하였다: "어떤 경우에도 금고형의 기간은 24시간보다 적어서는 안 될 것이다." 이 최소한 도가 너무 심하다는 지적이 나오자, 이에 반대하여 기사신분 출신의 대의원은 다음과 같은 논거를 끌어들였다: "프랑스의 산림법에는 3일 미만의 형량은 없다."

프랑스법의 규정에 반대하여 5탈러를 8일 대신에 14일의 금고형으로 보상하려는 정신, 그와 동일한 정신이 3일을 24시간으로 바꾸기 위해 프랑스 법에 헌신적으로 저항한다.

위에서 언급한 도시 출신 대의원은 나아가 이렇게 진술한다: "적어도 언제나 중벌을 받아야 할 범죄라고 볼 수 없는 도벌의 경우에 5탈러의 벌금 대신 14일간 수감시키는 것은 매우 가혹한 일이 될 것이다. 이것은 결국 몸값을 치루고 풀려나는 재력 있는 사람은 오직 간단한 처벌만을 받지만, 가난한 사람은 이중으로 처벌받게 만든다." 기사 출신의 대의원은 끌레브Cleve 부근에서는 단지 유치장에 들어가 감옥의 음식을 얻어 먹기 위해 도벌이 많이 저질러진다고 언급한다. 기사 출신의 이 대의원은 자신이 반박하는 바로 그것, 즉 순전히 굶주림과 잠잘 곳이 없는 상태에 대한 궁여지책으로 사람들이 도벌하게끔 내몰리고 있음을 증명하는 것이 아닌가? 이 끔찍한 궁핍이 형량을 더욱 가중시키는 요인이란 말인가?

위에서 언급한 도시 출신의 대의원은 이렇게 말한다: "나는 이미 비난 받은 바 있는 음식물의 절감을 너무 가혹한 것으로, 특히 징역에서는 완전히 실현 불가능한 것으로 간주할 수밖에 없다." 물과 빵만 제공할 정도로 음식물을 절감하는 것은 너무 가혹한 것이라는 주장은 여러 측면에서 비난을 받았다. 농촌 출신의 대의원은 트리어Trier 행정구역에서는 음식물 절감이 이미 도입되었고, 매우 효과적인 것으로 증명되었다고 논평하였다.

존경할 만한 이 연설가는 왜 빵과 물에서는 바로 트리어에 대한 좋은 효과의 원인을 발견하려고 하면서, 주의회가 그렇게 자주 감동적으로 이

야기했던 종교적 심성의 강화에서는 그 원인을 결코 발견하려고 하지 않는가? 물과 빵이 참된 은총의 수단이라는 사실을 그때 누가 짐작이라도 했겠는가! 어느 논쟁에서 사람들은 영국의 신성의회Heiligen-Parlament가 재현된 것으로 믿었지만, 그런데 지금은 어떤가? 기도와 신뢰와 찬송가 대신에 물과 빵, 수형생활과 산림노동! 라인주민들에게 천국의 한 자리를 마련해주기 위해 사람들이 얼마나 푸짐한 말잔치를 벌였는가, 그리고 라인주의 한 계급 전체가 감옥에서 물과 빵만 먹으며 산림노동을 하도록 채찍질하기 위해, 그런 발상은 네덜란드의 농장주라 하더라도 감히 자신의 흑인들에 대해 생각할 수 없는 발상인데, 사람들이 또다시 말을 얼마나 푸짐하게 늘어놓았는지, 이 모든 것은 무엇을 증명하는가? 사람들이 인간이기를 원치 않을 때, 신성하게 되는 것이 쉽다는 사실을 증명한다. 그래서 사람들은 다음 구절을 이해하게 된다: "주의회의 한 의원은 제23조의 규정이 비인간적이라고 생각하였다; 그럼에도 불구하고 이 규정은 채택되었다." 이 조항에는 비인간성 이외에 아무 것도 말하지 않는다.

우리의 전체 서술은 주의회가 집행권, 행정관청, 피고의 존재, 국가이념, 범죄 자체, 처벌 등을 어떻게 사적 이해의 물질적 수단으로 격하시키고 있는지를 보여주었다. 마찬가지로 법원의 판결 또한 단순한 수단으로서, 그리고 판결의 법률적 유효성이 쓸데없이 번거로운 것으로서, 다루어진다는 사실을 사람들은 알게 될 것이다.

제6조에서 위원회는 "법률적으로 유효한"이라는 단어를 삭제하기를 원한다. 왜냐하면 그 단어를 채택하게 되면 궐석재판의 경우에는 재범에 대한 가중처벌을 모면할 수 있는 수단이 목재절도범의 수중에 들어가게 될지도 모른다는 것이다; 그러나 몇몇 대의원은 이에 대해 이의를 제기하면서, 초안 제6조에 있는 "법률적으로 유효한 판결"이라는 표현을 삭제할 것을 요구하는 위원회의 제안에 반대해야 한다고 지적한다. 이 조항에서 판결에 대해 이러한 표현이 채택된 데에는 분명히 법률적 고려가 있었을 것이다. 물론 법원의 모든 첫 번째 선고가 더 엄한 처벌을 가하는

근거가 되기에 충분한 것이라면, 재범에 대해 더 엄한 처벌을 가하려는 의도는 더 쉽게 실현되었을 것이고, 또 더 자주 실현되었을 것이다. 그러나 보고자가 강조했던 산림보호의 이해를 위한 기본적 법률원칙을 이런 방식으로 희생시키기를 사람들이 원하는지 여부를 숙고해 봐야 할 것이다. 이론의 여지가 없는 법적 절차의 원칙을 위반함으로써, 아직 법률적 요건을 갖추지 못한 판결에 그런 법률적 효력을 부가하는 것에 대해 사람들은 동의할 수 없을 것이다. 도시 출신의 다른 대의원도 마찬가지로 위원회의 수정안을 기각할 것을 제안하였다. 그 수정안은 형법의 규정에 저촉되고, 또 형법의 규정에 따르면 첫 번째 처벌이 법률적으로 유효한 판결에 의해 확정될 때까지는 결코 처벌을 강화할 수 없다고 그는 말한다.

보고자는 이렇게 반박한다: "전체가 하나의 예외적인 법률이다. 그래서 제안된 것과 같은 예외적인 규정 역시 여기서는 허용될 수 없다." "법률적으로 유효한 이란 단어를 삭제하자는 위원회의 제안은 승인되어야 한다."

판결은 단지 재범을 확인하기 위해 존재한다. 탐욕에 가득 차서 전전긍긍하는 사적 이해에게 법률적 형식은 시시콜콜한 법률적 딱지라는 번거롭고 쓸데없는 장애물로 여겨진다. 소송은 적대자를 감옥에 보내는 확실한 호송수단일 뿐이고, 단순한 집행준비일 뿐이다. 소송이 그 이상이 되고자 한다면, 소송은 침묵을 강요당할 것이다. 불안에 찬 이기심은 적대자에 대항하기 위한 하나의 필요악으로서, 사람들이 발을 들여놓을 수밖에 없는 법률 영역을 그 적대자가 어떻게 이용할 수 있을지 주도면밀하게 감시하고 계산하고 궁리한다. 그리고 사람들은 가장 사려 깊은 대응술책을 통해 적대자에게 선수를 친다. 사람들이 어떤 구속도 받지 않고 자신의 사적 이해를 관철시키고자 할 때, 법 자체가 장애물로 다가오고, 그래서 사람들은 법을 하나의 장애물로 취급한다. 사람들은 시장을 열어 법의 값을 부르고 여기저기서 법과 흥정하여 하나의 원칙을 사들인다. 그리고 사람들은 이해의 법을 매우 간절히 언급함으로써 법을 달래고 법의 어깨를 툭툭 치며, 그것은 예외이고 예외 없는 규칙은 없다고 법에게 귓속말을 한다. 마찬가지로 사람들은 테러와 주도면밀함을 통해서 법을 추구한다. 이 주도면밀함은 법을 피고의 보증으로 그리고 자립적 대상으로 취급할 때 갖는 관대한 양심의 허술함을 벌충하기 위해 적들에 대항하여 허용된 것이다. 법의 이해는 그것이 이해의 법인 한 말해도 좋지만, 그것이 신성한 것과 충돌할 때는 침묵해야 한다.

스스로 처벌을 했던 산림소유자는 매우 일관성이 있어서 또한 스스로 재판도 할 수 있다. 왜냐하면 그는 법률적으로 유효한 타당성이 없는 판결을 법률적으로 유효한 것이라고 공언함으로써 공공연하게 재판을 한다. 입법자가 당파적일 때, 비당파적인 재판관이란 얼마나 어리석고 비실제적인 환상인가?

법률이 이기적일 때, 비이기적인 판결이란 무엇이어야 하는가? 재판관은 법률의 이기심을 오직 청도교처럼 엄격하게만 정식화할 수 있을 뿐이고, 사정없이 그대로만 적용할 수 있을 뿐이다. 그러므로 비당파성이란 판결의 형식이지 내용이 아니다. 법률은 판결의 내용을 선취한다. 소송이 내용 없는 형식일 뿐이라면, 그러한 형식적으로 사소한 일은 아무런 자립적 가치를 가지지 못한다. 이런 견해에 따르면 만일 중국의 법을 프랑스의 소송절차 속에 집어넣으면, 중국의 법은 프랑스의 법이 될 것이다. 그러나 실체법materielle Recht은 자신의 필연적이고 고유한 소송형식을 가지며, 그래서 필연적으로 중국의 법에는 차꼬Stock(곤장)가 있고, 소송형식으로서 고문은 필연적으로 중죄 형사재판소의 내용에 속한다. 그래서 사적 이해에 의해서가 아니라 자유에 의해 명령되는, 그 본성에서 공적인 내용은 필연적으로 공적이고 자유로운 소송에 속한다. 가령 식물과 동물의 형식이 동물의 살과 피에 대해 무관하지 않듯이, 소송과 법은 서로 무관하지 않다. 소송에 혼을 불어넣고 법률에 혼을 불어넣는 하나의 정신이 존재하는데, 소송은 법률의 생활방식일 뿐만 아니라 또한 법률의 내적 생활의 현상이기 때문이다.

  티동Tidong의 해적은 포로를 확실히 잡아두기 위해 포로의 팔과 다리를 부러뜨린다. 주의회는 산림도벌자를 확실히 붙잡아두기 위해 법의 팔과 다리를 부러뜨렸을 뿐만 아니라, 법의 심장에도 구멍을 뚫었다. 이에 대해 우리는 몇 가지 범주에서 우리의 소송을 재도입한 주의회의 공헌을 진정 무가치한 것으로 간주한다; 반대로 우리는 부자연스런 형식을 부자연스런 내용에 부여하는 솔직함과 일관성을 인정해야 한다. 만일 사람들이 공공성의 빛을 견디지 못하는 사적 이해를 실질적으로 우리 법안에 집어넣으면, 적어도 위험하고 자만에 빠진 환상들을 불러일으키지 않고 또 조장하지 않도록, 사적 이해에게 그것에 알맞은 형식, 즉 내밀한 절차도 부여할 것이다. 결국 우리가 라인주의 모든 사람들, 특히 라인주의 법률가들의 의무로서 간주하는 것은, 우리에게 무엇보다 공허한 가면으로 남도록 이 순간 법 내용에 큰 주의를 기울이는 것이다. 형식이 내용의 형식이 아니라면, 형식은 어떤 가치도 갖지 않는다.

  방금 논평된 위원회의 제안과 주의회의 찬성투표는 전체 논쟁의 절정이다. 왜냐하면 우리 자신의 법률에 의해 재가된 법원칙인 법원칙과 산림보호의 이해 사이의 충돌이 여기서 주의회 자신의 의식에 나타나기 때문이다. 법원칙이 산림보호의 이해를 위해 희생되어야 할지 아니면 산림보호의 이해가 법원칙을 위해 희생되어야 할지 주의회는 투표에 부쳤고, 이해가 법을 앞질렀다. 심지어 사람들은 법률 전체가 법률로부터 예외이고 따라서 모든 예외적인 규정이 법률에서 허용될 것이라고 결론지었다. 사람들은 입법자가 소홀이 한 귀결을 끌어내는 데 한정하였다. 어떤 하나의 법률로부터의 예외가 아니라 법률로부터의 예외가 다루어진다는 사실을 입법자가 잊은 곳에서는 어디서나, 그리고 입법자가 정당한 관점을 주장하는 곳에서는 어디서나, 우리의 주의회의 활동은 확실하게 고치고 보충한다. 그래서 사적 이해는, 법이 사적 이해에게 법률을 제정하게 했던 곳에서 법으로 하여금 법률을 제정하도록 만든다.

그리하여 주의회는 자신의 사명을 완전하게 완수하였다. 주의회는 자신이 소명 받은 특정한 특수이해를 대변하였고, 그것을 최후의 궁극 목적으로서 취급하였다. 주의회가 그때 법을 짓밟았던 것은 주의회의 과업의 단순한 귀결이다. 왜냐하면 이해는 그 본성상 맹목적이고 무절제하여 일방적인, 한마디로 말해 무법적인 자연본능이기 때문이다. 무법적인 것이 법률을 제정할 수 있는가? 벙어리에게 엄청난 길이의 확성기를 손에 쥐어준다고 해서 말할 수 있는 능력이 생기는 것이 아니듯이, 사적 이해를 입법자의 옥좌 위에 앉힌다고 해서 사적 이해가 입법자의 능력을 얻는 것도 아니다.

우리는 이 지루하고 얼빠진 논쟁을 어쩔 수 없이 따라왔을 뿐이다. 그러나 우리는 특수이해를 가진 신분제의회가 일단 진지하게 입법의 소명을 받게 될 때 그로부터 무엇을 기대할 수 있는가를 한 사례로 보여주는 것을 우리의 의무로 간주하였다.

우리는 신분제의회가 신분의회로서 그들의 사명을 충족하였음을 다시 한 번 확인한다. 그러나 이것으로 그들을 정당화하려는 것은 결코 아니다. 라인주민들은 주의 신분들보다 위에 있어야 하며, 인간이 산림소유자 위에서 승리해야 한다. 특수이해의 대변 뿐 아니라 주 이해의 대변 역시 위임받는 것은 그들에게 합법적인 것이지만, 그러나 두 가지 과제는 모순되고, 양자가 충돌하게 되면 그들은 한 순간도 주저하지 않고 특수이해의 대변을 위해 주 이해의 대변을 희생시킬 것이다. 권리와 법률을 위한 의미는 라인주민들의 가장 중요한 애향심이다; 그러나 특수이해는 조국과 주를 전혀 알지 못하고, 일반적인 것과 고향의 정신을 전혀 알지 못한다는 사실은 자명하다. 공상적인 저술가들은 모두 특수이해의 대변 속에서 관념적 낭만주의와, 알 수 없을 만큼 깊은 정서, 그리고 도덕성의 개인적이고 고유한 모습의 가장 풍요로운 원천을 찾고자 하지만, 직접 모순되게도 그러한 특수이해는 모든 자연적이고 정신적인 차이들 대신에, 특정한 소재와 그것에 노예적으로 굴종하는 특정한 의식의 비도

적적이고 비오성적이고 무정서한 추상에 왕관을 씌우면서 이 차이를 지양한다.

목재는 프랑스에서와 마찬가지로 시베리아에서도 여전히 목재이다; 산림소유자는 라인주에서와 마잔가지로 감챠카에서도 어진히 산림소유자이다. 그래서 목재와 목재소유자 그 자체가 법률을 제정한다면, 이 법률은 그것이 제정된 지리적 지점과 제정에 쓰인 언어 이외에는 어떤 것을 통해서도 구별되지 않을 것이다. 이러한 타락한 물신주의verworfene Materialismus, 즉 인민과 인류의 신성한 정신에 반하는 이러한 죄악은 <프로이센 국가신문>이 입법자에게 다음과 같이 설교한 교리의 직접적 결과이다: 즉 신문은 목재법에서는 목재와 산림만을 생각하고, 개별 실체적 과제를 비정치적으로, 다시 말해 온전한 국가이성과 국가윤리에 연관시키지 않고 해결하라고 설교한다.

쿠바의 원시인은 금을 스페인 사람의 물신으로 간주하였다. 원시인은 금에게 축제를 베풀고 금을 위해 노래하고 그리고는 금을 바다 속에 던져버렸다. 만일 쿠바의 원시인이 라인주 신분의회의 회의에 참석한다면, 그들은 목재를 라인주민들의 물신으로 간주하지 않았을까? 그러나 다음의 회의는 우리가 동물숭배를 물신주의와 결합한다는 사실을 그들에게 가르쳐주었을 것이고, 그래서 쿠바의 원시인은 인간을 구원하기 위해서 토끼를 바다 속에 던져버렸을 것이다.

공산주의와 아우크스부르크 <알게마이네 신문>

<라인신문> 제289호, 1842년 10월 16일

*** 쾰른, 10월 15일. <아우크스부르크 신문> 제284호는 매우 미숙하게도, <라인신문>에서 프로이센의 한 공산주의자를, 더욱이 어떤 실제적인 공산주의자가 아니라 그렇지만 언제나 공산주의에 대해 공상적으로 아양 떨고 영적인 추파를 보내는 사람을 발견했다고 한다.

아우크스부르크 신문의 이런 무례한 공상이 비이기적인가 아닌가에 대해서, 즉 이 신문의 격앙된 상상력이 보여준 이러한 한가한 속임수가 사변과 외교적 업무와 결부되어 있는가 없는가에 대해서 독자들은 결정할 것이다 – 우리가 소위 증거서류를 제시한 후에.

사람들이 공언하기를, <라인신문>이 베를린의 가족의 집에 관한 한 편의 공산주의적 논문을 문예오락 란에 실었고, 이 보도가 "이처럼 중요한 시사문제의 역사를 위해서 흥미가 없을 수 없다"는 소견을 이 논문에 부쳤다고 지적한다; 따라서 아우크스부르크 신문의 논리에 따르면, <라인신문>이 "이러한 씻지 않은 더러운 재료를 추천의 말을 부쳐 독자들에게 제공하고 있다"고 결론짓는다. 그러므로 만일 내가 예를 들어 "아우크스부르크 신문의 내부 살림에 대한 메피스토펠레스Mefistofeles의 다음의 보도는 이 점잔빼는 숙녀의 역사를 위해서 흥미가 없을 수 없다"고 말한다면, 나는 아우크스부르크 신문이 이 여자의 다채로운 옷장을 만드는 데 쓰고 있는 더러운 "재료들"을 추천하는 것이 되는가? 아니면 우리는 공산주의가 어떤 예궐詣闕할 자격이 있는 시사문제가 아니라고 하는 이유만으로, 또한 그것이 더러운 빨랫감을 걸치고 있고 장미잎으로 만든 향수의 향내가 나지 않는다는 이유만으로, 공산주의를 **중요한** 시사문제로 간주하지 말아야 할 것인가?

그렇지만 아우크스부르크 신문이 우리의 오해에 대해 화를 내는 것은 당연한 일이다. 공산주의의 중요성은 그것이 프랑스와 영국에서 가장 심각한 시사문제를 구성하고 있다는 데 있는 것이 아니다. 공산주의는 아우크스부르크 신문이 그것을 하나의 공허한 문구로 이용하고 있다는 점에서 유럽적 중요성을 가진다. 이 신문의 파리통신원의 한 사람이며 과자제조업자가 식물학을 논하는 것과 같은 방식으로 역사를 논하는 개종자는, 군주국은 사회주의·공산주의 이념을 자신의 방식으로 수용하려고 시도해야 한다는 착상을 최근에 한 번 했던 것이다. 당신들이 아우크스부르크 신문이 화를 내고 있는 불쾌함을 이해한다면, 이 신문은 우리가 공산주의를 씻지 않은 더러운 모습으로 공중 앞에 드러내고 있는 사실을 결코 용서하지 않을 것이다; 당신들은 이미 일찍이 아우크스부르크 신문의 공허한 문구를 구성할 정도로 행복한 우아함을 가졌던 공산주의를 당신들에게 추천한다고 우리들에게 외치는 저 신문의 기분 나쁜 역설을 이해한다!

〈라인신문〉에 가해지는 두 번째 비난은 슈트라스부르크Straßburg 대회에서 행해진 공산주의 연설에 관해 이곳 슈트라스부르크에서 나온 한 보고문의 결론에 대해서이다. 왜냐하면 배다른 자매인 이 두 신문은 노획물을 다음과 같이 서로 나누어 가졌기 때문이다. 즉 라인란트 신문에게는 슈트라스부르크의 학자들의 토론이, 바이에른 신문에게는 이들 학자들의 식사가 주어졌던 것이다. 고소된 부분은 글자 그대로 이렇게 쓰여 있다:

오늘날 중간계급의 입장은 1879년의 귀족의 입장과 같다; 그 당시에는 중간계급이 귀족의 특권을 요구하여 그것을 획득하였고, 오늘날에는 아무 것도 소유하지 못한 신분이 지금 지배권을 장악하고 있는 중간계급의 부에 참여할 것을 요구하고 있다. 그런데 불시의 공격에 대해 오늘날의 중간계급은 89년의 귀족에 비해 더 잘 대비하고 있으며, 이 문제가 평화적인 방법으로 해결될 것이라고 기대할 수 있다.

시예스Sieyès의 예언이 적중했다는 사실과 제3신분이 모든 것이 되었고 또 모든 것이기를 원한다는 사실, 이것을 빌로프-쿰메로프Bülow-Cummerow, 이전의 <베를린 정치주보>, 코제가르텐Kosegarten박사, 그리고 모든 봉건주의적 저술가들이 매우 슬픔에 찬 분노로써 고백하였다. 오늘날 아무 것도 소유하지 않은 신분이 중간계급의 부에 참여할 것을 요구하고 있다는 사실, 이것은 슈트라스부르크의 연설 없이도 그리고 아우크스부르크 신문의 침묵에도 불구하고, 맨체스터와 파리 그리고 리용의 길거리에서 누구나 볼 수 있게 이리저리 뛰어다니고 있는 사실이다. 아우크스부르크 신문은 가령 자신의 불쾌함과 침묵이 이 시대의 사실을 반박했다고 믿고 있는가? 아우크스부르크 신문은 도망칠 때도 뻔뻔스럽다. 이 신문은 위험한 시대적 현상으로부터 도망친다. 그리고 이 신문은 자신이 도망칠 때 뒤에서 일으킨 소동과, 이 신문이 도망치면서 중얼거린 겁먹은 욕설이, 불유쾌한 시대적 현상과 편안한 독자들을 현혹시키고 혼란을 일으켰다고 믿는다.

아니면 아우크스부르크 신문은 부정할 수 없는 충돌이 "평화적인 방식으로" 해결될 것이라는 우리의 통신원의 기대에 불평하는 것인가? 아니면 이 신문은 우리의 보증된 처방전을 즉각 써주지 않았고, 이 문제에 대해 표준이 될 수 없는 해결책을 제시한 태양처럼 밝은 보고를, 놀란 독자들의 주머니에 즉각 넣어주지 않았다고 우리를 비난하고 있는 것인가? 우리는 두 민족이 극복하려고 애쓰고 있는 문제를 하나의 문구로 묶는 기술을 갖고 있지 않다.

그러나 가장 사랑하는, 친애하는 아우크스부르크 신문이여, 당신은 공산주의의 문제와 관련하여, 현재의 독일에는 독립적 생활을 영위하는 사람들이 적다는 사실, 교육을 받은 청년의 10분의 9가 장래의 빵을 국가에게 구걸한다는 사실, 우리나라의 강이 황폐화되고 있다는 사실, 항해가 부진하다는 사실, 과거에 번창했던 우리나라의 상업도시가 옛 융성을 잃고 있다는 사실, 자유로운 제도를 얻으려는 노력이 프로이센에서 이제 비로소 서서히 일어나고 있다는 사실, 우리나라의 과잉인구는 의지할 데 없이 방황함으로써 다른 나라 국민들 사이에서 독일인으로서 몰락하고 있다는 사실 등을 이해할 기회를 우리에게 주고 있다. 그러나 당신은 이 모든 문제를 위해 단 하나의 처방전도 우리에게 주지 않으며, 이 모든 죄악으로부터 우리를 구원해줄 위대한 행위를 "실행하기 위한 수단에 관해 더 분명하게" 하려는 아무런 시도도 하지 않고 있다!! 아니면 당신은 평화적인 해결을 기대하고 있지 않은 것인가? 같은 호의 신문에 실린 칼스루에 발의 또 다른 기사는 거의 이렇게 해석될 수 있는 것으로 보인다: 이 논문은 관세동맹과 관련해서조차 "그러한 위기는 동물원에서 흡연으로 인해 일어나는 싸움과 같이 일시적인 것이라고 믿는가?"라고 유도질문을 프로이센에 던지고 있다. 당신이 그렇게 믿지 않는 이유로 들고 있는 논거는 공산주의적인 것이다. "이제 우리는 산업에 공황이 돌발하게 되고, 수백 만 명이 자본을 잃게 되고, 수천 명의 노동자가 먹을 것이 없는 상태에 빠지게 될 것이다." 당신이 일단 피비린내 나는 공황을 돌발시키려고 결심했을 때, 우리의 "평화적인 기대"는 대단히 거북스러웠을 것이다. 바로 그렇기 때문에 당신은 논설에서, "이 왕당파 족속들과는 아무런 일도 같이 할 수 없기 때문에" 미국으로 망명했던 선동가적 의사인 맥두알M'Douall 박사를 당신 자신의 논리에 따라 영국인에게 추천하면서 소개하는 것이다.

당신과 헤어지기 전에 우리는 당신에게 잠시나마 당신 자신의 지혜에 대한 주의를 환기시키고자 한다. 왜냐하면 당신의 그 공허한 문구의 방법의 경우에, 여기서는 덜 해로운 방식으로 우회하는 것이 좋은 일일 듯하고, 더욱이 하나의 생각을 갖고 있지 않지만 바로 그래서 언급하는 것이 좋은 일을 듯하기 때문이다. 당신은 파리 출신의 안느껭Hennequin씨가 토지소유의 분할에 대해 가한 논쟁이 뜻밖의 조화 속에서 자유민들 Autonomen과의 논쟁을 가져왔음을 알고 있다! 뜻밖의 일은 철학함의 시작이라고 아리스토텔레스는 말했다. 당신은 시작과 함께 끝을 냈다. 그렇지 않았다면 당신은, 독일에서 공산주의적 원칙이 자유주의자가 아니라 당신들 반동적 친구들에 의해서 유포되었다는 뜻밖의 사실을 회피하게 되었을까?

누가 수공업자-조합에 관해 말하는가? 반동주의자들이다. 수공업자 신분은 국가 안에서 하나의 국가를 구성하고 있다고 한다. 당신은 그러한 생각이 근대적으로 표현되어 있다는 사실, 그래서 "국가가 수공업-신분으로 전환해야 한다"는 사실에 이목이 집중된다고 생각하는가? 수공업자에게 그의 신분이 국가여야 한다면, 그러나 모든 근대적 인간과 같이 근대적 수공업자가 국가를 단지 자신의 동료 시민들과 공통된 모든 영역으로서만 이해하고 이해할 수 있다면, 당신은 어떻게 두 가지 생각을 하나의 수공업자-국가이외의 다른 것으로 통합하려고 하는가?

누가 토지소유의 분할에 대해 논박하는가? 반동주의자들이다. 아주 최근에 출판된 한 봉건주의적 저술(토지분할에 관한 코제가르텐Kosegarten)에서 우리는 너무 멀리 나가 사적 소유를 하나의 특권이라고 부를 수 있다. 이것은 푸리에Fourier의 기본원칙이다. 기본원칙에 관해 의견의 일치가 되자마자, 우리는 그 결과와 적용에 관해 논쟁하지 않겠는가?

공산주의의 이념을 자신의 현재 모습에서는 한 번도 이론적 실재로 인정하지 않았던, 그래서 아직 그 실천적 구현을 거의 바라지 않거나 혹은 단지 가능하다고만 여길 수밖에 없었던 <라인신문>은 이 이념을 근본적인 비판에 놓을 것이다. 그러나 르룩스Leroux와 꽁시데랑Considérant의 저술, 그리고 무엇보다 특히 프루동의 통찰력 있는 저술은 한순간의 피상적인 착상에 의해서가 아니라 오랫동안 지속되고 깊이 있고 상세한 연구를 통해서만 비판될 수 있다는 사실을, 아우크스부르크 신문은, 이 신문이 미사여구보다 이 사실에 관해서 더욱 통찰하기를 바라고 또 그럴 수 있다면, 통찰하게 될 것이다. 우리가 공산주의적 사고의 "실재"를 플라톤이 아니라 그 신문의 무명인사에게서 발견하는 아우크스부르크 신문에 동의하지 않는다면, 우리는 더 진지하게 그러한 이론적 작업들을 받아들이도록 해야 할 것이다. 위의 무명인사는 그 당시 마음대로 이용할 수 있는 자신의 모든 능력을 투자하여 몇 가지 흐름의 과학적 연구에 공헌하였고, 아버지 앙팡땡Enfantin의 뜻에 따라 자신의 동맹자를 접시와 장화에 장식했다. 우리는 공산주의 이념의 실천적 시도가 아니라 이론적 서술이 고유한 위험을 형성한다고 확신하고 있다. 왜냐하면 실천적 시도에 대해서 우리는 대포를 통해 그것이 다수의 시도라고 대답할 수 있기 때문이다. 그러나 그 시도가 위험한 것으로 되자마자, 우리의 지성을 굴복시키고 우리의 신념을 정복하고 우리 양심의 분별력을 묶어버리는 이념은, 심장을 갈기갈기 찢어버리지 않고서는 헤어 나올 수 없는 사슬이 되고, 인간이 그 이념에 굴복함으로써만 극복되는 악마가 된다. 그러나 인간 고유의 오성이 낳은 객관적 통찰에 대항하여 인간의 주관적 소원이 낳은 반란을 일으킨 아우크스부르크 신문은 결코 양심의 가책을 느끼지 않는다. 왜냐하면 그 신문은 고유한 오성도, 고유한 통찰도, 일말의 고유한 양심도 없기 때문이다.

공산주의에 관한 논박을 위하여

<라인신문> 편집자의 논평

<라인신문> 제296호, 1842년 10월 23일

** 쾰른, 10월 22일. <라인신문> 제292호에 <만하임 저녁신문Mannheimer Abendzeitung>으로부터 복제한 기사 "팔츠로부터, 10월 12일"은 이런 말로 시작한다: 내가 어제 <아우크스부르크 알게마이네 신문>에서 아헨의 신문으로부터 발췌한 기사(공산주의에 관하여)가 인쇄된 것을 발견했을 때, 나는 실제로 놀랐다. 이런 기사는, 그렇지 않다면, 그렇게 매우 부조적인 신문에서 결코 받아들이지 않았을 것이기 때문이다. <아헨 신문> 제293호는 반박을 했는데, 우리는 이 신문의 편집자 측의 특별한 부탁으로 우리의 독자들에게 그것을 절대로 지체시키지 않기 위해 발췌된 보도를 했다. 이 신문이 추가적 보도를 위해 바라던 기회를 우리에게 제공했기 때문이었다. <아헨 신문>은 정당하게도 <라인신문>을 이렇게 신뢰한다: "<아우크스부르크 알게마이네 신문>이 공산주의에 관한 우리 신문의 기사(<아헨 신문> 제277호)로부터 단지 몇몇 구절만을 뽑아내 그들의 논평을 덧붙여 논문을 마음대로 다른 모습으로 바꾸어 버렸다는 사실을 당신도 알 수 있을 것이다." 이미 얘기했듯이, <라인신문>은 이것을 알고 있었을 뿐만 아니라, 또한 <아헨 신문>이 <아우크스부르크 신문> 제284호에 의해 진부하고 교활하게 정리된 저 단편

들에 대해 전혀 책임이 없다는 사실을 알고 있었다. 이 단편들은 단지 <라인신문>만을 겨냥했고, 또한 이미 언급한 것처럼 <아우크스부르크 신문>의 경우 제289호에서 <아헨 신문>을 토론의 영역으로 이끌지 못했다. 더욱이 만일 누군가가 팔츠에서 <아우크스부르크 신문>의 기사 "우리는 아헨의 신문에서 읽는다"의 격자체로 인쇄된 제목을 통해 잘못된 인상을 받을 수 있게 된다면, 여기에는 물론 <아헨 신문>이 <아우크스부르크 알게마이네 신문>의 그러한 오해에 대해 이미 알고 있을 수 있다는 암시가 있는 것이다. <라인신문>이 <아우크스부르크 신문>의 기사를 일단 스스로 받아들였다면, <라인신문>은 그 공지와 관련한 인쇄를 <만하임 저녁신문>에 아마 지침 없이 보도하도록 했을 수 있다. 왜냐하면 독자들은 이미 그것이 어디에 속하는지를 알고 있었기 때문이다. <아헨 신문>의 오늘 기사의 다음 란에는 어떤 그 이상의 논평도 필요 없다: "우리가 어떤 자유로운 연구에도 반대하지 않는다는 사실과 아마 어떤 부류의 사람들에게 관계가 있을 인간적인 약점을 추적하지 않는다는 사실을 당신은 알고 있다. 우리는 모든 사람에 대해 자유주의적이고, 수많은 자유주의의 인물들이 이제까지 스스로 말할 수 있었던 것보다 더 그렇다. 그러나 공산주의가 우리에게는 어떤 근거나 토대를 발견할 수 없다고, 그렇지만 프랑스나 영국에서는 자생적인 현상이라고 우리는 말했다. 마지막으로 우리는 공산주의적 운동에 반대하는 것도, 우리에게는 아마 슐레지엔에서 공산주의 운동이 등장할 수밖에 없었던 것처럼 모든 소규모적인 친목회의 형태에 대한 반대가 결정적으로 설명하듯이, 독일에서는 아무 것도 얻을 수 없다는 것을 추가해야 할 것이다. 자유주의적 이념은 우리에게 아직 굳건히 뿌리를 내리지 못했고, 그러한 진보를 만들 수 없기 때문에, 모든 노력을 주의 깊게 돌보기는 어렵다. 그러나 대체로 보아 우리는, 단일한 색깔로는 결코 모든 지면을 채울 수 없고, 하나씩 교대로 담지자가 되고 다른 것의 이념의 전파자가 되는 공동의 작용을 통해서만이 소기의 목적을 달성할 수 있다는 생각이 없이는, 하나의 색깔을 가진 신문이 서로 손을 잡고 나아가기는 어려울 것이라고 본다."

<라인신문> 편집자

이혼법 초안

<라인신문> 제353호, 1842년 12월 19일

** 쾰른, 12월 18일. <라인신문>은 이혼법 초안과 관련하여 완전히 고립된 입장을 갖고 있다. 그러나 이 입장이 유지될 수 없다는 것은 지금까지 어느 쪽에서도 지적되지 않았다. <라인신문>은 지금까지의 프로이센의 혼인법을 비윤리적인 것으로 생각하고, 종래의 무수한 염치없는 이혼근거를 허용될 수 없는 것으로 여기고, 종래의 소송절차를, 이것은 종래의 프로이센의 재판 수속 전체에 해당하는 것인데, 대상사건의 품위에 적합하지 않은 것으로 간주하고 있다는 점에서, 이 혼인법 초안에 동의한다. 이에 반해 <라인신문>은 새로운 초안에 대하여 다음과 같은 주요한 이의를 제기한다: ① 개혁 대신에 단순한 수정이 가해지고 있다. 그래서 프로이센의 주법 Landrecht이 기본법으로서 그래도 유지되고 있고, 그로 인하여 매우 모호하고 불확실함이 발생하고 있다; ② 입법은 혼인을 윤리적인 제도가 아니라 종교적, 교회적 제도로 다루고 있고, 그래서 혼인의 세속적 본질이 부인되고 있다; ③ 소송절차에 대단히 결함이 많고, 서로 모순되는 요소들이 외적으로 섞여 있다; ④ 한편으로는 혼인의 개념에 모순되는 경찰의 가혹함이, 다른 한편으로는 소위 공정성의 이유에 반하는 너무 큰 관대함이 공존하고 있는 것을 부인할 수 없다; ⑤ 초안의 전체적인 표현양식은 논리적 일관성, 정확성, 명료함, 그리고 단호한 관점 등에

서 부족한 점이 많다.

  이 초안의 반대자들이 이러한 결함들의 하나를 비난하는 한 우리도 그들의 의견과 일치하지만, 그와 반대로 이전의 체계에 대한 그들의 무조건적인 옹호에 대해서는 용인할 수 없다. 우리는 우리가 이전에 발표했던 명제를 다시 한 번 반복하고자 한다: "만일 입법이 윤리성을 제정할 수 없다면, 입법이 비윤리성을 법적으로 타당한 것으로 인정할 수는 더더욱 없을 것이다." 이러한 반대자(교회의 견해나 다른 상술한 결함의 반대자는 아닌)의 추론이 어디에 근거하고 있는지를 우리가 묻는다면, 그들은 자신들의 의지에 반하여 결합된 부부의 불행에 관하여 우리에게 끊임없이 말한다. 그들은 행복주의의 관점에 서 있고, 그들은 오직 두 사람의 개인만을 생각하고 가족을 잊어버리며, 또한 거의 모든 이혼이 가족의 해체라는 사실, 그리고 순수하게 법적으로만 고찰하더라도 자녀와 그들의 재산은 자의적인 의향이나 멋대로의 생각에 내맡겨질 수 없다는 사실을 잊어버린다. 만일 혼인이 가족의 토대가 아니라고 한다면, 혼인은 가령 우정의 경우와 마찬가지로 입법의 대상이 되지 않을 것이다. 따라서 그들 반대자들은 단지 개인의 의지만을, 혹은 정확히 말해 부부의 자의만을 고려할 뿐이다. 그러나 그들은 이러한 관계의 윤리적인 실체인 혼인의 의지는 고려하지 않는다. 그러나 입법자는 자신을 자연연구자와 같이 간주해야 한다. 그라 법을 만드는 것도 아니고, 그가 법을 발명하는 것도 아니다. 그는 다만 법을 정식화할 뿐이고, 정신적 관계의 내적인 법을 의식적인 실정법으로 표현하는 것이다. 입법자가 사태의 본질 대신에 자신의 상상에 빠진다면 우리는 그것을 입법자의 무절제한 자의라고 비난할 수밖에 없는 것처럼, 사적 개인들이 그들의 고집을 사태의 본질에 반하여 관철시키려고 한다면 입법자는 역시 그것을 무절제한 자의로 간주할 수 있는 권리를 당연히 가지고 있는 것이다. 누구도 혼인을 맺도록 강요받지 않는다; 그러나 누구든지 혼인을 맺자마자 혼인법에 따를 것을 강요받을 수밖에 없다. 수영하는 사람이 물과 중력의 성질과 법칙을 발명한 것이 아닌 것처럼, 혼인을 맺는 사람이 혼인을 만들거나 발명한 것이 아니다. 그러므로 혼인은 당사자의 자의에 따를 수 없고, 오히려 당사자의 의지가 혼인에 따를 수밖에 없다. 혼인을 자의적으로 파기하는 사람은 누구나 자의, 즉 무법이 혼인의 법이다라고 주장하는 것이 된다. 왜냐하면 이성적인 사람은 자신의 행동을 특권적인 행동으로, 즉 자신에게만 귀속되는 행동으로 간주하는 오만함을 가지지 않을 것이고, 오히려 자신의 행동을 합법적인 것으로, 모든 사람에게 귀속되는 행동이라고 말할 것이기 때문이다. 그러면 당신들은 무엇에 반대하는가? 자의의 입법에 반대한다. 그러나 당신들이 자의의 입법자를 고발하는 바로 그 순간에, 당신들은 자의를 법으로 삼고자 하지는 않을 것이다.

헤겔은 말한다: 혼인은 그 자체로, 개념에 따라서 분리할 수 없는 것이지만, 그러나 단지 그 자체로만, 그 개념에 따라서만 분리할 수 있다. 이것은 혼인에 관하여 고유한 특질을 하나도 말하지 않는다. 우리가 쉽게 확신할 수 있는 것처럼, 모든 윤리적 관계는 그 진실성이 전제가 된다면, 그 개념에 따라서 해체 불가능하다. 진실한 국가, 진실한 혼인, 진실한 우정은 해체될 수 없다. 그러나 어떤 국가, 어떤 혼인, 어떤 우정도 그 개념에 정확히 상응할 수 없으며, 더욱이 현실의 우정이 가족 안에서 그런 것처럼, 또 현실의 국가가 세계사 안에서 그런 것처럼, 현실의 혼인은 국가 안에서 해체될 수 있다. 어떤 윤리적 존재도 자신의 본질에 상응하지 않으며 혹은 적어도 상응하지 않을 수밖에 없다. 그런데 자연에서는 어떤 현존재가 자신의 규정에 더 이상 완전히 상응하지 않으면, 해체와 죽음이 저절로 나타난다. 또한 세계사는 어떤 국가가 더 이상 존속할 만한 가치가 없을 만큼 국가 이념으로부터 얼마나 떨어져 있는지를 결정한다. 마찬가지로 국가는 기존의 혼인이 어떤 조건 하에서 혼인이기를 그만두는지 결정한다. 이혼은, 이러한 이혼이 죽어버린 혼인이고, 그 혼인의 존재가 단지 가상과 기만에 불과하다고 하는 선언에 불과하다. 하나의 혼인이 죽은 것인지를 결정할 수 있는 것은 입법자의 자의도 아니고,

사적 개인의 자의도 아니며, 단지 사태의 본질뿐이라는 것은 자명한 이치이다. 왜냐하면 사망선언은 주지하다시피 사태에 좌우되는 것이지, 당사자들의 소망에 달린 것은 아니기 때문이다. 그러나 당신들이 물리적인 죽음의 경우에 정확하고 오해의 여지가 없는 증거를 요구한다면, 입법자가 단지 확실한 증후에 따라서만 윤리적인 죽음을 확인하도록 허용되어서는 안 된다. 왜냐하면 거기서 윤리적 관계의 생명을 보존하는 것은 입법자의 권리일 뿐만 아니라 그 자신의 의무, 즉 자기유지의 의무이기도 하기 때문이다!

윤리적 관계의 존재가 자신의 본질에 더 이상 상응하지 않는 조건이 과학과 일반적 견해의 수준에 알맞게, 선입견 없이 진실하게 확인될 수 있다는 보장은, 물론 법이 인민의 의지와 함께 그리고 인민의 의지를 통해서 만들어질 때만 가능할 것이다. 또한 이혼의 경감과 어려움에 관하여 우리는 한마디 덧붙이고자 한다: 어떤 외부의 충격이라도 어떤 상해라도 자연적인 육체를 침해하게 된다면, 당신들은 그 육체를 건강하고, 단단하고, 진실하게 조직된 것으로 간주하겠는가? 만일 당신들의 우정이 아주 사소한 우연에도 견딜 수 없고, 또 아무런 근심거리에나 부딪치기만 해도 해소될 수밖에 없다고 하는 것이 공리로서 주어진다면, 당신은 자신이 모욕 받고 있다고 생각하지 않겠는가? 그러나 입법자는 혼인과 관련하여 단지 그 혼인이 언제 해체되어도 좋은지, 따라서 그 본질의 측면에서 해체되어 있는지을 결정할 수 있을 뿐이다. 법적인 해체는 내적 해체의 단순한 조서작성에 불과할 수 있다. 입법자의 관점은 필연성의 관점이다. 입법자가 혼인에 대해 스스로를 상실하지 않고 많은 충돌을 견뎌낼 수 있을 만큼 충분히 강한 것으로 간주한다면, 그는 바로 혼인을 존경하는 것이고, 혼인의 심오한 윤리적 본질을 인정하는 것이다. 개인의 소망에 상반되는 연약함은, 개인의 본질에 상반되는 냉혹함으로, 윤리적 관계 속에 구현된 윤리적 이성에 상반되는 냉혹함으로 전화될 것이다.

마지막으로 라인주는 자신을 자랑스럽게 강력한 이혼의 나라로 간주하고 있는데, 이것이 여러 측면에서 위선으로 비난받는다면, 우리는 그것을 경솔한 행위라고 부를 수 있다. 주위의 타락한 풍속을 벗어나지 못하는 시야만이 그와 같은 비난을 할 수 있다. 그 비난은 가령 라인주에서는 웃음거리로 간주되고 있고, 고작해야 윤리적 관계의 관념 자체가 어떻게 상실되고 모든 윤리적 사실이 어떻게 동화나 거짓말로 이해될 수 있는지의 증거로 받아들여질 뿐이다; 이것은 인간에 대한 존경을 명하지 않았던 그러한 법률의 직접적 결과이다. 이러한 오류는, 우리가 인간에 대한 물질적 경멸로부터 관념적 경멸로 이행하여 윤리적이고 자연적인 권력에 대한 의식적 복종 대신에 초윤리적이고 초자연적인 권위에 대한 무의식적 복종을 요구하는 것을 통해서도, 해소되지 않는다.

프로이센 국가를 위한 <라이프치히 알게마이네 신문>의 발행금지

<라인신문> 제1호, 1843년 1월 1일

** 쾰른, 12월 31일. 독일의 언론은 외면적으로 암울한 전조 하에서 신년을 시작한다. 방금 막 이루어진 프로이센 국가를 위한 <라이프치히 알게마이네 신문>의 발행금지는 미래의 커다란 양보에 관해 쉽게 믿는 사람들의 모든 자기도취적인 꿈을 반박하기에 아마 충분할 것이다. 작센의 검열 하에서 발행되고 있는 <라이프치히 알게마이네 신문>은 프로이센의 사건들에 대해 논평을 했기 때문에 발행금지 당했고, 그래서 우리가 국내의 사건들에 대해 검열로부터 자유롭게 논평할 수 있는 희망도 동시에 금지된 것이다. 이것은 누구도 부정할 수 없는 하나의 사실적 귀결이다.

<라이프치히 알게마이네 신문>에 반대하여 공개적으로 이루어진 주된 비난들은 대략 다음과 같다: "이 신문은 소문에 대한 소문을 보도하는데, 최소한 그 절반이 나중에는 허위로 판명된다. 게다가 이 신문은 사설에 의거하는 것이 아니라, 동기에 주목한다; 여기서 종종 자신의 판단이 틀린 것임에도 불구하고, 이 신문은 항상 무오류성의 격정에 차서 그리고 흔히 매우 증오스런 열정에 차서 판단한다. 이 신문의 활동은 변덕스럽고, '무분별하고', '미숙하고', 한마디로 말해 나쁜 활동이다."

이 고발이 <라이프치히 알게마이네 신문>의 자의적 성격에 대한 고발인가, 아니면 오히려 이제 막 탄생한 어린 인민신문들의 필연적 성격에 대한 고발인가? 단지 어떤 한 종류의 신문의 존재만이 중요한가, 아니면 실질적 신문 즉 인민언론들의 부재가 중요한가?

프랑스 언론이든, 영국 언론이든 모든 언론은 독일 언론과 같은 방식으로 시작되었고, 이들 각 언론은 동일한 비난을 받을 만했고 또 받았다. 언론은 "실제 인민으로서 생각하는 인민의" 시끄러운, 물론 "흔히 열정적이고 표현상 과장과 오류가 나타나는 일상적인 생각과 느낌"일 뿐이고 또 그럴 수밖에 없다. 그래서 언론은 삶과 마찬가지로 항상 형성되어 가는 것이지, 결코 완성된 것이 아니다. 언론은 인민 속에 서 있고, 인민의 희망과 공포, 인민의 사랑과 증오, 인민의 기쁨과 고통, 그 모든 것을 진정 함께 느낀다. 언론은 자신이 희망에 차서 혹은 두려움에 떨며 귀담아 들은 것을 큰 소리로 알리고, 자신의 심정과 생각이 순간적으로 움직이는 대로, 그것에 대해 격렬하고 열정적이고 일면적으로 판단한다. 언론이 오늘 보도한 사실과 판단상의 오류는 내일 반박된다. 언론은 고유한 "자연발생적인" 정치이며, 언론의 적대자들도 어떤 때는 이 정치를 사랑하곤 한다.

최근에 어린 "언론들"에 대해 단숨에 가해졌던 비난들은 서로 상쇄되었다. 영국과 프랑스의 언론들이 얼마나 확고하고 일관성 있고 명확한 정책을 갖고 있는지를 보라고 사람들은 말한다. 그 신문들은 현실적 삶을 토대로 하고 있으며, 그 신문들의 견해는 현존하는 어떤 성숙한 세력의 견해이다. 그 신문들은 인민을 교화시키는 것이 아니라 인민과 그 인민의 당파의 현실적 교의이다. 그러나 당신들은 인민의 생각과 이해를 표명하는 것이 아니라, 당신들이 그것을 먼저 만들어 내거나 오히려 그것을 인민에게 내려 보낸다. 당신들은 당파정신을 창조한다. 당신들은 당파정신의 창작물이 아니다. 따라서 어떤 경우에는 어떤 정치적 당파도 존재하는 않는다는 이유로, 또 어떤 경우에는 언론이 이 결함을 제거하고 정치적 당파를 창조하려고 한다는 이유로, 언론이 비난 받고 있는 것이다. 그러나 이것은 자명하다. 언론이 어린 곳에서는 인민정신도 어리고, 이제 막 겨우 깨어나고 있는 인민정신의 일상적이고 시끄러운 정치적 사고가, 정치투쟁 속에서 성장하고 강력해지고 자기 확신이 된 인민정신의 정치적 사고보다 더 미완성이고 무정형하고 성급할 것이다. 무엇보다 정치적 감각이 이제 막 깨어나기 시작한 인민은 이러저러한 사건들의 사실적 정확성에 대해 묻기보다는, 오히려 그 사건들에서 작용하는 윤리적인 영혼에 대해 묻는다; 사실이든 우화이든, 사건은 인민의 생각과 두려움과 희망의 체현이고 진정한 동화인 것이다. 인민은 이러한 자신의 본질이 자신의 언론의 본질 속에 반영되어 있음을 본다. 그리고 인민이 이것을 보지 못한다면, 인민은 자신의 언론을 비본질적인 것으로서 아무런 관심도 기울일 가치가 없다고 여길 것이다. 왜냐하면 인민은 자신을 속일 수 없기 때문이다. 그러므로 어린 언론이 매일같이 타협하고, 나쁜 열정이 언론 속에 들어온다 하더라도, 인민은 언론 속에서 자신의 상태를 간파한다. 그리고 악의나 무지가 수반되는 모든 해악에도 불구하고, 언론의 본질은 항상 진실하고 순수하며, 언론의 끊임없이 움직이고 항상 충만한 흐름 속에서 그 해악은 진리와 치료제가 된다는 사실도 인민은 안다. 인민은 자신의 언론이 자신의 죄를 떠맡고 있고, 자신을 위해 스스로를 낮추고, 자신의 명예를 위해 고귀함과 자부심과 반박불가능성을 포기한 채 현재의 가시덤불 속에서 윤리적 정신의 장미를 서술하고 있다는 사실을 안다.

그러므로 우리는 <라이프치히 알게마이네 신문>에 대해 가해진 비난을 어린 인민언론에 대한 비난인 것으로, 따라서 현실적 언론에 대한 비난인 것으로 간주해야 한다. 왜냐하면 언론은 자신의 본질에 기초한 필연적 단계들을 거치지 않고는 현실적인 언론으로 될 수 없다는 것이 자명하기 때문이다. 그러나 우리는 인민언론을 배척하는 것을 정치적 인민정신을 배척하는 것으로 천명해야 한다. 그럼에도 불구하고 우리는 이 논설의 서두에서 독일 언론의 전조가 외면적으로 암울하다고 특징지었다. 이것은 실제 그러한데, 왜냐하면 현존재에 대한 투쟁은 현존재의 실재와 그 힘을 인정하는 최초의 형식이기 때문이다. 오직 투쟁만이 정부에게 뿐 아니라 인민에게도, 또한 언론 자신에게도 언론의 현실적이고 필연적인 권리를 확신시킬 수 있다. 오직 투쟁만이 언론의 권리가 하나의 양보인지 아니면 하나의 필연성인지, 하나의 환상인지 아니면 하나의 진실인지를 밝혀줄 수 있다.

고故 모젤 통신원의 변호

부분 A와 B

<라인신문> 제15호, 1843년 1월 15일
~ <라인신문> 제20호, 1843년 1월 20일

** 모젤로부터 1월. <라인신문> 제346호와 제348호에는 내가 쓴 두 편의 논설이 실려 있다. 그 중 하나는 모젤에서의 목재난에 관한 것이고, 다른 하나는 1841년 12월 24일에 공표된 왕의 내각칙령과 그 칙령에 의해 더욱 자유로워진 언론운동에 모젤 주민들이 특수하게 관여한 일과 관련된 것이다. 후자의 논설은 사람들이 보기에 거칠고 또 조야하다고 해도 무방할 색깔로 칠해져 있다. 인근 주민들 사이에서 거침없이 터져 나오는 궁핍의 목소리를 직접 그리고 자주 듣는 사람이라면, 그는 가장 우아하고 가장 겸손한 모습으로 말할 줄 아는 미학적인 예절을 쉽게 잊어버리고 자신의 고향에서라면 결코 배울 수 없는 저 궁핍의 대중적 목소리를 한순간이나마 공개적으로 전달하는 것을 자신의 정치적 의무로까지 여길 것이다. 그리고 지금 그런 말들의 진실성을 증명하는 것이 문제가 되는 경우, 그 표현의 사실적 취지에 이르기까지 증명하는 것은 아마 거의 불가능할 것이다. 왜냐하면 이러한 고려에서 어떠한 요약도 진실이 아닐 것이고, 또한 어떤 주장의 의미를 재현하는 것도 그 주장 자체를 반복하지 않고는 일반적으로 불가능할 것이기 때문이다. 따라서 예를 들

어 "포도재배자의 긴급구조 외침을 뻔뻔스런 비명으로 간주한다"는 주장이 제기되었다면, 단지 다음과 같이 요구되어도 무방할 것이다. 즉 대략적으로나마 올바른 등식을 끌어올 것, 다시 말해 "뻔뻔스런 비명"이라는 개괄적인 표현을 어느 정도 밑줄해주고 또 그 표현을 부적절하지 않은 표현으로 만들어 줄 대상의 실재를 증명할 것이 요구되어도 무방할 것이다. 이러한 증거가 제시된다면, 이제 더 이상 진실성이 문제가 아니라 단지 언어적 엄밀성이 문제가 될 수 있을 뿐이다. 그리고 언어적 표현의 사라져 가는 좋은 어감에 대한 판단 이상의 판단을 내리기가 좀처럼 어려울 것이다. -

내가 앞의 논평을 쓰게 된 동기는 코블렌츠Koblenz 12월 15일자로 된 <라인신문> 제352호에 실린 주지사 폰 샤퍼 씨의 훈령 때문인데, 이 훈령은 위에서 언급한 나의 논설 두 편과 관련하여 내게 몇 가지 문제를 제기하고 있다. 나의 답변이 늦게 나오게 된 것은 우선 이들 문제 자체의 내용 때문이다. 그 이유는 신문의 통신원은 양심이 명하는 바에 따라 자신의 귀에 들려오는 인민의 목소리를 전달해야 하지만, 그러나 그 목소리의 원인이나 원천과 관련하여 그것에 대한 완벽하고 근거 있는 설명을 상세하게 준비할 수 없기 때문이다. 그런 작업을 하는 데 요구되는 시간적인 손실과 많은 수단을 일단 제쳐놓으면, 신문의 통신원은 자신을 많은 가지들로 이루어진 하나의 몸체의 작은 일부로 간주하고, 거기서 하나의 기능을 자유롭게 선택하는 데 지나지 않는다. 그리고 가령 어느 한 사람이 인민들의 의견을 통해 직접 얻은 궁핍상태의 인상을 더 많이 묘사한다면, 다른 사람은 그가 역사가이면 그 역사를, 인정이 있는 사람이라면 궁핍 그 자체를, 국민경제학자라면 그 궁핍을 구제할 수단을 논의할 것이다. 그래서 하나의 문제는 다시 다양한 측면에서 때로는 더욱 지방적으로, 때로는 국가 전체 등과의 관련 속에서 해결될 수 있다.

그래서 언론운동이 활발히 전개되면 전체적인 진리가 드러날 것이다. 왜냐하면 전체라는 처음에는 다양한 개별적인 관점들의, 의도적으로 혹은 우연적으로 나란히 진행되는 강조로서만 나타난다 하더라도, 결국에는 이러한 언론활동 자체가 전체 구성원 가운데 하나에게 하나의 전체를 창조할 소재를 제공할 것이기 때문이다. 그리하여 언론은 분업에 의해, 다시 말해 하나가 모든 것을 수행함으로써가 아니라 다수가 조금씩 수행함으로써 서서히 전체적인 진리를 파악해간다.

나의 답변이 늦어진 또 다른 이유는 <라인신문>의 편집부가 내가 그들에게 제1차 보고서를 보낸 후에 다시 약간의 보충적 설명을 해주길 원했고, 제2차, 3차 보고서를 보낸 이후에도 마찬가지로 추가보고서와 현재의 최종보고서를 보내주길 원했기 때문이며, 마지막으로 부분적으로 편집부에서 내가 보낸 보고의 출처를 알려주길 원했고 또 부분적으로 편집부 자체가 다른 경로를 통해 내 보고서의 진실성 여부를 확증할 때까지 내가 보낸 기사의 발표를 유보시켰기 때문이다.*)

* 위의 보고서들을 확인하면서 우리는 동시에, 서로 해석을 주고받은 각종 편지들을 우리 측에서 비교할 필요가 있었다는 사실을 부기해둔다.
- <라인신문> 편집부

게다가 나의 답변은 익명으로 나왔다. 나는 여기서 익명성이라는 것이 신문의 본질에 걸맞고, 또 그것이 신문을 많은 개인적 의견의 집합소로부터 한 정신의 기관으로 만든다는 신념을 따른다. 육체가 사람들을 서로 구별시켜 주듯이, 이름은 한 편의 논설을 다른 논설로부터 분명하게 구분하고 그래서 단순히 하나의 보충적 부분에 불과하다는 자신의 규정성을 완전히 없앨 것이다. 마지막으로 익명성은 화자 자신뿐만 아니라 청중까지도 더욱 공평무사하고 자유롭게 만든다. 왜냐하면 익명성으로 인해 청중은 말하고 있는 사람을 보는 것이 아니라, 그 말하는 사람이 말을 하고 있는 사태를 보기 때문이다. 나아가 청중은 그럼으로써 경험적 개인에 구애받지 않고, 정신적 인격성만을 자신의 판단의 척도로 삼게 되기 때문이다.

그러나 내가 내 이름을 숨기고 있는 만큼, 인쇄되어 서점에서 판매되고 있는 문헌들을 인용하는 경우나 이름을 거명해도 전혀 해가 되지 않는 경우에는, 모든 상세한 보고서 속의 관리들과 지역의 이름을 거명할 것이다. 나의 확신에 의하면, 언론은 상태를 고발해야지 사람을 고발해서는 안 된다. 다시 말해 공적인 해악을 제지할 수 없거나 공개가 이미 국가생활을 지배하고 있고 따라서 고발의 독일적 개념이 사라진 경우가 아니라면, 언론은 사람을 고발해서는 안 된다.

이 서론적 논평을 마무리하면서 나는 아래와 같은 정당한 희망을 밝혀 둘 필요가 있다고 믿는다: 바로 주지사가 나의 서술을 모두 다 읽어본 후에 나의 의도가 순수함을 납득하고 또 그 서술에 어떤 오류가 있을 수 있지만 그것 역시 악의적인 심사에서 나온 것이 아니라 틀린 견해의 탓으로 돌려주기를 바라는 희망이다. 현재 실제로 그렇게 하고 있는 것처럼 계속 익명을 사용하는 경우에도 내가 중상모략을 하려고 한다거나 아니면 불평, 불만을 야기할 목적을 가졌다는 가혹한 비난을 받아 마땅한 지의 여부를 내 서술 자체가 증명해야 할 것이다; 그러한 비난이 라인주에서 특별히 존경받고 사랑받고 있는 사람의 입에서 쏟아지는 경우에는 그 만큼 더욱 쓰라릴 것이 틀림없겠지만.

나는 전체의 개관을 더 쉽게 이해할 수 있도록 아래와 같이 항목별로 분류하여 답변하였다:

A. 목재분배와 관련한 문제.
B. 1841년 12월 24일의 내각칙령과 그 칙령에 의해 더욱 자유로워진 언론운동에 대한 모젤지방의 관계.
C. 모젤지방의 적폐.
D. 모젤지방의 흡혈귀.
E. 구제를 위한 제안.

A. 목재분배와 관련한 문제

<라인신문> 제348호에 게재된 나의 논설 "12월 12일, 모젤로부터"에서 나는 아래와 같은 상황을 인용한 바 있다:

"수천 명의 영혼들이 살고 있는 내가 속한 이 마을은 가장 아름다운 산림을 소유하고 있는 소유지이다. 그러나 나는 우리 마을 사람들이 목재 배당을 통해 우리의 소유물로부터 직접적인 혜택을 누렸다는 기억이 전혀 없다."

이에 대해 주지사는 이렇게 언급한다:

"법률상의 규정과 일치하지 않는 그러한 조치는 완전히 특수한 상황으로밖에는 설명할 수 없을 것이다." 그리고 동시에 주지사는 실정을 조사할 수 있도록 마을의 이름을 밝힐 것을 요구한다.

나는 솔직하게, 한편으로 법률과 일치하지 않는, 그래서 기존 법률에 모순되는 조치는 상황에 따라서 그 정당성 여부를 설명할 수 있는 게 아니라 언제나 불법적인 것으로 남아 있을 수밖에 없다고 믿으며, 다른 한편으로 내가 앞서 서술한 조치를 불법적인 것으로 볼 수 없다고 공언한다.

1816년 12월 24일의 법령과 1835년 8월 18일의 칙령에 따라 공포되고, 코블렌츠의 왕국정부 관보 제62호의 부록으로 발표된 훈령(코블렌츠, 1839년 8월 31일)은 코블렌츠나 트리어의 마을소유림과 기관소유림의 관리업무에 관해 제37조에서 다음과 같이 명문화시켜 규정하고 있다:

"산림 안에서 산출되는 목재 재료의 판매와 관련해서는 산림비용(세금과 관리비용)을 충당하기 위해 필요한 만큼만 판매되어야 한다는 규정을 요구한다."

"그밖에 마을의 필요를 충족시키기 위해 목재 재료를 경매에 부쳐야 할지 아니면 마을주민들 사이에 그것의 전부 혹은 일부를 무상으로 혹은 일정한 가격으로 분배할지 여부는 마을의 결의에 따른다. 땔감과 가구용 목재는 현물로 분배한다는 규정이 적용되지만, 그러나 건축용 목재는 마을의 공공건물을 위해 사용되거나 화재로 인한 손해 등을 입은 구성원을 보조하기 위해 사용되는 경우를 제외하고는 경매에 부쳐진다는 규정이 적용된다.”

라인주의 전임 주지사에 의해 공포된 이 훈령은 내 생각으로는 주민들 사이에 땔감을 분배하는 일이 법률에 의해 명령되거나 금지되는 것이 아니고, 내가 문제의 논설에서 단지 그 조치의 합목적성만을 논했듯이, 그 일도 전적으로 합목적성의 문제임을 증명하고 있는 것으로 여겨진다. 이제 이것으로 주지사가 마을의 이름을 밝히길 요구한 근거는 사라질 것이다. 왜냐하면 이제 문제는 더 이상 마을 행정의 조사가 아니라 훈령의 수정에 관련될 것이기 때문이다. 그러나 나는 주지사의 특별한 요구에 부응하여 목재분배에 관한 한 내 기억에 전혀 없는 마을의 이름을 밝힐 권한을 <라인신문> 편집부에 부여하는 데 조금도 주저하지 않는다. 왜냐하면 그렇게 하는 것이 마을의 수뇌부를 고발하는 것이 아니라, 다만 마을의 복지를 촉진할 수 있기 때문이다.

B. 1841년 12월 24일의 칙령과 그 칙령에 의해 더욱 자유로워진 언론운동에 대한

"<라인신문> 12월 10일자 제346호의 베른카스텔Bernkastel"이라는 논설에서 나는, 모젤지방의 주민은 지난 해 12월 24일의 칙령에 의해 언론에 부여한 더 많은 자유를 그들이 특히 억압받는 상황으로 인해 무엇보다도 열렬히 환영했다는 주장을 제기한 바 있다. 이러한 나의 논설과 관련하여 주지사는 다음과 같이 언급한다:

"이 논설이 어떤 의미를 가지려 한다면, 그 이후 모젤지방의 주민들에게는 그들의 궁핍상태, 궁핍상태의 원인과 그것을 구제하기 위한 수단을 공개적이고 솔직하게 논의하는 것이 금지되어야 했다. 과연 그랬는지 나는 의심스럽다. 왜냐하면 관리들이 포도재배 농민들의 잘 알려진 궁핍 상태에 관해 구제책을 마련해주고자 노력하는 경우에, 관리들로서는 그곳에 만연한 상태를 가능한 한 공개적이고 솔직하게 논의하는 것보다 더 바람직한 일이 있을 수 없기 때문이다." "그러므로 상기한 논설의 필자가 만일 다음의 사례를, 즉 지난 해 12월 24일의 칙령이 반포되기 이전에도 모젤지방의 주민의 궁핍 상태를 솔직하고 공개적으로 논의하는 것이 당국에 의해서 저지당한 사례를 친절하게도 특별히 증명하려고 한다면, 그는 내게 커다란 책임을 묻는 것이 될 것이다." 주지사는 계속해서 이렇게 언급한다: "게다가 서두에서 언급한 논설이 주장하는 것처럼, 포도재배자의 궁핍의 아우성이 오랫동안 고위 당국자들에 의해 뻔뻔스런 외침으로 간주되어 왔다는 것은 애초부터 진실이 아니었음을 밝힐 수 있으리라 나는 믿는다."

이러한 문제에 대한 나의 대답은 아래와 같이 진행될 것이다. 나는 다음 사항들을 논증하려고 한다:

1) 우선 1841년 12월 24일의 칙령 이전의 언론의 권한에 대해서는 아예 제외하더라도, 모젤지방의 궁핍 상태가 갖는 독특한 성격으로부터 자유로운 언론의 욕구가 필연적으로 발생한다는 사실;
2) 위의 칙령이 반포되기 이전에 "솔직하고 공개적인 논의"가 특별히 금지된 일이 전혀 없었다 하더라도, 내 주장은 정당성을 조금도 잃지 않을 뿐만 아니라 또한 칙령에 대한 모젤지방 주민의 남다른 관심과 그 칙령의 영향으로 더욱 자유로워진 언론운동이 마찬가지로 여전히 이해될 수 있다는 사실;
3) 현실의 특수한 상황이 "솔직하고 공개적인" 논의를 가로막고 있다는 사실.

이러한 사실들이 증명되고 나면, "포도재배자의 상태가 절망적이라는 사실이 고위 당국자로부터 오랫동안 의심을 받아왔고 또 그들의 궁핍의 아우성은 뻔뻔스런 외침으로 간주되었다"고 하는 내 주장이 어디까지 진실이고 어디까지 허구인지가 이제 전체적인 맥락 속에서 밝혀지게 될 것이다.

1에 대하여. 국가적인 상태를 연구하면서 사람들은 너무나 쉽게 관계들의 사안적sachliche 분석을 간과하고 모든 것을 행위하는 사람의 의지로부터 설명하려고 한다. 그러나 사적 개인의 행위 뿐 아니라 개별 관리들의 행위를 규정하고, 그리하여 호흡하는 방법과 같이 그들의 행위와 독립적인 관계들이 존재한다. 사람들이 처음부터 이러한 사안적 입장에 선다면, 선의나 악의를 이편과 저편 어느 쪽에도 예외적으로 가정하지 않고 오히려 얼핏 보기에 사람들만이 작용하는 것처럼 보이는 곳에서 관계들이 작용하는 것을 보게 될 것이다. 하나의 사항이 관계들에 의해서 필연적인 것으로 된다는 사실이 증명되면, 이제 그 사항이 어떤 외적 상황 아래에서 현실적인 삶을 가질 수밖에 없었는지, 그리고 그 사항의 삶의 욕구가 이미 존재하더라도 그것이 어떤 상황 아래에서 삶을 가질 수 없었는지를 알아내기란 더 이상 어려운 일이 아닐 것이다. 사람들은 화학자가 어떤 외적인 상황 아래에서 같은 종류의 물질이 화합하게 되는지를 규정할 때의 확실성과 거의 동등한 정도의 확실성을 가지고 이 점을 규정할 수 있을 것이다. 그러므로 우리는 모젤지방의 궁핍 상태가 갖는 독특함으로부터 자유로운 언론의 필연성이 나온다는 사실을 증명함으로써, 우리의 서술이 모든 개인적인 것을 넘어서는 기초를 갖추게 될 것으로 믿는다.

모젤지방의 궁핍 상태는 단순한 상태로 간주될 수 없다. 사람들은 언제나 두 측면, 즉 사적인 상태와 국가적인 상태를 구별해야 한다. 왜냐하면 모젤지방이 국가의 외부에 존재하지 않는 것처럼, 궁핍상태도 국가행정의 외부에 존재하는 것이 아니기 때문이다. 두 측면의 상호적 관계가 일차적으로 모젤지방의 현실적 상태를 이룬다. 이제 이 관계양식이 어떤 것인지 밝히기 위해 우리는 양측의 기관 사이에 오고간 믿을 만한 기록상의 대화를 전하고자 한다.

"트리어의 모젤 및 자르Saar 유역 포도재배 진흥협회의 보고서" 제4호에는 재무부와 트리어 시정부, 그리고 이 협회의 이사회 사이에 벌어진 토론이 실려 있다. 이 협회는 재무부 등에 제출한 진정서에서 포도원의 수확계산서도 제출하였다. 트리어 시정부는 트리어 시의 지적국 국장이자 징세감독관인 폰 추칼마글리오v. Zuccalmaglio에게, 역시 트리어 시정부에 접수된 문서의 감정을 위임하였다. 시정부 자신이 어느 문서에서 언급하고 있듯이, 그는 "모젤 유역의 포도원의 토지수익을 조사할 때 적극적으로 참여했기" 때문에 그 만큼 그 일에 적합한 것처럼 보였다. 우리는 이제 간단히 폰 추칼마글리오 씨가 행한 관청 측의 감정과 포도재배진흥협회 이사의 답변을 가장 적절한 구절을 예로 들어 대조하고자 한다.

관청 측의 보고자:

포도주세 제3등급에 해당하는 마을에서 1829년에서 1838년에 이르는 지난 10년 동안에 포도원 1모르겐Morgen(땅넓이의 단위로서 원래는 두 필의 소가 오전 중에 갈 수 있는 넓이를 말하는데, 대략 2에이커에 해당한다 - 역자) 당 소출된 총 수확고에 대해 진정서에서 제시된 계산은 다음 사실들에 기초한다:

1) 1모르겐 당 수확량.
2) 1푸더Fuder(술의 용량단위로서 약 780에서 1,856 리터 사이로 시대에 따라 각기 다르다 - 역자)의 포도주가 가을(포도수확기)에 판매되는 가격. 그러나 이 계산에는 정확하다고 볼 수 있는 전제들이 완전히 결여되어 있다. 왜냐하면: "이 경우 가능한 한 진실을 숨기는 것이 많은 소유자들의 이익에 딱 들어맞을 수 있기에, 대부분의 마을에서 모든 개별 소유자가 일정 기간에 거둔 포도주 수익에 대해 믿을 수 있는 정보를 사적으로 확보한다는 것은 관청의 영향과 통계 없이는

개인에게나 협회에게나 모두 불가능하기 때문이다."

협회 이사의 답변: "지적국이 지적업무를 열심히 보호하고 있는 것을 우리는 의아하게 여기지 않지만, 그럼에도 불구하고 바로 다음과 같은 추론은 이해하기 곤란하다." 등등

"지적국장은 토지수익이 전반적으로 정확하다는 사실을 숫자를 들어 설명하려고 하고, 또한 우리가 채택한 10년이라는 기간이 여기서는 아무 것도 증명할 수 없을 것이라고 한다. 등등" "우리는 숫자에는 관심이 없다. 왜냐하면 그가 자신의 논평의 서두에서 지극히 현명하게 미리 언급했듯이, 우리는 그것에 관한 관청 측의 보고가 없기 때문이다. 우리는 그것이 필요한 것이라고 생각하지도 않는다. 왜냐하면 직책상의 업무에 근거한 그의 모든 계산과 추론은 우리가 제시한 사실들에 대해 아무 것도 증명할 수 없기 때문이다." "토지수확고가 조사시점에는 전적으로 정확했고 또 그것이 심지어 너무 낮았다고 하는 점을 우리가 인정하더라도, 사태 전반을 전환하고자 하는 현재의 눈물겨운 시도에서 그 토지수확고가 더 이상 근거로 이용될 수 없다는 것을 우리는 도저히 부인할 수가 없다."

관청 측의 보고자: "그러므로 최근 사정한 토지수확고가 너무 높게 책정되었다는 가정을 정당화해 줄 사실은 그 어느 곳에서도 찾아볼 수 없다. 그러나 그 이전 시기에 사정된, 트리어의 농촌 및 도시권과 자르부르크 지방의 포도원이 그 자체로서도 물론 그렇겠지만 또한 다른 재배지에 비해서도 매우 낮게 책정되었다는 것은 쉽게 증명할 수 있다."

협회 이사의 답변: "구제를 신청한 사람이 자신의 근거 있는 불만에 대해 토지수확은 조사를 해보면 더 낮게 평가되는 것이 아니라 오히려 더 높게 평가될 수도 있다고 하는 대답을 듣게 되면, 그는 비통한 느낌을 받게 될 것이다."

"어쨌든 보고자는 우리의 진술을 완전히 부정함에도 불구하고, 수입에서는 거의 아무 것도 반박할 수 없었거나 달리 평가할 수 없었고, 따라서

지출에서만 다른 결과를 끌어내려고 시도했을 뿐이다."

이제 우리는 보고자와 협회 이사 사이에 벌어진 논쟁 중에서 지출계산과 관련하여 가장 정확한 몇 가지를 대조하려고 한다.

관청 측의 보고자: "통상적인 묘목의 발아Ausbrechen나 이른바 가지치기는 최근 오직 소수의 포도원 소유자에 의해서만 도입되었을 뿐이지, 그 어디에서도 가령 모젤 유역에서도 자르 유역에서도 보통의 경작방식으로서 간주될 수 없는 농법이라는 사실이 제8항목에 대해 특별히 언급되어야 한다."

협회 이사의 답변: "발아와 쟁기질이 최근에야 겨우 소수의 포도원 소유자에 의해서 도입되었다고 지적국장은 말했다. 등" 그러나 그것은 사실이 아니다. "완전히 몰락하기를 원치 않는다면 포도주의 질을 조금이라도 높일 수 있는 것이면 무슨 수단이든 다 써야 한다는 사실을 포도재배자들은 인식했을 것이다. 사람들은 이러한 정신을 억누를 것이 아니라, 농촌의 번영을 위해 주의 깊게 고취시켜야 한다."

"그리고 감자의 재배비용을 절감하는 것을 자신의 운명이나 선의에 맡기는 농부들이 존재한다는 이유로 감자의 재배비용을 떨어뜨리려고 생각하는 사람이 누가 있겠는가."

관청 측의 보고자: "제14항목에 기재된 포도주 통을 위한 비용은 여기서는 전혀 계산될 수 없다. 왜냐하면 이미 언급했듯이 기재된 포도주 가격에는 묶는 끈이나 통의 비용은 포함되어 있지 않기 때문이다. 이제 포도주가 판매된다면, 보통 그렇듯이 통까지 함께 판매된다면, 포도주 가격에 그것의 원가가 추가로 지불될 뿐 아니라 그것을 통해 통값도 다시 보상된다."

협회 이사의 답변: "포도주가 판매되는 경우에 통도 함께 판매되는데 이때 포도주 통에 대한 보상은 전혀 거론되지 않고 또 거론될 수도 없다. 이 도시의 술집 주인들이 통 없이 포도주만을 사는 일부 소수의 사례가 있지만 그런 사례는 전혀 고려하지 않아도 좋다. 다른 상품들은 판매될

때까지 창고에 보관되어 있다가 일단 판매되면 포장비와 운송비가 수령인의 부담으로 되지만, 포도주의 경우에는 이와 다르다. 포도주를 구매하게 되면 말을 안 해도 당연히 통까지 따라가는 만큼, 통 가격이 생산원가에 가산되어야 하는 것은 당연하다."

관청 측의 보고자: "부록에 제시된 수확고를 그것에 대한 관청 측의 실증에 따라 정정하고, 반면에 원가계산은 모든 세목에 걸쳐 정확한 것으로 인정하되 다만 토지세와 포도주세 및 통값이, 즉 제13항, 제14항 및 제16항을 그 원가계산에서 제외한다면, 그 결과는 다음과 같다:

총수확고 합계 53탈러 21실버그로셴 6페니히
제13, 14, 16항을 제외한 비용 39탈러 5실버그로셴
———————
그러므로 순익 .... 14탈러 16실버그로셴 6페니히"

협회 이사의 답변: "계산 자체는 정확하지만, 그러나 그 결과는 그렇지 않다. 숫자로 계산한 것이 아니라, 실제 액수를 나타내는 숫자로 계산한 것이다. 그 결과 우리는 실제의 지출 53탈러에서 실제의 유일한 수입 48탈러를 공제하면, 남는 것은 5탈러의 보조금뿐이라는 사실을 알게 되었다."

관청 측의 보고자: "그러나 관세동맹이 결성되기 이전 시기에 모젤지방의 궁핍 상태가 매우 악화되었다는 사실, 심지어 일부에서는 실제적인 궁핍화 현상을 우려할 수밖에 없는 상태에 놓여 있다는 사실이 이제 부인할 수 없는 사실이라면, 그 원인은 모젤지방의 수확고가 그 이전에는 너무 높았다는 사실에서만 찾을 수 있을 뿐이다."

"포도주 교역에서 일찍이 모젤지방과 자르지방에 존속하던 이전의 유사-독점에 의해, 그리고 1819년, 1825년, 1826년, 1827년, 1828년을 거치면서 연이어 계속된 포도주 호황으로 인해 그 지방에서는 전대미문의 사

치가 만연하게 되었다. 포도재배인들은 그들의 수중에 들어온 거대한 양의 화폐에 홀린 나머지 엄청난 가격으로 포도원을 사들였고, 또 더 이상 포도 재배에 적합하지 않은 지역에 새로운 포도원을 만드느라 막대한 비용을 투자하였다. 모두가 소유자가 되기를 원했고 그래서 빚을 내는 채무 계약이 이루어졌다. 이전 같으면 그런 채무는 한 해의 풍작으로 쉽게 변제할 수 있었지만, 그러나 이미 불경기에 접어든 지금 고리대금업자의 수중으로 들어간 포도재배자는 그 채무로 인해 필연적으로 완전히 몰락할 수밖에 없다."

"그 결과의 하나로서 포도재배는 더 좋은 우등지에 국한될 것이고 다시 이전처럼 부유한 토지소유자의 수중으로 더 많이 넘어갈 것이다. 이들 토지소유자들이 포도재배에 특히 적합한 것은 그들이 불경기를 좀 더 쉽게 극복할 수 있도록 해주는 대규모 저장소를 가지고 있기 때문이기도 하지만, 포도재배를 개량해서 이제 막 개방된 관세동맹 국가들로부터 유입되는 생산물과의 경쟁에서 이길 수 있는 생산물을 획득하기 위한 충분한 재력을 갖추고 있기 때문이다. 물론 대부분 지난 호경기에 소유자가 되었던 더 가난한 포도재배자 계급에게 이러한 일은 처음 몇 년 동안에는 심각한 어려움을 야기할 수밖에 없을 것이다. 그러나 이 경우 이전의 상태가 부자연스런 상태였고, 그런 상태가 지금 무분별했던 사람들에게 앙갚음을 하고 있다는 사실을 언제나 고려해야 할 필요가 있다. 국가가…… 할 수 있는 일이란 단지 적절한 수단을 동원하여 현재의 주민이 가능한 한 쉽게 전업할 수 있도록 해주는 것뿐이다."

협회 이사의 답변: "모젤지방의 빈곤을 이제 처음으로 걱정하는 사람이 있다면, 그는 그러한 빈곤이 도덕적으로 선량하고 지칠 줄 모르고 활동하는 그 지방 사람들 사이에 이미 매우 참혹한 모습으로 만연해 있고 또 그 빈곤이 날이 갈수록 점점 더 악화되어 가고 있음을 아직 보지 못한 사람임에 틀림없다. 그리고 사람들은 지적국장이 말하는 것처럼 그것이 빈민 자신의 책임이라는 식으로는 결코 말하지 않을 것이라는 사실 또한

틀림없는 사실이다. 분별 있는 사람이든 그렇지 못한 사람이든, 부지런한 사람이든 태평한 사람이든, 재력이 있는 사람이든 그렇지 못한 사람이든, 누구나 할 것 없이 모든 포도재배자들이 정도의 차이는 있겠지만 불경기에 처해 있고, 게다가 일단 재력이 있고 부지런하고 검소한 포도재배자조차 더는 못 살겠다고 외칠 수밖에 없는 상황에 이르게 되면, 이제 그 원인은 그들의 외부에서 찾아야 할 것이다."

"포도재배자들이 호경기에 어느 때보다 비싼 가격으로 물건을 구입했고, 또 경기가 좋아짐에 따라 모든 것을 하나하나 변제할 수 있을 만큼 자신의 재력이 충분해지리라고 계산하고 채무계약을 맺은 것은 사실이다. 그러나 이 사람들의 활동성과 근면한 영리추구의 근거가 되면 됐지 달리 말할 수 없을 이러한 사실을 어떻게 사치라고 부를 수 있으며, 또한 포도재배자의 이전의 상태는 부자연스런 것이었는데, 그 부자연스런 상태가 무분별했던 사람들에게 지금 앙갚음을 하고 있기 때문에 현재의 상태가 초래된 것이라는 식으로 어떻게 말할 수 있는지 이해할 수 없다."

"지적국장은 사람들이 - 그에 의하면 이들은 이전에는 결코 소유주가 아니었다!! - 보기 드문 호경기에 미혹되어 포도원의 규모를 과도하게 늘려 놓았기 때문에, 이제 그들이 구제받을 수 있는 유일한 길은 오직 포도원의 축소뿐이라고 주장한다."

"그렇지만 포도 이외에는 잡목이나 덤불밖에 자랄 수 없는 포도원은 많은 데 반해, 과일이나 채소 재배로 전환할 수 있는 포도원의 수는 매우 적지 않은가! 그렇다면 포도 재배로 인해 그렇게 좁은 땅에 몰려 살면서, 불행에 맞서서 그토록 용감히 싸웠던 참으로 존경할 만한 이들 주민들이 사정이 좋아져 다시 일어나 국가에 대하여 과거처럼 수입의 한 원천이 - 도시를 제외하고는 같은 땅에서는 제2의 수입원이 쉽게 발견될 수 없을 것이기 때문에 - 될 수 있을 때까지 세금경감을 통해 자신들의 생존을 연명해갈 수 있도록 한 번 시도해 볼 만한 가치가 없다는 것인가."

관청 측의 보고자: "그러나 전보다는 형편이 좋지는 않지만 아직도 여

전히 이득이 있는 지금의 상태와 대조시켜 과거의 행복한 상태를 과장하여 서술함으로써, 가능한 모든 이익을 얻기 위해 지금 더 부유한 토지소유자까지도 더 가난한 포도재배자의 이러한 빈곤을 이용하고 있다는 사실은 실제로 아주 명백한 것이다."

협회 이사의 답변: "과장하여 서술함으로써 가능한 모든 세금경감과 이익을 얻기 위해 우리가 더 가난한 포도재배자를 이용하고 있다는 비난에 대해서는 우리의 명예와 양심을 걸고 항의할 책임이 있다."

"아니다. 우리는 다음의 사실을 확언하는데, 이것으로 우리의 변명이 충분하기를 바란다. 즉 우리는 조금도 이기적인 의도를 갖지 않았고, 또한 우리는 언제나 포도재배자의 상태를 공개적으로 그리고 있는 그대로 진실하게 서술함으로써, 빈곤이 앞으로도 계속 만연하게 되면 국가 자체에 대해서도 위험한 사태가 될 것이 분명하다는 점을 국가에게 환기시켜 주는 일 이외에 다른 것에 대해서는 염두에 두지 않았다는 사실이다! 포도재배자들이 처해 있는 현재의 비참한 상태로 인해 오늘에 이르기까지 그들의 가정 및 산업과 관련하여, 더욱이 도덕성과 관련해서까지 날로 가속적으로 초래된 변화를 아는 사람이라면, 그는 이러한 빈곤이 계속되는 사태 혹은 심지어 악화되고 있는 현실을 상기할 때, 그 장래에 대해 섬뜩한 느낌을 받을 수밖에 없을 것이다."

먼저 우리가 인정할 수밖에 없는 사실은, 정부가 단호한 입장을 견지하지 못하고 자기 측 보고자의 의견과 포도재배업자의 반대 의견 사이에서 동요했음이 틀림없다는 사실이다. 나아가 폰 추칼마글리오 씨의 보고 날짜가 1839년 12월 12일이고 협회의 답변 날짜가 1940년 7월 15일로 기록되어 있는 사실을 감안하면, 결국 1840년 7월 15일까지는 보고자의 의견이 정부의 유일한 의견은 아니었다 하더라도 언제나 지배적인 의견이었음은 틀림없다는 결론이 된다. 적어도 보고자의 의견은 1839년까지는 여전히 협회의 메모에 맞서 정부의 감정으로서, 따라서 말하자면 정부 견해의 개요로서 위치하고 있다. 왜냐하면 일관된 입장을 견지하는 정부라면, 그 정부가 취한 마지막 견해는 이전의 견해와 경험의 총화로 간주되어도 좋을 것이기 때문이다. 보고서에서는 현재 궁핍상태가 전반적인 것으로 인정되지 않을 뿐 아니라, 궁핍상태가 인정된다 하더라도 그것은 구제되어야 할 것은 아니라는 것이다. 왜냐하면 "국가가 할 수 있는 일이란 다만 적절한 수단을 동원하여 현재의 주민이 가능한 한 쉽게 전업할 수 있도록 해주는 것뿐이기" 때문이다. 그러나 이런 상황 아래에서 전업이란 점진적인 몰락을 의미할 뿐이다. 더 가난한 포도재배자의 몰락은 인간이 해보지도 않고 미리 체념하고 단지 불가피한 것을 완화하고자 하는 태도의 자연스런 결과인 것처럼 간주된다. "물론 이러한 일은 심각한 곤경을 야기할 수밖에 없을 것"이라고 한다. 그래서 협회는 모젤지방의 포도재배자는 "한 번 시도해" 볼 만한 가치가 없느냐? 하는 질문까지 제기한다. 만일 정부가 처음부터 단호한 반대의견을 가지고 있었다면 정부는 보고에 수정을 가했을 것이다. 왜냐하면 보고는 이 문제와 관련하여 국가가 해야 할 과제와 결의와 같은 중대사를 명시적으로 진술하고 있기 때문이다. 이러한 사실로부터 우리는 포도재배자의 궁핍상태는 인정될 수 있었지만, 그것을 구제하려는 노력은 이루어지지 않았음을 알 수 있다.

이제 우리는 모젤지장의 상태에 대해 관청이 어떤 보고를 받았는지를 보여주는 하나의 사례를 더 들어보기로 하자. 1838년 한 고위 행정관리가 모젤지방을 여행한 적이 있다. 그는 피스포르트Pisport에서 열린 두 명의 지방관리와의 회의에서 한 사람에게 포도재배자의 재산 상태에 대해 질문하였고, 그 관리는 이렇게 답변하였다: "포도재배자들은 사치스런 생활을 해왔다. 이미 그렇게 때문에 그들의 상태가 나쁠 리는 없을 것이다." 그러나 사치는 이미 옛날이야기가 되어 있었다. 단지 우리는 여기서 정부의 보고와 일치하는 이런 견해가 얼마나 끈질기게 살아남았는지에 유의하고자 할뿐이다. 우리는 『프랑크푸르트 저널』 제349호(1842년)의 부록 1에서 코블렌츠 발發로 진술되었고, 모젤강 유역 포도재배 농부들의 이른바 궁핍 상태에 대해 언급한 목소리를 상기시키고자 한다.

마찬가지로 바로 위에서 언급한 관리의 견해가 고위 당국자의 눈에는 "절망적인" 상태, 궁핍의 전반적인 영향, 따라서 또한 궁핍의 일반적인 원인에 대한 의심으로 비쳐지고 있다. 위에서 인용한 협회의 보고에는 각종 진정서에 대한 재무부의 특히 아래와 같은 대답이 실려 있다: "시장의 포도주 가격이 증명하고 있듯이, 모젤과 자르 유역에서 과세사정등급 1급지와 2급지로 사정된 포도원의 소유주들은 불만을 품을 이유를 전혀 가지고 있지 않지만, 그러나 생산물의 질이 좀 더 떨어지는 포도재배농부들은 똑같이 유리한 상태에 놓여 있지 못하다는 사실은 분명하다." 1838년의 감세청원에 대한 답변에는 이렇게 진술되어 있다: "지난 해 10월 10일 이래 오늘까지 당신들이 제기한 항의에 대해서는, 1838년도 포도주세 전부를 감세해달라는 당신들의 요청에 동의할 수 없다고 통고하였다. 왜냐하면 당신들 자신은 가장 많은 배려가 필요한 계급에 전혀 속하지 않는데다가, 그러한 궁핍 상태 등도 조세 관계와 전혀 다른 데서 찾을 수 있기 때문이다."

우리는 이 서술 전체에서 오직 사실에만 기초하기를 원하고, 또한 우리의 힘이 닿는 한 사실만을 일반적 형식으로 강조하려고 노력하고 있는 만큼, 우리는 우선 트리어의 포도재배진흥협회와 정부의 보고자 사이에 오고간 대화를 그 일반적인 기본사상 속에서 번역하려고 한다.

정부는 상기의 메모를 감정하기 위해 한 관리를 임명해야 한다. 물론 정부는 전문적 지식을 갖춘 관리를, 그래서 모젤지방의 상태를 관리하는 데 관심을 보인 관리를 흔쾌히 임명한다. 이 관리는 문제의 탄원서에서 자신의 직책상의 견해나 이전의 직책상의 활동에 대한 공격을 발견하는 일도 마다하지 않는다. 그는 자신의 양심적 의무수행과 마음대로 구사할 수 있는 공무상의 세부 지식을 잘 알고 있다; 그는 갑자기 대립되는 견해를 발견하는데, 그러나 이것은 그가 탄원자들의 반대편에 서기도 하고 또 언제나 사적 이해와 관련될 수 있는 그들의 의도가 그에게 의심스럽게 여겨지고, 따라서 그가 그들을 의심하는 것보다 더 자연스런 일이다. 그는 그들의 진술을 실제로 적용하려는 대신에 그 진술을 반박하려고 한다. 더욱이 얼핏 보아도 분명히 가난한 포도재배자는 자신의 처지를 묘사할 시간도 교양도 없고 그래서 가난한 포도재배자는 말을 할 수 없는 데 반해, 말을 할 수 있는 포도원 경영자는 분명히 가난하지 않고 그래서 이유 없이 말을 하는 것처럼 보이는 사태가 벌어진다. 그러나 교양 있는 포도원 경영자까지도 관청 측의 인식 결여로 인해 비난받고 있다면, 교양 없는 포도재배자는 이러한 관청 측의 인식 앞에서 어떻게 버틸 수 있는가!

다른 사람의 실제적 비참함이 극도에 달하고 있음을 목격한 개인들, 그 비참함이 자신에게도 다가오고 있음을 느끼고 나아가 자신이 보호하는 사적 이해가 국가이해이기도 하고 또 국가이해로서 먼저 스스로 밝혀진 것임을 자각하고 있는 개인들은, 그들 나름대로 필연적으로 자신의 명예가 추락되었다고 느낄 뿐 아니라 현실이 일방적이고 자의적으로 꾸며진 관점에서 왜곡되었다고 믿는다. 그러므로 그들은 오만하기 그지없는 관료적 성격에 반대하고, 세계의 현실적 모습과 그것이 관청에서 수용되는 저 모습 사이의 모순을 지적하고, 공식적인 논거에 실제적인 논거를 대립시키고, 결국 그들은 부인할 여지가 없고 사실적으로 분명한 사태의 발전이 전면 거부당하는 과정에서 이기적인 의도, 다시 말해 시민의 지성에 반하여 관청의 이해관계를 관철하려는 의도를 배제할 수밖에 없다. 그래서 그 개인들은 또한, 자신의 상태를 돌아보는 전문지식을 갖춘 관리는 그런 상태가 부분적으로는 관리 자신의 작품이라는 이유 때문에 그 상태에 대해 편견 없이 묘사하지 않을 것이고, 반면 사정을 하기에 충분한 공평함을 견지할 수 있는 편견 없는 관리는 전문지식을 갖추고 있지 못하다고 결론짓는다. 그러나 만일 그 관리가 개인들에게 자신의 사적인 문제를 국가의 이해로 격상시키고 있다고 비난한다면, 개인들은 관리에게 당신이야말로 국가이해를 사적인 문제로 격하시키고 있다고 비난할 것이다. 다시 말해 국가이해를 내버려야 할 세속적인 것으로서 다른 모든 사람들의 이해의 하나로 격하시키고, 그래서 명백한 현실마저도 관리에게는 서류상, 즉 공무상, 즉 국가적으로 당면한 현실과 그 현실에 기초한 지성에 비하면 환상적인 것으로 여겨지고, 그리하여 오직 관청의 활동범위만이 관리에게는 국가로서 여겨지는 반면 이러한 관청의 활동범위 밖에 있는 세계는 국가적 신념Gesinnung이나 통찰Einsicht이 전혀 결여된 국가의 대상으로 여겨진다는 것이다. 마지막으로 만일 관리가 커다란 폐해가 발생했을 때 자신의 상태를 스스로 만든 개인들에게 대부분의 책임을 뒤집어씌우는 반면, 관청의 피조물에 불과한 행정 원칙 및 제도의 우수함에 대해서는 공격하지 못하도록 하고 또한 그것들 가운데 어느 것도 포기하지 않는다면, 자신의 근면함과 검소함 그리고 자연 및 사회 관계들과의 힘겨운 투쟁을 자각하는 개인들은 반대로 국가가 만든 권력을 가지고 있을 뿐인 관리에게 자신의 궁핍을 제거하라고 요구하며, 그리고 만일 관리가 모든 것을 잘 해결할 수 있다고 주장한다면 이제 관리로 하여금 나쁜 상태를 조작을 통해서 개선할 수 있음을 증명하라고 요구하고, 그렇지 않으면 적어도 일정한 시기에 적절했던 제도가 상황이 완전히 바뀐 시기에는 부적절하게 되었음을 인정하라고 요구한다.

고급관리가 갖는 지식의 동일한 관점과 행정 및 그 대상의 동일한 대립이 관리세계 자체의 내부에서 되풀이되며, 그리고 지적국이 모젤지방을 감정할 때 주로 토지대장의 무오류성을 주장하고 있는 것을 우리가 본 것처럼, 또한 재무부도 폐해가 "조세상의" 원인과 "전혀 다른" 원인 때문이라고 주장하고 있는 것처럼, 행정은 궁핍의 원인을 결코 자신의 내부에서 찾지 않고 외부에서 찾을 것이다. 포도재배자와 가장 가까이 접해있는 개별 관리들은 그 상태를 있는 그대로보다 더 좋게 혹은 그와 다르게 보는데, 그들이 그렇게 보는 것은 고의적으로가 아니라 필연적으로 그렇게 하는 것이다. 그는 자신의 지역이 행복한지의 문제는 자신이 그 지역을 잘 관리하는지 여부의 문제라고 믿고 있다. 행정원칙과 제도들 일반이 좋은 것인지의 여부는 자기 영역 밖의 문제이다. 왜냐하면 이러한 문제는 더 상부에 있는 관청에 의해서만 판단될 수 있기 때문이다. 그 상부 관청에서는 사항의 공무적 성격에 대한, 다시 말해 관청과 국가 전체의 관계에 대한 더 광범하고 더 심오한 지식이 지배하고 있다. 그 자신이 잘 관리하고 있다는 사실에 대해서 그는 가장 양심적인 확신을 가질 수 있다. 그래서 그는 한편으로 상태를 완전히 절망적인 것으로 보지 않을 것이고, 다른 한편으로 그 상태를 절망적인 것으로 본다 하더라도 그 원인을 행정의 외부에서, 가령 부분적으로는 인간으로부터 독립된 자연에서, 부분적으로는 행정으로부터 독립된 사적인 생활에서, 또 부분적으로는 어느 누구와도 관계없는 우연에서 찾을 것이다.

상급의 동지적 관청은 이제 형평 있고 공적인 분별력을 예상할 수 없는 피통치자들보다는 자신의 관리들에게 더 많은 신뢰를 공공연히 보낼 수밖에 없을 것이다. 더욱이 관청은 그 나름의 전통을 갖고 있다. 그래서 그런 관청은 모젤지방과 관련해서도 역시 실로 확고한 나름의 원칙을 갖고 있다. 그들은 토지대장에서 토지의 공무적인 형태를 갖고 있다. 그들은 수입과 지출에 대한 공무적 결정방식을 갖고 있다. 그들은 진정한 현실과 함께, 도처에서 시대가 아무리 변하더라도 그 권위를 유지할 관료적 현실을 갖고 있다. 더욱이 두 가지 상황, 즉 관료적 위계제의 규칙과 이중적 공민의 원칙이, 다시 말해 능동적이고 지식적인 행정의 공민과 수동적이고 무자각적인 행정의 공민이, 서로를 보완하고 있다. 국가가 행정 속에서 자신의 의식적이고 활동적인 현존재를 가진다는 공리에 따르면, 모든 정부는 국가 측의 입장을 다루는 한, 한 지방의 상태를 자신의 전임자의 업적으로 생각할 것이다. 위계제라는 규칙에 따르면, 이 전임자는 대부분 이미 상급의 관직을, 흔히 직속의 상급 관직을 차지하고 있을 것이다. 마지막으로 어떤 정부든 정부는 한편으로, 국가가 어떤 사적 이해에도 구애받지 않고 관철해야 하는 법률을 갖고 있다는 현실적 국가의식을 가지고 있다; 다른 한편으로 개별 행정관청으로서 정부는 제도나 법률을 만들어서는 안 되고 그것을 적용해야만 한다. 따라서 정부는 행정 자체를 개혁하려는 것이 아니라 행정의 대상만을 개혁하려고 할 수 있을 뿐이다. 정부는 자신의 법률을 모젤지방에 적합하게 할 수 없다. 정부는 자신의 확고한 행정법류 내에서만 모젤지방의 복지를 촉진하려고 할 수 있을 뿐이다. 그러므로 정부가 일단 채택되어 정부 자체를 지배하는 행정의 원칙과 제도 안에서 뚜렷하고 사실상 전 지역을 뒤덮고 있는 궁핍 상태를 해소하기 위해 더욱 열렬하고 성실하게 노력할수록, 불행이 더욱 완강하게 저항할수록 그리고 좋은 행정에도 불구하고 불행이 증가할수록, 이러한 궁핍 상태는 치유불능의 궁핍 상태이고 행정 즉 국가는 그것에 아무런 변화도 가할 수 없고 오히려 피통치자 측의 변화를 필요로 한다는 정부의 확신은 그 만큼 더욱 진지하고 솔직하고 단호한 것이 된다.

그러나 하급 행정관청이 행정의 원칙은 좋은 것이라는 상부 관청의 통찰을 신뢰하고 게다가 자신의 성실한 의무수행에 대해서까지 개별적으로 책임을 진다면, 상급 행정관청은 일반 원칙의 정당함에 책임을 지고 자신의 하급 관료들이 개별적 사안에 대해 관청 측의 올바른 판단을 내릴 수 있다고 믿는다; 또 이러한 판단에 대해서는 상부 행정관청이 관청 측의 공식적 전거를 갖고 있다.

그리하여 정부는 최고의 의지에도 불구하고 트리어 시정부의 보고자가 모젤지방에 대해 표명한 원칙에 도달할 수밖에 없었다: "국가가 할 수 있는 일은 단지 적절한 수단을 동원하여 현재의 주민이 가능한 한 쉽게 전업할 수 있도록 해주는 것뿐이다."

이제 정부가 모젤지방의 궁핍 상태를 완화하기 위해 사용한 잘 알려진 수단 몇 가지를 살펴보면, 적어도 우리의 논의가 공공연한 사실인 행정의 역사를 통해 확증되고 있음을 알 수 있을 것이다. 그렇지만 우리는 당연히, 비밀스런 역사에 따라서 우리의 판단을 정식화할 수는 없다. 이러한 수단에는 다음의 것들이 포함된다: 즉 포도 흉작해의 세금감면, 다른 경작방식으로, 가령 양잠으로 전업하라는 권고, 그리고 마지막으로 토지소유의 분할을 제한하자는 권고 등이다. 첫 번째 수단은 분명히 완화시킬 뿐이지 구제하는 것은 아니다. 그것은 일시적인 수단으로, 국가는 거기서 자신의 규칙으로부터 하나의 예외를, 더욱이 비용이 들지 않는 예외를 만들고 있다. 완화되는 것은 항상적인 궁핍 상태가 아니라, 마찬가지로 그 궁핍 상태의 예외적인 한 현상이다; 그것은 사람들에게 익숙한 만성적인 질병이 아니라, 사람들에게 불시에 덮친 급성질병이다.

행정은 두 가지 다른 수단을 가지고 자신의 영역에서 등장한다. 지금 행정이 전개하고 있는 적극적인 활동은, 행정이 부분적으로 모젤지방의 주민에게 어떻게 자기 스스로 도울 수 있는가를 가르치는 데, 또 부분적으로는 그들에게 지금까지의 권리를 제한하고 단념할 것을 제안하는 데 그 요점이 있다. 그래서 여기에는 바로 위에서 전개된 사고과정이 현실화되고 있다. 모젤지방의 궁핍 상태를 치유할 수 없는 것으로, 자신의 원칙과 활동의 외부에 존재하는 상황에 원인이 있는 것으로 생각해온 행정은, 모젤지방의 주민에게 현재의 행정제도에 적응하고 그 안에서 인내하고 살아갈 수 있도록 자신의 상태를 처리할 것을 권고한다. 포도재배자 자신은 그러한 제안이 비록 풍문으로 들려올 뿐이라 하더라도, 그런 제안을 듣고 슬픔을 금치 못한다. 만일 정부가 정부의 비용으로 실험을 한다면, 그는 그것을 고맙게 받아들일 것이다; 그러나 스스로 실험을 하라고 지시한다면, 그는 정부가 정부의 활동을 통해 구제할 것을 포기한 것으로 깨닫는다. 그가 원하는 것은 구제이지 권고가 아니다. 그가 자신이 속한 분야에서 관청의 공무적 지식에 아무리 신뢰를 보내고 또 아무리 신뢰를 가지고 그 지식에 의뢰를 한다 하더라도, 그 또한 마찬가지로 자신의 분야에서 필요한 식견에 자신을 갖고 있다. 그러나 토지소유의 분할을 제한하는 것은 그가 물려받은 권리의식에 모순된다; 그는 그런 제안을, 자신의 물리적 빈곤에 권리의 빈곤까지 덧붙이려는 제안이라고 생각한다. 왜냐하면 그는 법률상의 평등에 대한 침해는 모두 권리의 궁핍 상태로 보기 때문이다. 그는 나라가 있기 때문에 행정이 존재하지 행정이 있기 때문에 나라가 존재하는 것은 아니라는 사실, 그러나 나라가 행정에 맞추기 위해 자신의 풍속과 권리, 자신의 노동 및 소유의 방식을 변화시켜야 하는 순간 그 관계는 전도되고 만다는 사실을, 때로는 더 의식적으로 때로는 더 무의식적으로 느낀다. 그래서 모젤지방의 주민은 자신이 자연과 풍속에 의해 할당받은 노동을 수행하면, 국가는 자신에게 성장하고 번창하고 살아갈 수 있는 분위기를 그에게 만들어줄 것을 요구한다. 그런 이유로 이러한 소극적인 발상은 상태의 현실뿐 아니라 시민적 의식의 현실에 부딪혀 아무런 성과도 없이 끝나고 만다.

그렇다면 모젤지방의 궁핍 상태와 행정은 어떤 관계에 있는가? 모젤지방의 궁핍 상태는 동시에 행정의 궁핍 상태이기도 하다. 국가의 어느 한 지방의 항상적인 궁핍 상태(10년이 넘는 오랜 기간 동안 거의 인식되지 않은 채 발생하여 처음에는 점진적으로 그리고 나중에는 저지하기 어려운 기세로 정점을 향해 치달아 날이 갈수록 위협적으로 증대되고 있는 궁핍 상태를 항상적이라고 부를 수 있을 것이다), 그런 항상적인 궁핍 상태는 현실과 행정원칙 사이의 모순이다. 이것은 물론 다른 한편으로는 인민뿐만 아니라 정부도 한 지방의 복지를 행정의 사실적 확증인 것으로 간주하는 것과 마찬가지이다. 그러나 행정은 관료제적 본질상 궁핍의 원인을 행정이 관리하는 지역이 아니라 행정이 관리하는 지역의 외부에 존재하는 자연적이고 개별 시민적인 지역에서만 볼 수 있을 뿐이다. 행정관청이 최고의 의지를 갖고 있고 열렬한 인간애와 강력한 지성을 갖추고 있더라도, 현실과 행정원칙 사이의 순간적이고 일시적인 충돌 이상의 것, 다시 말해 그것들 사이의 항상적인 충돌은 해결할 수 없다. 왜냐하면 그렇게 하는 것이 행정관청의 직무상의 임무도 아니지만, 아무리 선의를 갖고 있더라도 본질적 관계 혹은 운명을 뜻대로 어찌할 수는 없기 때문이다. 이러한 본질적 관계는 관료제적 관계로서, 그것은 행정기관 자체의 내부에서만

이 아니라 행정이 미치는 단체와 관련해서도 나타나는 관계이다.

한편 포도재배자인 사적 개인도 또한 자신의 판단이 고의적이든 아니든 사적 이해로 인해 흐려지고, 그래서 무조건적으로 그 판단의 진실성이 전제될 수 있는 것은 아니라는 점 또한 부정할 수 없다. 그는 또 국가에는 고통 받는 많은 사적 이해들이 존재하지만, 그러한 사적 이해를 보호하기 위해 일반적 행정원칙이 포기되거나 수정될 수 없다는 점도 알 것이다. 나아가 궁핍 상태의 일반적 성격이 주장된다면, 다시 말해 사적 고통이 국가적 고통이 되고, 그러한 사적 고통의 해소가 국가의 자신에 대한 의무가 되는 그런 방식과 범위로 복지가 위기에 처해 있다고 주장되면, 피통치자의 이러한 주장은 행정에 대해서는 부적절한 것처럼 보인다. 왜냐하면 국가의 복지가 어느 정도나 위기에 처했는지는 행정이 가장 잘 판단할 것이고, 또 전체와 부분에 대한 한층 심오한 통찰도 이 부분 자체보다는 행정에 기대해야만 하기 때문이다. 게다가 개인들, 심지어 많은 개인들조차 자신의 목소리를 인민의 목소리라고 주장할 수는 없다; 오히려 그들의 진술은 언제나 사적인 탄원서의 성격을 벗어나지 못할 것이다. 마지막으로 탄원을 하는 사적 개인들의 확신이 전체 모젤지방의 확신이라 하더라도, 모젤지방 자체는 일개 행정부분으로서 그리고 일개 지방으로서 자신이 속한 주에 대해서나 국가에 대해서나 하나의 사적 인간의 위치를 차지할 뿐이다. 그러한 사적 인간의 확신과 요구는 일반적 확신과 요구에 비추어질 때 비로소 측정될 수 있다.

그러므로 행정과 피통치자는 어려움을 해결하기 위해 똑같이 제3의 요소를 필요로 한다. 그것은 관료적인 것이 아니라 정치적인 것이고, 따라서 관료제적 전제로부터 출발하는 것이 아니며, 또 그것은 마찬가지로 사적 이해와 그 필요에 직접 관련되지 않은 시민적인 요소이다. 공민의 머리와 시민의 심장을 각각 보완하여 그것들을 완결하는 이러한 요소는 자유언론freie Fresse이다. 언론의 영역에서는 행정과 피통치자가 각각 상대방의 원칙과 요구를 비판할 수 있다. 그러나 그때의 비판은 더 이상 종속적 관계에서가 아니라 동등한 공민적 타당성에서, 더 이상 사적 개인으로서가 아니라 지적인 세력으로서, 즉 오성적 근거로서 수행되는 비판이다. "자유언론", 그것은 여론의 산물인 만큼 또한 여론을 낳기도 한다. 그리고 자유언론은 혼자서 특수이해를 보편이해로 만들 수 있고, 또 혼자서 모젤지방의 궁핍 상태를 조국의 일반적인 주목의 대상이요 일반적인 동정의 대상으로 만들 수 있으며, 궁핍의 감정을 모든 사람들 사이에 퍼뜨림으로써 혼자서 그 궁핍을 완화시킬 수 있다.

언론은 인민의 상태에 대해 지성Intelligenz으로서 관계하지만, 그러나 마찬가지로 언론은 또한 감정Gemüth으로서 관계한다; 그러므로 언론의 언어는 관계들 위에 떠 있는 현명한 판단의 언어일 뿐만 아니라, 또한 동시에 이러한 관계들 자체의 열정에 찬 언어, 즉 관청의 보고서에서는 요구될 수도 없고 요구되어서도 안 되는 언어이다. 마지막으로 자유로운 언론은 인민의 궁핍을 결코 관료제적 매개물을 거치지 않은 그 고유한 모습으로 왕좌의 계단에까지, 다시 말해 그 앞에서는 행정과 피통치자의 구분도 사라지고 단지 더욱 똑같이 불가근 불가원(不可近 不可遠)의 관계에 있는 공민만이 존재하는 하나의 권력에게로 이끌어간다.

그러므로 모젤지방 특유의 궁핍 상태로 인해 자유언론이 필요하게 되었다면, 여기에서는 자유언론이 현실적인 욕구였기 때문에, 이러한 욕구를 산출하기 위해 어떤 예외적인 언론방해가 필요했던 것이 아니라 현존하는 욕구를 만족시키기 위해 예외적인 언론자유가 필요했던 것이다.

2에 대하여. 모젤지방의 사건과 관련하여 언론은 어쨌든 단지 프로이센의 정치적 언론의 일부에 불과하다. 따라서 위에서 종종 언급했던 칙령이 반포되기 이전의 언론의 상태를 검토하기 위해서는 1841년 이전의 프로이센의 언론 전체의 상태를 간략히 살펴볼 필요가 있을 것이다. 충성스런 심정으로 인정받는 사람의 진술을 들어보자:

다비트 한제만David Hansemann의 『프로이센과 프랑스』 제2판, 라이프치히 1834, 272쪽에는 "조용하고 평온하게"라고 쓰여 있다. "검열이 프로이센의 일간신문에게 국가와 관련된 정치적이고 심지어는 국가경제적인 문제에 관해 근본적으로 논의하는 것을, 비록 그 기사가 매우 품위 있고 신중하더라도, 결코 허용하지 않는다면, 프로이센에서는 일반적인 이념과 사태가 그 만큼 더욱 남몰래 조용하고 평온하게 발전한다; 근본석으로 논의한다는 것은 논거와 반대논거가 제시되는 그런 논의를 의미할 뿐이다; 비록 그 문제의 내외정책에 대한 관계가 연구되는 것은 아닐지라도, 국가경제적인 문제를 근본적으로 논의하는 것은 거의 불가능하다; 왜냐하면 이러한 관계는 몇몇 소수의 국가경제적인 문제들의 경우에만 나타나거나, 어쩌면 어떤 유일한 국가경제적인 문제에서도 그러한 관계가 나타날 수 있기 때문이다. 이러한 검열의 실시가 합목적적인지 아닌지, 프로이센에서 검열 일반이 정부의 사정에 따라 이러한 방법과는 다른 방법으로 실시될 수 있을지 없을지는 여기서는 문제가 되지 않는다; 그것으로 족하기 때문이다."

나아가 우리는 1788년 12월 19일 반포된 검열칙령 제2조는 이미 다음과 같이 기록하고 있다는 것을 고려하자: "그러나 검열의 취지는 결코 진리에 대한 품위 있고 진지하고 겸허한 연구를 방해하는 데 있는 것이 아니며, 또한 저술가들에게 어떤 불필요하고 번거로운 강제력을 행사하는 데 있는 것은 더 더욱 아니다": 우리는 1819년 10월 18일 반포된 검열칙령 제2항에서 다음과 같은 말을 발견한다: "검열은 진리에 대한 진지하고 겸허한 연구를 방해하지 않을 것이고, 저술가들에게 불법적인 강제력을 행사하지도 않을 것이다"; 이 말과 1841년 12월 24일 반포된 검열훈령의 다음과 같은 서문을 비교해보면: "이미 오늘 국왕은 불법적이고 폐하의 의도에 맞지 않는 제한으로부터 언론을 해방하기 위해, 친절하게도 내각에게 지엄한 칙령을 내려 저술활동에 대한 모든 불법적인 억압을 명백히 비난하고, 검열관들에게 1819년 10월 18일의 검열칙령 제2항에 적절히 유의할 것을 새롭게 지시할 권한을 우리에게 부여하였다"; 마지막으로 다음의 말을 상기해보자: "검열관은 국내문제에 관한 논의라면 그에 대한 솔직한 논의를 흔쾌히 허용할 수 있다. - 이에 대한 정확한 경계를 구분하는 일이 매우 곤란하다고 해서 법률의 진정한 취지를 충족시키려는 노력을 포기해서는 안 될 뿐만 아니라, 이미 너무 자주 정부의 의도에 대한 오해를 가져왔듯이 그러한 불안에 빠져서도 안 될 것이다"; 공식적으로 표명된 이 모든 발표를 살펴보고 난 지금, 모젤지방의 상태가 가능한 한 솔직하고 공개적으로 논의되는 것을 듣고자 하는 관청 측의 소망에도 불구하고, 오히려 왜 검열의 방해가 있어났는가? 하는 문제는 "법률의 취지", "정부의 의도", 그리고 마지막으로 "폐하의 의도"에도 불구하고, 오히려 언론은 명백히 1841년에도 여전히 "불법적인 제한들로부터" 해방되어야 하고, 검열은 왜 1841년에 1819년의 검열칙령 제2항을 상기해야 하는가! 라는 더 일반적인 문제로 전환되는 것처럼 생각된다. 모젤지방과 관련해서는 특히 전자의 문제는 다음과 같이 정식화될 수 있다: 어떤 특별한 언론의 방해가 일어났는가가 아니라, 어떤 특별한 언론의 장려가 내부 상태에 대한 이 부분적인 논의를 가능한 한 솔직하고 공개적인 논의에 예외적으로 열중하게 만들었는가?

문제의 내각칙령이 반포되기 이전의 정치적 문헌과 일간신문의 내적인 내용 및 성격에 대해서는 검열훈령의 다음과 같은 언급이 가장 분명하게 밝혀준다: "이런 식으로 정치적 문헌과 일간신문 역시 자신의 규정을 더 잘 인식하고, 더 품위 있는 논조를 체득하고, 또한 장래에는 외국의 신문으로부터 표절해온 내용 없는 통신문 따위를 보도함으로써 독자의 호기심을 자극했던 행태를 지양하게 될 것임을 기대할 수 있을 것이다... 이것을 통해 조국의 이해에 더 큰 관심을 일깨우고, 그래서 국민감정이 고조될 것을 기대할 수 있다."

이렇게 볼 때, 만일 어떤 특별한 조치도 모젤지방의 상태에 관한 솔직하고 공개적인 논의를 결코 방해하지 않았다면, 프로이센 언론의 일반적인 상태 자체는 솔직성에 대해서는 물론 공개성에 대해서도 분명한 장애물일 수밖에 없는 것이다. 위에서 인용한 검열훈령의 구절들을 요약하면 다음과 같은 의미가 될 것이다: 즉 검열은 지나치게 의심이 많았고 또 검열은 자유로운 언론에 대한 외부로부터의 제약이었고, 이와 함께 단순한 새소식Neuigkeit의 지평을 넘어서려는 용기나 노력마저 포기한 언론의 내적인 한계가 진행되었으며, 마지막으로 인민들 속에서 조국의 이해에 대한 관심과 국민감정, 다시 말해 바로 솔직하고 공개적인 언론의 창조적인 힘뿐만 아니라 오직 솔직하고 공개적인 언론만이 활동할 수 있고 대중적 인정을 받을 수 있는 조건이기도 한 바로 그 요소들마저 사라지고 말았다; 특히 대중적 인정은 언론의 생활환경을 형성하는 것으로, 언론은 이것이 없으면 구제불능으로 쇠약해질 수밖에 없다.

그러므로 관청의 조치가 부자유한 언론을 만들어낼 수 있다고 한다면, 그에 반해 언론의 일반적 상태가 부자유한 경우에 특수한 문제들에 대해 가능한 한 솔직하고 공개적인 논의를 할 수 있도록 보장해주는 일은 관청의 힘 밖의 일이다. 왜냐하면 그런 경우에는 가령 개별적 대상에 대해서 신문의 난을 채울 솔직한 말들조차 결코 일반적인 관심을 불러일으킬 수 없을 것이고, 또한 그 어떤 진정한 공공성Oeffentlichkeit도 확보할 수 없을 것이기 때문이다.

한제만이 올바로 지적했듯이, 아마 유일한 국가경제적인 문제의 경우에도 대내외정책에 대한 관계가 나타날 수밖에 없다는 것이다. 그러므로 모젤지방의 상태에 대한 솔직하고 공개적인 논의의 가능성은, 전체적인 "대내외정책"에 대한 솔직하고 공개적인 논의의 가능성을 전제로 한다. 개별 관청의 힘으로는 이러한 가능성을 거의 제공할 수 없었다. 그래서 여기서는 오히려 직접적이고 단호하게 표명된 국왕 자신의 의지만이 결정적이고 지속적으로 관여할 수 있었던 것이다.

공개적인 논의가 솔직하지 않았다면, 솔직한 논의는 공개적이지 않았다. 그러한 논의는 이름도 없는 지방신문에서만 한정되었다. 이들 지방신문의 시야는 물론 그 신문들의 보급범위를 넘어서지 못했고, 또한 이전부터 가지고 있던 시야의 성격상 그것을 넘어설 수도 없었다. 이제 우리는 그러한 지방적 논의의 성격을 알아보기 위해 <베른카스텔 게마인뉘치겐 보켄블라트*Wernkasteler Gemeinnüzigen Wochenblatt* 공익주간신문>의 다양한 연도로부터 발췌한 몇 가지 기사를 살펴보자. 1835년에 발행된 신문에는 이렇게 쓰여 있다: "1833년 가을에 어느 한 외국인이 에르덴Erden에서 5옴Ohm의 포도주를 재배했다. 1푸더Fuder를 채우기 위해 그는 30탈러를 주고 2옴을 더 샀다. 통이 9탈러, 포도주세가 7탈러 5질버그로센, 반입비가 4탈러, 포도주 저장소 임대료가 1탈러 3질버그로센, 인부의 임금으로 16질버그로센이 들었다. 결국 재배비용을 제외한 순지출은 54탈러 24질버그로센이었다. 5월 10일에 포도주를 통 당 40탈러에 팔았다. 그러나 여기서 지적해두어야 할 것은 이 포도주가 양질이었고, 필요에 쫓겨 판 것이 아니며 고리대의 수중에 떨어진 것도 아니라는 사실이다."(87쪽) "11월 21일 베른카스텔의 시장에서 1835년산 포도주 3/4옴이 14질버그로센, 즉 14질버그로센에 경매되었고, 같은 달 27일에는 푸더 통과 함께 11탈러에 경매되었다. 여기서 지적해두어야 할 것은 지난 해 미카엘의 날Michelstag(9월 29일 축제일)에는 푸더 통이 11탈러에 매입되었다는 사실이다."(267쪽) 1836년 4월 12일 신문에도 비슷한 기사가 있다.

다음으로 1837년의 신문에서 발췌한 몇몇 기사를 보자: "이번 달 1일 킨하임Kinheim에서 공증인을 참관시킨 가운데 이루어진 공개적 경매에서 대략 200그루의 4년 된 포도원이 말뚝을 포함하여 보통의 지불가격인 그루당 1과 1/2페니히에 양도되었다. 1828년에는 그 지역에서 같은 200그루가 5질버그로센이었다."(47쪽) 그라흐Graach의 한 과부가 자신의 수확물에서 총수확의 반만 납품하여 그 배당으로 1옴의 포도주를 분배받았다. 그 과부는 그것을 팔아 대략 2파운드의 버터, 2파운드의 빵, 1/2파운드의 양파를 구입하였다.(같은 신문 제47호) "이번 달 20일 이곳에서 가라흐와 베른카스텔의 36년산 포도주 8푸더와 - 일부는 최상의 산지에서 생산된 포도주도 포함되어 있다 - 가라흐의 35년산 1푸더가 억지로 강매되었다. 금액 전체는 135탈러 15질버그로센(통 포함)이었고, 따라서 1푸

더는 대략 15탈러였다. 통만으로도 10-12탈러는 되었을 것이다. 그렇다면 가난한 포도재배자에게 그의 재배비용을 위해 남는 것이 얼마나 되는가? 이러한 놀랄 만한 궁핍을 구제하는 것은 정말 불가능한 것인가?!!(투서)"(제4호, 30쪽)

우리는 여기서 단지 사실들에 대한 소박한 이야기만을 발견한다. 이러한 이야기는 종종 애조를 띤 짧은 후기를 동반하면서 그 적나라한 소박성으로 인해 충격을 줄 수 있을지 모르지만, 그러나 모젤지방의 상태에 대한 솔직하고 공개적인 논의의 성격을 띠고 있다고 주장할 수는 없을 것이다.

개별 주민들이, 아니 나아가 대부분의 주민들이 명백하고 공포스런 불행에 닥쳐 있다면, 그렇지만 어느 누구도 그 불행을 논의하지 않고 아무도 그 불행을 생각할 만하고 언급할 만한 가치가 있는 현상으로 다루지 않는다면, 그들은 다른 사람들이 말을 해서는 안 되거나 아니면 사안의 중요성을 환상적인 것으로 생각하기 때문에 말하기를 원치 않는다고 추론할 수밖에 없다. 그러나 자신의 불행에 대한 인정, 다시 말해 그러한 불행에 대한 이 같은 정신적 참여는 가장 배운 것이 없는 포도재배자에게조차 하나의 욕구이다. 그는 또한 모든 사람이 생각하고 많은 사람이 얘기하는 경우에는 급기야 몇몇 사람이라도 행동을 하게 될 것이라고 추론한다. 모젤지방의 상태를 자유롭고 공개적으로 논의하는 것이 현실적으로 허용되었다 하더라도, 그러한 일은 일어나지 않았으며, 오히려 분명한 사실은 인민은 오직 현실적인 것만을 믿는다는 점, 다시 말해 인민은 존재할지도 모르는 솔직한 언론을 믿는 게 아니라 현실적으로 존재하는 솔직한 언론을 믿는다는 점이다. 그러므로 모젤지방의 주민이 폐하의 칙령이 반포되기 이전에 실로 자신의 궁핍을 느끼고 있었고, 그 궁핍을 의심하는 소리는 들었지만 공개적이고 솔직한 언론에 대해서는 한마디도 듣지 못한 반면, 칙령이 반포된 이후에 그가 이러한 언론이 마치 무에서 생긴 것처럼 솟아나오는 것을 보았다면, 왕의 칙령이 이러한 언론운동의 유일한 원인이라는 그의 추론은 적어도 매우 대중적인 추론이었던 것으로 생각된다; 그리고 이러한 언론운동은 현실적인 욕구에 의해 직접 규정된 것이므로, 모젤지방의 주민은 전술한 이유로 언론운동에 특별한 관심을 쏟았다. 마지막으로 이러한 의견의 대중성은 제외하더라도, 비판적인 검토 또한 똑같은 결과로 귀착될 것이다. 1841년 12월 24일의 검열 훈령의 서문은 이렇다: "황공하게도 국왕폐하는 저술활동에 대한 모든 불법적인 억압을 명백히 비난하였고, 솔직하고 품위 있는 공개의 가치와 필요성을 인정하였다... 등등." 이 서문은 언론을 향해 국왕의 인정, 그래서 국가적 의미를 약속하였다. 국왕의 말 한마디가 그렇게 중요한 영향을 미칠 수 있었고, 또한 모젤지방의 주민들 자신에 의해 그것이 마술적인 힘으로, 모든 고통에 대한 만병통치약으로 환영받았다는 사실은, 모젤지방 주민의 진정으로 충성스런 심성과 측정할 수는 없지만 흘러넘치는 감사의 마음을 증명해 줄 수 있는 것처럼 보인다.

3에 대하여. 우리는 자유로운 언론에 대한 욕구가 모젤지방의 상태의 독특함에서 필연적으로 생겨났음을 증명하려고 했다. 또한 우리는 이러한 욕구의 실현이 폐하의 칙령이 반포되기 이전에는, 비록 특수한 언론 방해를 통해서는 아니지만, 이미 프로이센 일간신문의 일반적 상태를 통해 어떻게 방해되었는지를 증명했다. 이제 마지막으로 우리는 현실적인 특수한 상황이 모젤지방의 상태에 대한 솔직하고 공개적인 논의를 적대적으로 거부했다는 사실을 증명할 것이다. 또한 여기서 우리는 먼저 우리의 서술을 이끌어 갈 주된 관점을 강조해야 하고, 행위하는 개인들의 의지 속에서 일반적 관계들의 힘을 재인식해야 할 것이다. 우리는 모젤지방의 상태에 대한 솔직하고 공개적인 논의를 방해한 특수한 상황 속에서, 위에서 전개한 일반적 관계들, 다시 말해 모젤지방 행정의 독특한 상태, 일간신문과 여론의 일반적 상태, 마지막으로 지배적인 정치적 정신과 그 체제 등의 사실적 체현과 눈에 띄는 현상 이외에 어떤 것도 보아서는 안 된다. 만일 이러한 관계들이 사실상 그렇게 나타나듯이 저 시대의 일반적인, 보이지 않는, 강제적인 저 시대의 힘이라면, 그러한 관계들이 그 자체로 활동하고, 사실로 되고, 가상에 의거한 자의적인 개별 행위로 외화äußern될 수밖에 없다는 사실은 굳이 암시할 필요가 없을 것이다. 이러한 사항적인 입장을 포기하는 사람은 개인들의 비통한 느낌에 일방적으로 휩쓸리고 만다. 그런 관계 속에서는 시대관계의 가혹함만이 그에게 맞서게 된다.

우리는 특수한 언론방해에 대해서 개별적인 검열의 어려움뿐만 아니라, 시험 삼아서라도 검열의 대상이 생기지 않게 함으로써 검열 자체를 불필요하게 만드는 바로 모든 특수한 상황까지도 계산에 넣어야 할 것이다. 검열이 언론과 눈에 띄는, 끊임없는, 치열한 충돌을 일으키는 경우에, 사람들은 그 언론을 이미 생명성과 특성 그리고 자기 확신을 터득했다고 확실하게 추론할 수 있다. 왜냐하면 지각할 수 있는 행위만이 지각할 수 있는 반응을 낳기 때문이다. 이에 반해 비록 자유로운, 그래서 검열할 수 있는 언론에 대한 욕구가 존재할지라도, 언론이 없기 때문에 검열이 없는 경우에, 사람들은 사상을 이미 요구가 없는 형태 속으로 밀어내버린 상황에서 사전검열을 찾아야 한다.

이러한 특수한 상황에 대한 완전한 서술을 대략적이나마 제시하는 것이 우리의 목적일 수 없다; 모젤지방을 언급하는 한, 이것은 1830년 이래의 현대사를 묘사하려는 일이 될 것이다. 우리가 공개적이고 솔직한 말이 모든 형태에서, 다시 말해 구두상의 연설의 형태에서, 저술의 형태에서, 아직 검열되지 않은 인쇄물의 형태에서, 이미 검열된 인쇄물의 형태에서, 특수한 방해와 충돌하였다는 사실을 증명한다면, 우리는 우리 과제가 해결된 것으로 믿는다.

궁핍으로 고통을 겪고 있는 주민들에게 공개적이고 솔직한 논의를 위해 필요한 저 도덕적인 힘마저 빼앗아가는 불협화음과 좌절감은, 특히 "근무 중인 혹은 근무와 관련하여 관리를 모독했다는 이유로" 자주 고발되어 필연적으로 당하게 되는 법률상의 유죄판결로 인해 증폭되었다.

그러한 소송절차는 모젤지방의 많은 포도재배자들의 기억 속에 아직도 생생히 살아 있다. 마음씨가 좋아서 특히 인기가 있던 한 시민이 전날 저녁에 국왕탄생을 축하하기 위한 즐거운 모임에서 술을 잔뜩 마신 군수 Landrath의 하녀에게 "당신 주인께서는 어제 저녁 약간 취하셨더군요"하고 농담조로 말했다. 그는 전혀 죄가 될 것이 없는 이 말 한마디로 인해 공개적으로 트리어 경찰재판소 앞에 끌려갔다. 그러나 자명하듯이 그는 무죄로 방면되었다.

우리가 바로 이 사례를 선택한 것은 이 사례가 필연적으로 하나의 간단한 반성과 연결되기 때문이다. 군수는 그들 각각의 군청 소재도시의 검열관이다. 그러나 군수의 행정은 그 아래에 있는 관청의 영역을 포함하여 지역 언론의 가장 가까운 대상이기 때문에, 그것의 가장 중요한 대상이 된다. 이제 자신이 관련된 사건에서 판단을 내리는 것이 곤란하다면, 관청의 지위가 갖는 불가침성에 관한 병적으로 예민한 관념을 명시적으로 보여주는, 앞에서 언급한 종류의 사건들은, 이미 군수의 검열의 단순한 존재가 솔직한 지역 언론의 비존재를 설명하는 충분한 근거로 만들 수밖에 없을 것이다.

그러므로 만일 편견이 없고 아무런 요구도 없는 구두상의 언급이 경찰재판소로 들어가는 길을 닦는 꼴이 된다면, 자유로운 말의 문서적인 형태, 즉 언론의 공개성과는 아직 거리가 먼 진정서는 경찰재판소로 들어가는 데 성공한 셈이 된다. 전자의 경우에는 관청의 지위가 가지는 불가침성이 솔직한 언어에 대립하고 있다면, 후자의 경우에는 국법의 불가침성이 솔직한 언어에 대립하고 있다.

1836년 7월 3일의 "내각칙령"을 통해 - 이 칙령에서 특히 중요함 점은 국왕이 라인주의 상태를 알아보기 위해 자신의 아들을 라인주에 보낸 것이다 - 고무된 트리어 정부관할 지방 출신의 몇몇 농부들은 자신의 "주의회 대표"에게 황태자에게 올릴 청원서를 작성해줄 것을 요구하겠다는 생각을 품기에 이르렀다. 동시에 그들은 몇 가지 소원사항을 진술하였다. 라인주의회 의원은 청원자들의 수를 늘림으로써 청원서의 비중을 높이기 위해 인근 지방에 사절을 보내 서명을 받도록 하여 160명의 농부들의 서명을 받았다. 그 청원서에는 다음과 같이 쓰여 있다:

트리어 정부관할 지방... 군의 우리 서명 주민들은 우리의 훌륭하신 국왕폐하께서 우리의 처지를 살피기 위해 그리고 많은 개인들의 불만을 청취하는 수고를 덜기 위해 황태자전하를 파견한 것으로 알고 있기에, 우리는 가장 훌륭한 국왕의 아들이며 프로이센의 황태자이신 전하께 삼가 아래의 사항을 경청할 것을 우리의 주의회 의원에게 위임하는 바입니다.

1) "우리가 우리의 과잉생산물, 특히 가축과 포도주의 과잉생산물을 팔 수 없게 되면, 우리는 모든 사정으로 봐서 너무 높은 세금을 낼 수 없습니다. 따라서 우리는 세금의 대폭적인 삭감을 희망합니다. 만일 그렇지 않으면 우리는 조세관에게 우리의 전 재산을 바쳐야 하기 때문입니다. 그것은 다음의 별첨 서류가 증명하는 바와 같습니다; (이 별첨 서류에는 1제국탈러 25질버그로센 5페니히를 내라는 조세관의 지불명령장을 포함하고 있다.)"

2) "전하께서는 너무 높은 봉급을 받고 있는 많은 월급쟁이들, 연금생활자들, 임시고용인, 문관 및 무관, 금리생활자와 기업경영자들의 진술을 기준으로 우리의 처지를 판단해서는 안 됩니다. 그들은 도시에서 가격이 많이 떨어진 우리의 생산물을 저렴하게 사서 호화로운 생활을 하고 있습니다. 반면 빚에 쪼들리는 농부들의 가난한 오두막에는 전혀 그런 모습이 없으며, 따라서 그런 사치스런 모습은 농부들에게는 불쾌한 비교입니다. 이전에는 27명이 29,000탈러를 받았습니다만, 지금은 연금생활자를 제외하고 63명의 관리가 105,000탈러를 받고 있습니다."

3) "우리의 지방공무원은 이전처럼 평민에 의해서 직접 선출할 것을 제안 드립니다."

4) "관세신고소는 하루 중 몇 시간이나 문을 닫을 것이 아니라 항상 문을 열어 둘 것을 제안 드립니다. 그래야만 별다른 죄도 없이 몇 분 늦은 농부가 5-6시간이나, 아니 온 밤을 꼬박 지새우며 추위에 떨면서 기다리거나 대낮에 햇볕에 그을릴 필요가 없게 됩니다. 관리란 언제나 인민을 위해 있고, 또 있어야 하기 때문입니다."

5) "1828년 4월 28일의 법률 제12조에 의거하여, 또한 최근 8월 22일 왕국정부의 관보에 의해 새롭게 형벌규정 아래 금지된, 배수로변으로부터 2피트 이내를 경작하는 것을 운송도로의 경우에는 제외하되 소유자들에게 그들의 모든 토지를 도로 배수구에 이르기까지 경작할 수 있도록 허용해 줄 것을 원합니다. 그럴 때만이 소유자들의 토지가 도로감시자에 의해 강탈되지 않게 될 것입니다."

전하의 충성스런 신민 올림.

(이하 서명부).

주의회 의원이 황태자에게 전하려고 했던 이 청원서는, 황태자전하에게 전달해 주겠다는 분명한 약속과 함께 다른 사람을 통해 접수되었지만, 회신은 끝내 돌아오지 않았다. 오히려 주의회 의원은 "국법에 대해 건방지고 불경스런 비난"을 늘어놓은 청원서의 작성자로 법원에 기소되었다. 그 결과 주의회 의원은 트리어에서 6개월간의 금고형과 소송비용을 지불하라는 유죄판결을 받았고, 항소재판에 의해 이 처벌은 문제의 재판비용만을 지불하라는 식으로 수정되었다. 이것은 피고인의 행동이 전혀 경솔하지 않았다고 볼 수 없었고, 또 그럼으로써 그가 이 소송을 일으킨 장본인이었기 때문이라는 것이다. 이에 반해 청원서의 내용 자체는 결코 처벌받아야 할 것으로 인식되지 않았다.

문제의 청원서가 부분적으로 황태자의 여행목적에 의해서, 부분적으로 주의회 의원으로서 피고인의 지위에 의해서, 모든 주의회에서 특히 중요하고 결정적인 사건으로 비화하고 공개적인 주의를 크게 환기시켰다고 볼 수 있지만, 그러나 그 청원서가 불러온 귀결은 곧바로 모젤지방의 상태에 관한 솔직하고 공개적인 논의를 유발한 것도 아니고 또 그와 관련한 관청의 희망을 실현가능한 것으로 만든 것도 아니다.

이제 우리는 본래의 언론방해, 즉 검열에 의한 거부를 살펴보기로 한다. 위에서 시사한 바에 따르면, 이것은 모젤지방의 상태에 관해 검열을 할 만한 논의의 시도가 드물었던 것처럼 분명 마찬가지로 드문 일에 속했을 것이다.

과장된 몇 마디의 말과 함께 솔직한 몇 마디의 말도 발견되는 배심원회의의 의사록은 군수의 검열에 의해 인쇄허가가 거부되었다. 배심원회의에서 협의회가 열렸는데, 그러나 그 회의록은 시장에 의해서 작성되었다. 회의록의 서문은 이렇다: "여러분! 트리어와 코블렌츠 사이의, 아이펠Eifel과 훈트스뤽켄Hundsrücken 사이의 모젤지방은 외적으로 매우 가난하다. 이 지방은 오직 포도재배만으로 먹고 사는 데다가 독일과의 통상조약으로 인해 치명적인 타격을 받았기 때문이다; 그러나 또한 이 지역은 정신적으로도 가난하다. 등등."

마지막으로 공개적이고 솔직한 논의가, 앞서 언급한 모든 방해를 극복하고 예외적으로 신문의 난을 채웠다면, 그것은 하나의 예외로서 간주되고 후에 파기되었다는 점을 마찬가지로 다음의 사실이 증명할 것이다. 몇 년 전 본Bonn대학의 재정학교수 카우프만Kaufmann이 <라인-모젤 신문>에 실은 "모젤지방 등의 포도재배자의 궁핍 상태에 관하여"라는 논문은 다양한 대중적 신문에 3개월간 유포되었다가 후에 왕국정부에 의해 금지되었다. 이러한 금지는 여전히 지금도 지속되고 있다.

이것으로 나는 이제 12월 10일의 내각칙령과 그 칙령에 기초한 12월 24일의 검열훈령 및 그 이후의 더 자유로운 언론운동에 대한 모젤지방의 관계 문제에 관해 충분히 답변한 것으로 믿는다. 이제 남은 문제는 "포도재배자의 상태가 절망적이라는 사실이 고위 당국으로부터 오랫동안 의심받아왔고, 그들의 궁핍의 아우성은 뻔뻔스런 외침으로 간주된다"고

하는 나의 주장의 근거를 제시하는 일이다. 문제의 명제는 다음과 같이 두 부분으로 나눌 수 있을 것이다: "포도재배자의 상태가 절망적이라는 사실이 고위 당국으로부터 오랫동안 의심받아왔다": "그들의 궁핍의 아우성은 뻔뻔스런 외침으로 간주되었다."

첫 번째 명제에 대해서는 더 이상 증명이 필요하지 않을 것이라고 믿는다. "그들의 외침은 뻔뻔스런 외침으로 간주되었다"는 두 번째 명제는, 주지사가 그렇게 했듯이, 첫 번째 명제로부터 "그들의 외침은 고위 당국으로부터 뻔뻔스런 외침으로 간주되었다"고 해석될 수는 없다. 그러나 "고위 당국"과 "공무적 관청"이 같은 의미로 간주될 수 있다면, 이러한 삽입문구도 또한 타당할 수 있다.

포도재배자의 "궁핍의 아우성"에 관해서는 단지 비유적으로 뿐만 아니라 단어의 본래 의미에서도 말해질 수 있었다는 사실은, 지금까지의 보고를 통해서도 분명해진다. 이러한 궁핍의 아우성이 한편으로는 그럴 만한 자격이 없다고 해서 비난받았고, 이러한 궁핍 자체에 관한 묘사가 이기적인 나쁜 동기에서 나온 터무니없는 과장으로 간주되었으며, 다른 한편으로는 이러한 궁핍에 관한 불만과 탄원이 "국법에 대한 뻔뻔스럽고 불경스런 비난"으로 이해되었다는 사실, 이러한 전제들에 관해서는 정부의 보고서와 형사소송절차가 증명하였다. 나아가 여러 가지 사정을 오해하고 나쁜 동기에 의해 과장되었으며 국법에 대한 뻔뻔스런 비난을 담고 있는 과장된 아우성이 "외침", 더욱이 "뻔뻔스런 외침"과 동일시되고 있다는 사실은, 적어도 무관한 혹은 불성실하게 끌어다 붙인 주장은 결코 아닐 것이다. 그러므로 결론적으로 한 자리를 대신하여 다른 자리가 들어설 수 있다는 사실은, 논리적 귀결로서 간단히 주어질 수 있는 것처럼 보인다.

<쾰른신문>과 <라이프치히 알게마이네 신문>의 발행금지

<라인신문> 제4호, 1843년 1월 4일

* 쾰른, 1월 3일. <쾰른신문>은 12월 31일의 호에서 "라이프치히 27일"이라고 표시된 통신기사를 실었는데, 그 기사는 거의 열광적으로 <라이프치히 알게마이네 신문>의 발행금지를 전하는 것이었다. 반면 그 신문의 발행금지를 명령했던 내각칙령Kabinetsordre, 어제 여기에 도착한 <국가신문Staatszeitung>에 실린 그 칙령에는 날자가 12월 28일로 되어 있다. 이 수수께끼는 다음과 같은 사실을 언급함으로써 간단히 풀린다. 즉 <라이프치히 알게마이네 신문>의 발행금지에 대한 소식이 이곳 우체국에 도착한 것이 12월 31일이었고, 또 <쾰른신문>은 기사뿐 아니라 통신원까지도 명기하고, 기사의 원래 목소리의 출처로 훌륭한 도시 라이프치히를 지적하는 것이 적당하다고 생각하였다. <쾰른신문>의 "상인적" 상상력은 생각을 뒤집어 볼만큼 매우 "기민"하였다. 그래서 <쾰른신문>은 <라이프치히 신문>의 쾰른 주재가 불가능해진 것을 보고서 <쾰른신문>의 라이프치히 주재를 알아차렸다. <쾰른신문>의 편집자가 더욱 냉정하게 생각할 경우 자신의 상상력의 유희가 사실 그대로의 엄연한 진리라고 변명하려고 한다면, 우리는 라이프치히에서 온 신비스런 통신문과 관련하여 "모든 예의범절의 한계를 뛰어넘는, 우리는 물론 온건하고 사려 깊은

사람이라면 누구나 납득할 수 없는 배신"으로 보이는 또 하나의 사실을 알려주어야만 할 것이다.

<라이프치히 알게마이네 신문>의 발행금지 자체와 관련하여 우리는 우리의 견해를 발표하였다. 우리는 <라이프치히 알게마이네 신문>이 질책 받은 결함이 날조된 것이라고 이의를 제기한 것이 아니라, 그 결함은 인민언론Volkspresse 자체의 본질로부터 기인하고, 따라서 만일 사람들이 인민언론의 발전과정 일반을 감내하고자 한다면, 그 발전과정 속에서 감내할 수밖에 없는 결함이라고 주장했던 것이다.

<라이프치히 알게마이네 신문>은 독일의 인민언론 전체가 아니라 독일 인민언론의 필수불가결한 한 분분이다. 인민언론의 본성을 이루는 다양한 요소는 그 본성이 자연적으로 발전하는 과정에서 우선 각각 독자적으로 자신의 고유한 형성과정을 발견해야 한다. 그러므로 인민언론 전체는 다양하고 상호 보충적인 성격을 띤 다양한 신문들로 나누어지게 된다. 그래서 예를 들어 한 신문에서 정치학이 주된 관심사를 이루게 되면 다른 신문에서는 정치적 실천이 주된 관심사를 이루게 되고, 한 신문에서 새로운 사상이 주된 관심사를 이루게 되면 다른 신문에서는 새로운 사실이 주된 관심사를 이루게 된다. 인민언론의 요소가 방해받지 않고, 자립적이고 일면적인 발전을 이룩하고, 다양한 기관 안에서 자립하게 됨으로써 "좋은" 인민언론, 즉 인민정신Volksgeist의 참된 계기들을 자신 속에 조화롭게 통합하고, 그것을 통해 장미의 모든 꽃잎 속에 장미의 향기와 영혼이 깃들어 있는 것처럼, 모든 신문 속에 현실적이고 인륜적인 정신이 깃들어 있는 그런 인민언론이 형성될 수 있는 것이다. 그러나 언론이 자신의 사명을 달성하기 위해서는, 어떤 사명도 언론 외부로부터 규정되어서는 안 되고, 사람들이 흔히 식물에 대해 그렇게 하고 있듯이, 언론이 자의에 따라 회피되어서도 안 되고 할 수도 없는 자신의 내적 법칙에 대한 승인을 언론에 부여해야 한다는 것, 이것이 무엇보다 필수적이다.

"온건한" 신문의 공격에 대한 답변

<라인신문> 제8호, 1843년 1월 8일

* 쾰른. 1월 7일. <알게마이네 아우크스부르크 신문>이 외교적 언사로 말하듯이, 라인주의 한 온건한 신문, 즉 적당한 힘과 대단히 온건한 성격과 그리고 매우 온당한 지성을 갖춘 이 신문은, "<라이프치히 알게마이네 신문>은 독일 인민언론의 필수불가결한 한 부분이다"는 우리의 주장을, 거짓말은 언론의 필수불가결한 한 부분이다는 주장으로 바꾸어버렸다. 우리는 이 온건한 신문이 우리의 논증에서 한 문장만을 따로 떼어내고, 문제의 논설에서 뿐만 아니라 그 이전의 한 논설에서도 벌어졌던 논쟁에 대해, 자신이 고매하고 영예롭게 고려해 볼 만한 가치가 없다고 간주한 것에 대해 크게 화를 내고 싶은 생각은 없다. 우리가 어느 누구에게도 자신의 껍질에서 뛰쳐나오라고 요구해서는 안 되듯이, 마찬가지로 한 개인이나 한 당파가 자신의 정치적 껍질을 넘어, 자신의 지적 지평의 한계를 넘어 목숨을 건 모험을 감행해야 한다고 요구해서도 안 되며, 자신의 편협함을 신성한 것으로 간주하는 한 당파에 대해서도 절대 그렇게 해서는 안 된다. 그러므로 우리는 지적 중간지대에 살고 있는 이 거주자가 우리를 반박하기 위해 무엇을 해야만 했던가가 아니라, 단지 그들의 실제 행위만을 논구하는 것이다.

먼저 <라이프치히 알게마이네 신문>의 과거 죄악을 열거하고, 그 다음에 하노버사건에 대한 그 신문의 행동, 가톨릭에 대항한 그 신문의 당파적 논쟁(그런 이유로 이 눈물을! 우리의 친구는 이 행동을 오직 정반대 방향으로만 해석하여 <뮌헨 정치신문Münchner politischen Blätter>가 저지른 죽을죄에 포함시키려고 하는가?), 그리고 그 신문의 비방들 등등을 열거한다. 여기서 우리에게는 알퐁스 까르Alphons Karr가 편집한 『말벌Wespen』지에 실려 있던 한 가지 묘한 발상이 떠오른다. 거기에 적혀 있는 바에 의하면, 기조씨는 띠에르 씨를 나라의 반역자로 묘사하고 띠에르Thiers 씨는 기조Guizot 씨를 나라의 반역자로 묘사했는데, 유감스럽게도 둘 다 옳다는 것이다. 만일 낡은 모습의 모든 독일 신문들이 자신의 과거를 비난하고자 한다면, 그 소송은 신문들이 행하지 않은 것 때문인지의 형식적 질문 주위만을 맴돌게 될지도 모른다. 우리는 <라이프치히 알게마이네 신문>에 비하여 우리의 친구가 갖고 있는 무해한 장점, 즉 단순히 나쁜 존재가 아니었던 것이 아니라, 전혀 아무런 존재가 아니었다는 장점을 흔쾌히 인정하는 것이다.

그러나 <엘버펠트 신문>, <함부르크 통신> 그리고 코블렌츠에서 발행되던 <라인-모젤 신문> 등의 발행금지에 대해, 자명하게도 우리가 꽤 진지한 이의를 제기해야 했음에도 불구하고, 고소된 우리의 논설은 <라이프치히 알게마이네 신문>의 과거의 성격이 아니라 현재의 성격에 대해 말했는데, 왜냐하면 권리상태는 개인들의 도덕적 성격이나 정치적 및 종교적 의견에 의해 변하지 않기 때문이다. 오히려 언론의 존재가 언론의 어떤 심정Gesinnung에 의존하게 되자마자, 언론의 무권리 상태가 의심할 여지없이 나타난다. 그런데 지금까지는 심정의 법전도, 신정의 법정도 존재하지 않는다.

이제 "온건한" 신문은 <라이프치히 알게마이네 신문>이 최근 국면에서 저지른 허위사실과 왜곡과 거짓을 비난한다. 그리고 나서 그것에 근거하여, 우리가 거짓을 인민언론의 필수적인 한 요소로 간주했다고 격렬히 고발한다. 그러나 언제 우리가 이 끔찍한 추론이 타당하다고 인정하였고, 언제 우리가 거짓이 인민언론, 특히 독일의 인민언론의 필수적인 한 요소로 주장했던가? 우리는 심정의 거짓, 정신적 거짓을 말하는 게 아니라, 사실의 거짓, 육체적 거짓을 말하는 것이다! 돌을 던져라! 돌을 던져라! 우리들의 기독교 친구는 외칠 것이다. 돌을 던져라! 돌을 던져라! 합창소리가 터져 나오기 시작할 것이다. 그러나 우리는 서두르지 않는다. 우리가 이야기한 대로 독단론자가 아니라면, 우리는 세계를 있는 그대로 받아들이고, 그래서 우리는 우리의 친구가 독단론자가 아님을 증명한다. 그 "온건한" 신문은 자신의 신문란에 대해 검증의 눈길을 던졌다고 얘기한다. 그러나 그 신문은 <프로이센 국가신문>과 마찬가지로, 독일의 모든 신문들과 마찬가지로, 세계의 모든 신문들과 마찬가지로, 파리에서 온 거짓말, 프랑스에서 진행되고 있는 개각에 관한 각종 요설, 파리의 한 신문이 꾸며낸 다음 날이나 몇 시간 후면 반박될 허위보고 등을 날마다 보도하지 않는가! 그러면 <라인-모젤 신문>은 사실적 거짓을 영국, 프랑스, 스페인, 터키의 난에서는 필수적인 요소로 간주하고, 독일이나 프로이센의 난에서는 처벌받아야 하고 죽어 마땅한 범죄로 간주한단 말인가? 도대체 어디에서 이러한 이중적 잣대와 저울이 나오는가? 도대체 어디에서 이러한 이중적 진리관이 나온다는 말인가? 왜 동일한 하나의 신문이 한 난에서는 새 소식 전달지로서 뻔뻔스런 나태함을 허용해도 되고, 다른 난에서는 관보로서 무미건조한 정확성을 과시해야만 하는가? 분명히 그 이유는 독일 신문에서는 영국, 프랑스, 터키, 스페인의 시간이 존재해야 하지만 독일 시간은 존재해서는 안 되고, 단지 독일적 무시간성만이 존재해야 한다는 데 있다. 그러나 모든 생성되고 있는 것, 특히 생성되고 있는 현대사에 동반되는 세심한 주의, 열광적 관심, 극적 긴장을 외국에서 빼앗아 조국에 바친 신문들은 오히려 칭찬받아야 하지 않는가, 특히 국가로부터 칭찬받아야 하지 않는가! 그 신문들이 불만과 불평을 불러일으켰던 것을 상기하라! 그래서 그 신문들은 독일적 불만, 독일적 불평을 불러일으키고, 비록 처음에는 격앙되고 기분 나쁜 심정이었지만, 이반된 심정을 항상 국가에게 되돌려 주었던 것이다! 그리고 그 신문들은 불만과 불평만을 불러일으킨 것이 아니라, 두려움과 희망, 기쁨과 괴로움도 불러 일으켰다. 특히 그 신문들은 국가에 대한 현실적 관심을 불러 일으켰다. 국가를 그 구성원들의 심장의 문제로, 가정의 문제로 만들었다. 그 신문들은 페테르스부르크, 런던, 파리 대신에 베를린, 드레즈덴, 하노버 등지를 독일의 정치적 정신의 지도 위에 주요 도시로 그려 놓았다. 이것은 로마에서 비잔틴으로 세계 수도를 옮기는 것보다 더 칭찬할 만한 행위이다.

그러나 독일과 프로이센을 독일인과 프로이센인의 주요 관심사로 만들고, 국가의 신비스런 사제적인 제도를 명백하고 모든 사람이 접근할 수 있고 모든 사람에게 속하는 평신도의 제도로 변화시키고, 국가를 공민의 살과 피로 변화시키는 것을 목표로 정한 독일과 프로이센의 신문들이, 비록 사실적 진리라는 점에서 프랑스와 영국의 신문들에 뒤떨어진다고 하더라도 또한 종종 미숙하고 동화처럼 공상적으로 행동한다고 하더라도, 독일인들은 자신의 국가를 단지 소문으로만 안다는 사실, 폐쇄된 문은 결코 안경이 아니라는 사실, 비밀스런 국가제도는 공개적 국가제도가 아니라는 사실을 생각해보라. 그리고 단지 국가의 결함에 불과한 것을, 바로 이 신문들이 교정하려고 노력하는 결함을 신문들의 결함으로 삼지 말라.

그러므로 우리는 "<라이프치히 알게마이네 신문>은 독일 인민언론의 필수불가결한 한 부분이다"를 다시 한 번 반복한다. 이 신문은 무엇보다 정치적 사실에 직접적 이해관심을 충족시켰고, 우리는 무엇보다 정치사상에 대한 이해관심을 충족시켰다. 이때 사실은 사상을 배제하지 않으며, 사상은 사실을 배제하지 않는다는 것이 자명하다. 그러나 여기서 중요한 것은 우세한 성격, 즉 구별특징이다.

어느 "이웃" 신문의 고발에 대한 답변

<라인신문> 제10호, 1843년 1월 10일

* 쾰른, 1월 9일. 만일 "좋은" 신문이 아우크스부르크의 예언자 훌다Hulda를 선봉으로 하여, 이제 사방팔방에서 우리들에 대한 공격의 박차를 가하려 하지 않는다면, 그것은 순리에 어긋난 일이 될 것이다. 우리는 곧이어 훌다가 재차 도발하도록 무도곡을 연주할 것이다. 오늘 우리가 다루고자 하는 것은 부상으로 불구가 된 이웃, 즉 매우 존경할 만한 <쾰른신문>에 관해서이다! 항상 이와 같이!

먼저: "잠정적인 어떤 것" 혹은 "어떤 잠정적인 것", 이것은 오늘 그 신문이 행한 고발을 이해하기 위해 우리가 미리 제공하려는 메모이다. 또한 이것은 <쾰른신문>이 정부에게서 어떤 방식으로 "주목"을 받고자 하고, 어떤 방식으로 "자의"에 대립하여 "참된 자유"를 관철시키며, 또 어떤 방식으로 내부에서 자신에게 한계를 설정할 줄 아는지를 말해주는 가장 적절한 이야기다. 애독자라면 여러 차례에 걸쳐 언급하였던 그 발행금지를 거의 열광적으로 알렸던 라이프치히 발 쾰른신문 통신기사를 <쾰른신문>이 스스로 조작했다고 <라인신문> 제4호가 <쾰른신문>을 정면으로 고발했다는 사실을 기억할 것이고, 동시에 불응하면 "라이프치히 발 신비한 통신기사와 관련하여" 불편한 사실을 하나 더 공개할 수밖에 없다는 단호한 위협을 가하면서, <쾰른신문>에게 그 문서의 신빙성을

진지하게 변호하지 못하도록 우리가 호의적으로 타일렀다는 사실을 기억할 것이다. 선량한 독자라면 1월 5일의 <쾰른신문>의 회피조의 온건한 답변을 기억할 것이고, 우리 신문 제6호에 실린 우리의 정정 답변을 기억할 것이고, <쾰른신문>이 이에 대해 좋다고 생각한 "인고의 침묵"을 기억할 것이다. 문제의 사실은 다음과 같다: <쾰른신문>은 <라이프치히 알게마이네 신문>이 발행금지를 당한 것이 "모든 예의범절의 한계를 뛰어 넘고, 우리는 물론 온건하고 사려 깊은 사람이라면 누구나 납득할 수 없는 배신으로 보일 수 있는" 보도를 했기 때문이라고 생각하여, 그 발행금지를 정당한 것으로 간주했다는 것이다. 이것이 의미하는 바는 명백히 헤어베크Herwegh의 편지의 공개였다. 만일 <쾰른신문>이 며칠 전에라도 스스로 헤어베크의 편지를 독자들에게 알리고 싶지 않았다면, 그리고 자신의 좋은 의도를 수포로 돌아가게 하는 "한계"에 "외부로부터" 부딪쳤더라면, 아마 사람들은 <쾰른신문>의 이 견해를 공감할 수 있었을 것이다.

그렇다고 해서 우리가 <쾰른신문>이 불충한 욕망을 가졌다고 비난하려는 것은 아니다. 그러나 만일 이제 막 실행에 옮기려고 했지만 단지 외부의 방해로 인하여 자신의 행위가 되지 못한 그 행위를 사람들이 그 이웃이 행했을 경우에 죽어 마땅한 범죄라고 비난한다면, 그것이 이해될 수 있는 분별 있는 행동인지, 또 그것이 예의와 공중도덕의 모든 한계를 넘어선 것은 아닌지를 우리는 독자들의 판단에 맡길 수밖에 없다. 우리는 이러한 계몽에 따라 <쾰른신문>의 사악한 양심이 오늘 우리에게 고발로써 응답해올 경우, 그것을 이해하게 될 것이다. 그 신문은 이렇게 말한다:

"거기(라인신문)에서는, 신문이 프로이센에 반대해 취하는 유별나게 날카롭고 거의 귀청을 째는 듯한, 어쨌든 불쾌한 논조는 그것을 통해 정부로부터 주목을 받고자 하고, 정부를 자극하고자 하는 것 이외에 어떤 다른 이유도 갖고 있지 않다고 주장된다. 왜냐하면 인민은 현존하는 국가

형태를 이미 훨씬 벗어나 있고, 이 국가형태는 독특한 공허함을 겪었으며, 그리고 신문과 마찬가지로 인민은 이 제도에 대해서 어떤 신뢰도 갖고 있지 않고, 더욱이 제도의 내부로부터 생기는 발전에 대해서는 더욱 더 신뢰를 갖지 않기 때문이라는 것이다." <쾰른신문>은 이 말에 덧붙여 이렇게 외친다: "이러한 의견과 더불어, 또한 불충분한 언론자유에 대한 탄식이 끊임없이 울려 퍼지고 있는 데 대해 놀라워해야 하지 않는가? 모든 국가제도는 잡동사니에 불과하고, 결코 좋은 것이 못 되며, 더 나은 것으로 이행되어야 할 것이라고 정부에게 대놓고 얘기할 수 있는 자유보다 더 많은 자유를 요구할 수 있는가."

먼저 우리는 인용의 방식에 관해 이해해야 한다. 문제된 논설의 저자는 이 신문이 바로 프로이센에 관해서 취하고 있는 날카로운 논조가 어디서 기인하는가? 하는 물음을 던진다. 이렇게 대답한다: "그 이유를 주로 다음에서 찾아야 한다고 나는 믿는다." 그는 <쾰른신문>이 그를 곡해하고 있는 것과는 달리, 다른 어떤 근거도 없다고 주장하지 않고, 오히려 그는 자신의 견해를 단지 자신의 믿음으로서 개인적 의견으로서만 제시할 뿐이다. 나아가 저자는 <쾰른신문>이 침묵했던 사실, 즉 "1840년의 번영이 부분적으로 국가형태에까지 미쳐, 국가형태에 충만함과 생동감을 부여하고자 시도"했다는 사실을 인정한다. 그럼에도 불구하고 사람들은 "인민정신이 실제 국가형태를 무시하고, 그것을 언급하지 않고, 또 아직도 그것을 앞으로의 발전을 위한 통로로서 인식하거나 존중할 줄 모른다"고 느낄 것이다. 저자는 계속해서 말한다: "국가형태가 법을 가지고 있는지의 여부는 결정하지 말고 그대로 놔두자. 어쨌든 그 신문과 마찬가지로 인민도 제도에 대해 완전한 신뢰를 갖고 있지 않으며, 제도로부터 그리고 아래로부터 위로 올라가는 발전의 가능성에 대해서는 더욱 더 완전한 신뢰를 갖고 있지 않다." <쾰른신문>은 "완전한 신뢰를 갖고 있지 않다"라는 문장을 어떤 신뢰도 갖고 있지 않은 것으로 바꾸었고, 인용된 문장의 마지막 부분에서 "그리고 아래로부터 위로 올라가는"이라는 말을 생략한다. 이로 인해 의미가 본질적으로 변한다.

우리의 저자는 계속해서 말한다: 그 신문이 정부에 대해 계속 청원했던 이유는 "국가형태 자체, 즉 내부에서 인민의 정당하고 윤리적인 의지, 뜨거운 소망, 욕구가 정부에 대해 자유롭고 개방적이고 무게 있는 언어로써 표출될 수 있는 국가형태 자체가 여전히 문제로 다루어지는 것처럼 보였기" 때문이다. 이제 이러한 입장을 요약하면, 문제의 논설이, <퀼른신문>이 보기에 그 논설이 "정부에 대놓고" 말했던 것, 즉 "모든 국가제도는 잡동사니에 불과하고, 결코 좋은 것이 못되고, 더 나은 것으로 이행되어야 할 것"이라고 주장하는가?

여기서 문제가 되는 것은 모든 국가제도인가? 중요한 것은 단지 "인민의 의지"가 "자유롭고, 개방적이고, 중요하게" 표명될 수 있는 국가들만이 문제가 될 뿐이다. 그러면 최근에 이르기까지 그런 국가형태는 무엇이었는가? 바로 신분제의회에 불과했다. 인민이 신분제의회에 특별한 신뢰를 보냈던가? 인민이 신분제의회로부터 커다란 인민적 발전을 기대했던가? 왕당파 뷜로브-쿰메로프Bülow-Cummerow가 그것을 인민의지의 참된 표준으로 간주했던가? 그리고 인민과 언론뿐만 아니라 정부까지도 국가형태 자체가 여전히 결함을 가지고 있었다는 사실을 인정하지 않았다면, 정부가 이러한 사실을 인정하지 않은 채 하나의 새로운 국가형태 즉 "위원회"를 만들려는 동기만을 가졌다는 말인가? 더욱이 그 위원회 역시 그것의 현재 형태로는 충분치 못하다는 사실을 단지 우리만 주장했던 것이 아니라, 위원회 성원의 하나가 <퀼른신문>에서 이 사실을 주장한 바 있다.

더 나아가 국가형태가 바로 형식으로서 내용에 대립하고, 인민정신이 그 자신의 형식으로서 국가형태 안에서 "고향의 정서를" 느끼지 못하고, 국가형태를 그 자신의 삶의 형식들로 알지 못한다는 주장, 이 주장은 프로이센과 외국의 많은 신문들에 의해서, 그러나 대부분은 보수적 저술가들에 의해서 표방되었던 것의 단순한 반복, 즉 관료제가 지나치게 강력하다는 주장, 국가 전체보다는 국가의 한 부분인 "정부"가 본래 국가의 삶을 영위한다는 주장의 단순한 반복에 불과하다. 현재의 국가형태가 한편으로 어느 정도까지 생기 있는 내용으로 자신을 채우는 데 적당하고, 다른 한편으로 어느 정도까지 결함을 보완하는 국가형태를 만드는 데 적당한지, 이 질문에 대한 대답을 <쾰른신문>은 우리가 국가조직 전체와 관련하여 신분제의회와 주위원회를 고찰했던 곳에서 찾아야 했다. 그랬다면 그 신문은 거기서 그의 지혜로도 이해할 수 있는 정보를 발견했을 수도 있었을 것이다. "우리는 인민대표의 경우에 현실적으로 존재하는 차이를 도외시할 것을 요구하는 것이 아니라, 오히려 국가의 내부구성을 통해 만들어지고 제약된 현실적인 차이를 요구한다." "우리는 단지 프로이센의 기본제도가 일관되고 전면적으로 완성될 것만을 요구하고, 현실적이고 유기적인 국가의 삶을 갑자기 버림으로써 사람들이 비현실적이고, 기계적이고 종속적이고, 비국가적인 삶의 영역으로 다시 침몰하는 일이 없기를 요구한다."(<라인신문> 1842년, 제345호) 그러면 존경할 만한 <쾰른신문>으로 하여금 우리에게 다음과 같이 말하도록 하는 것은 무엇인가? "모든 국가제도는 잡동사니에 불과하고, 결코 좋은 것은 못 되고, 더 나은 것으로 이행되어야 할 것이다!" <쾰른신문>은 비겁한, 그러나 방자하게 설쳐대는 환상이 낳은 뻔뻔스런 산물을 남에게 전가함으로써 마치 자신의 용감성의 결여를 보상할 수 있으리라고 믿는 것처럼 보인다.

<쾰른신문>의 고발과
<라인-모젤 신문>의 논박

<라인신문> 제13호, 1843년 1월 13일

* 쾰른, 1월 11일.

> 내 눈에 비친 당신의 이마에는 조금도 유쾌한 빛이
> 보이지 않는군요!
> 에라스트, 내가 나타난 것이 당신을 불쾌하게 했나요?
> 도대체 무슨 일이에요? 당신에게 무슨 일이 있나요?
> 나를 보자 당신이 한숨을 쉬는 것은 무엇이 불쾌해서인가요?

이 말을 이웃인 <쾰른신문>에게! <쾰른신문>은 "소위 고발"에 관해 상세히 말하지 않는다. <쾰른신문>은 이 요점을 빠뜨리고, 단지 이 사건에서 "편집자"를 싸움에 끌어들인 방식이야말로 가장 쾌적한 방식이 아니었다는 사실만을 불평한다. 그러나 친애하는 이웃이여, 만일 <쾰른신문>의 통신원이 우리 신문의 베를린 발 통신기사의 하나를 <라인신문>과 동일시한다면, <라인신문>이 <쾰른신문>의 반박하는 라인-통신을 <쾰른신문>과 동일시해서는 안 될 이유가 도대체 어디에 있단 말인가? 이제 사실이라는 말에서 다음의 구절이 생각난다: "그것(<라인신문>)은

우리를 어떤 사실 때문이 아니라 의도 때문에 비난한다!" 우리는 <쾰른신문>을 단지 의도 때문이 아니라, 이 의도의 사실 때문에 비난한다. <쾰른신문>의 의도가 이미 하나의 사실로 변화되었음에도 불구하고, 헤어베크의 편지를 게재한 사실이 이 신문에게는 외적 우연을 통해 하나의 의도로 변화되었다. 수포로 돌아간 사실은 모두 단순한 의도로 치부된다. 그래서 수포로 돌아간 사실은 법정 앞에 서지 않아도 되는가? 어쨌든 그 신문이 한 행위의 정당화를 우연 속에서, 즉 이 행위를 수포로 돌아가게 하고 그것을 어떤 행위가 되지 않고 행위의 단순한 의도로 되게 만든 우연 속에서 찾는다는 것은 특별한 미덕일 것이다. 우리의 충성스런 이웃은 질문을 던지는데, 그러나 그 질문을 <라인신문>에 대해서 던지지 않는다. 이 이웃은 <라인신문>이 "성실함과 양심" 때문에 "당혹감" 속에서 그렇게 쉽게 대답이 막히지는 않을 것이라고 불쾌한 혐의를 씌운다. 가령 "이 신문의 혐의(아마 혐의에 대한 변호라고 말해야 하지만)가 얼마나 믿을 만한 것인지에 관해 아직 완전히 확신하지 못한 소수의 독자들"에게 질문을 던진다. 우리의 충성스런 이웃은 <라인신문>에게 다음과 같이 묻는다: "우리가 이 의도(헤어베크의 편지를 보도하려는 의도)에, 또한 다른 (어떤 증거를 통해서도 증명되지 않은) 의도를, 즉 저자의 방자함으로 인해 질책을 받아 마땅한 것을 덧붙이려고 하는 의도를 결부시키지 않았다는 사실을 <라인신문>은 어떻게 알고 있는가?" 그러나 <쾰른신문>은 <라이프치히 알게마이네 신문>의 편지공개가 어떤 의도를 갖고 있었는지 도대체 어떻게 아는가? 가령 새 소식을 처음으로 보도하려는 무해한 의도는 왜 알지 못하는가? 가령 그 편지를 단순히 여론의 심판대 앞에 제시하려는 충성스런 의도는 왜 모르는가? 우리는 우리의 이웃에게 일화 하나를 이야기하려고 한다. 로마에는 코란의 인쇄가 금지되어 있었다. 한 교활한 이탈리아인이 나름대로의 방책을 갖고 있었다. 그는 코란에 대한 반박을 편집했는데, 책의 표지에는 "코란에 대한 반박"이라고 되어 있지만, 표지 뒤에는 코란이 그대로 인쇄되었다. 그래서 모든 이교도들이 이 술책을 이용하지 않았던가? 바니니Banini가 그의 세계의 극장에서 무신론을 배격하면서 무신론에 대한 모든 반대논거를 신중하고 다채롭게 주장했음에도 불구하고, 그는 화형당해 죽지 않았던가? 볼테르조차 『마침내 해명된 성경』에서 본문에서는 무신앙을, 주석에서는 신앙을 가르치지 않았던가? 그리고 사람들이 이 주석의 순화력을 믿었던가? 우리의 존경하는 이웃은 결론 짓는다: "그러나 비록 우리가 이러한 의도를 가졌다 하더라도, 이미 널리 알려져 있던 그 편지를 우리가 게재한 것이 처음 공개한 것과 동일선상에 놓일 수 있는가?" 그러나 친애하는 이웃이여, <라이프치히 알게마이네 신문>도 역시 사본형태로 널리 유포되어 있던 편지를 발표했을 뿐이다. "왕이시여, 당신은 참으로 트집 잡는 것을 좋아하십니다."

1832년 8월 15일 성모마리아 승천일에 내린 교황의 교서에는 이렇게 쓰여 있다: "모든 사람에게 양심의 자유가 허용되어야 한다고 주장하는 것은 망상이다. 언론자유는 혐오하는 것만으로는 불충분하다." 이 교서는 우리를 쾰른에서 코블렌츠로, 즉 "온건한" 신문인 <라인-모젤 신문>으로 인도하는데, 언론자유를 위한 우리들의 투쟁에 대해 이 신문이 지르는 고통의 비명은 위의 인용문을 통해 이해되고 정당화될 것이다. 이런 점에서 보면 비록 기묘하게 들릴지 몰라도, 그 신문은 가령 자신을 "언론의 매우 열렬한 친구로" 간주하고자 했었다. 오늘 이 신문의 "온건한" 난으로부터 두 마리의 사자는 아니지만 하나의 사자가죽과 하나의 사자옷이 튀어나오는데, 우리는 그것에 상응하는 박물학적 주의를 기울이고자 한다. 제1호는 특히 다음과 같이 심정을 토로한다: "그 측면(<라인신문>)에서 보면, 투쟁은 매우 충성스럽기 때문에, <라인신문>이 자신의 가슴 깊은 곳에 놓여 있는 "권리상태"로 인해 심지어 <라인-모젤 신문>의 발행금지에 대해서조차 애초부터 들고일어날 것이라는 확신을 우리에게 준다. 잘 알다시피 실제로 이미 오래 전에 발행 금지된 <뮌헨 역사-정치 신문>에 대해 비난하는 말이 병들어버린 모든 언론자유를 위해 투쟁하는 기사의 같은 입에서 튀어나오는 것이 우연이 아니라면, 위의 확신은 우리들에게 비위를 맞추고 안심시키는 것에 불과한 것이다."
사실상의 신문날조라고 판정된 바로 그 순간에, 사실상 날조당하는 것은 얼마나 기묘한가! 인용된 문장은 이렇다: "우선 <라이프치히 알세마이네 신문>의 과거 죄악들이 열거되고, 그 다음에 하노버사건에 대한 이 신문의 태도가, 가톨릭에 대항한 그 신문의 당파적 논박이 차례로 열거된다(그런 이유로 이 눈물을!); 우리의 친구는 이 태도를 오직 정반대 방향으로만 해석하여, 뮌헨『정치잡지』가 저지른 죽을죄에 포함시키려고 하는가?" 이 구절들에서 뮌헨『정치잡지』는 개신교에 반대하는 "당파적 논박"을 진술한다. 우리가 이것으로 인해 이 잡지의 발행금지를 정당화했던가? 우리가 <라이프치히 알게마이네 신문>의 경우에 결코 발행금지의 이유가 될 수 없다고 했던 "바로 그 행동"을 "오직 정반대 방향으로만 해석하여" 뮌헨『정치잡지』에서 재발견함으로써, 그것의 발행금지를 정당화할 수 있단 말인가? 정반대다! 우리는 바로 그 행동이 한편으로는 발행금지를 정당화하고, 다른 한편으로는 발행금지를 정당화하지 않는지를 <라인-모젤 신문>의 양심에 물었던 것이다! 그러므로 우리는 그 신문이 행동 자체를 판결했는지, 아니면 오히려 그 행동의 방향만을 판결한 것이 아닌지? 물었던 것이다. 그리고 이 질문에 대해 <라인-모젤 신문>은 우리처럼 종교적 당파논박을 단죄한 것이 아니라, 뻔뻔스럽게도 프로테스탄트적이라고 자처하는 단지 그 당파논박에 대해서만 유죄판결을 내린 것이라고 대답했던 것이다. 만일 "이제 막 실시된" 발행금지에 대항하여 <라이프치히 알게마이네 신문>을 보호하려는 바로 그 순간에 우리가 <라이프치히 알게마이네 신문>이 가톨릭에 가한 당파논박을 <라인-모젤 신문>과 함께 언급한다면, "오래 전에 발행금지된" 뮌헨『정치잡지』의 당파논박을 <라인-모젤 신문>을 언급함이 없이 언급해도 괜찮지 않은가? 그러므로 제1호는 너무 관대해서 "국가의 보잘 것 없는 공공성", "매일 매일의" 시끄럽고 익숙하지 않은 "정치적 사고"의 "미숙함",

"생성되는 시대사"의 성격, 다시 말해 우리가 사실상의 신문날조를 용인했던 바로 그 근거들에 하나의 새로운 근거, 즉 대부분의 독일 언론의 사실상의 분별력 부족을 덧붙였다. 어떻게 그릇된 생각이 필연적으로 의도치 않게 그릇된 사실을, 그래서 왜곡과 날조를 만들어낼 수밖에 없었는지 〈라인-모젤 신문〉은 스스로 그 증거를 제공하였다.

이제 우리는 제2호로, 즉 사자옷으로 넘어간다. 여기에서는 제1호의 더 포괄적인 근거들이 뒤죽박죽되는 과정을 더 생생하게 겪기 때문이다. 사자옷은 우선 크게 흥미 없는 자신의 심정상태를 독자들에게 알린다. - 사자옷은 "분노의 표출"을 기대했다. 이제 우리는 "외면상 쉽게 지나가면서 고상하게 끝내고자 했다." 이 "뜻밖의 관용"에 대한 그들의 감사에는 "저 뜻밖의 관용이 실제로 온화함의 표시인지, 혹은 오히려 정신적 불쾌함이나 피로의 결과가 아닌지" 하는 짜증스런 의심이 섞여 있다.

성직자적 유쾌함이 어떻게 정신적 불쾌함의 근거를 제시할 수 있는지, 우리는 우리의 경건한 신사와 논쟁하고 싶지 않다. 우리는 곧바로 "문제가 된 응답의 내용"으로 넘어가려고 한다. 경건한 그 신사는 〈라인신문〉이 "자신의 당황함을 단지 공허한 떠벌림으로만 감추려고 하는 것"이 신사의 "가장 온건한 지성"에게는 "유감스럽게도 통할 수 없다"고 고백한다. 그리고 "위선적인" 겸손이나 겸양의 가상을 한 순간도 드러내지 않기 위하여 그 경건한 신사는 "가장 온건한 지성"에 가장 결정적이고 반박할 수 없는 증거들을 즉각 덧붙인다. 그는 다음과 같이 시작한다:

"'〈라이프치히 알게마이네 신문〉의 과거 죄악들, 하노버 사건에 대한 신문의 태도, 가톨릭에 대항한 당파논박, 신문의 요설들' 등은 이제 당연히 부정될 수 없다; 그러나 - 위대한 철학자 헤겔의 탁월한 우리의 제자는 생각한다 - 이 잘못들은 다른 신문들 또한 그와 같은 죄를 범할 수 있었다는 사실을 통해 완전히 용서된다. - (마치 법정에 선 도둑이 아직 자유롭게 세상을 활보하고 있는 수많은 자신의 동료들이 저지르는 나쁜 소행을 증거로 끌어들임으로써 자신을 정당화하는 것보다 더 멋진 일이 없는 것처럼.)"

도대체 우리가 어디서 "<라이프치히 알게마이네 신문>의 과거 죄악들이 다른 신문들 또한 그와 같은 죄를 범할 수 있었다는 사실을 통해 완전히 용서될 것"이라고 말했는가? 또 우리가 도대체 어디서 이 과거의 죄악들을 단지 "용서해" 주려고 했는가? 그러므로 "가장 온건한 지성"의 거울에 비친 우리의 논거와 분명히 구별되어야만 할 우리의 현실적인 논거는 다음과 같이 지적되었다: 우선 <라인-모젤 신문>이 <라이프치히 알게마이네 신문>의 "과거 죄악들"을 열거한다. 이어서 우리는 이 죄악들을 특정화한다. 그리고 나서 계속 말한다: "만일 과거 양식의 모든 독일 신문이 자신의 과거를 비난하고자 한다면, 그 소송은 신문들이 죄를 지은 것이 그 신문들이 행한 것 때문인지, 아니면 그 신문들이 행하지 않은 것 때문인지 하는 형식적 질문의 주위만을 맴돌게 될지도 모른다. 우리는 <라이프치히 알게마이네 신문>에 비해 우리의 친구 <라인-모젤 신문>이 갖고 있는 무해한 장점, 즉 단순히 나쁜 존재가 아니었을 뿐만 아니라 아무런 존재도 아니었다는 장점을 흔쾌히 인정하는 것이다."

그러므로 우리는 다른 신문들 역시 똑같다고 말하지 않는다. 우리는 과거 양식의 모든 독일 신문들이, 그 속에는 <라인-모젤 신문>도 분명히 포함되는데, 서로를 빌미로 완전히 용서받을 수 있다고 말하는 것이 아니라, 마땅히 동일한 비난을 받을 수 있다고 말한다. 단지 <라인-모젤 신문>은 자신이 행하지 않은 것 때문에 죄를 범했다는 이 모호한 장점을 자기 것으로 주장할 수 있을 뿐이고, 따라서 자신의 태만죄를 <라이프치히 알게마이네 신문>의 실행죄에 대립시킬 수 있을 뿐이다. 우리는 <라인-모젤 신문>에게 이 신문의 소극적인 잘못을 생생한 사례를 들어 설명할 수 있다. 즉은 <라이프치히 알게마이네 신문>에 대해서는 <라인-모젤 신문>이 자신의 광적 열기를 식히고 있지만, <라이프치히 알게마이네 신문>의 생전에는 그 신문을 반박하는 대신 발췌 인용하였다. "가장 온전한 지성"이 우리의 논거를 명확히 이해하고자 할 때 사용했던 비유는 사소하지만 본질적인 하나의 정정을 필요로 한다. 자유롭게 활보하는 다른 도둑들을 빌미로 법정에 서서 자신을 변명한 한 도둑에 대해 그 지성이 말해서는 안 되었을 것이다. 오히려 그는 반성하지도 않고 감금되지도 않은 한 도둑이, 반성하고 있음에도 불구하고 감금된 다른 한 도둑에 대해 쾌재의 휘바람을 불고 있는, 그런 두 도둑에 대해 말했어야 했다. 계속 말한다: "게다가 가장 온전한 지성, 더욱이 '법 상태는 개인들의 도덕적 성격이나 심지어 정치적, 종교적 의견에 의해서도 변화되지 않으며' 결과적으로 절대적으로 나쁜 신문조차 그것이 단지 하나의 나쁜 존재라는 바로 그 이유 때문에 그런 하나의 나쁜 존재로서 존재할 하나의 권리를 또한 가진다.(지구상의 모든 나머지 악들이 바로 악이 존재하는 이유 때문에 존재할 권리를 또한 갖고 있다는 점에 논쟁의 여지가 있을 수 없다는 것과 마찬가지로.)"

이 경건한 신사는 모든 "위대한" 철학자들에게서 배웠을 뿐만 아니라, "보잘 것 없는" 철학자들에게는 한 번도 배운 적이 없다는 사실을 우리에게 확신시키고자 하는 것 같다.

그러므로 우리의 친구가 매우 놀라울 정도로 왜곡되고 뒤얽힌 특징으로 뒤집어 씌우려고 했던 그 구절은 "가장 온전한 지성"이라는 매개물 속에서 부수어지기 전에는 다음과 같았다:

"우리가 자명하게도, 코블렌츠에서 발행되던 <라인-모젤 신문>의 발행금지 등등이 행해진다면 그것에 대해 매우 진지한 이의를 제기했어야 함에도 불구하고, 고소된 우리의 논설은 <라이프치히 알게마이네 신문>의 과거 성격이 아니라 현재의 성격에 대해 말했는데, 왜냐하면 법 상태는 개인들의 도덕적 성격이나 심지어 정치적 종교적 의견에 의해 변화되지 않기 때문이다. 오히려 언론의 존재 여부가 언론이 어떤 신념을 가졌는지에 의존하게 되자마자, 언론의 무법적 상태가 의심의 여지없이 나타난다. 즉 신념의 법전도 없고, 신념의 법정도 지금까지 존재하지 않는다."

그러므로 우리는 한 인간이 자신의 도덕적 성격 때문에, 자신의 정치적 종교적 견해 때문에 - 후자의 주장이 우리의 종교적인 친구를 특히 흥분시키는 것 같다 - 감금되거나 재산상이나 혹은 다른 법률적 권리를 손해볼 수는 없다는 것 이외의 다른 어떤 것을 주장하는 것이 아니다. 우리는 나쁜 존재의 법 상태를, 그 존재가 나쁘기 때문에 위험하지 않은 게 아니라, 그 존재의 나쁨이 신념 속에, 즉 그 신념에 대해 어떤 법정도 없고 어떤 법전도 없는 바로 그 신념 속에 머물러 있는 한에서만 위험하지 않다고 이해하려고 한다. 그러므로 우리는 자신에 대해 어떤 법정도 갖지 않은 나쁜 신념의 존재를 나쁜 행위의 존재와 대립시키는데, 그 나쁜 행위는 위법적일 경우에 자신의 법정과 처벌 법률을 발견하게 된다. 그래서 우리는 나쁜 존재가 비록 나쁠지라도 위법적이지 않다면, 존재할 권리를 갖고 있다고 주장한다. 그러나 우리는 우리에 대한 거짓 메아리가 들려주는 것, 즉 나쁜 존재가 "단지 나쁜 존재"이기 때문이라는 바로 그 이유로 인해 나쁜 존재에게 "존재할 권리가 논박될 수 없을 것"이라고 주장하는 게 아니다. 오히려 존경할 만한 우리의 후원자라면, 우리가 <라인-모젤 신문>과 그 추종자들의 "법 상태"에 대한 공격을 정당화시키지 않고서도, 그와 <라인-모젤 신문>에게 나쁜 존재로서 존재할 권리를 부정하고, 그래서 그 존재를 가능한 한 좋은 존재로 변화시키고자 한다는 사실을 확신하게 될 것이다. 아직 우리의 경건한 열광분자의 "지성의 측도"에 대한 또 하나의 증거가 있다: "그러나 '정치사상'의 기관지가 정도가 지나쳐 <라이프치히 알게마이네 신문>(그리고 자명하듯이 <라인신문>)과 같은 신문들이 비록 불만과 불평을 불러일으킨 사실이 기억됨에도 불구하고, 독일적 불만과 독일적 불평을 불러일으켰기 때문에 오히려 칭찬받을 만할 것이라고, 국가로부터 칭찬받을 만할 것이라고 주장한다면, 우리는 '조국 독일을 위한' 이런 드문 '공적'에 의심을 표할 수밖에 없다." 인용된 이 구절은 원문에는 다음과 같이 쓰여 있다: "그러나 모든 생성되는 것에, 특히 생성되고 있는 시대사에 동반되는 세심한 주의, 열광적 관심, 극적인 긴장을 외국에서 **빼앗아** 와서 조국에 향하게 하는 신문들은 오히려 칭찬받아야 하지 않는가, 특히 국가로부터 칭찬받아야 하지 않는가! 그 신문들이 불만과 불평을 불러일으켰던 것을 상기하라! 그리하여 그 신문들은 독일적 불만, 독일적 불평을 불러일으키고, 비록 처음에는 격앙되고 언짢은 인심이었지만 이반된 민심을 항상 국가에 되돌려 주었던 것이다! 그리고 그 신문들은 불만과 불평만을 불러일으킨 것이 아니라, 특히 국가에 대한 현실적 관심을 불러일으켰고, 국가를 심장의 문제로, 가정의 문제로 만들었다."

그러므로 우리의 존경하는 신사는 연결하는 중간 고리를 생략한다. 그래서 우리가 그에게 마치 이렇게 말했던 것처럼 보인다: 선생님! 당신은 우리가 당신의 지성을 일깨워준 것에 대해 우리에게 감사하시오. 그리고 비록 우리가 당신에게 약간 화를 낸다 하더라도, 거기서 이익을 얻는 것은 항상 당신의 지성입니다. 그리고 우리의 친구는 이렇게 대답한다: 뭐라고! 당신이 나를 화나게 했기 때문에, 내가 당신에게 감사해야 한다고! "가장 온전한 지성"의 이러한 증거들에 의하면, 우리는 마치 로마의 보병처럼 "독일의 지방들을 불태워버리면서 지나가게" 하는 우리 저자의 온전치 못한 환상을 더 깊은 심리학적 연구를 하지 않고도 명확히 발견할 수 있다. 결국 우리의 친구는 가면을 벗어버린다. "울리히 폰 후텐 Ulrich von Hutten과 그의 동료들"이라면, 잘 알다시피 여기에는 루터도 포함되는데, <라인-모젤 신문>에 나타난 사자옷의 무기력한 분노를 용서할 것이다. 우리는 그렇게 위대한 사람들과 우리를 동열에 세워 놓은 과장에 대해서만 얼굴을 붉힐 뿐이고, 오는 정이 있으면 가는 정이 있으므로, 우리는 우리의 친구를 주임신부 괴쩨Goeze와 동열에 세우고자 한다. 그러므로 우리는 레싱Lessing의 말을 빌어 그에게 외친다:

"그러므로 나의 기사도적인 거절문은 단지 짤막할 뿐입니다. 쓰시오, 신부님, 수다를 떨고 싶은 만큼 많이 쓰고 또 쓰도록 하시오; 나 또한 씁니다. 만일 당신이 옳지 않은 사소한 일에까지 나로 하여금 당신에게 정당성을 부여하도록 만든다면, 나는 더 이상 펜을 잡을 수 없을 겁니다."

<라인-모젤 신문>

<라인신문> 제16호, 1843년 1월 16일

* 쾰른, 1월 15일. 며칠 전에 우리는 1월 11일 <라인-모젤 신문> 제1호에 대해 사자논설의 선두주자로서의 주의를 기울인 바 있으며, 오늘 이 신문이 "자신의 변증법 속에 고꾸라진 자(<라인신문>)가 명확하게 진술한 단순한 문장을 파악할 능력"이 얼마나 모자라는지를 한 가지 사례를 들어 증명하려고 한다. 즉 제1호는 <라인신문>이 뮌헨의 <정치신문>의 발행금지를 정당화하려고 했다고 전혀 말하지는 않았지만, "그러나 <라인신문>은 무조건적인 언론자유의 옹호자로 자처하는 바로 순간에 실제 발행 금지된 잡지를 비방하는 데 조금도 주지하지 않았고, 따라서 심지어 <라인-모젤 신문>의 발행금지에 대해서조차 대항하겠다고 약속했던 <라인신문>의 기사도는 더더욱 있어 보이지 않는다"고 말한다. 선두주자 제1호는, 만일 <라인-모젤 신문>의 발행금지가 되었을 때 우리가 취할 기사도적 행동에 대한 자신의 당혹감이 두 가지 근거에서 야기될 수 있고, 또한 그 두 가지 근거에 대해서는 이미 대답했다는 사실을 간과한다. 그 선량한 선두주자는 뮌헨의 <정치잡지>에 대한 이른바 비방 속에서 그 잡지의 발행금지에 대한 은폐된 정당화를 보기 때문에, 우리의 약속을 믿지 않았다고 우리는 생각할 수밖에 없다. 우리도 그러한 생각을, 마치 그와 같이 보이는 비열한 사람이 그러한 무의식적으로 "새어나온"

진술에서 참된 의견을 밝혀내려는 독특한 교활함을 가지고 있는 것보다, 더욱 선량한 선두주자에 대해 전제할 수 있었다. 이 경우에 우리는, 뮌헨 <정치신문>에 대한 우리의 진술과 잡지의 발행금지에 대한 정당화 사이에는 관계가 있을 수 없다는 사실을, 선량한 선두주자에게 입증함으로써 그를 진정시킨다.

그렇지 않다면, 우리가 뮌헨 <정치신문>과 같이 실제로 발행 금지된 신문을 개신교에 대항한 당파논박 때문에 비난하는 것이 일반적으로 꺼림직하고 비기사도적인 것이라고 제1호는 생각하는가? 이것이 두 번째 가능성이었다. 제1호는 여기서 하나의 비방을 탐지해낸다. 그리고 이 경우에 우리는 선량한 선두주자에게 이렇게 질문을 던진 바 있다: "만일 '이제 막 취해진' 발행금지에 대항하여 <라이프치히 알게마이네 신문>을 보호하려는 바로 그 순간에 우리가 <라이프치히 알게마이네 신문>이 가톨릭에 대항하는 당파논박을 <라인-모젤 신문>과 함께 언급한다면, '오래 전에 발행 금지된' 뮌헨 <정치신문>의 당파논박을 <라인-모젤 신문>에 대한 언급 없이 언급해서는 안 되는가?" 즉 우리가 <라이프치히 알게마이네 신문>의 반가톨릭적 당파논박을 <라인-모젤 신문>의 동의 아래 언급하기 때문에, 우리는 <라이프치히 알게마이네 신문>을 비방하는 게 아니다. 뮌헨 <정치신문>의 가톨릭 당파논박에 대한 우리의 주장이 불운하게도 <라인-모젤 신문>의 허가를 얻지 못했기 때문에 비방이 되는가?

나아가 제1호는 우리의 주장을 하나의 비방이라고 부른 것에 불과하였다. 그리고 언제부터 우리가 제1호의 말을 말 그대로 믿을 의무가 있었다는 것인가? 우리는 이렇게 말했다: 뮌헨 <정치신문>는 가톨릭적 당파신문이고, 이런 점에서 전도된 <라이프치히 알게마이네 신문>이다. <라인-모젤 신문>의 선두주자는 이렇게 말한다: 자신은 어떤 당파신문도 아니고, 전도된 <라이프치히 알게마이네 신문>이 전혀 아니다. 자신은 "마찬가지로 허위, 우둔한 요설, 비가톨릭 종파들에 대한 조롱의 창고가" 결코 아니다. 우리는 이편에 속하는 신학적 논쟁가도 아니고 저 편에 속하는 신학적 논쟁가도 아니다. 그러나 뮌헨 <정치신문>에서는 루터의 심리학적 묘사, 요설적이고 세속적인 묘사만을 읽을 수 있을 뿐이고, 무엇이 종교적 당파논박이고 무엇이 아닌지를 결성할 수 있게 해주는 입장을 "가장 온전한" 신문이 가졌는지의 여부를 결정하기 위해서는 <라인-모젤 신문>이 "후텐과 그의 동료들"에 관해 말한 것만을 읽을 수 있을 뿐이다.

마침내 선량한 선두주자는 "<라인신문>에 대한 더 상세한 성격규정"을 우리에게 약속한다. 우리는 두고 볼 것이다. 뮌헨과 코블렌츠 사이에 위치한 이 작은 당파는 라인주민들의 "정치"의식이 어떤 비국가적 계획을 위해 이용될 수밖에 없거나 혹은 "짜증스러운 것"으로 억압될 수밖에 없다는 사실을 이미 알아차렸다. <라인신문>이 라인주의 전역으로 급속히 확산됨으로써, 자신의 존재가 전적으로 무의미하게 증명되는 것을 <라인-모젤 신문>이 화를 내지 않고 볼 수 있을까? 지금은 화를 내기에 적당하지 않은 때인가? 우리는 이 모든 것이 잘 고려되어 있다고 보고, 그 당파가 더 중요한 기관지 하나가 없는 와중에서 선량한 선두주자와 그 선두주자의 초라하고 "온전한" 신문으로 만족할 수밖에 없다는 사실을 불쌍히 여길 뿐이다. 우리는 이 기관지로부터 저 당파의 힘을 추론할 수 있을 것이다.

헤겔 법철학비판 서문

『독불연보』 제1/2 합본호, 1844년

독일에서 종교의 비판은 본질적으로 끝났고, 종교의 비판은 모든 비판의 전제이다.

오류의 제단과 화덕 앞에서의 천국의 기도가 논박당한 후에, 그 오류의 세속적 실존이 논박에 내맡겨져 있다. 어떤 초인을 찾던 천상의 환상적 현실 속에서 단지 그 자신의 반영만을 발견했던 인간은 그의 참된 현실을 찾고 또 찾아야만 하는 곳에서 이제 더 이상 그 자신의 가상만을, 비인간만을 찾는 경향을 갖지 않게 될 것이다.

비종교적 비판의 토대는 이렇다: 인간이 종교를 만들지, 종교가 인간을 만드는 것이 아니다. 더욱이 종교는 자기 자신을 아직 획득하지 못했거나 혹은 이미 자신을 다시 상실해버린 인간의 자기의식이고 자기감정이다. 그러나 인간은 결코 바깥 세계에 웅크리고 있는 추상적인 존재가 아니다. 인간은 인간의 세계이고 국가이며 인간공동체이다. 이 국가, 이 인간공동체는 전도된 세계이므로 종교, 즉 전도된 세계의식을 낳는다. 종교는 이 세계의 일반이론이고, 이 세계의 백과사전적 개요이고, 통속적 형태의 이 세계에 관한 논리학이고, 이 세계의 유심론의 명예가 걸린 문제이고, 이 세계의 열광이고, 이 세계의 도덕적 인정이고, 이 세계의 장엄한 보충이고, 이 세계의 일반적 위안근거이자 정당화근거이다. 종교는 인간적 본질이 아무런 진정한 현실성도 갖고 있지 못하기 때문에 그 인간적 본질의 환상적 현실화인 것이다. 따라서 종교에 대한 투쟁은 간접적으로 그 정신적 향료가 종교인 저 세계에 대한 투쟁이다.

종교적 비참함은 현실적 비참함의 표현이고 현실적 비참함에 대한 항의이다. 종교는 곤궁한 피조물의 한숨이고, 무정한 세계의 감정이고, 또한 정신없는 상태의 정신이다. 종교는 인민의 아편이다.

인민의 환상적 행복인 종교의 지양은 인민의 현실적 행복의 요구이다. 그들의 상태에 대한 환상을 포기하라는 요구는 그 환상을 필요로 하는 상태를 포기하라는 요구이다. 따라서 종교의 비판은 맹아적으로, 그 신성한 후광이 종교인 통곡의 골짜기에 대한 비판이다.

비판은 사슬에 붙어 있는 가상의 꽃들을 잡아뜯어 버렸는데, 이것은 인간이 환상도 위안도 없는 사슬을 걸치기 위해서가 아니라, 그 사슬을 벗어 던져 버리고 살아 있는 꽃을 꺾어가지기 위해서이다. 종교의 비판은 인간을 미몽에서 깨워 일으키는데, 이것은 인간이 각성된, 분별 있는 인간으로서 사고하고 행동하고 자신의 현실을 형성하도록 하기 위해서이고, 인간이 자신을 중심으로 그리고 그의 현실적 태양을 중심으로 움직이도록 하기 위해서이다. 인간이 자신을 중심으로 움직이지 않는 한, 종교는 단지 인간을 중심으로 움직이는 환상적 태양일 뿐이다.

그러므로 진리의 피안彼岸이 사라진 뒤에, 차안此岸의 진리를 확립하는 것은 역사의 임무이다. 인간의 자기소외의 신성한 형태가 폭로된 뒤에, 그 신성하지 않은 형태들 속의 자기소외를 폭로하는 것은 무엇보다 바로 역사에 봉사하는 철학의 임무이다. 그러므로 천상의 비판은 지상의 비판으로, 종교의 비판은 법의 비판으로, 신학의 비판은 정치의 비판으로 전환된다.

이하의 상론 - 이러한 작업에 대한 하나의 기여인데 - 은 다른 어떤 이유 때문이 아니라 그것이 독일에 닿아 있다는 이유로 인해, 무엇보다 원본이 아니라 복사본, 즉 독일국가의 철학 및 법철학에 닿아 있다.

만일 사람들이 독일의 현 상태 자체에서 시작하려고 한다면, 비록 유일하게 알맞은 방식으로, 즉 부정적으로 시작한다 하더라도 그 결과는 여전히 시대착오에 머무를 것이다. 우리의 정치적 현재의 부정조차도 이미 현대 민족들의 역사적 헛간 속에서는 먼지투성이의 사실로서 발견된다. 내가 분바른 편발을 부정한다 하더라도, 나는 여전히 분바르지 않은 편발을 가지고 있는 것이다. 내가 1843년의 독일 상태를 부정한다 하더라도, 프랑스적 시간계산에 따르면, 나는 1789년에도 있을까 말까하고, 하물며 현재의 초점에는 더욱 더 있지 못하다.

진정 독일의 역사는 역사상 어느 민족도 시범을 보인 적이 없고, 모방하지도 않을 하나의 움직임에 대해 우쭐해 하고 있다. 요컨대 우리는 현대 민족들의 혁명을 공유함이 없이 그 민족들의 복고를 공유하였다. 첫째 다른 민족들이 혁명을 감행했기 때문에, 그리고 둘째 다른 민족들이 반혁명에 시달렸기 때문에, 즉 한 번은 우리의 영주들이 겁을 먹었기 때문에, 그리고 또 한 번은 우리의 영주들이 겁을 전혀 먹지 않았기 때문에 우리는 복고되었다. 우리들, 선두에 선 우리의 목자들은 항상 자유의 장례식 날에만 단 한 번 자유의 사회 속에 있었다.

오늘의 비열함을 어제의 비열함을 통해 합법화하는 학파, 가죽채찍이 오래된, 조상 전래의, 역사적 가죽채찍이자마자 그 채찍에 대항하는 농노의 모든 절규를 반란이라고 공언하는 학파, 이스라엘의 신이 그의 종 모세에게 그랬듯이 역사가 그들에게만 후천적으로 가리켜 보이는 학파, 이들이 바로 역사법학파이다. 따라서 이 역사법학파는 자신들이 독일 역사의 발명품이 아니었다면 독일 역사를 발명했을 것이다. 샤일록, 그러나 종으로서의 샤일록인 이 역사법학파는 인민의 가슴으로부터 도려낸 매 파운드의 살코기를 위해서 자신들의 증서, 자신들의 역사적 증서, 자신들의 기독교적, 게르만적 증서를 확신하고 있다.

이에 반해 혈통으로 보면 독일 출신들이고 반성으로 보면 자유분방한 자들인 선량한 열광자들은 우리의 자유의 역사를 우리의 역사 저쪽, 튜튼족의 원시림 속에서 찾는다. 그러나 우리의 자유의 역사가 단지 원시림 속에서 발견된다면, 그것은 무엇에 의해 멧돼지의 자유의 역사와 구별될 것인가? 더욱이 잘 알다시피: 숲속으로 외친 것은 외친 그대로 숲 밖으로 울려나온다. 그렇다면 튜튼족의 원시림에 평화를!

독일의 상태에 전쟁을! 물론! 그 상태는 역사의 수준 이하에 있고, 모든 비판의 수준 아래에 있지만, 비판의 대상으로 남는데, 이것은 인간성의 수준 이하에 있는 범죄자가 사형집행인의 대상으로 남는 것과 마찬가지이다. 독일의 상태에 대한 투쟁에서 비판은 두뇌의 열정이 아니라 열정의 두뇌이다. 비판은 해부용 칼이 아니라 하나의 무기이다. 비판의 대상은 비판의 적, 논박하고자 하는 게 아니라 모두 없애고자 하는 적이다. 왜냐하면 저 상태의 정신은 논박되어 있기 때문이다. 본래 독일의 상태는 결코 사유할 만한 객체가 아니라, 경멸할 만한 혹은 경멸받고 있는 실존태이다. 비판 자체는 이 대상과 자신 사이의 화해를 필요로 하지 않는데, 왜냐하면 비판과 이 대상 사이는 이미 끝장이 나 있기 때문이다. 비판은 더 이상 자기목적으로서 나타나지 않고, 수단으로서 나타날 뿐이다. 비판의 본질적 파토스는 분노이며 비판의 본질적 작업은 탄핵이다.

모든 비참함의 존속을 통해 연명하고 있고 통치의 비참함일 뿐인 그런 통치체제의 틀에 끼워 맞춰져 있는 모든 사회영역들 상호간의 숨막힐 듯한 압박에 대한, 실행 없는 일반적 침체에 대한, 시인되고 오인되고 있는 편협함 등에 대한 서술이 필요하다.

얼마나 볼 만한 풍경인가! 사소한 반감, 시커먼 양심, 조야한 범용성을 갖고서 서로 대립하고 있는 매우 잡다한 종족들, 그리고 바로 서로 믿을 수 없고 서로 의심하는 그들의 태도로 인해 - 서로 다른 격식을 갖고 있음에도 불구하고 - 모두가 아무런 차이 없이 그들의 영주들에 의해 인가된 실존으로서 취급받고 있는 매우 잡다한 종족들로 사회의 끝없는 분열, 그리고 이것조차 즉 그들이 지배받고, 통치되고, 소유되는 것조차 하늘이 용인해준 것이라고 그들은 인정하고 고백해야 한다! 다른 한편으로 저 지배자들 자신으로 말하면, 그 위대함은 그 숫자에 반비례한다!

이러한 내용을 다루는 비판은 투쟁속의 비판이고, 투쟁에서는 그 적이 고상한 적, 대등한 적, 흥미로운 적인지 아닌지가 중요한 것이 아니라, 그 적을 적중시키는 것이 중요하다. 독일인에게 어느 한 순간도 자기기만과 단념을 허용치 않는 것이 중요하다. 현실적 억압에다 억압의 의식을 부가함으로써 현실적 억압을 더욱 억압적이게 만들어야 하고, 치욕을 공개함으로써 그것을 더욱 치욕적으로 만들어야 한다. 독일 사회의 각 영역을 독일 사회의 치부로 묘사해야 하고, 이 화석화된 상태에 그 고유한 멜로디를 노래하여 들려줌으로써 그 화석화된 상태가 춤을 추도록 강제해야 한다! 그 민족에게 용기를 북돋아주기 위해서는 그 민족이 자신 앞에서 경악하도록 가르쳐야 한다. 그렇게 함으로써 독일 민족의 거부할 수 없는 욕구는 충족되는데, 민족들의 욕구는 그 자체로 충족의 궁극적 근거이다.

그리고 현대 민족들에게도 독일의 현 상태의 고루한 내용에 대한 이러한 투쟁은 관심사가 될 수밖에 없는데, 왜냐하면 독일의 현 상태는 구체제의 솔직한 완성이고 구체제는 현대 국가의 숨겨진 결점이기 때문이다. 독일의 정치적 현대에 대한 투쟁은 현대 민족들의 과거에 대한 투쟁이고, 그리고 이 과거의 자취 때문에 현대 민족들은 여전히 시달림을 받고 있다. 현대 민족들의 경우에는 자신의 비극을 체험했던 그 구체제가 독일적 망령으로서는 자신의 희극 연출을 구경하는 것은 현대 민족들에게 교훈적이다. 구체제가 세계의 선재先在적 권력인 반면에 자유가 개인적인 착상이었다면, 한마디로 구체제 자체가 자신의 권능을 믿었고 또 믿어야만 했다면, 구체제의 역사는 비극적이었다. 현존 세계질서로 구체제가 막 형성되는 하나의 세계와 투쟁했다면, 결코 개인적이 아닌 세계사적인 오류가 구체제 측에 있었다. 따라서 구체제의 몰락은 비극적이었다.

이에 반해 하나의 시대착오, 일반적으로 인정된 공리에 대한 하나의 명백한 모순, 세계전람회에 출품된 하찮은 구체제적인 오늘날의 독일의 체제는 자신을 신뢰한다고 여전히 착각하고 있고, 세계 사람들에게 똑같은 착각을 요구하고 있다. 만일 오늘날의 독일의 체제가 자신의 고유한 본질을 신뢰하고 있다면, 오늘날의 독일의 체제는 그 고유한 본질을 낯선 본질의 가상 아래 숨기려 들고 자신의 도피처를 위선과 궤변 속에서 모색하게 될 것인가? 현대의 구체제는 현실적 주인공들이 죽고 없는 세계질서의 희극배우에 불과하다. 역사는 철저하고, 낡은 등장인물을 무덤으로 보낼 때 많은 국면들을 통과한다. 세계사적 등장인물의 최후의 국면은 그것의 희극이다. 아이스킬로스에 묶여 있는 프로메테우스에게 이미 한 번 비극적으로 치명적 부상을 입은 바 있는 그리스의 신들은 루키아노스의 대화편에서 또 한 번 희극적으로 죽어야 했다. 왜 역사의 진행이란 이런가! 인류로 하여금 자신의 과거와 즐겁게 이별하도록 하기 위해서이다. 우리는 이 즐거운 역사적 사명을 독일의 정치세력들에게 요구한다.

그런데 현대의 정치적 사회적 현실 자체가 비판 아래 놓이자마자, 따라서 비판이 진정으로 인간적인 문제들로 고양되자마자, 비판은 독일의 현 상태 밖에 존재하게 되거나 아니면 자신의 대상을 자신의 대상 아래에서 붙잡게 되고 말 것이다. 하나의 사례를 들어보자! 산업의, 일반적으로 부의 세계의 정치적 세계에 대한 관계는 현대의 중심문제이다. 어떤 형식으로 이 문제는 독일인들을 몰두하도록 만들기 시작했는가? 보호관세, 무역금지제도, 국민경제의 형식을 통해서이다. 독일주의는 인간으로부터 물질로 옮겨갔고, 그래서 어느 날 아침 우리의 면화기사騎士들과 철 영웅들은 자신들이 애국자로 변해 있는 것을 보았다. 그래서 독일에서 독점의 대내적 주권은 대외적 주권이 부여됨에 따라 인정되기 시작한다. 따라서 프랑스와 영국에서 끝나가고 있는 것이 독일에서는 이제 시작되고 있다. 그 나라들이 그것에 대항하여 이론적으로 소동을 일으키고 있고 사람들이 속박을 가까스로 견뎌내고 있는 그 낡고 부패한 상태가 독일에서는 아름다운 미래의 떠오르는 아침노을로서 환영받고 있는데, 이

미래는 좀처럼 간교한 이론으로부터 인정사정없는 실천으로 넘어갈 엄두를 내지 못하고 있다. 프랑스와 영국에서는 문제가 정치경제학 혹은 부에 대한 사회의 지배라고 되어 있는데 반해, 독일에서는 국민경제학 혹은 국민에 대한 사적 소유의 지배라고 되어 있다. 따라서 프랑스와 영국에서는 마지막 결과에까지 나아간 독점을 지양하는 것이 문제이다; 독일에서는 독점을 마지막 결과로까지 몰아가는 것이 문제이다. 거기서는 해결이 문제인데 반해, 여기서는 고작 충돌이 문제이다. 이것은 현대 문제들의 독일적 형태에 대한 충분한 사례, 우리의 역사가 마치 서투른 신병처럼 진부한 역사를 보충교련을 받는 임무만을 지금까지 가지고 있었다는 것에 대한 하나의 사례이다.

따라서 만일 독일의 전체적 발전이 독일의 정치적 발전을 앞지르지 못한다면, 어느 한 독일인은 현대의 문제들에 기껏해야 어느 한 러시아인이 그것에 관여할 수 있을 만큼밖에 관여하지 못할 것이다. 그러나 일개 개인이 국가의 한계에 의해 속박되어 있지 않을지라도, 한 개인의 해방에 의해 국가 전체가 해방되는 것은 더욱 아니다. 그리스가 한 사람의 스키타이인을 자국의 철학자들 가운데 하나로 꼽는다고 해서 스키타이들이 그리스 문화로 단 한 발짝이라도 전진해 들어온 것은 아니다.

다행스럽게도 우리 독일인들은 스키타이인들이 아니다.

고대 민족들이 그들의 전사前史를 상상 속에서, 신화 속에서 체험한 것처럼, 우리 독일인들은 우리의 후사後史를 사유 속에서, 철학 속에서 체험하였다. 우리는 현대의 역사적 동시대인들이 되지 못했지만, 철학적 동시대인들이다. 독일 철학은 독일 역사의 이념적 연장이다. 따라서 우리가 우리의 실질적 역사의 미완성작들 대신에 우리의 이념적 역사의 유작, 즉 철학을 비판할 때, 우리의 비판은 현대가 다음과 같이 말하는 그 문제들 한가운데 서 있는 것이다: 그것이 문제이다. 선진 민족들의 경우에는 현대적 국가 상태에 대한 실천적 반목인 것이, 이 상태 자체가 부재한 독일에서는 무엇보다 이 상태의 철학적 반영에 대한 비판적 반목이다.

독일의 법철학 및 국가철학은 공식적인 현대적 현재와 동급으로 서 있는 유일한 독일 역사이다. 따라서 독일 민족은 이러한 자신의 몽사夢史도 자신의 현존 상태에 덧붙여야 하고, 이러한 현존 상태뿐만 아니라 동시에 그 상태의 추상적인 계속도 비판에 부쳐야 한다. 독일 민족의 미래는 자신의 실질적 국가 및 법의 상태들의 직접적 부정에도 제한될 수 없고, 자신의 이념적 국가 및 법의 상태의 직접적 실행에도 제한될 수 없다. 왜냐하면 독일 민족은 자신의 이념적 상태 속에 자신의 실질적 상태의 직접적 부정을 가지고 있고, 결국 이웃 민족들에 대한 관조 속에서 자신의 이념적 상태의 직접 실행을 이미 거의 다시 유실하였기 때문이다. 따라서 당연히 실천적인 정치적 당파는 독일에서 철학의 부정을 요구한다. 이 당파의 부당함은 그 요구에 있는 것이 아니라, 진정으로 실행하지도 않고 실행할 수도 없는 요구에 머물러 있는 데 있다. 이 당파는 철학에 등을 돌리고 외면하고 – 철학에 대해 몇 마디 분노에 찬 상투어들을 중얼거림으로써 저 부정을 이룰 수 있다고 믿고 있다. 자신의 시야의 협소함으로 인해 이 당파는 또한 마찬가지로 철학을 독일의 현실 영역 속에 넣어서 생각하지 못하고 있고, 심지어 철학을 독일적 실천과 그 실천에 봉사하는 이론들 아래에 있는 것이라고 망상하고 있다. 당신들은 사람들이 현실적 삶의 맹아를 실마리로 잡을 것을 요구하고 있다. 그러나 당신들은 독일 민족의 현실적 삶의 맹아가 지금까지 단지 독일 민족의 머리통 속에서만 자라왔다는 사실을 잊고 있다. 한마디로 말해: 당신들은 철학을 실현하지 않고서는 철학을 지양할 수 없다.

철학으로부터 유래한 이론적인 정치적 당파는 단지 정반대의 요인들만을 가진 채 동일한 부당함을 범했다.

이 당파는 현재의 투쟁에서 단지 독일적 세계에 대한 철학의 비판적 투쟁만을 보았다. 이 당파는 지금까지의 철학 자체가 이 세계에 속하고, 비록 관념적일지라도 이 세계의 보충이라고 생각하지 못하고 있었다. 이 당파는 철학의 전제에서 출발하여 자신에게 주어진 결론에 안주하거나,

혹은 다른 곳에서 가져온 요구와 결론이 – 그것의 정당함을 전제로 한다면 – 그들이 생각하는 것과는 반대로 단지 지금까지의 철학, 즉 철학으로서의 철학을 부정함으로써만 얻어질 수 있음에도 불구하고, 이 다른 곳에서 가져온 요구와 결론을 철학의 직접적 요구와 결론이라고 부르는 데서, 자신의 적에 대해서는 비판적이면서 자신의 상태에 대해서는 무비판적인 태도를 취하고 있다. 이 당파에 대한 더 자세한 서술은 미루기로 한다. 이 당파의 근본 결함은 다음과 같다: 이 당파는 철학을 지향하지 않고서도 철학을 실현할 수 있다고 믿었다.

헤겔에 의해 가장 일관되고 풍부하고 궁극적인 이해를 얻은 독일의 국가철학 및 법철학에 대한 비판은 현대 국가 및 그와 관련된 현실의 비판적 분석뿐만 아니라, 독일의 정치적, 법적 의식의 – 이 의식의 가장 고상하고 가장 보편적인, 학문으로까지 고양된 표현은 바로 사변적 법철학 자체이다 – 기존 양식 전체에 대한 단호한 부정, 이 두 가지이다. 오직 독일에서만 이 사변적 법철학, 현대 국가에 대한 이 추상적이고 과도한 사유가 – 이 사유의 현실은 피안에 머물러 있고, 또 이 피안이라는 것은 라인강 저편에만 놓여 있다 – 가능했다: 반대로 또한 현대 국가의 독일적 사유상, 현실적 인간을 추상한 사유상은 현대 국가 자체가 현실적 인간을 추상하고 또 인간 전체를 오직 상상의 방식으로만 만족시키기 때문에, 바로 그런 의미에서만 가능했었다. 독일인은 다른 민족들이 실행했던 것을 정치 속에서 사유했다. 독일은 다른 민족들의 이론적 양심이었다. 독일 민족의 사유의 추상과 오만은 언제나 독일 민족의 현실의 일면성과 낙후성과 보조를 맞추었다. 따라서 독일 국가제도의 현 상태가 구체제의 완성, 즉 현대 국가의 살 속의 가시를 완성하는 것을 표현할 때, 독일 국가지성의 현 상태는 현대국가의 미완성, 즉 그 살 속 자체의 손상을 표현한다.

독일의 정치적 의식의 기존 양식에 대한 단호한 반대자로서 사변적 법철학 비판은 자신 속에서 머물지 않고, 그 해결을 위해서 오직 하나의 수단뿐인 과제로 향한다: 실천.

다음이 문제다: 독일은 원칙의 높이에 있는 실천에 도달할 수 있는가? 다시 말해 독일은 독일민족을 현대 민족들의 공식적 수준에까지 올려놓을 수 있고, 또 이 민족들의 바로 다음 미래가 될 인간적 높이에까지 올려놓을 혁명에 도달할 수 있는가?

비판의 무기는 물론 무기의 비판을 대신할 수 없다. 물질적 힘은 물질적 힘에 의해서 전복되어야 한다. 그러나 이론 또한 대중을 사로잡으면 물질적 힘이 된다. 이론은 사람을 향해 증명될 수 있다면 대중을 사로잡을 수 있고, 그것이 근본적으로 되면 사람을 향해 증명될 수 있다. 근본적이라는 의미는 사태를 뿌리로부터 이해하는 것이다. 그런데 인간에게 뿌리는 인간 자신이다. 독일이론의 근본주의에 대한 명백한 증거, 따라서 독일이론의 실천적 에너지에 대한 명백한 증거는, 그것이 결정적이고 확실한 종교의 지양에서 출발했다는 점에 있다. 종교의 비판은 인간이 인간에게 지고한 존재라는 가르침으로 끝난다. 그러므로 종교의 비판은 인간이 천대받고 예속되고 버림받고 경멸받는 존재로 있는 모든 관계를 전복시키라는 정언명령으로 끝나는데, 이러한 관계는 개에 대한 세금이 구상되고 있을 때 어떤 프랑스인의 외침을 통해서 아주 잘 묘사되었다: 불쌍한 개들아! 사람들이 개들을 인간처럼 취급하려는 구나!

역사적으로도 이론적 해방은 독일에서 특별히 실천적 의미를 가지고 있다. 독일의 혁명적 과거는 한마디로 이론적이었다. 즉 그것은 종교개혁이었다. 당시에는 승려의 머리 속에서 혁명이 시작되었듯이, 지금은 철학자의 머리 속에서 혁명이 시작된다.

확실히 루터는 헌신에서 나오는 예종을 확신에서 나오는 예종으로 대체한 결과, 헌신에서 나오는 예종을 극복하였다. 루터는 신앙의 권위를 회복시킨 결과, 권위에 대한 신앙을 타파하였다. 그는 평신도를 성직자로 변화시킨 결과, 성직자를 평신도로 변화시켰다. 그는 종교성을 내적 인간으로 만든 결과, 인간을 외적 종교성으로부터 해방시켰다. 그는 심장을 사슬로 묶은 결과, 몸을 사슬로부터 해방시켰다.

그러나 개신교는 과제를 올바로 해결할 수 없었지만, 과제를 올바로 설정하기는 했다. 더 이상 평신도와 그의 외부의 성직자 사이의 투쟁이 문제가 아니고, 평신도와 그 자신 내부의 성직자, 즉 그의 성직자적 본성이 문제였다. 그리고 독일 평신도의 성직자로의 개신교적 전화가 평신도 교황인 영주들을 그들의 승려계급인 특권층과 속물들과 함께 해방시켰다면, 성직자적 독일인의 인간으로의 철학적 전화는 독일민족을 해방시킬 것이다. 그러나 해방이 영주에 머물지 않듯이, 재화의 세속화도, 특히 기만적인 프로이센이 실행에 옮겼던 교회재산의 몰수에 그치지 않을 것이다. 과거 독일 역사상 가장 급진적이었던 사건인 농민전쟁은 신학에 부딪혀 좌초하였다. 신학 자체가 좌초된 오늘날 독일 역사상 가장 자유스럽지 못한 사실인 우리의 현 상태는 철학에 부딪혀 산산조각날 것이다. 종교개혁 전날에 공식적으로 독일은 로마의 가장 무조건적인 노예였다. 독일혁명 전날에 공식적으로 독일은 로마의 무조건적인 노예가 아니라 프로이센과 오스트리아의, 시골 융커와 속물들의 무조건적인 노예이다.

그런데 근본적 독일혁명은 중대한 난관에 봉착한 것처럼 보인다.

혁명은 한마디로 어떤 수동적 요소, 어떤 물질적 기초를 필요로 한다. 이론은 언제나 어떤 민족의 욕구들의 현실화인 만큼 그 민족 속에서 현실화된다. 그러나 독일사상의 요구와 독일현실의 대답 사이의 엄청난 분열에 대해, 시민사회와 국가의, 그리고 시민사회와 자기 자신의 엄청난 분열이 조응하게 될 것인가? 이론적 욕구가 직접 실천적 욕구로 될 것인가? 사상이 실현을 재촉하는 것으로는 부족하고, 현실이 스스로 사상으로 달려 들어가야 한다.

그러나 독일은 현대 민족들과 동시에 정치적 해방의 중간단계로 올라가지 못했다. 독일은 자신이 이론적으로 극복한 단계에조차 실질적으로는 아직 도달하지 못하고 있다. 독일은 어떻게 한 번의 목숨을 건 도약으로 자신의 한계뿐만 아니라 현대 민족들의 한계, 독일이 현실에서 자신의 현실적 한계의 해방이라고 느끼면서 추구해야 하는 한계도 뛰어넘을 수 있을까? 근본적 혁명은 바로 그것의 전제와 탄생지를 결여하고 있는 것처럼 보이는 근본적 욕구의 혁명일 따름이다.

그러나 독일이 현대 민족들의 발전의 현실적 투쟁에서 활동적인 편에 가담하지 않은 채 다만 사유의 추상적 활동으로 현대 민족들의 발전에 동행했을 때, 한편으로 독일은 이 발전의 향유, 이 발전의 부분적 만족을 공유하지 못한 채 이 발전의 고통을 공유한 것이다. 한편에서의 추상적 활동에 대해 다른 한편에서의 추상적 고통이 조응한다. 따라서 독일은 언젠가 유럽적 해방의 수준에 서게 되기 전에, 어느 날 아침 유럽적 몰락의 수준에 서 있는 자신을 보게 될 것이다. 사람들은 독일을 기독교라는 질병을 앓고 있는 물신숭배자에 비유하게 될 것이다.

만일 사람들이 독일의 정부를 관찰한다면, 그 장점을 우리가 갖고 있지 못한 현대 정치세계의 문명적 결함을 우리가 충분히 향유하고 있는 구체제의 야만적 결함과 결합하도록 독일정부에 강요하고, 그래서 독일이 자신의 현 상태를 초월하는 국가건설에 부조리하게라도 관여할 수밖에 없게 만드는 시대의 추세, 독일의 상태, 독일적 교양의 입장, 마지막으로 독일 고유의 다행스런 본능 등이 독일정부에 강요하고 있음을 보게 된다. 예를 들어 소위 입헌제 독일처럼 그렇게 분별없이 입헌적 국가제도의 실상을 공유하지 않고 모든 허상만을 순진하게 공유한 나라가 세상에 있을까? 아니면 검열의 고통을, 언론자유를 전제하고 있는 프랑스의 9월법의 고통과 결합하는 것은 필연적으로 하나의 독일 정부다운 착상이 아니었던가! 사람들은 로마의 만신전 안에서 모든 민족들의 신을 보았듯이, 신성로마적 독일제국 안에서 모든 국가형식들의 죄악을 발견한다. 이러한 절충주의가 지금까지 전혀 예기치 못했던 정도에 도달할 것이라는 사실에 대해 특히 한 독일국왕의 정치적, 미적 대식大食이 보증을 서고 있는데, 그는 봉건적이든 관료적이든, 절대적이든 입헌적이든, 전제적이든 민주적이든 가리지 않고 왕권의 모든 역할을, 인민의 인신에 의해서 안 되면 몸소 자신을 위해서 수행하려고 생각하고 있다. 하나의 독자적 세계로 구성된 정치적 현대의 결함으로서 독일은 정치적 현대의 일반적 한계를 내던지지 않고는 독일에 특유한 한계를 내던질 수 없을 것이다.

독일에서는 근본적 혁명, 보편적으로 인간적인 해방이 유토피아적인 꿈이 아니라, 오히려 부분적 혁명, 단지 정치적일 뿐인 혁명, 집의 기둥을 그대로 놔둔 혁명이 유토피아적인 꿈이다. 하나의 부분적 혁명, 단지 정치적일 뿐인 혁명은 어디에 근거하는가? 시민사회의 한 부분이 자신을 해방시키고 보편적 지배에 도달하는 것에, 어떤 특정 계급이 자신의 특수한 상황으로부터 사회의 보편적 해방을 추구하는 것에 근거한다. 이 계급은 사회 전체를 해방시키지만, 그러나 사회 전체가 이 계급의 입장에 있다는 전제, 따라서 예를 들어 화폐와 교양을 소유하거나 혹은 마음대로 획득할 수 있다는 전제 하에서만 해방시킨다.

시민사회의 어떤 계급도 열광이라는 계기, 그 속에서 어떤 계급이 사회 일반과 우애롭게 지내고 융합하여 사회 일반과 혼동되고 그 보편적 대표자로 느껴지고 인정되는 계기, 어떤 계급의 요구와 권리가 진정으로 사회 자체의 권리와 요구로서 존재하게 되는 계기, 어떤 계급이 현실적으로 사회의 머리와 심장으로 존재하게 되는 계기를, 자신과 대중 속에서 유발시키지 않고서는 이러한 역할을 수행할 수 없다. 어떤 특수한 계급은 오직 사회의 보편적 권리라는 이름으로만 보편적 지배를 자신에게 줄 것을 청구할 수 있다. 이러한 해방자적 지위를 공략하기 위해서는, 그래서 자신의 영역의 이익을 위해 사회의 모든 영역을 정치적으로 이용하기 위해서는, 혁명적 에너지와 정신적 자부심만으로는 부족하다. 어떤 민족의 혁명과 시민사회의 어떤 특수한 계급의 해방이 동시에 발생하기 위해서는, 어떤 한 신분이 사회 전체의 신분으로 여겨지기 위해서는, 반대로 그 사회의 모든 결함이 다른 한 계급에 집중되어야 하고, 어떤 특정한 신분이 보편적 장해障害의 신분, 보편적 제약의 화신이어야 하고, 한 특수한 사회적 영역이 세상 전체의 악명 높은 침해라고 여겨져, 이 영역으로부터의 해방이 보편적 자기해방으로 나타나도록 해야 한다. 한 신분이 단연코 해방의 신분이기 위해서는 반대로 다른 한 신분이 공공연한 압제의 신분이어야 한다. 프랑스 귀족과 승려 계급의 부정적이고 보편적인 의의는 바로 맞서 대립하는 부르주아 계급의 긍정적이고 보편적인 의의의 조건이 되었다.

그러나 독일에서는 사회의 부정적 대표자로 낙인찍힐 수 있는 수미일관함이나 예리함, 용기나 무자비함 등이 어떤 특수한 계급에게도 결여되어 있다. 마찬가지로 어떤 신분에게도 비록 일시적이나마 민족혼과 동일시되는 그런 영혼의 폭, 물질적 힘이 정치적 힘으로 되도록 고무하는 그런 천재성, 다음과 같은 반항적 구호를 적에게 내던질 수 있는 그런 혁명적 용맹성이 결여되어 있다: 나는 아무것도 아니다. 그러나 나는 모든 것이어야 한다. 개인들뿐만 아니라 계급들의 독일적 도덕과 성실함의 본줄기를 이루는 것은 오히려 겸손한 이기주의인데, 이것은 자신의 편협함을 주장하고, 자신에 대해 주장하도록 만드는 그런 이기주의이다. 따라서 독일사회의 다양한 영역의 관계는 극적이지 않고 서사적이다. 개별 영역이 자각하기 시작하고 다른 영역과 나란히 자신의 특수한 요구를 내걸기 시작하는 것은 이 영역들이 압박을 받을 때가 아니라, 시대의 추세가 이들 영역의 관여 없이도 이들 영역의 편에서 압박을 가할 수 있는 만만한 깔개를 창출할 때이다. 독일 중간계급의 도덕적 자부심조차 다른 모든 계급의 속물적 시시함의 일반적 대표라는 의식에 기인하고 있을 뿐이다. 그러므로 적절하지 않은 때에 왕좌에 오르는 것은 독일 국왕들만이 아니다. 자신의 승리를 축하하기도 전에 패배를 겪고, 자신에게 대립해 있는 한계를 극복하기도 전에 자신의 한계를 반전시키고, 자신의 관대한 본성을 발휘할 수 있게 되기도 전에 편협한 본성을 주장하는 것은 시민사회의 모든 영역들인데, 그 결과 위대한 역할의 기회조차 나타나기도 전에 항상 지나가버리고, 각 계급들은 그들 위에 서 있는 계급과 투쟁을 시작하자마자 그들 아래에 있는 계급과의 투쟁에 휘말리게 되는 것이다. 그러므로 영주는 왕과, 관료는 귀족과, 부르주아지는 이들 모두와 투쟁 속에 있는 반면, 프롤레타리아는 이미 부르주아지와 투쟁을 시작하고 있다. 중간계급은 자신의 입장으로부터 해방의 사상을 파악할 엄두도 못 내고 있고, 이미 사회적 상태의 발전과 정치이론의 진보는 이러한 입장 자체가 구태의연한 것임을 혹은 적어도 문제투성이임을 보여주고 있다.

프랑스에서는 어떤 사람이 모든 것이기 위해서는 어떤 것으로 족하다. 독일에서는 어떤 사람도 모든 것을 포기하지 않으면 어떤 것일 수 없다. 프랑스에서는 부분적 해방이 보편적 해방의 근거이다. 독일에서는 보편적 해방이 모든 부분적 해방의 필수조건이다. 프랑스에서는 단계적 해방의 현실성이, 독일에서는 단계적 해방의 불가능성이 틀림없이 온전한 자유를 낳는다. 프랑스에서는 국민의 각 계급들이 정치적 이상주의자이고, 무엇보다 자신을 특수한 계급으로가 아니라 사회적 욕구 일반이 대표자로서 느끼고 있다. 그러므로 해방자의 역할은 극적인 운동 속에서 차례로 프랑스 국민의 다양한 계급으로 옮아가서, 마침내 사회적 자유를 더 이상 특정 전제 즉 인간 외부에 놓여있으면서도 인간사회에 의해 창조된 조건들 아래에서 실현하지 않고, 오히려 인간 현존의 모든 조건들을 사회적 자유라는 전제 하에서 조직하는 그런 계급에 다다른다. 반면 정신적 삶이 비실천적인 만큼이나 실천적 삶이 몰정신적인 독일에서는 시민사회의 어떤 계급도, 그들이 자신의 직접적 상태에 의해서, 물질적 필연성에 의해서, 자신의 사슬 자체에 의해서 강요받기 전에는 보편적 해방의 욕구와 능력을 갖지 못한다.

그러면 독일해방의 적극적 가능성은 어디에 있는가?

대답: 그 가능성은 뿌리 깊은 굴레에 얽매여 있는 한 계급, 결코 시민사회의 계급이 아닌 시민사회의 한 계급, 모든 신분의 해체인 한 신분, 자신의 보편적 고통 때문에 보편적 성격을 갖고 있고 특수한 부당함이

아니라 부당함 자체가 그들에게 자행되기 때문에 어떤 특수한 권리도 요구하지 않는 한 영역, 더 이상 역사적 권리의 근원을 증거 삼을 수 없고 단지 인간적 권리의 근원만을 증거 삼을 수 있는 한 영역, 독일 국가제도의 귀결과 일면적으로 대립하는 것이 아니라 그 전제와 전면적으로 대립하고 있는 한 영역, 마지막으로 사회의 다른 모든 영역으로부터 자신을 해방시키고 그래서 사회의 다른 모든 영역을 해방시키지 않고는 해방될 수 없는 한 영역, 한마디로 인간의 완전한 상실이고 따라서 인간의 완전한 회복에 의해서만 자신을 되찾을 수 있는 한 영역의 형성에 있다. 하나의 특수한 신분으로서 사회의 이러한 해체는 바로 프롤레타리아이다.

프롤레타리아는 들이닥친 산업적 운동에 의해 비로소 독일에서 형성되기 시작하였다. 왜냐하면 자연발생적으로 형성된 빈민이 아니라 인위적으로 생산된 빈민이, 사회의 중압에 기계적으로 짓눌린 인간대중이 아니라 사회의 급격한 해체로부터, 특히 중간신분의 해체로부터 출현한 인간대중이 - 비록 당연한 것이지만 자연발생적 빈민과 기독교적, 게르만적 농노층도 점차 프롤레타리아 대열 속으로 들어오고 있지만 - 주로 프롤레타리아를 형성하기 때문이다.

프롤레타리아가 기존의 세계질서의 해체를 고지할 때, 그들이 말한 것은 단지 그들 자신의 현존재의 비밀을 말한 것뿐이다. 왜냐하면 프롤레타리아는 이 세계질서의 사실적 해체이기 때문이다. 프롤레타리아가 사적 소유의 부정을 요구할 때 프롤레타리아는 사회가 프롤레타리아의 원리로 고양시켰던 것, 프롤레타리아의 조력 없이 이미 그들 속에 사회의 부정적 결과로서 체현되었던 것을 사회의 원리로 고양시켰을 따름이다. 말을 자신의 말이라고 말하듯이 인민을 자신의 인민이라고 부를 때 독일 국왕이 형성된 세계와 관련하여 가지는 권리와 동일한 권리를, 프롤레타리아는 형성되는 세계와 관련하여 갖고 있다. 그 국왕은 인민을 자신의 사적 소유라고 선언함으로써 단지 사적 소유자가 국왕이라는 사실을 말하고 있을 뿐이다.

철학이 프롤레타리아 속에서 그 물질적 무기를 발견하듯이, 프롤레타리아는 철학 속에서 자신의 정신적 무기를 발견한다. 그리고 사상의 번개가 이 소박한 인민적 지반 속으로 깊숙이 스며들게 되면, 독일인의 인간으로의 해방은 성취될 것이다.

결론을 요약하면:

유일하게 실천적으로 가능한 독일의 해방은 인간을 최고의 존재라고 선언하는 그런 이론의 관점 위에서의 해방이다. 독일에서 중세로부터의 해방은 동시에 중세의 부분적 극복으로부터의 해방으로서만 가능하다. 독일에서는 모든 종류의 노예상태를 타파하지 않고서는 어떤 종류의 노예상태도 타파할 수 없다. 근본적 독일은 근본에서부터 혁명하지 않고서는 혁명할 수 없다. 독일인의 해방은 인간해방이다. 이 해방의 머리는 철학이요. 그 심장은 프롤레타리아이다. 프롤레타리아의 지양 없이 철학은 자기를 실현할 수 없고, 철학의 실현 없이 프롤레타리아는 자신을 지양할 수 없다.

모든 내적 조건이 충족된다면, 독일 부활의 날은 갈리아의 수탉의 울음소리에 의해 선언될 것이다.

유대인 문제에 대하여

『독불 연보』 제1/2 합본호, 1844년

I. 브루노 바우어: 유대인 문제. 브라운슈바이크 1843.

독일의 유대인들은 해방을 갈망한다. 그들은 어떤 해방을 갈망하는가? 공적 시민의 해방을, 정치적 해방을.

브루노 바우어Bruno Bauer는 그들에게 대답했다. 독일의 그 어떤 사람도 정치적으로 해방되지 않았다. 우리 자신도 자유롭지 못하다. 어떻게 우리가 너희들을 자유롭게 할 수 있단 말인가? 만약 너희들이 유대인으로서 너희 자신을 위한 특수한 해방을 요구한다면, 너희 유대인들은 이기주의자들이다. 너희들은 독일인으로서 독일의 정치적 해방에, 인간으로서 인간의 해방에 전념해야만 하고, 너희들의 억압과 너희들의 치욕의 특수한 종류를 규칙에 대한 예외가 아니라, 오히려 규칙의 확증으로 받아들여야만 한다.

혹은 유대인들은 기독교적 신민과 동등한 지위를 요구하는가? 그러면 유대인은 기독교 국가를 정당한 것으로 승인할 것이고, 보편적 압제의 지배를 승인할 것이다. 왜 너희들은 보편적 멍에를 기꺼이 받아들이면서 왜 너희들의 특별한 멍에를 마음에 들어 하지 않는가! 유대인은 독일인의 자유에 관심이 없는데, 왜 독일인은 유대인의 해방에 관심을 가져야만 하는가?

기독교 국가는 특권들만을 알뿐이다. 유대인들은 이 기독교 국가 속에서 유대인일 수 있는 특권을 누린다. 유대인들로서 유대인들은 기독교인들이 갖지 않는 권리를 갖고 있다. 왜 유대인은 자신이 갖고 있지 않지만, 기독교인들이 누리는 권리를 갈망하는가?

유대인이 기독교 국가로부터 해방되고 싶다면, 유대인은 기독교 국가가 자신의 종교적 편견을 폐기하라고 요구해야 할 것이다. 그는, 즉 유대인은 자신의 종교적 편견을 폐기하는가? 또한, 유대인은 다른 이에게 종교의 이러한 양위를 요구할 권리를 지니고 있는가?

기독교 국가는 그 자신의 본질상 유대인들을 해방할 수 없다. 그러나 바우어는 유대인은 그 자신의 본질상 해방될 수 없다고 첨가한다. 국가가 기독교적이고 유대인이 유대인적인 한에서, 이 양자는 해방을 받아들이거나 수여할 수 있는 능력이 없다.

기독교 국가는 유대인들을 다른 여타의 신민과의 분리를 허가하고, 다른 분리된 영역의 억압을 겪게 하고, 유대인이 지배적인 종교와 종교적으로 대립하는 것보다 더 철저하게 그 억압을 겪게 하는 기독교 국가의 방식으로만, 즉 특권적인 방식으로만 유대인과 관계할 수 있다. 그러나 유대인은 현실적인 민족성에 자신의 키메라적인 민족성을, 현실적인 법률에 자신의 환상적인 법률을 대립시킴으로써, 인류와의 분리를 정당하다고 망상함으로써, 원칙적으로 역사적 운동에 어떤 몫도 차지하지 않음으로써, 인간의 보편적 미래에 어떤 공통적인 것도 갖지 않는 어떤 미래를 고대함으로써, 자신을 유대인 민족의 구성원으로, 유대인 민족을 선택된 민족으로 간주함으로써, 유대인 또한 유대인적으로만, 즉 하나의 낯선 것으로서 국가와 관계를 맺을 수 있다.

따라서 당신들 유대인은 어떤 칭호로 해방을 갈망하는가? 당신들의 종교 때문에? 당신들의 종교는 국가종교의 철천지원수이다. 공적 시민으로서? 독일에는 어떤 공적 시민도 존재하지 않는다. 인간으로서? 당신들이 호소하는 인간은 인간이 아닌 것과 마찬가지로 당신들은 어떤 인간도 아니다.

바우어가 지금까지의 문제 제기들과 해결들에 대해 비판을 한 이후에, 유대인 해방에 대한 문제는 새롭게 제기됐다. 그가 물어본 것처럼, 해방되어야 할 유대인과 해방해야만 하는 기독교 국가, 이 양자는 어떤 성질을 지니고 있는가? 그는 유대인 종교에 대한 비판을 통해서 대답하고, 유대교와 기독교 사이의 종교적 대립을 분석하고, 기독교 국가의 본질에 대해서 알려줬다. 그는 이 모든 것을 대담함, 예리함, 재능, 철저함을 통한 거칠고 활력이 넘칠 뿐만 아니라, 엄밀한 글쓰기 방식으로 해낸다.

그렇다면 바우어는 유대인 문제를 어떻게 해결하는가? 결과는 어떠한가? 어떤 문제의 정식화는 그 문제의 해결이다. 유대인 문제에 대한 비판은 유대인 문제에 대한 대답이다. 따라서 요점은 다음과 같다.

우리가 다른 이들을 해방할 수 있기 이전에, 우리는 우리 자신을 해방해야 한다.

유대인과 기독교인 사이의 가장 견고한 대립의 형식은 종교적 대립이다. 우리는 어떻게 이 대립을 해결하는가? 우리가 이 대립을 불가능한 것으로 만듦으로써. 우리는 어떻게 종교적 대립을 불가능하게 만드는가? 우리가 종교를 지양함으로써. 유대인과 기독교인은 자신들의 대립적 종교들을 인간 정신의 상이한 발전단계로만, 즉 역사에 의해서 벗겨진 상이한 뱀의 껍질로만 인식하자마자, 인간을 인간에 의해 껍질이 벗겨진 뱀으로만 인식하자마자, 이 양자는 더 이상 종교적 관계가 아니라, 비판적이고 학문적인, 인간적인 관계에 서 있게 된다. 이때 학문은 이 양자의 통일이다. 그러나 학문에서 대립들은 학문 자체를 통해서 해결된다.

특히 독일의 유대인에게는 정치적 해방 일반의 결여와 국가가 공인한 기독교성이 서로 대립해 있다. 그럼에도 불구하고 바우어의 관점에서 보면 유대인 문제는 특별한 독일적 상태로부터 독립된 보편적 의미를 지닌다. 유대인 문제는 종교와 국가의 관계에 대한, 종교적 속박과 정치적 해방의 모순에 대한 문제이다. 종교로부터의 해방은 정치적으로 해방되고 싶어 하는 유대인 및 해방하고 심지어 해방돼야만 하는 국가에게 조건으로 제시된다.

"좋다. 사람들은 말한다. 그리고 유대인조차도 유대인은 또한 유대인으로 해방되어서는 안 된다고 말한다. 유대인은 유대인이 아니기 때문이고, 유대인이 인륜성이라는 매우 탁월한 보편적인 인간적 원칙을 갖지 않기 때문이다. 유대인은 유대인으로 존재하고 유대인으로 남아 있어야만 함에도, 오히려 유대인은 심지어 공적 시민의 뒤로 물러서서 공적 시민이 될 것이다. 즉 유대인이 공적 시민이고 보편적인 인간적 관계에 살고 있음에도 불구하고 유대인은 유대인이고 유대인으로 남아 있다. 유대인의 편협하고 유대인적인 본질은 항상 그리고 최후에는 자신의 인간적이고 정치적 의무들에 대해 승리를 구가한다. 보편적인 근본 명제가 편견을 능가하지만, 편견은 남아 있다. 그러나 편견이 남아 있다면, 오히려 이 편견은 모든 것을 능가할 것이다." "국가의 삶 속에서 유대인이 유대인으로 남아 있게 되리라는 것은 궤변적일 뿐이고, 겉보기에만 그럴 뿐이다. 따라서 유대인이 유대인으로 남아 있고 싶어 할 때, 한낱 가상은 본질적인 것이 될 것이고, 본질적인 것에 대해 승리를 구가할 것이다. 즉 국가 안에서의 유대인의 삶은 가상에 지나지 않을 것이고, 본질과 규칙에 대한 순간적인 예외일 뿐일 것이다."(오늘날 유대인과 기독교인이 자유롭게 될 수 있는 능력)

바우어가 국가의 과제를 어떻게 부여하고 있는지를 다른 측면에서 살펴보자.

"프랑스"는 - "모든 다른 정치적 문제들에서 지속적으로 그런 것처럼 - 유대인 문제와 관련해서 어떤 삶의 모습을 우리에게 새롭게(1840년 12월 26일 의회의 토론문) 보여줬다. 이 삶은 자유롭지만, 삶의 자유는 법률에서 철회되고, 따라서 하나의 가상으로 선언된다. 다른 측면에서 보면 삶을 자유롭게 하는 법률은 행위를 통해서 반박된다."(『유대인 문제』)

"프랑스에서 보편적 자유는 아직 법률로 제정되지 않았고, 유대인 문제 또한 아직 해결되지 않았다. 왜냐하면 여전히 종교적 특권에 의해서 지배를 받고 있고 분해된 삶 속에서의 - 모든 시민은 평등하다는 - 법적 자유는 제한되어 있고, 삶에서의 이러한 부자유는 법률에 반작용하기 때문이고, 이 법률은 그 자체로 자유로운 시민을 억압받는 자와 억압하는 자로의 구별을 재가하도록 강요하기 때문이다."

그렇다면 프랑스에서 유대인 문제는 언제 해소될 것인가?

"유대인이 예를 들면 안식일에 하원에 가서 공적 회의에 참석하는 것과 같은 국가와 동료 시민에 대한 자신의 의무들을 완수하는 것이 자신의 율법에 지장이 없다면, 유대인은 유대인이기를 멈출 수밖에 없을 것이다. 모든 종교적 특권 일반, 또한 특권적 교회의 독점은 폐기되어야만 할 것이다. 몇몇 혹은 다수 혹은 압도적인 다수 또한 여전히 종교적 의무들을 완수해야 한다고 믿어야만 한다면, 이러한 완수는 그들 자신에게는 순수한 사적인 일로 위임될 수밖에 없을 것이다." "특권적인 종교가 더 이상 존재하지 않는다면, 종교도 더 이상 존재하지 않을 것이다. 종교에서 종교의 배타적인 힘을 취하라, 그러면 종교는 더 이상 존재하지 않을 것이다." "마르탱 뒤 노르Martin du Nord씨가 일요일에 관한 언급을 법률로 폐지하자는 제안에서 기독교는 폐기되었다는 선언에 대해 동의하는 것으로 생각한 것처럼, 똑같은 권리로(이 권리는 완전히 정당하다) 안식일 율법이 유대인에게 더는 구속력이 없을 것이라는 선언은 유대교의 해체의 선포일 것이다."

따라서 바우어는 한편으로 공적 시민으로 해방되기 위해서 유대인은 유대교를, 일반적으로 인간은 종교를 지양해야 한다고 요구한다. 다른 한편으로 그에게 종교의 정치적 해방은 종교 일반의 지양으로 일관되게 간주된다. 종교를 전제하는 국가는 아직 진정한, 현실적인 국가가 아니다. "물론 종교적 표상은 국가에 보증을 부여한다. 그러나 어떤 국가에?

어떤 종류의 국가에?"

이 점에서 유대인 문제에 대한 일면적인 이해가 나타난다.

누가 해방해야 하는가? 누가 해방되어야만 하는가? 라는 것을 연구하는 것은 결코 충분하지 않다. 비판은 제3의 것과 관계했어야 했다. 비판은 어떤 종류의 해방이 중요한가? 요구된 해방의 본질에서는 어떤 조건들이 근거 지워져 있는가? 라고 물었어야 했다. 정치적 해방 자체에 대한 비판은 처음에는 유대인 문제에 대한 최종적인 비판이었고, 이 문제의 진정한 해소는 "시대의 보편적인 문제"로의 고양이었다.

바우어가 문제를 이 정도까지 끌어 올리지 못했기 때문에 그는 모순에 빠졌다. 그는 정치적 해방 자체의 본질에 근거하지 않은 조건들을 제시한다. 그는 자기 과제가 포함하지 않은 물음들을 던졌고, 그는 물음을 해결하지 않은 채 과제들을 해결한다. 바우어가 유대인 해방에 대해 적들에게 "당신들의 실수는 당신들이 기독교 국가를 유일하고 참된 국가로서 전제하고, 당신들이 유대교를 고찰했던 똑같은 비판을 내던지지 않았다"라고 말했다면, 우리는 그가 "국가 일반"이 아니라 "기독교 국가"만 비판에 내맡기고, 정치적 해방과 인간적 해방의 관계를 연구하지 않았고, 따라서 정치적 해방을 보편적인 인간 해방과 무비판적으로 혼동함으로써만 설명할 수 있는 조건들을 제시하는 바우어의 실수를 알 수 있을 것이다. 바우어가 유대인들에게 너희들의 관점에서 보면 너희들은 정치적 해방을 갈망할 권리를 갖고 있는가? 라고 묻는다면, 우리는 역으로 정치적 해방의 관점은 유대인으로부터 유대교의 지양을, 인간 일반으로부터 종교의 지양을 요구할 수 있는 권리를 갖는가? 라고 물을 것이다.

유대인 문제는 유대인들이 존재하는 국가에 따라서 다르게 파악된다. 어떤 정치적 국가도, 국가로서 어떤 국가도 존재하지 않는 독일에서 유대인 문제는 순수하게 신학적 문제이다. 유대인은 기독교가 자신의 토대라고 고백하는 국가와의 종교적 대립 속에서 존재한다. 이 국가는 직책상 ex professo 신학자이다. 여기에서 비판은 신학에 대한 비판이고, 기독교 신학과 유대인 신학에 대한 양면의 비판이다. 아무리 우리가 비판적으로 신학 속에서 운동한다고 할지라도, 우리는 여전히 신학 속에서 운동하고 있다.

입헌 국가인 프랑스에서 유대인 문제는 입헌주의의 문제, 즉 정치적 해방의 불충분함에 대한 문제이다. 여기에서 비록 어떤 것도 말할 수 없고, 자기 자신과 모순되는 형태일지라도, 국가종교라는 가상은 다수의 종교라는 형태로 지속하기 때문에, 유대인과 국가의 관계는 하나의 종교적, 신학적 대립의 가상을 지닌다.

북아메리카 자유 국가들에서야 비로소 – 적어도 이 국가들의 한 부분에서 – 유대인 문제는 신학적 의미를 상실하고, 실제로 세속적인 문제가 되었다. 정치적 국가가 완전히 형성된 곳에서만 유대인과 즉 대체로 종교적 인간과 정치적 국가의 관계, 즉 종교와 국가의 관계는 고유성으로, 순수성으로 나타날 수 있다. 국가가 신학적 방식으로 종교와 관계하자마자, 국가가 국가로서, 즉 정치적으로 종교와 관계하자마자, 이 관계에 대한 비판은 신학적 비판이기를 멈춘다. 이제 비판은 정치적 국가에 대한 비판이 된다. 신학적일 수 있는 문제가 멈추는 바로 이 지점에서 바우어의 비판은 비판적이기를 멈춘다. "미국에는 국교도 다수를 위한 공적 종교도, 다른 예배에 대한 한 예배의 특권도 존재하지 않는다. 국가는 그 어떤 예배와도 관계하지 않는다."(G. de. 보몽, 『마리 혹은 미국에서의 노예 상태』, 파리, 1835, 214쪽.) 물론 북아메리카의 몇몇 국가들에는 "그 어떤 종교적인 믿음이나 특정한 예배의 수행을 정치적 특권의 조건으로 만들지 않는 헌법을 가지고 있다." 그럼에도 불구하고 "미국에서는 종교를 갖지 않는 어떤 사람이 정직한 인간일 수 있다는 것을 믿지 않는다." 그러나 북아메리카는 보몽G.de Beaumont, 토크빌A.de. Tocqueville, 그리고 영국인 해밀턴T. Hamilton이 이구동성으로 확신하는 것처럼 특히 종교성의 나라이다. 그러나 북아메리카 국가들은 우리에게 하나의 예로서만 간주한다. 문제는 완성된 정치적 해방이 종교와 어떤 관계를 맺고 있는가? 이다. 만약 우리 자신이 완성된 정치적 해방의 나라에서 종교의 실존뿐만 아니라, 종교의 생동하고 활력이 넘치는 실존을 발견한다면, 종교의 현존은 국가의 완성과 모순되지 않는다는 사실이 입증될 것이다. 그러나 종교의 현존은 결핍의 현존이기 때문에, 이 결핍의 원천은 여전히 국가 자체의 본질 속에서만 찾을 수 있을 것이다. 종교는 우리에게 더 이상 세속적 한계의 근거로서가 아니라, 여전히 세속적 한계의 현상으로서 간주한다. 그러므로 우리는 자유로운 공적 시민의 종교적 속박을 그들의 세속적 속박으로부터 설명한다. 우리는 자유로운 공적 시민들이 자신의 세속적인 한계를 지양하기 위해서 자신의 종교적인 한계를 지양해야만 한다고 주장하지 않는다. 우리는 그들이 자신의 세속적 한계를 지양하자마자, 그들이 자신의 종교적인 한계를 지양한다고 주장한다. 우리는 세속적인 문제를 신학적인 문제로 전환하지 않는다. 우리는 신학적인 문제를 세속적인 문제로 전환한다. 충분히 오랫동안 역사가 미신으로 해체된 이후에, 우리는 미신을 역사로 해체할 것이다. 정치적 해방과 종교와의 관계에 대한 문제는 우리에게 정치적 해방과 인간적 해방의 관계에 대한 문제가 되었다. 우리는 종교적 허약함을 도외시한 채 정치적 국가를 그 국가의 세속적인 구성에서 비판함으로써, 정치적 국가의 종교적 허약함을 비판한다. 우리는 특정 종교, 예를 들면 유대교와 국가의 모순을 국가와 특정한 세속적 요소들의 모순으로, 국가와 종교 일반의 모순으로, 국가와 국가의 전제들 일반의 모순으로 인간화한다.

유대인, 기독교인, 대체로 종교적 인간의 정치적 해방은 유대교, 기독교, 일반적으로 종교로부터의 국가의 해방이다. 국가가 국가종교로부터 해방됨으로써, 즉 국가로서 국가가 어떤 종교도 공인하지 않음으로써, 국가가 오히려 자신을 국가로서 공인함으로써, 국가는 국가의 형태에서 국가의 본질에 고유한 방식으로 국가로서 종교로부터 해방된다. 종교로부터 정치적 해방은 종교로부터의 완전한 해방이 아니고 모순이 없는 해방이 아니다. 왜냐하면 정치적 해방은 인간적 해방의 완전한 방식이 아니고 모순이 없는 방식이 아니기 때문이다.

정치적 해방의 한계는 인간이 현실적으로 어떤 제한으로부터 자유롭지 못할지라도, 국가는 어떤 제한으로부터 자유로울 수 있다는 점으로, 인간이 자유로운 인간이 아닐지라도, 국가는 자유국가일 수 있다는 점에서 곧바로 나타난다. 바우어가 "모든 종교적 특권 일반, 또한 특권적인 교회의 독점은 폐기돼야만 할 것이다. 몇몇의 혹은 다수 혹은 압도적인 다수 또한 여전히 종교적 의무들을 완수해야 한다고 믿어야만 한다면, 이러한 완수는 그들 자신에게 순수한 사적인 일로 위임될 수밖에 없을 것이다."라고 정치적 해방의 조건을 정립했을 때, 바우어 자신도 이 점을 은연중에 인정한다. 심지어 압도적인 다수가 여전히 종교적일지라도, 국가는 종교로부터 해방될 수도 있을 것이다. 그리고 압도적인 다수는 그들이 사적으로는 종교적이라는 점을 통해서 종교적이기를 멈추지 않는다.

그러나 국가, 즉 자유국가와 종교의 관계는 국가를 형성하는 인간들과 종교의 관계일 뿐이다. 이로부터 나오는 결론은 인간이 자기 자신과의 모순 속에서 스스로를 고양함으로써, 추상적이고, 제한적이며, 부분적인 방식으로 이러한 제한들을 넘어섬으로써, 인간은 국가라는 매개물을 통해서 자유로울 수 있고, 어떤 제한으로부터 정치적으로 자유로울 수 있다는 점이다. 더 나아가 인간은 정치적으로 자유롭게 됨으로써, 불가피한 매개물이기는 하지만, 이 매개물을 통해서 우회적으로 자유롭게 된다. 끝으로 심지어 인간이 국가라는 매개를 통해서 자신을 무신론자라고 선언할 때조차도, 즉 인간이 국가를 무신론자라고 선언했을 때, 인간은 아직도 종교적으로 사로잡혀 있다는 결론이 나온다. 바로 인간은 단지 우회적으로만 자신을 인정하고, 어떤 매개물을 통해서만 자신을 인정하기 때문이다. 종교는 바로 우회적으로 인간을 인정하는 것이다. 하나의 중재자를 통해서. 국가는 인간과 인간의 자유 사이의 중재자이다. 인간의 모든 신성, 모든 종교적 속박을 짊어진 예수 그리스도가 중재자인 것처럼, 국가는 자신의 모든 신성하지 않음, 자신의 모든 인간의 속박되어 있지 않음을 옮겨 놓은 중재자이다.

종교를 넘어선 인간의 정치적 고양은 정치적 고양 일반의 모든 결함과 장점들을 공유한다. 북아메리카의 수많은 국가에서 일어난 것처럼, 국가가 선거권과 피선거권을 위해 재산자격평가를 폐기하자마자, 국가로서 국가는 예를 들면 사적 소유를 파기하고, 인간이 정치적 방식으로 사적 소유를 지양된 것으로 선언한다. 해밀턴은 이 사실을 정치적 관점에 따라서 전적으로 올바르게 해석한다. "위대한 군중은 소유자들과 화폐의 부에 대해 승리를 거두었다." 비소유자가 점유자들에 대해 입법자가 된다면, 사적 소유는 이념적으로 지양되지 않는가? 재산자격평가는 사적 소유를 인정하는 최종적인 정치적 형식이다.

그럼에도 불구하고 사적 소유는 사적 소유의 정치적 폐지를 통해서 지양되지 않을 뿐만 아니라, 심지어 전제되어 있다. 국가가 출생, 신분, 교양, 직업을 비정치적 구별이라고 선언할 때, 이러한 구별들과 상관없이 민족의 모든 성원을 국민주권에 대한 동등한 참여자로 호명할 때, 현실적인 인민의 삶의 모든 요소를 국가의 관점에서 다룰 때, 국가는 출생, 신분, 교양, 직업에 따른 구별을 자신의 방식대로 지양한다. 그럼에도 불구하고 국가는 사적 소유, 교양, 직업을 그것들의 방식대로, 즉 사적 소유로서, 교양으로서, 직업으로서 작동하도록 하며, 그것들의 특수한 본질을 타당하게 만든다. 이러한 사실적인 구별들을 지양하기는커녕, 국가는 오히려 이러한 구별들의 전제 아래에서만 존재하고, 자신을 정치적 국가로 자각하고, 이러한 자신의 요소들과의 대립 속에서만 자신의 보편성을 타당하게 만든다. 따라서 "국가가 자신을 아는 정신의 인륜적 현실로 현존하기 위해 국가는 필연적으로 권위의 형식과 믿음의 형식을 구별해야만 한다. 그러나 이 구별은 교회적 측면이 자기 자신 안에서 분리되는 조건에서만 등장한다. 이런 조건에서만 국가는 특수한 교회를 넘어, 사상의 보편성을, 사상 형식의 원리를 획득하고, 그 보편성으로 실존한다."(헤겔『법철학』, 2판, 346쪽)고 헤겔이 말할 때, 헤겔은 정치적 국가와 종교의 관계를 전적으로 올바르게 규정한다. 물론이다! 국가는 이렇게 특수한 요소들을 넘어서 자신을 보편성으로 구성한다.

완성된 정치적 국가는 그 본질에 따르면 인간의 물질적 삶과 대립하는 인간의 유적 삶이다. 이러한 이기적인 삶의 모든 전제는 국가영역 외부에 있는 부르주아 사회 속에서 부르주아 사회의 속성들로서 존립한다. 정치적 국가가 진정한 형성을 이룬 곳에서 인간은 사상에서만, 의식에서만이 아니라, 현실에서, 삶에서 이중적인, 즉 천상의 삶과 세속적인 삶을 영위하고, 자신을 공동체적 존재로 간주하는 정치적 공동체에서의 삶을, 사적 인간으로 활동하고, 다른 인간을 수단으로 여기고, 자기 자신을 수단으로 전락시키고, 자신이 낯선 권력들의 노리갯감이 되는 부르주아 사회에서의 삶을 영위한다. 천상이 지상과 관계하는 것처럼, 정치적 국가는 부르주아 사회와 유심론적으로 관계한다. 정치적 국가는 부르주아 사회와 이와 동일하게 대립한다. 정치적 국가는 종교가 세속적 편협함을 극복하는 것과 똑같은 방식으로 부르주아 사회를 극복한다. 즉 정치적 국가는 부르주아 사회를 이와 마찬가지로 다시 인정하고, 복원하고, 자기 자신을 부르주아 사회에 의해 지배받도록 함으로써 부르주아 사회를 극복한다. 인간에게 가장 가까운 현실에서, 즉 부르주아 사회에서 인간은 세속적 존재이다. 인간이 자기 자신과 다른 사람을 현실적 개인으로 간주하는 여기 이곳에서 인간은 허구로 나타난다. 이에 반해 인간이 유적 존재로 간주되는 국가에서 인간은 상상된 주권의 공상적인 구성원이고, 현실적이고 개체적인 삶을 박탈당하고, 비현실적인 보편성을 충족시킨다.

공동체의 구성원으로 존재하고, 특정 종교의 신봉자인 인간이 공적 시민의 체계와 다른 인간과 빚고 있는 갈등은 정치적 국가와 부르주아 사회 사이의 세속적인 분열로 환원된다. 부르주아지로서 인간에게 "국가에서의 삶은 단지 가상이거나 본질과 규칙에 대한 일시적인 예외일 뿐이다." 시토엥citoyen이 궤변적으로만 유대인 혹은 부르주아지인 것과 같이, 부르주아지는 물론 유대인처럼 국가의 삶 속에서 궤변적이다. 그러나 이러한 궤변은 개인적인 것이 아니다. 이러한 궤변은 정치적 국가 자체의 궤변이다. 종교적 인간과 공적 시민 사이의 차이는 상인과 공적 시민 사이의 차이이고, 일용노동자와 공적 시민 사이의 차이이고, 토지 소유자와 공적 시민 사이의 차이이고, 살아 있는 개인과 공적 시민의 차이이다. 종교적 인간이 정치적 인간과 처해 있는 모순은 부르주아지와 시토엥이 처해 있는 모순과 동일한 모순이며, 부르주아 사회의 성원이 자신의 정치적 허세와 처해 있는 모순과 동일한 모순이다.

바우어는 이제 사적 소유 등등과 같이 물질적인 요소들일 수도 있고, 교양, 종교 등등과 같이 정신적인 요소일 수 있는 이것을, 즉 정치적 국가와 그 국가들의 전제들의 관계라는 유대인 문제가 결국에는 환원되는 이러한 세속적인 갈등을, 보편적인 이해와 사적 이해 사이의 갈등을, 정치적 국가와 부르주아 사회 사이의 분열을, 이러한 세속적인 대립들을 그대로 내버려 둔 반면, 이 대립들의 종교적 표현만을 논박한다. "부르주아 사회에서 그 사회의 존립을 보장하고 그 사회의 필연성을 보증하는 욕구, 즉 부르주아 사회의 토대가 그 사회의 존립을 끊임없는 위험에 내맡기고, 부르주아 사회 속에서 불안전한 요소들을 관리하고, 끊임없는 변화 속에서 이루어진 저 앞에서 말한 빈곤과 부, 궁핍과 번영의 혼합을, 즉 변화 일반을 산출한다."

헤겔 법철학의 근본적인 특성에 따라서 기획된 "부르주아 사회"라는 전체 장을 비교해 보라. 정치적 국가와의 대립 속에 있는 부르주아 사회는 필연적인 것으로 인정된다. 왜냐하면 정치적 국가가 필연적인 것으로 인정되기 때문이다.

물론 정치적 해방은 위대한 진보이다. 정치적 해방은 인간 해방 일반의 최종적 형태가 아니긴 하지만, 지금까지의 세계질서 내부에서 보면 인간 해방의 최종적 형태이다. 분명한 것은 여기에서 우리가 현실적이고 실천적인 해방에 대해서 말하고 있다는 사실이다.

인간이 종교를 공법에서 사법으로 추방함으로써 인간은 종교로부터 정치적으로 해방된다. 인간이 - 비록 제한적인 방식일지라도, 특수한 형태에서, 그리고 특수한 영역에서 - 다른 인간과 함께 하는 공동체 안에서 자신을 유적 존재로 관계하는 곳에서 종교는 더는 국가의 정신이 아니다. 종교는 부르주아 사회의, 이기주의 영역의, 만인의 만인에 대한 투쟁(bellum omnium contra omnes) 영역의 정신이 됐다. 종교는 더는 공동체의 본질이 아니라, 오히려 구별의 본질이다. 종교는 인간과 인간의 공동체적 존재와의, 즉 자기 자신과 다른 사람들과의 분리의 표현이 됐다. 이것이 종교의 근원적인 본질이었다. 종교는 여전히 특수한 부조리의, 사적 변덕의, 제멋대로 하는 것의 추상적인 고백일 뿐이다. 예를 들면 북아메리카에서 종교가 무수히 많게 산산 조각난 것은 겉으로 보기에는 종교가 이미 순수하게 개인적인 일의 형태라는 점을 보여준다. 종교는 사적 이해 각각의 것으로 전락했고, 공동존재로서 공동체로부터 추방되었다. 그러나 사람들은 정치적 해방의 한계에 대해서 착각하지 않았다고 한다. 공적 인간과 사적 인간으로의 인간의 분열, 국가로부터 시민사회로의 종교의 전위, 이것은 정치적 해방의 한 단계가 아니라, 정치적 해방의 완성이다. 이러한 완성은 따라서 인간의 현실적인 종교성을 지양하도록 애쓰지 않는 것과 똑같은 정도로 그 종교성을 지양하지 않는다.

인간을 유대인과 공적 시민으로, 프로테스탄트와 공적 시민으로, 종교적 인간과 공적 시민으로 분해, 이 분해는 공적 시민 체계에 대한 날조가 아니고, 정치적 해방에 대한 회피가 아니라, 정치적 해방 자체이고, 종교로부터 해방될 수 있는 정치적 방식이다. 물론 정치적 국가가 정치적 국가로서 부르주아 사회로부터 강제적으로 탄생한 시대에, 인간의 자기 해방이 정치적 자기 해방의 형식 아래에서 완전해지려고 노력하는 시대에, 국가는 종교가 지양될 때까지, 종교가 무화될 때까지 점진할 수 있고 해야만 한다. 그러나 국가는 사적 소유를 지양하는 것으로, 사적 소유를 정점에 이르게 하는 것으로, 사적 소유를 몰수하는 것으로, 사적 소유에 대한 누진세를 부여하는 것과 같은 방식으로만 그렇게 하는데, 이것은 마치 국가가 목숨을 없앨 때 단두대를 사용하는 것과 같은 방식이다. 정치적 삶은 자신의 특수한 자기감정의 계기들 속에서 자신의 전제인 부르주아 사회와 그 사회의 요소들을 압살하고, 스스로 인간의 현실적이고 모순 없는 유적 삶으로 구성하려고 한다. 그러나 이것은 정치적 삶의 고유한 삶의 조건들에 대항하는 폭력적인 모순을 통해서만 가능하고, 정치적 삶이 혁명을 영구적인 것으로서 선언할 때에만 가능하다. 따라서 전쟁이 평화와 함께 끝나는 것처럼, 정치적 드라마는 필연적으로 종교, 사적 소유, 부르주아 사회의 모든 요소의 복원과 함께 끝난다.

물론 기독교가 자신의 토대라고, 국가종교라고 시인하고, 그 때문에 다른 종교와 배타적으로 관계하는 소위 말하는 기독교 국가는 완성된 기독교 국가가 아니라, 오히려 무신론적 국가, 민주주의적 국가, 종교를 부르주아 사회의 여타의 요소들로 추방한 국가이다. 국가에는 여전히 기독교의 신앙고백을 공적인 방식으로 수행하고, 스스로를 아직은 국가로서 과감하게 선언하지 못한 여전한 신학자가 존재한다. 그는 세속적이며, 인간적인 형식으로, 자신의 현실에서, 인간의 토대를 국가라고 아직은 표현을 잘 못 하는 것 같다. 이러한 인간의 토대의 야단법석인 표현이 기독교이다. 소위 말하는 기독교 국가는 단지 비-국가일 뿐이다. 왜냐하면 종교로서 기독교가 아니라 기독교의 인간적인 배후만이 실제로 인간적인 만물들을 관철할 수 있기 때문이다.

소위 말하는 기독교 국가는 국가에 대한 기독교적 부정이기는 하지만, 기독교의 국가적 실현은 결코 아니다. 기독교를 여전히 종교의 형식에서 공인하는 국가는 아직 기독교를 국가의 형식에서 공인한 것은 아니다. 왜냐하면 국가는 여전히 종교와 종교적으로 관계하기 때문이다. 즉 국가는 종교의 인간적 근거를 현실적으로 수행하지 않기 때문이다. 왜냐하면 국가는 여전히 이러한 인간적 핵심의 비현실성, 상상적 형태를 유발하기 때문이다. 소위 말하는 기독교 국가는 불완전한 국가이고, 기독교는 국가에서 국가의 불완전성에 대한 보충과 신성함으로 간주한다. 따라서 종교는 국가에게 필연적으로 수단이 되고, 그런 국가는 위선의 국가이다. 완전한 국가가 국가라는 보편적 본질에 놓여 있는 결함 때문에 종교를 자신의 전제들로 고려하는지 혹은 불완전한 국가가 자신의 특수한 실존에 놓여 있는 결함 때문에 결함 있는 국가로서 종교를 자신의 토대로 선언하는지는 커다란 차이이다. 후자의 경우에 종교는 불완전한 정치가 된다. 첫 번째의 경우에 완성된 정치의 불완전함 자체는 종교에서 나타난다. 소위 말하는 기독교 국가는 자신을 국가로서 완전히 하기 위해서 기독교가 필요하다. 민주주의적 국가, 즉 현실적 국가는 자신의 정치적 완성을 위해서 종교가 필요하지 않다. 오히려 민주주의적 국가는 종교를 사상시킬 수 있다. 왜냐하면 이 국가 속에서 종교의 인간적 토대가 세속적 방식으로 수행되기 때문이다. 이에 반해 소위 말하는 기독교 국가는 정치적으로 종교와 관계하고, 종교적으로 정치와 관계한다. 만약 기독교 국가가 국가형태들을 가상으로 전락시킨다면, 꼭 그와 마찬가지로 기독교 국가는 종교를 가상으로 전락시킬 것이다.

이러한 대립을 분명하게 하려고 우리는 기독교 국가에 대한 바우어의 구성, 즉 기독교-게르만적 국가의 관점으로부터 유래한 그 구성을 고찰할 것이다.

바우어는 "최근에 사람들이 기독교 국가의 불가능성 혹은 비-실존을 증명하기 위해서 국가가 자신을 완전하게 해체하려고 하지 않을 때, 국가가 따르지 않았을 뿐만 아니라, 단 한 번도 따를 수 없는 복음서의 이러한 격언들을 참조했다"라고 말했다. "그러나 사태는 이렇게 쉽게 처리되지 않는다. 그러면 저 앞의 복음서의 격언들은 무엇을 요구하는 것인가? 초자연적인 자기부정, 계시의 권위에 대한 복종, 국가의 전향, 세속적 관계들의 지양을 요구한다. 이제 이 모든 것을 기독교 국가가 요구하고 수행한다. 기독교 국가는 복음서의 정신을 자기 것으로 삼는다. 만약 기독교 국가가 이 정신을 복음서의 글자 그대로 똑같이 재현하는 것이 아니라, 복음서가 이 글자를 통해서 이 정신을 표현한다면, 이것은 기독교 국가가 이러한 정신을 국가형태들로, 즉 형태들로 표현하기 때문이다. 이 형태들은 이 세계에서 국가 제도를 빌린 것이기는 하지만, 이 형태들이 경험해야만 하는 종교적 부활 속에서 가상으로 전락해 버렸다. 기독교 국가는 국가의 전향이고, 이 전향은 국가형태들을 완성하기 위해 이용된 것이다."

이에 이어서 바우어는 어떻게 기독교 국가의 민족이 바-민족일 뿐인지를, 어떻게 이 민족이 자신의 고유한 의지를 더 이상 갖지 않는지를, 어떻게 이 민족이 자신이 복종하는 우두머리 안에서, 신에 의해 주어졌지만, 우두머리의 관여 없이는 신에 이를 수 없는, 즉 그 민족에게는 근원적이지만, 본질적으로 낯선 그 우두머리 안에서 자신의 진정한 현존재를 갖는지를, 어떻게 이 민족의 율법이 자신의 작품이 아니라 긍정적인 계시들인지를, 어떻게 이 민족의 최고 우두머리가 자기 고유의 민족, 즉 대중과의 특권적인 매개자를 필요로 하는지를, 어떻게 이 대중 자체가 우연이 만들어내고 결정하며, 패거리들의 이해들과 특별한 열정들과 선입견을 통해서 구별되고, 서로를 대립적으로 차단할 수 있는 허락을 특권으로 받아들이는 특수한 패거리들의 한 집단으로 몰락하는지를 설명했다.

그러나 바우어는 심지어 다음과 같이 말한다. "만약 정치가 종교에 지나지 않는다고 한다면 정치는 정치이면 안 된다. 마치 스튜 냄비를 청소하는 것이 종교적인 업무로서 간주하여진다면, 그 일은 경제적인 일로 고찰되면 안 되는 것과 마찬가지이다."(108쪽) 그러나 기독교-게르만적 국가에서 "경제적인 일"이 종교인 것처럼 종교는 하나의 "경제적인 일"이다. 기독교-게르만적 국가에서 종교의 지배는 지배의 종교이다.

"복음의 정신"과 "복음의 글자"를 분리하는 것은 비종교적 행위이다. 복음을 신성한 정신의 글자와 다른 글자, 즉 정치의 글자로 말하도록 하는 국가는 인간의 눈에는 그렇지 않을지라도, 복음의 고유한 종교적 눈에서 보면 신성모독을 범하는 것이다. 기독교를 자신의 최고의 규범이라고, 성경을 자신의 헌장이라고 공언하는 국가에서 사람들은 신성한 문자인 말씀에 맞서야만 한다. 왜냐하면 문자는 말씀에 이를 때까지 신성하기 때문이다. 사람들이 "국가가 국가로서 자신을 완전하게 해체하려고 하지 않을 때, 국가가 따르지 않았을 뿐만 아니라, 단 한 번도 따를 수 없는" 복음서의 이러한 격언들로 국가를 비난했을 때, 이 국가 및 이 국가가 기초를 두고 있는 인간쓰레기는 종교적 의식의 관점에서 보면 고통스럽고 극복할 수 없는 모순에 빠진다. 그러면 왜 국가는 스스로 해체하려고 하지 않는가? 이에 대해서 국가 자신은 자신에게도 다른 사람들에게도 대답할 수 없다. 공식적인 기독교 국가는 자신의 고유한 의식 앞에서 실현될 수 없는 하나의 당위이다. 이 기독교 국가는 혼자 거짓말을 함으로써, 자신의 실존의 현실성을 확인한다는 것을 알고, 따라서 자기 자신을 항상 의심의 대상, 신뢰할 수 없는 대상, 문제가 많은 대상으로 남겨둔다. 국가 자신이 상상물인지 실재인지를 알지 못하고, 종교를 위장수단으로 사용하는 국가의 세속적 목적이 지닌 비열함이 종교가 세계의 목적으로 현상하는 종교적 의식의 진실함과 해소할 수 없는 충돌에 빠질 때, 비판이 성경을 도발하는 국가를 의식의 광기라고 몰아붙일 때, 비판은 완전히 정당하게 된다. 이 국가가 가톨릭교회의 앞잡이가 될 때, 이 국가는 자신의 내적인 고통으로부터만 구원받을 수 있다. 세속적 권력을 자신에게 봉사하는 육체라고 선언하는 교회와 달리, 국가는 무기력하고, 종교적 정신의 지배를 주장하는 세속적 권력도 무기력하다.

소위 말하는 기독교 국가에서 소외가 문제가 되기는 하지만, 인간이 문제가 되지 않는다. 중요하게 간주되는 유일한 인간, 즉 왕은 다른 인간과 특별히 구별되는 존재이고, 이때 그 자신은 여전히 천상과, 신과 직접 결합하는 종교적 존재이다. 여기에서 지배적 관계들은 여전히 신앙의 관계이다. 따라서 종교적 정신은 아직 현실적으로 세속화되지 않았다.

그러나 종교적 정신 또한 현실적으로 세속화될 수 없다. 인간 정신의 어떤 발전단계의 비세속적인 형태로서 종교적 정신 그 자체는 무엇이란 말인가? 종교적 정신이란 인간 정신의 발전단계의 종교적 표현이고, 이 인간 정신의 발전단계가 그 발전단계의 세속적인 형태들 속에서 등장하고 스스로 구성하는 한에서 종교적 정신은 현실화될 수 있다. 이것은 민주주의적 국가에서 일어난다. 기독교가 아니라, 기독교의 인간적 토대가 이러한 국가의 토대이다. 종교는 이러한 국가구성원들의 관념적이고 비세속적인 의식으로 남아 있다. 왜냐하면 종교는 국가에서 관철되는 인간 발전단계의 관념적인 형태이기 때문이다.

정치적 국가의 구성원들은 개체적인 삶과 유적 삶 사이의 이원론 때문에, 부르주아 사회의 삶과 정치적 삶 사이의 이원론 때문에 종교적이다. 이때 종교적이라는 것은 인간이 자신의 현실적인 개체성의 저편에 있는 국가에서의 삶을 자신의 참된 삶으로 관계한다는 것을 의미한다. 여기에서 종교가 부르주아 사회의 정신인 한에서, 인간과 인간 사이의 분리와 간격의 표현인 한에서 종교적이다. 정치적 민주주의는 기독교적이다. 왜냐하면 이 민주주의에서 인간은 한 인간뿐만 아니라, 모든 인간이 주권을 지닌 존재, 최고의 존재로 간주되기 때문이다. 그러나 이때 인간은 야성적이고, 반사회적이며, 우연적인 실존에 처해 있으며, 있는바 그대로 존재하며, 우리 사회의 모든 조직 때문에 타락하고, 자기 자신을 상실했으며, 소외를 당하며, 비인간적인 관계들과 요소들의 지배 아래에 처해 있다. 한마디로 말하면 인간은 아직 현실적인 유적 존재가 아니다. 기독교의 환각, 기독교의 꿈, 기독교의 요청, 현실적인 인간과 구별되는 낯선 존재로서 그 인간의 주권은 민주주의에서 감각적 현실, 현재, 세속적 공리이다.

완성된 민주주의에서 종교적 의식과 신학적 의식 그 자체가 겉으로 보기에 정치적 의미, 세속적 목적이 없는 세계를 혐오하는 심정의 일, 오성적인 우매함의 표현, 자의와 환상의 산물이기보다, 실제의 저편의 삶이기보다 더 종교적이고, 더 신학적으로 간주된다. 이곳에서 기독교는 보편종교적인 의미의 실천적인 표현을 획득한다. 왜냐하면 가장 상이한 종류의 세계관이 기독교 형태에서 서로 한 데 모이기 때문이고, 더군다나 기독교는 다른 세계관에 결코 기독교의 요구사항을 요구하지 않고, 오히려 여전히 종교 일반에, 즉 어떤 종교에 요구하기 때문이다. 종교적 의식은 종교적 대립과 종교적 다양성의 풍부함에 도취해 있다.

우리는 다음과 같은 점을 살펴보았다. 종교로부터의 정치적 해방이 비록 특권적인 종교가 아닐지라도 종교를 존립하게 한다. 특정 종교의 지지자가 자신의 국가 체계와 처해 있는 모순은 정치적 국가와 부르주아 사회 사이의 일반적이고 세속적인 모순의 한 부분일 뿐이다. 자기를 국가로 공인하고, 자기 구성원의 종교를 사상시킨 국가가 기독교 국가의 완성이다. 종교로부터의 국가의 해방은 종교로부터 현실적 인간의 해방이 아니다.

따라서 우리는 바우어와 같이 유대인들에게 당신들은 당신 자신들이 유대교로부터 급진적으로 해방되지 않고서는 정치적으로 해방될 수 없다고 말하지 않는다. 오히려 우리는 그들에게 당신들은 당신 자신들이 유대교와 완전히 모순 없이 결별 선언을 하지 않아도 정치적으로 해방될 수 있으므로, 바로 이 때문에 정치적 해방 자체가 인간적 해방이 아니라고 말한다. 만약 당신들 유대인이 당신 자신을 인간적으로 해방하지 않고도 정치적으로 해방되기를 원한다면, 불완전함과 모순은 당신들에게만 놓여 있는 것이 아니고, 정치적 해방의 본질과 범주에 놓여 있게 될 것이다. 만약 당신들이 이 범주에 속박되어 있다면, 당신들은 보편적인 속박을 공유하게 될 것이다. 국가가 국가임에도 불구하고 기독교적으로 유대인과 관계할 때, 국가가 복음을 전하는 것처럼, 유대인이 유대인임에도 불구하고 공적 시민의 권리를 요구할 때, 유대인은 정치 활동을 하는 것이다.

그러나 인간이, 비록 그 인간이 유대인일지라도, 정치적으로 해방되고,

공적 시민의 권리를 수용할 수 있을 때, 그 인간은 소위 말하는 인권을 요구하고 수용할 수 있는가? 이것을 바우어는 부정한다. "문제는 유대인 그 자체, 즉 자신의 진정한 본질 때문에 타자와의 영원한 분리 속에서 살도록 강제되어 있다는 것을 고백하는 유대인이 보편적인 인권을 수용하고 타자를 승인할 수 있는가이다."

"기독교 세계에서 인권에 관한 사상은 지난 세기에서야 비로소 발견됐다. 이 사상은 인간에게 천부적인 것이 아니라, 오히려 인간이 지금까지 교육받아 온 역사적 전통들에 대한 투쟁 속에서 획득했을 뿐이다. 이처럼 인권은 자연의 선물이 아니고, 지금까지의 역사의 지참금이 아니라, 세대에서 세대로 역사가 지금까지 물려준 출생의 우연과 특권에 대한 투쟁의 대가이다. 인권은 교육의 결과물들이고, 인권을 스스로 획득하고 그만한 값어치를 한 자들만이 인권을 가질 수 있다."

"그렇다면 유대인은 인권을 현실적으로 가질 수 있는가? 그가 유대인인 한에서 유대인을 인간으로서 다른 인간과 연결한다고 하는 인간적 본질에 대해, 그를 유대인으로 만드는 편협한 본질에 대해 승리를 거두어야만 하고, 그를 비유대인으로부터 분리해야만 한다. 이러한 분리를 통해서 유대인은 자신을 유대인으로 만드는 특수한 본질이 자신의 최고의 본질이라고, 이 최고의 본질 앞에서 인간의 본질은 뒤로 물러서야만 한다고 선언한다."

"이와 동일한 방식으로 기독교인으로서 기독교인은 어떤 인권도 보장받을 수 없다."

바우어에 따르면 보편적 인권을 수용할 수 있기 위해서 인간은 "신앙의 특권"을 희생해야만 한다. 소위 말하는 인권을 잠시 고찰해보자. 더 구체적으로 말하면 진정한 형태에서, 즉 인권의 발견자들인 북아메리카인과 프랑스인들이 지닌 그러한 형태에서 인권을 살펴보자. 한편으로 이 인권은 정치적 권리인데, 이때의 권리는 다른 인간과의 공동체에서만 행사되는 것이다. 공동체에, 더 구체적으로 말하면 정치적 공동체에, 즉 국가에 참여가 인권의 내용을 형성한다. 인권은 정치적 자유의 범주에, 공적 시민의 권리의 범주에 속한다. 이 권리는 우리가 살펴본 것처럼 결코 종교의, 또한 유대교의 모순 없이 긍정적인 지양을 전제하지 않는다. 인권(droits de l'homme)이 시민권(droits du citoyen)과 구별되는 한, 인권(droits de l'homme)으로서 인권의 다른 부분을 고찰해야 한다.

이 인권의 조항에는 임의로 예배를 수행할 수 있는 권리, 즉 양심의 자유가 있다. 신앙의 특권은 하나의 인권이거나 자유라는 어떤 인권의 결과로서 분명하게 인정된다.

1791년 인간과 시민의 권리선언 10조: "그 누구도 자신의 신념으로 인해서, 종교적 신념으로 인해서도 박해받아서는 안 된다." 1791년의 헌법 전문 1조에는 "누구든지 자신이 속해 있는 종교적 예배를 수행할 자유를 갖는다."가 인권으로 보장되어 있다.

1793년 인간의 권리선언 제7조에는 "예배의 자유로운 실행"이 인권 가운데 하나로 거론되고 있다. 게다가 자신의 사상과 견해를 자유롭게 표현할 권리, 집회의 권리, 예배를 거행할 권리와 관련해서는 "이 권리들을 공표하는 필연성은 전제정치의 현존 혹은 그에 대한 생생한 기억을 전제로 하고 있다"는 말까지 적혀 있다. 이것을 1795년의 헌법 전문 제14조와 제354조와 비교해 보라.

펜실베이니아 헌법 제9조 3항. 모든 인간은 본성상, 그 양심이 명하는 바에 따라 신에게 기도할 무제약적인 권리를 지닌다. 그 누구도 법률로 인해서 자신이 소망하는 바에 반하는 그 어떤 예배 혹은 미사를 지지하도록, 그러한 예배나 의식을 받들거나 후원하도록 강요받아서는 안 된다. 그 어떤 경우에서라도, 모종의 인간 권력이 양심의 문제에 개입하여 영혼의 힘들을 통제해서는 안 된다.

뉴햄프셔 헌법 제5조와 제6조. 그 어떤 동등한 가치를 갖는 것을 통해서도 대체되는 것이 불가능하므로, 그 본성상 양도될 수 없는 몇 가지 권리들이 자연권 가운데 존재한다. 여기에 양심의 권리가 속해 있다.

종교적일 수 있고, 임의로 종교적일 수 있는, 특정 종교의 예배를 수행할 수 있는 권리가 오히려 분명하게 인권으로 고려되는 것과 같이 그렇게 종교와 인권의 불일치는 인권의 개념 속에 있는 것은 아니다. 신앙의 특권은 하나의 보편적 인권이다.

인권(droits de l'homme)은 그 자체로 시민권(droits du citoyen), 즉 공적 시민의 권리와 구별된다. 누가 시토엥(citoyen)과 구별되는 인간(homme)인가? 부르주아 사회의 구성원 이외의 그 어떤 사람도 아니다. 왜 부르주아 사회의 구성원은 "인간"이, 즉 단적으로 인간이 되는가? 왜 그 구성원의 권리들은 인권이라고 불리는가? 우리는 이 사실을 무엇으로부터 설명할 수 있는가? 정치적 국가와 부르주아 사회의 관계로부터, 정치적 해방의 본질로부터 설명할 수 있다.

무엇보다도 우리는 소위 말하는 인권, 즉 시민권과 구별되는 인권은 부르주아 사회의 구성원의, 즉 이기주의적 인간의, 인간과 공동체로부터 분리된 인간의 권리 이외의 다른 것이 아니라는 사실을 확인했다. 가장 급진적인 헌법, 즉 1793년의 헌법은 다음과 같이 말한다.

인간과 시민의 권리 선언

제2조. 이 권리 등등(자연적이면서 무제약적인 권리들)은 평등, 자유, 안전, 소유다.

자유liberté는 무엇으로 구성되어 있는가?

제6조. "자유는 타인의 권리에 해를 입히지 않는 한 모든 것을 행할 수 있는 권리이다." 또는 1791년의 인권선언에 따르면, "자유는 타인에게 해를 입히지 않으면서 모든 것을 행하는 데서 성립한다."

요컨대 자유는 타인에게 해를 입히지 않는 모든 것을 할 수 있고 추구할 수 있는 권리이다. 모든 사람이 다른 사람에게 해를 끼치지 않고 움직일 수 있는 경계는 법률을 통해서 규정되는데, 마치 두 경작지의 경계가 울타리 말뚝을 통해서 규정되는 것과 같다. 여기에서 다루어진 것은 자기에게로 퇴각한 고립된 모나드로서 인간의 자유이다. 왜 바우어는 유대인이 인권을 수용할 수 없다고 하는가. "그가 유대인인 한에서 그를 유대인으로 만드는 편협한 본질은 인간으로서 유대인을 다른 인간과 연결한다고 하는 인간적 본질에 승리를 거두어야만 하고, 그를 비유대인으로부터 분리해야만 한다." 그러나 자유라는 인권은 인간과 인간의 결합에 기초를 두고 있는 아니라, 오히려 인간과 인간의 분리에 기초를 두고 있다. 자유라는 인권은 이러한 분리의 권리, 즉 자신을 제한하는 제한된 개인의 권리이다.

자유라는 인권의 실천적인 활용은 사적 소유라는 인권이다.

사적 소유라는 인권은 무엇으로 구성되어 있는가?

16조.(1793년 헌법) "소유권은 임의적으로 자신의 재산, 수입, 노동의 성과, 자신의 근면함을 향유하고 처분할 수 있는 모든 시민의 권리이다."

따라서 사적 소유라는 인권은 임의적으로 다른 인간과 관계없이, 사회에 의존하지 않은 채 자신의 재산을 누릴 수 있고, 이 재산을 처분할 수 있는 권리, 즉 사리사욕의 권리이다. 앞서 말한 개인들의 자유, 이러한 자유의 실천적인 활용이 부르주아 사회의 토대를 형성한다. 부르주아 사회는 모든 인간이 다른 인간에게서 자신의 자유를 실현하는 것이 아니라, 오히려 자신의 자유를 제한하도록 한다. 그러나 무엇보다도 부르주아 사회는 인권을 "임의적으로 자신의 재산, 수입, 노동의 성과, 자신의 근면함을 누리고 처분할 수 있는" 것으로 선포한다.

아직 다른 인권, 즉 평등égalité과 안전sûreté이 남아 있다. 여기에서 평등은 비정치적 의미에서 볼 때 위에서 서술한 자유liberté의 평등에 지나지 않는다: 즉 모든 인간은 자신에게 근거를 두고 있는 모나드로서 똑같이 고찰된다. 1795년의 헌법은 이러한 평등의 개념을 그 의미에 맞게 다음과 같이 규정한다.

제3조.(1795년 헌법) "평등은 법률이 보호하는 사람들이든, 처벌하는 사람들이든 상관없이 모든 사람에게 동일한 법률이 똑같은 효력을 갖는다는 것을 의미한다."

그러면 안전은?

제8조. (1793년 헌법) "안전은 사회가 구성원의 인격, 권리와 재산의 보존을 위해 그 구성원 모두에게 제공하는 보호를 의미한다."

안전은 부르주아 사회의 최고의 사회적 개념, 즉 경찰행정의 개념이다. 즉 사회 전체는 그 사회의 구성원 모두에게 그의 인격, 그의 권리, 그의 재산의 보존을 보증해주기 위해서만 존재한다. 이러한 의미에서 헤겔은 부르주아 사회를 "비상 국가이자 오성 국가"라고 부른다.

부르주아 사회는 안전 개념을 통해서 그 사회의 이기주의를 극복하지 못한다. 오히려 안전은 그 사회의 이기주의를 보증한다.

요컨대 소위 말하는 어떤 인권도 이기주의적 인간을, 부르주아 사회의 성원과 같은 인간을, 즉 자기 자신으로, 자신의 사적 이익과 사적 자의로 퇴각하고, 공동체로부터 분리된 개인과 같은 인간을 넘어설 수 없다. 인권의 관점에서 인간이 유적 존재로 파악되기는커녕, 오히려 유적 삶 자체, 즉 사회는 개인들에게 외적인 틀로서, 개인의 근원적인 자립성에 대한 제한으로 나타난다. 개인들을 결속시키는 유일한 끈은 자연적 필연성, 욕구와 사적 이익이고, 그들의 재산과 그들의 이기주의적인 인격의 보존이다.

바로 스스로 자유로워지기 시작하고, 다양한 민족의 구성원 사이의 모든 장벽을 허물고, 정치적 공동체를 설립하려는 어떤 민족이, 즉 이 민족이 동료 인간과 공동체로부터 분리된 이기주의적 인간의 권리를 장엄하게 선포한 것은(1791년 선언) 여전히 수수께끼이다. 물론 이 선포는 영웅적인 희생만이 국가를 구원할 수 있고, 그 때문에 그 희생이 단호하게 요구된 순간에, 부르주아 사회에서의 모든 이익의 희생이 의사일정에 올려져야 하는 순간에, 이기주의가 범죄로 처형되어야만 하는 순간에 반복된다(1793년 인권선언). 공적 시민의 체계, 즉 정치적 공동체는 심지어 정치적 해방자에서 소위 말하는 인권의 보증을 위한 한낱 수단으로 전락하고, 따라서 시토엥이 이기주의적 인간homme의 하인으로 설명되고, 인간이 자신을 유적 존재로 관계하는 영역이 인간이 자신을 단편적 존재로 관계하는 영역으로 전락하고, 끝으로 시토엥으로서 인간이 아니라, 부르주아지bourgeois로서 인간이 본래적이고 진정한 인간으로 받아들여지는 것을 볼 때, 이러한 사실들은 더욱더 의문스러워진다.

"모든 정치적 결사체의 목적은 자연적이고 불가결한 인권의 보존이다."(1791년 인권선언, 제2조) "정부는 인간에게 인간의 자연적이고 불가결한 권리를 보증하기 위해 설립됐다."(1793년 인권선언 제1조) 따라서 생기발랄하고, 상황의 압박을 통해서 정점으로 치닫는 열광의 순간들에서조차도 정치적 삶은 부르주아 사회의 삶이라는 목적을 위한 한낱 하나의 수단으로 설명된다. 게다가 정치적 삶의 혁명적 실천은 이론과 명백한 모순에 처해 있다. 예를 들면 안전이 하나의 인권으로 설명되는 동안, 서신 비밀 보장의 위반이 공개적으로 의사일정에 올려진다. "무제약적인 언론출판의 자유"(1793년 헌법, 122조)가 인권, 즉 개인적인 자유의 귀결로 보증되는 동안, 언론의 자유는 완전히 파멸됐다. 왜냐하면 "언론의 자유가 보편적인 자유를 침해할 경우, 그것은 허용되면 안 되기 때문이다." 요컨대 자유라는 인권이 정치적 삶과 충돌하자마자 하나의 권리이기를 멈춘다. 이론적으로 보면 정치적 삶은 인권의, 즉 개별적 인간의 권리의 보증일 뿐이지만, 정치적 삶이 자신의 목적, 즉 인권들과 모순되자마자, 정치적 삶이기를 체념해야만 한다. 그러나 실천은 예외일 뿐이고, 이론은 규칙이다. 사람들이 혁명적 실천 자체를 관계들의 올바른 자리로 고찰하고 싶어 할지라도, 왜 정치적 해방자의 의식에는 관계가 물구나무를 서 있고, 목적이 수단으로, 수단이 목적으로 나타나는가 하는 풀어야 할 수수께끼가 여전히 남아 있을 것이다. 정치적 해방자의 의식에 있는 이러한 착시현상은 그것이 심리적이고, 이론적인 수수께끼일지라도 여전히 똑같은 수수께끼일 것이다.

수수께끼는 간단하게 풀린다.

정치적 해방은 동시에 민족에게 소외된 국가, 즉 지배 권력의 근간이 되는 낡은 사회의 해체이다. 정치적 혁명은 부르주아 사회의 혁명이다. 낡은 사회의 특징은 어떠했는가? 한 마디로 낡은 사회를 특징화하면 그것은 봉건성이다. 낡은 부르주아 사회는 직접적으로 정치적 특징을 띠었다. 예를 들면 점유 혹은 가족, 노동 방식의 요소들과 같은 부르주아적 삶의 요소들은 영주권의, 신분의, 직업 단체의 형식에서 국가에서의 삶의 요소들로 고양됐다. 이러한 형식에서 보면 부르주아적 삶의 요소들이 개별적 개인과 국가 전체의 관계, 즉 즉 개인의 정치적 관계, 즉 사회의 다른 구성요소들에 대한 개인들의 분리와 배제의 관계를 규정했다. 왜냐하면 저 앞에서 말한 민족적 삶에 대한 조직화는 점유 혹은 노동을 사회적인 요소들로 끌어올린 것이 아니라, 오히려 국가 전체와의 분리를 완성했고, 이 분리를 사회 속에서의 특수한 사회로 구성했기 때문이다. 그러나 부르주아 사회의 삶의 기능들과 삶의 조건들이 비록 봉건성이기는 했을지라도 여전히 정치적이었다. 즉 부르주아 사회의 삶의 기능들과 삶의 조건들은 개인을 국가 전체로부터 격리했고, 개인들의 특정한 부르주아적 활동과 상황이 국가의 일반적인 활동과 상황으로 전환된 것처럼, 개인들의 직업 단체와 국가 전체의 특수한 관계를 민족의 삶과 개인들의 자신의 보편적인 관계로 전환했다. 이러한 조직화의 귀결로서 국가통일체의 의식, 의지, 활동, 보편적인 국가권력과 같은 국가통일체는 또한 민족으로부터 분리된 지배자와 그 지배자의 하인의 특수한 업무로 필연적으로 현상한다.

　이러한 지배 권력을 전복했고, 국가의 업무를 민족의 업무로 고양했으며, 정치적 국가를 보편적인 업무로, 즉 현실적인 국가로 구성했던 정치적 혁명은 민족과 그 민족의 공동체 분리를 나타내는 바로 이러한 수많은 표현인 모든 신분, 직업 단체들, 길드들, 특권들을 필연적으로 박살냈다. 이와 동시에 정치적 혁명은 부르주아 사회의 정치적 특징을 지양했다. 이 혁명은 부르주아 사회를 그 사회의 단순한 구성요소들로, 한편으로 개인들로, 다른 한편으로 이러한 개인들의 시민적 상황인 삶의 내용을 형성하는 물질적이고 정신적인 요소들로 박살냈다. 이 혁명은 이를테면 봉건사회를 다양한 막다른 길로 세분화시키고, 해체하고, 용해했던 정치적 정신을 속박에서 풀어줬다. 이 혁명은 이러한 분산에서 정치적 정신을 모았으며, 부르주아적 삶과의 혼합으로부터 그 정신을 자유롭게 했으며, 그 정신을 공동체의, 즉 저 앞에서 언급한 부르주아적 삶의 특수한 요소들로부터 관념적으로 독립해 있는 보편적인 민족의 업무 영역으로 구성했다. 특정한 삶의 활동과 특정한 삶의 상황은 단지 하나의 개인적인 의미로 전락했다. 이것들은 개인과 국가 전체의 보편적인 관계를 더 이상 형성하지 않았다. 공적인 업무 그 자체는 오히려 모든 개개인의 보편적인 업무가 됐고, 정치적 기능은 보편적인 기능이 됐다.

그러나 국가의 관념론 완성은 동시에 부르주아 사회의 유물론 완성이었다. 정치적 멍에를 떨쳐버리는 것은 동시에 끈, 즉 부르주아 사회의 이기주의적 정신을 포박하고 있었던 끈을 떨쳐버리는 것이었다. 정치적 해방은 동시에 부르주아 사회를 정치로부터, 즉 어떤 보편적 내용의 가상 자체로부터 해방이었다.

봉건 사회는 그 자신의 근거로, 즉 인간으로 해체됐다. 그러나 실제로 봉건 사회의 근거였던 바의 인간으로, 즉 이기주의적 인간으로 해체됐다.

이러한 인간, 즉 부르주아 사회의 구성원은 이제 정치적 국가의 기초, 즉 전제이다. 이 인간은 이러한 국가 자체로부터 인간의 권리 안에서 인정된다.

그러나 이기적 인간의 자유와 이러한 자유의 인정은 오히려 자기 삶의 내용을 형성하는 정신적이고 물질적인 요소들의 고삐 풀린 운동의 인정이다.

따라서 인간은 종교로부터 자유로워진 것이 아니고, 종교의 자유를 간직할 뿐이었다. 인간은 소유로부터 자유로워진 것이 아니었고, 인간은 소유의 자유를 간직할 뿐이었다. 인간은 생업으로부터 자유로워진 것이 아니고, 생업의 자유를 간직할 뿐이었다.

정치적 국가의 구성과 부르주아 사회를 자립적인 개인들로 해체하는 것은 - 신분적 인간과 길드적 인간의 관계가 특권이었던 것처럼, 이러한 개인들의 관계는 권리이다. - 하나의 동일한 행위 속에서 완성된다. 그러나 부르주아 사회의 구성원인 인간, 즉 비정치적 인간은 필연적으로 자연적 인간처럼 현상한다. 인권droits de l'homme은 자연권droits naturels으로서 현상한다. 왜냐하면 자기 의식적 활동이 정치적 행위로 결집하기 때문이다. 이기주의적 인간은 해체된 사회의 수동적이고, 단지 발견된 결과이고, 직접적 확실성의 대상, 즉 자연적 대상이다. 정치적 혁명은 부르주아적 삶의 요소 자체를 혁명하거나, 비판에 종속시키지 않고 부르주아적 삶을 그 삶의 부분요소들로 해체한다. 정치적 혁명은 자신의 존립 근거이면서, 더 이상 근거 지워지지 않은 전제들로서, 따라서 자신의 자연적 기초인 부르주아 사회와 즉 욕구들의, 노동의, 사적 이익들의, 사적 권리의 세계와 관계한다. 끝으로 부르주아 사회의 구성원인 인간은 본래적 인간으로, 시토엥과 구별되는 인간으로 간주된다. 왜냐하면 그러한 인간은 감각적이고 개별적인 것 안에서 자신에게 가장 근접한 실존 속에 있는 인간이기 때문이다. 반면에 정치적 인간은 단지 추상화된, 인위적인 인간일 뿐이고, 이 인간은 알레고리적이며, 도덕적인 인격이다. 현실적 인간은 이기주의적 개인의 형태 속에서야 비로소 인정받고, 진정한 인간은 추상적인 시토엥의 형태 속에서야 비로소 인정받는다.

루소는 정치적 인간의 추상을 다음과 같이 올바르게 묘사했다.

"한 민족에게 법질서를 주고자 하는 의향을 지닌 사람은, 말하자면 인간의 본성을 변경할 수 있다고 느껴야만 한다. 이 경우에 각각의 개인은 그 자체로서 커다란 전체의 한 부분이면서 홀로도 완전한 하나의 전체이다. 여기에서 개인은 어떤 의미에서 자신의 삶과 존재를 신체적이고 독립적인 실존이라기보다는 전체의 부분적인 도덕적인 실존으로 간주된다. 한 민족을 제도하려는 사람은 인간에게 다른 사람의 도움을 통해서만 사용할 수 있는 낯선 힘들을 주기 위해서, 그에게서 인간의 고유한

힘을 길러내야만 한다."(『사회계약론』 제2권, 런던, 1782년, 67쪽, 68쪽)

모든 해방은 인간적 세계를, 그 관계를 인간 그 자신에게 되돌리는 것이다.

정치적 해방은 인간을 한편으로는 부르주아 사회의 구성원, 즉 이기적이고 자립적인 개인들로 환원하거나, 다른 한편으로는 공적 시민으로, 즉 도덕적 인격으로 환원하는 것이다.

현실적이고 개별적인 인간이 추상적인 공적 시민을 자기 자신에서 되찾고, 개별적 인간으로서 자신의 경험적 삶에서, 자신의 개별적인 노동에서, 자신의 개별적인 관계 속에서 유적 존재가 되어서야 인간이 자신의 "고유한 힘"forces propres을 사회적 힘으로 인식하고 조직했을 때에야, 따라서 사회적 힘이 더 이상 정치적 힘의 형태 속에서 자신과 분리되지 않을 때, 이때 비로소 인간의 해방이 완수된다.

II. 오늘날의 유대인과 기독교인이 자유롭게 될 수 있는 능력
브루노 바우어.

이러한 형식 아래에서 바우어는 유대교와 기독교의 관계를, 이 양자와 비판의 관계를 다루고 있다. 이 양자와 비판의 관계는 이 양자의 "자유롭게 될 능력"의 관계이다.

결론은 다음과 같다. "기독교인은 종교 일반을 지양하기 위해서 말하자면 자신의 종교를 능가하기 위해서", 따라서 자유로워지기 위해서 "하나의 단계만을 갖는다." "이에 반해 유대인은 자신의 유대인적인 본질뿐만 아니라, 자신의 종교를 완성하기 위한 발전과도, 즉 자신에게 낯설게 머물러 있는 발전과도 단절해야만 한다."(71쪽.)

여기서 바우어는 유대인 해방의 문제를 하나의 순수한 종교적 문제로 전환하고 있다. 유대인과 기독교인 중에서 누가 더 구원받을 수 있는 전망이 있느냐는 신학적인 의심은 이 양자 중에서 누가 더 해방의 능력이 있느냐는 계몽된 형식으로 반복된다. 유대교가 자유를 주는가? 기독교가 자유를 주는가? 라는 것은 더 이상 의문의 여지가 없기는 하지만, 오히려 거꾸로 하면 유대교의 부정 혹은 기독교의 부정 중에서 무엇이 더 자유를 주는가? 는 의문의 여지가 있다.

"만약 당신들이 자유로워지고 싶다면, 유대인은 기독교가 아니라, 해체된 기독교, 해체된 종교 일반, 즉 계몽을, 비판과 그 비판의 결과를, 자유로운 인간성을 신봉한다고 고백해야만 한다."

유대인에게 여전히 신앙고백이 중요한 문제이지만, 더는 기독교에 대한 신앙고백이 아니라, 해체된 기독교에 대한 신앙고백이 중요하다. 바우어는 유대인에게 기독교의 본질과 단절하라는 요구를 제기하는데, 이때 요구는, 그 자신이 말한 것처럼, 유대인적 본질의 발전으로부터 유래한 것이 아니다.

바우어가 『유대인 문제』의 결론에서 유대교를 기독교에 대한 조야한 종교적 비판으로서만 파악한 후에, 그래서 유대교에서 하나의 종교적 의미 "만"을 얻은 이후에 예견됐던 것은 유대인의 해방 또한 하나의 철학적-신학적 행위로 전환될 것이라는 점이다.

바우어는 유대인의 관념적이고 추상적인 본질을, 즉 유대인의 종교를 유대인 전체의 본질로 파악했다. 따라서 그는 당연히 다음과 같은 결론에 이르렀다. "유대인은 인류에게 어떠한 것도 주지 않았다. 유대인이 자신의 편협한 율법을 그 자체로 경멸할지라도", 즉 유대인이 자신의 유대교 전체를 지양한다고 할지라도 말이다.

그러므로 유대인과 기독교인의 관계는 다음과 같다. 유대인 해방에 대한 기독교인들의 유일한 관심은 보편적인 인간적 관심이고, 이론적 관심이다. 기독교인의 종교적 눈에서 보면 유대교는 모욕적인 사실이다. 기독교인의 눈이 종교적이기를 멈추자마자, 이 사실은 모욕적이기를 멈춘다. 유대인의 해방은 기독교인에게 완전히 아무런 일도 아니다.

이에 반해 스스로 자유로워지기 위해 유대인은 자신의 고유한 작품뿐만 아니라, 동시에 기독교인의 작품, 즉 『공관복음 저자에 대한 비판』과 『예수의 생애』 등등을 견뎌내야만 한다.

"그들은 그들 자신을 바라볼 수 있다. 그들은 스스로 자신의 운명을 결정할 것이다. 그러나 역사는 조롱당할 수 없다."

우리는 이 문제에 대한 신학적 이해와 단절하려고 노력해야만 한다. 유대인의 해방 능력에 대한 문제는 유대교를 지양하기 위해서 어떤 특수한 사회적 요소가 극복되어야 하느냐는 문제로 전환된다. 왜냐하면 오늘날의 유대인의 해방 능력은 유대교와 오늘날의 세계 해방에 대한 관계이기 때문이다. 이러한 관계는 필연적으로 오늘날의 예속된 세계 속에서 유대교의 특수한 위치로부터 나온 것이다.

이제 우리는 현실적이고 세속적인 유대인, 즉 바우어가 그러한 것처럼 안식일의 유대인이 아니라, 일상의 유대인을 살펴볼 것이다.

우리는 유대인의 비밀을 유대인의 종교에서 찾는 것이 아니라, 오히려 우리는 현실적인 유대인 속에서 종교의 비밀을 찾을 것이다.

유대인의 세속적인 근거는 무엇인가? 실천적인 욕구, 사리사욕이다.

어떤 것이 유대인의 세속적인 제의인가? 악덕 상행위. 어떤 것이 그들의 세속적인 신인가? 돈이다.

맞다! 악덕 상행위와 돈으로부터의, 따라서 실천적이고 실제적인 유대교로부터의 해방은 우리 시대의 자기 해방일 것이다.

유대인은 악덕 상행위의 전제들을, 즉 악덕 상행위의 가능성을 지양할 수 있다고 하는 사회의 조직화를 불가능하게 만들 것이다. 무미건조한 연기와 같은 유대인의 종교적 의식은 사회의 현실적인 삶의 공기 중에서 해체될 것이다. 다른 한편, 만약 유대인이 이러한 자신의 실천적 본질을 무가치한 것으로 인식하고, 그 본질을 지양하는 데 전념한다면, 자신의 지금까지의 발전에서 벗어나 인간적 해방 자체에 전념하게 될 것이고, 인간의 자기소외의 최고의 실천적인 표현에 대항할 것이다.

따라서 우리는 유대교에서 보편적이고 현재적인 반사회적 요소들을 인식한다. 이 요소들은 유대인이 이러한 나쁜 관계에서 열렬하게 협력했던 역사적 발전을 통해서 지금의 위치에 이르게 됐으며, 즉 필연적으로 해체되어야만 하는 위치에 이르렀다.

궁극적인 의미에서 유대인의 해방은 유대교로부터 인류의 해방이다.

유대인은 이미 유대인적 방식으로 자신을 해방했다. "예를 들면 빈 Wien에서 관대히 취급받는 유대인은 자신의 돈의 힘을 통해서 전체 왕국의 운명을 결정한다. 가장 작은 독일의 국가에서도 아무런 권리도 가질 수 없는 유대인이 유럽의 운명을 결정한다.

직업 단체와 쭌프트가 유대인에게 닫혀 있고, 아직은 유대인에게 호의적이지 않은 동안, 산업의 대담함은 중세적 제도들의 완고함을 조롱한다."(브루노 바우어, 『유대인 문제』, 114쪽.)

이것은 어떤 단편적인 사실이 아니다. 유대인은 유대인적 방식대로 자신을 해방했는데, 유대인이 돈의 힘을 자기 것으로 만듦으로써 아니라, 유대인을 통해서, 그리고 유대인 없이도, 돈이 세계의 힘이 됐고 실천적인 유대인의 정신이 기독교 민족들의 실천적인 정신이 됐기 때문이다. 기독교인이 유대인이 되었다는 한에서만 유대인은 자신을 해방했다.

"예를 들면 해밀턴 장군은 뉴잉글랜드의 경건하고 정치적으로 자유로운 주민이 자신을 졸라매고 있는 뱀으로부터 자신을 자유롭게 하려는 가장 사소한 노력조차도 하지 않는 일종의 라오콘이라고 보고했다. 마몬이 그들의 우상이다. 그들은 단지 입으로만이 아니라, 그들의 몸과 마음의 모든 힘을 다해서 그를 숭배한다. 그들의 눈에는 지상은 돈주머니 이외의 다른 것이 아니다. 그들은 지상에서 그들의 이웃보다 더 부자가 되는 것 이외의 어떤 다른 소명도 갖지 않는다고 확신한다. 악덕 상행위는 그들의 모든 생각을 장악했으며, 물건을 사고파는 것이 그들의 유일한 위안을 형성한다. 그들이 여행할 때, 소위 말하자면 그들은 자신의 잡동사니 혹은 계산대를 등에 짊어진 채 이리저리 다니고 이자와 이윤 이외에는 어떠한 것도 말하지 않는다. 그리고 그들이 한순간 자기 일을 잃어버렸을 때, 이것은 단지 다른 사람에게서 이자와 이윤의 냄새를 맡았을 때이다."

물론 기독교 세계에 대한 유대교의 실전적 지배는 북아메리카에서 명확하고 보통의 표현을 획득했다. 복음의 전도 자체가, 즉 기독교적 성직이 하나의 무역품이 되었다는 것, 그리고 복음에서 파산당한 상인이 직업적으로 부자가 된 복음 전도사처럼 행동한다는 것이다.

"당신들이 보고 있는 존경할만한 신자들의 정상에 서 있는 그는 상인으로 시작했다. 사업이 실패했기 때문에 그는 성직자가 되었다. 다른 사람이 된 그는 사제직으로 시작했는데, 그가 일정량의 화폐를 수중에 넣자마자, 그는 교회의 설교단을 상행위와 교환했다. 많은 사람의 눈에 성직이란 하나의 진정한 상업행위나 다름없다.(보몽, 위의 책, 185쪽, 86쪽.)

바우어에 따르면 이것은 "유대인이 실천적으로는 막대한 권력을 쥐고, 자신들의 정치적 영향력을 도매금으로 행사하는 반면, 이론적으로는 정치적 권리가 유보되고, 정치적 권리에서 세부적으로 제한당하고 있다면, 이는 하나의 기만적 상태일 것이다."(『유대인 문제』, 114쪽.)

유대인의 실천적이고 정치적인 힘과 유대인의 정치적 권리 사이의 모순은 정치와 돈의 힘 일반의 모순이다. 첫 번째 것이 두 번째의 것에 대해 관념적으로 우위에 있는 동안, 첫 번째 것은 실제로 두 번째 것의 농노가 되어버렸다.

유대교는 기독교 옆에서 기독교에 대한 종교적 비판만이 아니라, 기독교의 종교적 혈통에 포함된 의심만으로 자신을 보존했던 것이 아니다. 오히려 유대교는 그야말로 실천적-유대인적 정신이기 때문에, 즉 유대교는 기독교 사회에서 자기 자신을 보존해 왔기 때문이고, 심지어 자신의 최고의 교육을 유지했기 때문이다. 부르주아 사회에서의 특수한 구성원으로 존재하는 유대인은 부르주아 사회의 유대교에 대한 특수한 현상일 뿐이다.

유대교는 그 역사에도 불구하고 자신을 보존했던 것이 아니라, 역사를 통해서 자신을 보존했다.

부르주아 사회는 자신의 고유한 오장육부에서 지속적으로 유대인을 산출했다.

어떤 것이 원래의 유대교의 토대였던가? 실천적인 욕구, 즉 이기주의였다.

따라서 유대인의 일신교는 실제로 수많은 욕구의 다신교이다. 이때 다신교는 뒷간을 신적 율법의 대상으로 삼는다. 부르주아 사회가 정치적 국가를 완전하게 자기 자신으로부터 출산하자마자, 실천적인 욕구, 즉 이기주의는 부르주아 사회의 원리이고 그 자체로 순수한 것으로 나타난다. 실천적인 욕구와 사리사욕의 신은 돈이다.

돈은 이스라엘의 질투심 많은 신인데, 이 신 앞에서 어떤 다른 신도 존립하면 안 된다. 돈은 인간의 모든 신성을 깔보고, 이러한 신성을 하나의 상품으로 전환한다. 돈은 모든 사물에 대한 보편적이며, 그 자체로 구성된 가치이다. 따라서 돈은 세계 전체, 인간세계 및 자연에서 그것들의 고유한 가치를 강탈했다. 인간에게 돈은 인간의 노동과 인간의 현존재에 낯선 존재이다. 그리고 이 낯선 존재가 인간을 지배하고, 이 인간은 이 낯선 존재를 숭배한다.

유대인의 신은 세속화됐고, 그 신은 세계의 신이 됐다. 어음은 유대인의 현실적 신이다. 유대인의 신은 환상적인 어음일 뿐이다.

사적 소유와 화폐의 지배 아래에서 자연에 관해 획득한 견해는 현실적 경멸, 즉 유대교에서 존재하기는 하지만 상상 속에서만 존재하는 자연에 대한 실천적인 비방이다.

이러한 의미에서 토마스 뮌처Thomas Münzer는 "물속의 물고기들, 공기 중의 새들, 대지의 식물, 모든 피조물이 소유물이 되어버렸다고 하고, 피조물 또한 자유로워져야만 한다고" 하는 것을 참을 수 없는 것으로 선언한다.

유대교에 추상적으로 놓여 있는 것은 이론, 예술, 역사, 자기 목적으로서 인간에 대한 경멸이다. 이것이 현실적이고 의식적인 관점이고, 돈에 환장한 인간의 덕이다. 유적 관계 자체, 즉 남성과 여성의 관계 등등은 하나의 거래 물건이 되었다! 여성은 비싸게 팔릴 것이다.

유대인의 키메라적인 민족성은 상인의, 즉 돈에 환장한 인간의 민족성이다.

유대인의 근거 없고 토대 없는 율법은 근거 없고 토대 없는 도덕성과 법 일반의 종교적인 풍자화일 뿐이고, 사리사욕 세계의 주위를 감싸고 있는 형식적일 뿐인 예식이다.

여기에서 또한 인간의 최고의 관계는 율법의 관계이다. 율법들의 관계는 인간에게 중요하지 않다. 왜냐하면 율법이 인간의 고유한 의지와 본질의 율법이기 때문이고, 아니 오히려 이 율법이 지배하기 때문이고, 율법에 대한 배반은 율법에 의해서 복수를 당하기 때문이다.

유대적인 예수회, 즉 바우어가 탈무드에서 증명한 이와 똑같은 실천적인 예수회는 사리사욕의 세계와 그 세계를 지배하는 율법들의 관계이고, 이 율법들에 대한 교묘한 위반이 이 세계의 주요술책을 형성한다.

물론 이 세계의 율법 내부에서의 이 세계의 운동은 필연적으로 율법의 항구적인 지양이다.

유대교는 종교로서, 이론적으로도 계속해서 발전할 수 없을 것이다. 왜냐하면 실천적인 욕구들의 세계관은 그 본성상 편협하고 얼마 되지 않아 소진되기 때문이다.

실천적인 욕구의 종교는 그 자신의 본질에 따르면 이론에서가 아니라, 단지 실천 속에서 완성될 수 있을 것이다. 바로 그 종교의 진리가 실천이기 때문이다.

유대교는 어떤 새로운 세계도 창조할 수 없을 것이다. 유대교는 새로운 세계창조와 세계상태만을 자신의 활동 영역으로 끌어올 수 있을 것이다. 사리사욕이 상식인 실천적 욕구는 수동적이기 때문이고, 임의로 확장되는 것이 아니라, 사회적 상태의 점진적인 발전을 통해서 확장된 것으로 발견되기 때문이다.

유대교는 부르주아 사회의 완성과 함께 자신의 정점에 도달했다. 그러나 부르주아 사회는 기독교 세계 속에서야 비로소 완성됐다. 모든 민족적, 자연적, 인륜적, 이론적 관계들을 인간에게 외면적인 것으로 만든 기독교의 지배 아래에서만 부르주아 사회는 완전히 국가의 삶으로부터 분리될 수 있었고, 인간의 모든 유적 끈을 갈기갈기 찢을 수 있었고, 이기주의, 즉 사리사욕의 욕구를 이러한 유적 끈의 자리에 놓을 수 있었고, 인간의 세계를 원자적으로 서로 적대적으로 대립하는 개인들의 세계로 해체할 수 있었다.

기독교는 유대교로부터 기원했다. 기독교는 다시 유대교로 해체됐다.

기독교인은 처음부터 이론적 유대인이었고, 그러므로 유대인은 실천적 기독교인이며, 실천적 기독교인은 다시 유대인이 됐다.

기독교는 실제적인 유대교를 가상적으로만 극복했다. 실천적 욕구의 조야함을 푸른 하늘로 올려 보내는 것 이외의 다른 방법으로 제거하는 것은 너무나 고상했고, 너무나 유심론적이었다.

기독교는 유대교의 숭고한 사상이고, 유대교는 기독교의 비천한 응용이다. 그러나 이러한 응용은 완결된 종교로서 기독교가 인간의 자기소외와 인간의 자연으로부터의 자기소외를 이론적으로 완성한 이후에야 비로소 일반화될 수 있었다.

이렇게 해서야 유대교는 보편적 지배에 이를 수 있었는데, 소외된 인간, 소외된 자연을 양도할 수 있고, 판매할 수 있는, 즉 이기적 욕구에 예속되고 악덕 상행위에 귀속된 대상으로 만들 수 있었다.

양도는 외화의 실천이다. 인간이 종교적으로 사로잡혀 있는 한, 이 인간이 자신의 본질을 낯선 공상적인 본질로 만들기 때문에, 인간은 자신의 본질을 단지 대상화된 것으로 알고 있는 것처럼, 인간은 이기주의적 욕구의 지배 아래에서 단지 실천적으로 활동할 수 있고, 실천적인 대상들만을 산출할 수 있는데, 자신의 활동과 마찬가지로 자신의 생산물을 낯선 존재의 지배 아래에서 세우고, 그 지배에 낯선 존재, 즉 돈의 의미를 부여함으로써 그렇다.

기독교의 구원 이기주의는 자신의 완성된 실천 속에서 필연적으로 유대인의 육체적 이기주의로 전복되고, 천상의 욕구는 세속적인 욕구로, 주관주의는 사리사욕으로 전복된다. 우리는 유대인의 집요함을 유대인의 종교로부터가 아니라, 유대인 종교의 인간적인 근거, 즉 실천적인 욕구, 이기주의로부터 설명한다.

왜냐하면 부르주아 사회에서 유대인의 실제적 본질이 보편적으로 현실화되고, 세속화됐기 때문이며, 바로 이 때문에 부르주아 사회는 바로 실천적인 욕구의 관념적인 견해일 뿐인 유대인의 종교적 본질의 비현실성을 유대인에게 설득시킬 수 없었다. 따라서 우리는 모세오경 혹은 탈무드, 지금의 사회에서만 하나의 추상적인 존재로서가 아니라, 기껏해야 하나의 경험적인 존재로서 오늘날의 유대인의 본질을, 유대인의 편협함만이 아니라, 사회의 유대인적인 편협함을 발견한다.

사회가 유대교의 경험적 본질, 즉 악덕 상행위와 그 상행위의 전제들을 지양하는 데 성공하자마자, 유대인의 존립은 불가능하게 될 것이다. 왜냐하면 유대인의 의식은 어떤 대상도 더 이상 가지지 않기 때문이고, 유대교의 주관적인 기초, 즉 실천적인 욕구는 인간화되기 때문이고, 인간의 개체적-감각적 실존과 인간의 유적 실존과의 충돌이 지양되기 때문이다.

유대인의 사회적 해방은 유대교로부터의 사회의 해방이다.

사유재산과 공산주의

『경제학-철학 수고』 1844년

 그러나 무소유와 소유의 대립이 노동과 자본의 대립으로 개념적으로 파악되지 않는 한, 그 대립은 여전히 아무래도 좋은 대립이고, 그 활동적 연관, 그 내적 관계가 파악되지 않은 대립이며, 아직은 모순으로도 파악되지 않은 대립이다. 이 대립은 또한 사유재산의 진전된 운동 없이도 고대 로마, 터키 등에서처럼 최초 형태로 나타날 수 있다. 그러므로 그것은 여전히 사유재산 자체에 의해 정립된 것으로 보이지 않는다. 그러나 소유의 배제로서 사유재산의 주체적 본질인 노동과 노동의 배제로서 객체적 노동인 자본은 발전된 모순 관계로서의, 그 때문에 그 모순의 해체를 위해 움직이는 정력적인 관계로서의 사유재산이다.
 자기소외의 지양은 자기소외와 똑같은 길을 밟는다. 처음에는 사유재산은 그 객체적인 측면에서만 — 그럼에도 불구하고 노동이 사유재산의 본질로서 — 고찰된다. 그러므로 사유재산의 현존형태는 "그 자체가" 지양되어야 하는 자본이다(프루동). 또는 노동의 특수한 방식 — 평준화되고 분할되어, 그 때문에 자유롭지 않은 노동으로서 — 이 사유재산의 유해함과 사유재산의 인간소외적 현존의 원천으로 파악된다. — 푸리에도 중농주의자들과 마찬가지로 경작 노동을 적어도 특출한 것으로 이해했다. 반면에 생시몽은 산업노동 자체를 본질이라고 선언하면서 산업가들의 단독지배와 노동자들의 상태 개선을 열망한다. 끝으로 공산주의는 지양된 사유재산의 적극적인 표현이며, 바로 보편적인 사유재산이다. 공산주의는 이 관계를 그 보편성으로 파악하기 때문에, 공산주의는 (1) 그 최초 모습에서는 사유재산의 일반화와 완성에 불과하다; 이 자체로서 공산주의는 이중적인 형태로 나타난다: 첫째, 물적 소유의 지배가 너무 크게 공산주의에 맞서 있으므로, 공산주의는 모든 사람에 의해 사유재산으로 점유될 수 없는 모든 것을 부정하려고 한다. 공산주의는 강제로 재능 등을 도외시하려고 한다, 물리적이고 직접적인 점유가 그에게는 삶과 현존의 유일한 목적으로 간주된다; 노동자라는 규정이 지양되는 것이 아니라, 모든 인간에게 확대된다; 사유재산의 관계가 공동체와 사물 세계의 관계로 남아 있다; 마지막으로 사유재산과 보편적인 사유재산을 대립시키는 이 운동은 여성이 공동체의 재산과 공동의 재산이 되는 여성 공유제가 결혼(물론 이것은 배타적 사적 소유의 한 형식이다)과 대립이 되는 동물적인 형태로 나타난다. 이 여성 공유제라는 사상은 완전히 조야하고 아무 생각이 없는 이 공산주의의 명백한 비밀이라고 말해도 좋을 것이다. 여성이 결혼에서 벗어나 보편적인 매춘에 들어가는 것처럼, 부의 세계 전체, 즉 인간의 대상적 본질의 세계 전체가 사적 소유자와의 배타적인 결혼 관계에서 벗어나 공동체와의 보편적인 매춘의 관계에 들어간다. 이 공산주의는 — 인간의 인격성을 곳곳에서 부정하면서 — 사유재산을 부정하면서 사유재산을 철저하게 표현하는 것에 지나지 않는다. 힘으로 구성된 보편적인 시기심은 소유욕을 만들어내고 다른 방식으로만 충족하는 은폐된 형태이다. 모든 사유재산 자체에 대한 사상은 더 부유한 사유재산에 대해 기껏해야 시기심과 평준화 욕구로 반대하기 때문에, 그 시기심과 평준화 욕구가 경쟁의 본질을 형성한다. 조야한 공산주의자는 상상된 최소치에서 이 시기심과 평준화를 완성한 것에 불과하다. 이 공산주의는 특정한 한계의 척도를 갖는다. 사유재산의 이러한 지양이 현실적인 자기화와 얼마나 거리가 먼가는 바로 교양과 문명의 세계 전체에 대한 추상적 부정, 가난하고 욕망 없는 인간의 부자연스러운 단순함으로의 귀환이 증명해준다. 그러한 인간은 사유재산을 넘어선 것이 아니라, 아직 한 번도 사유재산에 이르지도 못한 인간이기 때문이다.

공동체는 노동의 공동체일 뿐이며, 공동체의 자본, 즉 일반적인 자본가로서의 공동체가 지급하는 평등한 봉급의 공동체일 뿐이다. 이 관계의 두 측면은 상상된 보편성으로 고양된다. 노동은 각자가 정립하는 규정으로 고양되고, 자본은 공동체에서 인정된 보편성과 힘으로 고양된다.

약탈물과 공동체의 육욕의 시녀로서 여성에 대한 관계에서는 인간이 자기 자신을 위해 실존하는 끝없는 타락이 나타난다. 왜냐하면 이 관계의 비밀은 남성과 여성의 관계에서, 직접적이며 자연적인 유적 관계가 파악되는 방식에서 분명하면서도 결정적이며 공공연하게 뚜렷하게 표현되기 때문이다. 인간과 인간의 직접적이고 자연적이며 필연적인 관계는 남성과 여성의 관계이다. 이 자연적인 유적 관계에서 인간과 자연의 관계는 바로 인간과 인간의 관계이다. 인간에 대한 관계가 바로 자연에 대한 인간의 관계, 인간의 고유한 자연적 규정인 것처럼 말이다. 따라서 이 관계에서, 얼마만큼 인간에게 인간적인 본질이 자연이 되었는지 또는 얼마만큼 자연이 인간의 인간적인 본질이 되었는가는 감각적으로, 직관할 수 있는 사실로 환원되어 나타난다. 그러므로 이 관계에서 우리는 인간의 형성 단계 전체를 판단할 수 있다. 이 관계의 성격으로부터 — 얼마만큼 유적 존재로서, 인간으로서의 인간이 되었는지 그리고 인간이 얼마만큼 자신을 유적 존재로, 인간으로 파악했는지가 도출된다; 남성과 여성의 관계가 인간과 인간의 관계에서 가장 자연적인 관계이다. 따라서 이 관계에서, 인간의 자연적인 행동이 얼마만큼 인간적으로 되었는지 또는 인간적인 본질이 인간에게서 얼마만큼 자연적인 본질이 되었는지, 인간의 인간적인 자연이 인간에게서 얼마만큼 자연이 되었는지가 드러난다. 이 관계에서는 또한 인간의 욕구가 얼마만큼 인간적인 욕구가 되었는지, 따라서 인간에게 다른 인간이 얼마만큼 인간으로 욕구되는지, 인간이 얼마만큼 그의 가장 개인적인 현존 속에서 동시에 공동체적 존재인지도 드러난다.

그러므로 사유재산의 최초의 적극적인 지양인 저 조야한 공산주의는 스스로를 적극적인 공동체적 존재로 정립하려고 하는 사유재산의 저열함에 대한 하나의 현상 형태에 불과하다.

(2) α) 민주주의적이든 전제적이든 여전히 정치적 성질의 공산주의; β) 국가의 지양을 동반하지만, 동시에 아직 완성되지 못했으며 여전히 사유재산에, 즉 인간의 소외에 그 본질이 영향을 받는 공산주의. 이 두 형태에서 공산주의는 이미 자신을 인간의 자기 자신으로서의 재통합이나 귀환으로, 인간의 자기소외의 지양으로 인식한다. 그러나 공산주의는 사유재산의 적극적인 본질을 미처 파악하지 못했고 마찬가지로 욕구의 인간적인 자연을 이해하지 못했기 때문에, 여전히 사유재산에 사로잡혀 있고 감염되어 있다. 공산주의는 사유재산의 개념은 파악했지만, 아직 그 본질을 파악하지 못했다.

(3) 인간의 자기소외인 사유재산의 적극적인 지양으로서, 따라서 인간에 의한, 인간을 위한 인간적인 본질의 현실적인 자기화로서의 공산주의; 그러므로 사회적인, 즉 인간적인 인간으로 인간이 자기 자신으로의 완전하면서도 의식적으로 그리고 지금까지 발전의 부 전체 안에서 생성되어 귀환하는 것으로서의 공산주의. 이 공산주의는 완성된 자연주의=인간주의로, 완성된 인간주의=자연주의로 존재한다. 이 공산주의는 인간과 자연, 인간과 인간의 충돌의 참된 해결이며, 실존과 본질 간의, 대상화와 자기 확인 간의, 자유와 필연성 간의, 개체와 유 사이의 싸움의 진정한 해결이다. 이 공산주의가 역사의 수수께끼를 푼 것이며, 자신이 그 해결책이라고 생각한다.

그러므로 역사의 운동 전체가 공산주의를 현실적으로 산출하는 행위 — 공산주의의 경험적인 현존을 탄생시키는 행위 — 인 것처럼, 그 공산주의를 사유하는 의식에게도 개념적으로 파악하고 의식하는 공산주의의 생성 운동이다. 반면에 아직 완성하지 못한 저 앞의 공산주의는 운동에서 개별적인 계기들을(까베, 빌가르텔 등은 특히 이 말을 즐겨 쓴다) 끄집어내 자신의 역사적 순수혈통의 증거로 고정하면서, 사유재산과 대립하는 개별적인 역사 형태에서 자신을 위한 역사적 증거, 현존하는 것에서 증거를 찾는다. 이렇게 해서 이 공산주의는 바로 이 운동의 엄청나게 큰 부분이 자신의 주장과 모순된다는 것, 공산주의가 한때 있었다 하더라도 그 과거의 존재가 본질의 요구를 부정한다는 것을 증명한다.

사유재산의 운동에서, 바로 경제의 운동에서 혁명 운동 전체가 자신의 경험적인 토대뿐만 아니라 이론적인 토대도 찾아낸다는 것, 이것의 필연성은 쉽게 통찰할 수 있다.

물질적이고 직접적으로 감각적인 사유재산은 소외된 인간의 삶의 물질적이며 감각적인 표현이다. 사유재산의 운동 — 생산과 소비 — 은 지금까지의 모든 생산 운동, 즉 인간의 현실화 또는 인간의 현실의 운동이 감각적으로 드러나는 것이다. 종교, 가족, 국가, 법, 도덕, 학문, 예술 등은 생산의 특수한 방식에 불과하며, 생산의 보편적인 법칙 아래에 놓인다. 따라서 인간적인 삶의 자기화로서 사유재산의 적극적인 지양은 모든 소외의 적극적인 지양이며, 아울러 종교, 가족, 국가 등으로부터 인간이 자신의 인간적인, 즉 사회적인 현존으로 귀환하는 것이다. 종교적 소외 그 자체는 의식, 즉 인간 내면의 영역에서만 생겨나지만, 경제적 소외는 현실적 삶의 소외이다. — 그러므로 소외의 지양은 두 측면 모두를 포괄한다. 여러 민족에서 일어나는 운동은 진실로 인정된 그 민족의 삶이 의식에서 많이 생겨나는지 아니면 외부세계에서 많이 생겨나는지, 관념적인 생활이 많은지 실제 생활이 많은지에 따라서 그 운동의 최초의 출발점이 시작한다는 것은 자명하다. 공산주의는 즉시(오웬) 무신론과 함께 시작되지만, 무신론은 우선은 아직도 공산주의와는 거리가 멀다. 그 무신론은 여전히 하나의 추상에 불과하다. — 따라서 무신론의 박애주의는 우선 단지 하나의 철학적 추상적인 박애주의에 불과할 뿐이며, 공산주의의 박애주의는 즉시 실제로 직접 활동할 준비를 한다.

우리는 적극적으로 지양된 사유재산이라는 전제하에서 인간이 어떻게 인간을, 자기 자신과 다른 인간을 생산하는가를; 인간의 개성의 직접적인 실증인 대상이 어떻게 다른 사람에 대한 그 자신의 고유한 현존인 동시에 다른 사람의 현존이고, 그 자신에 대한 다른 사람의 현존인가를 살펴봤다. 그렇지만 노동의 재료도 주체로서의 인간도 마찬가지로 운동의 결과이자 출발점이다. (그리고 그러한 것들이 이것의 출발점일 수밖에 없다는 것은 바로 사유재산의 역사적 필연성에 있다). 따라서 사회적 성격이 운동 전체의 보편적인 성격이다; 사회 자체가 인간을 인간으로 생산하는 것처럼, 사회는 인간에 의해 생산된다. 활동과 향유는 그 내용에서뿐만 아니라 그 현존방식에서도 사회적 활동이며 사회적 향유이다. 자연의 인간적 본질은 사회적 인간에게서 비로소 존재한다; 왜냐하면 여기에서 비로소 자연은 인간에게 인간과의 유대로, 다른 인간에 대한 인간의 현존으로, 그리고 인간에 대한 다른 인간의 현존으로 존재하기 때문이며, 여기에서야 비로소 자연이 인간의 고유한 인간적인 현존의 기초로, 인간의 현실의 삶의 요소로 존재하기 때문이다. 여기에서 비로소 인간의 자연적인 현존이 인간에게는 인간의 인간적인 현존이 되었으며, 자연은 인간에게 인간이 된다. 따라서 사회는 인간과 자연의 완전한 본질 통일이며, 자연의 진정한 부활, 인간의 성취된 자연주의, 자연의 성취된 인간주의이다.

매춘은 노동자의 보편적인 매춘의 특수한 표현에 불과하다. 그리고 매춘은 몸을 파는 사람뿐만 아니라 몸을 사는 사람도 빠져드는 관계이기 때문에 — 후자의 파렴치함이 훨씬 더 크다 — 자본가 등도 이 범주에 들어간다.

사회적 활동과 사회적 향유는 결코 어떤 직접적인 공동체적 활동과 공동체적 향유의 형태만으로 존재하지 않는다. 비록 앞서 말한 사회성의 직접적인 표현이 활동 내용의 본질에 기초하고 그 본질의 성질에 적합하게 존재하는 모든 곳에서 공동체적 활동과 공동체적 향유, 즉 직접 현실적인 사회 속에서 다른 사람과 함께 자신을 표현하고 확증하는 활동과 향유가 생겨난다 하더라도 말이다.

내가 학문 등의 활동을 하고 다른 사람과는 좀처럼 직접적으로 공동으로 수행할 수 없는 어떤 활동을 한다 해도, 나는 인간으로 활동하기 때문에 사회적이다. 나의 활동 재료가 — 사상가가 활동 수단으로 삼는 언어조차 — 나에게는 사회적인 산물로 주어져 있을 뿐만 아니라, 나 자신의 현존도 사회적 활동이다; 이 때문에 내가 나로부터 만든 이것을 나는 나로부터 사회를 위해 만들고, 내가 사회적 존재라고 하는 의식을 가지고 만드는 것이다.

나의 보편적인 의식은 실질적인 공동체, 사회적 존재, 살아 있는 형태가 가지고 있는 이론적인 형태에 불과하다. 반면에 오늘날 보편적인 의식은 현실적 삶에 대한 하나의 추상이며, 그 자체가 현실적 삶과 적대적으로 대립한다. 그러므로 나의 보편적인 의식의 활동도 — 그러한 활동 자체로서 — 사회적 존재로서 나의 이론적 현존이다.

무엇보다도 피해야 하는 것은 "사회"를 개인과 대립시켜 또다시 추상으로 고정하는 것이다. 개인은 사회적 존재이다. 그러므로 개인의 삶의 표현 — 이것이 비록 공동체적인 삶의 표현, 즉 다른 사람들과 함께 동시에 수행된 삶의 표현이라는 직접적인 형태로 나타나지 않는다 하더라도 — 은 사회적 삶의 표현이자 확증이다. 개인적 삶의 현존방식이 유적 삶의 좀 더 특수한 방식이거나 좀 더 보편적인 방식이라 하더라도 말이다 — 그리고 이는 필연적이다 — 또는 오히려 유적 삶이 좀 더 특수하거나 보편적인 개인적 삶이라 하더라도, 인간의 개인적 삶과 유적 삶은 다른 것이 아니다.

유적 의식으로서 인간은 자신의 실질적인 사회적 삶을 확증하고 자신의 현실적인 현존을 사유 속에서 반복할 뿐이다. 반대로 유적 존재는 유적 의식 속에서 자신을 확증하고 그 보편성 속에서 사유하는 존재 자체로 존재한다.

인간 — 따라서 그가 아무리 특수한 개인이고 바로 그의 특수성이 그를 하나의 개인으로, 현실의 개인적인 공동존재로 만든다 하더라도 — 은 총체, 관념적 총체이며, 사유되고 지각된 사회 자체에서의 주체적 현존이다. 마찬가지로 현실 속에서도 인간은 사회적 현존의 직관과 현실적인 향유로뿐만 아니라 인간적 삶의 표현의 총체로도 여기에 존재한다.

이처럼 사유와 존재는 구별되기는 하지만, 동시에 서로 통일되어 있다.

죽음은 특정한 개인에 대한 유의 가혹한 승리로 나타나며, 그 양자의 통일성과는 모순되는 것처럼 나타난다. 그러나 특정한 개인은 하나의 특정한 유적 존재에 불과하며 그러한 것으로서 죽을 운명에 있다.

(4) 사유재산은 인간이 자신에 대해 대상적이 되는 동시에 오히려 자신에게 낯선 비인간적인 대상이 된다는 것, 인간의 삶의 표현이 인간의 삶의 외화이고, 인간의 실현이 인간의 현실성 상실, 즉 낯선 현실이라는 것에 대한 감각적인 표현일 뿐이다. 이와 마찬가지로 사유재산의 적극적인 지양, 즉 인간의 본질과 삶의, 대상적 인간의, 인간을 통해서 그리고 인간에 의해서 만들어진 인간의 제작물을 감각적으로 자기화하는 것은 직접적이며 일면적인 향유의 의미, 점유의 의미, 소유의 의미만으로는 이해할 수 없다. 인간은 전면적인 방법으로, 따라서 총체적 인간으로서 자신의 전면적인 본질을 자기 것으로 삼는다. 세계에 대한 그의 모든 인간적인 관계, 즉 보고 듣고 냄새 맡고 맛보고 느끼고 생각하고 직관하고 지각하고 바라고 활동하고 사랑하는 것, 간단히 말해서 그의 개체의 모든 기관은 그 형태에서 직접적으로 공동 기관으로 있는 기관들과 마찬가지로 그 대상적 태도 또는 대상에 대한 태도에서 대상을 자기화하고, 인간적 현실을 자기화한다; 대상에 대한 기관들의 태도는 인간적 현실의 확증이고 (그러므로 이 확증은 인간의 본질 규정과 활동이 다양한 것과 마찬가지로 다양하다) 인간의 활동성과 인간 고통의 확증이다. 왜냐하면 인간적으로 파악하면 고통은 인간의 자기 향유이기 때문이다.

사유재산이 우리를 너무 우둔하고 일면적이게 만들어 버렸기 때문에, 우리가 대상을 가질 때, 따라서 대상이 우리에게 자본으로 존재할 때나 우리가 대상을 직접 점유할 때, 먹고 마시고 우리 몸에 걸치고 그 안에 거주할 때, 간단히 말해서 사용할 때 비로소 대상은 우리 것이 된다. 사유재산이 이 모든 직접적인 점유 자체의 실현을 또다시 삶의 수단으로만 파악하고, 이 실현이 수단으로 쓰이는 삶이 사유재산의 삶, 노동, 자본화라도 말이다.

따라서 육체적이거나 정신적인 모든 감각 대신에 이 모든 감각의 단순한 소외, 즉 소유 감각이 들어섰다. 인간이라는 존재는 이러한 절대적 빈곤으로 환원되어 자기 내면의 풍부함을 자기 바깥으로 내보내지 않을 수 없었다.(소유 범주에 대해서는 헤쓰Heß 참고.)

그러므로 사유재산의 지양은 인간의 모든 감각과 속성의 완전한 해방이다; 그렇지만 사유재산의 지양이 이러한 해방인 것은 바로 이러한 감각들과 속성들이 주체적으로뿐만 아니라 객체적으로도 인간적인 것이 되기 때문이다. 눈은 인간적인 눈이 된다. 눈의 대상이 인간을 위해 인간에게서 유래하는 사회적이며 인간적인 대상이 되는 것처럼 말이다. 따라서 감각들은 그 실천에서 직접 이론가가 된다. 감각들은 사물 때문에 사물과 관계하지만, 사물 자체는 그 자신과 인간에 대한 대상적인 인간적 관계이며 그 역도 마찬가지다. 내가 실천적으로 사물에 대해 인간적인 관계를 취할 수 있는 것은 사물이 인간에 대해 인간적인 관계를 취할 때뿐이다. 그러므로 욕구나 향유가 이기적인 성질을 잃어버리고 자연이 단순한 효용성을 상실하는 것은 효용이 인간적인 효용이 되기 때문이다.

마찬가지로 다른 인간들의 감각과 정신은 나의 고유한 자기화가 된다. 따라서 이 직접적인 기관들 이외에 사회적인 기관들이 사회의 형태 속에서 형성된다. 예를 들어 다른 사람들과 직접 수행하는 사회에서의 활동 등은 나의 삶의 표현 기관이 되고 인간적인 삶을 자기화하는 방식이 된다.

인간적인 눈이 조야하고 비인간적인 눈과는 다르게 향유하고, 인간적인 귀가 조야한 귀와는 다르게 향유한다는 등의 사실은 자명하다.

우리는 대상이 인간에게 인간적 대상 또는 대상적 인간이 될 때만 인간이 자신의 대상에서 자신을 상실하지 않는다는 것을 살펴봤다. 이것이 가능한 것은 대상이 인간에게 사회적인 대상이 될 때뿐이다. 즉 대상 자체가 사회적 존재가 되고 사회가 이 대상 속에서 인간을 위한 존재가 될 때뿐이다.

그러므로 한편으로 사회 속의 인간에게는 언제나 대상적 현실이 인간의 본질적인 힘의 현실로, 인간의 현실로 따라서 인간 자신의 고유한 본질적인 힘의 현실로 존재하기 때문에, 모든 대상은 인간에게 인간 자신의 대상화로, 그의 개성을 확증하고 실현하는 대상들로, 그의 대상으로 존재한다; 즉 그 자신이 대상이 된다. 어떻게 대상들이 인간에게 그의 대상으로 되는지는 대상의 성질과 이 대상들에 상응하는 본질적인 힘의 성질에 달려 있다; 왜냐하면 이 관계의 규정성이 긍정의 특수하고 현실적인 방식을 형성하기 때문이다. 눈에 대한 하나의 대상은 귀와 다르고, 눈의 대상은 귀의 대상과는 다른 대상이다. 각각의 본질적인 힘의 독특함은 바로 그것의 독특한 본질이며, 또한 그 대상화의 독특한 방식이며, 그 대상적이고 현실적인 생생한 존재의 독특한 방식이다. 그러므로 인간은 사유에서만이 아니라, 모든 감각을 가지고 대상적 세계에서 긍정된다.

다른 한편으로: 주체적으로 파악하자면; 음악이 비로소 인간의 음악적 감각을 일깨우는 것처럼, 아주 아름다운 음악도 음악을 알지 못하는 귀에는 전혀 의미가 없고, 어떤 대상도 아니다. 왜냐하면 나의 본질적인 힘들 중 하나를 확증해 줄 수 있는 것만이 나의 대상이 될 수 있기 때문이다. 따라서 나의 대상은 나의 본질적인 힘이 주체적인 능력으로 나를 위해 존재하는 것처럼 나를 위해 존재할 수 있을 뿐이다. 왜냐하면 어떤 대상의 의미는 나에게는(대상에 상응하는 감각에 대해서만 의미가 있으므로) 바로 나의 감각의 범위만큼만 존재하기 때문이다. 바로 이 때문에 사회

적인 인간의 감각은 비사회적인 인간의 감각과는 다른 감각이다; 인간적 본질의 풍부함이 대상이 되어 전개될 때야 비로소 주체적인 인간적 감성의 풍부함이 생성되고, 음악적인 귀, 형태의 아름다움에 대한 눈, 간단히 말해 인간적인 향유를 즐길 수 있는 감각들, 인간의 본질적인 힘으로 확증되는 감각들이 비로소 한편으로는 도야하고 다른 한편으로는 산출된다. 왜냐하면 오감뿐만 아니라 소위 말하는 정신적 감각, 실천적 감각(의지, 사랑 등), 한마디로 말해 인간적인 감각, 즉 감각의 인간성도 감각 대상의 현존을 통해, 인간화된 자연을 통해서야 비로소 생성되기 때문이다.

오감의 형성은 지금까지의 세계사 전체의 노동이다. 조야한 실제적 욕구에 사로잡힌 감각은 또한 편협한 감각만을 가진다. 굶주린 인간에게는 인간적인 형태의 음식이 존재하지 않고 음식으로서의 그 추상적인 현존만이 존재할 뿐이다; 그것은 가장 조야한 형태로도 존재할 수 있다. 이러한 영양 활동이 동물의 영양 활동과 어떤 점에서 구별되는지는 말할 수 없다. 걱정에 가득 찬 궁핍한 인간은 아주 훌륭한 연주에 대해서도 아무런 감각이 없다; 광물 상인은 광물의 상업적 가치만 볼 뿐 광물의 아름다움이나 독특한 성질은 보지 않는다; 그는 어떠한 광물학적 감각도 없다; 따라서 이론적인 관점에서뿐만 아니라 실천적인 관점에서도 인간 본질의 대상화는 인간의 감각을 인간적이게 하는 데 있으며, 인간적 본질과 자연적 본질의 모든 풍부함에 상응하는 인간적인 감각을 창조하는 데 있다.

생성 중인 사회가 사유재산과 그 사유재산의 부와 빈곤 — 또는 물질적 정신적인 부와 빈곤 — 의 운동을 통해 이 형성을 위한 모든 재료를 발견하는 것처럼, 생성된 사회는 인간 본질의 이러한 모든 풍부함에서 인간을, 즉 전면적이고 심오한 감각을 풍부하게 지닌 인간을 사회의 지속적인 현실로 생산한다.

우리가 아는 바와 같이, 주관주의와 객관주의, 유심론과 유물론, 활동과 고통은 사회적인 상태에서 비로소 그 대립을, 그리고 이와 함께 그러한 대립으로서의 그 현존을 상실한다; 우리가 아는 바와 같이, 이론적인 대립 자체의 해결은 실천적인 방식으로만, 인간의 실천적 에너지로만 가능하다. 따라서 이러한 대립의 해결은 결코 인식의 과제인 것만이 아니라, 현실적인 삶의 과제이다. 철학이 이 과제를 해결할 수 없었던 이유는 바로 그 과제를 단지 이론적 과제로만 파악했기 때문이다.

우리가 아는 바와 같이, 산업의 역사와 산업이라는 생성된 대상적 현존은 인간의 본질적인 힘들의 펼쳐진 책이며, 감각적으로 존재하는 인간적 심리학이다. 이 심리학은 지금까지 인간의 본질과 연관 관계에서 파악되지 않고 항상 외적인 유용성 관계에서만 파악됐다. 이는 사람들이 — 소외 내부에서 활동하면서 — 인간의 일반적인 현존, 종교, 혹은 추상적-일반적인 본질에서의 역사, 즉 정치, 예술, 문학 등으로서의 역사만을 인간의 본질적인 힘들의 현실로, 인간의 유적 행위로 파악할 줄 알았기 때문이다. 통상적이고 물질적인 산업에서(— 일반적인 운동 자체를 산업의 특수한 한 부분으로 파악할 수 있는 것과 마찬가지로 우리는 이 산업을 저 일반적인 운동의 한 부분으로 파악할 수 있다. 모든 인간 활동은 지금까지 노동이었고, 따라서 산업, 자기 자신에게서 소외된 활동이었기 때문이다 —) 우리는 인간의 대상화된 본질적인 힘을 감각적이며 낯선 유용한 대상들이라는 형식 아래에서, 소외라는 형식 아래에서 갖고 있다. 심리학이라는 이 책이, 즉 바로 감각적으로 가장 현재적이고 쉽게 가까이할 수 있는 역사의 일부가 닫혀 있다면, 그 심리학은 현실적이며 내용이 풍부한 실질적인 과학이 될 수 없다. 이러한 인간 노동의 거대한 부분을 점잖게 외면하면서도 자기 자신의 불완전함을 느끼지 못하고, 그렇게 확장된 인간 활동의 풍성함이 그 학문에 사람들이 한마디로 말할 수 있는 것, 즉 "욕구" "천박한 욕구" 이외에 아무 말도 하지 않는다면, 이 학문에 대해 우리는 과연 어떻게 생각해야 하는가?

자연과학은 엄청난 활동을 전개해 왔으며 계속해서 증가하는 재료를 획득했다. 그러는 동안에 자연과학이 철학에 낯설게 있었던 것처럼 철학도 자연과학에 그렇게 낯설게 있었다. 일시적인 통일은 환상적인 환영에 불과했다. 의지는 있었지만, 능력이 부족했다. 역사 서술조차 자연과학을 계몽, 유용성, 개별적인 위대한 발견의 계기로 부차적으로만 고려할 뿐이다. 그러나 자연과학은 산업을 매개로 해서 인간의 삶에 더욱더 실천적으로 개입했으며 인간의 삶을 변모시켰고, 비록 직접적으로 비인간화를 완성할 수밖에 없었다 하더라도, 인간 해방을 준비했다. 산업은 인간에 대한 자연의, 따라서 자연과학의 현실적인 역사적 관계이다; 그러므로 산업을 인간의 본질적인 힘의 공개적인 드러냄으로 파악한다면, 또한 자연의 인간적인 본질이나 인간의 자연적인 본질도 이해되며, 따라서 자연과학은 자신의 추상적인 물질적 성향 아니 오히려 관념론적 성향을 잃어버리고, 이미 — 비록 소외된 형태이긴 하지만 — 현실적으로 인간의 삶의 기초가 된 것처럼 이제는 인간적인 과학의 기초가 될 것이다; 삶을 위한 또 다른 토대, 과학을 위한 또 다른 토대라는 것은 처음부터 거짓말이다. 인간의 역사에서 — 인간적 사회의 생성 행위에서 생성되는 자연 — 자연은 인간의 현실적인 자연이다. 따라서 소외된 형태이긴 하지만 산업을 통해 생성되는 자연이 진정한 인간학적 자연이다.

감성(포이어바하를 참고)은 모든 과학의 기초임이 틀림없다. 과학은 감각적인 의식뿐만 아니라 감각적인 욕구라는 이중적 형태의 감성에서 출발할 때만 — 즉 과학이 자연에서 출발할 때만 — 현실적인 과학이다. 그러므로 역사 전체는 "인간"이 감각적인 의식의 대상이 되기 위한, 그리고 "인간으로서 인간"의 욕구가 욕구가 되기 위한 준비의 역사발전의 역사이다. 역사 자체는 자연사의 일부, 즉 자연이 인간으로 생성되는 현실적인 일부이다. 인간에 관한 학문이 자연과학을 포괄하는 것처럼, 앞으로는 자연과학이 인간에 관한 학문을 포괄할 것이다; 하나의 과학이 있게 될 것이다. 인간은 자연과학의 직접적인 대상이다; 왜냐하면 인간에게 직접적이고 감각적인 자연이란 직접적으로 인간적 감성이고, (동일한 표현) 그에게 감각적으로 현존하는 다른 인간으로서 직접적으로 존재하기 때문이다; 왜냐하면 그의 고유한 감성은 다른 인간을 통해서 비로소 그 자신에게 인간적인 감성으로 존재하기 때문이다. 그러나 자연은 인간에 관한 과학의 직접적인 대상이다. 인간의 최초 대상 ― 인간 ― 은 자연, 감성이다. 그리고 특수하며 인간적으로 감각적인 본질적 힘들은 그것들이 자연대상에서만 그 대상적 현실화를 할 수 있는 것처럼 자연 존재 일반의 과학에서만 자기인식을 할 수 있다. 사유 자체의 요소이자 사상의 삶의 표현의 요소인 언어는 감각적인 자연이다. 자연의 사회적 현실과 인간적인 자연과학 또는 인간에 관한 자연과학은 동일한 표현들이다.

  풍부한 인간과 풍부한 인간적인 욕구가 어떻게 국민경제학적 부와 빈곤을 대체했는지를 우리는 알고 있다. 풍부한 인간이란 동시에 인간적인 삶의 표현의 총체성이 필요한 인간이다. 인간은 그 자신의 실현을 내적인 필연성으로, 필요로서 가지고 있는 존재이다. 인간의 부뿐만 아니라 궁핍도 마찬가지로 ― 사회주의라는 전제하에서는 ― 인간적인 의미를, 따라서 사회적인 의미를 지닌다. 궁핍은 인간에게 가장 큰 부인 다른 인간을 욕구로써 느끼게 하는 수동적인 끈이다. 내 안에서 대상적 존재의 지배, 나의 존재 활동의 감각적인 폭발은 열정이므로, 이것은 여기서 나의 존재의 활동이 된다.

  5) 하나의 존재는 그가 자기 발로 설 때 비로소 자립적인 존재로 간주되며, 그가 자신의 현존을 자신에게서 근거를 가질 때 비로소 그는 자기 발로 서게 된다. 다른 사람 덕분에 살아가는 어떤 인간은 의존적인 존재로 여겨진다. 그런데 만일 내가 생활을 유지하는 것이 다른 사람 덕분일 뿐만 아니라 더욱이 그가 나의 삶을 창조하기까지 했다면; 그가 나의 삶의 원천이라면, 나는 완전히 다른 사람 덕분에 사는 것이다. 그리고 나의 삶이 나 자신의 창조물이 아니라면, 나의 삶은 필연적으로 그 근거를 자기 외부에서 갖는다. 그러므로 창조는 사람들의 의식에서 몰아내기 매우 어려운 관념이다. 자연과 인간이 자기 자신에 의해 존재한다는 것은 실제의 삶의 모든 명백함과 모순되기 때문에 일반 사람의 의식으로는 이해

하기 어렵다.

　지구창조설은 지질학에, 즉 지구의 형성, 지구의 생성을 하나의 과정으로, 자기산출로 서술한 과학에 의해 큰 타격을 받았다. 자연 발생은 창조설에 대한 유일한 실천적인 반박이다.

　그런데 아리스토텔레스가 이미 말한 것을 각각의 개인에게 말하기는 쉽다; 너는 네 아버지와 어머니에게서 태어났다. 그러므로 너 안에서 두 인간의 성교가, 따라서 인간의 유적 행위가 인간을 만들어냈다. 그러므로 너는 인간의 현존이 육체적으로도 인간 덕분이라는 것을 알고 있다. 따라서 너는 하나의 측면, 즉 누가 나의 아버지를 낳았고 누가 나의 아버지의 할아버지를 낳았는지를 계속 묻는 무한한 과정에만 주목해서는 안 된다. 너는 또한 그 과정에서 감각적으로 직관할 수 있는 원환 운동도 고수해야 한다. 이 운동에 따라서 인간은 생식을 통해 자기 자신을 반복한다. 따라서 인간이 언제나 주체이다.

　그러나 당신은 다음과 같이 대답할 것이다: 당신이 말하는 이 원환 운동을 인정하겠다. 그러면 내가 누가 최초의 인간과 자연 일반을 낳았는지 물을 때까지 나를 계속 몰아가는 그 과정을 당신도 인정해라.

　이제 나는 당신에게 다음과 같이 대답할 수 있다: 당신의 질문은 그 자체가 추상의 산물이다. 당신이 어떻게 해서 이런 질문에 이르렀는지를 당신 자신에게 물어보라; 전도된 것이기 때문에 내가 대답해 줄 수 없는 관점에서 당신의 질문이 비롯된 것이 아닌지 당신 자신에게 물어보라. 그 과정 자체가 이성적 사고로 존재하는지 당신 자신에게 물어보라. 만약 당신이 자연과 인간의 창조에 관해 묻는다면, 당신은 인간과 자연을 따라서 도외시하는 것이다. 당신은 자연과 인간을 존재하지 않는 것으로 설정하고서는, 내가 그것들이 존재하는 것으로 당신에게 증명해주기를 바라는 것이다. 이제 나는 당신에게 다음과 같이 말한다: 당신의 추상을 버려라. 그러면 당신은 당신의 질문도 버리게 될 것이다. 혹은 당신의 추상을 고수하고자 한다면 일관성을 지녀라. 그리고 당신이 인간과 자연을 존재하지 않는 것이라고 생각한다면, 자연과 인간인 당신 자신도 존재하지 않는 것으로 생각하라. 생각하지도 나에게 묻지도 말라. 왜냐하면 당신이 생각하고 묻자마자 자연과 인간의 존재에 대한 당신의 추상은 아무런 의미도 없기 때문이다. 혹은 당신은 모든 것을 무로 설정하고 자신은 존재하려고 하는 그런 이기주의자란 말인가?

당신은 나에게 반박할 수 있다: 나는 자연 등의 무를 설정하려는 것이 아니다; 내가 해부학자에게 골격의 형성 등에 관해 묻는 것처럼 당신에게 자연 등의 발생행위에 관해 묻는 것이다.

그러나 사회주의적 인간에게는 소위 세계사 전체가 인간의 노동에 의한 인간의 산출, 인간을 위한 자연의 생성과 다름없으므로, 그는 자기 자신에 의한 자신의 탄생, 자신의 생성과정에 대한 직관적이면서도 반박할 수 없는 증거를 갖고 있다. 인간과 자연의 본질성, 인간이 인간에게 자연의 현존으로, 자연이 인간에게 인간의 현존으로 실제로 감각적으로 직관됨으로써, 낯선 본질, 자연과 인간을 초월하는 본질에 대한 질문 — 자연과 인간의 비본질성의 승인을 내포하는 질문 — 은 실제로 불가능하게 되었다. 이러한 비본질성의 부인으로서의 무신론은 더는 아무런 의미가 없다. 왜냐하면 무신론은 신에 대한 부정이며 이러한 부정을 통해 인간의 현존을 설정하기 때문이다; 하지만 사회주의로서 사회주의는 이러한 매개를 더는 필요로 하지 않는다; 사회주의로서의 사회주의는 본질로서 인간과 자연의 이론적으로나 실천적으로나 감각적인 의식에서 출발한다. 사회주의로서의 사회주의는 더는 종교의 지양에 의해 매개되지 않는 인간의 적극적인 자기의식이다. 현실적 삶이 더는 사유재산의 지양, 즉 공산주의에 의해 매개되지 않는 인간의 적극적인 현실인 것처럼 말이다. 공산주의는 부정의 부정으로서 긍정이며, 바로 이 때문에 인간의 해방과 회복의 현실적인 계기, 바로 다음의 역사발전을 위한 필연적인 계기이다. 공산주의는 바로 다음 미래의 필연적인 형태이자 강력한 원리이지만, 공산주의 자체가 인간발전의 목표 — 인간적인 사회의 형태는 아니다.

돈

『경제학-철학 수고』 1844년

 인간의 감각, 열정 등이 고유한 의미에서의 인간학적 규정일 뿐만 아니라 진정으로 존재론적 존재(자연)의 긍정이기도 하다면 — 그리고 감각, 열정 등의 대상이 그 감각이나 열정에 대해 감각적으로 존재하는 것을 통해서만 그 감각이나 열정 등이 현실적으로 긍정된다면, 다음과 같은 사실이 자명해진다. ① 감각, 열정 등의 긍정 방식은 결코 하나의 동일한 것이 아니다. 오히려 긍정의 다양한 방식들이 감각, 열정 등의 현존, 그것들의 삶의 독자성을 형성한다; 대상이 그것들에 대해 존재하는 방식은 그것들의 향유의 독특한 방식이다; ② 감각적 긍정이 자립적인 형식 속에 있는 대상의 직접적인 지양일 때(먹는 것, 마시는 것, 대상을 가공하는 것 등), 이는 대상의 긍정이다; ③ 인간이 인간적인 한, 따라서 인간의 감각 등도 인간적인 한, 타자에 의한 대상의 긍정도 또한 그 자신의 향유이다; ④ 발전된 산업을 통해서 비로소, 즉 사유재산이라는 매개를 통해서 인간적 열정의 존재론적 본질이 그 총체성에서뿐만 아니라 그 인간성 속에서도 생성된다; 그러므로 인간에 대한 학문은 그 자체가 인간의 실천적 자기 확증의 산물이다; ⑤ 사유재산의 의미는 — 자신의 소외에서 벗어난 — 인간에게는 향유 대상으로뿐만 아니라 활동 대상으로서도 본질적인 대상들의 현존재이다.

돈은 모든 것을 살 수 있는 속성이 있으므로, 즉 모든 대상을 자기 것으로 만드는 속성이 있으므로, 특별하게 소유되는 대상이다. 돈의 속성의 보편성은 돈의 본질의 전능함이다; 따라서 돈은 전능한 존재로 간주된다. … 돈은 욕구와 대상 간의, 인간의 삶과 인간의 삶의 수단 간의 뚜쟁이다. 그러나 나에게 내 삶을 매개해 주는 것, 그것은 나를 위해 다른 인간의 현존도 나에게 매개해 준다. 그것은 나에게는 다른 인간이다.

"뭐라고 하는가 교수대 형리여! 물론 손과 발,
머리와 등은 당신 차지다!
그렇지만 내가 생생하게 누리는 모든 것,
그것을 어찌 내 것이 아니라고 하겠는가?

내가 말 여섯 마리의 값을 지급할 수 있다면
그 말들의 힘은 내 것이 아니겠는가?
나는 힘차게 뛰어간다, 나는 정상인이다
마치 스물네 개의 다리를 가진 사람처럼 말이다."

괴테, 『파우스트』 (메피스토)

셰익스피어는 『아테네의 티몬』에서 다음과 같이 읊었다:

"금? 귀중하고 반짝이는 순금? 아니, 신들이여!
내가 그것을 헛되이 기원하는 것은 아니다.
이만큼만 있으면, 검은 것을 희게, 추한 것을 아름답게 만든다.
나쁜 것을 좋게, 늙은 것을 좋게, 비천한 것을 고귀하게 만든다.
이것은 사제를 제단으로부터 … 유혹한다.
반쯤 회복된 병자에게서는 베개를 빼내 버린다:

그렇다네, 이 황색의 노예는 성스러운 끈을 풀기도 하고 매기도 한다.
문둥병을 사랑스럽게 보이게 하고, 도둑을 영광스러운 자리에 앉힌다.
그리고 원로원 회의에서는 도둑에게 작위를, 궤배와 권세를 부여한다.
이것은 늙어 빠진 과부에게는 청혼자를 데리고
온다.
양로원에서 상처 때문에 심하게 곪고 있던 그 과부가
메스꺼운 모습을 떨쳐버리고, 향수를 발라 젊어져
오월의 청춘이 되어 청혼한 남자에게 간다, 저주받을 금속이여,
그대는 국민을 모욕하는 인간 공동의 창녀다."

그리고 계속해서 아래와 같이 읊었다:

"그대는 달콤한 왕의 살해자, 아들이고 아버지의 고귀한 결별! 히멘
의 순수하기 그지없는 침대의 번쩍거리는 모독자! 용감한 마르스!
그대는 영원히 생기발랄하고 온화한 사랑을 받는 청혼자.
디아나의 순결한 무릎 위에 놓여 있는
거룩한 흰 눈을 녹여 버리는 노란 빛의 구혼자!
눈에 보이는 신, 그대는 불가능한 일을 친숙한 것으로 만들고,
억지로 입 맞추게 한다! 그대는 온갖 말로
온갖 목적에 관해 이야기한다! 오 그대 마음의 시험자!
그대의 노예, 인간이 반항하고 있다는 것을 생각하라!
그대의 힘이 그들을 혼란케 하고 파멸시키고 있다.
짐승이 이 세상의 지배자가 되도록 말이다!"

셰익스피어는 돈의 본질을 탁월하게 잘 묘사하고 있다. 그를 이해하기 위해 우리는 우선 괴테의 문장을 해석하는 것으로부터 시작해보자.

돈을 통해서 나에게 있는 것, 내가 그 값을 지급할 수 있는 것, 즉 돈으로 살 수 있는 것, 그것은 나이고, 즉 돈의 소유자 자신이다. 돈의 힘이

클수록 나의 힘도 크다. 돈의 속성은 나의 — 돈 소유자의 — 속성이며 본질적인 힘이다. 그렇다면 나의 존재와 능력은 결코 나의 개성에 의해 규정되지 않는다. 내가 추하게 존재할지라도, 아주 아름다운 여자를 살 수 있다. 따라서 나는 추하지 않다. 왜냐하면 추함의 효과, 즉 추함의 위협적인 힘이 돈에 의해 없어지기 때문이다. 나는 — 나의 개인적 특성에서 보면 — 절름발이이지만, 돈은 나에게 24개의 다리를 마련해 준다; 따라서 나는 절름발이가 아니다; 나는 사악하고 비열하며 비양심적이고 똑똑하지 못한 인간이다. 그러나 돈은 존경받으며, 따라서 돈의 소유자도 존경받는다. 돈은 최고의 선이다. 따라서 그 소유자도 선하다. 그 밖에도 돈은 내가 비열하므로 겪는 곤란에서 나를 벗어나게 해준다. 따라서 나는 존경받을 만한 사람으로 여겨진다; 나는 똑똑하지 못하다. 그러나 돈은 모든 사물의 현실적인 정신이다. 그러니 어떻게 돈의 소유자가 똑똑하지 못한 사람이겠는가? 게다가 돈의 소유자는 똑똑한 사람들을 살 수 있다. 똑똑한 사람들을 지배하는 힘을 가진 자는 그 사람들보다 더 똑똑하지 않겠는가? 인간의 마음이 동경하는 모든 것을 돈으로 마음대로 할 수 있는 나는 인간의 모든 능력을 갖춘 것이 아닌가? 따라서 나의 돈은 나의 모든 무능력을 그 정반대의 것으로 바꾸지 않는가?

  돈이 나를 인간적 삶과 결합하고 사회를 나와 결합하며 나를 자연과 인간에 결합하는 끈이라면, 돈은 모든 끈 중의 끈이 아닌가? 돈은 모든 끈을 풀기도 하고 매기도 할 수 있지 않은가? 그렇다면 돈은 일반적인 절연 수단이지 않은가? 돈은 진정한 결합 수단인 것과 마찬가지로 진정한 분리 수단이고, 사회의 전기화학적인 힘이다.

  셰익스피어는 돈에서 특히 두 가지 속성을 부각한다.

  1) 돈은 눈에 보이는 신이다. 돈은 모든 인간적 속성과 자연적 속성을 그 반대의 것으로 바꾸며, 일반적으로 사물들을 혼란하게 하고 전도시킨다; 돈은 불가능한 일들을 친근하게 만든다.

  2) 돈은 인간과 국민의 보편적인 창녀이자 뚜쟁이이다.

모든 인간적 성질과 자연적 성질이 바뀌고 혼동되며, 불가능한 일이 친근하게 되는 것, 즉 돈의 ― 신적인 힘 ― 은 인간의 소외된, 외화되고 양도하는 유적 존재로서의 돈의 본질에 있다. 돈은 인간성이 외화된 능력이다.

내가 인간으로서 할 수 없는 것, 따라서 나의 모든 개인적인 본질적 힘으로도 할 수 없는 것, 그것을 나는 돈을 통해서 할 수 있다. 그러므로 돈은 이 각각의 모든 본질적인 힘을 본질적인 힘 자체가 아닌 무엇으로, 즉 그 반대의 것으로 만들어 버린다.

내가 어떤 음식을 먹고 싶거나 걸어갈 만큼 튼튼하지 않아 우편 마차를 이용하고 싶어 한다면, 돈은 나에게 그 음식과 우편 마차를 제공해 준다. 즉 돈은 나의 소원을 상상의 존재에서 전환한다. 즉 나의 소원을 생각하고 상상하며 바란 현존재에서 감각적인 현실적인 현존재로 전환한다. 상상에서 삶으로, 상상된 존재에서 현실적인 존재로 전환한다. 이러한 매개로서 돈은 진정한 창조적인 힘이다.

수요는 돈이 전혀 없는 사람에게도 존재한다. 그러나 돈에 대한 수요는 나에게나 제삼자에게나, 다른 사람에게 어떤 영향도 주지 못하며 어떤 실존도 갖지 않으며, 나 자신에게도 비현실적으로, 대상이 없는 것으로 남아 있는 한낱 생각의 존재이다. 돈에 근거한 유효수요와 나의 욕구, 나의 열정, 나의 소원 등에 기초한 비유효수요 간의 차이는 존재와 사유 간의 차이이자, 내 안에 존재하는 단순한 생각과 현실적 대상으로서 나의 바깥에서 나에 대해 존재하는 생각 간의 차이이다.

내가 여행할 돈이 없다면, 나는 여행에 대한 욕구, 즉 여행에 대한 현실적이고 자기실현적인 욕구를 갖지 못한다. 내가 연구에 대한 사명감은 있지만 연구할 돈이 없다면, 나는 연구에 대한 사명감을 전혀 느끼지 못한다. 즉 효과적인, 진정한 사명감을 느끼지 못한다. 반면에 내가 현실적으로 연구에 대한 사명감은 전혀 없어도 의지와 돈이 있다면, 나는 효과적인 사명감이 있는 것이다. 돈은 ― 외적인, 요컨대 인간으로서의 인간,

사회로서의 인간적인 사회에서 유래하지 않는 보편적인 — 수단과 능력으로서 생각을 현실로, 현실을 단순한 생각으로 만드는 수단이자 능력이다. 돈은 현실적이고 인간적이며 자연적인 본질적 힘을 한낱 추상적인 표상으로, 따라서 불완전함, 고뇌에 찬 봉상늘로 선환한다. 또힌, 이외 미찬가지로 돈은 다른 한편으로 현실의 불완전함과 몽상들, 개인의 상상 속에서만 존재할 뿐 현실적으로는 무력한 개인의 본질적인 힘을 현실의 본질적 힘과 능력으로 전환한다. 따라서 이러한 규정에 따르면 돈은 확실히 개성의 보편적인 전도이다. 이 보편적인 전도는 개성을 그 반대의 것으로 뒤바꾸고 개성의 속성에 그것과 모순되는 속성을 부여한다.

또한, 돈은 개인에 대해서도 그리고 그 자체가 본질이라고 주장하는 사회적인 끈 등에 대해서도 이처럼 전도시키는 힘으로 나타난다. 돈은 성실함을 불성실함으로, 사랑을 미움으로, 미움을 사랑으로, 미덕을 악덕으로, 악덕을 미덕으로, 노예를 주인으로, 주인을 노예로, 우둔함을 총명함으로, 총명함을 우둔함으로 전환한다.

돈은 현존하며 활동하는 가치의 개념으로서 모든 사물을 혼란케 하고 혼동시키기 때문에, 돈은 모든 사물의 보편적인 혼란이자 혼동이며, 따라서 전도된 세계이고, 모든 자연적 성질과 인간적 성질의 혼란이자 혼동이다.

용감함을 살 수 있는 사람은 비록 그가 비겁하더라도 용감한 사람이다. 돈은 특정한 성질, 특정한 사물, 특정한 인간적인 본질적 힘과 교환되지 않고 인간이나 자연의 대상적 세계 전체와 교환되기 때문에, 돈은 — 그 소유자의 관점에서 보면 — 모든 속성을 모든 속성과 — 그 속성과 모순되는 속성이나 대상과도 — 교환한다. 돈은 불가능한 일들을 친숙하게 만들고, 자신과 모순되는 것들에게 자신과 입 맞추도록 강요한다.

인간을 인간으로 전제하고 인간과 세계의 관계를 인간적 관계라고 전제한다면, 너는 사랑을 사랑하고만, 신뢰를 신뢰하고만 교환할 수 있다. 네가 예술을 즐기고 싶다면, 너는 예술에 대한 교양을 쌓은 인간이 돼야

한다. 네가 다른 사람에게 영향력을 미치고자 한다면, 너는 현실적으로 고취하고 장려하면서 다른 사람에게 영향을 주는 인간이 되어야 한다. 인간에 대한, 그리고 자연에 대한 너의 모든 관계는 ― 너의 의지의 대상에 상응하는 너의 현실적 개인적 삶의 특정한 표출이어야 한다. 네가 사랑을 하는데도 되돌아오는 사랑을 불러일으키지 못한다면, 즉 사랑으로서 너의 사랑이 되돌아오는 사랑을 생산하지 못한다면, 네가 사랑하는 인간으로서 너의 삶의 표현을 통해 너를 사랑받는 인간으로 만들지 못한다면, 너의 사랑은 무기력하며 하나의 불행이다.

돈

게오르크 베버

『전진!』 제69호, 1844년 8월 28일

우리는 도둑질 자체를 즐긴다.[2]
국민경제학자들은 돈이란 게 전혀 중요하지 않은 것이며, 모든 것이 돈 없이도 달리 보이지 않을 거라고 거리낌 없이 우리를 설득시키고 싶

---

[2] 이 논문은 마르크스 자신이 쓴 것은 아니지만, 마르크스의 협력 아래, 무엇보다 마르크스의 논의에 기초하여 쓰인 글이다. MEGA② I/2의 서론에는 베버의 논문에 대하여 다음과 같이 평가하고 있다. "게오르크 베버Georg Weber의 논문들은 특별한 위상을 차지한다. 아마도 이 논문들은 마르크스의 수정을 토대로 이루어졌거나 마르크스가 최종 교정에 직접 참여했을 것이기 때문이다. 베버는 마르크스에게서 넘겨받은 발췌문을 가지고 자본이 지배하는 아래에서 '자유로운 노예'의 실존, '자유로운 노동자'의 실존을 분석하기 위해서 식민지 흑인 노예들의 상태 개선에 대한 프랑스 노동자의 요구를 이용했다. 프로이센 왕이 사회적 빈곤을 철폐하기 위해서 복지시설의 설립을 보고했을 때, 베버는 영국과 프랑스의 사례와 관련된 마르크스의 도움을 받아서 복지를 통해서는 그 어디에서도 자본주의적 산업과 경쟁의 근본악을 제거할 수 없다고 증명했다. 알자스 지방의 노동촌 설립은 베버가 마르크스의 인식을 가지고 이런 종류의 시설이 - 목적의 선의와 부분적인 성공을 문제로 삼지 않더라도 - 시민사회의 기초, 즉 사적 소유를 결코 지양하지 못하고, 그래서 결국에는 성공하지 못할 것이라는 점을 입증하도록 자극했다. 베버는 마지막 논문에서 돈의 역할에 대한 프루동과 바이틀링의 기만을 환기하기 위해서 화폐체계와 사적 소유 사이의 필연적인 연관 관계에 대한 마르크스의 중요한 통찰을 끄집어냈다."

어 한다. 그들이 돈을 우리 사회의 형성에 이바지했다고 찬미할 생각이 없다면, 우리는 바로 그 일로 돈을 고소하겠다.

고통을 주는 악령처럼 마몬은 문명국가들의 활동을 점점 더 압박하고 있다. 세계의 지배자로 포고된 정치가 이러한 칭호에 대해 갖는 권리는 페르디난트 황제가 자신의 칭호에 대해 갖는 권리보다 크지 않다; 정치는 하녀가 됐다. 외무부는 로스차일드와 그 집안의 해외상관(商館)으로부터 명령을 받는다. 전쟁이나 평화의 시작과 끝은 계산문제에 달려 있는데, 여기에서 변수는 국채의 이율이다. 그래서 우리는 보통 인간들이 가장 자유롭다고 생각하는 바로 그곳에서 그들이 천한 금속의 노예로 전락한 것을 본다. 그러나 오늘날 정치적 메커니즘을 움직이는 원동력이 증권시장이라는 사실을 더 이상 의심하지 않는 정치가가 그러한 인식에도 불구하고 순진하게 자신은 노예 상태에 있지 않다고 생각한다.

돈에 대해서는 일상생활이 소위 말하는 학문보다 훨씬 더 올바르게 인식했다. 돈을 훌륭한 의도의 방해물로서, 그토록 많은 고통의 원인으로 저주하는 말을 얼마나 자주 듣는가! 그렇다 해도 내 생각은 돈을 현재 우리의 비참함의 원인으로 보는 관점과는 아주 다르다; 오히려 나는 돈을 공통의 근저에서 나온 원인의 일부로 간주한다. 하지만 돈은 통합적인 부분이어서 모든 다른 것이 제거된다 해도 그 전체를 재생산할 수 있다. 마치 수술이 암세포를 조금이라도 남겨놓게 되면 수술은 실패로 돌아가고 이전의 병이 끔찍한 형태로 재발하는 현상과 같다.

돈의 본질이 갖는 이러한 위험성은 지금까지 별로 인식되지 못했다. 그래서 사회적 작가들 가운데서조차도 소수의 작가만이 돈에 전쟁을 선포한다. 소유권에서 가차 없이 법의 가면을 벗겨내는 프루동까지도 돈의 체계에 전혀 손대지 않는다. 그리고 바이틀링의 통찰력이 이러한 점의 중요성을 놓치지 않았다 해도 그는 현재의 돈의 체계를 돈의 본질보다 더 많이 공격한다. 마르크스가 비로소 (『독불 연보』에서) 돈을 "모든 사물에 대한 보편적이며, 그 자체로 구성된 가치"라고 공언한다. 이 말 속에

돈이라는 수수께끼 같은 푸들의 핵심이 드러나 있다. 이제 우리는 그 베일을 밝혀 보겠다.

우리가 어떤 대상의 가치에 관해 물을 때, 중요한 것은 더는 그 대상의 절대적 가치가 아니라 단지 교환가치일 뿐이다. 규정되어야 할 것은 단지 현재 있는 것의 의미를 표시하기 위해 그것 대신 다른 것을 얼마나 많이 교환할 수 있는가 하는 점이다: "계속 증가하는 인간의 욕구와 그로 인해 늘어나는 노동자의 생산은 교역을 현저하게 다양화시켰고 확대했다. 생산품의 증가와 다양화로 인해 생산품의 교환에 여러 가지 혼란과 오류가 생겼다. 한 사람이 공구와 교환하기 위해 가죽을 시장으로 가져왔다. 하지만 공구를 다른 것과 교환하려는 사람은 가죽이 아니라 나무와 철이 필요한 경우가 종종 있었다; 철을 다른 물건과 교환하려는 사람은 공구도 가죽도 필요하지 않고 옷감이나 과일 또는 그 밖의 이와 같은 상품이 필요하다. 그 때문에 자유로운 교환의 편리함에 중요한 방해물이 놓였다. 이제 이러한 방해물을 제거하기 위해 새로운 발명품, 돈을 발명하기에 이르렀다. … 이러한 금속 조각들에 상상의 가치가 주어졌고, 교환하려는 상품의 가치규정으로 사용됐다."(바이틀링: 『보증들』)

가치가 교환가치로 변한다는 것은 사실상 우리가 처해 있는 현재 상태에 대한 완벽한 견해를 아직은 제시하지 못한다. 두 개의 상품이 서로 직접적으로는 비교되지 않고, 이러한 비교에 의해서만 교환가치가 정해지지도 않으며, 두 개의 물품은 다른 제3의 것, 즉 돈과의 관계에 서 있게 된다. 그래서 마침내 이 새로운 것에서 교환가치가 가격으로 정해진다. 상인은 두 개 상품의 가격에 대해 분명한 생각을 하고 있을 때만 상품에 대해 상품으로 지급하며, 물건의 가치규정이 오로지 돈에 좌우된다는 바이틀링의 생각은 완전히 옳다.

거기에 전적으로 가치로서의 돈의 본질이, 즉 추상적인 가치로서의 돈의 본질이 나타나며, 이러한 추상성이 돈에 신적인 본성이 부가되도록 하는 빛이다. 신이 인간의 추상인 것처럼 돈은 가치의 추상이다; 종교에서 하나의 존재가 구체적이지 않을 때, 실제적이지 않을 때, 즉 추상적이고, 비실제적으로 나타날 때, 신적인 존재로 변화되어 나타날 때만 의미가 있는 것처럼, 시민사회에서 하나의 사물은 자기 자신을 외화할 때, 이러한 사물이기를 멈출 수 있을 때, 그리하여 돈으로 전환될 때 비로소 가치를 얻는다.

그런데 어떤 신이 한 번 자리를 잡게 되면, 그 신은 즉각 요구한다: 너는 나 외에 다른 신을 두지 말라! 그리고 노예적인 세계는 숭배한다. 종교의 신은 오래전에 무대에서 퇴장했고, 자신의 옥좌를 현대의 신에게 넘겨줘야만 했다. 우리의 승려들은 해외상관의 작은 방에서 육욕을 억누른다; 우리의 복음은 신문의 마지막 지면이다. 당신이 사원에서 신앙심 깊은 신도들의 공동체가 주를 찬미하는 노래를 듣고자 한다면 증권시장으로 가라. 당신이 그곳에서 감동하고 교화되지 않는다면 당신은 신앙심이 없는 영혼임이 틀림없다. 저주 받을지어다!

돈의 본질을 형성하는 이 추상이 바이틀링에 의해 탁월하게 설명된 바 있는 모든 악을 필연적으로 가지고 있는 씨앗이다. 하지만 그 때문에 이러한 돈의 형식을 폐지하는 것으로는 충분하지 않다. 돈의 핵심을 제거해야만 한다. 여기서 바이틀링은 새로운 추상적 가치를 옛것의 자리에 설정하는 오류를 저질렀다. 왜냐하면 그가 말하는 자율초과노동시간은 그 어떤 다른 것이 결코 아니기 때문이다. 노동시간은 다름 아닌 노동시간의 가치를 가질 뿐이지, 결코 뭔가 다른 것의 가치를 갖지 않는다. 말하자면 A의 노동시간의 가치는 그의 노동시간의 가치일 뿐 B의 노동시간의 가치는 아니라는 것이다. 바이틀링이 이러한 오류에 빠진 것은 가치규정의 문제가 그를 사로잡았기 때문이다. 이러한 국민-경제학적 질문은 그러나 소유권이 폐지되자마자 완전히 사라진다. 내가 무언가를 요구할 때는 그것의 가치 때문이 아니라 내가 그것을 필요해서이기 때문이다. 이미 모렐리는 개인이 그의 능력에 따라서가 아니라 그의 욕구에 따라 얻도록 해야 한다는 요구를 했다: 필요에 따라 소비.

우리의 상황을 인간적으로 만드는 데 필요한 것은 무엇보다 현실적 인간, 모든 인간을 권리가 있는 존재로 인정하는 것이다. 인간의 욕구가 가치를 부여한다. 우리가 가치를 인간 밖에서 가치를 인정하게 되면, 욕구 충족은 욕구의 현존재와는 다른 어떤 것에 의존하게 되고, 인간 현존재는 더는 자신의 실존을 정당화하는 데 충분하지 않게 된다. 한마디로 하자면, 우리는 다시 바이틀링에 의존해 말할 수 있는 옛 관점으로 돌아가게 된다: "사회질서의 낡고 썩은 구조의 어느 구석을 향하든지 어디서나 우리는 불평등을 원인으로 하는 범죄와 궁핍에 맞닥뜨린다. 그리고 이러한 불평등을 유지하는 수단, 그것이 돈이다!" 그 자체로 가치를 지닌 하나의 물건이 있다고 한다면, 그것으로 다른 어떤 물건이든 획득할 수 있다. 그때 이 추상적인 가치는 다시금 소유물의 잔인성으로 끌어가는 다리가 된다. 소유물과 돈은 서로 관계를 맺고 있어서, 돈을 제거하고 나면 소유물이 다시 돈을 낳고, 소유물을 소멸시키고 나면 돈이 다시 소유물을 낳는다. 우리가 마주하고 있는 것은 머리가 여럿 달린 히드라여서 하나의 머리를 잘라내는 것으로는 충분치 않은 것이다. 그 때문에 나는 돈을 우리의 일반적인 비참함을 통합하는 부분이라고 불렀다. 우리의 일반적인 비참함을 통합하긴 하지만 비참함의 원인은 아니기 때문이다. 원인은 더 깊은 곳에 있다. 마르크스가 이 신문의 이전 호에서 한 말, 즉 인간적 본질이 인간의 진정한 공동체라는 말 속에 사회를 재조직하기 위한 기본적인 사상이 담겨 있다. 우리는 현재 사회의 비인간성을 인간의 지금까지의 비사회적 특성에서만 찾아야 한다.

포이어바하에 따르면 고통이 인식에 앞선다. 지금 우리는 이러한 전개 단계의 한계에 와 있다. 인류는 충분히 고통당했으니, 이제 인식하게 될 것이다.

우리가 지난 상황을 우연한 것이 아니라 필연적인 것으로 파악하기 때문에 우리는 열광적으로 미래를 향해 나아갈 수 있으며, 증오하는 마음 없이 과거와 결별할 수 있다. 그런데 현재는? 물론 오염된 과실주는 순수한 포도주가 나타나도록 발효돼야 한다. 그리고 오늘날 진리가 격렬한 반대를 겪는 바로 그곳에서 진리가 사람들의 마음의 힘을 얻는다는 것이 증명된다. 진실이 새롭게 나타나는데, 이는 진실이 본래대로 진정한 모습을 드러내기 때문이다. 주목할 만한 18세기는 그 당시에는 간과되었던 많은 것을 이미 예고했다. "조르주 상드가 말하길, 우리의 세기가 자기 자신을 이해하게 되면, 그때는 18세기의 삶, 그의 아버지의 삶도 이해하게 될 것이다." 나는 이 자리에서 이미 1755년 모렐리가 『자연법』에서 소유물에 대해 말한 몇 가지를 인용하지 않을 수 없다: "내가 알기로는 세계의 유일한 악덕은 탐욕이다; 다른 모든 것은 그것이 무엇으로 불리든 이 한 가지 악덕이 정도를 달리 한 것뿐이다. 탐욕은 모든 악덕의 프로테우스이자 머큐리이며 토대이자 매체이다. … 모든 것은 소유의 중독으로 귀결된다; 그대들은 그것을 심지어 무욕의 마음속에서조차 발견하게 된다. 하지만 그처럼 일반적인 페스트가, 그토록 사회 전체로 슬금슬금 퍼져가는 열병이, 개별-관심사인 양, 양분도 없고 최소한의 발효제도 없는 곳이라면 일찍이 그렇게 널리 퍼질 수 있었겠는가? 다음 문장의 진리를 논박할 사람은 아무도 없을 것으로 생각한다: 소유물이 없는 곳에는 그것의 폐해도 나타날 수 없다." 혹은 뒤에서 말하기를: "재화의 저마다의 동등한 분배 또는 그렇지 않은 분배, 사회의 개인이 갖는 이러한 부분들에 대한 저마다의 소유물은 호라티우스가 모든 악의 근원이라고 부른 것이다."

 아마도 혁명이 몰아칠 때 이러한 진리를 위한 개별적인 목소리가 높았을 것이지만, 정치적 소용돌이에 의해 묻혀 버렸고, 오늘날 다시 새로운 것으로서 세계에 맞서고 있다. 따라서 말해진 모든 것이 알려지지는 않았다. 아리스토텔레스가 알렉산더에게 한 대답을 기억해 보라. 그 까닭에 나는 이미 여러 세기 전 셰익스피어가 『아테네의 티몬』으로 하여금 말하게 했던 것을 여기에 반복하고자 한다.

… 여기서 내가 발견하는 것은?
금? 귀중하고, 반짝거리는, 붉은 금?
이만큼만 있으면, 검은 것을 희게, 추한 것을 아름답게 만든다;
나쁜 것을 좋게, 늙은 것을 젊게, 비천한 것을 고귀하게 만든다.
너희 신들이여! 왜 이것을? 왜 이것을, 신들이여?
아니! 이것이 너희 사제를 제단에서 유혹한다;
치료 중인 사람의 머리 받침을 빼앗는다.
그래 이 붉은 노예의 성스러운 끈을 풀기도 하고
매기도 한다; 저주받은 자를 축복한다.
그는 문둥병을 사랑스럽게 만들고; 도둑에게 경의를 표한다
그리고 도둑에게 지위를 주고, 무릎을 꿇게 하며, 원로원에서
영향력을 행사케 한다: 그는 혼자 된 지 오래된
과부에게 구혼자를 데리고 온다;
곪아 터진 상처로 혐오감을 주며
구빈원에서 내쳐진 그녀를 젊고 향기로운
5월의 처녀로 만든다. 저주받을 금속,
너는 인간의 야비한 창녀;
국민을 모욕하는.
너는 가장 달콤한 왕의 살해자, 아들과 아버지의
고귀한 분리! 결혼의 신의 가장 깨끗한 잠자리를
현란하게 더럽히는 자! 용감한 마르스!
너 영원히 번성하는, 부드럽게 사랑받는 구혼자,
너의 붉은 빛이 성스러운 눈을 녹인다.
다이애나의 순수한 품속에서! 눈에 보이는 신성,
네가 친교를 맺을 수 없는 신성에게,
키스하도록 강요한다! 너는 저마다의 언어로,
저마다의 목적에 맞추어 말한다! 너는 마음의 시금석!

생각하라, 너의 노예가 반항한다, 인간이;
너의 힘으로 그들 모두를 당황하게 하고 파괴하라,
동물이 이 세상의 주인이 되도록!

포이어바하에 관한 테제

1.

지금까지의 모든 유물론(포이어바하의 유물론을 포함하여)의 주요한 결함은 대상, 현실, 감성이 오직 객체나 관조의 형식 아래서만 파악되었다는 것; 그리고 감성적 인간활동으로서, 실천으로서 파악되지 않고, 주체적으로 파악되지 않았다는 사실에 있다. 따라서 능동적 측면은 유물론에 대립해서 관념론에 의해서 - 물론 관념론은 현실적 감성적 행위 자체를 알지 못한다 - 추상적으로 발전된다. 포이어바하는 감성적인 객체를 - 사유 객체와 현실적으로 구별되는 객체 - 추구한다: 그러나 포이어바하는 인간의 활동 자체를 대상적 활동으로서 파악하지 않는다. 따라서 그는 『기독교의 본질』에서 이론적 태도만을 진정으로 인간적인 태도라고 간주하는 반면, 실천은 오직 그 더러운 유대인적 현상형태 속에서 파악되고 고정된다. 그러므로 그는 '혁명적' '실천적' '비판적' 활동의 의미를 개념적으로 파악하지 못했다.

2.

대상적 진리가 인간의 사유 속에 들어오는지의 문제는 - 이론의 문제가 아니라 실천의 문제이다. 실천 속에서 인간은 진리를, 즉 현실성과 힘, 자신의 사유의 차안此岸성을 증명해야 한다. 사유의 - 실천으로부터 고립된 - 현실성이나 비현실성에 관한 논쟁은 순전히 스콜라주의적 문제이다.

3.

환경의 변화와 교육에 관한 유물론적 교의는 환경이 인간에 의해 변화되고 교육자 자신도 교육되어야 한다는 사실을 잊고 있다. 그러므로 유물론적 교의는 필연적으로 사회를 두 부분 – 그 중의 하나는 사회를 초월해 있다 – 으로 고찰할 수밖에 없다.

4.

포이어바하는 종교적 자기소외라는 사실, 종교적 세계와 세속적 세계의 이원화라는 사실에서 출발한다. 그의 작업은 종교적 세계를 종교의 세속적 기초로 해소한 데 그 중심이 있다. 그러나 세속적 기초가 자신으로부터 떨어져 나와 위로 올라가 구름 속에 하나의 자립적인 영역으로 스스로를 고정시킨다는 사실은 이러한 세속적 기초의 자기분열과 자기모순으로부터만 설명될 수 있다. 따라서 세속적 기초 자체가 자신 속에서, 자신의 모순 속에서 이해되어야 할 뿐 아니라 실천적으로 혁명화되어야 한다. 그러므로 예를 들어 세속적 가족이 신성가족의 비밀로서 폭로된 이후에 이제는 전자 자체가 이론적으로나 실천적으로 파괴되어야 한다.

5.

추상적 사유에 만족하지 않는 포이어바하는 직관(혹은 관조)을 추구한다; 그러나 포이어바하는 감성을 실천적, 인간적, 감성적 활동으로서 파악하지 못한다.

6.

포이어바하는 종교적 본질을 인간의 본질로 용해시킨다. 그러나 인간의 본질은 각각의 개체 속에 내재하는 추상물이 아니다. 인간의 본질은 그 현실에서 사회적 관계들의 앙상블이다.
이러한 현실적 본질의 비판 속으로 파고들지 않는 포이어바하는 따라서:

1. 역사적 과정을 도외시하고 종교적 심성을 그 자체로서 고정시키고 하나의 추상적 - 고립된 - 인간 개체를 전제할 수밖에 없다.

2. 따라서 그 본질은 '유類'로서만, 내적이고 침묵하는, 많은 개체들을 오직 자연적으로 묶고 있는 일반성으로서만 이해할 수 있다.

7.

그래서 포이어바하는 '종교적 심성' 자체가 하나의 사회적 산물이라는 사실을, 그리고 그가 분석하고 있는 추상적 개체가 하나의 특정한 사회 형태에 속한다는 사실을 알지 못한다.

8.

모든 사회생활은 본질적으로 실천적이다. 이론을 신비주의로 이끌고 가는 모든 신비는 인간의 실천에서, 그리고 이 실천의 개념적 파악에서 합리적 해결을 얻는다.

9.

관조(직관)하는 유물론, 즉 감성을 실천적 활동으로서 개념적으로 파악하지 못하는 유물론이 도달하는 정점은 각각의 개체들과 시민사회에 대한 관조(직관)이다.

10.

낡은 유물론의 입지점은 시민사회이고, 새로운 유물론의 입지점은 인간사회 혹은 사회적 인류이다.

11.

철학자들은 이제까지 세계를 단지 이러저러하게 해석만 해왔을 뿐이다. 그러나 중요한 것은 세계를 변혁하는 것이다.

공산당선언

무시무시한 유령이 유럽 전체를 배회하고 있다. 우리는 공산주의라는 유령에 씌어 있다. 과거의 모든 세력은 이 유령의 성스러운 사냥을 위해 동맹했다—교황과 차르, 메테르니히와 기조, 프랑스의 급진파와 독일의 경찰 기관이. 정권을 잡고 있는 자신의 적들로부터 공산주의적이라고 비방을 받지 않았을 반대당이 어디 있는가? 더 진보적인 반대파 인사나 자신의 반동적인 적들에 대해 공산주의적이라고 낙인을 찍으며 비난을 되돌리지 않았을 반대당이 어디 있는가? 이러한 사실로부터 두 가지 결론이 나온다. 1. 이미 유럽의 모든 세력으로부터 하나의 세력으로 인정받고 있다. 2. 지금이야말로 공산주의자들이 전 세계 앞에 공공연하게 자신의 견해와 자신의 목적과 자신의 지향을 표명하여 공산주의의 유령이라는 소문에다 공산당의 선언을 대치시킬 절호의 시기이다.

1장 부르주아지와 프롤레타리아

이제까지의 모든 사회의 역사는 계급투쟁의 역사이다. 자유민과 노예, 귀족과 평민, 영주와 농노, 장인과 직인, 요컨대 억압자와 피억압자는 끊임없는 대립 속에서 서로 대립했으며, 때로는 은밀하게 때로는 공공연한 끊임없는 투쟁을, 즉 매번 사회 전체가 혁명적으로 개조되는 것으로 혹은 투쟁하는 계급들이 함께 몰락하는 것으로 끝난 투쟁을 수행했다.

이전의 역사 시기에서 우리는 거의 어디서나 각종 신분들에 의한 사회의 완전한 분열, 즉 각종 사회적 지위들이 복잡한 등급으로 나뉜 것을 본다. 고대 로마에는 귀족, 기사, 평민, 노예가 있었다. 중세에는 봉건영주, 가신(家臣), 장인, 직인, 농노가 있었으며, 게다가 거의 모든 이러한 계급들 속에는 특수한 등급이 또 있었다.

봉건사회의 몰락으로부터 생겨난 현대 부르주아 사회는 계급 대립을 폐지하지 못했다. 부르주아 사회는 다만 새로운 계급들, 억압의 새로운 조건들, 투쟁의 새로운 형태들을 낡은 것들과 바꿔놓았을 뿐이다. 그럼에도 불구하고 우리 시대, 부르주아지의 시대는 계급 대립을 단순화했다는 점이 그 특징이다. 사회 전체가 두 개의 거대한 적대적 진영으로, 직접 서로 대립하는 두 개의 거대한 계급으로 더욱 분열되고 있다. 부르주아지와 프롤레타리아로.

중세의 농노로부터 초기 도시의 성 밖 시민이 생겼다. 이 성 밖 시민층으로부터 부르주아지의 최초 요소들이 발전했다. 신대륙의 발견, 아프리카를 돌아오는 항로는 성장하는 부르주아지에게 신천지를 열어주었다. 동인도 시장과 중국 시장, 아메리카의 식민지화, 식민지들과의 교역, 교환수단 및 상품 일반의 증가는 상업 및 해운, 공업에 전례 없는 활력을 안겨주었으며, 그렇게 함으로써 붕괴하던 봉건사회 속의 혁명적 요소에 급속한 발전을 가져다주었다. 지금까지의 봉건적, 즉 쭌프트적 공업 경영방식은 새로운 시장과 함께 증대된 수요에는 충분치 않았다. 매뉴팩처가 그것을 대신했다. 장인들은 공업의 중간 신분에 의해 밀려났다; 여러 조합들 사이의 분업은 개별 작업장 내의 분업 앞에서 사라져버렸다.

그런데 수요는 계속 늘어났고 시장은 계속 커졌다. 이제 매뉴팩처는 더는 충분치 않았다. 그때 증기와 기계가 공업 생산에 혁명을 가져왔다. 매뉴팩처 자리에 현대 대공업이 들어서고, 공업의 중간 신분 자리에 공업의 백만장자들과 전체 공업 군대의 우두머리들, 즉 현대 부르주아지가 들어섰다. 대공업은 아메리카의 발견이 준비해놓은 세계 시장을 만들어 냈다. 세계 시장은 상업과 해운 및 육상 운송에 셀 수 없는 발전을 가져다주었다. 이러한 발전이 다시 공업의 성장에 영향을 미쳤으며, 공업 및 상업, 해운 및 철도가 증대되는 것만큼 부르주아지는 발전했고, 그들의 자본을 증식시켰으며, 중세로부터 내려오던 모든 계급을 뒷전으로 밀어냈다.

그리하여 우리는 근대 부르주아지 자체가 오랜 발전과정의 산물이며, 생산양식 및 교류양식에서 이루어진 일련의 변혁들의 산물임을 알게 되었다. 부르주아지의 이러한 발전 단계의 각각에는 그에 상응하는 정치적 진보가 뒤따랐다. 봉건영주의 지배 하에서는 피억압자 신분이었고, 코뮌에서는 무장 자치단체였으며, 어떤 곳에서는 독립적인 도시 공화국이거나 또 다른 곳에서는 군주국가의 납세 의무를 지닌 제3신분이었고, 그다음 매뉴팩처 시대에는 신분제 군주국가 혹은 절대적 군주국가의 귀족에 대한 대항 세력이었으며, 일반적으로 대군주 국가의 주요 기초였던 이들 부르주아지는 대공업과 세계 시장의 형성 이후에는 마침내 현대 대의제 국가에서 배타적인 정치적 지배권을 쟁취했다. 현대의 국가 권력은 부르주아 계급 전체의 공동 업무를 수행하는 하나의 위원회일 뿐이다.

부르주아지는 역사에서 매우 혁명적인 역할을 수행했다. 부르주아지는 자신들이 지배권을 얻은 곳에서는 모든 봉건적, 가부장적, 목가적 관계를 파괴했다. 부르주아지는 태생적 상전들에게 사람을 묶어놓았던 잡다한 색깔의 봉건적 끈들을 무자비하게 끊어버렸으며, 사람과 사람 사이에 노골적인 이해관계, 냉혹한 '현금 계산' 이외에 아무런 끈도 남겨두지 않았다. 부르주아지는 신앙적 광신, 기사적 열광, 속물적 감상 등 성스러운 외경(畏敬)을 이기적 타산이라는 차디찬 얼음물 속에 집어넣었다. 부르주아지는 인격적 가치를 교환가치로 용해시켜버렸고, 문서로 보장된 혹은 정당하게 얻어진 수많은 자유를 단 하나의 파렴치한 상업 자유로 바꾸어버렸다. 한마디로 부르주아지는 종교적, 정치적 환상에 의해 은폐되어 있던 착취를 공공연하고 파렴치하며 직접적이고 무미건조한 착취로 바꾸어놓았다. 부르주아지는 지금까지 존경받던, 사람들이 외경으로써 바라보던 모든 직업에서 그 신성한 후광을 벗겨버렸다. 부르주아지는 의사, 법률가, 성직자, 시인, 학자를 자신들의 유급 임금노동자로 바꾸어버렸다. 부르주아지는 가족관계로부터 그 심금을 울리는 감상적 껍데기를 벗겨버리고, 그것을 순전한 금전관계로 되돌려놓았다. 부르주아지는, 반동배가 중세에 그렇게도 찬미했던 야만적인 힘의 과시가 어떻게 그 알맞은 보완물을 태만하기 그지없는 게으름뱅이 생활에서 발견했는지를 폭로했다. 부르주아지는 처음으로 인간의 활동이 무엇을 이룩할 수 있는지를 증명했다. 부르주아지는 이집트의 피라미드, 로마의 수로, 그리고 고딕식 성당과는 완전히 다른 기적들을 성취했고, 민족 대이동과 십자군 원정과는 전혀 다른 원정들을 수행했다.

부르주아지는 생산도구에, 따라서 생산관계에, 그러므로 사회적 관계 전체에 끊임없이 혁명을 일으키지 않고서는 존립할 수 없다. 이와 반대로 이전의 다른 모든 산업 계급에게는 낡은 생산양식의 변함없는 유지가 그 첫 번째 존립 조건이었다. 생산의 끊임없는 변혁, 모든 사회 상태의 부단한 동요, 항구적 불안과 격동이 부르주아 시대를 이전의 다른 모든 시대와 구별시켜준다. 굳고 녹슨 관계들은 오랫동안 신성시되어온 관념 및 견해들과 함께 해체되고, 새롭게 형성된 모든 것들은 정착되기도 전에 낡은 것이 되어버린다. 모든 신분적인 것, 모든 정체된 것은 증발되어버리고, 모든 신성한 것은 모독당한다. 그리고 사람들은 마침내 자신의 생활상의 지위와 상호 연관을 냉정한 눈으로 바라보지 않을 수 없게 된다.

자신의 생산물의 판로를 부단히 확장하려는 욕구는 부르주아지를 전 지구상으로 내몬다. 부르주아지는 도처에서 뿌리를 내려야 하고, 도처에서 정착해야 하고, 도처에서 연계를 맺어야 한다. 부르주아지는 세계 시장의 개발을 통해서 모든 나라의 생산과 소비를 세계적인 형태로 바꾸어버렸다. 반동배에게는 대단히 유감스럽지만 부르주아지는 공업의 발아래서 그 민족적 기반을 빼내 가버렸다. 오랜 민족적 공업은 파멸되었고, 동시에 나날이 파멸되고 있다. 이 공업들은, 그 도입이 모든 문명국가의 사활 문제가 되고 있는 새로운 공업에 의해, 즉 현지 원료를 가공하지 않고 아주 멀리 떨어진 지방의 원료를 가공하는, 그리고 그 제품이 자국 내에서 뿐 아니라 모든 대륙에서 동시에 소비되는 공업에 의해 밀려나고 있다. 국산품으로 충족되었던 낡은 욕구 대신에 새로운 욕구가 등장하는데, 이 새로운 욕구는 그 충족을 위하여 아주 멀리 떨어진 나라들과 풍토에서의 생산물을 요구한다. 낡은 지방적, 민족적 자급자족과 고립 대신에 민족들 상호 간의 전면적인 교류와 의존이 등장한다. 그리고 이것은 물질적 생산에서나 정신적 생산에서나 마찬가지다. 개별 민족의 정신적 창작물은 공동 재산이 된다. 민족적 일면성과 제한성은 더욱 불가능하게 되고, 많은 민족적, 지방적 문학으로부터 하나의 세계 문학이 형성된다. 부르주아지는 모든 생산도구의 급속한 개선과 한없이 편리해진 교통에 의해 모든 민족을, 가장 미개한 민족까지도 문명 속으로 끌어넣는다. 부르주아지의 저렴한 가격의 상품은 부르주아지가 모든 만리장성을 쏘아 무너뜨리고, 외국인에 대한 야만인들의 완고한 증오심을 굴복시키는 중포(重砲)이다. 부르주아지는 모든 민족에게 망하고 싶지 않으면 부르주아지의 생산양식을 도입하라고 강요한다. 그들은 이른바 문명을 도입하라고, 즉 부르주아지가 되라고 강요한다. 한마디로 부르주아지는 자신의 모습대로 세계를 창조하고 있다.

 부르주아지는 농촌을 도시의 지배 아래 복속시켰다. 부르주아지는 거대한 도시를 만들고, 도시 인구의 수를 농촌 인구에 비해 크게 증가시켰으며, 그래서 인구의 대부분을 농촌 생활의 우매함으로부터 떼어내었다. 부르주아지는 농촌을 도시에 의존하게 만든 것과 마찬가지로, 야만적 및 반야만적 나라들을 문명국에, 농업 민족을 부르주아 민족에, 동양을 서양에 의존하게 만들었다. 부르주아지는 생산수단, 소유 및 인구의 분산을 점점 더 폐기한다. 부르주아지는 인구를 밀집시키고, 생산수단을 집중시키고, 소유를 소수의 손에 집적시켰다. 그로부터 나오는 필연적인 결과는 정치적 중앙 집권이었다. 상이한 이해관계들, 법률들, 정부들, 관세들을 갖고 있던, 그리고 동맹관계에 의해서만 연결되어 있던 독립적 지방들이 하나의 국민, 하나의 정부, 하나의 법률, 하나의 전국적 계급이해, 하나의 관세 구역으로 통합되었다. 부르주아지는 백 년도 채 안 되는 그들의 계급지배 속에서 과거의 모든 세대를 합친 것보다 더 많고 더 거대한 생산력을 창조했다. 자연력의 정복, 기계, 화학의 공업 및 농업에의 응용, 기선 항해, 철도, 전신, 모든 대륙의 개간, 하천의 운하화, 땅속에서 솟아난 듯한 모든 주민—이와 같은 생산력이 사회적 노동의 태내에서 잠자고 있었다는 사실을 과거의 어느 세기가 예감이나 했을까.

그리하여 우리는 다음과 같은 사실을 알게 되었다. 부르주아지가 형성되었던 기초로서의 생산 및 교류 수단들은 봉건사회 내에서 만들어졌다. 이 생산 및 교류 수단들의 특정한 발전 단계에 이르러, 봉건사회가 그 속에서 생산 및 교환 활동을 했던 관계, 농업 및 제조업의 봉건적 조직, 즉 봉건적 소유관계는 이미 발전한 생산력에 더는 조응할 수 없었다. 이 봉건적 소유관계는 생산을 촉진하는 대신에 억제했다. 그것은 그만큼 수많은 질곡으로 변해버렸다. 그것은 타파되어야 했고, 결국 분쇄되었다. 그것을 대신하여 자유 경쟁이 그에 적합한 사회 및 정치적 제도와 함께, 즉 부르주아 계급의 경제 및 정치적 지배와 함께 등장했다. 우리 눈앞에 하나의 유사한 운동이 진행되고 있다. 부르주아 생산 및 교류 관계, 부르주아 소유 관계, 즉 그토록 강력한 생산 및 교류 수단을 마법을 써서 불러냈던 현대 부르주아 사회는, 주문을 외어 불러냈던 저승의 힘을 감당할 수 없게 된 마법사와 같다. 지난 수십 년 이래의 공업 및 상업의 역사는 현대의 생산관계에 대한, 부르주아지와 그들 지배의 존립 조건인 그 소유관계에 대한, 현대 생산력의 반역의 역사일 뿐이다. 이에 대해서는 그 주기적으로 재발되면서 점점 더 위협적으로 부르주아 사회 전체의 존립을 의문스럽게 만드는 상업 공황을 언급하는 것으로 충분하다. 상업 공황 시에는 제조된 생산물뿐 아니라 기존의 생산력까지도 대부분 파괴된다. 공황 시에는 이전 모든 시기에는 불가능했을 하나의 전염병이 돌발한다―과잉 생산이라는 전염병 말이다. 사회는 갑자기 순간적으로 야만의 상태로 돌아간 것처럼 보인다. 기아와 전면적인 섬멸전이 사회로부터 모든 생활수단을 빼앗아간 것처럼 보인다. 공업과 상업이 파괴된 듯이 보인다. 왜 그런가? 그것은 사회가 너무 많은 문명, 과잉의 생활수단, 지나친 공업 및 상업을 갖고 있기 때문이다. 사회의 뜻에 맡겨진 생산력은 부르주아 소유관계의 촉진에 더는 봉사하지 않는다. 반대로 생산력은, 이 관계가 감당하기에는 너무 강력해져 있어, 이 관계에 의해 방해받는다. 그리고 생산력은 이러한 방해를 극복하자마자 부르주아 사회 전체를 혼란으로 이끌어가고, 부르주아 소유의 존립을 위태롭게 만든다. 부르주아 관계는 그 자신에 의해 만들어진 부를 포용하기에는 너무 작게 되었다―부르주아는 어떻게 이 공황을 극복하는가? 한편으로 대량의 생산물을 부득이 파괴함으로써, 다른 한편 새로운 시장을 개척하고 옛 시장을 더 철저하게 착취함으로써. 즉 그것은 더 전면적이고 더 강력한 공황을 준비하고, 그 공황을 예방할 수 있는 수단을 감소시킨다. 부르주아지가 봉건제를 타도할 때 사용한 무기들이 이제는 부르주아지 자신에게 겨눠지고 있다. 그런데 부르주아지는 자신에게 죽음을 가져올 무기를 만들어낸 것만이 아니다. 그들은 이 무기를 사용할 사람들도 만들어냈다―현대 노동자들, 프롤레타리아를.

부르주아지, 즉 자본이 발전하는 것과 같은 정도로 프롤레타리아, 현대 노동자계급도 발전하는데, 그들은 일자리를 찾아 일하는 동안만 살 수 있고, 자신의 노동이 자본을 증식시키는 동안만 일자리를 찾을 수 있다. 자신을 토막 내어 팔지 않으면 안 되는 이 노동자들은 다른 판매품과 마찬가지로 하나의 상품이며, 따라서 마찬가지로 경쟁의 모든 부침들, 시장의 모든 변동에 내맡겨져 있다. 프롤레타리아의 노동은 기계제의 확장 및 분업으로 말미암아 모든 자립적 성격을, 따라서 노동자들에게 주는 모든 매력을 상실했다. 프롤레타리아는 오직 가장 간단하고, 가장 단조롭고, 가장 쉽게 배울 수 있는 손동작만을 요구받는 단순한 기계 부속품이 된다. 그러므로 노동자가 자본가에게 쓰게 하는 비용은 거의, 그가 자신의 생명 유지와 종족 번식에 필요한 생활수단에 국한될 뿐이다. 그런데 어떤 상품의 가격은, 따라서 노동의 가격 또한 그것의 생산 비용과 같다. 그러므로 노동의 혐오스러움이 증대하는 것과 같은 정도로 임금은 하락한다. 그뿐 아니라 기계와 분업이 증대하는 것과 같은 정도로 노동의 양 또한 증대하는데, 이는 노동시간의 증대 때문이거나, 주어진 시간 내에 요구되는 노동의 증대 혹은 기계의 빨라진 운행 속도 등 때문이다.

근대 공업은 가부장제 장인의 작은 작업장을 산업자본가의 거대한 공장으로 바꾸어놓았다. 공장에 집결된 노동자 대중은 군대식으로 조직된다. 그들은 산업 군대의 졸병으로서 하사관들과 장교들로 이루어진 완전한 위계제의 감시 아래 놓인다. 그들은 부르주아 계급, 부르주아 국가의 노예일 뿐만 아니라 매일 매 순간 기계에 의해, 감독에 의해, 그리고 무엇보다 개별 공장 부르주아 자신에 의해 노예화된다. 이러한 전제 장치는 노골적으로 영리를 그 목적이라고 선언할수록, 더욱 좀스럽고 더욱 증오스럽고 더욱 잔인한 것이 된다. 손노동이 숙련과 힘쓰기를 덜 요구할수록, 즉 근대 공업이 발전할수록 남성 노동은 여성과 아동의 노동에 의해 밀려난다. 성별과 연령의 차이는 노동자계급에게 더는 어떤 사회적 의미도 갖지 않는다. 기껏해야 연령과 성별에 따라 서로 다른 비용이 드는 노동도구가 존재할 뿐이다. 공장주에 의한 노동자의 착취가 끝나서 노동자가 자신의 임금을 현금으로 지불받게 되면, 부르주아지의 또 다른 부분, 즉 집주인, 소매상인, 전당포 영업인 등이 그에게 달려든다.

지금까지의 소중간 신분들, 즉 소공업가 및 소상인과 소금리생활자, 수공업자와 농민 등 이 모든 계급은 프롤레타리아로 전락하는데, 이것은 일부는 소자본이 대공업의 경영에 충분하지 않고 더 큰 자본가들과의 경쟁을 이겨낼 수 없기 때문이고, 또 일부는 그들의 숙련이 새로운 생산양식에 의해 무가치하게 되기 때문이다. 그리하여 프롤레타리아는 주민의 모든 계급으로부터 충원된다.

  이러한 프롤레타리아 계급은 다양한 발전 단계를 경과한다. 부르주아지에 대항하는 그들의 투쟁은 그들의 존립과 더불어 시작한다. 처음에는 개별 노동자들이, 다음에는 한 공장의 노동자들이, 그다음에는 한 지역의 한 노동 부문의 노동자들이 그들을 직접 착취하는 개별 부르주아지에 대항하여 투쟁한다. 노동자들은 부르주아 생산관계를 공격할 뿐 아니라 생산도구 자체를 공격한다. 그들은 경쟁하는 외국 상품을 파괴하고, 기계를 파괴하며, 공장을 불사르고, 이미 몰락한 중세 노동자의 지위를 다시 회복하려 한다. 이 단계에서 노동자들은 전국에 걸쳐 산재해 있고, 그리고 경쟁에 의해 분열되어 있는 대중을 구성한다. 노동자들의 대중적 결합은 아직은 노동자 자신의 단결의 결과가 아니라, 부르주아지의 단결의 결과인데, 그 부르주아지는 자신의 정치적 목적을 달성하기 위해 프롤레타리아 전체를 운동시키지 않을 수 없으며, 또 당분간은 그렇게 할 수 있다. 따라서 이 단계에서 프롤레타리아는 그들의 적과 싸우는 것이 아니라, 그들의 적의 적인 절대군주제의 잔재들, 즉 토지 소유자들, 비산업 부르주아지들, 소부르주아지들과 싸운다. 그리하여 역사적 운동 전체는 부르주아지의 손안에 집중된다. 그렇게 얻어진 각각의 모든 승리는 부르주아지의 승리다. 그러나 공업의 발달과 더불어 프롤레타리아는 단지 수적으로만 증가하는 것이 아니다. 프롤레타리아는 더 커다란 대중으로 집결되고, 그 세력이 증대하여, 자신의 힘을 점점 더 자각하게 된다. 기계가 노동의 차이를 점점 더 소멸시키고 임금을 거의 모든 곳에서 동일하게 낮은 수준으로 떨어뜨리기 때문에, 프롤레타리아 내부의 이해관계와 생활 처지는 더욱 균등하게 된다. 부르주아 상호 간의 증대하는 경쟁과 그로 인한 상업 공황은 노동자들의 임금을 더욱 유동적으로 만든다. 더욱 급속히 발전되는, 계속적인 기계의 개선은 노동자들의 생활상의 위치 전체를 더욱 불안하게 만든다. 개별 노동자와 개별 부르주아지 사이의 충돌은 점점 더 두 계급의 충돌이라는 성격을 띤다. 노동자들은 부르주아지에 대항하는 연합을 형성하는 일부터 시작한다. 그들은 자신의 임금을 지키기 위해 함께 행동한다. 그들은 그때그때의 쏙동에 내비하기 위해 상설적인 결사체까지 만든다. 곳에 따라서 투쟁은 봉기로 터져 나온다.

노동자들은 때로 승리하지만 그것은 단지 일시적인 것이다. 그들 투쟁의 진정한 성과는 직접적인 전과(戰果)가 아니라, 더욱 확대되는 노동자들의 단결이다. 노동자들의 단결은 대공업에 의해 만들어지는, 서로 다른 지역의 노동자들 상호 간을 연결해주는 교통수단의 증대에 의해 촉진된다. 그런데 이러한 연결이 가능해지면, 어디서나 동일한 성격을 띠고 있는 수많은 지방적 투쟁은 하나의 전국적 투쟁, 하나의 계급투쟁으로 발전할 수 있다. 그리고 모든 계급투쟁은 정치투쟁이다. 지방도로를 갖고 있던 중세 시민이 수세기를 필요로 했던 단결을, 철도를 갖고 있는 근대 프롤레타리아는 몇 년도 안 되어 달성한다. 프롤레타리아가 계급으로, 따라서 정당으로 조직화되는 것은 노동자 자신들 사이의 경쟁에 의해서 재차 저지된다. 그러나 이 조직화는 또다시 더 강하고 더 견고하게 그리고 더 힘 있게 발전한다. 이 조직화는 부르주아지 사이의 분열을 이용하여 프롤레타리아 권리를 법률적 형태로 승인하게끔 강제한다. 영국에서의 10시간 노동법이 그것이다. 일반적으로 낡은 사회 내부의 충돌은 프롤레타리아 발전과정을 다양하게 촉진한다. 부르주아지는 지속적인 투쟁 속에 놓인다. 즉 처음에는 귀족에 대항하는 투쟁 속에, 이후에는 공업의 진보와 모순되는 이해관계를 가지고 있는 부르주아 분파에 대항하는 투쟁 속에, 항상적으로 모든 외국의 부르주아지에 대항하는 투쟁 속에. 이 모든 투쟁들에서 부르주아지는 프롤레타리아에게 호소하고, 그들의 도움을 청하고, 그리하여 그들을 정치운동에 끌어들여야 한다고 생각한다. 따라서 부르주아지는 프롤레타리아에게 부르주아 자신의 교양 요소, 즉 부르주아 자신에게 대항하는 무기를 스스로 제공할 수밖에 없다. 더욱이 이미 본 바와 같이 산업의 진보에 의해서 지배계급의 많은 부분들도 프롤레타리아 상태로 내버려지거나, 적어도 생활 조건상으로 위협받게 된다. 그래서 지배계급의 그러한 부분들은 프롤레타리아에게 많은 교양 요소를 제공하게 된다. 결국 계급투쟁의 결전 시기에는, 지배계급의 내부 그리고 낡은 사회 전체 내부에서의 해체과정이 매우 격렬하고 날카로운 성격을 나타내기 때문에, 지배계급의 작은 부분이 지배계급으로부터 떨어져 나와 혁명적 계급, 즉 그 손 안에 미래를 지닌 계급과 한편이 된다. 그런 이유로 과거에 귀족의 일부가 부르주아지로 넘어갔던 것처럼, 현재 부르주아지의 일부 그리고 특히 역사운동 전체의 이론적 이해에 도달한 부르주아 이데올로그(대변자) 중의 일부가 프롤레타리아로 넘어가고 있는 것이다.

오늘날 부르주아지와 대립하고 있는 모든 계급들 중에서 오직 프롤레타리아만이 참으로 혁명적인 계급이다. 다른 계급들은 대공업의 발전과 함께 쇠퇴하고 몰락한다. 프롤레타리아는 대공업의 가장 고유한 산물이다. 중간 신분들인 소공업가와 소상인, 수공업자와 농민 등 이들 모두는 중간 신분으로서 자신의 존립을 몰락으로부터 지키기 위해 부르주아지와 투쟁한다. 따라서 그들은 혁명적이지 않고 보수적이다. 오히려 그들은 반동적이다. 그들은 역사의 수레바퀴를 되돌리려고 한다. 그들이 혁명적이라면 그들에게 닥친 프롤레타리아로의 추락을 눈앞에서 보는 경우에 한해서인데, 이때 그들은 현재의 이익이 아니라 미래의 이익을 옹호하며, 그래서 그들은 프롤레타리아의 입장에 서기 위해 자신의 입장을 포기하게 된다.

룸펜 프롤레타리아, 즉 낡은 사회의 최하층을 이루는 이 수동적 부패물은 때로 프롤레타리아 혁명에 의해 운동에 끌려 들어오는 경우도 있지만, 그들의 생활 처지로 인해 반동적 음모에 더 잘 매수된다.

현재 구성되어 있는 사회의 활력 있는 부분은 더는 프롤레타리아를 위해 존재하지 않는다. 프롤레타리아의 생활 조건 속에는 이미 낡은 사회의 생활 조건이 완전히 파괴되어 있다. 프롤레타리아는 재산이 없다. 아내와 자식들에 대한 관계는 부르주아 가족관계와 공통점이 없다. 현대의 공업노동, 즉 자본 밑으로의 현대적인 예속은 프랑스에서처럼 영국에서도, 독일에서처럼 아메리카에서도, 프롤레타리아에게서 모든 민족적 성격을 빼앗아버렸다. 법률과 도덕, 종교 등은 프롤레타리아에게는, 그 뒤에 수많은 부르주아적 이해관계를 숨기고 있는 그만큼의 부르주아적 편견들이다. 지배권을 장악한 이전의 모든 계급은 자신의 소유 조건 아래로 사회 전체를 복속시킴으로써, 그들이 이미 획득한 생활상의 지위를 보전하고자 했다. 그러나 프롤레타리아는 자신이 지금까지 갖고 있던 전유양식, 따라서 지금까지의 모든 전유양식을 철폐해야만 사회적 생산력을 장악할 수 있다. 프롤레타리아에게는 지켜야 할 자신의 것이라고는 없다. 그들은 지금까지의 모드 사적 안녕과 사적 보장을 파괴해야 한다. 지금까지의 모든 운동은 소수의 운동이었거나 혹은 소수의 이익을 위한 운동이었다. 프롤레타리아 운동은 대다수의 이익을 위한 다수의 자립적 운동이다. 오늘날 사회의 최하층인 프롤레타리아는 공적 사회를 형성하고 있는 계층의 상부구조 전체를 허공으로 날려버리지 않고는 일어날 수도 없으며, 허리를 펼 수도 없다.

부르주아지에 대항하는 프롤레타리아 투쟁은 내용상으로는 그렇지 않지만 형식상 시작은 일국적이다. 각국의 프롤레타리아는 당연히 맨 처음 그들 나라의 부르주아지를 끝장내야 한다.

우리는 프롤레타리아 발전의 가장 일반적인 단계를 묘사함으로써, 기존 사회 내부에 다소간 은폐되어 있던 내전이 하나의 공개적인 혁명으로 터져 나와 프롤레타리아가 부르주아지를 폭력적으로 전복함으로써 자신의 지배권을 수립하게 되는 지점까지 고찰했다. 우리가 살펴본 바와 같이 지금까지의 모든 사회는 억압 계급과 피억압 계급의 대립에 서 있었다. 그런데 어떤 계급을 억압하기 위해서는 그 억압받는 계급에게 최소한 노예적 생존을 이어갈 만한 조건을 보장해주어야 한다. 농노는 농노 신분 속에서 코뮌의 성원에 가까스로 접근해 갔으며, 소부르주아지는 봉건적 절대주의의 멍에 밑에서 부르주아지로 접근해 갔다. 반대로 현대 노동자는 공업의 진보와 함께 상승하기는커녕 자신의 조건 아래로 점점 더 깊이 침몰하고 있다. 노동자는 빈민이 되어가고 있고, 궁핍은 인구나 부보다 더 급속히 창궐하고 있다. 이로써 부르주아지는 더는 사회의 지배계급으로 머물러 있을 수 없으며, 그들 계급의 생활 조건을 규제적 법칙으로 사회에 강요할 능력이 없음이 명백해진다. 부르주아지는 자신의 노예들에게 노예 상태에서의 생존조차 보장해줄 수 없기 때문에, 노예들에 의해 부르주아지가 부양되는 대신에 부르주아지가 노예를 부양해야 하는 그런 처지에 노예를 빠뜨리지 않을 수 없기 때문에, 부르주아지는 지배할 능력이 없다는 것이다. 사회는 부르주아지 밑에서 더는 살아갈 수 없다. 즉 부르주아지의 생활은 더는 사회와 양립할 수 없다. 부르주아 계급의 존립과 지배의 본질적 조건은 그의 수중으로 부의 누적, 즉 자본의 형성과 증식이다. 자본의 조건은 임금노동이다. 임금노동은 오직 노동자들 상호 간의 경쟁에 근거한다. 부르주아지를 그 무의지적, 무저항적 담지자로서 가지고 있는 공업의 진보는, 경쟁으로 인한 노동자들의 고립 대신에 연합에 의한 노동자들의 혁명적 단결을 가져온다. 그리하여 대공업의 발전과 함께 부르주아지가 생산하고 생산물을 전유하는 그 기초 자체가 부르주아지의 발밑에서 무너진다. 부르주아지는 무엇보다 자신을 매장할 사람을 만들어낸다. 부르주아지의 몰락과 프롤레타리아의 승리는 다 같이 불가피한 사실이다.

2장 프롤레타리아와 공산주의자들

공산주의자는 프롤레타리아 일반에 대해 어떤 관계에 서 있는가? 공산주의자는 다른 노동자 정당과 대립되는 특수한 당이 결코 아니다. 그들은 프롤레타리아 전체의 이해관계와 분리된 이해관계를 갖고 있지 않다. 그들은 프롤레타리아 운동을 거기에 짜 맞추고자 하는 특수한 원리를 내세우지 않는다. 공산주의자는 한편으로 프롤레타리아의 다양한 민족적 투쟁에서 국적에 상관없는 즉 프롤레타리아 전체의 공동 이해를 내세우고 주장한다는 점에서, 다른 한편으로 프롤레타리아와 부르주아지 사이의 투쟁이 경과하는 다양한 발전 단계에서 항상 운동 전체의 이해를 대변한다는 점에서만 다른 프롤레타리아 정당들과 구별된다. 따라서 공산주의자는 실천적으로 모든 나라의 노동자 정당들 중에서 가장 단호한 부분, 언제나 운동을 주동적으로 이끌어나가는 부분이다. 그들은 이론적으로는 프롤레타리아 운동의 조건, 진행 그리고 일반적 결과에 대한 통찰을 다른 프롤레타리아 대중에 앞서서 가진다. 공산주의자의 당면 목적은 다른 모든 프롤레타리아 정당들의 목적과 동일하다. 즉 프롤레타리아의 계급으로의 형성, 부르주아 지배의 전복, 프롤레타리아에 의한 정치권력의 장악.

공산주의자의 이론적 명제는 결코 이러저러한 세계 개량주의자들에 의해 발명되거나 발견된 이념 및 원리에 근거하지 않는다. 그 이론적 명제는 다만 실존하는 계급투쟁의, 우리 눈앞에서 전개되고 있는 역사적 운동의 사실적 관계를 일반적으로 표현한 것뿐이다.

기존 소유관계의 폐지는 공산주의를 독특하게 특징짓는 것이 아니다. 그런데 모든 소유관계는 하나의 지속적인 역사적 교체와 역사적 변화에 부닥쳐왔다. 예를 들어 프랑스 혁명은 부르주아 소유를 위해 봉건적 소유를 폐지했다. 공산주의를 특징짓는 것은 소유 일반의 폐지가 아니라 부르주아 소유의 폐지이다. 그런데 현대의 부르주아 사적 소유는 계급 대립에, 즉 한 계급의 다른 계급에 대한 착취에 근거하는 생산물의 생산 및 전유의 마지막 가장 완성된 표현이다. 이러한 의미에서 공산주의자는 자신의 이론을 단 한마디로 집약할 수 있다 —사적 소유의 폐지.

사람들은 우리 공산주의자가 개인적으로 벌어들인, 스스로 노동하여 얻은 소유를 없애려 한다고 비난해왔다. 즉 모든 개인적 자유와 활동 그리고 자립성의 기초를 이루는 그러한 소유를. 노동하여 얻은, 스스로 벌어들인, 스스로 얻은 소유라고! 당신들은 부르주아 소유에 선행했던 소부르주아적, 소농민적 소유를 두고 말하는 것인가? 우리는 그러한 소유를 폐지할 필요가 전혀 없다. 공업의 발전이 그것을 폐지했으며, 또 나날이 폐지하고 있다. 그렇지 않으면 당신들은 현대의 부르주아 사적 소유를 두고 말하는 것인가? 그런데 임금노동, 프롤레타리아의 노동은 프롤레타리아에게 소유를 만들어 주는가? 결코 그렇지 않다. 그 노동은 자본, 즉 임금노동을 착취하는 소유를, 다시 말해 새로운 자본에 의해 임금노동을 착취하기 위해 새로운 임금노동을 만들어낸다는 조건하에서만 증식할 수 있는 소유를 만들어낸다.

소유는 오늘날의 형태에서는 자본과 임금노동의 대립 속에서 운동한다. 이 대립의 양 측면을 고찰해보자. 자본가라는 것은 하나의 순 개인적인 지위일 뿐 아니라 생산 속에서 하나의 사회적 지위를 차지함을 의미한다. 자본은 공동의 생산물이며, 많은 성원의 공동 활동에 의해서만, 결국 사실은 사회의 모든 성원의 공동 활동에 의해서만 가동될 수 있다. 이와 같이 자본은 결코 개인적인 힘이 아니라 하나의 사회적인 힘이다.

따라서 자본이 사회의 모든 성원에 속하는 공동의 소유로 변한다고 해도 개인적 소유가 사회적 소유로 변하지는 않는다. 단지 소유의 사회적 성격만이 변할 뿐이다. 소유는 그 계급적 성격을 상실한다. ―임금노동으로 가보자. 임금노동의 평균가격은 임금의 최소치, 즉 노동자를 노동자로서 먹여 살리기 위해서 필요한 생활수단의 총액이다. 따라서 임금노동자가 자신의 활동을 통해 전유하는 것은 자신의 헐벗은 삶을 재생산하는 데 족할 뿐이다. 우리는 자신의 직접적 생활을 재생산하기 위해 노동생산물을 개인적으로 전유하는 것, 즉 타인의 노동에 대한 지배력을 가져다 줄 만한 순이익을 조금도 남기지 않는 전유를 결코 폐지하려고 하지 않는다. 우리는 단지 노동자가 자본을 증식시키기 위해서만 생활하고, 지배계급의 이해관계에 따라 그 속에서만 생활하게 되는 그러한 전유의 비참한 성격을 폐지하려는 것뿐이다. 부르주아 사회에서 살아 있는 노동은 축적된 노동을 증식시키는 수단일 뿐이다. 공산주의 사회에서 축적된 노동은 노동자들의 생활과정을 확장하고 풍요롭게 하고 후원하는 수단일 뿐이다. 이와 같이 부르주아 사회에서는 과거가 현재를 지배하지만, 공산주의 사회에서는 현재가 과거를 지배한다. 부르주아 사회에서는 자본이 자립적이고 개성적인 반면, 활동하는 개인은 비자립적이고 비개성적이다. 그런데 부르주아지는 이러한 관계의 폐지를 개성과 자유의 폐지라고 부른다! 그 말은 일리가 있다. 그렇지만 문제가 되는 것은 부르주아 개성, 부르주아 자립성, 부르주아 자유의 폐지에 관한 것이다. 오늘날 부르주아 생산관계 안에서 사람들은 자유를 자유로운 상업, 자유로운 판매 및 구매라고 생각한다. 그러나 거래가 없어지면 자유로운 거래도 없어진다. 자유로운 거래에 관한 미사여구는 자유에 관한 우리 부르주아지의 다른 호언장담과 마찬가지로, 단지 묶여 있던 거래나 중세의 예속된 시민에게는 어떤 의미를 갖지만, 거래의 공산주의적 폐지와 부르주아 생산관계 및 부르주아지 자체의 공산주의적 폐지에 대해서는 전혀 아무런 의미를 갖지 못한다. 당신들은 우리가 사적 소유를 폐지하려 한다고 해서 놀라고 있다. 그러나 당신들의 현 사회에서 그 사회 성원의 10분의 9에게는 이미 사적 소유가 폐지되어 있다. 사적 소유가 존재하는 것은 오직 이들 10분의 9에게 사적 소유가 존재하지 않기 때문이다. 따라서 당신들은 우리가 사회의 압도적 다수의 무소유를 필수 조건으로 해서 전제하는 소유를 폐지하려 한다고 우리를 비난하고 있는 것이다. 한마디로 당신들은 우리가 당신들의 소유를 폐지하려 한다고 우리를 비난하고 있다. 물론 우리는 그렇게 하려고 한다.

당신들은 노동이 더 이상 자본 및 화폐 그리고 지대로, 간단히 말해 독점 가능한 사회적 힘으로 전화할 수 없게 되는 그 순간부터, 즉 개인적 소유가 부르주아 소유로 전화할 수 없게 되는 그 순간부터 개인은 폐지된다고 말한다. 따라서 당신들은 개인을 부르주아지 혹은 부르주아 소유자 이외에 그 누구로도 이해하지 않고 있다고 고백하는 것이다. 그러한 개인은 마땅히 폐지되어야 한다. 공산주의는 사회적 생산물을 전유할 힘을 그 누구로부터도 빼앗지 않는다. 공산주의는 단지 사회적 생산물을 전유함으로써 타인의 노동을 자신에게 예속시키는 힘을 빼앗을 따름이다. 사람들은 사적 소유의 폐지와 함께 모든 활동이 정지되고, 전반적인 게으름이 만연하게 될 것이라고 항변해왔다. 그렇다면 부르주아 사회는 이미 오래전에 게으름 때문에 멸망했어야 했을 것이다. 왜냐하면 부르주아 사회 내에서 노동하는 사람들은 벌지 못하고, 부르주아 사회 내에서 버는 사람들은 노동하지 않기 때문이다. 그러한 모든 의심은 자본이 존재하지 않게 되자마자 임금노동도 존재하지 않게 된다고 하는 동어반복으로 귀결된다.

물질적 생산물의 공산주의적 전유양식 및 생산양식에 반대하여 이루어지는 모든 반론은 정신적 생산물의 전유 및 생산에까지 확대되어 있다. 부르주아지에게는 계급적 소유의 중지가 생산 그 자체의 중지이듯이, 계급적 교양의 중지 또한 교양 일반의 중지와 동일하다. 그들이 그 상실을 유감으로 생각하는 교양이란 압도적 다수에게는 기계에 대한 적응 교양이다.

그러나 자유니 교양이니 법이니 뭐니 하는 당신들의 부르주아 관념에 맞추어 부르주아 소유의 폐지를 가늠하려거든 우리와 다투지 말라. 당신들의 법이란 법률로 고양된 당신들 계급의 의지, 즉 그 내용이 당신들 계급의 물질적 생활 조건 속에 존재하는 의지인 것과 마찬가지로, 당신들의 이념 자체는 부르주아 생산관계 및 소유관계의 산물이다. 당신들의 생산관계 및 소유관계를 생산의 발전과정에서 나타나는 일시적이고 역사적인 관계로부터 영원한 자연법칙 및 이성법칙으로 바꾸어버리는 그 이기적 관념을 당신들은 모든 몰락한 지배계급과 공유하고 있다. 당신들은, 고대적 소유에 대해 당신들이 이해하고 있는 것과 봉건적 소유에 대해 당신들이 이해하고 있는 것을, 부르주아 소유에 대해서는 이해하려 하지 않는다. 가족의 폐지! 공산주의자의 이 수치스러운 계획에 대해서는 가장 극단적인 급진주의자까지도 분개하고 있다. 현대의 가족, 부르주아 가족은 무엇에 기초하고 있는가? 자본과 사적 영리에 기초한다. 그것은 오직 부르주아지에게만 완전히 발전된 형태로 존재한다. 그러나 그것은 프롤레타리아의 어쩔 수 없는 독신 생활과 공인된 매춘 속에서 그 보완물을 발견한다. 부르주아 가족은 당연히 이러한 자신의 보완물의 제거와 함께 제거되며, 또 양자는 자본의 소멸과 함께 소멸된다. 당신들은 우리가 부모에 의한 어린이들의 착취를 폐지하려 한다고 우리를 비난하는가? 우리는 이 죄를 인정한다. 그런데 당신들은 우리가 가정 교육을 사회 교육으로 바꿔놓음으로써 인간의 가장 고귀한 관계를 폐지한다고 말한다. 그러면 당신들의 교육 또한 사회에 의해 규정되는 것이 아니란 말인가? 당신들의 교육은 당신들이 그 속에서 교육하는 사회적 관계에 의해, 학교 등을 매개로 한 사회의 직간접적 간섭에 의해 이루어지지 않는다는 말인가? 공산주의자는 교육에 대한 사회의 개입을 발명하려는 것이 아니다. 단지 그 개입의 성격을 변화시켜 교육이 지배계급의 영향을 벗어나게 하려는 것뿐이다. 프롤레타리아의 가족적 유대가 대공업에 의해 찢길수록, 어린이들이 단순한 상업적 품목이나 노동도구로 바뀔수록, 가족 및 교육 그리고 부모와 자식 간 화목한 관계에 관한 부르주아 미사여구는 더욱 구역질나는 것이 된다. 그런데 당신들 공산주의자는 부인 공유제를 도입하려 한다고 부르주아지 전체가 입을 모아 외친다. 부르주아지는 자신의 아내를 단순한 생산도구로만 본다. 당연히 부르주아지는 생산도구가 공동으로 사용되어야 한다는 말을 듣고서 여성도 똑같이 공통의 운명에 빠질 것이라고 밖에는 생각할 수 없다. 부르주아지는 단순한 생산도구로서의 여성의 지위를 폐지하는 것, 바로 그것이 문제라는 사실을 느끼지 못한다. 더욱이 공산주의자의 이른바 공식적인 부인 공유제에 대한 우리 부르주아지의 고결한 도덕적 공포만큼 웃기는 것은 없다. 공산주의자는 부인 공유제를 도입할 필요가 없다. 부인 공유제는 거의 언제나 존재해왔던 것이다. 우리 부르주아지는 공식적 매춘은 물론, 그들의 프롤레타리아의 아내와 딸을 자신들의 맘대로 하는 것에 만족하지 않고, 자신들의 아내들을 서로 유혹하는 것에서 주된 쾌락을 찾고 있다. 부르주아 결혼은 사실상 부인들의 공유제이다. 그들은 기껏해야 공산주의자가 위선적으로 은폐된 부인 공유제 대신에 공식적이고 숨김없는 부인 공유제를 도입하려 한다고 비난할 수 있을 뿐이다. 어쨌든 현재의 생산관계의 폐지와 함께 그 생산관계에서 비롯된 부인 공유제, 즉 공식적 비공식적 매춘 역시 소멸할 것임은 자명한 일이다.

다음으로 공산주의자는 조국을, 국민성을 없애려 한다고 비난받고 있다. 노동자들에게 조국은 없다. 그들에게 없는 것을 그들로부터 빼앗을 수 없다. 프롤레타리아는 우선 정치적 지배권을 장악해야 하며, 국민적 계급으로 올라서야 하고, 스스로를 국민으로서 정립해야 하기 때문에, 비록 부르주아지가 생각하는 의미에서는 아닐지라도 아직은 그 자체로 국민적이다. 민족들의 국민적 분리와 대립은 이미 부르주아지의 발전과 함께, 그리고 상업의 자유, 세계 시장, 공업 생산의 보편성 및 그에 상응하는 생활 상태의 보편성과 함께 점차 사라지고 있다.

프롤레타리아의 지배는 이러한 민족적 분리와 대립을 더욱 사라지게 할 것이다. 적어도 문명국들 내에서의 단결된 행동은 프롤레타리아 해방의 첫 번째 조건들 중 하나다. 한 개인에 의한 다른 개인의 착취가 폐지되는 것과 같은 정도로 한 국민에 의한 다른 국민의 착취도 폐지될 것이다. 한 국민 내에서의 계급 대립이 없어지는 것과 함께 국민 상호 간의 적대적 입장도 없어질 것이다.

종교적, 철학적 그리고 이데올로기적 관점들로부터 전반적으로 제기되는 공산주의에 대한 비난은 더 자세하게 논술할 가치가 없다. 사람들의 생활 상태와 사회적 관계, 그들의 사회적 존재와 함께 그들의 관념 및 견해, 개념 등 한마디로 그들의 의식 또한 변한다는 사실을 이해하는 데 이 이상 깊은 통찰이 필요할까? 사상의 역사는 정신적 생산이 물질적 생산과 함께 변화된다는 사실 이외에 달리 무엇을 증명하고 있을까? 한 시대의 지배적 사상은 늘 지배계급의 사상이었을 뿐이다. 사람들은 사회 전체에 혁명을 일으키는 사상에 대해 말한다. 그러나 그들은 단지 낡은 사회 내부에서 새로운 사회의 요소가 형성되었다는 사실, 낡은 사상의 해체는 낡은 생활관계의 해체와 보조를 맞춘다는 사실을 말하고 있을 뿐이다. 고대 세계가 몰락할 무렵 고대 종교는 기독교에 의해 정복되었다. 18세기 기독교 사상이 계몽사상에 굴복했을 때, 봉건사회는 당시 혁명적이었던 부르주아지와 목숨을 건 투쟁을 치렀다. 양심의 자유와 종교의 자유라는 사상은 단지 지식의 영역에서의 자유 경쟁의 지배를 표현하는 것뿐이었다. 사람들은 말할 것이다. "물론 종교적, 도덕적, 철학적, 정치적, 법적 사상 등은 역사 발전과정 속에서 변화되어왔다. 그러나 종교, 도덕, 철학, 정치, 법 등은 이러한 변화 속에서도 늘 유지되었다. 그뿐 아니라 자유, 정의 등과 같이 모든 사회 상태에 공통되는 영원한 진리가 있다. 그런데 공산주의는 이 영원한 진리를 폐지한다. 공산주의는 종교와 도덕을 새롭게 만드는 대신에 그것을 폐지한다. 따라서 공산주의는 지금까지의 모든 역사 발전과 모순된다." 이러한 비난은 무엇으로 귀착되는가? 지금까지의 모든 사회의 역사는 계급 대립 속에서 운동했는데, 이러한 대립은 각 시대마다 각각 다른 모습을 띠었다. 그러나 그것이 어떤 형태를 취하든, 사회의 일부에 의한 다른 일부에 대한 착취는 지나간 모든 시대에 공통된 사실이다. 그러므로 모든 시대의 사회적 의식이 모든 잡다함과 다양성에도 불구하고 일정한 공통의 형태 속에서, 계급 대립이 완전히 소멸되어야 비로소 완전히 해체될 의식 형태 속에서 운동한다는 사실은 조금도 놀라운 것이 아니다. 공산주의 혁명은 과거로부터 전해 내려온 소유관계에 대한 가장 철저한 결별이다. 공산주의 혁명이 자신의 발전과정에서, 과거로부터 전해 내려온 사상과 가장 철저하게 결별한다는 사실은 놀라운 것이 아니다.

  그러나 공산주의에 대한 부르주아지의 반론은 여기서 그만두기로 하자. 우리는 앞에서 노동자혁명의 첫걸음은 프롤레타리아의 지배계급으로의 고양과 민주주의의 쟁취라는 것을 살펴보았다. 그때 프롤레타리아는 자신의 정치적 지배를 이용하여 부르주아지로부터 모든 자본을 차례로 빼앗고, 모든 생산도구를 국가의 수중에, 즉 지배계급으로 조직된 프롤레타리아의 수중에 집중시키고, 가능한 한 신속히 생산력의 양을 증대시키게 될 것이다. 이것은 물론 처음에는 소유권과 부르주아 생산관계에 대한 전제적 침해(독재적인 장악)를 통해서만, 따라서 경제적으로는 불충분하고 불안정한 것처럼 보일지 몰라도 운동과정 속에서 자신을 뛰어넘어 생산양식 전체를 변혁할 수단으로서 채택할 수밖에 없는 방책을 통해서만 이루어질 수 있다. 물론 이러한 방책은 각 나라의 사정에 따라 달라질 것이다. 그럼에도 불구하고 가장 진보한 나라들에는 다음과 같은 방책이 전반적으로 적용될 수 있을 것이다:

1. 토지 소유의 몰수와 지대의 국가 경비로의 이전.
2. 고율의 누진세.
3. 상속권의 폐지.
4. 모든 망명자 및 반역자의 재산 압류.
5. 국가 자본과 배타적 독점권을 가진 국립 은행을 통한 국가 수중으로 신용의 집중.
6. 운송수단의 국가 수중으로의 집중.
7. 국영 공장과 생산도구의 증가, 공동 계획에 의한 토지의 개간 및 개량.
8. 모든 사람에게 동등한 노동 강제, 산업 군대, 특히 농업을 위한 군대의 육성.
9. 농업 경영과 공업 경영의 결합, 도시와 농촌 간 차이의 점차적 폐지를 위한 노력.

10. 모든 어린이에 대한 공공 무상 교육, 오늘날과 같은 형태의 어린이들의 공장 노동 폐지, 교육과 물질적 생산의 통일 등등.

발전과정 속에서 계급적 차이가 소멸되고 모든 생산이 연합된 개인들의 수중에 집중되면, 공권력은 그 정치적 성격을 상실하게 될 것이다. 본래 의미에서 정치권력이란 다른 계급을 억압하기 위한 한 계급의 조직된 폭력이다. 프롤레타리아가 부르주아지에 대항하는 투쟁에서 반드시 계급으로 단결하고 혁명을 통해 스스로를 지배계급으로 만들어, 지배계급으로서 낡은 생산관계를 폭력적으로 폐지한다면, 프롤레타리아는 이 생산관계와 함께 계급 대립의 존립조건과 계급 일반을 폐지하게 될 것이며, 또한 이것을 통해 계급으로서의 자기 자신의 지배도 폐지하게 될 것이다. 그렇게 해서 계급과 계급 사이의 대립이 있었던 낡은 부르주아 사회 대신에 각 개인의 발전이 만인의 자유로운 발전의 조건이 되는 하나의 연합체가 나타날 것이다.

(제3장 생략)

마르크스-엥겔스 전집(MEGA) 서문

칼 마르크스와 프리드리히 엥겔스의 저작 전집(*MEGA*)은 소련공산당 중앙위원회와 독일사회주의통일당 중앙위원회의 통일적 결정의 토대 위에서 출판되었다. 이것은 소련공산당 중앙위원회와 독일사회주의통일당 중앙위원회 산하 마르크스-레닌주의연구소의 공동 작업이다. *MEGA*에는 마르크스와 엥겔스의 전체 문헌 유산이 원문으로 포괄된다: 즉 그들의 저작과 논문, 초고와 불완전한 원고, 그들에 의해 편집된 노동운동에 관한 자료, 그들의 편지는 물론 발췌, 개요, 공책과 책에 대한 방주까지 포괄된다.

이런 종류의 전집은 현 시대의 과학과 혁명적 실천의 급박한 요구에 부응한다. 왜냐하면 마르크스-레닌의 이론은 사회적 생활에서 점증하는 의미를 가지며, 과학적 공산주의의 창시자로서 마르크스와 엥겔스의 업적이 갖는 역사적 위대함이 더욱 확증되고 있기 때문이다.

I

칼 마르크스와 프리드리히 엥겔스는 세계를 근본적으로 바꾸려는 사회적 변혁을 둘러싼 진보적 사상과 투쟁의 발전에서 당연히 위대한 자리를 차지해야 할 것이다. 그들은 착취관계를 전복하려는 진보적인 사회세력의 정신적 무기로서 혁명이론을 기초했다. 그들의 이론은 노동계급과 모든 기타 근로자들의 삶의 이해를 포괄적으로 표현했고, 이 지상의 모든 나라의 수백만 사람들의 사고와 행동에 엄청난 영향을 미쳤다. 그들은 인류역사에서 가장 중요한 전환을 준비했다: 즉 착취와 사회적 민족적 억압의 사회로부터 사회주의와 공산주의로의 전환, 나시 말해 모든 사람의 능력과 재능을 사회의 행복을 위해 그리고 각 개인을 충분히 발전할 수 있게 만들 수 있는 가능성을 제공하는 사회질서로의 전환.

마르크스와 엥겔스는 그러나 위대한 지식인이었을 뿐만 아니라 혁명적인 정치투쟁가였다. 그들은 1848/49년의 혁명에 직접 참가했다. 그들은 최초의 프롤레타리아 혁명인 1871년의 파리코뮌에 열광했고, 파리 프롤레타리아의 정의로운 일에 용감하게 옹호했다. 그들은 노동계급의 최초의 정치조직이고 그 전통이 현재의 국제적인 공산주의운동과 노동운동 속에 생생하게 살아 있는 공산주의자동맹과 제1인터내셔널을 직접 이끌었다.

마르크스와 엥겔스의 이론은 지난 시대의 과학의 가장 우수한 성과를 비판적으로 흡수하고 더욱 발전시킨 결과로서 형성되었으며, 자본주의의 경제학과 정치 그리고 계급관계 및 계급투쟁에 대한 심원한 분석 그리고 부르주아 사회에서의 착취자와 피착취자 사이의 화해할 수 없는 이해관계에 대한 인식으로부터 형성되었다. 이러한 이론은 철학과 정치경제학 그리고 사회주의 이론의 역사에서 새로운 단계일 뿐만 아니라, 사회사상에서의 진정한 혁명적 전환과 사회주의를 유토피아에서 과학으로 전환시킨 것을 의미한다.

마르크스와 엥겔스가 창조적인 공동체 안에서 이룩한 변증법적-유물론적 철학과 정치경제학 그리고 과학적 공산주의는 그 전체로서 하나로 완결된 철학적, 경제학적, 사회정치적 이론의 체계이며, 유일하게 과학적인 세계관을 표현한다.

철학의 영역에서 마르크스와 엥겔스는 관념론, 특히 헤겔의 관념론과 대결할 필요가 있었다. 그들은 또한 헤겔의 변증법을 극복하여 유물변증법을 창조하였다. 마르크스는 『자본Kapital』 제1권의 제2판 후기에서 다음과 같이 썼다: "나의 변증법적 방법은 기본적으로 헤겔의 것과 다를 뿐만 아니라 직접 그 반대이다. 헤겔에게는 이념이라는 이름 아래 독립된 주체로 전화된 사고과정이 단지 그것의 외적 현상을 형성하는 실재의 창조주다. 나에게는 그와 반대로 이념적인 것은 단지 인간 머리 속에서 변형되고 번역된 물질적인 것에 불과한 것이다." 마르크스의 변증법은 운동과 발전에 관한 포괄적이고 내용이 풍부한 이론이고, 사상의 수 백 년에 걸친 전체 역사의 결과이고, 사회적 실천을 그 역사적 발전 속에서 이론적으로 일반화한 것이다.

마르크스와 엥겔스는 변증법을 확고한 유물론적 토대 위에 세웠고, 그럼으로써 변증법적 유물론을 자연과 사회 그리고 인간 사고의 일반법칙에 관한 과학으로서 창조하였다. 그들에 의해 확립된 유물변증법의 방법은 물질적 정신적 생활의 모든 영역의 연구에 적용될 수 있다. 마르크스와 엥겔스의 가장 위대한 발견과 무한한 공로는 유물론과 변증법을 사회적 현상의 영역에 적용한 것이었는데, 이러한 역사적 유물론을 통해서 사회의 이론을 과학적 토대 위에 세울 수 있었다.

마르크스는 경제적 사회구성Gesellschaftsformation이라는 과학적 개념을 발전시켰고, 사회의 물질적 생산력과 그에 상응하는 생산관계의 변증법적 통일을 발견했으며, 따라서 생산관계의 전체, 사회의 경제적 구조가 사회의 실질적 토대Basis를 구성하고 법적 정치적 상부구조Überbau의 성격은 물론 사회적 의식까지도 결정한다는 것을 보여주었다. 마르크스와 엥겔스는 역사적 과정을, 최종적으로 생산의 발전을 통해 조건 지어지는 경제적 사회구성의 합법칙적 교대로서 파악했다. 유물론적 역사이해와 함께 그들은 과거에 대한 생산적인 연구, 사회적 관계의 분석과 과학적 예측을 위한 유일하게 올바른 길을 증명했다.

마르크스와 엥겔스는 자본주의적 생산양식의 형성과 발전에 관한 합법칙성을 연구했고, 부르주아 사회로부터 사회주의 사회로의 혁명적 전환의 불가피성을 증명했다. 그들의 경제이론의 핵심은 잉여가치이론 Mehrwerttheorie이다. 마르크스는 자본주의적 착취의 작동방식을 밝혀냈다. 마르크스는 언제나 부불노동unbezahlte Arbeit의 특정한 일부가 자본가에 의해 전유된다는 사실을 증명했다. 잉여가치의 생산은 자본주의적 생산양식의 절대적 일반적 법칙이고 자본주의에서 생산의 주요 목적임을 마르크스는 인식했다.

과거의 모든 정치경제학과 달리 마르크스는 잉여가치의 특별한 형식의 연구로 이행하기 위해 우선 잉여가치를 순수하게 그 자체로 연구했다. 마르크스는 처음으로 자본주의적 생산양식의 운동법칙을 정식화했는데, 그것의 합법칙적으로 내재하는 역사적 경향에서 이해하면 그 결과는 "착취자의 착취", 즉 생산수단에 대한 사회적 소유의 창조, 사회주의의 승리인 것이다. 그들의 저작 속에서 마르크스와 엥겔스는 사회주의 사회의 본질적 특징을 기초했고, 사회주의의 정치경제학을 위한 토대를 마련하였다.

마르크스와 엥겔스는 영국과 프랑스, 독일, 미국, 기타 다른 나라의 사회와 사회구조에서 계급의 발생과 본질을 연구했다. 부르주아 경제학자나 사회학자 그리고 역사학자들도 인정하듯이 자본주의는 영원히 존재하지 않으며 사회의 계급으로의 분열은 단지 생산의 특정한 역사적 국면과 결부되어 있다는 사실을 마르크스와 엥겔스는 처음으로 과학적으로 증명했다. 마르크스와 엥겔스에 의해 창조된 계급투쟁의 이론은 역사적 현상과 결과의 다양성 속에서 사회발전의 합법칙성을 발견할 수 있게 해준다. 자본주의의 내적 모순의 피할 수 없는 심화, 생산수단에 대한 사적 소유의 토대 위에서 사회적 대립과 심화된 적대감의 제거 불가능성, 그리고 자본주의적 질서의 혁명적 붕괴에 관한 마르크스와 엥겔스의 결론과 과학적 전망은 역사적인 확증을 충분히 가지며 전적으로 증명되었다.

마르크스와 엥겔스는 부르주아 사회에서의 계급투쟁은 필연적으로 프롤레타리아의 정치적 지배의 확립으로, 그 본질에서 자본주의로부터 사회주의로의 이행기의 국가를 표현하는 프롤레타리아 독재로 이끌 것임을 증명했다. 프롤레타리아의 최종 목표는 사회적 생산력과 사회적 부의 가장 높은 발전단계를 이룰 계급 없는, 공산주의 사회의 확립이다. 사회의 사회주의적 변혁과정에서 프롤레타리아는 동맹자로서 다른 근로계급 및 계층과 연합한다. 프롤레타리아의 세계사적 역할을 분명히 규정한 것이 마르크스주의의 가장 중요한 핵심이다. 나아가 마르크스와 엥겔스는 노동계급이 정치적 선도자로서 혁명당을 만들고 혁명적 변혁의 전체 과정을 이끌 때 비로소 그 역사적 사명을 충족할 수 있음을 증명했다. 사회주의와 공산주의의 승리를 위한 결정적 전제로서 노동계급의 투쟁당의 필연성을 마르크스와 엥겔스는 특히 파리코뮌의 경험 및 교훈과 관련하여 강조했다.

그 어느 때보다 우리 시대에 노동계급이 사회진보의 혁명적 주요세력이 되었음은 분명하다. 국제노동운동의 경험은 이것을 증명한다: 노동계급의 과제가 그들의 세계사적 사명의 실현을 위한 투쟁에서 더욱 커질수록, 사회적 발전과정에 대한 그들의 영향력은 더욱 분명해지고, 그 대열의 통일을 유지하고 굳건하게 하는 것이 더욱 중요해진다. 프롤레타리아는 국제적 자본의 세력에 맞서 민족 단위의 힘을 세계적 규모의 통일된 군대로 뭉쳐야 하고 프롤레타리아 국제주의의 원칙에 충실해야 함을 과학적 공산주의의 창시자들은 언제나 강조했다. 마르크스는 제1인터내셔널의 창립연설에서 다음과 같이 말했다: "다양한 나라의 노동자들이 연대하고 서로 격려해야 마땅한 형제애의 동맹을 얼마나 무시했으며, 해방을 위한 모든 투쟁에서 서로 연관 없이 나아갔고 서로 연관이 없는 시도의 좌절을 통해 계속 반성할 수밖에 없었는지를 지난 경험은 잘 보여주었다."

마르크스와 엥겔스는 주로 사회과학적 작업에 몰두했지만, 그러나 동시에 자연과학에서도 뛰어난 지식을 가졌고 자연과학적 인식의 철학적 일반화를 위한 유능한 사례를 제시했다. 사회적 생활에서 과학의 점증하는 역할에 관한 천재적인 예측은 그들로부터 나온 것이다. 20세기 중반부터 엄청나게 발전하고 있는 과학기술혁명의 조건 하에서, 과학과 생산의 융합 그리고 과학의 직접적 생산력으로의 전화에 관한 마르크스주의 창시자들의 확언은 특별히 언급해둘만한 가치가 있다.

마르크스주의는 혁명적 과학 및 혁명적 실천과 유기적으로 결합되어 있다. 이것은 마르크스주의 이론이 혁명운동의 경험을 일반화하는 것을 의미할 뿐만 아니라, 또한 마르크스주의 이념이 공산주의를 위한 노동계급과 모든 근로대중의 혁명적 투쟁을 통해 실현된다는 것을 의미한다.

마르크스와 엥겔스의 저작은 이론가로서 그들의 활동의 경험일 뿐만 아니라, 동시에 노동운동의 적극적인 참가자와 지도자로서, 인민대중의 혁명적 행동의 조직가와 투쟁적 저술가로서 그들의 집중적인 활동에 해당하는 증거이다. 노동계급의 모든 세력을 통일하기 위한, 프롤레타리아의 혁명적 전략과 전술을 정초하고 그들의 국제적 연대를 위한, 프롤레타리아 국제주의 원칙을 노동운동에 관철하기 위한 마르크스와 엥겔스의 투쟁은 여전히 지금도 의미를 가진다. 마르크스와 엥겔스의 저작에는 그들 시대의 혁명운동의 최고점을 반영한다; 그들의 저작에는 혁명적 이론과 혁명적 정치의 분리될 수 없는 통일이 기록되어 있다.

마르크스주의의 힘과 생명력은 그것의 과학성과 혁명적 당파성에 근거한다. 그것은 부르주아 및 소시민적 이데올로기에 대한, 사회개량주의 및 무정부주의에 대한, 민족적 한계와 편협한 애국주의 그리고 민족적 허무주의에 대한, 독단주의와 분파주의에 대한, 간단히 말해 노동운동의 모든 기회주의의 그림자에 대한 화해할 수 없고 가차 없는 투쟁에서 형성되었고 발전되었고 확증되었다.

처음부터 마르크스와 엥겔스의 이념은 노동운동에서 조직화된 영향을 행사했다. 이것은 첫 번째 국제적인 프롤레타리아 조직과 - 공산주의자 동맹과 국제노동자협회 - 많은 나라의 사회주의 정당 및 노동자 정당의 강령과 전술을 위한 기초가 되었다. 마르크스주의 이론은 노동계급에게 해방투쟁의 다양한 역사적 조건 하에서 그들의 전략적 전술적 과제의 성공적인 해결을 위한 길을 가르쳐주었고, 사회적 관계의 혁명적 변혁을 위한 길을 가르쳐주었다.

마르크스주의의 더욱 중요한 본질은 새로운 사회적 과정과 새로운 과학적 인식의 일반화를 통해 계속 발전하고 풍부화하는 그 속에 내재하는 역동성과 능력이다. 마르크스와 엥겔스는 혁명 이론의 의미를 무시하는 모든 시도에 대해 결단코 반대했다. 동시에 그들은 그들의 이론을 경직된 형식이나 고정된 처방의 모음으로 축소하려는 모든 시도에 반대했다; 그들은 이론적 결론과 전술적 수단의 모든 독단화를 거부했다. 마르크스주의는 과학적 사고와 사회적 생활에서 보수주의와 정체에 대해 반대한다.

따라서 마르크스주의 이론이 새로운 인식을 통해 계속 풍부화되는 것은 지극히 당연한 것이다. 마르크스와 엥겔스는 역사과정의 모든 변화의 경우를 묘사하려고 하지 않았고 또한 할 수도 없었다. 그들은 사회발전의 일반적 방향과 그것의 합법칙성의 이해를 위해 신뢰할 만한 입문을 묘사하려는 기본적으로 과학적인 원칙을 기초했다.

마르크스와 엥겔스 이론의 더욱 발전은, 20세기 마르크스주의의 위대한 승리는 무엇보다 블라디미르 일리치 레닌Wladimir Iljisch Lenin이라는 이름과 결부된다. 레닌은 혁명적 돌풍과 사회적 격변으로 특징되는 시대, 제국주의와 프롤레타리아 혁명의 시대인 세계사적 변혁의 시대에 활동하기 시작했다. 레닌주의는 전체 국제적 노동계급의 성과물이고 이론적 무기이다. 레닌주의는 제국주의와 프롤레타리아 혁명의 시대, 자본주의 체제의 전반적 위기와 식민주의의 붕괴 및 민족해방운동의 승리의 시대, 인류의 자본주의로부터 사회주의로의 이행과 공산주의 사회의 확립을 위한 시대의 마르크스주의이다. 따라서 이 시대의 혁명 이론은 마르크스-레닌주의로 정당하게 부를 수 있다. 레닌주의를 민족적이고 특수한 러시아 현상으로 끌어내리려는 부르주아 및 수정주의 대변자들의 시도는 끝이 없다.

진정한 혁명가로서 레닌은 마르크스와 엥겔스의 이론을, "낡은 것으로" 설명하고 오류라고 주장하는 공개적인 적들의 공격과 수정주의자들에 맞서 지켜냈다. 자본주의가 제국주의 단계로 들어섰고 프롤레타리아 혁명과 사회주의의 확립이 의사일정에 오른 변화된 역사적 조건 하에서, 레닌은 마르크스주의를 전체로서 더욱 발전시켰고 많은 새로운 발견을 통해 그것을 풍부화했다. 레닌은 마르크스와 엥겔스의 이론을 옹호했고, 자신의 시대의 경제와 정치를, 즉 과학의 새로운 인식과 노동계급 및 비프롤레타리아 근로계층의 투쟁과 민주주의 및 사회주의를 위해 독점자본에 대항하는 인민대중의 투쟁을 분석했다. 이러한 기초 위에서 레닌은 마르크스주의 이론의 모든 구성요소를 더욱 발전시켰다: 변증법적 역사적 유물론, 마르크스주의 정치경제학, 과학적 공산주의. 레닌이 사회주의와 자본주의라는 두 세계체제의 존재와 투쟁의 조건 아래에서 혁명과정의 문제와 공산주의 사회의 창조라는 가장 중요한 문제를 다루었고, 그와 함께 새로운 시대에서의 사회 발전에 관해 제기되는 문제에 대답을 제시한 것은 그의 불변의 기여이다.

레닌은 국제적 프롤레타리아의 과학적 전략과 전술을 완성했다. 레닌은 그 활동과 경험이 국제적인 의미를 가지는 소련의 공산당을 수립했고, 현재의 공산주의적 세계운동의 투쟁을 위한 이론적, 이데올로기적, 정치적 원칙을 마련했다. 레닌은 역사에서 최초로 승리한 프롤레타리아 혁명을 이끌었다: 러시아의 1917년 위대한 사회주의 10월혁명이다. 이것은 인류사에 신기원을 열었는데, 세계적 규모에서 자본주의로부터 사회주의로의 이행의 시대를 열었다. 이것은 최초로 세계적으로 분명한 마르크스-레닌주의의 승리였다. 레닌은 세계 최초의 사회주의 국가를 수립하고 이끌었으며, 노동계급의 투쟁과 사회주의 승리를 위한 연대의 선두에 섰다.

마르크스주의의 발전에서 레닌주의적 단계는 노동계급의 마르크스-레닌 당의 이론적 활동에서의 지속을 발견한다. 마르크스-레닌주의는 현재 무엇보다 공산당과 노동당의 자료에서, 국제공산주의운동의 자료와 혁명적 실천에서 더욱 발전되고 있다.

소련에서 사회주의의 확립, 제2차세계대전에서 파시즘의 붕괴, 많은 나라에서 사회주의 혁명의 승리, 사회주의 세계체제의 등장, 새로운 사회의 건설에서 사회주의 공동체의 인민의 성공, 자본의 나라에서 노동계급의 성공, 제국주의적 식민주의의 붕괴, 해방된 나라들에서 민족적 독립을 유지하고 사회적 진보와 예외 없이 반제국주의 투쟁의 고양을 위한 인민들의 투쟁 – 이 모든 것은 마르크스-레닌주의의 정당성을 보여주고 그들의 승리의 불가피성을 확증한다. 마르크스-레닌주의의 기초 위에서만 현 시대가 제기하는 복잡한 문제를 올바로 해결할 수 있다는 사실은 실천을 통해서 증명된다. 마르크스주의가 역사적 무대에 등장한 이래, 각각의 새로운 세계사의 시대는 새로운 확증과 새로운 승리를 마르크스주의에 가져왔다.

마르크스-레닌주의는 평화를 추구하는 데서 하나가 되는 모든 혁명세력의 선도자Avantgarde인 국제공산주의운동의 이론적 토대이다. 마르크스-레닌주의는 승리한 현실사회주의real Sozialismus의 조건 하에서 사회의 발전노선을 밝혀주고, 사회주의 공동체국가들의 공산당 및 노동당의 국내외 정책을 위한 이론적 이데올로기적 기초를 구성한다. 마르크스-레닌주의는 인민권력Volksmacht에 노선Weg과 목표를 제시한다. 자본주의적 질서의 조건 하에서 노동계급과 그들의 정치적 전위Vorhut는 마르크스-레닌주의를 단기목표와 최종목표를 위한 정치투쟁의 전략과 전술을 확정하기 위해 적용한다. 그 본질에서 국제적이기 때문에, 자본주의 나라들에서 노동계급을 위한 마르크스-레닌주의적 이론은 독점에 반대하는 투쟁에서 더욱 이론적 무기가 되고 있으며, 발전도상국의 진보적 세력에게는 민족적 사회적 발전의 최선의 형태와 방법을 선택하는 데 도움이 되고 있다. 따라서 마르크스-레닌주의 당이 마르크스와 엥겔스 그리고 레닌의 이념과 저작을 보급하고, 혁명 이론을 포괄적으로 자기화하고, 그것을 창조적으로 더욱 발전시키고, 모든 적대자들에 반대하여 일관되게 지켜내는 것을 그 당의 가장 중요하고 긴급한 과제로 고찰해왔고 지금도 고찰하고 있음은 합법칙적인 것이다.

사실상 마르크스주의는 역사의 시험을 통과했고, 세계적으로 승리의 길을 계속 걸어왔으며, 여기에 마르크스주의적 문헌, 특히 마르크스와 엥겔스 그리고 레닌의 저작에 대한 증가하는 이해관심의 주요 근거가 있다. 결과적으로 칼 마르크스와 프리드리히 엥겔스 또한 W. I. 레닌의 저작에 대한 다양한 출판의 수가 전반적으로 크게 증가하였다. 마르크스-레닌주의의 고전가들은 세계에서 가장 많이 읽히는 저자들이다. 그들 저작에 대한 수요는 모든 곳에서 증가하고 있다.

마르크스와 엥겔스 그리고 레닌의 저작은 세계의 여러 언어로 번역되었고, 다양한 범주의 독자들에게서 발견된다. 도처에서 그들 저작에 대한 포괄적이고 근원적인 연구를 위한 노력이 나타나고 있고, 새로 발굴된 친필원고나 자료의 출판과 새로운 전기적 자료에 대한 한층 높아진 관심을 느낄 수 있다.

마르크스-레닌주의의 고전가들의 저작에 대한 점증하는 수요를 불신하는 많은 부르주아 대변자들은 마르크스와 엥겔스 그리고 레닌의 통상적으로 거론되는 텍스트를 출판하면서, 편향적인 선택으로 간행하거나 반마르크스주의적 서문과 주석을 달아 간행한다. 혹자는 청년 마르크스의 저작과 성숙한 마르크스의 저작을 대립시키거나 마르크스와 엥겔스의 사상을 레닌의 이념과 대립시켜, 마르크스주의를 왜곡하기도 한다. 또 혹자는 마르크스와 엥겔스 그리고 레닌의 교의와 현재의 공산주의운동의 이론 및 실천 사이의 대립을 강조하거나 혹은 마르크스주의의 "다원성Pluralismus"에 관한 잘못된 주장을 선전한다. 그러나 마르크스주의의 "다원성"에 관한 주장, 그것의 이른바 내적 모순과 또 다른 발견에 관한 주장은 결코 마르크스-레닌주의의 "비판가"의 어떤 고유한 술책일 수 없다. 이러한 부르주아 대변자의 다양한 시도는 마르크스주의를 부르주아 자유주의적 각인의 추상적 휴머니즘으로 곡해하고, 그럼으로써 마르크스주의로부터 그 혁명적 핵심을 탈각시키려는 목적일 뿐이다: 노동계급의 역사적 사명, 프롤레타리아 독재, 자본주의 생산양식을 사회주의 생산양식을 통해 혁명적으로 해소할 수밖에 없는 불가피성, 공산주의의 필연적 승리 등에 관한 핵심 이론.

마르크스와 엥겔스가 살았고 활동했고 투쟁했던 시대로부터 많은 시간이 흘렀다. 그러나 마르크스주의의 창시자들은 그들의 과학적 이론을 통해 여전히 세계사에 계속 영향을 미치고 있다. 자본주의적 착취와 제국주의 및 전쟁에 반대하는 투쟁 속에, 인류의 행복한 사회주의 미래를 위한 투쟁 속에 참가한 새로운 세대는 마르크스주의의 과학적 이론으로부터 불굴의 용기와 지식 그리고 승리의 확신을 창조한다. 그들의 이론에 대한 믿음서약과 같이 마르크스와 엥겔스에 대한 레닌의 열광된 말도 오늘날 다시 울려 퍼진다: "… 이것은 현실의 인간이다! 그들로부터 우리는 배워야 한다. 우리는 이러한 토대를 결코 떠날 수 없다."

전 세계의 과학자들은 마르크스와 엥겔스의 원 자료를 더욱 자주 탐독하고, 번역된 판본에 더 이상 만족하지 않고, 원래의 텍스트를 가지고 자세하게 탐구하여, 마르크스와 엥겔스 사상의 발전을 구체적으로 추적하고 그들의 과학적 창조의 방법과 작업방식 그리고 전문술어를 연구하고자 한다.

사회적 발전의 객관적 요구, 혁명적 세계과정과 현재의 이데올로기 투쟁의 증가하는 외연과 심화는, 마르크스와 엥겔스의 문헌적 유산을 완전한 형태로 편집하고, 더욱이 마르크스와 엥겔스의 이론적 실천적 활동의 역사를 전면적으로 연구하기 위한 과제를 절박하게 제시한다. 마르크스-엥겔스-전집(*MEGA*)은 이러한 목적에 부응하는 것이다.

마르크스-엥겔스-텍스트의 편집에서 축적된 모든 경험에 의해 뒷받침되고 마르크스-엥겔스-연구의 결과로 충분히 평가된 전집은 과학적 공산주의의 창시자들의 전체 문헌적 유산을 진보적 인류에게 접근 가능하도록 만들어야 한다. 이때 편집자들은 마르크스주의의 등장과 형성 그리고 가장 중요한 발전단계에 관한 레닌의 언급과 관련된 방법적 고려를 따랐다. 이러한 원칙은 마르크스와 엥겔스의 이념에 관한 분석에서 구체적이고 역사적인 접근을 요구한다. 이것은 다음과 같은 이유에서 더욱 강조되어야 한다. 즉 통상 마르크스주의의 의미를 현재 부정하는 부르주아 "마르크스연구자들"은 마르크스의 초기 저술로부터 - 마르크스의 세계관이 비로소 형성되었을 때 - 몇 개의 주장을 절대화하고 마르크스주의 이론의 더 이상의 발전을 무시하려고 하기 때문이다.

편집에 참여한 두 연구소는 칼 마르크스와 프리드리히 엥겔스의 저작 전집을 마르크스-엥겔스-연구와 편집과학의 최신 인식발전에 따라 출판하는 것을 영광스런 책임으로 간주한다. 이러한 방식으로 마르크스-엥겔스-전집은 세계에 마르크스주의적 지식을 더욱 보급하는데 기여하고자 한다.

II

칼 마르크스와 프리드리히 엥겔스의 저술을 편집하는 것은 언제나 마르크스주의의 발전 및 보급 과정과 국제 노동계급의 혁명적 해방투쟁에서의 검증과정의 유기적인 구성부분이었다. 마르크스와 엥겔스조차 그들의 저술을 출판하고 다양한 언어로 번역하는 데 최고의 의미를 부여했다. 그들은 출판사와 필요한 접촉을 하고 새로운 판에 상응하는 서문을 쓰는 데 최선의 노력을 다했다. 그들이 『공산당선언』이나 『자본』 등과 같은 저작을 출판하는데 얼마나 주의를 기울였는지는 잘 알려진 사실이다. 『자본』의 다양한 판을 준비하는데 엥겔스는 자신의 인생의 10년 이상을 헌신했다.

국제 노동운동의 혁명적 대표자들은 마르크스와 엥겔스의 저술에서 계급투쟁에서의 강력한 정신적 무기를 인식했고, 그것의 출판과 마르크스주의 이념의 자기화Aneignung와 창조적 적용을 노동계급의 승리를 위한 가장 중요한 전제로서 관찰했다. 국제노동운동의 성장과 혁명당의 등장 및 빠른 발전과 함께, 마르크스와 엥겔스의 이념의 흡인력은 끊임없이 증가했다. 그들의 저술은 더욱 보급되었다. 이러한 과정에서 과학적 공산주의의 창시자들의 문헌적 유산을 최고의 완결된 전집으로 출판하는 것이 절박한 과제로 되었다.

마르크스와 엥겔스의 전체 저작을 출판하려는 최초의 시도는 이미 그들의 생전에도 있었다. 마르크스 자신도 1848/49년의 혁명 직후에 자신의 저술을 두 권으로 출판하려고 준비하였으며, 공산주의자동맹의 성원인 쾰른의 헤르만 베커가 출판하려고 했었다. 그러나 작업은 첫 번째 납본 후 출판인의 검거로 인해 중단되었다. 『자본』의 세 번째 책에 대한 작업이 끝난 후 엥겔스는 마르크스와 자신 저작의 전집을 준비하기 시작했다. 엥겔스의 죽음으로 이러한 작업은 이어지지 못했다.

엘레노어 마르크스-에이블링Eleanor Marx-Aveling은 90년대 말 마르크스와 엥겔스의 문헌적 유산으로부터 출판을 하기 시작했다. 마르크스의 딸은 50년대 마르크스와 엥겔스의 저작을 묶어 몇 권의 선집을 출간했다.

마르크스주의 창시자들의 친필 유고의 대부분을 문서보관소에 갖고 있던 독일사회민주당의 지도자들은 그때까지 알려지지 않았던 마르크스와 엥겔스의 원고들, 즉 그들의 편지 일부와 이미 과거에 인쇄되었던 몇몇 출판물로서 주로 40년대와 50년대 신문에 인쇄되었던 원고들을 모아 분책으로나 잡지에 출판하려고 하였다. 잡지 중에서는 『Neue Zeit』(신 시대, 독일 사민당 기관지)에 주로 출판되었다. 이러한 출판 중에서 프란츠 메링Franz Mehring에 의해 편집되고 1902년에 출간된 1840년대로부터의 저작집이 중요한 자리를 차지한다. 이것은 마르크스와 엥겔스의 혁명활동의 최초의 시기로부터 잊혀졌고 접근하기 어려웠던 저술을 모아 주석까지 달아 출간한 최초의 시도였다.

그밖에 칼 카우츠키Karl Kautsky가 편집한 마르크스의 『잉여가치론』, 4

권으로 편집한 마르크스와 엥겔스 사이의 편지교환, 프리드리히 아돌프 조르게Fridrich Adolpf Sorge에게 보낸 마르크스와 엥겔스의 편지, 루이 쿠겔만Louis Kugelmann에게 보낸 마르크스의 편지 등이 제1차세계대전 이전에 출간되었다. 특별한 의미를 갖는 것은 마르크스주의 창시자들 사이의 편지교환을 출간한 것이다. 그러나 이것은 이미 수정주의의 대변자가 되어버린 베른슈타인Bernstein에 의해서 불충분하게 편집되었다. 독일사회민주당의 문서보관소에서 발견된 편지들 중 약 150통이 출판되지 않았고, 일부 편지는 축약되어 편집되었을 뿐이다. 서문과 해설도 피상적이고 부분적으로 오류가 있었다. 제1차세계대전 중에 D. B. 라자노프Rjasanow에 의해 두 권으로 편집된, 주로 <뉴욕 데일리 트리뷴New-York Daily Tribune>에 실렸던 1850년대 마르크스와 엥겔스의 기고문을 모은 책이 출간되었다.

커다란 의미를 가짐에도 불구하고 이러한 모든 출판은 마르크스주의 창시자들의 문헌적 유산의 아주 작은 일부만을 제공한 것이었다. 독일 사민당의 지도부의 다수가 마르크스주의로부터 더욱 멀어지게 되면서, 마르크스와 엥겔스의 저술을 체계적으로 출간하려는 관심도 더욱 줄어들게 되었다.

마르크스주의 창시자들의 문헌적 유산을 출간하려는 새로운 단계는 위대한 사회주의 10월혁명의 승리와 소비에트권력의 수립을 통해 주어졌다. 공산당과 소비에트정부 그리고 레닌은 개인적으로 마르크스와 엥겔스의 문헌적 유산의 포괄적인 출판을 가장 중요한 이데올로기적 과제로서, 그리고 전 세계의 노동계급에 대한 국제주의적 책임으로서 간주했다. 이러한 과제를 성공적으로 해결하기 위한 중요한 진전이 나타나게 되었는데, 그것은 마르크스주의 창시자들의 저작을 편집하기 위해 그에 상응하는 자료의 토대를 마련하고 기타 여러 가지 필요한 준비작업을 떠맡아 그러한 과제를 수행할 수 있는 특별한 기관의 건설이었다. 따라서 1921년 1월에 W. I. 레닌의 주도와 러시아 공산당 중앙위원회(볼세비키

Bolschewiki)의 결정으로 마르크스-엥겔스-연구소(후에 레닌-연구소와 합병하여 마르크스-엥겔스-레닌-연구소로 하나가 되었다)가 창립되었다. 이 연구소가 마르크스와 엥겔스의 출판물과 그들의 친필원고와 편지 그리고 다양한 인물들이 그들에게 보낸 편지를 체계적으로 모으기 시작했다. 많은 전기적 자료, 그리고 노동운동과 과학적 사회주의의 역사를 위한 원자료와 문헌, 마르크스주의의 창시자들이 도움을 준 신문 및 잡지 등등을 수집할 수 있었다. 이미 20년대 말 연구소는 마르크스와 엥겔스의 문헌적 유산을 전 세계로부터 충분히 수집하였고, 국제적으로 인정받는 다양한 출판활동을 전개하였다.

마르크스-엥겔스-레닌-연구소는 처음으로 『독일 이데올로기』와 『자연변증법』, 『경제학 철학 수고』와 기타 자료들의 완전한 텍스트와 같은 마르크스주의의 창시자들의 중요한 저작을 출판하였다. 1924년부터 연구소는 러시아공산당KPR(볼세비키)의 8차 당대회의 결정에 근거하여 마르크스와 엥겔스 저작을 러시아어는 물론 원어로 된 여러 권의 저작집을 처음으로 준비하기 시작했다. 공산주의 인터내셔날 제5차대회는 이러한 결정에 감사를 표했고, 전 세계의 모든 공산당은 마르크스-엥겔스-연구소에 가능한 모든 지원을 할 것을 호소했다.

최초의 러시아어 저작집은 1928년 출간하기 시작해서 1941년 마침내 끝났다. 이것은 28권(33책)으로 구성되었다. 이것은 러시아어로 된 마르크스와 엥겔스 저작집의 제2판이 출간될 때까지 마르크스주의 창시자들의 유일하고 가장 완전한 저작집이었다. 이것은 약 1,250개의 저술과 약 3,300개의 편지를 포함하였는데, 그 중 460개의 저술과 약 800개의 편지는 그때까지 출판되지 않은 것들이었다.

동시대를 위해 마르크스-엥겔스-연구소에 의해 처음에는 D. B. 라자노프의 지도 아래, 그리고 후에는 W. W. 아도라츠키Adoratski의 지도 아래 착수되었던 원어로 된 마르크스와 엥겔스의 저작전집Gesamtausgabe der Werke von Marx und Engels(*MEGA*)은 그 당시까지 알져진 마르크스와 엥겔스의 모든 저작과 친필원고를 포함하였다: 그 중에는 불완전하게 남았지만 역시 모든 준비가 된 자료들, 즉 초고와 노트, 발췌 등 부분적으로는 미완성이거나 부분적으로는 작성 중에 있던 자료들을 포함하였다. 또한 *MEGA*전집에는 마르크스주의 창시자들의 남아 있는 모든 편지는 물론 그들에게 보낸 제삼자의 편지의 일부도 포함되어야 했다. *MEGA*전집의 준비에는 연구소의 소비에트 동료들 외에도 또한 다른 공산당, 특히 무엇보다 독일 공산당의 대표자들도 참여해야 했다. 마찬가지로 많은 나라의 진보적 과학자들이 연구소의 가장 중요한 자료들을 마음대로 활용하면서 이 전집의 작업을 지원하였다. 독일에서 파시즘독재가 확립될 때까지 저작집은 먼저 프랑크푸르트 암 마인에서, 후에는 베를린에서 인쇄되었다.

이 전집을 위한 계획은 단지 부분적으로만 실현되었다. 1927년에서 1935년까지 마르크스와 엥겔스의 저술을 포함하는(『자본』은 제1부에서 제외되어 제2부로 포괄된다) 제1부의 7권과 제3부(마르크스와 엥겔스의 편지교환)의 4권, 그리고 특별 편집본으로서 엥겔스의 『반뒤링론』과 『자연변증법』이 출간되었다. 그밖에 이러한 전집의 형태 이후에 1939-1941년 처음으로 마르크스의 1857/1858년의 경제학 수고(『정치경제학 비판 요강. 1857-1858년의 초고』)가 출판되었다. 모든 이러한 *MEGA*전집의 책들은 세계적으로 보급되었고 인정을 받았다.

칼 마르크스와 프리드리히 엥겔스의 저작집을 출간하는 것과 동시에 1924년부터 『마르크스-엥겔스-문서집*Archiv*』이 출간되었다. 이 안에는 과학적 논문과 보고 이외에도 마르크스와 엥겔스의 친필로 남겨진 수많은 논문이 - 대부분 처음으로 - 출판되었다. 1931년부터 『문서집』의 성격이 변했다. 그때부터 여기에는 오직 마르크스주의의 창시자들의 펜으로 이루어진 자료만이 출판되었다. 그 중 일부는 전집의 초판 및 재판에서 다시 인쇄되었지만, 그러나 몇몇 의미 있는 저술은 단지 『문서집』에서만 출판되었다.

반히틀러연합에서 소련과 연대한 민족들이 제2차 세계대전에서 독일 및 이탈리아의 파시즘과 일본의 군국주의에 맞서 승리하고 소련이 승리한 결과로 사회주의 국가공동체의 형성과 모든 나라에서 진보적 세력의 성장은 마르크스주의-레닌주의의 보급을 위한 새로운 가능성을 열어주었다. 과학적 공산주의의 창시자들의 저작에 대한 관심이 크게 증가하였다. 사회주의 나라들에서는 특별히 마르크스, 엥겔스, 레닌의 저작의 출간과 노동운동 및 마르크스주의-레닌주의의 역사 작업을 위한 과학적 중심조직이 창출되었다. 마르크스와 엥겔스의 전집을 그들의 모국어로 출간하는 데 독일공산당 중앙위원회 산하 마르크스-레닌주의연구소가 특별한 역할을 하였는데, 이 연구소는 친필원고의 발견과 수집 및 편집, 마르크스와 엥겔스 전집의 인쇄, 그리고 그들의 생활과 영향에 관한 자료의 수집과 편집에서 매우 커다란 성과를 거두었다.

소련공산당 중앙위원회 산하 마르크스-레닌주의연구소는 1955년에서 1966년까지 칼 마르크스와 프리드리히 엥겔스의 전집 제2판을 러시아어로 출판하였다. 이것은 39권(42책)을 포괄하고 마르크스주의 창시자들의 거의 5,500개의 저술과 편지를 포함하는데, 이것으로 초판의 규모보다 600개의 편지를 포함하여 거의 1,000개의 자료가 더 포함된 셈이었다. 집중적인 연구를 통해 처음으로 많은 양의 출판된 논문에 대한 마르크스와 엥겔스의 저작권이 확인되었다. 또한 수많은 인쇄오류와 친필원고에 대한 부정확한 해석이 정정되었고, 마르크스와 엥겔스에 의해 이용된 많은 원전이 발굴되었다. 제2판은 포괄적인 과학적 부속자료Apparat를 제공했는데, 여기에는 편집자 서문, 역사적이고 텍스트적인 주석, 개별 저술의 형성과 변천 과정 및 역사에 대한 해설 등이 속한다. 과학적 출판물들은 이러한 부속자료를, 마르크스-엥겔스-연구와 국제노동운동의 역사, 그리고 과학적 공산주의의 역사의 수많은 중요한 문제를 해명하는 데 의미 있는 기여를 한 것으로 평가한다.

러시아어 제2판은 1968년 독일통일당SED 중앙위원회 산하 마르크스-

레닌주의 연구소가 독일어로 완성한 마르크스주의 창시자들의 39권(41책)과 초기 저술이 포함된 보충본(2권)으로 이루어진 마르크스-엥겔스-전집(MEW: Marx-Engels-Werke)을 위한 기초로서 기여했다. 전집에 포함된 저술과 편지의 거의 3분의 2가 독일어로 쓰였고, 따라서 원어로 제시되었다. 그러므로 이 전집은 특히 국제적으로 크게 보급되었다.

이 두 가지 전집의 기초 위에서 여러 권으로 이루어진 불가리아어, 일본어, 조선어(북한), 폴란드어, 루마니아어, 세르보크로아티아어, 체코어, 우크라이나어, 헝가리아어 그리고 기타 여러 언어로 출판되었다.

마르크스주의 창시자들의 문헌적 유산을 추가로 출판하는 데 의미 있는 기여를 한 것은 러시아어로 된 제2판을 위한 보충본이다(제40에서 제50권). 이것은 이제까지 전혀 출판되지 않았던, 제2판의 출간 이후 비로소 발견된 마르크스와 엥겔스의 원고와 기고문, 편지는 물론 전집의 제1권에서 제39권까지 들어가지 않았던 몇몇 저술을 포함하고 있다. 이 보충본과 또한 동독DDR의 마르크스-엥겔스-전집의 보충본의 출간은 마르크스와 엥겔스의 문헌적 유산의 새로운 출판과 연구를 위한 가능성에 더욱 큰 의미를 제공한다.

소련공산당 중앙위원회 산하 마르크스-레닌주의 연구소와 모스크바의 출판사 '프로그레스Progress'는 영국 공산당과 미국 공산당의 출판사와 공동으로 50권 짜리 마르크스 엥겔스 전집을 영어로 출판하는 데 착수했다. 이 전집은 보충본을 포함한 러시아어 제2판의 자료를 포함하게 되는데, 그 중에는 최근 발견된 마르크스주의 창시자들의 저술과 편지도 들어갈 것이다. 이러한 작업을 위해서는 결국 특별한 텍스트 작업이 요구되는데, 무엇보다 영어로 쓰인 저술들에 대한 작업이 그러하다. 영어판에 상응하여 로마의 출판사 'Editori Riuniti'가 50권으로 된 마르크스 엥겔스 전집을 이탈리아어로 작업을 시작했다. 파리의 출판사 'Editions Sociales'는 편지전집을 불어로 출판하고 동시에 50권으로 이루어진 마르크스 엥겔스 전집을 불어로 준비하고 있다. 그밖에 몇몇 과학적 연구기관 - 예를 들어 국제사회사연구소(암스테르담), Feltrinelli 연구소(밀라노) 등 - 이 일련의 중요한 과학적 개별판본을 출판하고 있는데, 그 중에는 마르크스와 엥겔스가 개별 인물들과 나눈 편지교환도 있다.

위에서 거론된 모든 판본을 위해 마르크스주의 창시자들의 문헌적 유산에 대한 추적과 수집에서는 물론 또한 텍스트 연구와 과학적 주석에서 이루어진 대규모의 포괄적인 작업은 칼 마르크스와 프리드리히 엥겔스의 전집을 원어로 출간하기 위한 중요한 전제를 형성한다.

III

우리 시대의 정신적 생활에서 마르크스와 엥겔스의 이론적 유산이 갖는 특별한 의미는 노동계급과 모든 진보세력의 투쟁을 위해 그 어느 때보다 오늘날 그들의 저작을 다양한 형태로 보급하는 것이 중요하다. 다양한 독자층을 전제로 할 때 그리고 그들의 요구로 볼 때, 다양한 형태의 마르크스-엥겔스-편집본이 필요할 것이다: 개별 출판물, 주제에 따른 모음집, 선집과 전집, 원어로의 출판과 번역본의 출간.

마르크스와 엥겔스의 과학적 전집을 원어로 출판하는 것은 특별한 의미를 가질 수 있다. 이것은 마르크스주의의 역사와 이론에 대한 더욱 근본적인 연구를 위해, 그리고 과학적 공산주의의 창시자들의 저작을 모든 나라와 언어로 새롭게 출판하기 위해 확실한 토대를 제공할 것이 틀림없다. 이러한 특별하고 동시에 근본적인 과제가 마르크스-엥겔스-전집의 편집원칙의 성격과 특수성을 규정한다.

*MEGA*전집은 마르크스와 엥겔스의 문헌적 유산을 - 그것이 전승되고 접근할 수 있는 한 - 완전한 형태로 제공한다. 이미 러시아어와 독일어 저작집의 제2판이 포함하고 있는 저술과 기고문, 편지에 더해 그동안 새롭게 발견된 저술과 편지가 추가될 것이다. 나아가 마르크스와 엥겔스의 모든 원고와 초고, 개요와 발췌, 방주와 그와 비슷한 연구자료가 출판될

것이다. 이것은 마찬가지로 그들의 연설과 대화의 기록문서와, 마르크스와 엥겔스가 그 완성에 참여한 민주운동 및 노동운동의 문서, 그리고 그와 비슷한 자료에도 해당될 것이다. 이것을 넘어 마르크스와 엥겔스의 편지 외에도 또한 그들에게 보낸 제삼자의 편지와 마르크스-엥겔스-연구를 위해 중요한 제삼자의 일련의 편지를 각각 포함할 것이다. 새롭게 출판할 수 있는 자료만 해도 수십 권의 분량이 될 것이다. *MEGA*전집은 이를 통해서 마르크스와 엥겔스의 이론적 작업과 실천적 정치적 투쟁에 대한 통찰을 더욱 심화하고 확대할 것이다.

*MEGA*전집에서 모든 텍스트는 원본과의 완전한 일치와 그 각각의 해당되는 언어로 출판될 것이다. 원어로의 인쇄는 텍스트 재현의 진정성을 극대화해줄 것이고, 마르크스와 엥겔스 저작의 번역을 용이하게 해줄 것이며, 그로 인해 그들의 이념을 더욱 널리 보급하게 해줄 것이다. 이것은 또한 혁명적 노동운동과 전체 진보적 인류의 개념세계와 용어활용에 지속적으로 영향을 미친 마르크스주의 용어법의 발전과 마르크스주의 창시자들의 위대한 언어창조적인 영향에 관한 정확한 연구를 가능하게 해줄 것이다.

모든 텍스트를 원어로 완성한다는 원칙과 그 재현은 *MEGA*전집의 특징을 잘 보여준다: 이것은 마르크스와 엥겔스의 전체 저작을 역사적인 발전 속에서 나타내고, 이때 첫 번째 개요에서 마지막 완성까지, 자료가 남아 있다면, 모든 저작의 발전 및 성숙과정을 자료화한다. 그리하여 처음으로 각각의 저술에 대해 모든 임의의 마르크스와 엥겔스에 의해 유래된 혹은 그들에 의해 권위를 부여받은 저술이나 번역 등을 접근할 수 있고, 또한 텍스트 발전이 전체로서 조망될 수 있다. 이를 통해 *MEGA*전집은 물론 이미 출판된 마르크스와 엥겔스의 저작을 더 깊이 이해할 수 있을 뿐만 아니라, 처음으로 다루게 되는 저술들을 마르크스주의 창시자들의 전체 창조물 속에 배열할 수 있게 된다. *MEGA*전집은 이제까지 확인하기 어려웠던 마르크스와 엥겔스의 작업 방식을 조망하게 해주고, 마르크스주의의 형성과 발전의 특수성과 단계를 가능한 한 포괄적으로 자료화해준다.

마침내 MEGA전집에서는 마르크스와 엥겔스의 문헌적 유산이 근본적인 텍스트 비판의 토대 위에 제시되고, 과학적 이용자를 위해 필요하다면 접근하여 포괄적인 주석작업이 가해질 것이다.

역사적-비판적 마르크스-엥겔스-전집historisch-kritische Marx-Engels-Gesamtausgabe은 거의 100여권을 포괄할 것이다. 작업과 이용을 쉽게 하기 위해서 이 거대한 전집은 4부로 나누어졌다. MEGA전집의 4부 구분은 마르크스와 엥겔스의 문헌적 창조의 다양한 형태로부터 연유한다. 이것은 다양한 재현형태를 요구하기 때문이다.

먼저 한편으로 저술, 기고문, 초고가 다른 한편으로 편지가, 모든 비교할 만한 편집에서와 같이, 고유한 부로 배치된다. 『자본』은 독립된 부를 형성한다. 『자본』의 초고와 인쇄물만으로도 거의 20권의 분량이 된다. 이를 통해 독자들은 마르크스의 주요 저작의 수십 년에 걸쳐 이루어진 형성과정을 연관 속에서 추적할 수 있는 가능성을 얻게 된다. 그리고 발췌와 개요, 노트, 책에 대한 방주와 주석도 고유한 부로 배열된다. 단지 그것들 중 몇몇은 각각 규정된 저작에 예비 작업으로서 배치된다; 많은 것들이 다양한 작업을 위해 저자에 의해 활용되었다. 게다가 이들 자료에서는 마르크스와 엥겔스의 고유한 입장을 진술하는 데 이미 발견된 사고Gedanken 자료의 자기화가 중요한, 대부분 지배적인 역할을 한다. 따라서 그에 대해서는 특별한 편집방식이 상응해야 한다.

그러므로 MEGA전집은 4부로 나누어진다:
    제1부: 저술과 기고문, 초고(『자본』은 예외),
    제2부: 『자본』과 예비 작업,
    제3부: 편지교환,
    제4부: 발췌, 노트, 방주.

보충으로서 MEGA전집의 특별한 권『생애 증인들Lebenszeugnisse』도 출판될 것이다. 즉 마르크스와 엥겔스에 관한 동시대적 문서는 과학적으로 높은 진술 가치를 가질 것이고, 마르크스와 엥겔스, 그 가족과 투쟁동료들은 물론 그들의 거주상태와 활동상태를 묘사한 사진과 동시대적 그림도 높은 가치를 가질 것이다; 또한 편지와 기고문, 일기, 보고서에 남긴 동시대인들의 진술 원문; 검열기관, 재판소, 경찰당국과 기타 여러 관청의 서류로부터 신뢰할 만한 진술.

편집 작업의 말미로서 개별 부나 전체 전집을 위한 색인이 책마다 완비될 것이다.

*MEGA*전집의 4부 안에서 텍스트는 연대기적으로 배열될 것이다. 마르크스와 엥겔스가 우선 독립적으로 각자 혁명적 민주주의에서 공산주의로 그리고 관념론에서 유물론으로 이행했기 때문에, 1844년 8월 그들이 만날 때까지의 저술과 편지는 분리해서 편집될 것이다; 그렇지만 그들의 공동 작업이 시작되고부터 나온 저술은 연대기적으로 제시될 것이다. 개별 텍스트의 연대기적 배열을 위해 출판 날짜가 아니라 완성의 날짜가 고려되었다. *MEGA*전집은 무엇보다 마르크스주의의 형성사와 발전사를 자료화했기 때문이다. 책의 구분은 마르크스주의와 국제노동운동의 역사에 대한 일반적 시기구분을 고려했고, 마르크스와 엥겔스의 생애에서 가장 중요한 단계들을 고려했다. 그것을 통해 만들어진 현저한 구분 안에서는 그러나 전승된 자료의 규모를 계산하지 않았다.

*MEGA*전집-권들의 고유한 텍스트에서는 단지 마르크스와 엥겔스로부터 유래한다고 증명될 수 있는 텍스트만이 재현되었으며, 또한 그들에 의해 권위를 인정받은 텍스트만이 재현되었다. 모든 다른 자료는 텍스트 부분에 대한 부록에 실었다. 부록에는 또한 마르크스와 엥겔스의 권위를 인정받았지만 의심이 가는 모든 자료(저자를 특정하기에 애매한 자료Dubiosa)와 대부분 신문이나 잡지에 익명으로 출간한 기고문도 포함된다.

다음에 더욱 상세히 특징짓겠지만, 개별 권들에 대한 과학적 부속자료는 텍스트 부분과 분리하여 별도의 책으로 만들어졌다. 따라서 부속자료의 책은 텍스트 부분의 책과 나란히 읽을 수 있다.

IV

MEGA전집의 제1부는 『자본』과 그에 속한 원고를 제외하고 마르크스와 엥겔스의 모든 저술을 포함한다. 저술과 기고문, 초고는 그들에 의해 기초된 혁명적 이론과 그것의 노동운동과의 합일의 발전과 이념적 재부를 포괄적으로 반영한다.

비록 마르크스와 엥겔스의 유산의 이러한 중요한 일부가 이미 기존의 전집으로 출판되었지만, MEGA전집의 제1부는 마르크스-엥겔스-연구를 상당히 풍부화했다. 마르크스와 엥겔스의 일련의 아직 출판되지 않은 초고와 원고는 물론 새로 발견된 출판물도 여기에 인쇄되었다. 모든 저술을 각각의 원어와 모든 권위 있는 편집으로 제시함으로써 과학적 정보내용이 훨씬 개선되었다.

제1부에서는 일련의 논문과 기고문에 대한 기획개요와 초안 그리고 초고가 접근 가능해짐으로써, 마르크스주의의 중요한 이념의 탄생을 명백히 보여줄 수 있게 되었고, 그 창시자들의 작업방식에 대한 가치 있는 통찰을 제공할 수 있게 되었다. 중요한 친필원고는 친필로 된 텍스트의 내적 발전을 자세하게 제시함으로써 연구를 위해 증언할 수 있는 재현을 제공할 것이다. 여기에는 특별히 『경제학-철학 수고』, 『독일 이데올로기』, 『자연변증법』이 해당할 것이다.

다른 판에 비해 채택된 마르크스와 엥겔스의 언론기고문의 수가, 그들이 협력했던 신문과 잡지가 새롭게 그들의 작업에 관해 연구됨으로써, 커졌다. 게다가 MEGA전집은 기고문을 마르크스와 엥겔스에 의해 권위를 인정받은 모든 텍스트로 재현한다. 마르크스와 엥겔스의 많은 기고문은 예를 들어 동시에 미국의 신문인 <뉴욕 데일리 트리뷴>과 유럽의 기관지인 <인민의 신문> 혹은 <신 오데르신문 Oder-Zeitung>에 등장하고, 때로는 그 외에도 나중에 개별판에서도 나타난다. 몇몇 경우 저자들은 다양한 인쇄를 위해, 이것 혹은 다른 신문이나 출판사의 정치적 노선에 따라, 상당한 변형이나 보충을 했다.

그러나 무엇보다 종종 여러 판을 - 그 중에는 번역도 - 거쳤고, 그 과정에서 저자가 서술을 개선하고 종종 새로운 이론적 인식을 의도했던, 마르크스와 엥겔스의 위대한 저작은 처음으로 모든 권위 있는 편집으로 제시되었다. 『철학의 빈곤』, 『공산당선언』, 『독일의 농민전쟁』, 『사회주의의 공상에서 과학으로의 발전』, 『가족, 사유재산 그리고 국가의 기원』과 같은 저작은 MEGA전집의 제1부에서 그것의 전체 텍스트 발전과 함께 연구할 수 있게 되었다. 마르크스의 펜으로부터 유래한 국제 노동자 협회의 총회 연설에 관해서는 『프랑스의 시민전쟁』이 예를 들어 - 초고를 제외하고 - 그 변경사항Variante을 가진 영어 원본은 물론 그 변경사항을 가진 엥겔스에서 유래한 독일어 번역본과 또한 마르크스에 의해 확증되고 부분적으로 편집된 1872년의 프랑스어 번역본을 함께 인쇄하였다. 엥겔스의 저술 『가족, 사유재산 그리고 국가의 기원』에 관해서는 1884년의 판본은 물론 1891년의 수정본을 함께 재현하였다. 마르크스의 죽음 이후에 엥겔스에 의해 편집된 마르크스 저술의 출판은, 『임금노동과 자본』의 판본과 같이, 커다란 주목을 요한다. 이 저술은 텍스트 부분에서는 <신라인신문>에서의 출판에 따라 1849년의 판본이 재현된 반면, 부속자료의 변경사항색인에서는 1891년의 판본이 재현되었다. 여기서 엥겔스는 몇 군데를 보충하고 용어적으로 『자본』에 동화시켰기 때문이다.

마르크스와 엥겔스에 의해 완성되거나 편집된 몇몇 그들 저작의 번역은 특별한 의미를 가진다. 이것은 마르크스주의적 용어법의 작업과정을 반영하고, 개별 국가들에서 마르크스주의의 보급의 정도를 고려하게 해주며, 국제 노동운동의 발전에 대한 과학적 공산주의 이념의 영향에 관한 지식을 본질적으로 풍부하게 해준다. 이것은 마르크스와 엥겔스의 저술의 번역과 그들에 의해 기초된 노동운동의 자료에 커다란 의미를 부여하는 그들의 창조물의 중요한 측면을 자료화해준다.

    *MEGA*전집 제1부에서는 마르크스와 엥겔스 자신에 의해 완성되거나 편집된 모든 번역이 재현되는데, 그 중에는 독일-프랑스 전쟁에 관한 국제노동자협회 총회의 두 번째 연설에 대한 마르크스의 독일어 번역과, 1885년 엥겔스에 의해 편집된 마르크스의『철학의 빈곤』에 대한 독일어 번역, 1892년 엥겔스의 저술『사회주의의 공상에서 과학으로의 발전』에 대한 자신이 교정을 본 영어 번역이 있다. 그것을 넘어 독자적으로 완성되지 않았거나 편집되지 않았지만 권위를 인정받은 번역도 또한 고려되었다. 이것은 제1부의 텍스트 부분에 대한 부록에서 전체 혹은 일부 인쇄되거나 최소한 기술되었다.

    *MEGA*전집 제1부에서는 노동운동의 다양한 사건에 대한 마르크스와 엥겔스의 모든 기록과 노트 또한 완전히 포함되었다. 이것에는 집회와 자문회의에서 그들이 한 연설과 토론자료의 재현이 해당된다. 그러한 자료는 과학적 공산주의의 창시자들의 전략과 전술을 명백히 반영하고, 노동운동에서의 마르크스주의의 계속 점증하는 영향을 반영한다; 더욱이 이것은 중요한 이론적 정치적 진술을 담고 있다.

    제1부 권들의 텍스트 부분에 대한 부록에는 또한 마르크스와 엥겔스의 직접적 참여 아래 형성되거나 혹은 그들에 의해 편집된 투쟁동료들과 가족들의 작업도 완전히, 또는 요약하여, 혹은 기술적으로 재현되었다.

V

    *MEGA*전집의 제2부는 칼 마르크스의 주요 저작인『자본』에 바쳐진다. 여기에는 50년대의 경제학 원고와 마르크스의 작업인『정치경제학 비판을 위하여』(1859년),『자본』을 위한 모든 선행 원고뿐만 아니라 모두 세 권의 권위 있는 판본을 포함한다. 제2부는 이들 저작에 대한 마르크스의 십 수 년에 걸친 작업의 과정과 성격에 대한 완전한 상을 제공하는 동시

에, 마르크스가 죽은 이후에 엥겔스가 『자본』의 제2권 및 제3권에 대한 편집과 출판을 한 위대한 성과를 자료화한다.

제2부는 오직 『자본』의 오랜 기간에 걸친 역사를 다룰 뿐 마르크스와 엥겔스의 경제적 이론의 형성과 발전을 다루지 않기 때문에, 제2부는 『자본』의 구조로서 이미 직접적인 모습을 갖춘 50년대에 돌입한 마르크스의 경제적 연구의 새로운 단계와 함께 시작한다.

제2부는 1857/58년의 방대한 원고와 함께 시작한다 - 『정치경제학 비판 요강 Grundrisse der Kritik der politischen Ökonomie』이라는 제목으로 알려진, 우리가 『자본』의 최초의 초안으로서 간주하는 원고. 마르크스의 창조과정에는 통찰이 있으며, 이것은 그의 경제적 이론의 기초 작업을 차례대로 추적할 수 있게 해준다. 『요강 Grundrisse』은 경제학 영역에 대한 50년대 연구의 결과를 반영한다. 여기에는 마르크스의 경제학 이론의 작업이 개요에서 뿐만 아니라 본질적인 구체적 사실에서도 처음으로 모습을 나타내고 있다. 1857/1858년의 경제적 원고에서는 처음으로 마르크스의 잉여가치이론이 발전된다. 잉여가치이론은 마르크스와 엥겔스에 의해 40년대 고안된 역사유물론과 함께 사회주의를 공상에서 과학으로 전화시켜주었다.

그 다음에는 마르크스의 저술 『정치경제학 비판을 위하여 Zur Kritik der Politischen Oekonomie. 첫 번째 노트 Heft』(1859년)가 이어진다. 이 저작과 함께 1859년에서 1861년 사이의 보존되어 남아 있는 그의 초고는 물론 다양한 예비 작업(계획 초안, 구체적인 목차 등)이 제시된다.

제2부의 다음 권(제3권, 모두 6책)은 1861년에서 1863년까지 작업을 한 23권의 방대한 노트로 채워진다. 이것은 비록 아직 초안이고 불완전하지만 전체 『자본』에 대한 다소간 체계적인 작업을 표현한다. 여기에는 『자본』의 모두 이론적인 세 권에 해당하는 문제가 다루어진다. 무엇보다 화폐의 자본으로의 전화 문제와 절대적 및 상대적 잉여가치의 생산 문제가 연구되는 모든 노트의 텍스트가 1973년 처음으로 러시아어로 출판되었

다. 이 원고의 매우 방대하고 완전히 작업된 부분은 『잉여가치론Theorien über den Mehrwert』인데, 이것은 『자본』의 네 번째와 마지막 권을 구성한다; 이것은 네 번째 권의 유일한 텍스트이다. 『잉여가치론』은 MEGA전집에서 1861년에서 1863년까지 이루어진 원고의 구성부분으로서 출판된다.

마르크스의 경제적 이론의 작업과 『자본』의 준비를 위한 다음 발걸음은 그가 1863년에서 1865년까지 쓴 원고였다. 이것은 이미 『자본』의 세 부분을 기초했다. 『자본』의 첫째 권의 원고 중 제6장 "직접적 생산과정의 결과"가 단지 전해졌지만, 이것은 첫째 권의 최종 편집에서 채택되지 않았다. 이것은 1933년 소련공산당 중앙위원회 산하 마르크스-레닌주의 연구소에 의해 독일어와 러시아어로 『마르크스-엥겔스-문서』속에 출판되었다.

1863-1865년의 원고는 나아가 『자본』의 둘째 권에 대한 최초의 작업을 포함하고 있다. 엥겔스는 후에 이 둘째 권을 작업하면서 이것을 사용하지 않았고, 이것은 단지 1974년에서야 러시아어로 출판되었다. 이 원고는 또한 마르크스에 의해 남겨진 『자본』의 세 번째 권에 대한 유일한 작업이 들어 있다. 그것의 기초 위에서 1894년 엥겔스는 마르크스가 후에 남긴 삽입과 보충을 고려하면서 그리고 자신이 첨가하여 출판하였다. MEGA전집에는 1863-1865년의 원고가 마르크스에 의해 남겨진 형태로 완전하게 출판된다.

『자본』의 제1권은 MEGA전집에서는 여러 권으로 포괄된다. 1867년의 독일어 초판 이외에, 중요한 언급과 보충을 포함하는 후의 권위 있는 판본이 완전하게 인쇄된다. 마르크스의 많은 언급과 보충이 추가되었고 구조에서 본질적으로 변한 1872년의 독일어 제2판도 여기에 속한다. 1872-1875년의 프랑스어 판본도 한 권을 차지한다. 프랑스어 판본에 대해 마르크스는 많은 언급과 보충을 했는데, 그 중 일부만이 독일어 제3판 및 제4판에 반영되었다. 1887년의 영어 판본이 또 한 권을 자리한다. 이것은 사무엘 무어Samuel Moore와 에드워드 에이블링Edward Aveling에 의해 작업되었고, 프리드리히 엥겔스에 의해 교정되고 편집되었다. 독일어 제3판은 부속자료Apparat의 변경사항Variante에 제시되었다.『자본』제1권의 엥겔스에 의해 편집된 독일어 제4판(1890년)은 완전히 다시 인쇄되었다. 이 판본이 오늘날 주로『자본』제1권에 대한 편집의 기초로 활용되고 있다.

나아가 *MEGA*전집은『자본』제2권의 모든 남겨진 원고와 1885년 엥겔스에 의해 편집된 판본의 인쇄텍스트를 포함한다. 엥겔스가 1893년 제2권의 제2판에 추가한 변화는 변경사항에서 제시된다.

『자본』의 제3권에 대한 예비 작업 중에는 이미 언급한 텍스트인 1863-1865년 원고의 일부 이외에도 또한 개별 장들에 대한 몇 개의 초고가 있는데, 그 중에는 출판되지 않은 원고인 "잉여가치율의 이윤율에 대한 관계, 수학적으로 다룸"도 있다. 모든 이러한 원고들은 제3권에 대한 편집활동 동안 형성된 엥겔스의 다양한 원고들과 함께 제2부에 재현된다.『자본』의 제3권이, 엥겔스가 그것을 1894년 출판했듯이, *MEGA*전집의 제2부를 마무리한다.

VI

*MEGA*전집 제3부에는 칼 마르크스와 프리드리히 엥겔스의 편지교환이 출판된다. 과학적 공산주의의 창시자들의 편지유산은 마르크스주의와 국제 노동운동의 전개와 발전에서 가장 중요한 단계들을 명백하고 포괄적으로 반영한다. 편지유산은 그들의 저작의 내용을 보충하고 마르크스주의의 본질적 특징을 특별한 형태로 자료화한다 - 즉 창조적인 성격, 혁명적 이론과 혁명적 실천의 결합, 마르크스와 엥겔스의 이론과 프롤레타리아 계급투쟁의 분리할 수 없는 결합.

이 유산의 부분이 가지는 전기적 의미도 매우 크다. 편지는 마르크스와 엥겔스의 생애의 가장 중요한 단계는 물론 그들 저작의 집필 및 형성 역사를 추적할 수 있게 해주고, 그들의 정치적 조직적 활동과 출판 활동의 덜 연구되었던 측면들을 해명해 준다. 편지교환은 마르크스와 엥겔스가 겪었고 활동했던 어려운 조건들, 예를 들어 그들이 고통을 감수해야 했던 반동 정부 측의 끈질긴 추방을 반영한다. 편지는 마르크스와 엥겔스 그리고 그들과 밀접했던 투쟁동지들이 서로 연결되어 있던 자기희생적인 우애의 생생한 증거들이다.

*MEGA*전집의 제3부에서는 마르크스와 엥겔스의 통신의 출판이 다양한 방향에서 확대되고 심화되었다.

모든 이제까지의 저작집 판본과 달리 처음으로 마르크스와 엥겔스 서로간의 모든 편지는 물론 제삼자에 대한 편지도 통일된 연대기적 순서로 출판된다.

각 권에 대한 부록에 제시된 마르크스와 엥겔스에게 보낸 제삼자의 편지의 출판은 큰 의미를 가진다. 이들 자료는 마르크스와 엥겔스 자신의 편지를 충분히 이해하기 위해 필수불가결 하고, 또한 그들의 생애와 활동의 연구를 위해서 그리고 마르크스주의와 국제 노동운동의 역사의 연구를 위해서 중요한 자료를 제공한다. 마르크스주의의 창시자들에게 보낸 수많은 편지에는 그들이 직접 쓴 편지가 언급되고 재현되고 인용되어 있는데, 그렇지 않다면 그 내용과 행방에 관해 알 수 없는 것들이다. 이들 편지는 마르크스와 엥겔스의 남아 있는 편지교환에서의 빈틈을 상당 부분 메워 줄 수 있다. 이것은 특히 초기 시대(30년대 말/ 40년대 초)에 해당된다. 이 시기로부터 우리는 마르크스의 개별적 편지만을 알 수 있고, 또한 단지 친구들이나 그와 가까웠던 사람들의 답장으로부터 잃어버렸거나 이제까지 발견되지 않은 마르크스의 편지의 내용을 확인할 뿐이다. 이들 자료는 또한 제삼자 간의 편지를 통해 보충되는데, 여기에는 마르크스와 엥겔스의 남아 있지 않은 편지의 내용이나 그들이 위임한 내용이 재현된다; 이것은 부록의 특별한 부분에서 제시된다.

제삼자의 수많은 편지는 중요하고 때로 유일한, 마르크스와 엥겔스에 관한 전기적 사항을 위한 원천이다. 특별히 이 점과 관련하여 가치 있는 것은 가족구성원이나 친척 그리고 마르크스주의 창시자들과 가까운 친구들의 편지인데, 여기에는 그렇지 않다면 알 수 없는 계획된 작업은 물론 그들 저작의 형성사와 마르크스와 엥겔스의 작업에 관한 판단, 그리고 여러 나라에서 마르크스주의 이념의 보급과 영향의 정도를 반영하는 그 작업의 출판과 선전에 관한 정보 등을 위한 가치 있는 보고가 많이 포함되어 있기 때문이다.

마르크스와 엥겔스의 통신파트너로서는 그들의 투쟁동료들, 국제 노동운동의 주요 지도자들, 특히 공산주의자동맹과 제1인터내셔날의 지도자들은 물론, 많은 나라의 사회주의 정당 및 노동당의 대표자들, 혁명적 민주주의 운동의 지도자들과 진보적 지식인들이 포함되었다: 빅터 아들러Victor Adler, P. W., 안넨코프Annenkow, 아우구스트 베벨August Bebel, 요한 필립 베커Johann Philipp Becker, 빌헬름 브라케Wilhelm Bracke, N. F., 다니엘슨Danielson, 유진 뒤퐁Eugene Dupont, 요한 게오르크 에카리우스Johann Georg Eccarius, 쥘레 귀드Jules Guesde, 조지 줄리안 하니George Julian Harney, 하인리히 하이네Heinrich Heine, 어니스트 찰스 존스Ernest Charles Jones, 칼 카우츠키Karl Kautsky, 폴 라파르그Paul Lafargue, P. L., 라브로프Lawrow, 프리드리히 레스너Friedrich Reßner, 빌헬름 리프크네히트Wilhelm Liebknecht, G. A., 로파틴Lopatin, G. W., 플레하노프Plechanow, W. I., 자슐리치Sassulitsch, 프리드리히 아돌프 조르게Friedrich Adolpf Sorge, 요제프 바이데마이어Josepf Weydemeier, 빌헬름 볼프Wilhelm Wolff 와 기타 등등. 이들의 편지는 마르크스와 엥겔스의 노동운동에서의 뛰어난 역할과 프롤레타리아 당의 창조와 확립을 위한 그들의 오랜 투쟁에 관한 생각을 전해준다. 많은 나라의 노동자들과 노동조직이 마르크스와 엥겔스에게 보낸 수많은 편지는 국제 프롤레타리아의 이 두 지도자에 대한 애정과 존경을 증언한다.

제3부의 권들은 또한 그 당시의 뛰어난 인물들에 대한 마르크스와 엥겔스의 다면적인 관계를 반영하는 그들의 헌정사가 책과 사진으로 출판

된다.

VII

    *MEGA*전집의 제4부에는 마르크스와 엥겔스의 모든 발췌와 개요, 공책과 방주가 처음으로 출판된다.

    마르크스와 엥겔스의 몇몇 발췌와 개요는 이미 처음의, 불완전한 *MEGA*의 제1부에서 선보였고 요약하여 재현된 바 있었다. 그것의 또 다른 일부는 소련공산당 중앙위원회 산하 마르크스-레닌연구소에 의해『마르크스-엥겔스-문서』와 개별적인 모음집 속에 출판된 바 있었다. 그러나 종종 이러한 단편적인 출판은 마르크스와 엥겔스의 문헌적 유산의 중요한 부분의 성격과 내용을 충분히 전달할 수 없었다.

    제4부의 주요 내용을 구성하는 독일어, 영어, 프랑스어, 러시아어, 이탈리아어, 라틴어, 그리스어와 기타 다른 언어로 된 발췌와 개요는 매우 방대하고 그 내용에서 매우 다양하다. 마르크스와 엥겔스의 발췌와 개요는 많은 민족과 시대의 사회경제적 정치적 역사에 관한 자료모음과 사회주의적 이론과 노동운동, 국제관계와 외교, 전쟁기술과 여타 과학분야의 역사에 관한 자료모음을 포함한다. 정치경제학의 문제에 관한 마르크스와 엥겔스의 풍부한 발췌는 매우 방대하고 극히 흥미롭다. 일련의 발췌와 개요는 어학과 언어학, 종교, 예술과 문학은 물론 자연과학의 문제를 다룬다. 특별한 부분은 마르크스와 엥겔스가 그 증인인 정치적 사건들에 할애된다.

    마르크스의 수많은 공책은 출판되지 않았던 마르크스의 친필 주석의 중요한 부분을 묘사하고 있다. 1844년에서 1881년까지 전해지는 17권의 마르크스의 공책은 과학자와 혁명가로서 그의 활동의 다양한 측면을 반영한다. 이것은 개별 생각에 관한 짧은 표시와 몇몇 작업에 대한 작은 초안을 포함하고, 그리고 자주 예를 들어『포이어바하에 관한 테제』나파리 분파의 갈등에 관한 제1인터내셔날 총회의 결정과 같은 완성된 자료를 포함하며, 편지 초안, 일기의 기록, 읽은 책에 관한 메모 등을 포함한다. 주해공책Notizbücher은 발췌노트Exzerpthefte와 마찬가지로, 또한 제1부와 제3부의 해당 권들에 실린, 그 안에 포함된 모든 자료, 기고문과 편지 등의 초안을 포함하여 완전하게 재현된다.

마르크스와 엥겔스가 읽은 책에 대한 그들의 다양한 방주는 커다란 흥미를 제공한다. 이들 방주는 *MEGA*전집 제4부에서 마르크스와 엥겔스의 생애와 활동에서 커다란 시기를 포괄하는 특별한 권들로 재현된다. 방주Randbemerkung와 마찬가지로 또한 책의 표시들Anstreichungen도 적절한 형태로 출판된다(완전한 혹은 부분적인 재현, 상세한 혹은 요약된 서술).

전체적으로 제4부의 자료들은 마르크스와 엥겔스의 창조적인 과학적 작업의 분명한 방법을 보여준다. 이것은 과학적 공산주의의 창시자들의 작업과정과 창조과정에 대한 통찰을 독자들에게 드러내줄 것이다. 많은 이들 자료는 방대한 비판적 논평을 포함하는데, 어떤 것은 단지 마르크스와 엥겔스의 개별적 주석으로 나타나지만 그것은 나아가 자료의 배열과 선택에서의 특징을 보여주고, 마르크스와 엥겔스의 사고과정을 밝혀주며, 해당 문제에 접근해가는 그들의 시각을 분명하게 만들어준다.

제4부의 자료를 비슷한 문제에 관한 마르크스와 엥겔스의 완성된 저작과 비교해보면, 이것은 일련의 중요한 이념의 형성과 발전을 추적할 수 있게 해준다. 발췌와 개요는 또한 과학적 공산주의의 창시자들의 완성된 저작에서 더 이상 발전되지 않은 생각을 포함한다. 마르크스와 엥겔스는 이러한 자료의 거대한 모음을 다양한 이유에서 완성하지 않은 채 남겨 놓은 작업을 위해 작성했다. 그들의 의도와 계획 중 몇몇에 관해 우리는 단지 발췌와 개요를 통해 배울 수 있다. 여기에 속하는 것으로 19세기 초반 스페인에서의 부르주아 혁명과 민족해방운동의 역사를 위한 마르크스의 발췌가 있고, 원시사회와 공동체의 역사를 위한 발췌와 1861년의 개혁 이후 미국과 러시아에서 경제적 발전에 대한 마르크스의

발췌가 있으며, 아일랜드의 역사를 위한 엥겔스의 발췌가 있다.

 *MEGA*전집 제4부의 텍스트는 과학적 공산주의의 창시자들의 문헌적 유산의 통합된 구성부분을 나타낸다. 이것은 마르크스주의 이론과 그 구성부분의 형성과정과 발전과정의 연구를 위한 유일한 종류의 원천이다; 몇몇 경우에 이것은, 출판된 저술의 도움으로 이제까지 가능했듯이, 이러한 과정의 특수성을 완전히 재현할 수 있게 해준다. 동시에 제4부 권들의 자료는 마르크스와 엥겔스의 과학적 이해관심에서 전체적 보편성을 반영한다. 이것은 마르크스주의가 그 당시까지 과학이 창조했던 모든 최선의 것을 비판적으로 작업한 기초 위에서 형성되었다는 사실에 대한 확실한 증거이다.

VIII

*MEGA*전집의 가치는 이것이 마르크스와 엥겔스의 문헌적 유산을 처음으로 완전히 접근 가능하게 만들었다는 사실에만 있는 것이 아니라, 또한 여기에 텍스트가 제시되는 방법과 방식으로부터도 주어진다.
 연구와 편집의 일련의 과제를 위해서 *MEGA*전집은 그러므로 이미 유일하게 적용할 수 있는 원 자료의 기초이다. 여기서 텍스트 재현은 원래의 친필 언어와 원어로 된 권위 있는 인쇄를 충실히 따랐기 때문이다. 정서법과 구두법은 텍스트에서 현대화하지 않았고 통일하지 않았다. 원본과 최대한 일치시킨다는 원칙은 명확한 인쇄오류와 서술오류를 제거하기 위한 비판적 텍스트 교열을 포함한다. 이것은 마르크스와 엥겔스에 의해 권위를 부여받은 그들 저작의 모든 판본의 원용 아래 수행되었는데, 이때 매우 신중하게 그리고 독자들 앞에 정확한 해명 아래 저자들의 텍스트 속에 개입하였다.
 마르크스와 엥겔스의 친필원고를 원본에 충실하게 재현하는 것은 특별한 주의를 요한다. 미완성 원고와 초안은 저자들이 남긴 모든 작업 단계 속에서 제시하였다. 변형과 분류 등은 통상 저자들 자신이 그것을 계획한 곳에서 발생한다. 개별적인 경우에 이것은, 전개되는 텍스트를 끊고 다른 곳에서 그 내용과 성격을 개선하여 다시 시작하는, 본문에서 벗어난 외론外論과 추서 등이 요구된다. 텍스트 순서에서의 모든 그러한 변형이 검증되었고 근거가 제시되었다.

제시된 텍스트를 더 잘 읽기 위해서, 두 고전가들이 원고에 활용한 많은 약부호, 축약과 단축은 확실한 것이라면 인쇄에서 전체적으로 제거되었다. 크고 작은 배열된 원고의 이해가 요구되는 곳에서는, 중간제목과 단락이 보족되었다. 이것은 모든 삽입된 보충과 같이 명확히 편집자에 의해 유래된 것으로 표시되었다. 발췌의 제시의 경우 마르크스와 엥겔스에 의해 유래된 주석은 발췌된 원래의 텍스트를 반고딕활자의 인쇄를 통해 뚜렷하게 나타냈고, 후자의 경우(마르크스와 엥겔스의 주석) 특별한 표시를 통해 의미에 맞게 재현된 문장의 모든 인용된 인용문과 구별하였다. 이를 통해 마르크스와 엥겔스를 통해 발견된 사고의 자료를 자기화하는 다양한 단계가 명확히 드러나게 된다.

*MEGA*전집에서 텍스트를 제시하는 주요 목적은 개별 저술들의 창조과정을 현대적 편집방식의 도움으로 완전히 그리고 분명하게 기록하는데 있다. 텍스트 발전의 기록은 마르크스주의 창시자들의 생애에 걸친 저작을 해명하기 위해 특별한 의미를 가진다. 마르크스와 엥겔스의 많은 저작은 수많은 초안과 인쇄본으로 표현되어 있는 장기간의 복잡한 창조과정에서 형성되었다. 그 안에 포함되어 있는 인식은, 그러한 작업과정을 더 분명히 추적한다면, 더 잘 이해될 수 있을 것이다. 노동계급의 과학적 이론의 계속적인 발전과 완성의 과정은 마르크스와 엥겔스를 통해 새로운 저작의 형성에서만이 아니라 또한 그들 저작의 수정보완 속에서 표명되었기 때문이다.

이러한 텍스트 변형의 기록에서 텍스트 부분과 변경사항색인은 하나의 통일을 구성한다. 첫 번째 *MEGA*에서와 같이, 그러나 연구본

Studienausgabe과 달리, 텍스트의 완전한 인쇄에는 초기의 텍스트가, 즉 대부분 친필원고나 초판인쇄를 기초로 하였다. 그 다음의 텍스트는 - 차이나는 부분을 축약하여 - 이것이 너무 심한 변형을 겪지 않아 텍스트 부분에서 다시 한 번 완전히 인쇄될 수 있다면, 변경사항색인에서 재현하였다. 따라서 변경사항색인은 텍스트 발전의 제시에서 편집된 텍스트와 원칙적으로 동급인 부분이다. 그러므로 여기서 재현된 저작텍스트는 또한 편집된 텍스트와 같은 방식으로 과학적으로 주해된다.

MEGA전집의 변경사항색인의 형태는 텍스트의 발전을 표현하기 위한 그것의 주요 기능을 통해서 규정된다. 그와 관련하여 변경사항에 대한 모든 편집적인 수정이 검토되고 고유한 색인으로 배열된다. 변경사항색인을 쉽게 하기 위해 그 이외에도 정서법과 구두법의 언급된 변화에 대해 의미부여를 하지 않았고, 또 그것을 넘어 친필원고 안에서의 텍스트 발전에서 문체상 문법상의 실수, 문장시작, 텍스트중단 혹은 유사한 작은 변화 - 모두 내용적인 언급을 변화시키거나 문체를 본질적으로 수정하지 않는 - 에서의 단지 올바른 위치에 대해서는 개별적으로 색인하지 않고 증거설명에서 일반화하여 보고하였다. 또한 마르크스와 엥겔스에 의해서 의도되고 유발된 수정 및 축약, 삽입과 변형을 통해 텍스트를 내용적으로나 문체상으로 더욱 발전시킨 텍스트변화도 변경사항으로서 나타난다. 그로부터 모든 권위 있는 텍스트의 단어구성을 재구성할 수 있는 텍스트 내용 변화의 완전한 기록을 추적할 수 있게 된다. 포괄적인 텍스트 발전에서 내용적으로 특별히 의미 있는 변경사항은 정서법의 수단을 통해 강조된다. 이것은 연구자에게는 연구를 편하게 해줄 것이고, 편집자에게는 또한 연구본에서 어떤 변경사항이 고려되어야 할지 권고사항을 제공할 것이다.

변경사항 자체는 가능한 분명하게 각각의 텍스트변화의 내용과 순서를 보여주는 종류와 방식으로 재현될 것이다. 반면 결과적으로 일어난 형식(예를 들어 줄 위나 오른쪽 가장자리에 삽입된 것으로서)은 대체적으로 보고하지 않았다. 변경사항색인은 따라서 원칙적으로 서술적 기술적으로가 아니라 결론적 추론적으로 나타난다.

  복잡한 텍스트변형을 제시하기 위해 현대적 편집과학에서 발전된 방식이 적용되었다. 다시 말해 개별 텍스트의 원고내용이나 친필원고의 구성이 연대기적 순서로 악보의 총보처럼 배열되고, 개별 작업의 행적 병렬에 서부터 전체 부분이나 저작의 병렬까지 시작된다. 그러한 배치는 한 저작의 원고에서 원고로의 전체 발전을 조망할 수 있게 해줄 뿐만 아니라, 또한 각 원고 자체를 연관 속에서 읽을 수 있게 해준다. 그런 방식의 적용은 또한 MEGA전집에서 출판되어야 하는 많은 양의 친필원고 때문에 제시되었고, 특히 마르크스의 원고에서 나타나는 방대하고 조망하기 어려운 친필원고 내부의 발전으로 인해 제시되었다. 이것은 새로운 MEGA전집으로 마르크스-엥겔스-편집을 하기 위해 처음으로 적용되었다.

  텍스트 발전을 설명하기 위해 MEGA전집에 적용된 원칙은 마르크스와 엥겔스의 특별한 창조방법에도 조응한다. 그것을 넘어 변경사항의 설명은 - 전집 내부의 통일성의 가치에서 기본적으로 - 또한 MEGA전집 각 부의 혹은 개별 작업의 특수성에도 조응한다. 친필원고의 특정 집단의 경우 - 예를 들어 주로 원래 텍스트를 담고 있는 발췌, 혹은 주로 사실의 전달에 기여하는 편지와 기고문 초안에서와 같이 - 텍스트 변화의 재현 위에서 이것이 과학적 연구를 위해 중요성이 없다면 전체 혹은 부분적으로 완성해가는 과정 속에서 사라지기도 한다. 그런 경우 텍스트 역사에서 각각 선별된 방식으로 보고하고 근거지울 것이다.

  텍스트 제시와 변경사항 제시에서 구체적이고 특수한 문제에 대해서는 개별 권들의 앞에 있는 편집자 설명에서 필요한 정보를 제공할 것이다.

IX

MEGA전집의 과학적 부속자료Apparat는 텍스트의 과학적인 사용을 위해 요구되는 모든 보고사항과 설명을 제공한다. 이때 부속자료는 국제적 마르크스-엥겔스-연구의 결과 위에서 지지되고, 동시에 그 연구는 역사적-비판적 편집에서 획득한 인식을 통해 풍부화된다.

개별 권들이나 권들의 집단 맨 앞에 위치한 서론Einleitung은 개별 권에 포함된 저술들의 내용적인 언급과 의미를 개괄하고, 마르크스주의의 역사에서의 그 위치를 명시한다.

각 저술에 대한 과학적 부속자료는 집필의 역사와 텍스트의 역사를 포괄적으로 설명하면서 시작한다. 이것은 전승된 친필원고와 권위 있는 인쇄에 대한 설명을 포함한다. 이 부분의 중요한 과제는 - 이것이 텍스트 자체로부터 생기는 것이 아니라면 - 편저자를 증명하고 날자를 확인하는 것이다. 또한 이것을 위해 이미 출판된 저술에 대해서도 다양하게 접근하는 연구가 필요하다. 여기서 전체 권위 있는 텍스트 발전이 분석되고, 개별적인 텍스트 증거, 친필원고, 인쇄 등의 연대기적 자리가 그 안에서 규정된다. 마찬가지로 한 저작의 권위 있는 번역의 특수성이 원본 텍스트와 비교하여 조망할 수 있는 형태로 제시된다. 나아가 또한 중요한 판단, 서평, 기타 대중화 형태를 포함하는 권위 있는 인쇄의 직접적 반응의 특징화가 뒤따른다. 후속적인 영향의 역사는, 이것이 직접 텍스트의 발전에 반작용을 했다면, 해명될 것이다. 개별 텍스트 증거에 대한 상세한 설명과 내용적인 특징화로부터 텍스트 기초의 선택을 위한, 해당되는 경우라면 텍스트 발표와 변경사항색인의 특수성을 위한 이유가 해명될 것이다.

변경사항색인은 권위 있는 텍스트 발전을 나타내고, *MEGA*전집의 과학적 부속자료의 중요하고 포괄적이고 특징적인 부분을 구성한다. 해명된 수정사항색인Korrekturenverzeichnisse은 텍스트 부분과 변경사항에서 재현된 저자의 텍스트에 대한 편집적인 개입에 관한 필요한 모든 증명을 제공할 것이다.

해설Erläuterungen은 텍스트의 이해에 요구되는 모든 설명을 제공하고,

역사적 사실, 정당, 조직, 철학적 정치적 종교적 흐름과 학파에 대한 설명과 특별한 개념과 선례 그리고 풍자에 대한 설명을 제공한다. 원 자료로부터 인용되어 텍스트의 해당 부분의 이해를 위해서 필요하고 또 문서 혹은 희귀하고 접근하기 어려운 문헌이라면, 텍스트에서 인용되거나 언급된 문헌에 대한 증명이 해설 내에서 넓은 자리를 차지한다. 마르크스와 엥겔스가 번역한 모든 인용문은 해설에서 원 자료의 원문으로 재현된다. 그리스어와 라틴어 그리고 다른 고어와 특수한 말투의 표현법으로 된 텍스트 문장과 인용문은 독일어 번역을 적용했다.

과학적 부속자료는 모든 텍스트를 위해 특별히 별도의 권으로 배치되었고 위에서 언급한 순서로 배열되었다. 마지막으로 해당되는 경우라면 각 권의 시기구분에 해당하는 마르크스와 엥겔스의 저작이나 편지의 전승되지 않는 친필원고와 인쇄에 대한 색인도 첨부하였다. 이 경우 사라진 텍스트에 관한 정보가 존재하는 증거로부터 제시된다.

각 권에 대한 색인은 텍스트 부분과 변경사항을 모두 포괄한다.

문헌색인Literaturregister은 알파벳의 순서로 텍스트에서 직접 혹은 간접으로 인용되었거나 언급된 모든 문헌을 종합한다. 이것은 마르크스와 엥겔스의 저술과, 다른 저자들의 저술, 그리고 간행물의 주해된 색인으로 세분된다.

인명색인Namenregiste은 텍스트에서 직접 혹은 간접으로 거론된 사람들을 알파벳 순서로 나타낸다. 이때 문헌상의 이름과 신화상의 이름도 포함된다. 각 이름에 대해서는 사람에 대한 중요한 진술을 포함하고, 각 텍스트 부분의 이해를 보족해주는 간단한 주해를 덧붙인다.

개별 권에 대한 사항색인Sachregister은 마르크스와 엥겔스 텍스트의 내용적·사항적 해명을 위한 중요한 보조수단이다. 그 내용과 형태에서 이것은 각 부에서 해명된 텍스트의 특수성에 조응한다.

한 권의 내용에 대해 필요하다고 판단되면, 위에서 거론된 색인에는 추가적으로 특별한 색인(지명이나, 크기, 무게 등)이 추가된다.

*MEGA*전집의 각 권에는 그림이 많이 포함된다: 마르크스와 엥겔스의 초상, 친필원고의 복사사진, 신문과 잡지의 초판 제목에 대한 재현. 필요한 경우 지도도 첨부하였다.

　역사적-비판적 전집으로 마르크스와 엥겔스의 문헌적 유산을 포괄적으로 해명하는 것은 방대하고 다면적인 과학적 작업을 요구한다. 가능한 최대로 *MEGA*전집의 완전함을 유지하기 위해 마르크스와 엥겔스의 그리고 그들에 관한 아직 발견되지 않은 전 세계의 자료와 동시대적 출판물에 대한 추적이 심화되어야 한다. 마르크스와 엥겔스의 모든 남아 있는 친필원고에 대하여, 누구의 소유든 간에 *MEGA*전집에서 정확한 텍스트 해명을 위한 통찰을 획득하기 위해, 접근할 수 있도록 하는 것이 특별히 중요하다. 과학적 주석 작업은 다양한 과학 영역의 집중적인 연구 활동을 요한다. 이러한 다방면의 극히 복잡한 과제를 해결하기 위해 많은 나라의 과학 기관과 학자들의 공동 활동이 요망된다. 편집자는 이미 수많은 연구기관과 문서보관소, 도서관 그리고 많은 개별 과학자들로부터 효과적인 지원을 받았다. 그래서 마르크스와 엥겔스의 친필원고의 유산을 대부분 소장하고 있는 암스테르담의 국제사회사연구소IISG는 *MEGA*전집의 작업에 자료들을 제공하였다.
　소련공산당 중앙위원회 산하 마르크스-레닌주의연구소와 독일통일당 중앙위원회 산하 마르크스-레닌주의연구소는 *MEGA*전집을 착수하는 데 도움을 주고 미래에도 지원하려고 하는 모든 기관과 사람들에게 감사를 표한다. 시작된 계획이 크게 성과를 낼 수 있도록 하는 데 기여하기 위해 마르크스-엥겔스-연구에 참여한 과학자들의 국제적 연대가 언제나 더욱 확대될 것임을 우리는 확신한다.

청년 마르크스 저작선

초판 제1쇄 펴낸날 : 2019. 2. 20.

지은이 : 칼 마르크스
편역자 : 김 정 로
펴낸이 : 김 철 미
펴낸곳 : 백산서당

등록 : 제10-42(1979.12.29)
주소 : 서울 은평구 통일로 885(갈현동, 준빌딩 3층)
전화 : 02)2268-0012(代)
팩스 : 02)2268-0048
이메일 : bshj@chol.com

값 25,000원

ISBN 978-89-7327-539-7 93340